地球の歩き方 B02 ● 2020〜2021年版

アメリカ西海岸

ロスアンゼルス　サンディエゴ　サンフランシスコ
ラスベガス　シアトル　ポートランド

地球の歩き方編集室

WEST COAST U.S.A. CONTENTS

12 特集1
大自然の美しさに触れる西海岸の旅
①ドライブで楽しむ西海岸の自然
②大自然に抱かれる人気スポット

18 特集2
Let's Taste America in West Coast
西海岸で味わおう、アメリカの味

20 特集3
何でも揃うアメリカ2大スーパー
ホール・フーズ・マーケット&トレーダージョーズ

22 特集4
インターネットを活用して旅を10倍楽しもう
地球の歩き方的 デジタル旅行のすすめ

24 特集5
Check It Out in West Coast
西海岸の最新情報&注目スポット

34 特集6
Why Los Angeles?
ロスアンゼルスに行く理由は？

36 特集7
塩味と甘味をず〜っとモグモグ in LA
フレンチフライ⇄アイスクリーム

164 特集8
Why San Diego?
サンディエゴに行く理由は？

166 特集9
アメリカのFinest City サンディエゴで
最強ビールと最高タコス！

204 特集10
Why San Francisco?
サンフランシスコに行く理由は？

206 特集11
サンフランシスコ観光ではずせないスポット
フェリービルディング・マーケットプレイスと周辺案内

308 特集12
Why Las Vegas?
ラスベガスに行く理由は？

344 特集13 Why Seattle? シアトルに行く理由は？

378 特集14 Why Portland? ポートランドに行く理由は？

基本情報	歩き方の使い方 …………………………………… 6
	ジェネラルインフォメーション ……………………… 8

26 アメリカ西海岸ガイダンス

Study About West Coast
- アメリカ西海岸オリエンテーション … 26
- 交通手段別アクセスガイド ………… 28
- テーマ別旅のモデルプラン ………… 29

33 ロスアンゼルス

- ロスアンゼルスの歩き方 ……… 38
- ロスアンゼルス／エリアガイド … 40
  - ／アクセス ……………… 42
  - ／交通機関 ……………… 46
  - ／モデルコース ………… 53
  - ／地図 …………………… 54
  - ／見どころ ……………… 70
  - ／スポーツ ……………… 92
  - ／ショップ ……………… 94
  - ／レストラン …………… 100
  - ／ホテル ………………… 107
- ロスアンゼルスからのエクスカーション
- サンタバーバラ／歩き方 … 112
  - ／見どころ …………… 114
  - ／ショップ＆レストラン … 117
  - ／ホテル ……………… 118
- 変化に富んだドライブコース
- **カリフォルニア・セントラル**
- **コーストを走ろう** ………… 119
- オレンジカウンティ／歩き方 … 120
  - ／ハンティントンビーチ … 122
  - ／ニューポートビーチ … 123
  - ／ラグナビーチ ……… 124
  - ／ショップ＆ホテル … 125

127 南カリフォルニアのテーマパーク

- 南カリフォルニアのテーマパーク … 128
- ディズニーランド・リゾート … 129
- ディズニー・カリフォルニア・
  アドベンチャー・パーク … 130
- ダウンタウン・ディズニー … 134
- ディズニーランド・パーク … 135
- アナハイムのホテル …………… 142
- ユニバーサル・スタジオ・
  ハリウッド ………………… 143
- ナッツ・ベリー・ファーム …… 150
- シックスフラッグス・
  マジック・マウンテン …… 153
- シーワールド・サンディエゴ … 156
- サンディエゴ動物園・
  サファリ・パーク ………… 158
- レゴランド・カリフォルニア … 160

163 サンディエゴ

- サンディエゴの歩き方 ………… 168
- サンディエゴ／エリアガイド … 170
  - ／アクセス ……………… 172
  - ／交通機関 ……………… 173
  - ／モデルコース ………… 175
  - ／地図 …………………… 176
  - ／見どころ ……………… 178
  - ／スポーツ ……………… 189
  - ／ショップ ……………… 190
  - ／レストラン …………… 192
  - ／ホテル ………………… 194
- サンディエゴからのエクスカーション
- テメキュラ ……………………… 197
- ティファナ／入出国と行き方 … 198
  - ／歩き方 ………………… 199
- 海外ゴルフデビューにおすすめ！
- **憧れのカリフォルニア・**
- **ゴルフラウンドへGO！** …… 200

出発前に必ずお読みください！　旅のトラブルと安全対策…434

203 サンフランシスコとその近郊

サンフランシスコの歩き方 ……… 208
サンフランシスコ／エリアガイド　210
　／アクセス ……………… 212
　／交通機関 ……………… 216
　／モデルコース ………… 219
　／地図 …………………… 220
　／見どころ ……………… 232
　／ベイエリアの町とシリコンバレー
　　／サウサリート ……… 254
　　／ミュアウッズ国定公園　255
　　／バークレー ………… 256
　　／シリコンバレー …… 257
　／スポーツ ……………… 259
　／ショップ ……………… 261
　／レストラン …………… 266
　／ホテル ………………… 271
サンフランシスコからのエクスカーション
　ワインカントリー（ナパ＆ソノマ）
　　／行き方 ……………… 276
　　／ナパバレー ………… 277
　　／ソノマカウンティ … 282
　　／ショップ …………… 285
　　／レストラン ………… 286
　　／ホテル ……………… 287
　モントレー＆カーメル／行き方　288
　　／モントレー ………… 289
　　／モントレー周辺 …… 291
　　／カーメル …………… 292
　　／ショップ＆レストラン… 296
　　／ホテル ……………… 297
　ヨセミテ国立公園／行き方 … 299
　　／見どころ …………… 301
　　／ホテル ……………… 305
　マウントシャスタ ……… 306

307 ラスベガスとグランドキャニオン

ラスベガスの歩き方 …………… 310
ラスベガス／エリアガイド …… 312
　／アクセス ……………… 313
　／交通機関 ……………… 315
　／モデルコース ………… 317
　／地図 …………………… 318
　／ホテル＆カジノ ……… 319
　／ショー ………………… 322
　／カジノでの遊び方 …… 324
　／アトラクション ……… 326
　／ショップ ……………… 328
　／レストラン …………… 329

ラスベガスからのエクスカーション
　グランドキャニオン国立公園／行き方… 331
　　／見どころ …………… 334
　　／グランドキャニオン・ウエスト … 338
　　／ホテル ……………… 339

343 シアトル

シアトルの歩き方 ……… 346
シアトル／エリアガイド ……… 348
　／アクセス ……………… 350
　／交通機関 ……………… 351
　／モデルコース ………… 353
　／地図 …………………… 354
　／見どころ ……………… 356
　／スポーツ ……………… 367
　／ショップ ……………… 368
　／レストラン …………… 370
　／ホテル ………………… 372
シアトルからのエクスカーション
　オリンピック国立公園………… 374
　マウントレニエ国立公園……… 376

377 ポートランド

ポートランドの歩き方 ………… 380
ポートランド／エリアガイド …… 382
　／アクセス ……………… 384
　／交通機関 ……………… 385
　／モデルコース ………… 387
　／地図 …………………… 388
　／見どころ ……………… 390
　／スポーツ ……………… 397
　／ショップ ……………… 398
　／レストラン …………… 400
　／ホテル ………………… 402

405 旅の準備と技術

旅の準備
- 旅の情報収集 …………………… 406
- 旅のシーズン …………………… 407
- 旅の予算とお金 ………………… 409
- 出発までの手続き ……………… 411
  - パスポートの取得 …………… 411
  - ビザ免除プログラム ………… 411
  - 電子渡航認証システム (ESTA)… 411
  - 海外旅行保険 ………………… 411
  - 国外運転免許証 ……………… 412
  - 国際学生証 (ISIC カード) … 412
- 航空券の手配 …………………… 413
- 旅の持ち物 ……………………… 414

旅の技術
- 出入国の手続き ………………… 416
- 現地での移動 …………………… 421
- ホテルの基礎知識 ……………… 426
- レストランの基礎知識 ………… 427
- ショッピングの基礎知識 ……… 428
  - 日本とアメリカのサイズ比較表 … 429
- チップとマナー ………………… 430
- 郵便と電話 ……………………… 431
- インターネット ………………… 432
- 旅のトラブルと安全対策 ……… 434
- 旅の英会話 ……………………… 437
- 旅のイエローページ …………… 439

索引 ………………………………… 440

Column
- ゲッティヴィラにも行ってみよう ………… 76
- 郊外のワイナリーでピクニックランチ … 116
- サンタカタリナ島 ……………………… 120
- ローカルに愛されるサンセットを目指して … 174
- ノブヒルの歴史 ………………………… 237
- ディープ・イン・チャイナタウン ……… 237
- ゴールデンゲート・ブリッジができるまで … 247
- サイクリング in ソノマカウンティ ……… 282
- ソノマでおすすめのワイナリー ………… 284
- 海岸線と森林の中を走る人気のドライブルート 17マイルドライブ …………………… 294
- ラスベガスのナイトクラブ …………… 330
- ラスベガスからツアーでグランドキャニオンへ … 332
- 下から見上げるグランドキャニオン …… 333
- ラスベガスからグランドサークルへ …… 340
- スケートボードの街ポートランド ……… 386
- ナイキの自転車でポートランド散策 …… 390
- ポートランドはフードカートの街 ……… 391
- ポートランドのファーマーズマーケット … 395

歩き方の使い方

本書で用いられる記号・略号

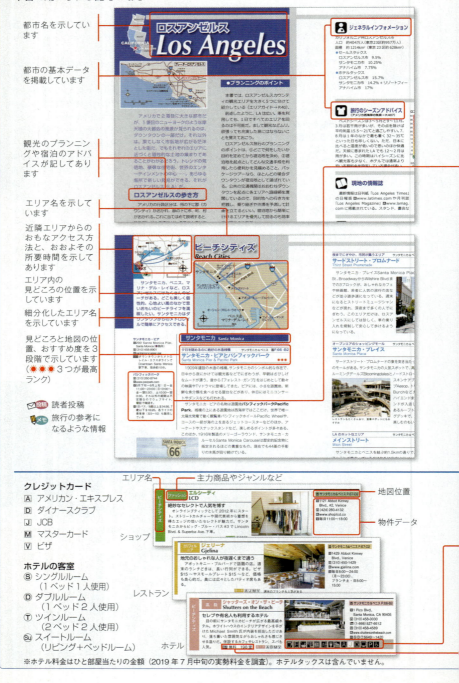

- 都市名を示しています
- 都市の基本データを掲載しています
- 観光のプランニングや宿泊のアドバイスが記してあります
- エリア名を示しています
- 近隣エリアからのおもなアクセス方法と、おおよその所要時間を示してあります
- エリア内の見どころの位置を示しています
- 細分化したエリア名を示しています
- 見どころと地図の位置、おすすめ度を3段階で示しています（✹✹✹ 3つが最高ランク）
- 投稿 読者投稿
- メモ 旅行の参考になるような情報
- エリア名
- 主力商品やジャンルなど
- 地図位置
- 物件データ

クレジットカード
- A アメリカン・エキスプレス
- D ダイナースクラブ
- J JCB
- M マスターカード
- V ビザ

ホテルの客室
- Ⓢ シングルルーム（1ベッド1人使用）
- Ⓓ ダブルルーム（1ベッド2人使用）
- Ⓣ ツインルーム（2ベッド2人使用）
- Ⓢᵤ スイートルーム（リビング+ベッドルーム）

※ホテル料金はひと部屋当たりの金額（2019年7月中旬の実勢料金を調査）。ホテルタックスは含んでいません。

- Ⓜ 地図位置
- 🏠 住所
- ☎ 電話番号
- Ⓕⓡⓔⓔ トールフリー（米国内通話無料電話番号）
- Ⓕⓐⓧ ファクス番号
- 🖥 ウェブサイトアドレス（http:// の記載を省略しています）
- 営 営業／開館の時間、期間
- 休 休館日
- 料 料金
- 行き方 アクセス方法

地図の略号

- 🅟 見どころ
- Ⓢ ショップ
- Ⓡ レストラン
- Ⓗ ホテル
- Ⓒ カフェ
- Ⓝ ナイトスポット
- Ⓣ 映画館／シアター
- Ⓑ スパ、サロン
- Ⓖ ギャラリー
- 🅟 駐車場
- 🚏 バス停
- ℹ 観光案内所
- ⬤ ランドマーク／そのほか
- 🌳 ビーチ／公園
- ✈ 空港
- ⛳ ゴルフ場
- ✚ 病院
- ✉ 郵便局

- Ave.→Avenue
- St.→Street
- Rd.→Road
- Dr.→Drive
- Blvd.→Boulvard
- Pkwy.→Parkway
- Hwy.→Highway

- 🛣 インターステートハイウエイ
- 🛡 U.S. ハイウエイ
- 🛡 ステートハイウエイ

ホテル設備の略号 ※全室完備の場合のみ黒色にしています。

- ☕ コーヒーメーカー
- ❄ ミニバー／冷蔵庫
- 🛁 バスタブ
- ヘアドライヤー
- BOX 室内金庫
- ルームサービス
- 🍴 レストラン
- フィットネスセンター／プール
- コンシェルジュ
- J 日本語を話すスタッフ
- ○ ランドリー
- ワイヤレスインターネット
- 🅟 駐車場
- ♿ 車椅子対応の部屋

- Wi-Fi 1泊当たりの Wi-Fi 利用料金／総客室数

■本書の特徴

本書は、基本的にアメリカ西海岸を個人旅行される方が現地でいろいろなことを楽しめるように、各都市のアクセス、ホテル、レストランなどの情報を掲載しています。もちろんツアーで旅行される際にも十分活用できるようになっています。

■掲載情報のご利用にあたって

編集部では、できるだけ正確で新しい情報を掲載するよう努めていますが、現地の規則や手続きなどがしばしば変更されたり、またその解釈に見解の相違が生じることもあります。このような理由に基づく場合、または弊社に重大な過失がない場合は、本書を利用して生じた損失や不都合について、弊社は責任を負いかねますのでご了承ください。また、本書をお使いの際は、掲載されている情報やアドバイスがご自身の状況や立場に適しているか、すべてご自身の責任によるご判断のうえでご利用ください。

■現地取材および調査時期

本書は、2019 年 5 ～ 7 月の取材調査データを基に編集されています。しかし、時間の経過とともにデータの変更が生じることがあります。特にホテルやレストランなどの料金は、旅行時点では変更されていることも多くあります。したがって、本書のデータはひとつの目安としてお考えいただき、現地では観光案内所などで最新情報を入手してご旅行ください。

■発行後の情報の更新と訂正について

本書に掲載している情報で、本書の発行後に変更されたものや訂正箇所については、『地球の歩き方』ホームページの「更新・訂正情報」で可能なかぎりご案内しています（ホテル、レストラン料金の変更などは除く）。また、「旅のサポート情報」もご旅行前にお役立てください。

🖥 **book.arukikata.co.jp/support**

■投稿記事について

投稿記事は、多少主観的になっていても原文にできるだけ忠実に掲載してありますが、データに関しては編集部で追跡調査を行っています。投稿記事のあとに（東京都 ○○ '18）とあるのは、寄稿者と旅行年を表しています。ただし、ホテルなどの料金を追跡調査で新しいデータに変更している場合は、寄稿者データのあとに調査年度を入れ ['19] としています。

なお、ご投稿を送りいただく場合は、P.404 をご覧ください。

ジェネラルインフォメーション

アメリカ合衆国の基本情報

▶アメリカ西海岸のオリエンテーション →P.26

出典：The World Factbook
🔗https://www.cia.gov/library/publications/resources/the-world-factbook/

国 旗
Stars and Stripes　13本のストライプは1776年建国当時の州の数、50の星は現在の州の数を表す。

正式国名
アメリカ合衆国
United States of America
アメリカという名前はイタリアの探検家でアメリカ大陸を確認したアメリゴ・ベスプッチのファーストネームから取ったもの。

国 歌
Star Spangled Banner

面 積
約983万3517km²
日本の約25倍（日本約37万7900km²）。

人 口
約3億2925万人
※各都市の面積、人口は各都市の冒頭ページのジェネラルインフォメーション欄を参照。

首 都
ワシントン特別行政区
Washington, District of Columbia
全米50のどの州にも属さない連邦政府直轄の行政地区。人口は約69.3万人。

元 首
ドナルド・トランプ 大統領 Donald J. Trump

政 体
大統領制　連邦制（50州）

人種構成
白人72.4％、黒人12.6％、アジア系4.8％、先住民1.1％、その他6.2％、2種以上の人種をルーツにもつ人2.9％

宗 教
キリスト教。宗派はバプテスト、カトリックが主流だが、都市によって分布に偏りがある。少数だがユダヤ教、イスラム教など。

言 語
主として英語だが、法律上の定めはない。スペイン語も広域にわたって使われている。

通貨と為替レート

▶旅の予算とお金 →P.409

通貨単位はドル（$）とセント（¢）。
$1.00＝107.18円（2019年10月9日現在）。流通している紙幣はおもに$1、5、10、20、$50、$100。なお、50、100ドル札は小さな店で扱わないこともあるので注意。硬貨は1¢、5¢、10¢、25¢、50¢、100¢（＝$1）の6種類だが、50¢、$1硬貨はあまり流通していない。

$1　　$5　　$10

$20　　$50　　$100

1¢　　5¢　　10¢　　25¢

電話のかけ方

▶電話 →P.431

日本からの電話のかけ方　　例 ロスアンゼルス(323)123-4567へかける場合

国際電話会社の番号	＋	国際電話識別番号	＋	アメリカの国番号	＋	エリアコード	＋	相手先の電話番号
001（KDDI）※1 0033（NTTコミュニケーションズ）※1 0061（ソフトバンク）※1 005345（au携帯）※2 009130（NTTドコモ携帯）※3 0046（ソフトバンク携帯）※4		010		1		323		123-4567

※1「マイライン」「マイラインプラス」の国際通話区分に登録している場合は不要。
　詳細は、🔗www.myline.org
※2 auは、005345をダイヤルしなくてもかけられる。
※3 NTTドコモは、009130をダイヤルしなくてもかけられる。
※4 ソフトバンクは、0046をダイヤルしなくてもかけられる。
参考：携帯3キャリアともに、「0」を長押しして「＋」を表示させると、国番号からのダイヤルでかけられる。

General Information

祝祭日（連邦政府の祝日）

州によって祝日となる日（※印）に注意。なお、店舗などで「年中無休」をうたっているところでも、元日、サンクスギビング、クリスマスの3日間はほとんど休み。また、メモリアルデイからレイバーデイにかけての夏休みの期間中は営業時間などのスケジュールを変更するところが多い。

1月	1/1		元日 New Year's Day
	第3月曜		マーチン・ルーサー・キング・ジュニア牧師誕生日 Martin Luther King, Jr.'s Birthday
2月	第3月曜		大統領の日 Presidents' Day
3月	3/17	※	セント・パトリック・デイ St. Patrick's Day
4月	第3月曜	※	愛国者の日 Patriots' Day
5月	最終月曜		メモリアルデイ（戦没者追悼の日）Memorial Day
7月	7/4		独立記念日 Independence Day
9月	第1月曜		レイバーデイ（労働者の日）Labor Day
10月	第2月曜	※	コロンブス記念日 Columbus Day
11月	11/11		ベテランズデイ（退役軍人の日）Veterans Day
	第4木曜		サンクスギビングデイ Thanksgiving Day
12月	12/25		クリスマス Christmas

ビジネスアワー

以下は一般的な営業時間の目安。業種、立地条件などによって異なるが、郊外のスーパーは22:00頃まで、都市部なら19:00頃の閉店も珍しくない。

銀　行
　月〜金 9:00 〜 17:00

デパートやショップ
　月〜金 10:00 〜 19:00、土 10:00 〜 18:00、
　日 11:00 〜 18:00

レストラン
　朝からオープンしているのはレストランというよりカジュアルなカフェ。朝食 7:00 〜 10:00、昼食 11:00 〜 14:00、ディナー 17:30 〜 22:00。バーは深夜まで営業。

電気&映像方式

電圧とプラグ
　電圧は120ボルト。3つ穴プラグ。100ボルト、2つ穴プラグの日本製品も使えるが、電圧数がわずかではあるが違うので注意が必要。特にドライヤーや各種充電器などを長時間使用すると過熱する場合もあるので、時間を区切って使うなどの配慮が必要。

映像方式
　テレビ・ビデオは日米ともにNTSC方式、ブルーレイのリージョンコードは日米ともに「A」なので、両国のソフトはお互いに再生可能。ただし、DVDのリージョンコードはアメリカ「1」に対し日本「2」のため、「ALL CODE」の表示のあるソフト以外はお互いに再生できない。

アメリカから日本へかける場合　例 (03) 1234-5678 へかける場合

国際電話識別番号	＋	日本の国番号	＋	市外局番と携帯電話の最初の0を除いた番号	＋	相手先の電話番号
011		**81**		**3**		**1234-5678**

▶**アメリカ国内通話**　市内に電話をかける場合は［電話番号］のみ、市外は［1＋市外局番（エリアコード）＋電話番号］。ただしサンフランシスコ市（局番415と628）とロスアンゼルス市の一部（局番213と323）のエリアからかける場合、市内通話・市外通話いずれも［1＋市外局番＋電話番号］を入力する必要がある。

▶**公衆電話のかけ方**
　①受話器を持ち上げる
　②都市により異なるが、最低通話料50¢を入れ、相手先の電話番号を押す
　　（プリペイドカードの場合はアクセス番号を入力し、ガイダンスに従って操作する）
　③「初めの通話は○分○ドルです」とアナウンスが流れるので、案内された額以上の金額を投入すれば電話がつながる

チップ

▶チップについて
→ P.430

レストラン、タクシー、ホテルの宿泊（ベルボーイやベッドメイキング）など、サービスを受けたときにチップを渡すのが習慣になっている。額は、特別なことを頼んだ場合や満足度によっても異なるが、以下の相場を参考に。
レストラン／合計額の 15 ～ 20％。サービス料が含まれている場合は、小銭程度をテーブルやトレイに残して席を立つ。
タクシー／運賃の 15 ～ 20％。
ホテル宿泊／ドアマン、ベルボーイは荷物の大きさや個数によって、ひとつにつき $2 ～ 5。荷物が多いときはやや多めに。
ベッドメイキングは枕元などに $1 ～ 2。

飲料水

水道の水をそのまま飲むこともできるが、ミネラルウオーターを購入するのが一般的。スーパーやコンビニ、ドラッグストアなどで購入できる。

気　候

▶旅のシーズン
→ P.407
▶各都市の冒頭ページに掲載されている旅のシーズン欄を参照

カリフォルニア州南部は、年間を通じて温暖な気候。北部のサンフランシスコは夏でも20℃を下回るときがある。シアトルやポートランドがあるアメリカ北西部は、冬は雨季に当たる。

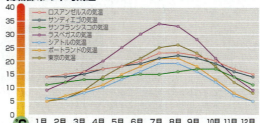

掲載都市の平均気温

平均降水量(mm)	1月	2月	3月	4月	5月	6月	7月	8月	9月	10月	11月	12月
ロスアンゼルス	82	87	61	26	6	2	0	1	7	12	32	62
サンディエゴ	51	58	46	20	3	3	0	0	5	15	25	38
サンフランシスコ	112	97	72	36	14	4	0	1	6	27	65	104
ラスベガス	13	20	10	5	3	3	10	8	8	8	10	13
シアトル	142	89	94	69	48	41	18	23	38	89	168	137
ポートランド	125	94	94	69	64	43	18	18	38	76	142	140
東京	50	70	100	120	140	170	130	140	210	190	90	50

日本からの フライト時間

日本からアメリカ西海岸の都市へのフライトは直行便で約9～11時間。

▶航空券の手配→ P.413

時差と サマータイム

アメリカ本土内には4つの時間帯がある。東部時間 Eastern Standard Time（ニューヨークなど）は日本時間マイナス14時間、中部時間 Central Standard Time（シカゴなど）はマイナス15時間、山岳部時間 Mountain Standard Time（デンバーなど）はマイナス16時間、太平洋時間 Pacific Standard Time（ロスアンゼルスなど）はマイナス17時間。アメリカ西海岸の都市は太平洋時間に属している。夏はデイライト・セービング・タイム（夏時間）を採用し、1時間時計の針を進める州がほとんど。その場合、日本との時差は1時間短くなる。ただし、アリゾナ州（MST）、ハワイ州（HAST）でデイライト・セービング・タイムは非採用。
　夏時間を取り入れる期間は、3月第2日曜から、11月第1日曜まで。移動日に当たる場合、タイムスケジュールに十分注意する必要がある。

General Information

郵便料金
日本への航空便は封書、はがきともに$1.15。規定の封筒や箱に入れるだけの荷物を定額で郵送できるタイプもある。
郵便局は街によって営業時間が多少異なる。一般的な局は平日の9:00～17:00くらい。

郵便

▶郵便
→ P.431

ビザ
日本国籍の人は、90日以内の観光、商用が目的ならばビザは基本的に不要。ただし、頻繁にアメリカ入出国を繰り返していたり、アメリカでの滞在が長い人は入国を拒否されることもある。なお、ビザ免除者はESTAによる電子渡航認証の取得が義務づけられている。

パスポート
パスポートの残存有効期間は、基本的に滞在日数以上あればOKとされるが、実際には90日以上あることが望ましい。

出入国

▶パスポートの取得
→ P.411
▶ビザ免除プログラム
→ P.411
▶ESTA（エスタ）の申請手引き
→ P.412

税金
物の購入時にかかるセールスタックス Sales Taxとホテル宿泊時にかかるホテルタックス Hotel Taxがある。率(%)は州や市によって異なる（各都市の冒頭ページを参照）。また、レストランで食事をした場合はセールスタックスと同額の税金、またはそれに上乗せした税金がかかる。
なお、ポートランドではセールスタックスと外食税はかからない。

税金

▶ホテルのタックスについて
→ P.426
▶セールスタックスについて
→ P.428

安全とトラブル
日本人の遭いやすい犯罪は、置き引き、ひったくりなど。犯行は複数人で及ぶことが多く、ひとりが気を引いているスキに、グループのひとりが財布を抜いたり、かばんを奪ったりする。日本語で親しげに話しかけられ、言葉巧みにお金をだまし取られるケースも多い。日本から1歩でも出たら、「ここは日本ではない」という意識を常にもつことが大切。

【警察 救急車 消防署】
☎911

安全とトラブル

▶旅のトラブルと安全対策
→ P.434～436
▶旅のイエローページ
→ P.439

年齢制限
州によって異なるが、飲酒可能な年齢はほぼ21歳から。場所によっては、お酒を買うときも身分証明書の提示を求められる。ライブハウスなどお酒のサーブがあるところも身分証明書が必要。
アメリカでは若年層の交通事故がとても多く、大手レンタカー会社では一部の例外を除き25歳以上にしか貸し出さない。21歳以上25歳未満の場合は割増料金が必要なことが多い。

年齢制限

▶飲酒と喫煙
→ P.430

度量衡
▶サイズ比較表
→ P.429

距離や長さ、面積、容量、速度、重さ、温度など、ほとんどの単位が日本の度量衡とは異なる。

度量衡

時差表

日本時間	0	1	2	3	4	5	6	7	8	9	10	11	12	13	14	15	16	17	18	19	20	21	22	23
東部時間 (EST)	10	11	12	13	14	15	16	17	18	19	20	21	22	23	0	1	2	3	4	5	6	7	8	9
中部時間 (CST)	9	10	11	12	13	14	15	16	17	18	19	20	21	22	23	0	1	2	3	4	5	6	7	8
山岳部時間 (MST)	8	9	10	11	12	13	14	15	16	17	18	19	20	21	22	23	0	1	2	3	4	5	6	7
太平洋時間 (PST)	7	8	9	10	11	12	13	14	15	16	17	18	19	20	21	22	23	0	1	2	3	4	5	6

※3月第2日曜から11月第1日曜まではデイライト・セービング・タイム（夏時間）を実施している。夏時間は時計の針を1時間進める政策。なお、赤い部分は日本時間の前日を示している。

11

Meeting the Beautiful Nature of West Coast
大自然の美しさに触れる西海岸の旅

アメリカ西海岸の旅の楽しみは
個性的な都市を巡るだけではない。
それぞれの都市から、
もうひとつの魅力である美しい自然を訪ねてみよう。

地平線まで延びる道路をドライブする体験はアメリカならでは

❶ドライブで楽しむ西海岸の自然

アメリカの大きさと自然の美しさを体感するなら、自分でハンドルを握るのがいちばんの方法。西海岸には数えきれないほどの魅力的なドライブルートがあるが、ここでは本書掲載の都市からアクセスする、えりすぐりのルートを紹介する。

From Los Angeles　ロスアンゼルスから

ジョシュア・ツリー国立公園へ
Joshua Tree National Park

高さ15m、樹齢は100年以上にもなる奇妙な形のジョシュア・ツリーの大木が、あたりに散在する不思議な風景が広がる国立公園。西海岸内陸部の砂漠地帯だけでしか見られない貴重な景色だ。園内はかなり起伏があり、たくさんの岩山をぬってハイキングトレイルが延びている。自分の足で歩いて、この不思議な光景をいろいろな角度で眺めてみたい。

ジョシュア・ツリー国立公園
Joshua Tree National Park
M 巻頭折込「アメリカ西海岸」
URL www.nps.gov/jotr
料 $30（車1台につき、7日間有効）
Joshua Tree Visitor Center
住 6554 Park Boulevard, Joshua Tree, CA 92256
☎ (760)366-1855
営 8:00～17:00

ハイキングを楽しもう！

トレイル上に水道は一切ないのでハイキング時には必ず水を持参しよう

DATA
ドライブルート ロスアンゼルスの東約220km。ダウンタウンからI-10号線をひたすら東に向かい、公園の北の町なかにあるビジターセンターまで約2時間15分。
シーズン 5～9月はかなり高温になり、7、8月は40℃を超えることも珍しくない。気温が下がり始める10月から4月がシーズン。特に2月下旬から4月上旬の花の咲く時期がおすすめ。

サボテンをはじめとするさまざま砂漠の植物にも出会える

From San Diego　サンディエゴから
アンザボレゴ砂漠州立公園へ
Anza-Borrego Desert State Park

荒涼とした大地が、年に1カ月だけ驚くほど鮮やかな色彩が広がる土地となる。春の初めに咲く花々を求めて多くの人が訪れるが、それ以外の時期でも砂漠の景色はドラマチック。特に満天の星空は特筆ものだ。

アンザボレゴ砂漠州立公園
Anza-Borrego Desert State Park
巻頭折込「アメリカ西海岸」
www.parks.ca.gov/?page_id=638
Visitor Center
200 Palm Canyon Dr, Borrego Springs, CA 92004
(760) 767-4205
毎日9:00～17:00 (10～5月)、土・日・祝日9:00～17:00 (6～9月)

DATA

ドライブルート サンディエゴの北東約95km。州立公園のビジターセンターまではダウンタウンから約2時間。町なかを20分ほど走ると、あとは一般道。沿道はずっと乾いた大地が続く。

シーズン 左のジョシュア・ツリー国立公園と同じ気候で、夏はかなり高温になる。花は種類により開花シーズンが異なるが、例年3月上旬から1カ月ぐらいが花の見頃。

花々の開花状況はウェブサイト（www.abdnha.org）で確認できる

From San Francisco　サンフランシスコから
カリフォルニア・パシフィック・コースト・ハイウエイ
California Pacific Coast Highway　巻頭折込「アメリカ西海岸」

海沿いを走る州道1号線は、サンフランシスコからモントレー方面に南下する道としてよく知られているが、ゴールデンゲート・ブリッジを越えて北に向かうルートも、知る人ぞ知る絶景ドライブルート。海沿いの小さな町メンドシーノMendocinoまでの道は、荒々しくも美しい景色が続いている。人口1000人弱のメンドシーノも魅力的なコミュニティだ。

DATA

ドライブルート メンドシーノはサンフランシスコから北へ約210km。1号線を海沿いに走って約5時間。内陸のUS-101号線を使えば所要時間は短くなるが、やはり海沿いを走りたい。

シーズン サンフランシスコと同じく1年を通じて気温は大きく変化しない。夏は霧が、冬は雨が多いので、春 (4～6月) と秋 (9～11月) が、比較的天候が安定している。

とても絵になるポイントアレナ灯台はメンドシーノの近く

海岸線にかわいい家々が並ぶメンドシーノの町

ルート上の見どころのひとつ、ポイントレイズ国定海岸

谷全体が見渡せるサブリスキーポイントからの眺め

From Las Vegas 🚗 ラスベガスから
デスバレー国立公園へ
Death Valley National Park

最も低い場所の海抜はマイナス86m。湖が干上がってできた「死の谷」は、西部開拓時代にここを渡ろうとした多くの人々の命を奪った所だ。見渡すかぎり一片の緑も見えない谷では、自然の厳しさを感じるのと同時に、不思議な美しさに心が打たれる。人工物に満ちたラスベガスから人間の痕跡が一切ないこの土地を訪れると、そのギャップに驚かされることだろう。

デスバレー国立公園
Death Valley National Park
🌐 www.parks.ca.gov/?page_id=638
📖 巻頭折込「アメリカ西海岸」
💴 $30（車1台につき、7日間有効）
Visitor Center
📍 200 Palm Canyon Dr, Borrego Springs, CA 92004
📞 (760) 767-4205
🕐 毎日9:00～17:00（10～5月）、土・日・祝日9:00～17:00（6～9月）

DATA
ドライブルート ラスベガスの西約160km。ストリップからビジターセンターがあるFurnace Creekまで 約2時間15分。ちなみに公園はネバダ州ではなくカリフォルニア州にある。

シーズン 西半球で最も暑い場所といわれており、7～8月は最高気温が50℃近くになるので観光は危険。その前後2カ月もかなりの暑さになるが危険というほどにはならない。11～4月がシーズンで、砂漠なので冬は冷え込むが暑くないだけ快適。

自ら移動する不思議な石「Sailing Stone」

From Seattle 🚗 シアトルから
カスケードループへ
Cascade Loop 📖 巻頭折込「アメリカ西海岸」

ワシントン州北部を回る全長約700kmの絶景ドライブルート。沿道の景色はバラエティに富み、山の中の深い森だけでなく、乾燥した草原や海をフェリーで渡るところも。全行程を走破するなら、最低2泊3日はみておきたい。
🌐 www.cascadeloop.com

カスケード山脈にある不思議な水の色のディアブロ湖

DATA
ドライブルート ワシントン州北西部。スタート地点はシアトルの北約40kmにあるエベレットEverett。US-2号線、US-97号線、S-20号線とぐるりと回り、バーリントンBurlingtonにいたる。

シーズン かなりの降雪があるカスケード山脈を走るので、例年11～4月は山道が閉鎖される。緑が美しい6～9月がベストシーズン。

From Portland 🚗 ポートランドから
コロンビア渓谷へ
Columbia River Gorge
📖 巻頭折込「アメリカ西海岸」

コロンビア川の渓谷は、日本人の感覚では「谷」と呼べないほど、広く開けている。でも支流には切り立った断崖に挟まれた深い谷もあり、途中で車を停めてハイキングを楽しみたい。

DATA
ドライブルート ポートランドから東へ約100km。I-84号線を川に沿って東に1時間ほど。気軽に日帰りで出かけられる。

シーズン 通年通行ができるが、緑の多い夏から紅葉が美しい秋（11月中旬まで）がおすすめ。

コロンビア渓谷ディスカバリーセンター＆ミュージアム
📍 5000 Discovery Dr., The Dalles, OR 97058
📞 (541)296-8600   🕐 毎日9:00～17:00   💴 $9

オレゴン州側から見るコロンビア渓谷

❷ 大自然に抱かれる人気のスポット

国立公園はもちろんのこと、ネイティブの人々が長年守ってきた
聖なる場所も西海岸の貴重な自然に触れることができるスポットだ。

心が洗われるヨセミテ渓谷の風景

Yosemite National Park

ヨセミテ国立公園 →P.299

神々しいほど巨大な岩壁に圧倒される

その自然美だけでなく、アメリカの自然保護運動の原点の場所として知られているヨセミテ。20世紀初頭、ここに巨大なダムを建設する計画があったが（自然保護という考えが希薄な時代に）、多くの人々の反対運動により計画は撤回された。今見られる景色は、当時の人々の運動の結果なのだ。

DATA	
ゲートシティ	サンフランシスコ
ベストシーズン	6〜9月

春先の雪解けの時期のヨセミテ滝。
水量が増したときは迫力満点

園内ではさまざまな野生
動物に遭遇する。クマも
いるので注意

せっかくならハイキングトレイルを
歩いて違う角度で山を眺めたい

15

Grand Canyon National Park

グランドキャニオン国立公園 →P.331

地球のスケールを体感する大渓谷

アメリカで最も知られる国立公園であり、世界自然遺産にも登録されている人類の宝。その雄大さと造形美は圧倒的だ。特に日の出と日の入りの時間帯に見られる、光と影が作り出す光景は壮観のひと言。時間があれば崖の上から眺めるだけでなく、谷底に向かって造られたトレイルを歩いて、下から見上げる公園の風景も見てみたい。

DATA	
ゲートシティ	ラスベガス
ベストシーズン	通年

夕方のキャニオンの光景。赤い岩肌と影が作るコントラストが美しい

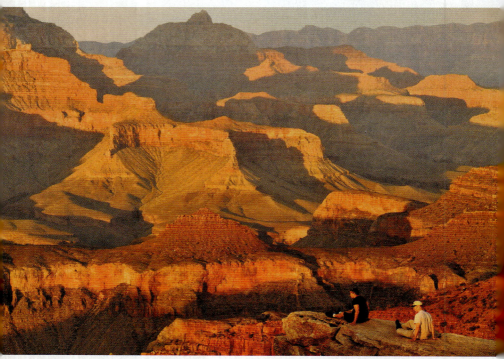

少しの時間でいいので谷を下ってみると、違う世界が見える

しっかり整備されたトレイルがたくさんある

よし、谷底までがんばるぞ！

森の中を歩いて、その豊かな世界を肌で感じてみたい

Mount Rainier National Park
マウントレニエ国立公園 →P.376

街から遠望できる氷河を抱えた秀峰

標高4392mの山の山腹には本土最大の氷河があり、一般の旅行者が山を登るのは難しいが、周囲の豊かな自然に触れることができる。

DATA	
ゲートシティ	シアトル
ベストシーズン	5〜10月

雪解けのすぐあとの6月頃、山麓は高山植物が咲き乱れる

Olympic National Park
オリンピック国立公園 →P.374

強い生命力を感じる神秘の森

大量の降雨がある特異な環境のもとに発達した温帯雨林の森が広がる。多様な植生だけでなく、多くの野生動物も見られる自然の宝庫だ。

DATA	
ゲートシティ	シアトル
ベストシーズン	6〜9月

Grand Circle グランドサークル →P.340

さまざまな大地の造形に心が奪われる

アリゾナ、ユタ、コロラド、ニューメキシコの4つの州に広がる複数の自然スポットと先住民の文化スポットで構成される巨大なサークル。

DATA	
ゲートシティ	ラスベガス
ベストシーズン	通年（一部を除く）

ザイオン国立公園 Zion National Park

乾燥した大地を流れるバージン川の優しい風景と巨大な岩峰のギャップが魅力の国立公園。

川の周囲の緑が砂漠のオアシスのような風景を作っている

ブライスキャニオン国立公園
Bryce Canyon National Park

「フードゥー」と呼ばれる浸食により造られた岩の柱が林立する、SF映画に出てきそうな不思議な光景が広がる。

岩の柱の間をぬってハイキングが楽しめる

迷路の中を歩いているよう

アンテロープキャニオン Antelope Canyon

上から見ると岩の亀裂にしか見えないが、中に入ると洞窟のような空間が広がる不思議な峡谷。

真上に太陽が来る昼だけ谷に直接光が差し込む

モニュメントバレー Monument Valley

先住民ナバホ族の聖地であり、その独特の景観はアメリカ西部のアイコンになっている。

ナバホ族が催行するツアーに参加して見学する

★★★ Let's Taste America in West Coast ★★★
西海岸で味わおう、アメリカの味

「ファーム・トゥ・テーブル（生産地から食卓へ）」という考えが生まれた西海岸は、食に対する意識がアメリカで最も高いところ。ファストフードもいいが、せっかく西海岸を訪れるのだから、レベルの高いアメリカの味を楽しんでみたい。

[ハンバーガー Hamburger]

ボリューム満点！

アメリカ料理の代表なので、どこでも食べられる。ファストフード店もたくさんある。でも西海岸の「グルメバーガー」はひと味もふた味も違う。パテやバンズの素材にこだわるのはもちろん、野菜には必ずオーガニック、ソースはじっくり手間をかけた自家製のもの、調理は熟練のコック……。それなりに高値だが、値段に見合うクオリティのハンバーガーが食べられる。

予算	$15〜24
ここがおすすめ!!	ロスアンゼルス ファーザーズオフィス → P.101 エムカフェ → P.105 サンフランシスコ ファティッド・カルフ → P.269

[タコス Tacos]

メキシコ料理のタコ（複数形でタコス）がもとだが、今はアメリカ料理のひとつといえる。小麦粉やトウモロコシ粉で作った軟らかいトルティーヤで具を包んで食べるのが本場のスタイルだが、アメリカのタコスの多くは硬い皮の間に肉や魚、野菜などの具を挟んで食べるのが主流。もちろんメキシコ料理店に行けば伝統的なものが食べられる。それぞれの味を食べ比べてみるのも楽しい。

予算	$8〜15
ここがおすすめ!!	サンディエゴ カフェコヨーテ → P.193

[クラムチャウダー Clam Chowder]

発祥は東海岸。赤いトマトスープ風クラムチャウダー（マンハッタンスタイル）もあるが、西海岸で食べられるのは、ほぼ牛乳ベースの白いシチュー（ニューイングランドスタイル）。くり抜いたパン（酸味のあるサワードゥブレッド）を器にしたスタイルはサンフランシスコ生まれ。ほかの街でも海沿いのレストランでは定番のメニューだ。

予算	$6〜12（カップ $3〜なら）
ここがおすすめ!!	サンフランシスコ　ボウディン・ベーカリー＆カフェ → P.269 シアトル　アイバーズ → P.370

[ピザ pizza]

もちろん元はイタリア料理。でも今はアメリカで最も食べられる日常食だろう。正統のローマ風ピザは薄くクリスピーな生地だが、アメリカのピザは厚い生地がほとんど。アメリカ人でもひとりで1枚食べられないボリュームなので(皆持ち帰る)、注文する際は気をつけたい。デリなどではスライスしたものが買える。

予算	$12〜20（スライスは$4〜）
ここがおすすめ!!	サンフランシスコ デル・ポポロ →P.266 ポートランド アピッツァショールズ →P.401

焼きたてアツアツを食べよう!

[ドーナツ Donuts]

オールドスタイルからインスタ映えを狙った派手なものまで、アメリカの国民的おやつは今も健在。地元民に愛されているドーナツ店は、何十年もの歴史があるところが少なくない。人気店では朝から行列ができ、昼過ぎには売り切れになることもある。

予算	$3〜5
ここがおすすめ!!	ポートランド ブルースター・ドーナツ →P.395脚注 ブードゥードーナツ →P.401脚注

[コーヒー Coffee]

薄くて味気ないアメリカのコーヒーは今や昔の話。どの街にも、こだわりの豆を使い自家焙煎したおいしいコーヒーを出すカフェがたくさんある。ほとんどの店がハンドドリップを採用していて、店に入ると香ばしいコーヒーアロマに包まれて幸せな気分に。

予算	$4〜6
ここがおすすめ!!	シアトル スターバックス・リザーブ・ロースタリー&テイスティングルーム →P.371

[クラフトビール Craft Beer]

長年飲み口の軽いライトビールが好まれてきたアメリカでは、2010年頃からマイクロブリュワリー（小規模ビール醸造所）が徐々に増え始めた。個性豊かな自家製ビールは、あっという間にビール愛好家に受け入れられ、その数をどんどん増やしている。そのトレンドの中心が西海岸の諸都市だ。初めて訪れる店では、数種類のビールが少しずつ飲める"Sampler"を用意しているので、本格的に(?)飲み始める前に、お気に入りを見つけよう。

予算	$4〜（Samplerは$7〜10）
ここがおすすめ!!	サンディエゴ バラストポイント・テイスティング・ルーム →P.193

アメリカを代表するグルメスーパー
Whole Foods Market

ホール・フーズ・マーケット
1980年にテキサス州オースチンでスタート。全米に約480店、カナダやロンドンなどにも支店を構える。米国農務省のオーガニック認定を受けた農作物が多く、近郊の農家から取り寄せる食材は新鮮！ 自然派コスメ、ホメオパシー、ヨガグッズの品揃えも充実。
www.wholefoodsmarket.com

\ 編集室的 /
Best Buy 4

$12.99

お風呂を美人の湯に
Whole Seaweed Detox Bath
海藻がそのまま入った入浴剤。お肌がつるつるに。

全部おいしそ〜

特徴 1 デリが美味！
デリがとにかくおいしい。さらに添加物や化学調味料がほとんど使われていないので安心。

$12.99

実用度高し！
Lunch Shopper Tote
保温機能のついたシンプルなランチバッグ。

特徴 2 セレクト商品が充実
目利きバイヤーたちが世界中から買い付けた、質、ルックスともに優れた商品が並ぶ。

$2.99

$9.99

特徴 3 店舗が大きい
商品数も多く、家族連れでもゆっくり買い物ができる。

最初は慣れが必要
Toothpaste
オーガニックの歯磨き粉は、ミントなどの強い味はなく、慣れが必要。

ランドリー製品は外国製で
Fabric Softner
アメリカのオーガニックスーパーでよく見かけるMrs. Mayer'sの柔軟剤。

── 本誌掲載都市のおもな店舗 ──

ロスアンゼルス
サンタモニカ＆ベニス　　MP.66-A1
サンセットストリップ　　MP.68-B4
ダウンタウン中心部　　　MP.64-A3
ミッドウィルシャー　　　MP.60-B2
パサデナ　　MP.65-A4
ウエストサイド　　MP.58-A3
サンフランシスコ
サンフランシスコ中心部　MP.223-F2
ヘイトアシュベリー＆ミッション　MP.231-B3
サンノゼ＆シリコンバレー　MP.257-B
パシフィックハイツとその周辺　MP.230-C3
シアトル
シアトルダウンタウン　　MP355-A2
シアトル周辺部　　MP.354-A1
ポートランド
ポートランド中心部　MP.388-B2
ポートランドダウンタウン　MP.389-A2

{ **How to Buy?** お会計はこうやる！ }
日本とは違うレジのシステム。店舗によっても異なるが、ここではおさえておきたいポイントを紹介したい。

レジでは自分で商品をコンベヤーの上に載せる
"自分で買い物かごから商品を取り出し、ベルトコンベヤーの上に商品を置いていく"のがルール。ベルトコンベヤーの脇には、前の人の商品と区別するためのスティックが用意されている。

商品が少ない場合はセルフで
商品が少ない場合はエクスプレスレーンExpress Laneを使おう。自身で商品のバーコードを読み取り、お会計も行う。

{ みやげに喜ばれる物がいっぱい }
Trader Joe's

トレーダージョーズ

全米で475店舗以上を展開する、オーガニックスーパー界のパイオニア。通称トレジョ。店内にある商品のほとんどが自社製品で、食品から生活用品まで幅広く取り揃えている。商品の見せ方や商品紹介のポップもかわいい。店員はアロハシャツを着用する。
www.traderjoes.com

編集室的 Best Buy 4

$2.29

$4.99

女性にはこれで決まり
Hand Cream
トレジョの人気商品のひとつ。パッケージも抜群にキュート。

$1.99

みやげに買う人続出中
Salt & Pepper
安くて、実用的で、かわいくて、かさばらない。ベストみやげといっていいミル付きの調味料。

$0.99

サプリ大国の本気
Omega 3
美肌やダイエットなどに効果があるとされるオメガ3脂肪酸のサプリ。

$9.99

これを買っておけば間違いなし
Reusable Bag
軽くてとても丈夫なショッピングバッグ。日本でも買い物の時に重宝しそう。

特徴 1 ほぼオリジナル商品
オリジナル商品のパッケージには、自社製品を表すロゴが必ずある。それを頼りにチョイスを。

特徴 2 安い
店内の商品の種類は少ないがひとつの商品を大量に仕入れ価格を抑えている。

困ったら頼ってね〜
特徴 3 スタッフが元気で優しい
しっかりと社員教育が行われており、スタッフたちは皆親切ていねいに対応してくれる。

{ How to Buy? 憧れのグラム買い }

海外ドラマなどでもたびたび登場するグラム買いのシーン。何も難しいことはない！

グラム？ポンド？オンス？
量り売りは1lb（1ポンド＝453.6g）、もしくは1oz（1オンス＝28.3g）当たりの値段で書かれていることが多い。デリなどで店員に注文するときはハーフポンド（226.8g）クオーターポンド（113.4g）などと注文しよう。

専用容器に入れレジへ
チョコやグミなどのお菓子類から、スパイス、シリアルなども量り売りになっている。多くの場合は近くに包み紙が用意されているので、それに詰めてレジへ持っていこう。レジでグラムを量ってくれる。

本誌掲載都市のおもな店舗

ロスアンゼルス
ハリウッド中心部　MP.67-C4
サンセットストリップ　MP.68-B3
ハリウッド　MP.62-A4
ミッドウィルシャー　MP.60-B2
サンディエゴ
パシフィックビーチ　MP.176-A3
サンフランシスコ
フィッシャーマンズワーフ周辺　MP.229-D3
ダウンタウン中心部　MP.224-A3
ユニオンスクエア周辺　MP.227-D5
シアトル
シアトル周辺部　MP.354-A2
ポートランド
ノブヒル　MP.394-A2

地球の歩き方的
デジタル旅行のすすめ

インターネットを活用して旅を10倍楽しもう

プランニングの段階から、現地で街を歩く場面まで、今や旅のあらゆるシーンでインターネットは不可欠なものになっている。その技術をしっかり使いこなしている人はいるが、便利そうだけれど実際どうすればいいかよくわからない、という人も少なくない。ここでは、インターネットとデジタルデバイス（スマートフォンやタブレット）を使って、アメリカ西海岸の旅をより効率よくするためのアプリやサービスを紹介する。

プランニング Planning

いつ(when)、どこに(where)、どれくらいの期間(how long)旅に出かけるか。それが決まれば即手配ができるのがネットのよさ。往復の航空券と滞在するホテルのふたつの要素が、旅のアウトライン。まずこれを決めてしまおう。

総合OTA（Online Travel Agent）
ひとつのサイトで、航空券とホテルが手配できるほか、レンタカーや現地ツアーの手配も可能。スケジュールの管理はもちろん、メールで通知までしてくれるサイトもある。
- エクスペディア 🌐www.expedia.co.jp
- トリップ・ドット・コム 🌐www.trip.com

航空券の手配
複数の航空券販売サイトの料金を一度に比較できる。いちばん安いもの、いちばん便利なものなどの比較が可能。左記OTAの料金も含まれる。ホテルの手配もできるようになり、総合OTAに近い。
- スカイスキャナー 🌐www.skyscanner.jp
- スカイチケット 🌐skyticket.jp

ホテルの手配
左記航空券については、サイトによる金額差はないが、ホテルは、各サイト独自の割引を実施していることがあり、複数のサイトを見て比較してみよう。料金が税込み表示かどうかに注意。
- ブッキングドットコム 🌐www.booking.com
- トリバゴ 🌐www.trivago.jp
- アゴダ 🌐www.agoda.com

準備 Preperation

旅の日程は決まった。準備を始めよう。通常の持ち物の準備とは別に、スマホやタブレットを使うための準備もよう。まずネットの接続環境について、日本と同じような常時接続環境が必要か、それともたまに接続できればいいのかを考えよう➡P.432
出発前にやっておきたいのが現地で活用したいアプリのインストール。それぞれのウェブサイトにアクセスしてサービスを利用することはできるが、専用アプリをインストールしておいたほうが、断然使い勝手がいい。そのほか貴重品のメモなどをスマホに保存しておこう。

事前にインストールしておきたいアプリ

- **Google Map** 地図アプリの定番。このアプリの優れたところは、事前に目的地の地図をダウンロードすることで、機能は制限されるがオフラインの状態でも地図が利用できること。

- **WiFi Map** 無料のWi-Fiスポットを探すオフラインで利用するアプリ。Wi-Fiアクセスが必要になったら、これで近くのスポットを探す。

- **Google翻訳** 旅先では言葉がわからなくて困る場面が必ず出てくる。それを少しでも回避するための最適なアプリ。

- **現地交通機関のアプリ** シェアライドサービスUberやLyft ➡P.423 を使う予定の人は、出発前に日本でアプリをダウンロードしておいたほうがいい。アカウントを作成する際、クレジットカード情報や電話番号を入力する必要があるので、先にやっておいたほうがいい。
現地で公共の交通機関を利用する予定の人は、スケジュールや運行頻度、待ち時間などがわかるアプリを入手しておく。ただ公式サイトが出しているものは評価が低いことがあるので、それ以外も探してみよう。上記Google Mapには交通機関のスケジュールを表示する機能もある（オンライン使用時のみ）。

- **通貨換算アプリ** ドル表示だといまひとつ値段の感覚がわからない人向け。計算機よりスマートだし、最新の為替レートで計算してくれる。さまざまなものがあるがXE Currencyの評価が高い。

重要書類の保存

今さら何を、という人もいるが、意外に実践している人は多くない。パスポートの2ページ目、クレジットカードの両面、運転免許証、海外旅行保険証、e-チケットやESTAの控えなど、写真に撮って保存しておこう。万一スマホを紛失したときのために、Evernote🌐evernote.comなどのメモアプリを利用して、クラウド（インターネット）上にもそれらのデータは保存しておこう。IDとパスワードさえあれば、ホテルのPCなどからアクセスができる。

現地でアプリを利用する
Use Apps on Travel

インターネットに常時接続できるようにするのか、接続するのは無料Wi-Fiに限定するのかを決めたら、実際にアプリを起動させてみよう。特に日本で使うのと変わったところはない。(実際アメリカでもたくさんいるが) 歩きスマホはマナー違反なので、画面を見るときは周りに気をつけながら立ち止まってチェックしよう。

なお現地でSIMカードを購入して使う場合、SIMカード自体使い回しされているので、カードに付帯された電話番号が過去に使われている可能性がある。例えばウーバーなどのアカウント登録をする際には電話番号が必要だが、SIMカードの電話番号で登録しようとして、すでに登録された番号として受け付けてもらえない可能性がある。

オンラインとオフライン

オンライン(on line)とは、スマホやタブレット、PCがインターネットにつながっている状態のこと。ウェブサイトに接続してさまざまなサービスが利用できる。一方オフライン(off line)とは、スマホやタブレット、PCがインターネットにつながっていない状態。インターネットに接続する際、無料Wi-Fiサービスのみを利用している人は、Wi-Fiがない状態のときはオフライン。オフラインでもGPS機能(位置情報)は利用できるので、アプリによってオフラインでも利用できる。

地図アプリ

旅行中にいちばん活躍するのが地図アプリ。スマホのGPS機能を利用して、初めての街でも自分がどこにいるかがすぐにわかる。Google Mapをオンラインで利用する場合、目的地までの直線距離が測れる機能や目的地まで案内してくれるナビゲーションの機能が使える。またレンタカーを利用する際にはカーナビの代わりにもなる。なおApp Storeのみでの販売だが、「CityMaps2Go」というアプリも、オフラインでの利用もできる評判の高いアプリ。

「CityMap2Go」の画面。見やすくスクロールもスムーズ。ダウンロードページもわかりやすい

口コミサイト

見どころなどはガイドブックで情報が得られるが、リアルタイムで人気のあるショップやレストランを探すなら口コミサイトがいちばんだ。Yelpのレビューは、実名での書き込みが原則なので評価の正当性は高い。おなじみのTrip Advisorも現地情報を知るには便利。

● Yelp
www.yelp.com
● Trip Advisor
www.tripadvisor.jp

レストラン予約サービス

いいレストランほど飛び込みで行っては席がなかなか取れない。旅行の貴重な時間を無駄にしないためにも、しっかり予約をしてから出かけたい。日本でもサービスを行っているオープンテーブルは、この分野の老舗。左記のYelpにも予約の機能が付加されている。

● OpenTable
www.opentable.jp

翻訳

無料で利用できるアプリは多数あるが、前述したGoogle翻訳の評価が高い。年々翻訳の精度が上がってきており、オンライン、オフラインどちらでも利用できる利便性、音声、文字入力、カメラスキャナーなど、多彩な利用法があるのも人気の秘密。看板やメニューにスマホをかざすだけで、瞬時に翻訳してくれる機能は(おかしな翻訳で笑わせてくれることもあるが)旅行中にはたいへん役に立つ。

シェアバイク

西海岸の大都市は、どこもシェアバイクが備えられている。たいてい電動アシストの自転車で、街によっては電動キックボードもある。オレンジ色の自転車Jumpと黄緑色の自転車Limeが2大サービスプロバイダー。いずれもアプリをダウンロードして使用する。そのほか、ポートランドのBiketownやサンフランシスコのBayWheelsのように、専用ドックからの貸し出しと返却をするものもある。ちなみにJumpはUber、BayWheelsはLyftと、それぞれ2大シェアライドプロバイダーの傘下にある。

● JUMP jump.com
● Lime www.li.me
● BayWheels www.lyft.com/bikes
● BikeTown www.biketownpdx.com

サンディエゴの街角に置かれたスクーター

サンフランシスコの街を走るJumpのバイク

Google翻訳のアプリを立ち上げてメニューにカメラをかざす

瞬時に文字を読み込み日本語で表示する

なおここで紹介したウェブサイトやアプリは無数にあるもののごく一部。人によって使い勝手は異なるので、自分でも好みのものを探してみたい。

23

Check It Out in West Coast
西海岸の最新情報 & 注目スポット

各都市から届いた新着情報や要チェックのスポットをご紹介！（情報は2019年7月現在）

From Los Angeles
ロスアンゼルスから

最新情報 映画の都に登場する注目の博物館
アカデミー映画博物館
Academy Museum of Motion Pictures

2020年、ミッドウィルシャーに開館予定の、映画についてさまざまな展示が見られる博物館。映画好きのみならず、すべての旅行者が注目すべきスポット。

©Renzo Piano Building Workshop/
©Academy Museum Foundation/Image from L'Autre Image
www.academymuseum.org

注目スポット ますます盛況のショッピングスポット
ロウDTLA → P.85
Row DTLA

ダウンタウンの南部の再開発プロジェクトとして2016年にオープン。その後も人気のブランドショップ、話題のレストランが続々と出店。注目度もさらに上がっている。

From San Diego
サンディエゴから

最新情報 シーワールドに新たな絶叫ライド登場！
新型ダイブコースター
SeaWorld New Dive Coaster

2020年登場予定のシーワールド → P.156 の新ライドは、サンディエゴで最も高い所を走るコースターだ。名称は未定。

注目スポット サンディエゴ随一のグルメエリア
リトルイタリー → P.180
Little Italy

クオリティの高いレストランが並ぶグルメスポット。水曜と土曜の午前中に開かれているファーマーズマーケットも人気だ。

食べ物の屋台もたくさんある

From San Francisco
サンフランシスコから

最新情報 新たなランドマークから街を見渡す
セールスフォース・タワー＆トランジット・センター
Salesforce Tower & Transit Center

街でいちばん高いビルの61階、326mの高さから、市内を眺めるツアーが催行されている（要予約）。隣接するトランジット・センター → P.215 で行われるイベントにも注目。

注目スポット 落書きは今や壁画アート
ミッション地区の壁画
Murals in Mission District

壁に描かれた絵が市内に1000カ所以上あるといわれ、ミッション地区 → P.253 には特に多い。最近はGraffiti（落書き）ではなく、Mural（壁画）と呼ばれている。

From Las Vegas
ラスベガスから

© Kevin Mazur/Getty Images

 最新情報

スーパースターをラスベガスで再び
レディー・ガガ エニグマ＋ジャズ＆ピアノ
Lady Gaga Enigma + Jazz & Piano

2019年の公演はすべて完売した、グラミーとオスカーのダブル受賞を果たした歌姫。2020年もパークMGM内（MP.318-A4）のPark Theaterで公演が行われる。
parkmgm.mgmresorts.com

 最新情報

シルク・ドゥ・ソレイユのNew Show
ラン
R.U.N

シルク・ドゥ・ソレイユ初のライブアクションスリラー。パフォーマンスとスペシャル・エフェクトの融合により、五感に訴えるこれまでになかったショーがルクソール→P.321 に登場。

Courtesy of Cirque du Soleil
www.cirquedusoleil.com/las-vegas/run

From Seattle
シアトルから

 最新情報

ダウンタウンの風景が生まれ変わる！
ウォーターフロント活性化プロジェクト
Waterfront Revitalization

2019年春、ダウンタウンとウォーターフロントを分断していた高架高速道路が撤去された。この跡地の整備を含め、ウォーターフロントエリア→P.356 が生まれ変わる。

©The City of Seattle and James Corner Field Operations

 注目スポット

世界最大のeコマース企業のオフィス
アマゾン・スフィア＆アンダーストーリー
Amazon the Spheres & Understory

ダウンタウンにある不思議なガラス張りの施設はアマゾン・ドット・コムの社屋。内部見学が可能な日がある（要予約）。
MP.355-A2
2111 7th Ave.,Seattle
www.seattlespheres.com
第1・3土曜 10:00〜18:00
無料

From Portland
ポートランドから

 注目スポット

街から30分、別世界が広がる
テュアラティン・バレー
Tualatin Valley

ダウンタウンからライトレイル1本で、ブドウ畑が広がるのどかなエリアにアクセスできる。ワイナリー巡りだけでなく、グルメやショッピング、アクティビティも楽しめる。
MP.380
行き方 ダウンタウンよりマックス・ライトレイル・ブルーラインでビジターセンター近くのBeaverton Central駅まで26分。

ウインドーショッピングも楽しい

 注目スポット

レストランが集まる"Eat Street"
ディビジョンストリート
Division Street

個性的な通りがいくつもあるポートランドで、食事をするならサウスイーストのディビジョンストリート→P.393 へ。食器や雑貨の店も豊富。

Study About West Coast 1

西海岸ってこんなトコ アメリカ西海岸オリエンテーション

アメリカ合衆国は、北米大陸の中心部に位置し、面積約963万1373km²と、日本の約25倍！そのためアメリカ本土内には4つの時間帯がある。

アメリカ西海岸は、アメリカ合衆国西側の太平洋に面した地域(一部を除く)で、カリフォルニア州、ネバダ州、ワシントン州、オレゴン州の4州を合わせた面積は約112万km²。カリフォルニア州だけで日本の本州が収まってしまうほどだ。ここでは各州の概要を紹介しよう。

日本からシアトルまでは約9時間！

同縮尺の日本とアメリカ

State of Washington
ワシントン州(WA)

掲載都市

① **Seattle** シアトル → P.346
スターバックス・コーヒーが生まれた街

- **州都** オリンピア Olympia
- **ニックネーム** The Evergreen State（常緑の州）
- **歴史** 1770年代、スペインやイギリスの探検家たちにより、ワシントン海岸地域の土地が次々と発見されていった。1812〜1814年の米英戦争でイギリスからの輸入が凍結した結果、自国での産業が発展。ワシントン州は製材、農水産、貿易港をもつことで発達していく。1896〜1899年のカナダ・アラスカのゴールドラッシュのルートとなって人口が急増し、1889年にアメリカ合衆国42番目の州として成立した。

カナダとの国境に近く、周囲に豊かな自然が広がるシアトル。1971年、ここにスターバック・コーヒーが誕生、名ギタリストのジミ・ヘンドリクスもシアトル生まれだ。

アマゾンなど世界的企業の本社が多い

最先端ITを駆使したアマゾンの無人店舗

掲載都市

② **Portland** ポートランド → P.380
トップランクの住みたい街

日本でも注目のエコシティ、ポートランド。ポートランド生まれのショップやレストランも続々と日本に進出してきている。環境や食に対する意識の高さは、ほかの都市とは一線を画す。

多様性を受け入れる街

State of Oregon
オレゴン州(OR)

- **州都** セーラム Salem
- **ニックネーム** Beaver State（ビーバーの州）
- **歴史** 1560年代にスペイン、イギリスの探検家たちによって発見され、現在のワシントン州、アイダホ州、カナダのブリティッシュ・コロンビア州を含む大陸北西部一帯が「オレゴンテリトリー」と呼ばれていた。1846年にオレゴン条約が締結されるまで、アメリカとイギリスとの間で領地獲得の紛争が続き、その後1859年にアメリカ合衆国33番目の州として成立。1869年に東西を結ぶ大陸横断鉄道の開通にともない、人口も産業も発達していった。

State of California
カリフォルニア州(CA)

州都 サクラメント Sacramento
ニックネーム The Golden State (黄金の州)
歴史 1542年、現在のサンディエゴにスペインの探検家フアン・カブリヨが到着したことからカリフォルニアの歴史が始まった。スペイン統治下の後、メキシコに併合、1846～1848年の米墨戦争の結果、メキシコからアメリカに割譲された。1848年にサクラメント周辺で金鉱が発見され、ゴールドラッシュにともなって急発展を遂げる。1850年にアメリカ合衆国31番目の州として成立。

掲載都市
3 さまざまな文化の発信地
San Francisco サンフランシスコ → P.208

アーティストが多く、ゲイコミュニティ、ヒッピーなど、マイノリティの文化があふれる街。それらを許容するサンフランシスコは、ITバブルの影響で地価が高騰中！

"自由"というオーラが街を覆う

IT産業でアメリカンドリームをつかんだ若者が多い

掲載都市
4 世界のトレンドはここで生まれる
Los Angeles ロスアンゼルス → P.38

トレンドを生み続ける街ロスアンゼルス。ここで生まれたトレンドが世界のスタンダードになることもしばしば。ハリウッドやビバリーヒルズなど、アメリカを象徴するスポットも多い。

女性たちは写真を撮るのに忙しい

写真映えスポットがいっぱい

掲載都市
5 カリフォルニア誕生の地
San Diego サンディエゴ → P.168

メキシコに隣接し、エキゾチックな雰囲気が漂うサンディエゴ。年中過ごしやすい気候で、国内有数のビーチもあり、バカンスに最適な地。夏も冬も、いつでも旅行シーズンだ。

ヤシの木が林立する

State of Nevada
ネバダ州(NV)

州都 カーソンシティ Carson City
ニックネーム The Silver State (銀の州)
歴史 1820年頃、毛皮貿易商のジューディッシュ・スミスが、南カリフォルニアを訪れる途中で、偶然ネバダの地を発見したといわれている。米墨戦争終了後、アメリカの領土となったが、しばらくはユタとの領地併合時代が続いた。1859年、豊富な鉱脈が見つかり、採鉱により発展。1861年、ネバダとしてユタから分離した。1864年にアメリカ合衆国36番の州として成立。

掲載都市
6 エンターテインメントの中心
Las Vegas ラスベガス → P.310

文字どおり"眠らない街"ラスベガスは、すべての欲望を満たしてくれる。カジノ、ショッピング、ショー、バフェ、ナイトクラブ……。説明不要のエンターテインメントシティだ。

夜も無数のネオンが街を照らしている

掲載国立公園
7 見たことのない景色に出合う → P.331
Grand Canyon グランドキャニオン

圧倒的なスケールの景色が広がる、アメリカを代表する国立公園。大峡谷が映し出す光と影の芸術に、世界中の観光客が魅了されている。

時間ごとに変化する表情に注目したい

一生の思い出になるはず

State of Arizona
アリゾナ州(AZ)

州都 フェニックス Phoenix
ニックネーム The Grand Canyon State (グランドキャニオンの州)
歴史 フランシスコ会の修道士マルコス・デ・ニサが、1539年にアリゾナ地域を探検したという記録が残されている。1775年、ツーソンに要塞が建てられスペイン領となり、1821年、スペインから独立を宣言したメキシコの領土になったが、米墨戦争の終わりにアリゾナ州の大部分がアメリカの所有になる。1912年にアメリカ合衆国48番目の州として成立。

Study About West Coast 2

何で旅する？ 交通手段別アクセスガイド

公共交通網が発達している日本とは異なり、アメリカ国内の移動手段はやっぱり車がメイン。広い国土ゆえに飛行機での移動もポピュラーだ。
そのほか、長距離バスのグレイハウンドバスや鉄道のアムトラックも移動手段として挙げられる。それぞれの特徴を理解し、旅のスタイルに合った移動方法を見つけよう。

＼ 自由度No.1 ／
レンタカー　Rent-a-Car

止まるも進むも自分しだい

道路の整備も行き届き、広いフリーウエイを走ればドライブも快適だ。ただし、サンフランシスコは急勾配の道が多く、運転に慣れている人でも苦戦する。また、ロスアンゼルスなどの都心部は日本と同様、通勤ラッシュによる渋滞も激しい。走行するエリアや時間帯を考慮して、移動のプランを立てるといい。

▶レンタカー → P.424　／交通ルール → P.425

＼ ローカルの雰囲気も味わえる ／
グレイハウンドバス　Greyhound Bus

低予算での移動といえばグレイハウンドバス。「こんな小さな町にまで……」と思うほど、全米を網羅している。すべてをバスでと考えず、近隣への移動や雰囲気を味わうだけの利用でも、旅に変化が出てくるはず。

▶長距離バス → P.422

＼ 西海岸の景色を堪能したいなら ／
アムトラック　Amtrak

旅程にゆとりがあるなら、鉄道のアムトラックでの移動もおすすめ。アメリカ西海岸には、車窓から海岸線を眺めることができるパシフィックサーフライナー号Pacific Surflinerと、シアトル-ロスアンゼルス間を車中1泊2日で走り抜けるコーストスターライト号Coast Starlightなど、人気のルートが豊富だ。

▶鉄道 → P.422

＼ 長距離もひとっ飛び ／
飛行機　Airplane

アメリカ国内には、数多くの路線と航空会社が存在している。大都市から小さな町までを効率よく結ぶ交通手段だ。

▶アメリカ国内線の基礎知識 → P.421

主要都市間移動時間の目安

主要都市間のマイル／キロメートル換算表

マイル (mile) キロメートル (km)	LA	SD	LV	SF	PO	SE
ロスアンゼルス		121	265	386	963	1135
サンディエゴ	195		327	507	1084	1256
ラスベガス	427	526		567	981	1129
サンフランシスコ	622	816	913		649	821
ポートランド	1550	1744	1579	1045		174
シアトル	1827	2021	1817	1321	280	

Study About West Coast 3

テーマ別 旅のモデルプラン

アメリカ西海岸の街へは、日本から9時間ほどのフライトで到着する。都市間の移動も比較的簡単で、人もあたたかく、旅の初心者でも十分楽しむことができるデスティネーションが多い。
長期でも、短期でも、うまく旅程を組めば、最高の思い出になること間違いなし！ここではテーマ別に旅のモデルプランを紹介しよう。

10日間 Itinerary

初めてのロングトリップ
西海岸の街を総ざらい アメリカ縦断旅

10日間は長いと感じるかもしれない。しかし、長い旅程でこそ見える、感じるものがある。ショートトリッパーからロングトリッパーへ。転身の1歩は西海岸からスタートしたい。

Day 1 シアトルに午前中到着。パイク・プレイス・マーケット → P.356 やシアトルセンター → P.361 などを楽しむ

Day 2 午前中にグレイハウンドでポートランドに到着。自転車をレンタル → P.390 してポートランドの街をぶらり

Day 3 アウトドアショップが多い
ファーマーズマーケット → P.395 やクラフトマンシップにあふれるショップ → P.398 で買い物三昧

ポートランドは消費税0％！

Day 4 午前中、飛行機でサンフランシスコへ。ゴールデンゲート・ブリッジ → P.246 やピア39 → P.241 など定番観光スポットを楽しむ

Day 5 サンノゼ → P.257 でIT企業を訪問。23:00頃グレイハウンドに乗車

Day 6 ハリウッドみやげをゲット
朝方LAに到着。ハリウッド → P.77 やサンタモニカ → P.70 など定番の場所を巡る

Day 7 終日ユニバーサル・スタジオ・ハリウッド → P.143 ではじける。夕方グレイハウンドでサンディエゴへ

Day 8 最後はビーチでリラックス
サンディエゴのビーチ → P.187 、オールドタウン州立歴史公園 → P.185 などへ。夜はサンディエゴの地ビールで乾杯

全米有数のビーチが多い

Day 9 サンディエゴから日本へ出発

Day 10 日本に到着

地図：
- 日本から → シアトル → ポートランド → (✈) → サンフランシスコ／サンノゼ → ロスアンゼルス → サンディエゴ → 日本へ
- ━━ 道路　- - - 州境　━━ ルート

29

Itinerary 8日間 ＼アメリカのアイコンをぐるり！／ 都市も自然も楽しみたい バランス型人気ルート

思い描いたアメリカは西海岸にあり！エンターテインメント満載のルートで、ど直球のアメリカを体験してみては。

- **Day 1** 日本からロスアンゼルス→P.38 へ。そのままハリウッド→P.77 を散策
- **Day 2** ハリウッド映画の撮影にも使われる、スタジオ見学ツアー→P.74 に参加しよう！
- **Day 3** 夢と魔法の世界、ディズニーランド・リゾート→P.129 を終日満喫
- **Day 4** 飛行機でラスベガス→P.310 へ出発。夜はカジノで思う存分BET！
- **Day 5** グランドキャニオン→P.331 へ現地のツアーで出発。大パノラマに感激！グランドキャニオンで1泊
- **Day 6** ラスベガスに戻り、アウトレット巡り。夜はショーを楽しんで！
- **Day 7** ラスベガス発、ロスアンゼルス経由で日本へ出発
- **Day 8** 日本に到着

エンターテインメント大国ならではの体験が待っている

Itinerary 7日間 ＼都会に疲れた人に贈る／ 中規模都市と自然 リラックストリップ

都市も、自然の規模も、大き過ぎず、小さ過ぎず。無理せず楽しめるおすすめルート。

- **Day 1** ポートランド→P.380 に到着。ダウンタウンを中心に終日市内観光
- **Day 2** ポートランド発のメーカー→P.398 でショッピング。ランチはフードカート→P.391 で
- **Day 3** 朝、レンタカーを借りてマウントレニエ国立公園→P.376 へ。トレッキングしながら氷河を見学。夕方シアトルへ
- **Day 4** シアトルからレンタカーでオリンピック国立公園→P.374 へ。ジャングルのような温帯雨林、巨大な流木など、個性的な国立公園を満喫。夕方シアトルへ戻りレンタカーを返却
- **Day 5** 終日観光。スターバックス・コーヒーの名物店舗→P.356 は訪れておきたい。パイク・プレイス・マーケット→P.356 も忘れずに
- **Day 6** シアトルから日本へ出発
- **Day 7** 日本に到着

ポートランドサインもお見逃しなく

Itinerary 7日間 ＼レンタカーで自分のペースで／ 子供連れでも満喫できる 車でのんびり南カリフォルニア

列車に乗り間違えたり、集団での移動の気忙しさがないのはやっぱり車だ。車社会のアメリカ、特に南カリフォルニアの町はどこへ行くにも車が早くて便利。子供がいても心配無用！

- **Day 1** ロスアンゼルスに到着。この日は夜までユニバーサル・スタジオ・ハリウッド→P.143 を満喫！ハリー・ポッターやシンプソンズの世界へ
- **Day 2** レンタカーを借りアナハイムへ。ディズニーランド・リゾート→P.129 で夢にひたる。アナハイム泊
- **Day 3** レンタカーで南へ。海岸沿いを南下し、途中にあるオレンジカウンティのビーチ→P.120 を気まぐれ観光。サンディエゴ泊
- **Day 4** レンタカーで、世界的に有名なサンディエゴ動物園→P.182 へ。広い園内でゆっくり動物を見学。サンディエゴ市内に戻りレンタカーを返却
- **Day 5** 終日サンディエゴを市内観光。ビーチ→P.187 で旅の疲れを癒やすのも◎
- **Day 6** サンディエゴから日本へ出発
- **Day 7** 日本に到着

サンディエゴ動物園で動物と接近！

Itinerary 6日間 — 1都市に滞在してじっくり街を楽しむ旅

\連泊で荷造りも不要/

狭い土地に見どころが集まっているサンフランシスコなら、数日の滞在でかなりディープに街を知ることができる。

Day 1 サンフランシスコ→P.208 に到着。ホテルにチェックインしたら、フィッシャーマンズワーフ→P.241 へ

Day 2 朝食はフェリービルディング→P.233 で。ダウンタウン→P.232 やSOMAの見どころを巡る

Day 3 BARTでバークレー→P.256 へ行きキャンパスを見学。サンフランシスコに戻り、バスでゴールデンゲート・ブリッジ→P.246 へ

Day 4 ナパバレーでワイントレイン→P.278 に乗る日帰りツアーに参加

Day 5 午前 ユニオンスクエア周辺→P.232 で買い物。夕方の便でサンフランシスコ発

Day 6 日本に到着

歩いて渡ることができるゴールデンゲート・ブリッジ

Itinerary 9日間 — カリフォルニアの2大都市と自然を満喫する欲張りなルート

\海沿いのドライブで都市間を移動/

同じ州にありながら、気候も雰囲気もまったく異なるふたつの都市の旅。2都市の移動はさまざまな方法があるが、せっかくなら人気のルートをドライブで。

Day 1 サンフランシスコ→P.208 に到着。代表的な観光スポット、フィッシャーマンズワーフ→P.241 で夜まで過ごす

ピア39はSFの人気スポット
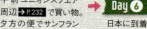

Day 2 ゴールデンゲート・ブリッジ→P.246 へ。歩いて橋を往復して、その後ゴールデンゲート・パーク→P.249 を経由して、ヘイトアシュベリー→P.252 へ

Day 3 レンタカーでナパバレー→P.277 へ。サンフランシスコに戻り宿泊

Day 4 レンタカーでCA1号線を南へ。途中モントレーとカーメル→P.288 に立ち寄り、そのまま南下。夕方、2都市の中間にある町、ピズモビーチ→P.119 に到着し、宿泊

Day 5 CA1号線の町→P.119 に立ち寄りながら南下を続ける。サンタバーバラ→P.112 で休憩して、サンタモニカ→P.70 到着。レンタカーはこの日に返却

海を眺めながらのんびりドライブ

Day 6 ビバリーヒルズ→P.73 やユニバーサル・スタジオ・ハリウッド→P.143 を楽しむ

Day 7 ハリウッド→P.77 やダウンタウン→P.82 の名所を訪ね、ロスアンゼルスを満喫。夜はドジャースタジアム→P.92 で野球観戦

スターがいっぱい!

ハリウッドはぜひ訪れたい場所

Day 8 ロスアンゼルスから日本へ出発

Day 9 日本に到着

DELTA Premium Select

アメリカ西海岸の旅は、「デルタ・プレミアムセレクト」で！

西海岸までのフライト時間は、およそ9時間。この空の旅をいかに快適に過ごすかは旅の一つのテーマ。デルタ航空なら、快適に過ごす為のサービスが揃っているので、次の旅では是非利用してみたい！

ここがいい！

Point 1　ビジネス渡航の最新チョイス！

「デルタ・プレミアムセレクト」は長距離国際線のビジネスクラスとエコノミークラスの中間の新しいキャビン区分。シート、食事、モニターなど、今までにないサービスが受けられる。シートピッチもビジネスクラス並みがうれしい。

Point 2　アレッシィ社製のオリジナル食器で、プレミアムクラス向けの食事を

離陸前はアルコール類を含むウェルカムドリンクを。食事もプレミアムクラス向けに。季節ごとのメニューは「デルタ・ワン スイート」と同じアレッシィ社製の食器でサーブされ、ミシュラン二つ星の和食店『一汁二菜うえの』のシェフ考案のメニューが楽しめる。

Point 3　TUMI社製アメニティケースにマリン・アンド・ゴッツのスキンケア製品

ニューヨーク発のスキンケアブランドとアイマスクや歯ブラシなどが入ったTUMI社製ソフトケースが用意され、ノイズキャンセリング機能つきLSTN社製ヘッドホンが利用できる。

Point 4　日本語対応豊富なエンターテインメント

機内では、オンデマンド型エンターテインメントシステム「デルタ・スタジオ」が楽しめる。約300タイトルの映画のうち、約70本以上が日本語。キッズには「スカイキッズ」プログラムがうれしい。

Point 5　機内Wi-Fiサービス。テキストメッセージ通信無料

日本発着の全フライトで、機内Wi-Fiサービスが利用できる。スマホからテキストメッセージが無料で送受信可能。

Point 6　「スカイプライオリティ」で空港のストレスから解放。

カウンターでの優先チェックイン、保安検査時の優先レーン[*1]、さらに優先搭乗から、預け入れ手荷物の優先取り扱いまで、旅がさらに快適に！

*1：優先レーンは空港による。

DELTA

デルタ航空予約センター
0570-077733（9：00〜20：00）
ウェブサイト　delta.com
デルタスカイ・オンライン　www.deltasky.jp

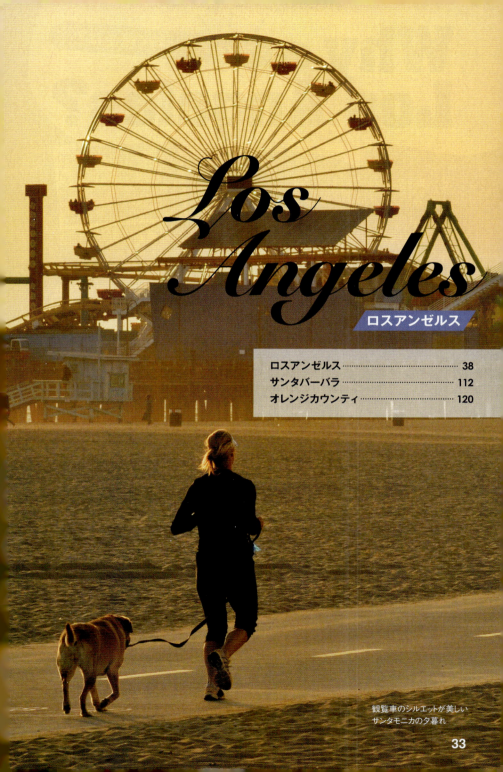

Los Angeles
ロスアンゼルス

ロスアンゼルス	38
サンタバーバラ	112
オレンジカウンティ	120

観覧車のシルエットが美しい
サンタモニカの夕暮れ

Why Los Angeles?

ロスアンゼルスに行く理由は?

エンターテインメントはもちろん、ファッション、グルメ、アート、スポーツなど、あらゆる興味に応えてくれる西海岸最大の都市。もちろん旅のテーマが決まっていなくても大丈夫。個性豊かな街の集合体である巨大都市は、どこを歩いても旅心を刺激してくれる。

理由1 とにかく **ハリウッド** に行きたい!

エンターテインメント産業の功労者の名前が刻まれた星が歩道に埋め込まれた「ウォーク・オブ・フェイム」や数々のスターの手型と足型が並ぶ「TCLチャイニーズシアター」。華やかなロスアンゼルスのイメージはこの場所から発信されている。

中心となる大通り Hollywood Boulevard

丘の上にあるサインボードはロスアンゼルスのアイコン

→P.77

憧れのスターの名前を探してみよう

理由2 **メルローズ** でショッピングしたい

数えきれないくらいショッピングスポットがあるロスアンゼルス。ファッションに興味のある人なら、最初に訪れてみたいのがここ。人気デザイナーのブティックから渋い古着屋まで店はいろいろ。

→P.81

6マイル(約9.5km)にわたって店が並ぶ

理由3 セレブ気分で **ビバリーヒルズ** を歩きたい

世界的に知られる高級住宅街。目がくらむような豪邸が並ぶ通りを、気分だけはセレブになって歩いてみたい。ツアーに参加すれば憧れのスターの自宅が見つけられるかも。

通りを歩くだけで華やかな気分になれるロデオドライブ

→P.73

理由 4 テーマパークで思いっきり遊びたい

 →P.127

ディズニーランド・リゾートやユニバーサル・スタジオなど、日本でもおなじみのテーマパークの本家があるのが、ロスアンゼルスとその南にあるアナハイム。大人も子供も、時間を忘れて心ゆくまで夢の世界に浸りたい。

絶叫系のライドもたくさんある

毎年のように新しいアトラクションが登場するディズニーランド・リゾート

映画好きならユニバーサル・スタジオはマストスポット

理由 5 ビーチシティで西海岸を感じたい

 →P.70

カリフォルニアのイメージといえば、青空とヤシの並木とビーチ。それが見られるのがここ。サンタモニカから南へ海沿いに続く、おしゃれでにぎやかなビーチは、まさに西海岸のイメージそのもの。

サンタモニカ・ピアにはぜひ足を運びたい

レンタルショップがたくさんあるので、サイクリングを楽しもう

理由 6 ダウンタウンで芸術鑑賞したい

ロスアンゼルスはアートも音楽の水準も西海岸随一。ダウンタウンにはクオリティの高い美術館やコンサートホール、ライブハウスなどが集まっている。

→P.82

LAフィル・ハーモニックの本拠地ウォルト・ディズニー・コンサートホールは建物自体のアート性も極めて高い

理由 7 エンゼルスの試合が観たい

日本球界の至宝、大谷翔平が所属するのがロスアンゼルス・エンゼルス。ホームゲームは全体の半分ほどの80試合。事前にスケジュールをチェックして観に行こう。

球場があるのはディズニーランド・リゾートと同じアナハイム市

→P.92

French Fries
フレンチフライ

塩味と甘味を

> Editor P's Voice
> 私は、いわゆる普通のポテトが好き。イン・アンド・アウトのポテトは究極のザ・普通なのだ！そしてシェイクも美味。永遠ループの完成です！

「ダイエットはあきらめようと思う。おいしいものにはフレンチフライとアイスクリーム。禁断の組み合わせを味は間違いない。あとはいかに罪悪感を

コレを食べずに帰れない

$1.60

フレンチフライズ

In-N-Out Burger
イン・アンド・アウト・バーガー → P.105

カリフォルニアを中心にチェーン展開するイン・アンド・アウト。ハンバーガーも評判だが、フレンチフライも絶品だ。人気の秘密はハンドカットとベジタブルオイル100％で揚げていること。

フレンチフライヒストリー
フライドポテト、チップス、フリットなど、各国で呼び名が異なる。発祥は諸説あり定かではないが、アメリカに伝わったのは第1次世界大戦時。アメリカ兵がヨーロッパに渡り、ベルギー人から教わったという。ベルギー人がフランス語を話すため"フレンチフライ"と名づけられた。

McConnell's Fine Ice Creams
マコーネル・ファイン・アイスクリーム → P.105脚注

ローカル、サステイナブル、オーガニックなアイスクリームショップ。牧草を食べて育った牛のミルク、サトウキビから抽出された砂糖など、安心安全の原材料のみで作られたアイスクリームは、一度はトライしたい。

雑誌『TIME』も絶賛！

> Editor P's Voice
> ベリーの酸味、濃厚ミルク、チョコチップのバランスが絶妙。そしてオーガニックはやっぱり違うな〜。それだけでカロリーが低く感じる！ 不思議。

$13

ワイルド・ベリー・チップ味

絶品なめらかアイスクリーム

> Editor P's Voice
> すっきりした甘さと、あとからくるコーヒーの風味。う〜ん、うまい！これならいつでも食べたい。ワッフル（プラス$1)でぜひ！

Sweet Rose Creamery
スイート・ローズ・クリーマリー → P.100脚注

アイスクリームは定番7種と、月ごとに変わる約5種。有機食材を使用し、トッピングやソースも毎日店内で作られる。どこまでも新鮮だ。

$5

カフェ・ラックス・コーヒー味

コリアタウン近くにあるアウトサイドレストラン

アイスクリームヒストリー
アメリカにアイスクリームが伝わったのは18世紀頃。全米各地へ広がるのは1851年、牛乳屋の経営者が余ったミルクに困り、アイスクリームの製造販売を行ったことからとされている。

Dino's Chicken & Burgers
ディノズ・チキン&バーガーズ → P.106

コリアタウンの外れにある古びたレストラン。タコスもあってハンバーガーも提供する。メイン料理がわからない。ただ、いつもローカルたちで混雑している。数々の食通たちが通う同店。必訪！

36

ず〜っとモグモグ
アイスクリーム
Ice Cream

「勝てないみたいだから」そう言って、編集Pは次々と実食取材。LAでは楽しみたい。ここで紹介する店はすべて評判の店だ。払拭できるかだ。せっかくの旅行、リミッターをはずそう!

Editor P's Voice
ひとりで食べるにはちょっと多いかも。イモ感はいちばん感じる。テイクアウトもできるから、そのときはソース(無料)を付けてもらうのを忘れずにね。

フォトジェニックすぎる!

Milk
ミルク → P.103脚注

$7
フルーティー・ペブル・サンドイッチ

夜でも行列ができる人気アイスクリームショップ。多くの人は写真映えするサンドイッチ(マカロンでアイスクリームを挟んだ物)を注文する。

Editor P's Voice
ごめんなさい。甘すぎて限界です……。マカロンって甘すぎ!見栄えしかよくない!でもね、隣のアメリカ人女性はペロリと食べてた。脱帽です。

$5.40
クライン・オブ・ベルジャン・フライズ

ベルギー・スタイル・ポテト

チェリー・ガルシア味
1スクープ $4.99

アメリカの良心

Ben & Jerry's
ベン&ジェリーズ → P.64脚注

アイスクリーム価格
1スクープが平均$4。2スクープする人が多い。アメリカはコーンの種類が豊富で、通常は紙カップ(無料)だがワッフルコーンにした場合プラス$1ほど。ワッフルコーンにチョコレートやナッツが塗られた豪華なコーン($3〜)もある。

ベンとジェリーが、1978年バーモント州で立ち上げたアイスクリームショップ。早くから環境問題や健康問題に取り組み、社会奉仕のマインドがあふれている。

Editor P's Voice
私がよく食べるフレーバーはチェリー・ガルシア(日本でも食べられるけれど)。グレイトフルデッドのジェリー・ガルシアをたたえて作られた味。あ〜、ヒッピーになりたい。

Wurstküche
ヴルストクッヘ → P.100

ドイツソーセージを提供するレストランでは、ベルギー流フレンチフライだ。太くて短い「カリッ、ホクッ」の食感だ。これだけでおなかが満たされる。

レストランとしてのレベル高し!

Miro
マイロ → P.106

フライズ
$16〜

ここのフレンチフライはランチでしか食べられず、しかも単品での注文は不可、ハンバーガーを注文したときのみサイドメニューとして食べられる。たっぷりケチャップをつけて。

Editor P's Voice
強くおすすめ!この狙っていないかっこよさ、体には悪そうだけど苦かろ善し感じ、全部好き。味も、雰囲気も、ツボ!

$2.75
フレンチカット・フレンチフライズ

フレンチフライの種類
アメリカはシューストリングポテト(細いポテト)を提供する所が多い。中級以上のレストランになるとストレートカット(太くて短い物)が多くなる。皮付きや網状になっているポテトを提供されることは少ない。

Editor P's Voice
マイロは、ハンバーガーのパテの焼き加減が選べて、レアで注文すれば、したたる肉汁をディップしてポテトを食べられちゃう。お上品です。

ロスアンゼルス
Los Angeles

ロスアンゼルスの歩き方

アメリカで2番目に大きな都市だが、1番目のニューヨークのような摩天楼の大都会の風景が見られるのは、ダウンタウンの一部だけ。それ以外は、果てしなく市街地が広がる茫洋とした街だ。でもそれぞれのエリアに近づくと個性的な土地の集まりであることがわかるだろう。トレンドの発信地、豪華な住宅街、世界のエンターテインメントの中心……。あらゆる場所で新しい発見ができる、それがロスアンゼルス（LA）だ。

ロスアンゼルスの歩き方

アメリカの行政区分は、州の下に郡（カウンティ）がおかれ、郡の下に市、町、村がおかれる。これに当てはめて説明すると、ロスアンゼルス市やサンタモニカ市はロスアンゼルスカウンティ（郡）にあり、ディズニーリゾートがあるアナハイム市はオレンジカウンティに属している。ロスアンゼルスカウンティを中心に近隣4つのカウンティを含めた都市圏を Greater Los Angeles（ロスアンゼルス大都市圏）と呼び、その広さは日本の首都圏（東京から40〜50km圏）に匹敵する。ロスアンゼルス観光は、この"広さ"を把握して計画を立てることがとても重要である。

●プランニングのポイント

本書では、ロスアンゼルスカウンティの観光エリアを大きく5つに分けて紹介している（エリアガイド→P.40）。

前述したように、LAは広い。車を利用しても、1日ですべてのエリアを回るのは不可能だ。まして観光などムリ。欲張っても充実した旅にはならないことを覚えておこう。

ロスアンゼルス旅行のプランニングのポイントは、①どこで何をしたいか目的を定めてから宿泊地を決め、②宿泊地を起点としてどんな交通手段を利用したら便利かを見極めること。パッケージツアーなら、ほとんどの場合ダウンタウンが宿泊地として選ばれている。公共の交通機関はおおむねダウンタウンを起点に各エリアへ路線網を展開しているので、目的地への行き方を把握し、乗り継ぎや渋滞を予測して計画を立てるといい。宿泊地から簡単に行けるエリアを優先して回るのも効率的な観光の仕方だ。

また、ロスアンゼルス観光は近郊の町を含めた組み合わせで、バラエティに富んだ楽しみ方ができる。南カリフォルニアを代表するリゾート、サンタバーバラ（→P.112）やオレンジカウンティ（→P.120。称して"OC"）、南カリフォルニア第2の都市サンディエゴ（→P.168）、果てはメキシコの町ティファナ（→P.198）など、組み合わせは無限だ。

メモ ゴー・ロスアンゼルス・カード Go Los Angeles Card　ディズニー以外のLAとサンディエゴのテーマパークを含む35以上のアトラクションに入場可能なお得な観光パス。3日間有効で$264。5日間、7日間

ジェネラルインフォメーション

カリフォルニア州ロスアンゼルス市
人口　約404万人（東京23区約957万人）
面積　約1214km²（東京23区約628km²）
- セールスタックス
  ロスアンゼルス市　9.5%
  サンタモニカ市　10.25%
  アナハイム市　7.75%
- ホテルタックス
  ロスアンゼルス市　15.7%
  サンタモニカ市　14.2% + リゾートフィー
  アナハイム市　17%

● 観光案内所
Los Angeles Visitors Information Center
P.66-A～B3　6801 Hollywood Blvd., Hollywood（ハリウッド＆ハイランド・センター2階）　(1-323)467-6412
www.discoverlosangeles.com（英語）
jp.discoverlosangeles.com（日本語）
月～土 9:00～22:00、日 10:00～19:00
サンクスギビング、12/25、アカデミー賞授賞式の日

● 在米公館
在米公館、治安についてはP.434～を参照。

● ロスアンゼルス市内の電話のかけ方
LA市内では、エリアコードが（213）または（323）にかけるときは最初に「1」+「エリアコード」を入力。

旅行のシーズンアドバイス
（アメリカ西海岸の気候→ P.407）

　ベストシーズンは3～5月と9～11月。3月は若干雨が多いが、その点を除けば平均気温15.5～21℃と過ごしやすい。7、8月は1年のなかで最も暑く32～35℃といった日も珍しくない。ただ、日本に比べると湿度が低いので思いのほか快適だ。天候に恵まれたLAでも12～2月は雨が多い。この時期はハイシーズンに比べ観光客も少なく、ホテルでは通常より安い冬期料金を設定している場合が多い。

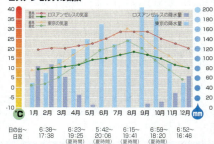

現地の情報誌

　最新情報は日刊紙「Los Angeles Times」の日曜版　www.latimes.com や月刊誌「Los Angeles Magazine」www.lamag.com に掲載されている。スタンド、書店などで入手可。また、フリーペーパーの「LA Weekly」www.laweekly.com、無料情報誌「Where」www.wheretraveler.com は観光案内所、カフェなどに置かれている。リトルトーキョーや日本料理店などでは日本語の情報誌も入手することができる。

イベント & フェスティバル

※詳細は観光局のウェブサイト（上記のジェネラルインフォメーションを参照）で確認できる

ローズパレードとローズボウル
Rose Parade & Rose Bowl
- 1月1日
  カレッジフットボールの王座決定戦のローズボウルに合わせ、生花で飾られた山車がマーチングバンドの演奏にのせてパレードする。

アカデミー賞授賞式
Academy Awards
- 2月最終、または3月第1日曜
  映画界最高の名誉といわれる。ハリウッドのドルビーシアターが会場。開催前に、劇場前に敷かれたレッドカーペットを歩くセレブも名物。

ロスアンゼルスマラソン
Los Angeles Marathon
- 3月8日（2020年）
  ドジャースタジアムからハリウッド、ビバリーヒルズなどの観光スポットを走り抜け、ゴールのサンタモニカを目指す。

有効なパスもあり。gocity.com/los-angeles/en-us

ロスアンゼルスのエリアガイド
Los Angeles Area Guide

ショッピングを含めた街歩きならサンタモニカやロデオドライブ、ハリウッド周辺がおすすめ。美術館、博物館はダウンタウンのミッドウィルシャー地区やパサデナに集中している。野球場、スポーツアリーナ、劇場はダウンタウンに集中しており、ハリウッドにも中規模の劇場が点在する。

ビーチシティズ
Beach Cities（→ P.70）

LAの顔ともいえる、古くからのビーチリゾートエリア。夜でも歩けるショッピングエリアがあるサンタモニカ、個性的な露店がにぎわうベニスのオーシャン・フロント・ウオークが代表スポット。

ウエストサイド
Westside（→ P.73）

高級ブランド街のロデオドライブや高級住宅街で有名なビバリーヒルズがあるエリアで、話題のレストランやブティック、博物館が多くある。人気のゲッティセンターはブレントウッドにある。

ハリウッド
Hollywood（→ P.77）

LAの代名詞ハリウッドエリア。TCLチャイニーズシアターに代表される映画館や、エンターテインメント業界で活躍した人々の名前が刻まれているウオーク・オブ・フェイムなどがある。

ダウンタウン
Downtown（→ P.82）

行政とビジネス、エンターテインメントの中心地。コンサートやスポーツ観戦が目的ならダウンタウンの滞在をすすめる。治安は改善されているが、夜間は注意を怠らないこと。

Point to Point ロスアンゼルス移動術

目的地＼出発地	Ⓐ Santa Monica Blvd. & 4th St. サードストリート・プロムナードから1ブロック北（ビーチシティズ）	Ⓑ Wilshire Blvd. & Rodeo Dr. ロデオドライブ入口（ウエストサイド）
Ⓐ Santa Monica Blvd. & 4th St. サードストリート・プロムナードから1ブロック北（ビーチシティズ）		Wilshire Blvd. & Rodeo Dr. 🚌720 → Santa Monica Blvd. & 4th St.（35分）
Ⓑ Wilshire Blvd. & Rodeo Dr. ロデオドライブ入口（ウエストサイド）	Santa Monica Blvd. & 5th St. 🚌720 → Wilshire Blvd. & Rodeo Dr.（40分）	
Ⓒ Hollywood Blvd. & Highland Ave. TCLチャイニーズシアターの東100m（ハリウッド）	Santa Monica Blvd. & 5th St. 🚌720 → Wilshire Blvd. & Fairfax Ave. 🚶 🚌217 → Hollywood Blvd. & Highland Ave.（90分）	Wilshire Blvd. & Rodeo Dr. 🚌720 → Wilshire Blvd. & Fairfax Ave. 🚶 🚌217 → Hollywood Blvd. & Highland Ave.（50分）
Ⓓ 7th St. & Metro Center 駅 LAライブから北東へ3ブロック（ダウンタウン）	Santa Monica Blvd. & 4th St. 徒歩7分→ Downtown Santa Monica 駅 🚇エクスポ→ 7th St. & Metro Center 駅（55分）	Wilshire Blvd. & Rodeo Dr. 🚌720 → 6th St. & Hope St. 徒歩3分→ 7th St. & Metro Center 駅（55分）
Ⓔ Memorial Park 駅 オールドパサデナの中心から北東へ約250m（パサデナ）	Santa Monica Blvd. & 4th St. 徒歩7分→ Downtown Santa Monica 駅 🚇エクスポ→ 7th St. & Metro Center 駅 🚶 🚇レッド→ Union 駅 🚶 🚇ゴールド→ Memorial Park 駅（100分）	Wilshire Blvd. & Rodeo Dr. 🚌720 → Wilshire Blvd. & Hope St. 徒歩3分→ 7th St. & Metro Center 駅 🚶 🚇レッド→ Union 駅 🚶 🚇ゴールド→ Memorial Park 駅（90分）

公共の交通　🚇メトロレイルの路線　🚌メトロバスの路線番号　🚶乗り換え

📝メモ **メトロレイルの延伸計画**　現在計画されている延伸計画は、①エキスポラインのExpo/Crenshaw駅から南へInglewoodの中心を通り、ロサンゼルス国際空港（LAX）まで。2020年夏竣工予定。駅の位置によっては、

パサデナ
Pasadena（→ P.89）

居住地としても人気があるエリア。メトロレイルで簡単にアクセスでき、ノートン・サイモン美術館やハンティントンなどの見どころも充実している。

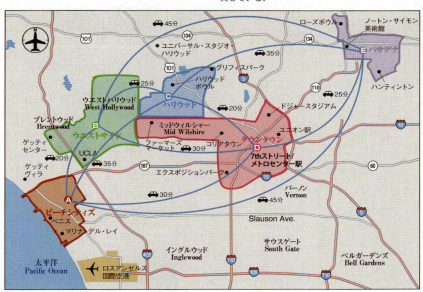

※効率よく移動できるものを、複数あるルートから選んでおり、必ずしも最短ルートとは限らない。

ⓒ Hollywood Blvd. & Highland Ave. TCLチャイニーズシアターの東 100 m（ハリウッド）	ⓓ 7th St. & Metro Center 駅 LAライブから北東へ3ブロック（ダウンタウン）	ⓔ Memorial Park 駅 オールドパサデナの中心から北東へ約250 m（パサデナ）
Hollywood Blvd. & Highland Ave. 🚌217 → Wilshire Blvd. & Fairfax Ave. 🚶🚌720 → Santa Monica Blvd. & 4th St.（65分）	7th St. & Metro Center 駅 🚆エクスポ → Downtown Santa Monica 駅徒歩7分→ Santa Monica Blvd. & 4th St.（55分）	Memorial Park 駅 🚆ゴールド → Union 駅 🚶 🚆レッド → 7th St. & Metro Center 駅 🚶 🚆エクスポ → Downtown Santa Monica 駅徒歩7分→ Santa Monica Blvd. & 4th St.（100分）
Hollywood Blvd. & Highland Ave. 🚌217 → Wilshire Blvd. & Fairfax Ave. 🚶🚌720 → Wilshire Blvd. & Rodeo Dr.（50分）	7th St. & Metro Center 駅徒歩3分→ 5th St. & Grand Ave. 🚌720 → Wilshire Blvd. & Rodeo Dr.（60分）	Memorial Park 駅 🚆ゴールド → Union 駅 🚶 🚆レッド → 7th St. & Metro Center 駅徒歩3分→ 5th St. & Grand Ave. 🚶 🚌720 → Wilshire Blvd. & Rodeo Dr.（90分）
	7th St. & Metro Center 駅 🚆レッド → Hollywood & Highland 駅（20分）	Memorial Park 駅 🚆ゴールド → Union 駅 🚶 🚆レッド → Hollywood & Highland 駅（60分）
Hollywood & Highland 駅 🚆レッド → 7th St. & Metro Center 駅（20分）		Memorial Park 駅 🚆ゴールド → Union 駅 🚶 🚆レッド → 7th St. & Metro Center 駅（35分）
Hollywood & Highland 駅 🚆レッド → Union 駅 🚶 🚆ゴールド → Memorial Park 駅（60分）	7th St. & Metro Center 駅 🚆レッド → Union 駅 🚶 🚆ゴールド → Memorial Park 駅（35分）	

↘ Green Lineより空港アクセスが便利になるだろう。

ロスアンゼルスへのアクセス
Access to Los Angeles

日系の国際線が到着するのは
中央のトム・ブラッドレー国際線ターミナル（→下図の左側）。アメリカ系航空会社の場合はそれぞれが使用しているターミナルから発着している。デルタ、ユナイテッド、アメリカンの各航空会社はそれぞれのターミナルに入国審査、税関がある。国際線も含め便が集中する時間帯に当たると手続きに2時間近くかかってしまうこともあるので注意。

日本からLAXへの直行便
東京（成田、羽田）と大阪（関空）からの便がある。ノンストップ便を就航しているのは、日本航空、全日空、ユナイテッド航空、デルタ航空、アメリカン航空、シンガポール航空の6社（2019年9月現在）。

飛行機

　ロスアンゼルス国際空港は、日本を含むアジアからの直行便が多く発着するアメリカ西海岸最大の玄関口。空港から各エリアへはもちろんのこと、郊外へ行く交通機関も発達している。

ロスアンゼルス国際空港（LAX）
Los Angeles International Airport

M P.54-B4　**住** 1 World Way, Los Angeles
☎(1-855)463-5252　**URL** www.lawa.org

　空港コードはLAXで、一般的にも「エル・エー・エックス」と呼ぶことが多い。ダウンタウンの南西に約30km、サンタモニカから海岸沿いに14kmほど南下した所にある。空港全体の詳細は下図を参照。

LA国際空港は9つのターミナルからなる

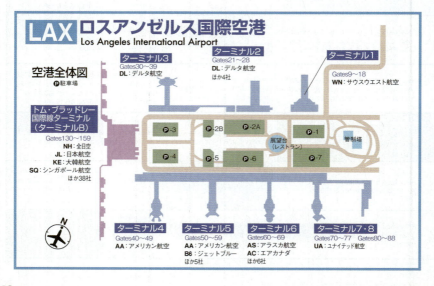

42

ロスアンゼルス国際空港から LA 各エリアへ

■ フライアウエイ FlyAway

☎ (714) 507-1170　URL www.lawa.org/flyaway
料 $9.75（空港〜ユニオン駅片道）　カード A M V
のみ（現金不可）

　LAX〜ダウンタウンのユニオン駅の間を結ぶ 24 時間運行のバス。ユニオン駅以外にもハリウッド、サンフェルナンド・バレー、ロングビーチなどへの便（全 4 ルート）がある。5:00〜翌 0:30 は 30 分ごと、深夜 1:00〜5:00 は 1 時間ごとの運行。乗り場は各ターミナルの到着階を出て、緑色のサイン「FlyAway, Buses Long Distance Vans」が目印。ルート名の確認を忘れずに。所要約 30〜50 分。ユニオン駅からの乗車は、東口の Patsaouras Transit Plaza の 1 番乗り場。

● ダウンタウンへ　ユニオン駅からダウンタウン内の移動はメトロレイルのレッドラインが便利。
● アナハイム（→P.129）、サンタバーバラ（→P.112）、サンディエゴ（→P.168）へは、ユニオン駅からアムトラックでアクセスできる。

■ 路線バス Bus

　料金は安いが、目的地によっては乗り換えが必要。詳細は巻頭折込「ロスアンゼルス - 交通図 -」を参照。
　路線バスに乗るには最初に青色の「LAX Shuttle Airline Connections」のサインの下から LAX シャトルのルート C で、96th St. 駐車場内の LAX シティ・バスセンターへ行き、そこから各方面へのバスに乗る。なお、現在空港からダウンタウン行きの直行路線バスは運行されていない。
● サンタモニカへ　ビッグ・ブルー・バス Big Blue Bus # 3、または快速バスの rapid 3 で所要約 30〜40 分。マリナ・デル・レイへは所要約 20 分。

■ ドア・トゥ・ドア・シャトル Door to Door Shuttle

● SuperShuttle
Free (1-800) 258-3826　URL www.supershuttle.com

　Door-to-Door の乗合いバンで空港から目的地まで運行。料金は各社異なるため事前に要確認。乗り場はバゲージクレームからターミナルを出た所。「SuperShuttle」など社名の入った看板の所に案内人がいる。24 時間運行。

● ダウンタウンへ　　　$21、所要約 40 分
● ハリウッドへ　　　　$31、所要約 60 分
● ビバリーヒルズへ　　$21、所要約 20 分
● サンタモニカへ　　　$26、所要約 25 分
● パサデナへ　　　　　$34、所要約 60 分
● アナハイムへ　　　　$46、所要約 60 分
※ホテルを巡回するなど大幅に時間がかかる場合がある。

■ メトロレイル（電車）Metro Rail

　料金は安いが乗り換えが多い。路線図→ P.47
● ダウンタウンへ　青色の LAX シャトル「LAX Shuttle Airline Connections」のルート G でグリーンラインの Aviation 駅へ。East Bound に乗り、Willowbrook 駅でブルーラインに乗り換える。ダウンタウンへは North Bound、ロングビーチへは South Bound で。$1.75、所要約 1 時間。

■ タクシー Taxi

　3 人以上ならシャトルバスより割安。
　必ず黄色のサインの Taxi 乗り場から乗ること。
● ダウンタウンへ　　　約$46.50、所要約 45 分
● ハリウッドへ　　　　約$70、所要約 30 分
● ビバリーヒルズへ　　約$65、所要約 30 分
● サンタモニカへ　　　約$35、所要約 25 分
● パサデナへ　　　　　約$100、所要約 70 分
※ LAX からの乗車は$4（空港使用料）加算

ロサンゼルスへのアクセス Access to Los Angeles

ロサンゼルス国際空港から各エリアへ

■ 郊外へのエアポートバス

●ディズニーランド・リゾートへ (→ P.129)
■ Disneyland Resort Express
☎ (1-800)828-6699　🌐 dre.coachusa.com
🚌 大人片道 $30（往復 $48）、子供片道 $9（往復 $14）2歳以下はひざの上にのせると無料

ディズニーランド・リゾート、アナハイムの主要ホテルとLAXを結ぶ定期バス。予約は不要。料金は乗車時に払う。道路の中央分離帯にある緑の「FlyAway, Buses Long Distance Vans」のサインの下が乗り場。7:50～20:00の時間帯に約1時間間隔で運行。※支払いはクレジットカード（A M V）のみ

●サンタバーバラへ (→ P.112)
■ Santa Barbara Airbus
☎ (805)964-7759　🌐 www.sbairbus.com
🚌 片道 $55（往復 $100）

サンタバーバラ方面に向かう定期バス。毎日9:00～22:00の時間帯に90～120分間隔で運行。乗り場は左記と同様。

■ レンタカー Rent-a-Car

LAXにはレンタカーセンターはない。空港外にある各営業所までは、紫色の「Rental Car Shuttles」のサインの下から、利用するレンタカー会社のバスに乗って移動する（無料）。

●サンタモニカへ (→ P.70)
レンタカーステーションの近くを通るSepulveda Blvd. を北へ進むと、Lincoln Blvd. へ分流する。そこから3マイルほど北、左側がマリナ・デル・レイ。さらに3マイルほど走るとサンタモニカにいたる。所要約25分。

●ビバリーヒルズへ (→ P.73)
Century Blvd. からI-405 Northに乗り、Santa Monica Blvd. かWilshire Blvd. で下りて東へ向かうと、ビバリーヒルズの中心に出る。約25分。

●ハリウッドへ (→ P.77)
Century Blvd. からLa Cienega Blvd. に移り、ひたすら北上すればSunset Blvd. に突き当たる。そこから東へ10分も走ればハリウッド。

●ダウンタウンへ (→ P.82)
Sepulveda Blvd. からI-105 Eastに乗り、I-110 Northを北上。渋滞がなければ約30分。

各ターミナルを回る専用バスでレンタカー会社の営業所へ

44

- **アナハイムへ**（→ P.129）
I-105 East から I-605 South へ。その後、CA-91 と分流したら East 方面に進む。7 マイルほど先の I-5 を South へ行き、Harbor Blvd. の出口で下りるとディズニーランド周辺。所要約 50 分。
- **サンディエゴへ**（→ P.168）
（パシフィック・コースト・ハイウエイを走るコース）
Sepulveda Blvd. を南へ、そのまま進めば道は途中で Pacific Coast Hwy. になる。あとは地図（→右図 LAX～サンディエゴ /CA-1: オレンジのラインの道順）のとおり、海沿いのビーチをはしごして走ればよい。ドライブを兼ねて走りたい人向き。所要約 3 時間 40 分。

LAX からサンディエゴへ直行で向かう場合は、アナハイムへの道順どおり。I-5 をアナハイムで下りずに I-805 との分流で South へ進む。Exit 20 から CA-163 South に入り、ダウンタウン方向へ。LAX から約 2 時間 30 分。

長距離バス（グレイハウンド）

■ ダウンタウン・ターミナル

- **ダウンタウンへ** ターミナル前の 7th St. からメトロバスの #60 に乗り、7th St. を西へ約 5 分。7th St. & Hope St. あたりで下車すれば街の中心。グレイハウンド駅周辺は浮浪者が多いので、夜間に利用する場合は注意すること。

■ アナハイム地区交通複合センター
MLB エンゼルスの本拠地の向かいにある Anaheim Regional Transportation Intermodal Center の中に、グレイハウンドの乗り場がある。アムトラックのアナハイム駅も当センター内。

鉄道（アムトラック）

■ ユニオン駅
ダウンタウンの北東にあり、主要な交通機関が乗り入れている。また、駅構内にコインロッカーなどはないので注意すること（アムトラック利用予定者は荷物預かりサービス利用可）。

■ アナハイム駅
上記「長距離バス（グレイハウンド）」の項参照。

ダウンタウン・ターミナル
M P.55-D2
住 1716 E. 7th St., Los Angeles
☎ (1-213)629-8401
営 24時間

アナハイム地区交通複合センター
M 巻頭折込「ロスアンゼルス-交通図-」を参照
住 2626 E. Katella Ave., Anaheim
☎ (714)999-1256
営 月～金7:00～14:30、17:00～19:00、土・日7:00～14:30

ユニオン駅
M P.64-B1
住 800 N. Alameda St., Los Angeles
Free (1-800)872-7245
営 24時間

アナハイム駅
M 巻頭折込「ロスアンゼルス-交通図-」を参照
住 2626 E. Ketella Ave., Anaheim
Free (1-800)872-7245
営 毎日5:00～24:00

Information ロスアンゼルス周辺の国内線用空港

● **ハリウッド・バーバンク空港（BUR）**
Hollywood Burbank Airport
M 巻頭折込「ロスアンゼルス-交通図-」を参照
住 2627 N. Hollywood Way, Burbank
☎ (818)840-8840
URL hollywoodburbankairport.com
　ハリウッドから車で約20分ほど北にある。空港からSuperShuttle社、メトロバスなどが乗り入れている。

● **ジョン・ウエイン空港（SNA）**
John Wayne Airport
M P.121-B1
住 18601 Airport Way, Santa Ana
☎ (949)252-5200　URL www.ocair.com
　アナハイムの南約25kmにある。アメリカ本土各地との国内線が飛んでいる。空港からLA周辺、アナハイムへはSuperShuttle社が運行。

ロスアンゼルスの交通機関
Transportation in Los Angeles

メトロレイル
- ☎ (1-323)466-3876
- 🌐 www.metro.net
- 💰 $1.75（シルバーラインは$2.50）。1日券（メトロバスと共通）$7

tap（タップ）カード
複数回乗車する予定がある人は、チャージしながら使うICカードのtapカード（→P.48〜49脚注）が便利。

注意
メトロバスは現金でも乗ることができるが、メトロレイルはtap（タップ）カード（$2）を購入しなければならない。tapカードは2時間以内ならほかの路線に追加料金なしで乗ることができる（復路は不可）。

パサデナへ行くゴールドライン

片道の乗車券、1日券、tapカードのチャージができる自動券売機

tapカードなら丸印にタッチして駅に入る

メトロレイル（電車）
Metro Rail

メトロバスと同様にMTA（ロスアンゼルス郡交通局：Los Angeles County Metropolitan Transportation Authority）が運営する近距離鉄道。バス型も含み全8路線。

● **レッドライン　Red Line**
メトロシステムの中核。ダウンタウンのUnion駅からハリウッド北のNorth Hollywood駅までを結ぶ。ダウンタウンとハリウッドの中心を走るので、とても便利。

● **パープルライン　Purple Line**
Union駅からWilshire/Western駅までミッドウィルシャー方面の8駅からなる。コリアタウンへ行くときに便利。

※**レッドラインとパープルラインは、同じ車体で一部同区間を走るので、利用時は注意。Wilshire/Vermont駅で分岐する。**

● **ブルーライン　Blue Line**
ダウンタウンの7th St./Metro Center駅からComptonなどを通り、ロングビーチのダウンタウンまでを約1時間で結ぶ。

● **グリーンライン　Green Line**
LAX南のレドンドビーチからほぼI-105に沿って東へ走り、ノーウオークのI-605までの路線。Aviation/LAX駅がLAXシャトルバス"G"で空港と結ばれている。

● **ゴールドライン　Gold Line**
Union駅を中心に、パサデナ方面、リトルトーキョー方面にアクセスできる。Union駅からパサデナのDel Mar駅、Memorial Park駅までは約35分。

● **オレンジライン　Orange Line**
レッドラインNorth Hollywood駅からサンフェルナンド・バレーを結ぶ。車体はバス型。

● **シルバーライン　Silver Line**
Union駅を経由して、El Monte駅からPacific/21 St.駅までを結ぶ。車体はバス型。

● **エクスポライン　Expo Line**
7th St./Metro Center駅からエクスポジションパーク、カルバーシティを経由し、サンタモニカのダウンタウンまで約50分で結ぶ路線。

メモ $250の罰金　メトロレイルに料金未払いで乗車した場合は$250の罰金とコミュニティサービスの従事が義務づけられている。頻繁に車内で抜き打ちのチェックが行われている。

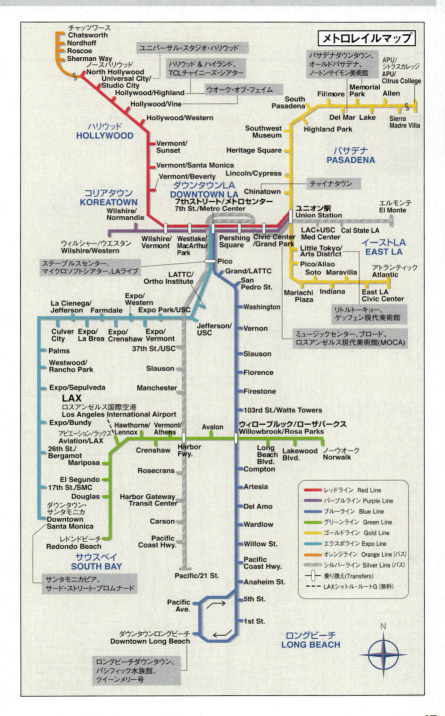

ロスアンゼルスの交通機関 Transportation in Los Angeles

メトロバス
- (1-323)466-3876
- www.metro.net
- $1.75。#400〜599の急行ルートを走る路線は、ハイウイエイに入る前にエクスプレス料金（75¢）を徴収される。行き先によって料金が異なるのでドライバーに確認すること。

メトロバス。色や形が違うものも走っている

メトロバス（路線バス）
Metro Bus

　MTA（ロスアンゼルス郡交通局）が運行している路線バス。カバーするエリアは、東はエルモンテ、西はサンタモニカ、南はディズニーランド・リゾート、北はパサデナまでのほぼ全域。多くの路線は、ダウンタウンを中心に延びている。路線にはローカルLocal、エクスプレスExpress、リミテッドLimited、ラピッドRapidの4種類があり、エクスプレスはハイウエイを使う。

ダウンタウンから観光スポットへ行くメトロバスの番号

ハリウッドへ
→ 2、4、302、704

サンセットブルバードへ
→ 2、302

メルローズアベニューへ
→ 10

ファーマーズマーケットへ
→ 16、316

ビバリーヒルズへ
（ロデオドライブ）
→ 20、720

ウエストウッドへ
（UCLA）
→ 2、302

サンタモニカへ
→ 4、704、720、733

ベニスへ
→ 33、733

ナッツ・ベリー・ファーム、ディズニーランド・リゾートへ
→ 460

タップカード　メトロバス、メトロレイルを運営するロスアンゼルス郡交通局では、ペーパーチケットを廃止して、ICカードのtapカードを発行している。購入はMetroのカスタマーセンター（→P.49側注）やいくつかのメトロレイ

●メトロバスのルートについて

- **#1～99**：ダウンタウンを通る主要な路線で、各バス停にすべて停車し、年中無休で運行している。
- **#100～299**：ダウンタウンを通らないルート。
- **#300～399**：主要なバス停にしか停車しない、リミテッドサービス（快速バス）。
- **#400～599**：ハイウエイを通るエクスプレスバス。ハイウエイに入る前に追加料金を払う。
- **#600～699**：ふたつのエリアを結ぶ循環バス。
- **#700～799**：メトロ・ラピッドバス（急行）（→下記）。

※#100～699のバスは本数が少なく、朝のラッシュアワーにしか運行されないルートもあるので注意。

なお、メトロバスはルート変更やバス停位置の変更が行われることがしばしばある。まずはカスタマーセンター（→側注）へ行き、自分が使うバスのルートマップをもらっておくと便利だ。ウェブサイトからダウンロードもできる。

メトロ・ラピッドバス
Metro Rapid Bus

MTAが運行するラピッドバス（急行バス）。快速バスよりも、停車するバス停が少ないので目的地に着くのが速い。どの路線も約10～30分おきに運行しており、朝夕は5分に1本という路線もある。#720のコマース～（ダウンタウン経由）サンタモニカの路線は、ビバリーヒルズ、ウエストウッド、センチュリーシティなどを通るので観光客にとって利用価値が高い。また、ダウンタウンとベニス、サンタモニカを結ぶ#733も便利だ。

デイパス（1日券） Day Pass
メトロバス、メトロレイルに1日何度でも乗車できる便利なパス。料金は$7（tapカードは別途$2）。

Metroのカスタマーセンター
MP.64-B1
月～金 6:00～18:30
土・日
ユニオン駅東口のバスターミナル側にある。路線別の時刻表が手に入るほか、バス類も購入可。

※メトロ・ラピッドバスの料金はメトロバスと同じ。

急行を意味するラピッドバスは赤い車体

サンタモニカ交通路線図

ロスアンゼルスの交通機関 Transportation in Los Angeles

乗り方簡単、利用客総数全米 No.1
メトロバスの乗り方

　安く、くまなく路線を広げるメトロバスは、使いこなせるとやっぱり便利。ちょっと離れた場所へも、ハイウエイを走るバスがあるので、意外と簡単にアクセスできる。「車がなければどこにも行けない」などと思わずに一度乗車してみよう。旅の行動範囲がグッと広がるはずだ。

小銭を用意してバス停を探す

　まずは小銭（$1.75）かtapカード（→P.48〜49脚注）を準備。目的地まで行くバスのルート番号を確認し、バス停を探す。

車体は赤かオレンジ

バスの行き先表示を確認して乗車する

　バスの正面にはルート番号と経由する場所、目的地が表示されている。乗るバスが来たら「乗ります！」という意味で手を挙げる。乗り込むときに「ハーイ！　〜には行く？（Hi, Is this for 〜？）」と自分の行き先を確認するといい。

運賃を支払う

　乗車は前のドアから。現金で運賃を支払う場合は、料金箱に$1.75を投入。チャージ済みのtapカードを所持しているなら"tap"マークにカードをタッチする。カードを所持し1日券を購入したい場合は"tap"マークにカードをタッチし「Day Pass, please」と言って$7を料金箱に入れる。おつりは出ないので、小銭を用意しておこう。

一般的な料金箱

④ 車内にて

　前方の座りやすい席は優先席。その後方は跳ね上げ式の席になっており、跳ね上げると車椅子の乗客が車椅子を固定できるようになっている。また、ドライバー席の後ろのラックにはルートマップが差し込んである（無料）ので、必要な物があれば入手しておこう。停留所名は車内前方の電光掲示板に表示される場合もある。

⑤ 降車する

降車するときに窓のそばのひもを引く

　目的地のひとつ手前の停留所を出発したら、次のバス停で降車する合図をしよう。窓の上に張ってあるひもを引くか、窓の縁にある黒いゴムテープ状のものを押すと車内前方に「STOP REQUESTED」のランプがつく。下車は前のドアでも後ろのドアでもいい。後ろのドアは降車専用で、半自動ドアになっている。

ダッシュ（LADOT）
☎ (1-213) 808-2273
🌐 www.ladottransit.com
💰 50¢（tapカード使用可）

ハリウッドでも観光の足として活躍する

ダッシュ
DASH

　LADOT（ロスアンゼルス市交通局）が運行しているバス。このバスがほかの路線バスと違うのは、ほとんどの路線が狭い地区内を環状に走っていること。ダウンタウンやハリウッドなどロスアンゼルス市内を中心に約30路線が運行されている。ほとんどの路線は、平日と土曜のみの運行。ダウンタウンでは平日のみ運行の路線もある。また、平日でも17:00〜18:00は帰宅ラッシュで、ときには乗り切れないほど混雑する。ダウンタウンのルートは→P.51側注。路線図→P.51。

バス正面と横にはルート名が表示されている

ダウンタウンのルート
※週末は運行間隔が変更される。

● ルートA
フィグ・アット・セブンス周辺からウォルト・ディズニー・コンサートホールを通り、リトルトーキョーまで。
A：月～金6:00～21:00（7分間隔）

● ルートB
チャイナタウンからユニオン駅を通り、7th St./Metro Center駅まで。
B：月～金6:00～21:00（8分間隔）

● ルートD
ユニオン駅からシティホールを通り、Spring St.を走りメトロレイルのGrand駅まで行く。
D：月～金6:00～21:00（6分間隔）

● ルートE
Harbor Fwy.の西側から7th St.を東へ。ファッションディストリクトを通ってメトロレイルのSan Pedro駅周辺まで。
E：月～金 6:00～21:00（5分間隔）、土6:30～18:00（10分間隔）、日9:00～18:00（15分間隔）、祝日は運休

● ルートF
3rd St. & Beaudry Ave.からFlower St.、Figueroa St.沿いを走り、LAライブ、ステープルスセンターを通り、エクスポジションパークまで。
F：月～金 6:00～21:00（10分間隔）、土・日9:00～21:00（15分間隔）、祝日は運休

そのほかのエリアのDASH路線

● Hollywood
Hollywood Blvd.を中心とし南北2～3ブロック、西はメトロレイルのHollywood & Highland駅、東はVermont/Santa Monica駅までを1周する。時計回りと、反時計回りのふたつのルートがある。
運行時間：月～金6:00～19:00（30分間隔）、土 9:00～18:30、日 9:00～18:00（30分間隔）
運休：おもな祝日

● Hollywood/Wilshire
メトロレイルのHollywood/Vine駅周辺から南下し、メトロレイルのWilshire/Western駅を結ぶ。パラマウント映画のスタジオを通る。
運行時間：Hollywood/Vine駅発、Wilshire/Western駅発ともに月～金6:00～18:55（約25分間隔）、土・日9:00～18:10（約25分間隔）

● Fairfax
ビバリーセンターからLa Cienega Blvd.、Melrose Ave.、Fairfax Ave.を経て、Wilshire Blvd.を通る。このルートでは、途中、メルローズアベニュー、ザ・グローブ、ロスアンゼルスカウンティ美術館（LACMA）へ行くことができる。
運行時間：月～金6:00～19:00（30分間隔）、土・日 9:00～18:30（30分間隔）

ロスアンゼルスの交通機関 Transportation in Los Angeles

ビッグ・ブルー・バス
- (310) 451-5444
- bigbluebus.com
- $1.25、急行（ラピッド）$2.50、1日券$4

ビッグ・ブルー・バス・トランジットストア
- MP.68-B2
- 1444 4th St., Santa Monica
- 月～金 7:30～17:30

OCTA バス
- (714) 636-7433
- www.octa.net
- $2、エクスプレス$4～7、1日券$5、エクスプレス$8～14

白い車体に青とオレンジのライン

おもなタクシー会社
- ● Independent Cab
- Free (1-800) 521-8294
- ● United Taxi
- Free (1-800) 822-8294
- ● Yellow Cab Co.
- (424) 222-2222

タクシーの運賃の目安
- ●ダウンタウンから
- サンタモニカ　　$45～85
- ビバリーヒルズ　$40～100
- ハリウッド　　　$30～60
- パサデナ　　　　$40～70

LAのツアー情報
ツアーバスの情報は観光局のほか、ホテルなどでも入手できる。

日系旅行会社リスト
- ●アメリカ・トラベル・ファクトリー
- America Travel Factory
- (1-213) 228-1801
- www.america-travel-factory.com

- ●エレファントツアー
- Elephant Tours
- (1-213) 612-0111
- www.elephanttour.com

- ●ジョイランド・エルエー・ツアーズ
- Joyland L.A. Tours
- (310) 918-1177
- Free (1-888) 607-1170
- www.joylandlatours.com

- ● H.I.S. ツアーズ U.S.A.
- H.I.S. Tours U.S.A.
- (1-213) 624-0777
- Free (1-800) 427-3771
- tour.his-usa.com

ビッグ・ブルー・バス
Big Blue Bus

サンタモニカのサードストリート・プロムナード周辺を中心に路線が広がっている。LAX（ロスアンゼルス国際空港）からサンタモニカ、サンタモニカからウエストウッド、UCLAなどの移動に便利だ。路線図→P.49。

OCTA バス
Orange County Transportation Authority

オレンジカウンティを中心に多くの路線をもち、ディズニーランド・リゾートやナッツ・ベリー・ファーム周辺からニューポートビーチなどに行くときに便利。

#1はロングビーチからパシフィック・コースト・ハイウエイの海岸線を走るので、景色を楽しむにはいい。どの路線も運行頻度が15～60分おきなので、ウェブサイトなどで事前に時間を調べておくとよい。路線図→巻頭折込「ロスアンゼルス-交通図-」。

タクシー
Taxi

LAには流しのタクシーは走っていない。主要ホテル、テーマパークなどへ行けば、エントランス付近に待機しているが、そのほかの場所は電話で呼んで来てもらうしかない。

タクシーの基本料金は最初の9分の1マイルが$2.85、あとは9分の1マイルごとに30¢、待ち時間は37秒ごとに30¢加算される。15%ほどのチップも忘れずに手渡したい（→P.430）。

ツアー案内

LA市内と郊外のおもな見どころを、効率よくガイド付きで楽しめるのが観光バス。おもなホテルまで送り迎えしてくれるし、ビバリーヒルズや郊外のアウトレットのように路線バスでは容易にアクセスしにくい所も、手軽に回ることができる。

日本人観光客が多いLAでは、日本人による日本語ツアーバスがいくつも運行されている。

日本語現地ツアーの一例（料金は目安）

●ロスアンゼルス半日市内観光／ひとり$70～、所要4～6時間。時間に合わせてサンタモニカ、オルベラ街、TCLチャイニーズシアター、ファーマーズマーケット、センチュリーシティ、マリナ・デル・レイなどツアーにより異なる。

●ディズニーランド・リゾート／ひとり$180～、所要9時間～。往復の送迎と各パークまたは両パークの入場料込み。

●シックスフラッグス・マジック・マウンテン／ひとり$120～、所要8時間～。往復の送迎と入場料込み。

メモ　**ウーバーUber** タクシーよりも安く、アプリで簡単に呼べる便利な配車サービス、ウーバー。同様のサービスを提供する**リフトLyft**もある。（→P.423）

Los Angeles Itinerary
― ロスアンゼルスの1日モデルコース ―

今日は何する?

ロスアンゼルス Los Angeles ロスアンゼルスの交通機関／モデルコース

10:00　朝活はココへ　滞在時間：1時間
Grand Central Market
グランド・セントラル・マーケット → P.82脚注

朝から活気にあふれるマーケット。出勤前のオフィスワーカーに交じり朝食を。

ネオンが輝く市場

Point
ロスアンゼルスは見どころが広域に渡るため、うまく回るためには移動の仕方を効率よくしたい。

Access 1st St. & Broadwayからダッシュのルート Aで15分

11:15　再開発が進む場所で壁画を観賞
Arts District　滞在時間：1時間
アーツディストリクト → P.85

このエリアは壁画が非常に多い。SNS用の撮影スポットは、歩いていればすぐ見つかるだろう。

本格的に撮影する人も

Access 3rd St. & Alameda St.からダッシュのルートA→Hill St. & 1st St.からメトロバス#10 or 48で1時間

13:15　ランチはロスアンゼルス名物を　滞在時間：30分
Pink's　ピンクス → P.105

LAセレブも訪れる同店。背の高い看板と行列を目印に。すぐに見つかる。

いつも行列!!
激ウマなホットドッグ屋

Access 徒歩1分

13:45　待ちに待ったショッピングタイム　滞在時間：2時間
Melrose Ave.　メルローズアベニュー → P.81

古着からハイエンドブランドまで、ファッションのことならメルローズアベニューにおまかせ。バラエティに富んだショップが並ぶ

Access Fairfax Ave. & Melrose Ave.からメトロバス#217 or 780で20分

16:05　ド定番観光スポットは行っておかなきゃ
Hollywood　滞在時間：2時間
ハリウッド → P.77

観光客がいちばん多いエリアがここ。ハリウッド映画に出てくるキャラクターに扮した人には注意。写真を一緒に撮るとチップを要求してくる

Access 徒歩5分

18:10　アメリカらしいダイナーでディナー
Mel's Drive-In　滞在時間：1時間
メルズ・ドライブイン → P.104

1950年代の雰囲気に包まれるダイナーで食事を楽しむ。

クラシックでいかしたダイナー
料理もおいしい

Access Hollywood/Highland駅からメトロレイル・レッドラインで30分

19:40　ルーフトップバーで乾杯　滞在時間：1時間
Ace Hotel　エースホテル → P.110

ロスアンゼルスはホテルの屋上にバーを設けているところが多い。エースホテルは特に人気。
バーにはプールもあり

How to 夜遊び
クラブもバーも多いロスアンゼルス。しかし治安には多少不安がある。移動には細心の注意を。夜間はタクシー利用をすすめる。特に女性はひとりで出歩かないように。

📖 メモ　観光地周遊バス「ホップオン・ホップオフ」主要観光地を巡る乗り降り自由のバス。全6ルートあり、初めてLAを訪れる人にいい。**Hop on Hop Off** 📍MP.66-B3（チケットブース）🎫1日券＄49 🌐citysightseeinglosangeles.com

53

ロスアンゼルス Los Angeles

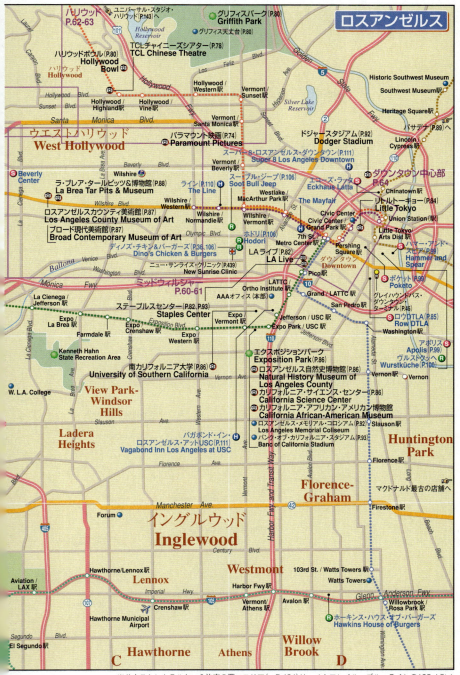

ロスアンゼルス Los Angeles

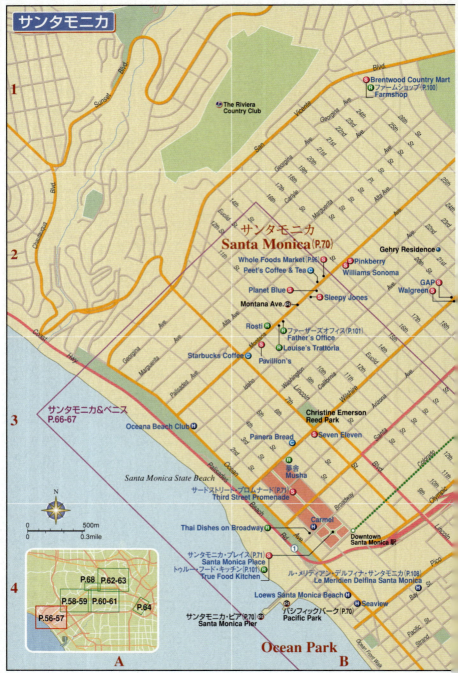

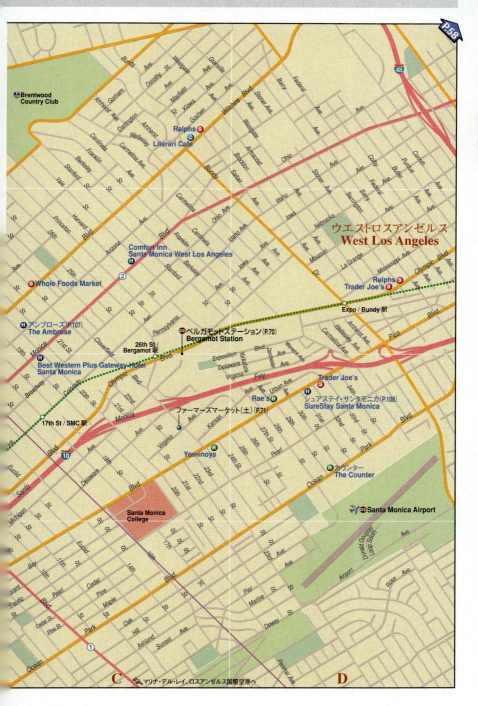

ロスアンゼルス Los Angeles

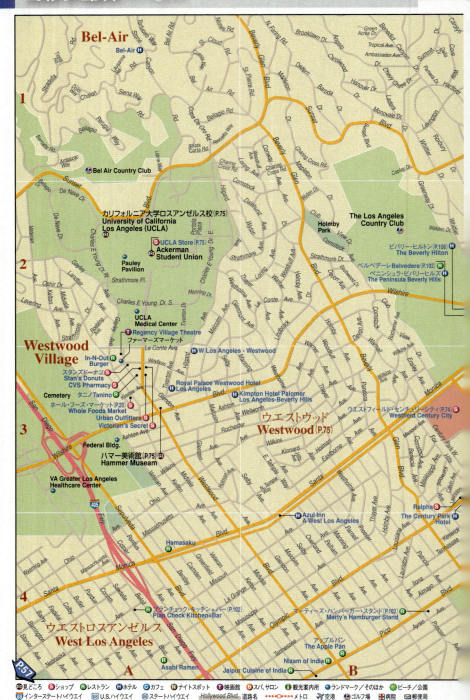

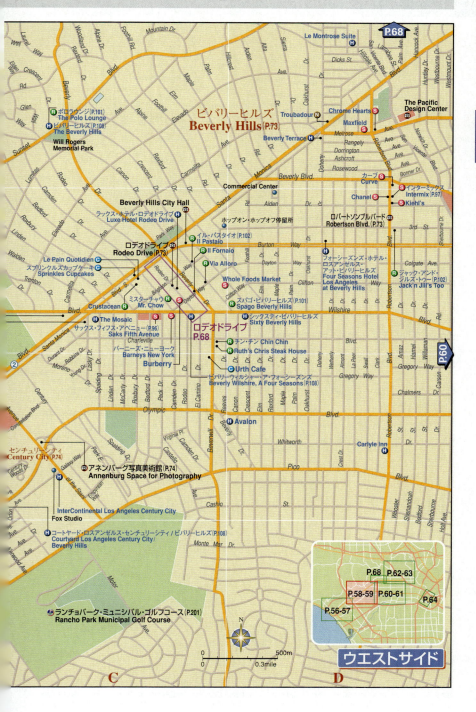

ロスアンゼルス Los Angeles

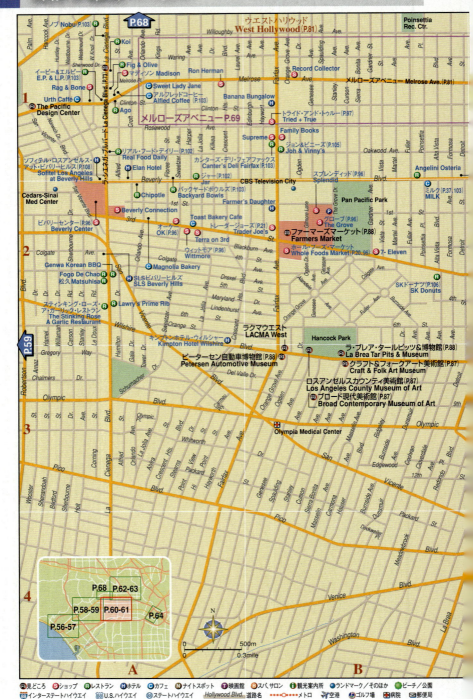

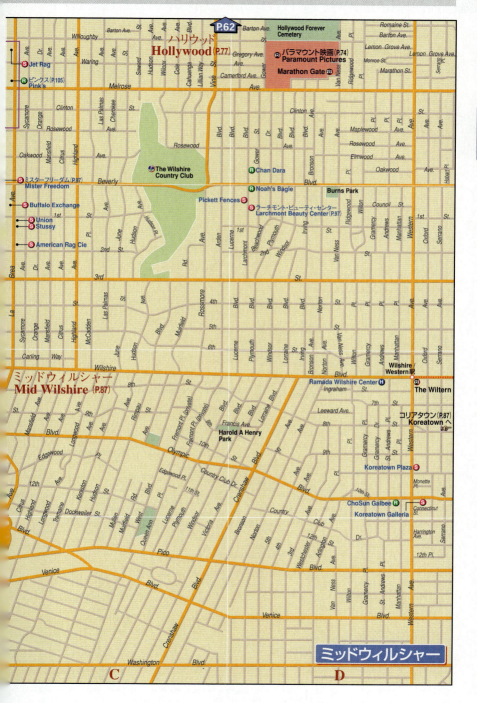

ロスアンゼルス Los Angeles

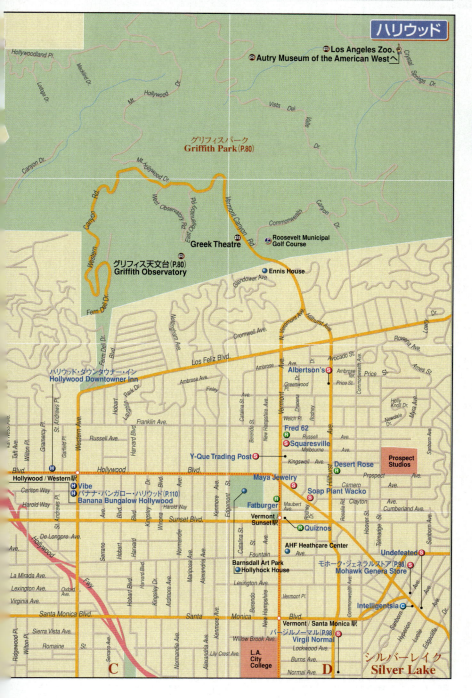

ロスアンゼルス Los Angeles

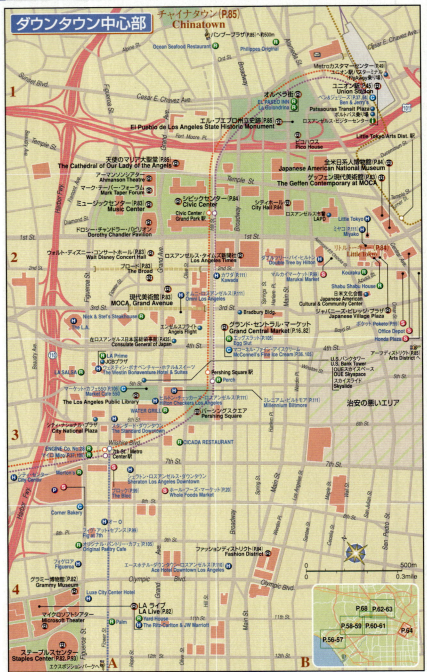

ロスアンゼルス Los Angeles

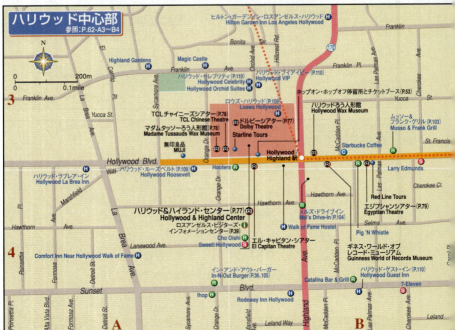

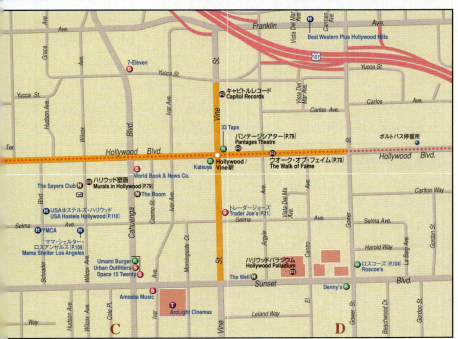

ロスアンゼルス Los Angeles

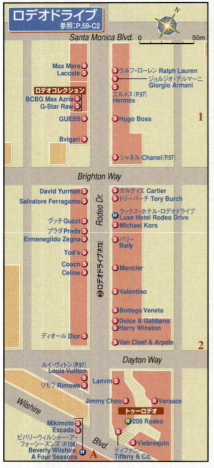

ビーチシティズ
Beach Cities

サンタモニカ、ベニス、マリナ・デル・レイなど、ロスアンゼルスにはたくさんのビーチがある。どこも美しく個性的。心地よい風のなかで思いおもいのビーチライフを満喫したい。サンタモニカはダウンタウンからのメトロレイルで簡単にアクセスできる。

サンタモニカ・ピア
200 Santa Monica Pier, Santa Monica（事務所）
(310)458-8900
santamonicapier.org
ダウンタウンからメトロレイル・エクスポラインでDowntown Santa Monica駅下車、徒歩約10分。

パシフィックパーク
(310)260-8744
www.pacpark.com
5月下旬~9月上旬：日~金11:00~23:00（日10:00~、金~翌0:30）、土10:00~翌0:30。それ以外の期間は不定期なのでウェブサイト、電話で確認を。
1日パス／8歳以上$32.95、7歳以下$17.95。各ライドの乗車券（$5~10）も販売している

サンタモニカ Santa Monica

夕日を眺めるのに絶好の木造桟橋　　サンタモニカ＆ベニス　MP.66 -B2

サンタモニカ・ピアとパシフィックパーク
Santa Monica Pier & Pacific Park　　★★★

　1909年建設の木造の桟橋。サンタモニカのシンボル的な存在で、日中から夜にかけては観光客などでにぎわうが、早朝はさびしげなムードが漂う。昔から『フォレスト・ガンプ』をはじめとして数々の映画やTVドラマに登場してきた。ピアには、小さな遊園地、新鮮な魚介類を食べさせる屋台などがあり、休日にはミニコンサートやダンスなども行われる。

　サンタモニカ・ピアの名物は遊園地**パシフィックパークPacific Park**。桟橋の上にある遊園地は西海岸ではここだけ。世界で唯一太陽光発電で動く観覧車パシフィックホイールPacific Wheelや、コースの一部が海の上を走るジェットコースターなどのほか、アーケードやスナックスタンドなど、楽しめるポイントが多々ある。このほか、1916年製造のメリーゴーラウンド、サンタモニカ・カルーセルSanta Monica Carouselは歴史的記念物に指定されるほどの貴重なもの。現在でも44基の手彫りの木馬が回り続けている。

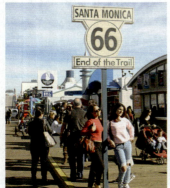
ルート66の終点がここサンタモニカ

太平洋に突き出した桟橋の先端部分

メモ　サンタモニカで芸術鑑賞を　●ベルガモットステーション（50近くのギャラリーが集まる一画）　MP.57-C3
2525 Michigan Ave., Santa Monica　bergamotstation.com　各ギャラリーにより異なるが、一般的

夜までにぎやか、市民が集うエリア　サンタモニカ&ベニス　MP.66-B2
サードストリート・プロムナード
Third Street Promenade

サンタモニカ・プレイスSanta Monica Placeの北側の3rd St.、BroadwayからWilshire Blvd.までの3ブロックが、おしゃれなカフェや映画館、若者に人気の流行の店などが並ぶ遊歩道になっている。週末になるとストリートミュージシャンなどが現れ、深夜まで多くの人でにぎわう。このエリアだけは、ロスアンゼルスにしては珍しく、車の乗り入れを規制して安心して歩けるようになっている。

歩行者天国なので安心して歩くことができる

オープンエアのショッピングモール　サンタモニカ&ベニス　MP.66-B2
サンタモニカ・プレイス
Santa Monica Place

サードストリート・プロムナードの東を突き当たった所に3階建てのモールがある。サンタモニカの人気スポットで、高級デパートのブルーミングデールズBloomingdalesとノードストロームNordstrom、スキンケアブランドのイソップAesop、トリーバーチTory Burchなどカジュアルからハイエンドまで、幅広いブランドが入店している。3階にあるルーフトップのダイニングデッキで、ゆっくり食事を楽しむのもいい。

レストランもたくさんあり、食事スポットにもおすすめ

LAのホットなエリア　サンタモニカ&ベニス　MP.67-C2
メインストリート
Main Street

サンタモニカとベニスを結ぶ約1.5kmの通りで、ショップやレストランが集まっているのはおもに北のHollister Ave.から南のMarine St.までの間、歩いても15分ほどの距離だ。おしゃれなブティックやアンティーク、モダンな家具など個性的な店が並んでいる。Pico Blvd.とOcean Park Blvd.の間はグリーン・ライト・ディストリクトGreen Light Districtと呼ばれ、エコグッズを集めたショップやオーガニックのカフェなどが集中している。

メインストリートまで来ると、観光客はぐっと少なくなる

に火～金10:00～18:00、土11:00～17:30　休日・月　料特別展以外無料

ビーチシティズの見どころ

サードストリート・プロムナード
住3rd St.沿い、Broadwayから Wilshire Blvd.までの3ブロック
URLwww.downtownsm.com
行き方ダウンタウンからメトロレイル・エクスポラインでDowntown Santa Monica駅下車すぐ。周辺の駐車場情報はURLparking.smgov.netを参考に。

サンタモニカ・プレイス
住395 Santa Monica Pl., Santa Monica
☎(310)260-8333
URLwww.santamonicaplace.com
営月～土10:00～21:00、日11:00～20:00

メインストリート
URLwww.mainstreetsm.com
行き方メトロレイル・エクスポラインDowntown Santa Monica駅から徒歩約3分。

ファーマーズマーケット
サンタモニカでは週3日、4ヵ所でファーマーズマーケットが開催される。地元で取れた新鮮な野菜や果物が並び、人気のレストランが屋台を出すことでとても人気がある。
☎(310)458-8712
URLwww.smgov.net/portals/farmersmarket
営水：8:00～13:00
　MP.66-B2
　住Arizona Ave.(bet. 4th St. & Ocean Ave.)
土：8:00～13:00
　MP.66-B2
　住Arizona Ave.(bet. 4th & 2nd Sts.)
土：8:00～13:00
　MP.57-C3
　住2200 Virginia Ave.
日：8:30～13:30
　MP.67-C2
　住ヘリテージスクエア
　(2640 Main St.)

ビーチシティズ Beach Cities

ベニス & マリナ・デル・レイ Venice & Marina del Rey

ベニス住民たちのお気に入り　　　　サンタモニカ＆ベニス　MP.67-D2
アボット・キニー・ブルバード
Abbot Kinney Blvd. ★★

アボット・キニー・ブルバード
- www.abbotkinneyblvd.com
- 行き方 サンタモニカの中心、Colorado Ave. & 4th St.からビッグ・ブルー・バス#1でMain St. & Brooks Ct.下車。

おしゃれなストリートと評判のアボット・キニー・ブルバード。端から端まで歩いても15分くらいの通りに、セレクトショップ、おしゃれなカフェやレストランが軒を連ねている。ベニスビーチからも徒歩5分と近く、セレブもたびたび訪れる。新しい店や話題の店が立ち並び、このエリアの注目スポットになっている。

きれいな店が多く、安心して歩くことができる

ベニスビーチといえばここ！　　　　サンタモニカ＆ベニス　MP.67-D2
オーシャン・フロント・ウオーク
Ocean Front Walk ★★★

オーシャン・フロント・ウオーク
- 行き方 メトロレイル・エクスポラインDowntown Santa Monica駅の北、Santa Monica Blvd. & 6th St.からビッグ・ブルー・バス#1でVia Marina & Admiralty Way下車、徒歩20分。

ビーチシティズを象徴するエリアで、海岸沿いに歩行者道路とサイクリングコースが延びている。Washington Blvd.からVenice Blvd.あたりには通りに沿ってTシャツやサングラスを売る露店が並ぶ。人が多いだけにスリに注意。週末には大勢のストリートパフォーマーと見物人たちで活気にあふれている。オープンエアのジムでは、これ見よがしにトレーニングを行っているため、別名"マッスルビーチMuscle Beach"と呼ばれる。

にぎやかな歩行者道路

マッチョたちがトレーニングに励んでいる

とんがり屋根が並ぶショッピングゾーン　　マリナ・デル・レイ　MP.65-B2
フィッシャーマンズビレッジ
Fisherman's Village ★★

フィッシャーマンズビレッジ
- 住 13755 Fiji Way, Marina del Rey
- 営 夏期：毎日10:00～20:00、冬期：毎日10:00～21:00（時期により異なる）
- 行き方 サンタモニカの中心、Broadway & 4th St.からビッグ・ブルー・バス#3でLincoln Blvd. & Fiji Way下車、徒歩15分。

マリナ・デル・レイの出口に面して造られた、カラフルなショッピングゾーン。ニューイングランドの漁村を模したとんがり屋根の小屋が立ち並び、観光客向けのショップやみやげ物屋、シーフードレストランなどが軒を連ねる。ここでは、マリーナ内のポイントに停泊するウオータータクシーに乗ろう。大小さまざまなヨットを、海上から間近に見ることができて壮観だ。週末の午後には、ジャズ、ラテン、R＆Bなどの無料コンサートが行われている。また、ベニスビーチから自転車でのアクセスが意外に簡単。ベニスビーチ周辺にはレンタサイクル店も多いので、散策に借りるのもよいだろう。

灯台はビレッジのシンボル

★★★ おすすめ度

ウエストサイド
Westside

高級住宅地ビバリーヒルズを中心にしたエリア。そのほか、西海岸の有名校UCLAを擁する学生街ウエストウッド、高級ブランドゾーンのロデオドライブ、映画の撮影所跡地に造られた人工都市センチュリーシティなど、おしゃれなスポットが多い。

ビバリーヒルズ Beverly Hills

世界に名だたる高級住宅地　　　ウエストサイド　MP.59-C〜D1
ビバリーヒルズ
Beverly Hills ✹✹

スターの豪邸が並んでいるというイメージが強いが、残念ながらお屋敷をじかに眺めるのはなかなか容易ではない。何しろビバリーヒルズは、広くて丘陵地帯も多いうえ、大型バスの乗り入れは禁止されている。ここを回るには、レンタカーを借りるか、ツアー（→P.52）を利用しよう。ツアーなら、ドライバー兼ガイドが解説しながら回るので、お目当てのスターの家も探さずに見ることができる。ヘリコプターで上空から眺めるツアーも人気が高い。

ビバリーヒルズ
行き方 ダウンタウンからは、メトロバス#20、720で約50分。ハリウッドからは、メトロバス#212でSanta Monica Blvd.に交差する所でメトロバス#704に乗り換える。所要約50分。サンタモニカからはメトロバス#704、720などで35分。

セレブたちの住むマンション（豪邸）が立ち並ぶ

有名レストランが立ち並ぶ　　　ミッドウィルシャー　MP.60-A1〜2
ラ・シエネガ・ブルバード周辺
La Cienega Blvd. ✹✹

ビバリーヒルズの東側を南北に貫くラ・シエネガ・ブルバードは、高級レストランが多いことで有名。3kmほど西にある**ロデオドライブRodeo Drive**でショッピングを済ませたセレブたちが、ディナーを食べにやって来る通りだ。中心には巨大ショッピングモールの**ビバリーセンターBeverly Center**（→P.96）がある。近年ではメルローズアベニュー沿いと周辺にデザイナーズブランドの店やおしゃれなレストランが増えてきており、大小の映画関係の会社も多く、道を歩いている人たちは皆洗練されている。

落ち着いた雰囲気の飲食店が多い

ラ・シエネガ・ブルバード周辺
行き方 ダウンタウンからはメトロバス#16、17、316などで約50分。ハリウッドからは#217でFairfax Ave.を南下し、Beverly Blvd.で#14、37に乗り換え西へ。約35分。

ロデオドライブ
MP.59-C2、P.68-A1〜2
行き方 ダウンタウンからはメトロバス#20、720でBeverly Dr.下車、約60分。ハリウッドからは#217で西に向かいFairfax Ave. & Wilshire Blvd.で#720に乗り換える。

📝 **セレブ出没度の高い通り**　ウエストサイドを縦断するロバートソンブルバード（MP.59-D1〜2周辺）は、高感度のセレクトショップが多く、LAでもセレブが買い物をするエリアとして知られている。

ウエストサイド Westside

ウエストフィールド・センチュリーシティ
- 10250 Santa Monica Blvd., Los Angeles
- (310)277-3898
- www.westfield.com/centurycity
- 基本的には月〜木10:00〜21:00、金・土10:00〜22:00、日11:00〜20:00
- 行き方 ダウンタウンからはメトロバス#16、17、316、28、728で約60分。ハリウッドからは、メトロバス#217で西に向かい、Fairfax Ave. & Santa Monica Blvd.で#704に乗り換える。

センチュリーシティ Century City

LAらしいオープンエアのモール　　ウエストサイド　MP.58-B3
ウエストフィールド・センチュリーシティ
Westfield Century City ☀

LA屈指の人気モール

もともと20世紀フォックスの撮影所だった広大な敷地に、超近代的なビル群を建築し、勤、食、住、遊とすべての都市機能を詰め込んだ場所で、その中心となるのがウエストフィールド・センチュリーシティ。かなり古株のモールで、天井のないオープンエア形式は、雨のほとんど降らないLAならでは。映画館も入っていて、1日いても飽きない。

アネンバーグ写真美術館
- 2000 Avenue of the Stars, Los Angeles
- (1-213)403-3000
- annenbergphotospace.org
- 水〜日11:00〜18:00 時期、イベントにより異なる
- 月・火、おもな祝日
- 無料
- 行き方 ウエストフィールド・センチュリーシティ（→上記）からConstellation Blvd.を1ブロック東へ行った所。

著名な写真家の作品が集められた　　ウエストサイド　MP.59-C3
アネンバーグ写真美術館
Annenberg Space for Photography ☀☀

ウエストフィールド・センチュリーシティ近くにある、ロスアンゼルスでも珍しい写真美術館。LAの写真家に始まり、スポーツ、自然など、いろいろな分野で世界的に活躍する巨匠たちの作品の展示も行う。作品は4ヵ月に一度の割合で入れ替わる。有名写真家によるワークショップなども行っている（有料）。

モダンな空間が広がっている美術館だ

Information 映画の街LAでスタジオ見学ツアー

気候のよいロスアンゼルスは、映画作りに最適な場所とされ、映画製作会社が多く点在している。スタジオ見学のツアーを催行している映画会社は右記のとおり。ツアー参加にはパスポートなどのIDが必要。なお、スタジオ内は撮影不可の場所があり、ビデオ撮影はツアーを通して禁止の場合が多い。

● **パラマウント映画**
Paramount Pictures
1912年設立の伝統あるメジャー映画会社。ハリウッドで唯一の現役スタジオだ。
- MP.61-D1
- 5515 Melrose Ave., Hollywood
- (1-323)956-1777
- www.paramountstudiotour.com
- 毎日9:00〜15:30の30分ごとに出発（時期により異なる）
- おもな祝日　$60（要予約）
※ツアーは所要約2時間。ゲートにてIDの確認あり。10歳未満は不可
- 行き方 LAダウンタウンからメトロバス#10で

ハリウッドに残る唯一の現役スタジオ

JJヘリコプターズ　セレブが住むビバリーヒルズの高級住宅街は、ツアーに参加しても大邸宅の入口程度しか見ることができない。しかし、上から見下ろせば、その敷地の広さや豪邸ぶりがわかるというもの。

ウエストウッド Westwood

高級住宅に囲まれた学生の街　ウエストサイド　MP.58-A〜B3

ウエストウッド
Westwood ※※

　ハリウッドとサンタモニカのほぼ中間にあるウエストウッドは、カリフォルニア大学ロスアンゼルス校を中心に広がる学生の街であり、ひとつのビジネス街でもある。ビバリーヒルズなどの高級住宅地に囲まれているせいか、学生街によくある古本屋や安食堂などは、ほとんど見かけない。カフェやショップ、映画館やライブハウスがあるので、夜が楽しい街でもある。また、UCLAの南側、Wilshire Blvd.沿いにある**ハマー美術館Hammer Museum**はUCLA（下記）所有の美術館で、浮世絵などの版画、セザンヌやゴッホなどの傑作を多く収蔵していることで有名だ。

優雅なキャンパスライフを楽しむ学生たち　ウエストサイド　MP.58-A2

カリフォルニア大学ロスアンゼルス校
University of California Los Angeles（UCLA）※※※

　カリフォルニア大学のキャンパスのひとつ、ロスアンゼルス校University of California Los Angelesを略してUCLAと呼ぶ。1919年の開校以来、カリフォルニアきっての名門校として発展し、約1700m²という広大な敷地には緑が豊富に残されている。スポーツに強い大学としても知られており、州内外、国内外にファンがいる。集客力はプロスポーツと比べてもひけを取らない。

　UCLAの大学生協、**UCLAストア UCLA Store**はキャンパスのほぼ中央にあって誰でも自由に利用できる。とても規模が大きく、書籍、スポーツ用品、文房具類の品揃えが豊富だ。

ハマー美術館
M P.58-A3
住 10899 Wilshire Blvd., Los Angeles
電 (310)443-7000
URL hammer.ucla.edu
営 火〜日11:00〜20:00（土・日〜17:00）
休 月、おもな祝日
料 無料
行き方 下記のカリフォルニア大学ロスアンゼルス校を参照。

カリフォルニア大学ロスアンゼルス校
電 (310)825-4321
URL www.ucla.edu
行き方 ダウンタウンからはメトロバス#720でWestwood Blvd. & Wilshire Blvd.で下車、60分。そこからWestwood Blvd.を北上。サンタモニカからはビッグ・ブルー・バス#1、2などで約50分。

UCLA ストア
M P.58-A2
住 308 Westwood Plaza
電 (310)825-6064
URL shop.uclastore.com
営 月〜木7:30〜19:00（水・木8:00〜）、金8:00〜18:00、土・日12:00〜17:00
※時期により変更あり。

カリフォルニアきっての名門校

約40分。ハリウッドからはメトロバス#212、312でLa Brea Ave.を南下し、Melrose Ave.で10、48に乗り換える。約40分。

●ワーナー・ブラザーズ・スタジオ
Warner Brothers Studio
ワーナーは映画に限らず、テレビドラマの撮影もよく行われている。
M P.62-A1外
住 3400 W. Riverside Dr., Burbank
Free (1-818)977-8687
URL www.wbstudiotour.com
営 毎日8:30〜15:30の15〜30分おきに出発（時期により異なる）
料 $69（8歳以上。約3時間）
行き方 ハリウッドからメトロバス#222でHollywood Way & Riverside Dr. 下車。約20分。

●ソニー・ピクチャーズ・スタジオ
Sony Pictures Studio
空港とウエストハリウッドの中間、カルバーシティCulver Cityにある。タイミングがよければ、現在進行中の撮影セットを見られる可能性もある。
M P.54-B3
住 10202 W. Washington Blvd., Culver City
電 (310)244-8687（要予約）
URL www.sonypicturesstudiotours.com
営 月〜金9:30、10:30、13:30、14:30発
料 $50（12歳以上。所要約2時間）※要ID
行き方 ダウンタウンからメトロレイル・エクスポラインでCulver City駅下車。カルバーシティ・バス#7に乗り換えCulver Blvd. & Motor Ave.下車。約1時間。

ヘリコプターに乗ってのLA遊覧がおすすめだ。日本語ガイド付き。コースによってはハリウッドサインを間近に見ることができる。詳しくは、●JJ Helicopters, Inc. 電(310)257-8622(日本語可)、URLjjheli.com(日本語あり)、料LA1周$320

ウエストサイド Westside

ブレントウッド Brentwood

豊富な予算で造られた贅沢なミュージアム　　ロスアンゼルス P.54-B2

ゲッティセンター
Getty Center ✺✺✺

ゲッティセンター
🏠1200 Getty Center Dr., Los Angeles
☎(310)440-7300
🌐www.getty.edu
🕐火～日10:00～17:30（土～21:00、時期により異なる）
休月、おもな祝日
料無料
行き方ダウンタウンからはメトロレイル・エクスポラインでExpo & Sepulveda駅で下車し、そこからメトロバス#234、734で北上、約90分。サンタモニカからはDowntown Santa Monica駅からメトロレイル・エクスポラインでExpo & Sepulveda駅で下車し、そこからメトロバス#234、734で北上、約60分。

　ウエストウッドから北へI-405を上っていくと、やがて高級住宅地ブレントウッドに入る。そんなブレントウッドの丘からLAを見下ろしている白亜の建物がゲッティセンターだ。アメリカでも有数のコレクションを誇る美術館だけに、アートファンから注目される複合施設になっている。

　サンタモニカ・マウンテンの麓、ブレントウッドに44.5ヘクタール（110エーカー）の広さをもつゲッティセンターは、**ゲッティ美術館Getty Museum**を中心に、教育機関、研究機関などの施設を併せもつアートの総合センター。丸1日使って楽しめる所だ。

　美術館はエントランスホールのほか5つのパビリオンで構成されていて、それぞれのパビリオンへ行くには、中央のミュージアムコートヤードMuseum Courtyardに一度出るようにデザインされている。通常の美術館のように順路というものもないので、好きなように屋外の美しい景色や噴水を楽しみ、再び屋内でアートを鑑賞するというのが、ここでの楽しみ方だ。

　ビジターはまず、無人運転のトラムに乗ることになる。山頂までは約5分の乗車。トラムが着くのはアライバルプラザ。正面の階段を上るとそこがゲッティ美術館への入口だ。
　美術館の前身はマリブにあったジャン・ポール・ゲッティ美術館。大富豪J. Paul Gettyの邸宅を美術館として開放したもの。彼の莫大な資産を使って集められた美術品が、現在のゲッティセンターのコレクションの中心になっている。また、ゲッティは12億ドルの遺産を美術館に残しているが、なんと、この4.25%を毎年使わなければならないという。

セントラルガーデンCentral Gardenにも足を向けたい。すり鉢状になった緑豊かな庭園にはさまざまな植物が植えられていて、季節によってまったく違った表情を見せてくれる。

とても開放感のあるゲッティセンターのコートヤード

Column　ゲッティヴィラにも行ってみよう

　サンタモニカの北、マリブに位置するゲッティヴィラGetty Villaは、ゲッティセンターの姉妹美術館として有名。紀元1世紀のローマ様式の邸宅、パピルス邸をモデルに建てられたもので、どことなく優雅で上品な雰囲気をもっている。ここにはおもに4万4000点もの古代ギリシア、ローマ、エトルリアの古美術が収蔵されている。23の常設展では、常時1200を超える美術品に触れることができる。展示品もすばらしいが、ローマ様式をモデルにした建築物の数々も見事だ。時間をかけてゆっくり見て回ろう。

　入館は無料だが、事前にウェブサイト🌐www.getty.edu/visitもしくは☎(310)440-7300で予約が必要だ。当日は予約後に返信される予約日時と番号が書かれたチケットのPDFファイルをプリントアウトして持参すること。

●**ゲッティヴィラ　Getty Villa**
🗺P.54-A2外
🏠17985 Pacific Coast Hwy., Pacific Palisades
☎(310)440-7300
🌐www.getty.edu
🕐水～月10:00～17:00（5月下旬～8月の土曜は21:00まで営業）
休火、おもな祝日
行き方ダウンタウンからメトロレイル・エクスポラインでDowntown Santa Monica駅下車、そこからメトロバス#534で北上しゲッティヴィラ前下車、約90分。

メモ　ゲッティヴィラは予約必須　予約がないと門から先に入れない。予約チケットのプリントアウト、もしくはスマートフォンなどで、予約チケットを確認できるページを用意しておくこと。

ハリウッド
Hollywood

気候に恵まれたロスアンゼルスには、ハリウッドを中心としたエリアに、多くの映画やTV番組の制作スタジオがある。まさに「映画の都」というLAのイメージはこの街から発信されているのだ。今もLAいちの観光スポットとしてにぎわっている。

ハリウッド　Hollywood

ハリウッドの中核　　ハリウッド中心部　MP.66-A～B3
ハリウッド＆ハイランド・センター
Hollywood & Highland Center　　★★★

「映画の都」にふさわしいエンターテインメントゾーン。この一画に、映画や演劇などのエンターテインメント、ホテル、ショッピング、グルメスポットなどが集中している。

チャイニーズシアターに隣接し、アカデミー賞の授賞式も行われる**ドルビーシアター Dolby Theatre**、それを囲むように位置するVictoria's SecretやM・A・Cなどのショップ、ハリウッドサインが絵のように見えるプラザ、グルメなレストラン、4つ星クラスのロウズ・ハリウッド・ホテルなどがあり、夜遅くまでにぎわっている。メトロレイル・レッドラインHollywood & Highland駅のすぐ真上に広がっており、交通のアクセスもいい。

華やかなアカデミー賞授賞式の会場はここ　ハリウッド中心部　MP.66-B3
ドルビーシアター
Dolby Theatre　　★★

アメリカ映画界最大の祭典、アカデミー賞授賞式の会場となる劇場で、旧コダックシアター。毎年2月末～3月上旬に開催されるアカデミー賞の当日になると、ハリウッドブルバードから劇場の中へレッドカーペットが敷かれ、ノミネートされた俳優たちが優雅にここを歩く。世界中に中継され、ハリウッドらしい華やかさに満ちあふれる。アカデミー賞授賞式以外の日には、コンサートやTV番組の収録にも使われる。ガイドツアーもあるので、授賞式を想像しながら歩くのもいい。

多くの観光客でにぎわう

ハリウッド＆ハイランド・センター
- 6801 Hollywood Blvd., Hollywood
- (1-323)467-6412
- www.hollywoodandhighland.com
- 毎日10:00～22:00（日～19:00。レストラン、映画館は店舗ごとに異なる）
- ※駐車場の入口はHighland Ave.沿いにある。
- メトロレイル・レッドラインのHollywood & Highland駅真上。

センター内には観光案内所もある

ドルビーシアター
- 6801 Hollywood Blvd., Hollywood
- (1-323)308-6300
- www.dolbytheatre.com
- ガイドツアーは、2階の入口から始まる。毎日10:30～16:00の30分おきの出発。所要約30分。1月下旬～3月上旬はアカデミー賞授賞式準備のためツアーは休止。
- 大人$25、シニア（65歳以上）・学生$19

★★★おすすめ度

ハリウッド Hollywood

TCLチャイニーズシアター
🏠 6925 Hollywood Blvd., Hollywood
☎ (1-323)461-3331
🌐 www.chinesetheatres.com
新作のワールドプレミアもたびたび行われる封切館。メインシアターのほか6つのシアターあり。

日本でも人気のジョニー・デップ

ウオーク・オブ・フェイム
🌐 www.walkoffame.com
新たに埋め込まれる敷石の予定（Upcoming Ceremonies）についての情報を掲載している。数週間に一度の割合で新しい敷石が埋め込まれ、そのセレモニーがドルビーシアター前で行われるので、運がよければ有名スターを目にすることができる。

お目当てのスターの敷石を探して歩くのも楽しい

マダムタッソーろう人形館
🏠 6933 Hollywood Blvd., Hollywood
☎ (1-323)798-1670
🌐 www.madametussauds.com/hollywood
⏰ 毎日10:00〜20:00。時期により異なるのでウェブサイトで確認を。
休 アカデミー賞授賞式当日
💰 大人＄30.95、子供（4〜12歳）＄23.95、4歳未満無料 ウェブサイトでは事前購入割引あり。
🚇 メトロレイル・レッドラインHollywood & Highland駅下車。TCLチャイニーズシアター隣。

ハリウッドのランドマーク　　　　ハリウッド中心部　📍P.66-A3
TCLチャイニーズシアター
TCL Chinese Theatre　★★★

　1927年に劇場王シド・グローマンSid Graumanが造らせた、世界で最も有名な映画館。ハリウッドでいちばんにぎやかな場所でもある。中国寺院風の豪華な建物もさることながら、有名なのはやはり前庭の敷石に残されたスターたちの手型、足型。1920年代から始まり、映画や音楽業界を中心に、これまでにその手型足型を残してきたスターは300人以上。2019年にはスカーレット・ヨハンソンやロバート・ダウニーJr.などの手型足型が加わった。

映画のプレミア上映会もよく行われる

2500を超えるスターの名が並ぶ　　ハリウッド中心部　📍P.66-A3〜67-D3
ウオーク・オブ・フェイム
The Walk of Fame　★★★

　メインストリートのHollywood Blvd.とVine St.の舗道に埋め込まれた星形の敷石は、ハリウッドのシンボルのひとつ。敷石には、それぞれの分野で活躍した人の名前が刻まれており、観光客が皆自分の足元に向かってシャッターを切っているのも、ハリウッドならではの光景だ。もともとは1953年に、廃れたハリウッドを何とかしようと、地元の商店主たちが1戸につき＄85ずつ出し合って企画したもの。1960年から設置が始まり、まずは1558人分の星形が作られた。その後は1年に15〜20人分の割合で増えていて、現在その数は2500を超えている。2019年には、女優のアン・ハサウェイなども加わった。

　この舗道は、Hollywood Blvd.沿いに、東はGower St.から西はLa Brea Ave.までの間にあり、Vine St.沿い南北に、Sunset Blvd. & Yucca St.間にも拡大中。

人気スターが大集合　　　　　　ハリウッド中心部　📍P.66-A3
マダムタッソーろう人形館
Madame Tussauds Wax Museum　★★

　映画やスポーツなど、さまざまなジャンル別に100体以上のスターが勢揃いしている。ろう人形とはいえ、本物そっくりの見事な造り。ハリウッドらしく映画監督も多い。うれしいことに、館内では、写真を好きなだけ撮っていいので、たくさんのスターたちと記念ショットを撮ろう。

みんな大好き、テイラー・スウィフト

📝 **チャイニーズシアター周辺での注意事項**　映画のキャラクターにふんしたパフォーマーがよく出現する。彼らと一緒に写真を撮るとチップを要求されたり、しつこく付きまとわれることもあるので要注意。さらに、オリジナ

ハリウッドの名優たちに出会える　ハリウッド中心部　**M**P.67-C4
ハリウッド壁画
Murals in Hollywood

ハリウッド周辺には、往年のハリウッドスターや、今をときめく人気俳優たちを描いたミューラル（壁画）がいたるところにある。

何人のスターの顔がわかるかな？

いちばん有名なものは、メトロレイル・レッドラインHollywood/Highland駅とHollywood/Vine駅の真ん中あたりにある"You Are the Star"という名の壁画。チャーリー・チャップリンやマリリン・モンローが劇場で座っているシーンを描いている。記念撮影をする人が絶えない。

ハリウッド散策前に見たい歴史紹介　ハリウッド中心部　**M**P.66-B3
エジプシャンシアター
Egyptian Theatre

1922年にオープンしたシアター。この映画館は、映画好きの集まるシアターとしてとりわけ人気が高い。運がよければ、夕方に上演する作品の前後に、映画監督や俳優のトークショーを観られる。

ツウ好みの映画が多い

また、映写室や楽屋などシアターの裏側を見学できるヒストリックツアーHistoric Egyptian Theatre Tourも催行している。所要約1時間で土曜日10:30にスタートする。日程はウェブサイト（→側注）で確認を。

アールデコ様式の劇場　ハリウッド中心部　**M**P.67-D3
パンテージシアター
Pantages Theater

メトロレイル・レッドラインのHollywood/Vine駅の向かいにある、1930年オープンの現役の劇場。おもにバレエ、ブロードウエイミュージカルなどの公演が多く、かつてはアカデミー賞授賞式の会場にもなった。劇場内部は重厚で、ハリウッド黄金期をしのばせる贅沢な造り。観客席にいるだけで、1930年代にタイムスリップできそう。ミュージカル公演はひと作品につき1～4週間単位で入れ替わるので、こまめにスケジュールを確認しておきたい。

有名人のライブが行われることも

ロスアンゼルス　Los Angeles　ハリウッドの見どころ

ハリウッド壁画
- メトロレイル・レッドラインのHollywood/Vine駅から西のハリウッド＆ハイランド方面へ歩く。Wilcox Ave.沿いに"You Are the Star"の壁画がある。

※代表的な壁画は下記のウェブサイトでも紹介している。
- www.seeing-stars.com→Where the Stars Are Immortalized→Hollywood Murals of the Stars

エジプシャンシアター
- 6712 Hollywood Blvd., Hollywood
- (1-323)466-3456
- www.egyptiantheatre.com
- チケットオフィスは上映の90分前よりオープン
- 映画は大人$12、シニア・学生$10
  シアターのヒストリックツアーは$12

パンテージシアター
- 6233 Hollywood Blvd., Los Angeles
- (1-323)468-1770
- hollywoodpantages.com
- チケットオフィス毎日10:00～20:30（月～18:00、日～19:00）

ルのCDを"無料"で配っている人もいるが、受け取ったあとに料金を請求される事件が頻発している。注意を怠らないように。

ハリウッド Hollywood

ハリウッドボウル
- 2301 N. Highland Ave., Los Angeles
- (1-323)850-2000
- www.hollywoodbowl.com
- ハリウッドからHighland Ave.を走るメトロバス#237でOdin St. & Fairfield Ave.下車、徒歩5分。

チケット予約（チケットマスター）
- (1-323)850-2000
- www.ticketmaster.com

ハリウッドボウル博物館
駐車場に向かう途中に、ハリウッドボウルで誰がコンサートを行ったか、またハリウッドの歴史について紹介している小さな博物館がある。コンサートの日は開演までオープンしているので寄ってみよう。
- 6〜9月中旬：火〜土10:00〜開演時刻、日・月は開演時刻の4時間前〜開演時刻。9月下旬〜5月：火〜金10:00〜17:00 ※変動あり。
- 9月下旬〜5月の土・日・月
- 無料

ハリウッドサイン
- hollywoodsign.org
- ハリウッド&ハイランド・センター（→P.77）のバビロンコートから、このサインがきれいに見える。

グリフィス天文台
- P.63-C2
- 2800 E. Observatory Rd., Los Angeles
- (1-213)473-0800
- www.griffithobservatory.org
- 火〜日12:00〜22:00（土・日10:00〜）
- 月、おもな祝日
- 天文台の入場は無料。プラネタリウムは13歳以上$7、シニア・学生$5、5〜12歳$3。5歳未満無料
- メトロレイル・レッドラインのVermont/Sunset駅からダッシュで。毎日12:00〜22:00（土・日10:00〜）の20〜25分間隔で運行。

天文台は入場無料

コンサート専用の野外劇場　　ハリウッド　P.62-A2
ハリウッドボウル
Hollywood Bowl ★★

建築は1922年。コンサートは6〜9月に集中して行われ、LAフィルハーモニックを中心にしてクラシック、ジャズなどの演奏が繰り広げられる。夜間公演の場合、星空を見ながらコンサートを楽しむことができる。

ハリウッドの地に立つ野外コンサート場

ハリウッドを実感する大看板　　ハリウッド　P.62-B1
ハリウッドサイン
Hollywood Sign ★★

有名なハリウッドサインはもともと不動産屋の広告として造られたもので、1923年当時は造成地の名称"HOLLYWOODLAND"という看板だった。

1932年に、新人女優が仕事の失敗を苦にして最後の"D"の上から飛び降り自殺をしたのは、あまりにも有名な話。その後、土地の開発に成功してからはハリウッドサインは手入れもされず荒れ放題になってしまった。

1945年になって見かねた地元の商工会議所がこれを譲り受けて修復し、このときに"LAND"の文字が撤去され、現在の"HOLLYWOOD"になった。この9文字で"H"から"D"までの幅は137mもある。1973年にはロスアンゼルス市の史跡Los Angeles Cultural-Historical Monumentとして指定されている。

LAに来たことを実感できるハリウッドサイン

映画『ラ・ラ・ランド』の撮影も行われた　　ハリウッド　P.63-C〜D1〜2
グリフィスパーク
Griffith Park ★★★

ここがロスアンゼルスだとは信じられないほどの豊かな自然と静寂が保たれている、LA市民の憩いの場。園内には、グリフィス天文台をはじめ、動物園、劇場、テニスコートやゴルフ場などの施設も整っている。

●グリフィス天文台 Griffith Observatory
1935年建造。美しい夜景スポットとしても有名だ。最新技術を使い満天の星空を再現したプラネタリウムSamuel Oschin Planetariumが人気。プラネタリウムショーは火〜金12:45〜

メモ　グリフィスパークの駐車場　グリフィスパークのゲートは22:00前に閉まるので、駐車している人は22:00前には駐車場から出るようにしたい。

20:45の間に8回、土・日10:45〜20:45の間に10回行われる。また、5歳以下の子供は初回以外は観賞不可なので注意。

グリフィス天文台から見るLAの夜景。完全に暗くなる前、空にやや青みが残っている時間帯がベスト。バス利用が不安な人は、現地発のツアーを利用したい

ウエストハリウッド　West Hollywood

大きな看板広告が有名　　　　サンセットストリップ　MP.68-A3〜4
サンセットプラザ
Sunset Plaza ※※※

ハリウッドの西、Sunset Blvd.沿いにレストランやブティックが集まったエリアがサンセットプラザと呼ばれている。オープンカフェのテーブルについてのんびりとランチを楽しむ人たちは、皆どことなくセンスがいい。周辺のオフィスからお昼を食べに出てきている人も多く、ビバリーヒルズの近くという場所柄、洗練されたファッションの人々が行き交う。高級感の漂う店が多いが、気軽に入れるカフェなどもある。レストランでランチを食べてもいいし、カフェでひと休みしてもいい。周辺にはライブハウスなどのナイトスポットも多く、夜もにぎわっている。

サンセットプラザ
行き方 ダウンタウンからは、メトロバス#2、302でSunset Blvd. & Sunset Plaza Dr.下車。ハリウッドからは、南に大きく1ブロック進みSunset Blvd.からメトロバス#2、302に乗るとよい。

ウエストコーストの流行発信基地　メルローズアベニュー　MP.60-A〜B1, P.69-A1〜4
メルローズアベニュー
Melrose Avenue ※※※

全長6マイル（約9.5km）にわたって続くメルローズアベニューは、Fairfax Ave.より西側におしゃれなデザイナーズブランドやカフェがあり、LAで人気のショッピングエリアとなっている。東側には古着やファンキーなショップが多い。

西側は高感度なセレブが多く集まる

メルローズアベニュー
行き方 ダウンタウンからメトロバス#10でMelrose Ave. & La Brea Ave.下車。約50分。ハリウッドからはメトロバス#212、312でLa Brea Ave. & Melrose Ave.下車。約20分。

Information　ウエストハリウッドってどんな街？

ハリウッドの西、ビバリーヒルズの東に位置するウエストハリウッド。トレンディなレストランやショップが多く、夜が更けるにつれクラブやライブハウスなどのナイトスポットがいっそうにぎやかになる。また、このエリアはアメリカでも有名なゲイタウン。毎年6月に行われるゲイパレード、10月のハロウィンの仮装パレードはこのエリアのビッグイベントとして有名だ。街のイベントなど、詳しい情報はウエストハリウッド市のホームページ www.weho.org で確認できる。

※※※おすすめ度

ダウンタウン
Downtown

ダウンタウンは高層ビルが集中するビジネス地区。南にはエクスポジションパークがあり、LA最大級の美術館LACMAがあるミッドウィルシャーなど、見どころも多い。LAであちこちへ行きたいのなら、起点はダウンタウンがベストだ。

LAライブ
住 800 W. Olympic Blvd., Los Angeles
電 (1-213)763-5483
URL www.lalive.com
営 施設により異なる
行方 メトロレイル・ブルーまたはエクスポラインでPico駅下車。または、メトロレイル・レッドラインで7 St./Metro Center駅下車、Figueroa Stを南へ徒歩約10分。

グラミー博物館
MP.64-A4
住 800 W. Olympic Blvd., Suite A245, Los Angeles
電 (1-213)765-6800
URL www.grammymuseum.org
営 日・月・水・木 10:30～18:30、金・土 10:00～20:00
休 火
料 大人$15、シニア・学生・子供（6～17歳）$13、5歳以下無料

ステープルスセンター
住 1111 S. Figueroa St., Los Angeles
無料 (1-888)929-7849
URL www.staplescenter.com
行方 LAライブ（→上記）参照

ダウンタウン Downtown

エンターテインメントの複合施設　ダウンタウン中心部　MP.64-A4
LAライブ
LA Live　★★

　LAライブは、ダウンタウンを代表するエンターテインメントスポット。ライブが行われるマイクロソフトシアターをはじめとして、グラミー賞の歴史をユニークに紹介する**グラミー博物館Grammy Museum**、ナイトシーンに欠かすことのできないライブハウス、クラブ、レストランなどがあり、夜遅くまで遊べるスポットとして人気が高い。そのほかリッツ・カールトン・ホテル、JWマリオットなどの高級ホテルがある。

LAライブの誕生以来ダウンタウンに人が集まるようになった

LAのランドマークのひとつ　ダウンタウン中心部　MP.64-A4
ステープルスセンター
Staples Center　★★

　新生LAの発展はここから始まった。ロスアンゼルス・コンベンションセンターの敷地内に建設された巨大な宇宙船のようにも見える近未来的な建物で、LAのランドマーク的存在となっている。コンサート、バスケットボール、アイスホッケー、アリーナフットボール、プロレス、ボクシングなどに使われる多目的イベント会場で、収容人数は約2万人（バスケットボールの場合）。スポーツやコンサートが1年中楽しめ、NBAやNHLのゲームの日はチームユニホームを着たファンでごった返す。また、毎年2月にグラミー賞授賞式が行われる。センターの前にはマジック・ジョンソンやボクサーのオスカー・デ・ラ・ホーヤの像が立つ。

メモ　**グランド・セントラル・マーケット**　さまざまな生鮮食品が並び、メキシカンや中華、タイ料理、ラーメンなどが食べられるフードコートにもなっている。ランチにはおすすめ。MP.64-B2　住 317 S.

静かにたたずむ、れんが色の美術館　　ダウンタウン中心部　　MP.64-A2
現代美術館（MOCA）
The Museum of Contemporary Art, Grand Avenue ☀☀☀

　1979年に創設された、ロスアンゼルスでは数少ない現代アート美術館。6800点以上のコレクションを収蔵し、現在ではMOCA Grand AvenueとThe Geffen Contemporary at MOCA（リトルトーキョー）の2館で構成される。

　本館であるこちらの展示は3～6ヵ月ごとに変わる企画展がおもで、現代美術館らしく、収蔵品は単なる絵画やオブジェにとどまらないおもしろさがある。作品は1960～1980年代のアメリカ人アーティストによるものが多く、20世紀美術の大家から新人まで幅広い。美術館入口にはヘルシーメニューが揃うカフェと、ミュージアムストアMOCA Storeがある。

現代美術館の別館　　　　　　　　　　ダウンタウン中心部　　MP.64-B2
ゲッフェン現代美術館
The Geffen Contemporary at MOCA ☀☀

　リトルトーキョーのそばにある、MOCA3館のうちのひとつ。現在のMOCAが改装中の際に、LA市警察の倉庫だった建物を借りて仮展示場としてオープン。その後大反響を呼び、MOCAオープン後も引き続き別館としての存続が決定された。展示内容はポップアートや前衛的な作品が中心で、本館とはひと味違った雰囲気のある美術館となっている。

有名アーティストの作品を無料で楽しめる　ダウンタウン中心部　MP.64-A2
ブロード
The Broad ☀☀

　ウォルト・ディズニー・コンサートホール（→下記）に隣接する現代アートの美術館。日本でも人気の高いジャン・ミシェル・バスキアや、村上隆の作品など、2000点以上を収蔵する。ひときわ目を引く建物は、ニューヨークを拠点に活動する建築チーム、ディラー・スコフィディオ＋レンフロによるもの。

夜は着飾った紳士淑女でにぎわう　　　ダウンタウン中心部　　MP.64-A2
ミュージックセンター
Music Center ☀☀

　ダウンタウンのGrand Ave.の北、バンカーヒルの丘の上にある、ロスアンゼルスの音楽と演劇の中心がミュージックセンターだ。数あるホールのなかでもひときわ目立つのが、建築家フランク・ゲーリーが手がけた**ウォルト・ディズニー・コンサートホールWalt Disney Concert Hall**。ダウンタウンの名所のひとつで、ロスアンゼルス・フィル・ハーモニックの本拠地としてコンサートなどが行われている。

ロスアンゼルス Los Angeles　ダウンタウンの見どころ

現代美術館
- 250 S. Grand Ave., Los Angeles
- (1-213)626-6222
- www.moca.org
- 水～月11:00～18:00（木～20:00、土・日～17:00）
- 火、おもな祝日
- 大人 $15、シニア（65歳以上）$10、12歳以下は無料。毎週木17:00～20:00は無料
- ダッシュのルートBでGrant Ave.沿いの2nd St.と3rd St.の間で下車。

ゲッフェン現代美術館
- 152 N. Center Ave., Los Angeles
- (1-213)625-4390
- 営業は現代美術館（→上記）と同様。
- アクセスはリトルトーキョー（→P.84）の行き方を参照。

特別展示はいつも充実している

ブロード
- 221 S. Grand Ave., Los Angeles
- (1-213)232-6200
- www.thebroad.org
- 火～金11:00～17:00（木・金～20:00）、土・日10:00～20:00（日～18:00）
- 月、おもな祝日　無料

ミュージックセンター
- 135 N. Grand Ave., Los Angeles
- www.musiccenter.org

ウォルト・ディズニー・コンサートホール
- MP.64-A2
- 111 S. Grand Ave., Los Angeles
- (1-323)850-2000（LAフィル・ハーモニック）
- www.musiccenter.org/visit/over-venues/
- メトロレイル・レッドライン、パープルラインでCivic Center駅下車。徒歩5分。ダッシュのルートA、BでGrand Ave.と1st St.の角で下車。夜はタクシーを利用するように。公演終了後には、劇場前にタクシーが並ぶので、つかまえるのは難しくない。

未来的なフォルムは一見の価値あり

➤ Broadway, Los Angeles　(1-213) 624-2378　www.grandcentralmarket.com　毎日8:00～22:00（店舗により異なる）

ダウンタウン Downtown

リトルトーキョー
- 1st、3rd、Los Angeles、Alamedaに囲まれたあたり
- www.littletokyola.org
- ダッシュのルートAがリトルトーキョーを1周している。メトロレイル・ゴールドライン Little Tokyo/Art District駅下車すぐ。

アメリカ最大の日本人コミュニティ ダウンタウン中心部 MP.64-B2

リトルトーキョー
Little Tokyo ☀☀

移民から第2次世界大戦中の強制収容、戦後の再開発を歩んできた日系人の努力の結晶を見ることができる。なかでも日本村プラザJapanese Village PlazaとウェラーコートWeller Courtには日本料理店、銀行、ショップ、ホテルなどが集まっている。第2次世界大戦中に日系人が強制収容されて以降、長い間ここは退廃したさびしい町だったが、日系人の熱意で1970年に再開発が始まった。その後衰退の時期もあったが、メトロレイル・ゴールドラインの開通で活気が戻ってきた。日本食を食べにここを訪れる人も多い。

海外で見る日本語はなんだか落ち着く

全米日系人博物館
- 100 N. Central Ave., Los Angeles
- (1-213)625-0414
- www.janm.org
- 火・水・金〜日11:00〜17:00、木12:00〜20:00
- 月、おもな祝日
- 大人$16、シニア・学生・子供（6〜17歳）$7、5歳以下無料
- ※毎月第3木曜終日無料、それ以外の木曜は17:00〜20:00は無料。

リトルトーキョーの中心にある

日系人の苦難、成功の歴史と経験を感じる ダウンタウン中心部 MP.64-B2

全米日系人博物館
Japanese American National Museum ☀

博物館は、1925年に移民1世によって建立された西本願寺を改築した本館と、緩やかな曲線と白い外壁が特徴的な新館のふたつ。博物館としての機能に加え、博物館のデータベースを管理し、リサーチ機能をもつリソースセンターや、日米相互理解を促進する会議やイベントのためのセントラルホールなどがある。このナショナル・リソース・センターには、1世の開拓者たちや2世から寄贈された服飾品や写真、フィルム映像など10万点以上の膨大な資料を所蔵。過去1世紀以上にわたる日系人の苦難の歴史、文化を伝え、さまざまな角度から日米の相互理解の推進のために尽力している。館内ではボランティアの人が解説してくれるので、わからないことがあったら聞いてみよう。

シビックセンター
- ダッシュのルートA、Dで1st St. & Main St.で下車。ルートBならTemple St. & Main St.で下車。

シティホール
- MP.64-B2
- 200 N. Spring St., Los Angeles
- (1-213)485-2121

ロスアンゼルスの霞が関 ダウンタウン中心部 MP.64-A〜B2

シビックセンター
Civic Center ☀

シティホールCity Hall（市庁舎）を中心に、連邦、州、郡、市の行政機関が集中するエリア。ミュージックセンターからリトルトーキョーあたりまでの数ブロックに裁判所、州庁舎、LA市警などが集まっており、まさにロスアンゼルスの心臓部だ。中央の白い塔はシティホールで、1982年に建てられたもの。27階にある展望室（月〜金8:00〜17:00、無料、セキュリティチェックあり）からは、市内の眺望を楽しむことができる。

メモ ファッションディストリクト ダウンタウンの南東にある問屋街。1000軒以上の服飾問屋が集結している。大半は卸売り専門だが、小売り店もあり、サンテアレーSantee Alleyと呼ばれるOlympic & Picoの間の

近代的な外観の大聖堂　　　　　　ダウンタウン中心部　　P.64-A1
天使のマリア大聖堂
The Cathedral of Our Lady of the Angels

　全米最大のカトリック教会で人種・宗教の分け隔てなく、すべての人のための教会となっている。5.6エーカー（約2万3000m²）の広さをもつ巨大な大聖堂の総工費は約1億9000万ドル。この教会の特徴は、3000人を収容可能なチャペル、5トン近い銅の扉、45mの高さを誇る鐘楼、外部からの自然な光を取り入れるために使用された半透明の雪花石膏の窓などで、設計はスペインの建築家ホセ・ラファエル・モネオ。ミサの時間には天井全体に施された音響効果で、パイプオルガンの音が荘厳に響きわたる。

天使のマリア大聖堂
555 W. Temple St., Los Angeles
(1-213)680-5200
www.olacathedral.org
毎日6:30～18:00（土9:00～、日7:00～）
無料
※ミサは月～金7:00、12:10、日8:00、10:00、12:30
ダッシュのルートBがTemple St.沿いを走っている。

安くておいしい飲茶がおすすめ　　ダウンタウン中心部　　P.64-A～B1
チャイナタウン
Chinatown

　ダウンタウンの北Broadway & College St.からBroadway & Ord St.までのあたりがLAのチャイナタウンだ。ユニオン駅の北にあり、ダッシュのルートBがくまなく走っている。通りには漢字の看板が並び、夜になれば中華料理店のネオンが派手に輝く。安くておいしいチャイナタウンの飲茶は地元の人にも大人気。なかでもおすすめは、チャイナタウンのエリア内にある**バンブープラザBamboo Plaza**周辺。昼は市場を見学するのもおもしろい。

チャイナタウン
ダッシュのルートBがチャイナタウンをくまなく走っている。メトロレイル・ゴールドラインのChinatown駅下車すぐ。

バンブープラザ
P.64-A1外
988 N. Hill St.

アーツディストリクト
メトロレイル・ゴールドラインのLittle Tokyo / Arts District駅から徒歩5分。ダッシュの場合はルートAでTraction Ave. & Hewitt St.下車。

ダウンタウンの急成長エリア　　　ダウンタウン中心部　　P.64-B3外
アーツディストリクト
Arts District

　リトルトーキョーの南東、Alameda St.、1st St.、8th St.、Los Angeles Riverに囲まれたエリアが近年活気づいている。以前は倉庫街で閑散としていたが、アートギャラリーやおしゃれなレストラン、ショップが続々とオープンしている。また、コンドミニアムも建ち始め、地元の人でにぎわう場所になってきた。しかし周辺は治安があまりよくないので、特に日が落ちてからは注意を。

再開発スポット、ロウ DTLA
アーツディストリクト近くの再開発プロジェクトとして2016年にオープン。その後周辺がにぎやかになるにつれ、話題のショップやレストランが続々出店するようになっている。
P.55-D2
777 S.Alameda St., Los Angeles
(1-213) 988-8890
rowdtla.com
店舗による

ロスアンゼルス発祥の地　　　　　ダウンタウン中心部　　P.64-B1
エル・プエブロ州立史跡
El Pueblo de Los Angeles State Historic Monument

　ユニオン駅そばにあるメキシカンレストランや民芸品店が集まる**オルベラ街Olvera St.**を中心にしたエリア。1781年にメキシコからやってきた11組の家族が住み着いたのが始まり。1953年に州立史跡公園に指定され、27の歴史的な建物が修復、保存されている。1818年築の家で、現在LAに残る最古の家**アビラ・アドービ Avila Adobe**や1887年築のビクトリアンハウス、セパルベダハウス**Sepulveda House**など、古い街並みを残した雰囲気はロスアンゼルスのエリアのなかでも独特だ。

エル・プエブロ州立史跡
125 Paseo de la Plaza, Los Angeles
(1-213) 485-6855
elpueblo.lacity.org
ダッシュのルートBが公園周辺を通り、ユニオン駅前にバス停がある。

観光客でにぎわうオルベラ街

ストリートが人気。土曜日は特に混雑するので、スリなどに注意。治安に不安があるエリアなので、朝晩は避けること。 P.64-B4　www.fashiondistrict.org　毎日10:00 ～17:00（店により異なる。日曜営業は全体の30%ほど）

ダウンタウン Downtown

エクスポジションパーク
M P.55-D2
ダウンタウンからダッシュのルートFでFigueroa St. & Exposition Blvd.下車。メトロレイル・エクスポラインのExpo Park / USC駅からもすぐ。

カリフォルニア・サイエンス・センター
700 Exposition Park Dr., Los Angeles
(1-323) 724-3623
californiasciencecenter.org
毎日10:00〜17:00
おもな祝日
無料。駐車場$12
※サイエンス・センターは入場無料。IMAXは大人$8.95、学生・シニア（60歳以上）$7.95、子供（4〜12歳）$6.75。IMAXで2本以上映画を観る場合は割引料金あり
※エンデバーの見学は人気があるので週末は入場制限がかかる場合もある。事前に電話やウェブサイトで予約しておけば、そういった心配もない。
手数料$3

ロスアンゼルス自然史博物館
900 Exposition Blvd., Los Angeles
(1-213) 763-3466
www.nhm.org
毎日9:30〜17:00
おもな祝日
大人$15、大学生・シニア（62歳以上）・学生（13〜17歳）$12、子供（3〜12歳）$7
※展示数が多いので半日は時間を取りたい。

南カリフォルニア大学
3535 S. Figueroa St., Los Angeles
(1-213) 740-2311
www.usc.edu
ツアー：入学志望者向けのツアーがあるが、一般観光客が、個人で回るならウェブサイトのキャンパスマップ付きSelf-Guided TourのPDFが便利。
● USCフィッシャー美術館
823 Exposition Blvd.（南カリフォルニア大学内）
(1-213) 740-4561
fisher.usc.edu
火〜土12:00〜17:00（土〜16:00）
日・月、大学の休業日、夏期休業中
無料

エクスポジションパーク Exposition Park

宇宙を飛んだスペースシャトル現る　　ロスアンゼルス　M P.55-D2
カリフォルニア・サイエンス・センター
California Science Center　★★★

身近にあふれている題材を「科学」という視点でとらえた博物館。見るだけでなく、触れたり、作ったりといった体験を通じて学ぶことができる。まさにエコシステムといえる自然の摂理や、砂漠や南極など極地の自然環境とそこに生息する生き物をテーマにした展示のほか、LAのスモッグやゴミといった身近なトピックも学ぶことができる。必見は毛利衛さん、若田光一さん、土井隆雄さんら日本人宇宙飛行士も乗船したスペースシャトル「エンデバー」の実物だ。機体を覆うタイルの磨耗など実際に宇宙に行ったシャトルを目の当たりにすると、宇宙へのミッションがいかに厳しいものかを外観からも実感できる。

25回の飛行を行ったエンデバー

45億年分の地球と人類の歴史が詰まっている　ロスアンゼルス　M P.55-D2
ロスアンゼルス自然史博物館
Natural History Museum of Los Angeles County　★★★

1913年開館。コロンブス入植前から1914年頃までのアメリカの歴史、1540〜1940年までのカリフォルニアの歴史、化石、哺乳類、昆虫、海の生物、鳥類のコーナーなどに分かれており、人気は恐竜のホール。恐竜がどこからやってきて、どんな環境で暮らし、絶滅していったかを、古生物学者の研究のように謎解きしながら楽しめる。化石も充実し、三葉虫、3200万年前の猫、2000万年前のラクダの祖先の化石など300種類以上が並び、Tレックスの化石は触ることもできる。"Becoming Los Angeles"ではLAの歴史を6つの時代に分け、発展の様子を写真とともに解説、好評を博している。

西部最古の名門私立校　　　　　　　　ロスアンゼルス　M P.55-D2
南カリフォルニア大学
University of Southern California　★★

映画監督のジョージ・ルーカス、建築家のフランク・ゲーリーら著名人を輩出してきた大学は、略して"USC"と呼ばれる。創立は1880年と、西海岸にある有名私立大学のうちでは最も古く、当時わずか53名だった学生は、現在約4万7500を数える。建築、医、歯、法律、教育、芸術、映画、社会学などの学部があり、映画芸術学部は有名。大学所有の**USCフィッシャー美術館USC Fisher Museum of Art**では現代美術を鑑賞できる。

ミッドウィルシャー Mid Wilshire

西海岸最大の規模と充実のコレクション　ミッドウィルシャー　MP.60-B3

ロスアンゼルスカウンティ美術館
Los Angeles County Museum of Art（LACMA）★★★

　ラクマLACMAと呼ばれる、西海岸では最大の規模と充実したコレクションを誇る総合美術館。それぞれの展示館に異なったテーマの美術品が陳列されている。日本でも珍しい根付けのコレクションが充実した日本館Pavilion for Japanese Art、印象派の素描や19世紀ヨーロッパ美術を中心に収蔵するハマービルHammer Bldg.、中国と韓国美術、アメリカやヨーロッパの装飾美術の作品を常設するアーマンソンビルAhmanson Bldg.、映画専門のミュージアムの建設が予定されているラクマウエストLACMA Westなどがある。

　また、現代美術作品のみを収蔵、展示するLACMA内の**ブロード現代美術館Broad Contemporary Museum of Art**は、関西国際空港の設計で知られるレンゾ・ピアノによるもので、アンディ・ウォーホル、バスキア、ジェフ・クーンズなどの作品が約140点以上収蔵されている。ブロード美術館の向かいにあるリンダ＆スチュアート・レスニック展示館Lynda & Stewart Resnick Exhibition Pavilionもレンゾ・ピアノによる設計。建築物としても見応えがある。

ロスアンゼルスカウンティ美術館
- 5905 Wilshire Blvd., Los Angeles
- (1-323)857-6000
- www.lacma.org
- 月・火・木・金11:00〜17:00（金〜20:00）、土・日10:00〜19:00
- 水、おもな祝日
- ※ギャラリー内のガイドツアーは休館日を除く毎日催行。時間・出発場所は日によって異なるので入場時に要確認。
- 大人＄25、シニア（65歳以上）・学生＄16、13〜17歳＄10、12歳以下無料、毎月第2火曜などは無料（特別展は有料）
- ダウンタウンからメトロバス#20、720で約45分。ハリウッドからはメトロバス#217でFairfax Ave. & 6th St.下車、約30分。サンタモニカからはメトロバス#720でWilshire Blvd. & Fairfax Ave.下車。約50分。

世界各国の美術品を見ることができる

屋外作品「アーバンライト」はフォトジェニック

※ブロード現代美術館はLACMAの敷地内にあり、開館時間はLACMAと同じ。入館料はLACMAに含まれる。

おいしい焼き肉を食べに行こう！　ミッドウィルシャー　MP.61-D3 外

コリアタウン
Koreatown ☀

　北のBeverly Blvd.、南のPico Blvd.、東のVermont Ave.、西のWestern Ave.に囲まれたかなり広いエリア。ハングルが氾濫し、焼肉レストランやスーパーマーケット、韓国スパ・サウナなどもある。

コリアタウン
- ダウンタウンからはメトロレイル・パープルラインでWilshire / Western駅やWilshire / Normandie駅、Wilshire / Vermont駅下車。約15分。ハリウッドからはメトロレイル・レッドラインでWilshire / Vermont駅下車。約15分。

LAのコリアタウンはかなり広域

おいしい焼肉店も多い

LACMA周辺にあるミュージアム　●**クラフト＆フォークアート美術館**　世界各地の工芸品を展示。
MP.60-B3　www.cafam.org　火〜日11:00〜17:00（土・日〜18:00）　月　＄9、シニア・学生＄7

ダウンタウン Downtown

ピーターセン自動車博物館

- 6060 Wilshire Blvd., Los Angeles
- (1-323)964-6331
- www.petersen.org
- 毎日10:00～18:00
- おもな祝日
- 大人＄16、シニア（62歳以上）＄14、子供（4～17歳）＄11、4歳未満無料

波のように流れるアルミニウムの建物　ミッドウィルシャー　MP.60-B3

ピーターセン自動車博物館
Petersen Automotive Museum

東京、六本木ヒルズ森タワーを設計した建築事務所コーン・ペダーセン・フォックスによるデザイン。波のように流れるアルミニウムの外観は、独特の存在感を発揮している。

館内には常時150台の自動車やバイクが展示されており、そのなかの目玉が、チューンアップされた1930～1950年代のフォード車や、映画『バットマン』『バットマンリターンズ』に使用されたBatmobileなど。

そのほかアニメ映画『カーズ』に登場するライトニング・マックィーンのモデルになったフォード40や、現代アーティストのアレクサンダー・カルダーなどがペイントしたBMWのレースカーも展示されている。

赤とシルバーの独特な外観

ラ・ブレア・タールピッツ＆博物館

- 5801 Wilshire Blvd., Los Angeles
- (1-323)934-7243
- www.tarpits.org
- 毎日9:30～17:00
- おもな祝日
- 大人＄15、シニア（62歳以上）・学生＄12、子供（3～12歳）＄7、3歳未満無料、毎月第1火曜（7,8月を除く）、9月の毎週火曜は無料、駐車場は＄15

タールピッツから発見された化石を展示　ミッドウィルシャー　MP.60-B3

ラ・ブレア・タールピッツ ＆ 博物館
La Brea Tar Pits & Museum

このあたりには、地下深くに原油を含む地層があり、そこからタール（石油由来の液体）が大小合わせて数十もの沼から噴き出していて、独特の臭いが立ちこめている。

このタールの沼（タールピッツ）を調査したところ、大量の化石が発見された。ほとんどが今から約4万から1万年前の動物や鳥類の化石で、マンモス、バイソン、ラクダ、ライオンなど約650種の動植物の化石は、当時の北米大陸の生態系を知るうえで貴重なものばかり。館内に展示されている化石の90％は本物で、すべてこの公園内で発見されたもの。

ファーマーズマーケット

- 6333 W. 3rd St., Los Angeles
- (1-323)933-9211
- www.farmersmarketla.com
- 月～土9:00～21:00（土～20:00）、日10:00～19:00
- おもな祝日
- 行き方 ダウンタウンからメトロバス#16、17、316でFairfax Ave. & 3rd St.下車。40分。ハリウッドからメトロバス#217、780でFairfax Ave. & 3rd St.下車。20分。

素朴で気取りがないショッピングの名所　ミッドウィルシャー　MP.60-B2

ファーマーズマーケット
Farmers Market

1934年の大恐慌に苦しめられた18人の農民たちが、野菜や果物を持ち寄って始めた市場だったが、安さと新鮮さが評判を呼んで地元の人や観光客が集まるようになった。現在は、生鮮食料品店をはじめ、レストラン、屋台、銀細工や革製品のみやげもの屋など100軒以上が集まる市場だ。マーケットに隣接する、地元の人に人気のショッピングモール**グローブ The Grove**（→P.96）にもぜひ立ち寄りたい。

買い物にいそしむローカルたち

パサデナ
Pasadena

ダウンタウンから北東へ約15km、サンゲーブリエル山脈の裾野に広がるパサデナは、ロスアンゼルスカウンティのなかではいちばん古い街だ。閑静な高級住宅街として開けており、大学や美術館が多くアカデミックな雰囲気に包まれている。

多くの人でにぎわう古いれんが造りの街　　　パサデナ　MP.65-A3
オールドパサデナ
Old Pasadena

パサデナの西側、かつての街の中心、Colorado Blvd.とFair Oaks Ave.の交差点を中心にした数ブロックをいう。1980年代の終わり頃から、古いれんが造りの街並みを生かした再開発が始まり、これが大成功する。夜間ブラブラ歩ける街がほとんどないLAにあって、特に週末の夜などたいへんな人出でにぎわう所になったのだ。セピア色の街には、300を超えるブティックやレストラン、クラブなどのナイトスポット、映画館、ギャラリー、ブティックが軒を連ねる。オールドパサデナの一画にある、**ワン・コロラド One Colorado**は、オープンエアの人気のモール。LAを代表するセレクトショップや人気のレストランなどが入っている。

美術愛好家が必ず満足するコレクション　　　パサデナ　MP.65-A3
ノートン・サイモン美術館
Norton Simon Museum

14世紀からの西洋美術史を代表するコレクション約1万2000点を有する全米屈指の美術館。中規模ではあるが、秀逸といえる作品の数々には圧倒される。

美術館は17〜18世紀、14〜16世紀、19、20世紀美術、地下の東洋美術のコレクションなどに分かれている。ルネッサンス期では宗教画の大家ジョバンニ・デ・パオロ、聖母子像が印象的なラファエロなど。ほかにはルーベンス、エル・グレコ、ゴヤ、印象派のセザンヌ、ルノアール、ゴッホなども並ぶ。必見はレンブラントの『少年の肖像Portrait of Boy』。20世紀では、ボナール、マチス、モジリアーニ、カンディンスキー、ピカソなど。なかでも数多く展示されているものはドガ。パステル画、スケッチ、ブロンズ像などが並び、彼の作品のファンなら感涙ものだろう。

オールドパサデナ
www.oldpasadena.org
行き方 ダウンタウンのユニオン駅からメトロレイル・ゴールドラインでMemorial Park駅またはDel Mar駅下車。徒歩約10分。所要約40分。

ワン・コロラド
MP.65-B5
41 Hugus Alley, Pasadena
(626)564-1066
www.onecolorado.com
営休 店舗による

オールドパサデナの街並み

ノートン・サイモン美術館
411 W. Colorado Blvd., Pasadena
(626)449-6840
www.nortonsimon.org
月・水・木 12:00〜17:00（日11:00〜）、金・土11:00〜20:00
休 火、おもな祝日
料 大人＄15、シニア（62歳以上）＄12、学生・18歳未満無料　毎月第1金曜17:00以降は無料
行き方 ダウンタウンからのアクセスは上記のオールドパサデナを参照。メトロレイル・ゴールドラインMemorial Park駅下車後、Colorado Blvd.からメトロバス＃180、181に乗り換え、美術館前下車。ダウンタウンから約1時間。

パサデナ Pasadena

パサデナシティホール
- 住 100 N. Garfield Ave., Pasadena
- 電 (626)744-7311
- URL www.cityofpasadena.net
- 行き方 ワン・コロラドから徒歩で東に5ブロック、北へ2ブロックの所。

USC パシフィックアジア美術館
- 住 46 N. Los Robles Ave., Pasadena
- 電 (626)449-2742
- URL pacificasiamuseum.usc.edu
- 開 水〜日11:00〜17:00(木〜20:00)
- 休 月・火、おもな祝日
- 料 大人$10、シニア(65歳以上)・学生$7、18歳未満は無料、毎週木曜の17:00〜20:00と毎月第2日曜は無料
- 行き方 ワン・コロラドから東へ7ブロック行った、Los Roblesを北へ半ブロック。

ローズボウル・スタジアム
- 住 1001 Rose Bowl Dr., Pasadena
- 電 (626)577-3100
- URL www.rosebowlstadium.com
- 行き方 ダウンタウンからメトロレイル・ゴールドラインに乗りMemorial Park駅下車、パサデナトランジット・バス#51、52(月〜土のみの運行)に乗り換え、ローズボウル前下車。所要約1時間。

ローズボウル・フリーマーケット
- URL www.rgcshows.com
- 開 毎月第2日曜9:00〜16:30
- 料 $9 ※早期入場は5:00〜$25、7:00〜$18、8:00〜$14

世界各国から多くのバイヤーが訪れる

バロック様式のクラシックな市庁舎　パサデナ　M P.65-A3
パサデナシティホール
Pasadena City Hall ☀

　パサデナはアメリカ西海岸でも比較的古くから開けた街で、歴史的建造物を保存しながら景観を重視した整備計画が進められた。そのパサデナ市のシンボルともいえるシティホールは、1927年に建造された比較的新しい建築物。16世紀のイタリア・ルネッサンス様式を取り入れたデザインで、有名建築家ジョン・ベイクウェルとアーサー・ブラウンが手がけた。歴史的な建物が残るパサデナを自分で回る建築ツアーのパンフレットもある。シティホールで入手可。

映画のロケでもたびたび使用されている

ひときわ静かな空間が広がっている　パサデナ　M P.65-A3
USC パシフィックアジア美術館
USC Pacific Asia Museum ☀

　中国をはじめとする韓国や日本などの東アジア美術、太平洋諸島の美術など1万5000点以上を収蔵している。作品数が多いのが、中国の陶磁器。唐の時代の兵馬俑、欧米で好まれた不死鳥の描かれた絵皿や壺などが見られる。中国の故宮を思わせる建物だけでなく、中国らしい龍や獅子を飾り、また松竹梅を配した中国庭園も一見の価値あり。パサデナのなかでもひときわ静かな場所だ。

アジア美術が充実

毎月巨大フリーマーケットも開催　パサデナ　M P.65-A3
ローズボウル・スタジアム
Rose Bowl Stadium ☀☀☀

　カレッジフットボールUCLAブルーインズの本拠地で、約9万人を収容する大スタジアム。名前のとおり、正面入口にはバラをあしらったデザインが施され、周辺にも真紅のバラがたくさん植えられている。毎年1月1日に行われるカレッジフットボール"ローズボウル"でアメリカ中にその名を知られている所だ。NFLのスーパーボウルも何度か開催され、熱狂的なファンがスタジアムを占拠する。

　もうひとつの名物が、**毎月第2日曜の早朝から開かれるローズボウル・フリーマーケットRose Bowl Flea Market**だ。試合のない日は閑散としているスタジアムも、この日ばかりは別。朝早くから車が続々と集まり、7:00頃にはスタジアム前の広大な駐車場が無数の露店で埋まってしまう。掘り出し物を狙うならなるべく早めに出かけよう。

メモ　パサデナ内の移動はパサデナトランジットを利用しよう　8路線のうち、観光に便利なのは2路線。ルート10はノートン・サイモン美術館近くからColorado Blvd.〜Lake Ave.〜Del Mar Blvd.〜Allen Ave.を走

1世紀以上も前に造られた木造建築　　　　パサデナ　P.65-A3
ギャンブルハウス
Gamble House

　アメリカの国定歴史建築物にも指定されている家屋。アメリカンアートとクラフト建築の権威としても知られている建築家、チャールズとヘンリーのグリーン兄弟によって1908年に建てられた。パサデナには、彼らが建てた家が40近く残っているが、そのなかでも最高傑作との呼び声が高いのが、このギャンブルハウスだ。ちなみに、ギャンブルとは、この家の所有者だったギャンブル氏の名に由来する。邸内は撮影禁止。

木造建築の美しさを発見できる

莫大なコレクションを誇る　　　　　　　　パサデナ　P.65-B4
ハンティントン
The Huntington

　鉄道事業で財をなしたヘンリー・ハンティントンは博識の人物で、書物、美術、園芸などさまざまなことに興味をもった。その多趣味ぶりを、広大な敷地と大邸宅で堪能することができる。

　ハンティントン図書館The Huntington Libraryは特に有名で、その規模だけでも個人のコレクションとは思えない充実ぶりだ。世界初の印刷物であるグーテンベルクの聖書、ベンジャミン・フランクリン直筆の自伝、リンカーンの日記、オーデュボン、シェークスピア、ワシントン、エドガー・アラン・ポーなど、希少価値の高い本や原稿が見学できる。

　3つのギャラリーのうちThe Huntington Art Gallery、Virginia Steele Scott Gallery of American Artでは、それぞれのテーマごとに美術品が収められている。ゲインズボローの『ブルーボーイ』、ローレンスの『ピンキー』、カサットの『ブレックファスト・イン・ベッド』、ホッパーの『ロングレッグ』などはお見逃しなく。また、アメリカとイギリス美術の特別展用のスペースで、なかなか見ることができない本や手書きの原稿などが収蔵されているBoone Galleryも興味深い。

　さらにハンティントンといえば、**植物園Botanical Gardens**も必見。西洋風の庭園にはバラが色とりどりに咲き乱れ、日本庭園も本格的な仕上がりで面積も広く、日本情緒たっぷりだ。盆栽のコレクションや京都龍安寺の石庭を思わせる「禅コート」など、館の力の入れ方は目を見張るものがある。熱帯や砂漠地帯の植物が集められたデザートガーデンや、シェークスピアの戯曲に出てくる植物を集めたシェークスピアガーデン、中国庭園「流芳園」も見応え抜群。1万5000種以上の植物を堪能することができる。

ロスアンゼルス Los Angeles　パサデナの見どころ

ギャンブルハウス
- 4 Westmoreland Pl., Pasadena
- (626) 793-3334
- gamblehouse.org
- 木～日11:30～15:00（日12:00～）、火10:30～13:30
- 月・水

ガイドツアー
- 木～日11:30～15:00（日12:00～）の1時間ごと。火10:30、11:30、13:30
- ツアーチケットは敷地内のBook Storeで購入。
- $15、シニア（65歳以上）・学生$12.50、12歳以下無料
※火曜に1階のみ回るミニツアーあり（12:40、$8）
- メトロレイル・ゴールドラインMemorial Park駅の北にあるWalnuts St.からメトロバス#264、267でOrange Grove Blvd. & Rosemont Ave.下車。約7分。

ハンティントン
- 1151 Oxford Rd., San Marino
- (626) 405-2100
- www.huntington.org
- 水～月10:00～17:00（最終入場16:00）
- 火、おもな祝日
- 大人$25（週末$29）、シニア（65歳以上）・学生（12～18歳）$21（週末$24）、子供（4～11歳）$13
※毎月第1木曜は入場無料。事前に電話かウェブサイトからの予約が必要。
- パサデナからパサデナトランジット・バス#10でAllen Ave. & Del Mar Blvd.下車。そのままAllen Ave.を南へ約1km、徒歩15分。

ハンティントンは、博物館や庭園がいくつもあり、それぞれ見応えがある

ロスアンゼルスのスポーツ
Sports in Los Angeles

ベースボール Major League Baseball（MLB）

■ ロスアンゼルス・ドジャース
Los Angeles Dodgers

　東のヤンキースと並び、長い歴史と全国区の知名度を誇るMLB屈指の人気球団。球団設立時にはヤンキースと同じくニューヨーク（ブルックリン）に本拠地をおいていたが、ロスアンゼルスに移転した1958年より、現在のチーム名となっている。人気だけでなく実力も確かで、ワールドシリーズを6度制している。LA移転前の1947年に、MLBで初めて黒人選手（ジャッキー・ロビンソン）を入団させたチームとしても知られている。2019年9月現在、前田健太投手が所属している。

　ホームスタジアムは、ダウンタウンの北東にあるドジャースタジアムDodger Stadium。ダウンタウンを一望できる丘の上に立つボールパークだ。なお、スタジアム周辺は駐車場に囲まれているだけで何もない。暗くなってからは、球場の外はうろつかないように。防寒対策も万全に。

本拠地：ドジャースタジアム
M P.55-D2　住 1000 Vin Scully Ave., Los Angeles
Fax (1-866)363-4377　URL losangeles.dodgers.mlb.com
行 試合がある日はダウンタウンのユニオン駅からシャトルが運行。その日の試合チケットを持っていれば無料、ない場合は$1.75。試合開始の90分前より運行される。

■ ロスアンゼルス・エンゼルス・オブ・アナハイム
Los Angeles Angels of Anaheim

　2018年に日本プロ野球の至宝、2刀流の大谷翔平が入団し、一気に日本で最も知られるMLB球団のひとつとなった。球団設立は1961年で、一時期、LAではなく、本拠地である「アナハイム・エンゼルス」をチーム名としていたことも。2002年にはワールドシリーズを制して世界一になった。

　ディズニーランドが近いこともあり、親子連れでにぎわう。エンゼルスがホームランを打つと、左中間スタンドの火山から間欠泉が水しぶきをあげる仕掛けや、チャンスになるとスクリーンに現れるサルのキャラクターが人気。

本拠地：エンゼル・スタジアム・オブ・アナハイム
M 巻頭折込「ロスアンゼルス—おもな見どころ—」-F4
住 2000 Gene Autry Way, Anaheim
TEL (714)940-2000
URL mlb.com/angels
行 ダウンタウンのユニオン駅からメトロリンクのAngels Expressが月〜金 16:30、16:50、17:46の1日3便運行している。アナハイムのディズニーランド・リゾートエリアからはKatella Ave.を走るOCTAバス#50で。

赤がチームカラーのエンゼルス

アメリカンフットボール National Football League（NFL）

■ ロスアンゼルス・ラムズ
Los Angeles Rams

　NFC西地区に所属。1936年に「クリーブランド・ラムズ」として誕生し、1946年にLAに移転。1995〜2015年までは、セントルイスに本拠地を移したが、2016年のシーズンから再びLAをホームとしている。スーパーボウルの制覇（1999年）はセントルイス時代だったので、地元の多くファンは「LA」の名前での優勝を待ち望んでいる。

本拠地：ロスアンゼルス・メモリアル・コロシアム
M P.55-D2　住 3911 S. Figueroa St., Los Angeles
TEL (1-213)747-7111　URL www.therams.com
行 ダウンタウンからメトロレイル・エクスポラインでExpo / Vermont駅下車。徒歩約10分。

■ ロスアンゼルス・チャージャーズ
Los Angeles Chargers

　チーム設立は1960年。その翌年から2016年までは、サンディエゴを本拠地としていた。現在はAFC西地区の所属。スーパーボウルでの優勝はまだない。2020年のシーズンから、LAのイングルウッドに新設されたスタジアムを、ラムズと共用で本拠地とすることが決まっている。

本拠地：ディグニティ・ヘルス・スポーツ・パーク
M 巻頭折込「ロスアンゼルス—おもな見どころ」-C4
住 18400 Avalon Blvd., Carson
TEL (310)630-2000　URL www.chargers.com
行 ダウンタウンからメトロレイル・シルバーラインでHarbor Gateway Transit Center駅へ。そこからメトロバス#246でAvalon Blvd. & Victoria St.下車、目の前。

バスケットボール　National Basketball Association（NBA）

ロスアンゼルス・レイカーズ
Los Angeles Lakers

中部の都市デトロイトで1946年に設立され、翌年ミネアポリスに移転。そのとき本拠地の周囲に湖がたくさんあったことから「レイカーズ」の名前がつけられた。チームをけん引し、一時代を築いたスーパースター、コービー・ブライアントが2016年に引退し、近年は低迷しているが、NBAファイナルを16度も制している名門チーム。試合にハリウッドスターが観客として訪れることでも有名だ。

本拠地：ステープルスセンター
M P.64-A4　1111 S. Figueroa St., Los Angeles
☎(1-213)457-1647
www.nba.com/lakers
行き方 ダウンタウンからダッシュのルートF。ダウンタウンの南西に位置し、11th St.とFigueroa St.の巨大多目的施設。

ロスアンゼルス・クリッパーズ
Los Angeles Clippers

1970年に東部の町バッファローで設立され、1978年にサンディエゴ、1984年にLAに移転し現在にいたる。同じくLAにフランチャイズをおくレイカーズに、人気、実力とも勝負にならず、しばらくは目立たないチームだったが、2011年のシーズンから（2017年を除く）プレイオフに出場できるチームになってきており、レイカーズの低迷とも相まって、LAに互角の実力をもつチームとなっている。

本拠地：ステープルスセンター（レイカーズと同じ）
M P.64-A4
1111 S. Figueroa St., Los Angeles
www.nba.com/clippers

サッカー　Major League Soccer（MLS）

ロスアンゼルス・ギャラクシー
Los Angeles Galaxy

1996年のリーグ創設時のオリジナルメンバーで、ヨーロッパリーグで活躍したデビッド・ベッカム（イングランド）やズラタン・イブラヒモビッチ（スウェーデン）などのスーパースターが在籍したことでも知られる。MLSカップを5回獲得している名門チーム。2019年シーズンはアメフトのチャージャーズとスタジアムを共用する。

本拠地：ディグニティ・ヘルス・スポーツ・パーク
M 巻頭折込「ロスアンゼルス－おもな見どころ」J-C4
18400 S. Avalon Blvd., Carson　Fax(1-877)342-5299
www.lagalaxy.com
行き方 ダウンタウンからメトロレイル・シルバーラインでHarbor Gateway Transit Center駅へ。そこからメトロバス#246でAvalon Blvd. & Victoria St.下車、目の前。

ロスアンゼルスFC
Los Angeles Football Club

2018年のシーズンからリーグに参戦してきた新興チーム。LAにはギャラクシーのほか「チーヴァスUSA」というサッカーチームがあり、リーグにも参加していたが2014年、人気低迷で解散。その後釜的な存在としてこのチームが誕生した。人気のギャラクシーと同じホームタウンとすることもあり、今後のチームの行方が注目されている。

本拠地：バンク・オブ・カリフォルニア・スタジアム
M P.55-D2
3939 S Figueroa St., Los Angeles
☎(1-213)519-9860
www.lafc.com/stadium
行き方 メモリアル・コロシアムの隣。ロスアンゼルス・ラムズを参照。

アイスホッケー　National Hockey League（NHL）

ロスアンゼルス・キングス
Los Angeles Kings

日本人初のNHLプレイヤー、福藤豊が所属していたチーム。チームカラーは紫と銀だが、昔のカラーの白と黒の観客も目立つ。長らく低迷していたが、2011-12年シーズンから8シーズンのうち、2度のリーグ優勝を果たしている。

本拠地：ステープルスセンター（レイカーズと同じ）
M P.64-A4　1111 S. Figueroa St., Los Angeles
Fax(1-888)546-4752
kings.nhl.com

アナハイム・ダックス
Anaheim Ducks

アナハイムの高速道路を挟んだエンゼル・スタジアムの向かいが本拠地。創設当時はディズニー社がチームを所有しており、同社の映画にちなみ「マイティ・ダックス」と名乗っていた。2006-07年にはスタンレーカップを制してファンを驚かせた。リーグ最強の攻撃力で、2012-13年シーズンから5季連続地区優勝を果たす。

本拠地：ホンダセンター
M 巻頭折込「ロスアンゼルス－おもな見どころ」I-F4
2695 E. Katella Ave., Anaheim
Fax(1-877)945-3946　ducks.nhl.com
行き方 ロスアンゼルス・エンゼルス・オブ・アナハイムを参照。

© Kiyoshi Mio / All American Sports

ロスアンゼルスのショップ
Los Angeles

ビーチシティズのショッピングは、サンタモニカのサードストリート・プロムナード、アボット・キニー・ブルバードがにぎやかだ。ウエストサイドならロデオドライブとロバートソンブルバード。ハリウッドではハリウッド＆ハイランドを中心に回ると効率的。セレクトショップやビンテージならハリウッドの南、メルローズアベニューへ。近年はダウンタウンにも、高感度のショップが増えてきている。メトロレイルで約35分のパサデナは高級住宅街。ゆっくりショッピングを楽しみたいならおすすめだ。

SHOP

ビーチシティズ

ファッション　エルシーディ　LCD

絶妙なセレクトで人気を博す

オンラインブティックとして2012年にスタート。ストリートカルチャーや現代美術から着想を得たエッジの効いたセレクトが魅力だ。サンタモニカからビッグ・ブルー・バス #3 で Lincoln Blvd. & Superba Ave. 下車。

カード **A M V**

清潔感のある店内

📍サンタモニカ＆ベニス P.67-D2
🏠1121 Abbot Kinney Blvd., #2, Venice
☎(424) 280-4132
🌐www.shoplcd.co
🕐毎日11:00〜18:00

ファッション　デウス・エクス・マキナ　Deus Ex Machina

コーヒーを飲みながらショッピングできる

2014年日本にも上陸したが、ベニスでも話題のショップ。バイクやサーフィン、スケートボードをテーマにTシャツやサーフボード、バイク用品を販売する。店内には、カスタムバイクが展示してあるほか、コーヒースタンドも併設。

カード **A J M V**

買い物の合間にコーヒーブレイクを

📍サンタモニカ＆ベニス P.67-D1
🏠1001 Venice Blvd., Venice
☎(1-888) 515-3387
🌐deuscustoms.com
🕐毎日9:00〜19:00（カフェは7:00〜）

雑貨　ジェネラルストア　General Store

ベニスで人気のセレクトショップ

地元の作家が作ったジュエリーや雑貨から、ビンテージ家具まで幅広い商品を取り扱うセレクトショップ。特にホームグッズの品揃えは豊富で、どれもかわいい。本店はサンフランシスコ（M P.222-A3）にある。

カード **A J M V**

木のぬくもりを感じる店内

📍サンタモニカ＆ベニス P.67-D1
🏠1801 Lincoln Blvd., Venice
☎(310) 751-6393
🌐shop-generalstore.com
🕐月〜土11:00〜19:00、日12:00〜18:00

ファッション　インダストリー・オブ・オール・ネイションズ　Industry of All Nations

カルバーシティ生まれのアパレルブランド

生地や糸を生産する国で、洋服の製造から縫製まで一貫して行っている。アルパカセーターはボリビア、トレンチコートはイギリス、デニムはインドで製造するという強いこだわりをもつ。ファストファッションを嫌悪するLAっ子のお気に入りブランド。

カード **A M V**

ミニマルなデザインで支持者が拡大中

📍サンタモニカ＆ベニス P.67-D2
🏠1121 Abbot Kinney Blvd., Venice
☎(310) 392-6000
🌐www.industryofallnations.com
🕐毎日11:00〜19:00

メモ　**大人買いをするのなら**　高額な買い物を予定している場合、移動の足を確保のうえ、遅い時間まで大きな荷物を抱えて歩き回らないように注意したい。流しのタクシーはほとんどない。

ファッション	**アビエーターネーション** Aviator Nation

サーフファッションの人気店

サーファーでもある女性デザイナーが立ち上げた店で、1970〜1980年代に流行したサーフスタイルにビンテージ感を加えた粋なデザインが人気を呼んでいる。南カリフォルニアのまぶしい太陽とマッチした色使いが美しい。値段はパーカが$160〜、Tシャツ$74〜など。

カード A M V

カラフルな色使いにうきうきする

M サンタモニカ&ベニス P.67-D2
住 1224 Abbot Kinney Blvd., Venice
☎ (310) 396-9100
URL aviatornation.com
営 毎日10:00〜20:00

セレクトショップ	**プラネットブルー** Planet Blue

デニムの種類が豊富

一見カジュアルな店だが、店内はお宝の山。キャミソール、カットソー、ブラウスなどインナーにとどまらず、コスメ、アクセサリー、シューズまで幅広いアイテムが揃う。アクセサリーと合わせて、トータルコーディネートを楽しもう。

カード A J M V

おしゃれな店なのに西海岸らしく入りやすい

M サンタモニカ・メインストリート P.69-B4
住 2940 Main St., Venice
☎ (310) 396-1767
URL www.shopplanetblue.com
営 毎日10:00〜19:30(金・土〜20:00、日〜19:00)
※サンタモニカの北(住800 14th St., Santa Monica)にも支店あり

ファッション	**クラブモナコ** Club Monaco

きれいめ路線を目指す若者に人気

カナダ生まれのおしゃれなブランドは、20〜40歳代の男女に人気。洗練されたデザインと清潔感あふれる色使いが特徴。お手頃な値段でカジュアルなTシャツからスーツまで揃う。レディスのドレスやワンピースは形がきれいで、幅広い年齢層に支持されている。

カード A J M V

ベーシックな色使いが多い

M サードストリート・プロムナード P.68-B1
住 1225 3rd St. unit 1225, Santa Monica
☎ (310) 260-2851
URL www.clubmonaco.com
営 月〜土10:00〜21:00(金・土〜22:00)、日11:00〜20:00

ファッション	**ビクトリアズシークレット** Victoria's Secret

日本でも有名な人気ランジェリー店

ピンクストライプのショッピングバッグが目印。アメリカ人女性なら誰もが訪れる店で、シンプルなものから思いっきり派手なランジェリーまで種類は驚くほど豊富。セール品が多いなかで、まとめ買いのショーツは人気のアイテム。ボディクリームや香水などは、おみやげにもいい。

カード A J M V

ランジェリーのディスプレイもキュート

M サードストリート・プロムナード P.68-B1
住 1311 3rd St. Promenade, Santa Monica
☎ (310) 451-4570
URL www.victoriassecret.com
営 毎日10:00〜21:00(金・土〜22:00)
※LA周辺に10店舗以上あり

ファッション	**スティーブ・マデン** Steve Madden

個性的なデザインの靴がいっぱい

1970年代のロックミュージシャンからひらめきを感じてデザインしたフラットシューズ、厚底・太ヒールの靴が注目されたのをきっかけに、人気に火がついた。日本でも人気のブランド。バッグ、財布などのアクセサリーも手がけている。メンズあり。

カード A J M V

日本より安く商品が手に入る

M サードストリート・プロムナード P.68-B2
住 1344 3rd St. Promenade, Santa Monica
☎ (310) 451-3630
URL www.stevemadden.com
営 毎日10:00〜21:30(金・土〜22:00、日〜21:00)

ファッション	**J. クルー** J. Crew

おしゃれ心をくすぐる正統派

一時期日本にも上陸したブランド。カジュアルながらも品のよいスタンダードファッションは、40代でも着こなすことができる。値段も手頃で、シャツやニットなどが$60〜。男女ともに人気が高い。

カード A J M V

王道を行くおしゃれなファッション

M サードストリート・プロムナード P.68-B1
住 1222 3rd St. Promenade, Santa Monica
☎ (310) 260-9099
URL www.jcrew.com
営 毎日10:00〜21:00(日〜19:00)
※LA周辺に10店舗以上あり

ロスアンゼルスのショップ *Shop in Los Angeles*

ウエストサイド

ショッピングモール
グローブ
The Grove

映画のセットのような街並み

1930～1940年代のLAを再現した街並みを、1950年代製のトロリーが走り抜けていく。まるで映画のワンシーンのよう。LAっ子でにぎわうモールはショッピングのほかに、映画や食事、散歩するだけでも楽しめる。

カード 店舗により異なる

地元の人々でいつもにぎわっている

📍 ミッドウィルシャー P.60-B2
- 189 The Grove Dr., Los Angeles
- (1-323) 900-8080
- (1-888) 315-8883
- www.thegrovela.com
- 店舗により異なるが、基本的に毎日10:00～21:00（金・土～22:00、日～20:00）

ショッピングモール
ビバリーセンター
Beverly Center

有名ブランドも充実している

8階建てのビルの中には、Bloomingdale's、Macy'sをキーテナントとし、100以上の専門店が入る。レストランはEgglsutや丸亀製麺、Tocaya Organica、Farmhouseなどバラエティに富む。

カード 店舗により異なる

セレブもよく訪れるモール

📍 ミッドウィルシャー P.60-A2
- 8500 Beverly Blvd., Los Angeles
- (310) 854-0070
- www.beverlycenter.com
- 月～土10:00～21:00（土～20:00）、日11:00～18:00

デパート
サックス・フィフス・アベニュー
Saks Fifth Avenue

全米屈指の高級デパート

ニューヨークを拠点にしたアメリカを代表する高級デパート。ヨーロッパやアメリカのデザイナーズブランドを中心に、普段使いのものからパーティ用のドレスまで、幅広い品揃えで人気を博している。特に子供服が充実していることで知られている。

カード ADJMV

ロデオドライブからも近い

📍 ウエストサイド P.59-C2
- 9600 Wilshire Blvd., Beverly Hills
- (310) 275-4211
- www.saksfifthavenue.com
- 月～土10:00～19:00（木・金～20:00）、日12:00～18:00

ファッション
スプレンディッド
Splendid

女性らしさを失わないカジュアルブランド

バーニーズ・ニューヨークやニーマンマーカスなどのデパートやフレッド・シーガルなどのセレクトショップで販売されていたTシャツブランドの旗艦店。着回しのきく品揃えで、キャメロン・ディアス、ジュリア・ロバーツなどハリウッドセレブにもファンが多い。

カード AJMV

サンタモニカにも支店がある

📍 ミッドウィルシャー P.60-B2
- 189 The Grove Dr., Los Angeles
- (1-323) 933-2990
- www.splendid.com
- 毎日10:00～21:00（金・土～22:00、日～20:00）

セレクトショップ
ウィットモア
Wittmore

オーナーの目利きが光る高感度ショップ

国内のブランドを中心に、服、アクセサリー、コスメなど、センスのいい商品が豊富に揃う、ミッドウィルシャーきってのおしゃれなショップ。ビバリーセンターとグローブの中間に位置している。

カード AJMV

ショップの多い3rd St.に面している

📍 ミッドウィルシャー P.60-A2
- 8236 W. 3rd St., Los Angeles
- (1-323) 782-9791
- shopwittmore.com
- 毎日11:00～19:00（日～18:00）

セレクトショップ
オーケー
OK

アート系小物やインテリア雑貨の店

ハイセンスなインテリア小物を中心に、アクセサリーやキッチン雑貨など、幅広い商品を扱う。値段はそこそこするが、手に取るとそのよさがわかる高品質なものばかり。おみやげ、プレゼントによさそうな小物もたくさん。時間をかけてじっくり選びたい。

カード AMV

ハイセンスな商品が並ぶ

📍 ミッドウィルシャー P.60-A2
- 8303 W. 3rd St., Los Angeles
- (1-323) 653-3501
- www.okthestore.com
- 月～土11:00～18:30、日12:00～18:00

メモ Whole Foods Market　日本での人気も高いオーガニックのスーパーマーケット。サンタモニカ（MP.56-B2）やグローブのすぐそば（MP.60-B2）にもあり、おみやげに最適なものも揃っている。

セレクトショップ インターミックス
Intermix

セレブも通うセレクトショップ

ファッション性の高いハイエンドブランドのセレクトショップのLA店で、ニューヨークが本店。Missoni、Alexander Wang、Helmut Langなどの衣類だけでなく、バッグなど小物も扱う。日本の芸能人にもファンが多いことでも知られる。

カード A D J M V

📍 ウエストサイド P.59-D2
110 N. Robertson Blvd., Los Angeles
☎ (310) 860-0113
www.intermixonline.com
営 月～土10:00～19:00、日11:00～18:00

LAファッションの最先端を行く店

セレクトショップ ミスターフリーダム
Mister Freedom

LAのスタイリストも御用達

LAだけでなく、全米のファッショニスタが一目をおいている有名店。オーナー自らが買い付けるビンテージ商品とデニムやジャケットを中心としたオリジナルワークウエアを取り揃える。バンダナやスカーフ（$129～）などの小物やトートバッグ（$69.95～）もあり。

カード A M V

📍 ミッドウィルシャー P.60-B1
7161 Beverly Blvd., Los Angeles
☎ (1-323) 653-2014
www.misterfreedom.com
営 毎日11:00～18:00

日本人に合うサイズが多く揃う

ビンテージ トライド・アンド・トゥルー
Tried + True

レア物を掘るならココ

目利きバイヤーが選んだ、ほかでは手に入らない逸品が並ぶビンテージストア。すべての商品は状態がよく、バックグラウンドもしっかりしたものばかり。古着、特にストリートファッション好きは必訪の1軒。

カード A M V

📍 ミッドウィルシャー P.60-B1
507 N. Fairfax Ave., Los Angeles
☎ (1-323) 782-1366
www.triedandtrueco.com
営 月～土11:00～19:00、日12:00～18:00

日本では手に入りにくい物ばかり

コスメ ラーチモント・ビューティ・センター
Larchmont Beauty Center

LAきってのアポセカリーストア

外観はチープだがあなどるなかれ。中に入るとオーガニックもケミカルも関係なく、無数のコスメ、ヘアケア、ネイル用品がところ狭しと並んでいる。近くにはNY発のコスメブランドMalin + Goetzのオンリーショップもあり。

カード A J M V

📍 ミッドウィルシャー P.61-D2
208 N. Larchmont Blvd., Los Angeles
☎ (1-323) 461-0162
larchmontbeauty.com
営 月～土8:30～20:00、日10:30～18:00

オレンジの看板を目印に

バッグ ルイ・ヴィトン
Louis Vuitton

このブランドはアメリカでお買い得

ボストンバッグ、ショルダーバッグから小物類まで、広い店内にヴィトン製品が豊富に並ぶ。メイドインUSAの商品は日本未入荷。レアものが欲しいならぜひ。

📍 ロデオドライブ P.68-A2
295 N. Rodeo Dr., Beverly Hills
☎ (310) 859-0457 www.louisvuitton.com
営 月～土10:00～19:00、日11:00～18:00
休 おもな祝日

カード A D J M V

ファッション シャネル
Chanel

世界のセレブに愛用される

アクセサリーやスカーフはショーケースに並んでいないものもあるので、スタッフに尋ねるとよい。化粧品売り場のスペースが広く、ゆっくり選べる。

📍 ロデオドライブ P.68-A1
400 N. Rodeo Dr., Beverly Hills
☎ (310) 278-5500
www.services.chanel.com
営 月～土10:00～18:00、日12:00～17:00

カード A D J M V

革製品 エルメス
Hermés

馬具から始まった伝統のハンドメイド

バッグやスカーフ、洋服、アクセサリー、時計、コロン、ベルト、トップス、シューズ、食器などが揃っている。人気のシルクスカーフは品揃えが豊富だ。

📍 ロデオドライブ P.68-A1
434 N. Rodeo Dr., Beverly Hills
☎ (310) 278-6440
usa.hermes.com
営 月～土10:00～18:00
休 日

カード A D J M V

ロスアンゼルスのショップ *Shop in Los Angeles*

ビンテージ
ウエイストランド
Wasteland

古着好きなら、絶対に訪れたい

ノーブランドからハイエンドブランドまでを扱う店。広い店内は、Tシャツやデニム、靴などがところ狭しと並べられているが、状態がよいのも特徴。1980年代のロックテイストあふれるTシャツが人気アイテムのひとつ。宝探しのつもりで物色してみよう。

カード A M V

状態のいいものが安く見つかる

Ⓜ メルローズアベニュー P.69-A2
🏠 7428 Melrose Ave., Los Angeles
☎ (1-323) 653-3028
🌐 www.shopwasteland.com
🕐 毎日11:00〜20:00（日〜19:00）

ファッション
ダニエル・パトリック
Daniel Patrick

Made in LA の注目ブランド

ロスアンゼルスで生まれたブランドは、デザイン、縫製もロスアンゼルスで行われる。セレブが着用したことでその知名度が急上昇し、たちまち人気ブランドの仲間入りを果たした。店内はすっきりとした造りで、ゆっくりショッピングを楽しむことができる。

カード A M V

Melrose Ave. に面するショップ

Ⓜ メルローズアベニュー P.69-A3
🏠 7969 Melrose Ave., Los Angeles
☎ (1-323) 879-9805
🌐 www.danielpatrick.us
🕐 月〜土11:00〜19:00、日12:00〜18:00

めがね
L.a. アイワークス
L.a. Eyeworks

1979年創立、LA発のアイウエアブランド

「人間の顔も芸術」をコンセプトに、色、デザインともに斬新なフレーム、サングラスが揃っている。日差しの強いLAでサングラスはマストアイテムだ。デザイナーズブランドもあるが、ほとんどがオリジナル商品。お気に入りを探してみよう。

カード A M V

個性的な外観が目印

Ⓜ メルローズアベニュー P.69-A2
🏠 7407 Melrose Ave., Los Angeles
☎ (1-323) 653-8255
🌐 www.laeyeworks.com
🕐 月〜土11:00〜19:00
休 日

コスメティック
ナーズ
Nars

日本でも人気のアメリカンコスメ

日本でも口コミで評判を呼んでいるコスメブランドで、20〜40代と幅広い年齢層に支持されている。シャドーやチークの発色は抜群で、フィット感もよく、色もちもいい。ハリウッドセレブにも愛用者が多いとか。このメルローズ店はニューヨークに次ぐ第2号店。

カード A J M V

色はカラフルだが、店内は落ち着いている

Ⓜ メルローズアベニュー P.69-A4
🏠 8412 Melrose Ave., Los Angeles
☎ (310) 623-1730
🌐 www.narscosmetics.com
🕐 月〜土11:00〜19:00、日12:00〜18:00

セレクトショップ
バージルノーマル
Virgil Normal

Virgil Ave. と Normal Ave. の角にある

LA 在住のコスチュームデザイナーと、スケートやスノーボードなどのストリートカルチャーに精通するふたりが立ち上げたショップで、アウトドアライクなメンズウエアが揃う。店舗の中庭では地元アーティストがオブジェなどを作っていることも。

カード A D J M V

ビンテージも取り扱っている

Ⓜ ハリウッド P.63-D4
🏠 4157 Normal Ave., Los Angeles
☎ (1-323) 741-8489
🌐 www.virgilnormal.com
🕐 火〜土11:00〜19:00、（土〜18:00）、日12:00〜17:00
休 月

セレクトショップ
モホーク・ジェネラルストア
Mohawk General Store

LA ファッショニスタ御用達

Dries Van Noten や Carven など、パリコレやミラノコレクションで話題のブランドを数多く取り揃えるセレクトショップ。建物の隣にはメンズ館もあり、男女ともに楽しむことができる。

カード A J M V

日本ブランドも多く揃っている

Ⓜ ハリウッド P.63-D4
🏠 4011 W. Sunset Blvd., Los Angeles
☎ (303) 669-1601
🌐 www.mohawkgeneralstore.com
🕐 毎日11:00〜19:00（日〜18:00）

ダウンタウン

ファッション Apolis アポリス
LAの洗練されたファッションが見つかる

海外を旅してきたバートン兄弟が2012年、ファッションから世界を変えたいと思いオープンしたメンズショップ。ウガンダやバングラデシュなどの発展途上国の職人に生産を委託している。麻のマーケットバッグはマストバイ。セレクトショップのAlchemy Works内に入る。

カード AMV

日本でもかばんなどが販売されている

M ロスアンゼルス P.55-D2
826 E. 3rd St., Los Angeles
(1-855) 894-1559
www.apolisglobal.com
毎日11:00～19:00

ファッション Poketo ポケット
おみやげ探しに最適

地元アーティストの作品を紹介する場を提供したいと考えたオーナー夫妻が始めたショップ。今では、西海岸の美術館とコラボした商品なども扱い、アート好きは必ず立ち寄る店といわれるほど有名になった。

カード AJMV

リトルトーキョーにある

M ダウンタウン中心部 P.64-B2
374 E. 2nd St., Los Angeles
(1-213) 537-0751
www.poketo.com
毎日11:00～19:00（月12:00～）

家具 Hammer and Spear ハマー・アンド・スピア
リアルファニチャーが揃う店

ソファやテーブル、ライト等の家具から、かばんや財布、キッチン用品まで、生活用品が幅広く揃うダウンタウンのショップ。ラグやベッドリネンなどは、日本のそれとはひと味違うデザインだ。

M ロスアンゼルス P.55-D2
255 S. Santa Fe Ave., Los Angeles
(1-213) 928-0997
hammerandspear.com
月～土11:00～19:00、日12:00～18:00

カード ADJMV

ショッピングモール Fig at 7th フィグ・アット・セブンス
手軽に食事とショッピングができる

メトロレイル7th St./Metro Center駅からすぐ。小さなモールだが、広場では音楽イベントやファーマーズマーケット（毎週木曜10:00～14:00）が開かれる。ファストファッションも充実。

M ダウンタウン中心部 P.64-A3
735 S. Figueroa St., Los Angeles
(1-213) 955-7170
www.figat7th.com
毎日11:00～21:00（土・日～19:00）

カード 店舗による

ショッピングモール The Bloc ブロック
ダウンタウン中心部にあるモール

元は1973年に建設された建物で、現在はデパートのMacy'sをはじめとするショップ、レストラン、映画館、イベントスペース、さらにホテルも入る、LA有数の巨大複合施設。

M ダウンタウン中心部 P.64-A3
700 S. Flower St., Los Angeles
(1-213) 624-2891
www.theblocla.com
店舗により異なる

カード 店舗による

スーパーマーケット Marukai Market マルカイマーケット
日系のスーパーマーケット

リトルトーキョーのほか、LA近郊にも店舗を展開している。日本のスナックや飲み物が欲しいときはここへ。旅の味方、カップ麺も豊富だ。

M ダウンタウン中心部 P.64-B2
123 S. Onizuka St., Suite #105, Los Angeles
(1-213) 893-7200
www.marukai.com
毎日9:00～22:00

カード ADJMV

パサデナ

ショッピングモール Paseo Colorado パセオコロラド
開放的なショッピングモール

パサデナのメインストリートにあるColorado Blvd.に面し、West ElmやJ.Jill、Victoria's Secretなど約50店舗が入っている。

M パサデナ P.65-A3
300 E. Colorado Blvd., Pasadena
(626) 795-8891
www.paseocolorado.com
月～土10:00～21:00、日11:00～19:00（店舗により異なる）

カード 店舗による

雑貨 Restoration Hardware レストレーションハードウエア
シンプルなこだわり家具

リビング用品、生活雑貨、バス用品、ガーデニング用品などを扱っている。シンプルながら素材や細部の作りにこだわったものが揃っている。クオリティもよい。

M オールドパサデナ P.65-A5
127 W. Colorado Blvd., Pasadena
(626) 795-7234
www.restorationhardware.com
月～土10:00～19:00、日11:00～18:00

カード AMV

ロスアンゼルスのレストラン
Los Angeles

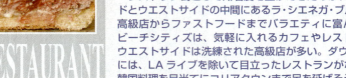

LAでは各エリアにたくさんのレストランがあるので、滞在するホテルの近くにもきっといいスポットが見つかるはず。レストラン街として知名度を上げてきたのが、ハリウッドとウエストサイドの中間にあるラ・シエネガ・ブルバード。高級店からファストフードまでバラエティに富んでいる。ビーチシティズは、気軽に入れるカフェやレストランが、ウエストサイドは洗練された高級店が多い。ダウンタウンには、LAライブを除いて目立ったレストランがないので、韓国料理を目当てにコリアタウンまで足を延ばそう。

ビーチシティズ

ジェリーナ Gjelina
カリフォルニア

地元のおしゃれな人が夜遅くまで通う

アボットキニー・ブルバードで話題の店。週末のランチどきは、長い行列ができる。ピザ$15〜やスモールプレート$15〜など、価格も良心的だ。奥には広々としたパティオ席もある。

カード AJMV

週末のブランチも人気がある

M サンタモニカ&ベニス P.67-D2
1429 Abbot Kinney Blvd., Venice
(310) 450-1429
www.gjelina.com
毎日8:00〜24:00（月〜23:00）
ブランチ土・日8:00〜15:00

ファームショップ Farmshop
カリフォルニア

朝から晩まで大人気！

スターシェフが手がけるカジュアルなレストラン。選び抜かれた素材で作る、洗練されたカリフォルニア料理に定評がある。チキンサラダ（$22）はぜひ味わってみてほしい。ベーカリーもあり、スコーンやクッキーも販売する。

カード AJMV

いつも混んでいる人気店

M サンタモニカ P.56-B1
225 26th St., #25, Santa Monica
(310) 566-2400
www.farmshopca.com
朝食月〜金7:30〜11:00、ランチ月〜金11:15〜14:30、ブランチ土・日8:00〜14:00、ディナー毎日17:00〜21:00

ヴルストクッヘ Wurstküche
ドイツ

ドイツの人気ファストフードを堪能

ドイツの人気ファストフード、カリーヴルスト（カレー粉やケチャップがかかったソーセージ）が名物のレストラン。カリカリに焼かれたソーセージは、昼過ぎの小腹がすいたときにちょうどいい。ダウンタウンにも店舗がある（M P.55-D2）。

カード AJMV

ビールも豊富に揃っている

M サンタモニカ&ベニス P.67-D1
625 Lincoln Blvd., Venice
(1-213) 687-4444
www.wurstkuche.com
毎日11:00〜24:00

ローズ・ベニス Rose Venice
カリフォルニア

オーガニック料理を手軽に

店内はレストランとカフェに分かれている。レストランでは、カロリー控えめでオーガニック野菜を使った朝食やランチ（$13前後）が、カフェではコーヒーなどのほかにサンドイッチが味わえる。セルフサービス・メニューも充実しているのがうれしい。

カード AMV

早起きして出かけたいカフェだ

M サンタモニカ・メインストリート P.69-B4
220 Rose Ave., Venice
(310) 399-0711
www.rosecafevenice.com
カフェ毎日7:00〜17:00、レストラン毎日8:00〜14:30、17:30〜22:00（金・土〜23:00）

 投稿 **サンタモニカのアイスクリーム** スイート・ローズ・クリーマリーがおすすめ。フレーバーは甘過ぎず、ワッフルは絶品！ コーヒーなどビターなフレーバーは男性にもいい。LA周辺に4店舗あり。

ロサンゼルスのレストラン

ビーチシティズ

カフェ
テンダーグリーン
Tender Greens

見た目もカラフルでボリューム満点

フレッシュな野菜を召し上がれ
注文を受けてから作る、野菜たっぷりの巨大なサラダ（$12.59）をはじめ、グリルしたチキンやステーキをサンドイッチにしたり総菜として楽しむプレート（$11.50）など、野菜尽くしのメニューがいっぱい。カウンター越しに厨房の様子がわかるので、できあがりが待ち遠しい。
カード A M V

Ⓜ サードストリート・プロムナード P.68-B1
🏠 201 Arizona Ave., Santa Monica
📞 (310) 587-2777
🌐 www.tendergreens.com
🕐 月〜金10:00〜21:00（金〜21:30）、土・日11:00〜21:00（日〜21:30）

アメリカン
ファーザーズオフィス
Father's Office

ハンバーガーとビールのコンビはなかなか

ジューシーなハンバーガーならココ！
サンタモニカの北、おしゃれな店が集まるモンタナアベニューにある人気店。この店自慢のハンバーガー（$15.00）はとてもジューシーで、スイートポテトのフライ（$8.00）もやみつきになるおいしさだ。36にも及ぶ世界各地のビールも取り揃えている。入店の際、年齢チェックあり。
カード A M V

Ⓜ サンタモニカ P.56-B2
🏠 1018 Montana Ave., Santa Monica
📞 (310) 736-2224
🌐 www.fathersoffice.com
🕐 月〜木17:00〜翌1:00、金16:00〜翌2:00、土日12:00〜翌2:00、日12:00〜24:00

シーフード
ロブスター
The Lobster

サンタモニカの海を見ながら食事ができる

シーフード三昧の贅沢なメニュー
有名なサンタモニカ・ピアの看板の横にあり、海がすぐ近くに見える。ロブスターカクテル$26、カニのすり身を固めて軽く表面を焼いたクラブケーキの前菜$18、メイン$34などのシーフードメニューが中心。カジュアルな服装でOK。
カード A J M V

Ⓜ サンタモニカ＆ベニス P.66-B2
🏠 1602 Ocean Dr., Santa Monica
📞 (310) 458-9294
🌐 www.thelobster.com
🕐 毎日11:30〜22:00（金・土〜23:00）

オーガニック
トゥルー・フード・キッチン
True Food Kitchen

ボリューム満点に見えるがヘルシー

LAらしい、体に優しい料理
アメリカはジャンクフードやファストフードだけではない！日本より先んじているのが、地産地消やオーガニック料理など体にいいもの。この店は動物性のものを使わず、野菜や果物を取ることによって免疫力を高めていくというコンセプト。サンタモニカに来たらぜひ。
カード A M V

Ⓜ サンタモニカ＆ベニス P.66-B2
🏠 395 Santa Monica Place, Suite 172, Santa Monica（サンタモニカプレイス1階）
📞 (310) 593-8300
🌐 www.truefoodkitchen.com
🕐 月〜金11:00〜21:00（金〜22:00）、土・日10:00〜22:00（日〜21:00）

ウエストサイド

カリフォルニア
スパゴ・ビバリーヒルズ
Spago Beverly Hills

行き届いたサービスも気持ちがよい

有名シェフが手がけるレストラン
LAのベストレストランの呼び声も高く、有名人も通うカリフォルニア料理の店。オーナーは西海岸を中心に人気のレストランを展開する、有名シェフのウルフギャング・パック氏。ひとりの予算はディナーで約$90。ディナーは要予約。
カード A D J M V

Ⓜ ウエストサイド P.59-D2
🏠 176 N. Canon Dr., Beverly Hills
📞 (310) 385-0880
🌐 wolfgangpuck.com/dining/spago-2
🕐 ランチ火〜土12:00〜14:30、ディナー毎日17:30〜22:00（金・土〜22:30）

カリフォルニア
ポロラウンジ
The Polo Lounge

味もサービスも一流

世界中のVIPも集う老舗格
ハリウッドスターや世界中のVIPたちにも長年愛されるレストラン。ディナーは前菜$29〜、メイン$56〜75。好評のサンデイジャズブランチは11:00〜15:00。服装はジャケットなど正装が好ましい。要予約。LAで特別な日におすすめの場所だ。
カード A D J M V

Ⓜ ウエストサイド P.59-C1
🏠 9641 Sunset Blvd., Beverly Hills ビバリーヒルズ・ホテル内（→P.108）
📞 (310) 887-2777
🌐 www.dorchestercollection.com
🕐 毎日7:00〜23:00

Sweet Rose Creamery ▸ P.69-B3 ▸ 2726 Main St., Santa Monica ▸ (310) 260-2663 ▸ www.sweetrosecreamery.com ▸ 毎日12:00〜22:00（金〜日〜23:00）（東京都 MNM '17）['19]

ロスアンゼルスのレストラン *Restaurant in Los Angeles*

ウエストサイド

カリフォルニア
ベルベデーレ
Belvedere

エレガントなホテルのメインダイニング

ハリウッドのエグゼクティブたちのパワーブレックファストの場所として有名。アジア風カリフォルニア料理は定評があり、サービスも格が高い。日曜のブランチ（11:00～14:00）が人気。トリプルA（全米自動車協会）の5ダイヤモンドを受賞している。予算は朝食 $30～。

カード A D J M V

ゆったりとした時を過ごせる

M ウエストサイド P.59-C2
- 9882 S. Santa Monica Blvd., Beverly Hills ペニンシュラ・ビバリーヒルズ内
- (310) 975-2736
- www.peninsula.com/en/beverly-hills/hotel-fine-dining
- 毎日6:30～22:30

アメリカン
ジャック・アンド・ジルズ・トゥー
Jack n' Jill's Too

LAの絶品パンケーキ

アメリカに行ったら、ふわふわパンケーキを食べたいと思う人は多いはず。そんなときはセレブの通りとして知られるロバートソンブルバードの同店へ。おすすめはブルーベリーのパンケーキ（$12.50）。ブルーベリーの甘みと酸味がミルクたっぷりの生地と調和して美味。

カード A M V

人気のブルーベリーパンケーキ $12.50

M ウエストサイド P.59-D2
- 8738 W. 3rd St., Los Angeles
- (310) 858-4900
- www.jacknjillstoo.com
- 毎日9:00～16:00

アメリカン
マーティーズ・ハンバーガー・スタンド
Marty's Hamburger Stand

労働者を支えるハンバーガースタンド

1959年創業の、市民に愛され続けるハンバーガースタンド。ハンバーガー $3.25～、ホットドッグ $3.50～とチェーン店並みの安さだが、素朴な味わいは老若男女問わず人気が高い。昼どきは多くの人で混雑する。

カード 現金のみ

クラシックな店構え

M ウエストサイド P.58-B4
- 10558 W. Pico Blvd., Los Angeles
- (310) 836-6944
- 月～土9:00～19:00、日10:00～18:00

アメリカン
ジャー
Jar

肉料理を堪能したいなら

数々の料理雑誌やテレビで賞賛されるシェフ、スザンヌ・トラフトが手がけるレストラン。看板メニューのポットロースト（$35）、ステーキ（$25～）など、肉を思う存分楽しめる。ドレスコードはビジネスカジュアル。

カード A M V

ドレスアップして肉料理を楽しもう

M ミッドウィルシャー P.60-A1
- 8225 Beverly Blvd., Los Angeles
- (1-323) 655-6566
- www.thejar.com
- 火～日17:30～22:00頃
- 休 月

イタリアン
イル・パスタイオ
Il Pastaio

本格的なパスタを食べたくなったらここ

まったく気取らないカジュアルな店だが、このトラットリアで出される料理は本物のイタリアンだ。パスタ（$16.95～）、リゾット（$19.95～）の種類も豊富。ロデオドライブのすぐ近くなので、ランチにもディナーにも便利。一部のパスタは手作り。

カード A J M V

ロデオドライブの買い物のあとにイタリアンを

M ウエストサイド P.59-C2
- 400 N. Canon Dr., Beverly Hills
- (310) 205-5444
- www.ilpastaiobeverlyhills.com
- 毎日11:30～23:00（金・土～24:00、日～22:00）

ベジタリアン
リアル・フード・デイリー
Real Food Daily

究極のマクロビオティック

肉や魚、乳製品、はちみつさえも使わず作られる料理は、ビーガン（＝ベジタリアンよりもストイックな食事法）も大満足な仕上がり。月、週替わりのメニューのほかにバーガー類（$16～）揃えている。最もLAらしいレストランのひとつといえる。

カード A M V

ビーガンのイメージを覆すおいしさ

M ミッドウィルシャー P.60-A1
- 414 N. La Cienega Blvd., Los Angeles
- (310) 289-9910
- www.realfood.com
- 月～金11:00～22:00（月～21:00）、土・日10:00～22:00（日～21:00）

メモ プランチェック・キッチン＋バー 雰囲気がよく価格も手頃なレストラン。酒の種類も豊富でおすすめ。Plan Check Kitchen + Bar M P.58-A4 1800 Sawtelle Blvd., Los Angeles www.plancheck.com

ウエストサイド

アジアン イーピー＆エルピー E.P. & L.P.
2階がレストラン、3階がバー

2階のE.P.では多国籍料理を提供しており、タイのサラダ、ソムタム（$12）やチャーハン（$15）などをエキゾチックな空間のなかで楽しめる。3階のL.P.はルーフトップバーになっており、LAの景色を見ながらお酒を堪能できる大人の空間だ。

カード AMV

ネオン輝くモダンな外観

- ミッドウィルシャー P.60-A1
- 603 N. La Cienega Blvd., West Hollywood
- (310) 855-9955
- eplosangeles.com
- E.P.: 毎日18:00～22:00（金・土～22:30）、ブランチ11:00～15:00、L.P.: 毎日17:00～翌2:00（土・日12:00～）

日本料理 ノブ Nobu
芸能人もお忍びで通う

ロバート・デ・ニーロと松久信幸氏が共同で経営している。オーソドックスな和食だけでなく、斬新な味つけの創作和食も堪能できる。ツナのタコス（$7）や、各種刺身や寿司（$6～）はお酒との相性も抜群。

カード ADMV

世界各国に支店がある

- ミッドウィルシャー P.60-A1
- 903 N. La Cienega Blvd., Los Angeles
- (310) 657-5711
- www.noburestaurants.com
- 毎日18:00～22:15（金・土～23:15）

カフェ アルフレッドコーヒー Alfred Coffee
ヒップなカフェで休憩を

メルローズアベニューの西、おしゃれ三角地帯にあるカフェ。LAでも特にセンスがいいと評判で、1階と半地下の店内は感度の高い人たちであふれている。オリジナルのボトルやピンバッチも購入することができる。

カード AMV

テラス席もあり

- ミッドウィルシャー P.60-A1
- 8428 Melrose Pl., Los Angeles
- (1-323) 944-0811
- alfred.la
- 毎日7:00～20:00

ハリウッド

アメリカン カンターズ・デリ・フェアファックス Canter's Deli Fairfax
24時間明かりがともる老舗レストラン

創業は1931年。ベーカリー、デリカテッセンも併設する家族経営のファミリーレストラン。多くのメディア関係者が立ち寄ることでも有名だ。コンビーフサンドイッチやパストラミサンドイッチが人気。値段はサンドイッチが$15～18。

カード ADJMV

長続きするのは地元で愛されている証拠

- ミッドウィルシャー P.60-B1
- 419 N. Fairfax Ave., Los Angeles
- (1-323) 651-2030
- www.cantersdeli.com
- 24時間
- ユダヤ教の祝日

アメリカン バックヤードボウルズ Backyard Bowls
ヘルスコンシャスなカフェ

アサイーなどのスーパーフード、できるかぎりのオーガニックの食材を使ったボウル類は、ハリウッドのセレブをはじめ、健康志向のLA住民に人気がある。値段は大$11～、小$9～とリーズナブル。日本人なら小で十分なボリュームだ。

カード AMV

ランチの時間帯は特に混雑する

- ミッドウィルシャー P.60-A1
- 8303 Beverly Blvd., Los Angeles
- (1-323) 764-5404
- www.backyardbowls.com
- 月～金 7:00～19:00、土・日8:00～17:00

アメリカン ムッソー＆フランク・グリル Musso & Frank Grill
ハリウッドでいちばん古いレストラン

1919年開業とハリウッドでは老舗中の老舗。ハリウッドが華やかなりし時は、映画スターのダイニングスポットとして人気が高かった。作家のヘミングウエイやフィッツジェラルドもこの店を訪れたという。名物のチキンポットパイ（$25、木曜日のみ）がおすすめ。

カード AMV

ヘミングウエイなどの文豪もよく訪れた

- ハリウッド中心部 P.66-B3
- 6667 Hollywood Blvd., Hollywood
- (1-323) 467-7788
- www.mussoandfrank.com
- 火～土11:00～23:00、日16:00～21:00
- 月

 メモ **アイスクリームはミルクで** 牛乳瓶のマークでおなじみのアイスクリームショップ。夜も行列ができるほど人気だ。
Milk P.60-B2 7290 Beverly Blvd., Los Angeles www.themilkshop.com 毎日12:00～22:00（金・土～23:00）

ロスアンゼルスのレストラン Restaurant in Los Angeles

ハリウッド

アメリカン ロスコーズ Roscoe's

アメリカのもうひとつのおふくろの味

R&Bシンガーやラッパー、NBAプレイヤーなど、アフリカ系セレブに人気のソウルフードの店。名物はフライドチキンとワッフルのコンビネーション（$10.70）。フライドチキンはダイエットを返上してでも食べる価値ありと評判だ。

カード M V

ヘビーなソウルフードをお試しあれ

- ハリウッド中心部 P.67-D4
- 1514 N. Gower St., Hollywood
- (1-323)466-7453
- www.roscoeschickenandwaffles.com
- 月～金8:30～24:00（金～翌4:00）、土8:00～翌4:00、日8:00～24:00

アメリカン バーニーズ・ビーナリー Barney's Beanery

素朴なアメリカンパワーにあふれる

生ビールが45種類、世界中のボトルビールが200種類以上ある。チリ（$5.75）、自家製ピザ（$10.25～23）やホームメイドBBQソースが自慢のリブ（$9～16）がおすすめ。店内にはジュークボックスやビリヤード台もあって、いかにも「アメリカン」といった雰囲気。

カード A J M V

ジュークボックスやビリヤード台が並ぶ

- サンセットストリップ P.68-A4
- 8447 Santa Monica Blvd., West Hollywood
- (1-323)654-2287
- www.barneysbeanery.com
- 毎日11:00～翌2:00（土・日9:00～）
- ※サードストリート・プロムナードにも支店がある

アメリカン ボアステーキハウス Boa Steakhouse

一度は味わいたいGreatなステーキ

コンテンポラリーな内装の気軽なステーキレストラン。お肉は、塩こしょうだけでうま味がじんわり伝わるほど肉質が高い。熟成されたリブアイステーキ（$57）は絶品。デザートはバニラ添えブラックベリーがおすすめ。

カード A D J M V

とてもジューシーなステーキ

- サンセットストリップ P.68-A4外
- 9200 Sunset Blvd., West Hollywood
- (310)278-2050
- www.boasteak.com
- ランチ月～金11:30～14:00、ディナー毎日17:30～24:00（日・月～22:00、火・水～22:30、木～23:00）

アメリカン メルズ・ドライブイン Mel's Drive-In

まさにアメリカの食堂

ハリウッド&ハイランドから歩いて約5分の所にある。1950年代のダイナー（軽食堂）の雰囲気が感じられるレストラン。4人がけのボックス席には、ビニールコーティングされたソファが並ぶなど、昔のハリウッド映画の世界観が満載だ。

カード A D J M V

懐かしい気分になる店内の装飾

- ハリウッド中心部 P.66-B4
- 1660 N. Highland Ave., Hollywood
- (1-323)465-3111
- www.melsdrive-in.com
- 毎日7:00～24:00（金・土～翌3:00）

アメリカン イブリー Eveleigh

パティオが雰囲気を盛り上げる

ハリウッドスターがパーティを開く有名店。創作料理の店で、野菜をふんだんに使った料理がおいしいと評判だ。さまざまな新聞や雑誌にも取り上げられ、それだけに予約は必至。テキーラ入りのレモネード、バーボン入りのアイスティーなどカクテルも豊富。

カード A J M V

パティオからの景色もよい

- サンセットストリップ P.68-A4
- 8752 Sunset Blvd, West Hollywood
- (424)239-1630
- www.theeveleigh.com
- ディナー毎日17:00～22:00（木～土～23:00）、ブランチ土・日10:00～15:00

デリカテッセン グリーンブラッツ・デリカテッセン Greenblatt's Delicatessen

カリフォルニアワインが充実

有名人御用達のデリ&レストランで、約3000種のワインが揃っている。デリコーナーにはサラダやパテ、サラミなどおつまみ系が並ぶ。2階は食事ができるレストラン。サンドイッチ$10.95～など。デリでお総菜を買ったり、サンドイッチをテイクアウトすることもできる。

カード A M V

365日深夜まで営業

- サンセットストリップ P.68-B3
- 8017 Sunset Blvd., Los Angeles
- (1-323)656-0606
- www.greenblattsdeli.com
- 毎日10:00～翌2:00

メモ **Sweet Lady Jane** LAで評判のデザート専門店。種類の豊富なチーズケーキ（1カット$7.50～）は、ぜひトライしたい。MP.69-A4 8360 Melrose Ave., Los Angeles www.sweetladyjane.com

ハリウッド

イタリアン
ジョン&ヴィニーズ
Jon & Vinny's

オープンキッチンのカジュアルイタリアン

朝から夜までオープンしている珍しいイタリアン。小さなカウンター越しにキッチンがあり、忙しく料理を作るシェフの姿が見られる。パスタやピザなど、定番のイタリアンのメニューが豊富に揃う。小皿を頼んでワインを楽しむのもいい。朝食は甘いペストリーが中心。

カード A J M V

ボリュームたっぷりのミートボール

Ⓜ ミッドウィルシャー P.60-B1
🏠 412 N. Fairfax Ave., Los Angeles
☎ (1-323) 334-3369
🌐 www.jonandvinnys.com
⏰ 毎日8:00～22:00

カフェ
エムカフェ
M Cafe

おいしくてヘルシー

マクロビオティック料理をカジュアルに楽しめるカフェ。どのメニューも見た目が美しく、かつヘルシー。肉やチーズを使用しないハンバーガー($14.5)が人気。セレブがこぞって訪れるのも納得のおいしさ。カフェスタイルなので気軽に食べられる。

カード A J M V

ボリュームたっぷりのマクロビを

Ⓜ メルローズアベニュー P.69-A1
🏠 7119 Melrose Ave., Hollywood
☎ (1-323) 525-0588
🌐 mcafedechaya.com
⏰ 毎日9:00～21:00

ファストフード
ピンクス
Pink's

スターもよく来るチリドッグショップ

LAでチリドッグといえばここPink's。名物のチリドッグ($4.50)がスタンダードだ。そのほかにもロード・オブ・ザ・リング・ドッグ($5.60)などユニークなメニューもある。夜中に映画スターに会えるかも。

カード A J M V

LAの名物料理がピンクスのチリドッグ

Ⓜ メルローズアベニュー P.69-A1
🏠 709 N. La Brea Ave., Los Angeles
☎ (1-323) 931-4223
🌐 www.pinkshollywood.com
⏰ 毎日9:30～翌2:00
（金・土～翌3:00）

ファストフード
イン・アンド・アウト・バーガー
In-N-Out Burger

B級グルメの傑作

「おいしいハンバーガーを教えて!!」とLAっ子に尋ねると、大多数の人が答える店。上質の肉を用いた厚みのあるパテをふんわりと焼き、たっぷりのレタスとトマトを挟む。加えてその場でスライスして揚げるポテト、これが実にうまい。$5前後とはまさにお買い得。

カード J M V

一度は食べてほしい西海岸の味

Ⓜ ハリウッド中心部 P.66-A4
🏠 7009 Sunset Blvd., Hollywood
☎ (1-800) 786-1000
🌐 www.in-n-out.com
⏰ 毎日10:30～翌1:00
（金・土～翌1:30）

ダウンタウン

アメリカン
エッグスラット
Egg Slut

連日長蛇の列の人気店

2014年のオープン以来、グランド・セントラル・マーケットで常に行列ができる人気店。新鮮な卵を使用する数々のメニューは、近隣で働く会社員たちを虜にしている。看板メニューのエッグスラット($9)は、LA発の朝食の定番になりつつある。

カード M V

Broadwayに面している

Ⓜ ダウンタウン中心部 P.64-B2
🏠 317 S. Broadway, Los Angeles（グランド・セントラル・マーケット内）
☎ (1-213) 625-0292
🌐 www.eggslut.com
⏰ 毎日8:00～16:00

ステーキ
オリジナル・パントリー・カフェ
Original Pantry Cafe

地球の歩き方読者のLAロングセラー店

"We Never Close"をモットーに、1日24時間、365日営業し続けているうれしい店。しかも、ステーキの安さではLAいち。ニューヨークステーキが$25.25と他店では考えられない。カジュアルな雰囲気で入りやすい店だ。

カード 現金のみ

ダウンタウンで食事に困ったときにいい

Ⓜ ダウンタウン中心部 P.64-A4
🏠 877 S. Figueroa St., Los Angeles
☎ (1-213) 972-9279
🌐 www.pantrycafe.com
⏰ 24時間 年中無休

メモ マコーネル・ファイン・アイスクリーム　グランド・セントラル・マーケット（→P.82脚注）にある人気アイスショップ。
McConnell's Fine Ice Creams　Ⓜ P.64-B2　🏠 317 S. Broadway, Los Angeles　🌐 mcconnells.com　⏰ 毎日11:00～22:00

ロスアンゼルスのレストラン Restaurant in Los Angeles

ダウンタウン

アメリカン
マイロ / Miro

ダウンタウンでラグジュアリーにランチ

2016年にオープンした、ダウンタウンで評判のよいレストラン。ランチ、ディナー時は周辺のオフィスワーカーたちで大混雑する。広々とした店内は雰囲気もよく、そのわりには価格も高くない。パスタ $23～29、ピザ $19～22。

カード A M V

野菜は近隣の農家から届けられた物を使っている

Ⓜ ダウンタウン中部 P.64-A3
🏠 888 Wilshire Blvd., Los Angeles
☎ (1-213) 988-8880
🌐 www.mirorestaurant.com
🕐 ランチ月～金11:30～15:00、ディナー月～土17:00～22:00、ハッピーアワー月～金15:00～19:00 休 日

アメリカン
ディノズ・チキン&バーガーズ / Dino's Chicken & Burgers

激うまチキンを食べに行く

オリジナルの調味液に漬けこんだ特製のチキンを、焦げ目がつくまで焼き上げ、豪快にフレンチフライの上にのせた料理プレート ($7.95) が人気。ローカルに愛される名店はダウンタウンからメトロバス #30、330 で Pico Blvd. & Catalina St. 下車。約20分。

カード M V

香ばしくスパイシーな肉

Ⓜ ロスアンゼルス P.55-D2
🏠 2575 W. Pico Blvd., Los Angeles
☎ (1-213) 380-3554
🕐 毎日6:00～23:00 (金・土～24:00、日7:00～)

アメリカン
マーケット・カフェ 550 / Market Café 550

1日元気に歩くためのおいしい朝食

オフィス街の一角にあって、朝から賑わうおしゃれできれいなカフェ。地元のロースターが焙煎したコーヒーが人気。パン、サンドイッチ、ペストリーと、さほど大きくない店内だが、パン類のチョイスが豊富。朝食や軽いランチにぴったりの量だ。

カード A M V

庭園に面したパティオ席が人気

Ⓜ ダウンタウン中部 P.64-A3
🏠 550 S. Hope St., Los Angeles
☎ (1-213) 412-9900
🌐 www.patinagroup.com/market-cafe-550-hope
🕐 月～木 8:00～14:00、金 8:00～13:30
休 土・日

韓国料理
スー・ブル・ジープ / Soot Bull Jeep

おいしいコリアンバーベキュー

ロスアンゼルス誌でベスト韓国料理店に2度輝いた実績をもつ、炭火焼きバーベキューの店。アメリカでもガスを利用するレストランが多いなかで、この店のこだわりは松の炭を使用すること。肉はどれも良心的な値段。週末は長蛇の列を覚悟して出かけよう。

カード J M V

ザガット・サーベイにも紹介された

Ⓜ ロスアンゼルス P.55-D2
🏠 3136 W. 8th St., Los Angeles
☎ (1-213) 387-3865
🕐 毎日11:00～23:00

韓国料理
ホドリ / Hodori

熱々のスンドゥブが絶品

おすすめは、石焼きの器に入ったスンドゥブだ。辛いスープの中に熱々の豆腐と卵が絶妙にマッチする。ご飯を食べたあとはコーン茶でほぐしてお茶漬け風に。石焼きビビンパやユッケジャンなどの定食もある。$10 あればおなかも満足。

カード J M V

1年を通じて食べたい辛さ

Ⓜ ロスアンゼルス P.55-D2
🏠 1001 S. Vermont Ave., Los Angeles
☎ (1-213) 383-3554
🌐 hodorirestaurants.com
🕐 24時間 年中無休

パサデナ

アメリカン
マーストンズ / Marston's

地元民が愛する朝食の名店

30年以上の歴史があり、アメリカを代表するグルメ雑誌にもたびたび取り上げられた。フレンチトースト、オムレツ、パンケーキなど定番朝食メニューは $9～16 で、どれもおいしい。駅からも近いので、朝食を食べにわざわざ足を運ぶ価値がある。

カード A M V

昔から変わらないたたずまい

Ⓜ パサデナ P.65-A3
🏠 151 E. Walnut St., Pasadena
☎ (626) 796-2459
🌐 marstonsrestaurant.com/marstons-pasadena/
🕐 毎日7:00～14:30 (土・日8:00～)

 投稿 LAのおすすめベーカリー▶ 口コミ評価も高いSKドーナツ。**SK Donuts** Ⓜ P.60-B2 🏠 5850 W 3rd St., Los Angeles 🕐 毎日6:00～24:00 (月～水～22:00) (神奈川県 まっつん '15) ['19]

ロスアンゼルスのホテル
Los Angeles

ビーチシティズのホテルの料金は少し高めだが、LAの雰囲気を満喫するにはおすすめ。レンタカーがあれば中心地から離れて比較的手頃なホテルが見つけられる。ウエストサイドは世界に名だたる高級住宅地だけあって、豪華でエレガントなホテルが多い。サンセットストリップ周辺は高級ホテル、ハリウッドの中心地から外れると、エコノミーホテルが多く見られる。ダウンタウンにはエコノミーから高級までランクもさまざまなホテルがある。あちこち回る人はここに宿を取りたい。

ビーチシティズ

高級　シャッターズ・オン・ザ・ビーチ
Shutters on the Beach
セレブや有名人も利用するホテル

目の前にサンタモニカビーチが広がる最高級ホテル。ホワイトハウスのインテリアデザインを手がけたMichael Smith氏が内装を担当しただけあり、落ち着いた雰囲気ながらおしゃれさも感じさせる造りだ。併設するカフェやレストラン、スパも人気。　Wi-Fi無料　198室　カード ADMV

サンタモニカ&ベニス P.66-B2
1 Pico Blvd., Santa Monica, CA 90405
(310) 458-0030
Free (1-866) 527-6612
(310) 458-4589
www.shuttersonthebeach.com
S D T $649〜1420

高級　アンブローズ
The Ambrose
優雅な時間を過ごせる真のリゾート

サードストリート・プロムナードまではホテル所有のロンドンタクシーで送迎してくれる。無料の朝食が付くほか、客室内のコーヒーメーカーも無料。環境にも優しいホテルとして表彰されている。　Wi-Fi無料　77室　カード ADJMV

サンタモニカ P.57-C2
1255 20th St., Santa Monica, CA 90404
(310) 315-1555
(310) 315-1556
www.ambrosehotel.com
S D T $341〜422

高級　パリハウス・サンタモニカ
Palihouse Santa Monica
暮らすように滞在する

サードストリート・プロムナードから、2ブロックのロケーション。アンティーク風の建物で、緑が美しい中庭が自慢。リネンにも気を配り、キッチン付きの部屋もある。アパートメントだが1泊から滞在可。　Wi-Fi無料　38室　カード AMV

サンタモニカ&ベニス P.66-A2
1001 3rd St., Santa Monica, CA 90403
(310) 394-1279
(310) 451-3422
www.palihousesantamonica.com
S D T $465〜590

高級　ジョージアンホテル
The Georgian Hotel
アールデコのかわいらしい外観

オーシャンアベニューを隔てた向こうはビーチ。サードストリート・プロムナードへも徒歩2分と、至極便利なロケーション。サンタモニカらしい青色が印象的な建物で、客室もきれい。オープンエアのレストランは、ぼーっとするには最適な所。　Wi-Fi無料　84室　カード ADJMV

サンタモニカ&ベニス P.66-B2
1415 Ocean Ave., Santa Monica, CA 90401
(310) 395-9945
www.georgianhotel.com
S D T $475〜599

ロスアンゼルスのホテル Hotel in Los Angeles

ビーチシティズ

高級 ル・メリディアン・デルフィナ・サンタモニカ
Le Méridien Delfina Santa Monica

M サンタモニカ P.56-B4
530 Pico Blvd., Santa Monica, CA 90405
(310) 399-9344　Fax (1-888) 627-8532
www.marriott.com　S D T $449～679

リッチな気分で滞在できる
内装は人気デザイナー、ケリー・ウエアスラーが担当。海岸沿いの部屋からはサンタモニカビーチが一望できる。Wi-Fi 無料　310室　カード A D J M V

中級 オーシャン・ビュー・ホテル
Ocean View Hotel

M サンタモニカ＆ベニス P.66-B2
1447 Ocean Ave., Santa Monica, CA 90401
(310) 458-4888　Fax (1-800) 452-4888
www.oceanviewsantamonica.com　S D T $ 399～499

部屋からの眺めは最高
ビーチやサンタモニカ・プレイスまで歩いて行けるので、食事やショッピングで遅くなっても安心。
Wi-Fi 無料　67室　カード A D J M V

エコノミー シュアステイ・サンタモニカ
SureStay Santa Monica

M サンタモニカ P.57-D3
3102 Pico Blvd., Santa Monica, CA 90405
(310) 450-5766　Fax (1-800) 231-7679　(310) 450-8843
www.surestaysantamonica.com　S D T $ 169～280

キッチン付きの部屋もある
31st St. と Pico Blvd. が交差する所にある、小さいけれど設備の整ったホテル。ビッグ・ブルー・バスも通る。Wi-Fi 無料　82室　カード A D J M V

ウエストサイド

高級 ソフィテル・ロスアンゼルス・アット・ビバリーヒルズ
Sofitel Los Angeles at Beverly Hills

M ミッドウィルシャー P.60-A1
8555 Beverly Blvd., Los Angeles, CA 90048
(310) 278-5444
Fax (310) 657-2816
www.sofitel-los-angeles.com
S D T $289～371、
SU $455～1059

ヨーロピアン調ホテル
ビバリーセンター北隣に立つヨーロピアン調のホテル。何といっても場所がよく、LAのどこへ行くにも車があればそれほど時間はかからない。デラックスルームとチャーミングスイートを備えている。スパやフィットネスセンターなど設備も充実。Wi-Fi 無料　295室　カード A D J M V

高級 ビバリーウィルシャー・ア・フォーシーズンズ
Beverly Wilshire, A Four Seasons

M ロデオドライブ P.68-A2
9500 Wilshire Blvd., Beverly Hills, CA 90212
(310) 275-5200
Fax (310) 274-2851
www.fourseasons.com/beverlywilshire
S D T $ 634～778

ビジネスマンに人気の格式高いホテル
映画『プリティ・ウーマン』にも出てきた最高級ホテル。もし『プリティ・ウーマン』の世界に浸るなら、Wilshire Wing 側に泊まろう。Beverly Wing 側のベージュで統一されたインテリアは、ロマンティックではない。Wi-Fi 無料　395室　カード A D J M V

高級 ビバリーヒルズ・ホテル
The Beverly Hills Hotel

M ウエストサイド P.59-C1
9641 Sunset Blvd., Beverly Hills, CA 90210
(310) 276-2251　www.dorchestercollection.com
S D T $ 995～1285、SU $ 1297～5000

イーグルスのアルバムジャケットにもなった
ピンクの外観が目を引くホテル。有名レストランの「ポロラウンジ」、優雅な時間を過ごせるカフェもある。Wi-Fi 無料　208室　カード A D J M V

高級 ビバリー・ヒルトン
The Beverly Hilton

M ウエストサイド P.59-C2
9876 Wilshire Blvd., Beverly Hills, CA 90210
(310) 274-7777　Fax (310) 285-1313　www.beverlyhilton.com
S D T $ 389～489、SU $ 469～569

憧れのビバリー・ヒルトン
数あるヒルトンホテルのなかでも最高のホテルであり、映画関係のパーティにもよく使われる。
Wi-Fi 公共エリアにて無料　569室　カード A D J M V

中級 コートヤード・ロスアンゼルス・センチュリーシティ/ビバリーヒルズ
Courtyard Los Angeles Century City/Beverly Hills

M ウエストサイド P.59-C3
10320 W. Olympic Blvd., Los Angeles, CA 90064
(310) 556-2777　Fax (1-888) 236-2427　(310) 203-0563
www.marriott.com　S D T $ 359～419

シャトルサービスがうれしい
清潔な室内には、ミニバー、ケーブルTV、目覚まし時計などが備わっている。ビジネスマンにファンの多いホテル。Wi-Fi 無料　136室　カード A D J M V

108

コーヒーメーカー｜ミニバー/冷蔵庫｜バスタブ｜ヘアドライヤー｜BOX 室内金庫｜ルームサービス｜レストラン
フィットネスセンター/プール｜コンシェルジュ｜J 日本語を話すスタッフ｜ランドリー｜ワイヤレスインターネット｜P 駐車場｜車椅子対応の部屋

ハリウッド

高級 ママ・シェルター・ロスアンゼルス
Mama Shelter Los Angeles

フランスから上陸のブティックホテル

内装のよさからファッション業界も注目しているブティックホテル。ロビーに入ったとたん長いバーカウンターがあり、屋上にはカラフルなソファが並んだ開放的なルーフトップバー、客室内もモダンな家具でまとめられ、LAらしいおしゃれな滞在を堪能できる。 Wi-Fi無料 70室 カード AMV

📍ハリウッド中心部 P.67-C4
🏠6500 Selma Ave., Los Angeles, CA 90028
☎(1-323) 785-6665
🌐www.mamashelter.com
💰SDT $209～379

高級 シェラトン・ユニバーサル・ホテル
Sheraton Universal Hotel

ユニバーサル・スタジオ大好き派に

ユニバーサル・スタジオのすぐそばにある高級ホテル。部屋は落ち着いた上品な雰囲気で、広い室内でゆったりできる。屋外にはプールも完備。ユニバーサル・スタジオへのシャトルバスも運行している。 Wi-Fi 公共エリアのみ無料 461室 カード ADJMV

📍ハリウッド P.62-A1 外
🏠333 Universal Hollywood Dr., Universal City, CA 91608
☎(818) 980-1212
Free(1-888) 627-7186
🌐www.marriott.com
💰SD $281～432

高級 ハリウッド・ルーズベルト・ホテル
Hollywood Roosevelt Hotel

第1回のアカデミー賞授賞式が行われた

ハリウッドのランドマーク、TCLチャイニーズシアターのほぼ向かいにある歴史的なホテル。1927年のオープン以来オーナーは何度か交代しているが、ホテルとしての営業は変わらず続いている。 Wi-Fi $16.95 300室 カード ADJMV

📍ハリウッド中心部 P.66-A3～4
🏠7000 Hollywood Blvd., Hollywood, CA 90028
☎(1-323) 856-1970
Free(1-800) 950-7667
🌐www.thehollywoodroosevelt.com
💰SDT $299～699

高級 ロウズ・ハリウッド・ホテル
Loews Hollywood Hotel

ハリウッド&ハイランドエリアのど真ん中

ハリウッド観光の中心地ながら、客室に広い机などビジネス対応も充実。ホテルとハリウッド&ハイランドがつながっている。一部の客室からは、ハリウッドサインも見ることができる。ホテル内のレストランも好評だ。 Wi-Fi無料 628室 カード ADJMV

📍ハリウッド中心部 P.66-B3
🏠1755 N. Highland Ave., Hollywood, CA 90028
☎(1-323) 856-1200
Free(1-844) 359-3924
🌐www.loewshotels.com
💰SDT $342～555、Su $567～1235

高級 シャトーマーモント
Chateau Marmont

ハリウッドスター御用達ホテル

豪華絢爛ではないが、古くから有名人の集まるホテルとして知られている。普通のアパートメントのような一般客室は10室しかなく、残りはペントハウスなどスイートタイプの部屋となる。サンセットストリップの中心にある。 Wi-Fi無料 63室 カード ADMV

📍サンセットストリップ P.68-B3
🏠8221 Sunset Blvd., Hollywood, CA 90046
☎(1-323) 656-1010
Fax(1-323) 655-5311
🌐www.chateaumarmont.com
💰SDT $465～、Su $550～1800

高級 サンセット・タワー・ホテル
Sunset Tower Hotel

アールデコ建築が目を引く外観

1929年に建てられたホテル。現在も当時の面影を残している。部屋数が少ない分、すみずみまでサービスが行き届いている。開放的な屋外プールや、自然派コスメ、キールズのバス用品、スパ完備など、女性にうれしい要素がいっぱいだ。 Wi-Fi無料 81室 カード ADJMV

📍サンセットストリップ P.68-A3
🏠8358 Sunset Blvd., West Hollywood, CA 90069
☎(1-323) 654-7100
🌐www.sunsettowerhotel.com
💰SDT $483～$573、Su $715～1961

📝 **メモ** マップのホテル名称を一部省略 ロスアンゼルスのマップでは、各ホテル名称の最初または最後に付く「ホテル」を省略してあります。

ロスアンゼルスのホテル Hotel in Los Angeles

ハリウッド

高級　ラインホテル / The Line Hotel

コリアタウンの真ん中に位置する

メトロレイル・パープルライン Wilshire/Normandie 駅前にあるブティックホテル。1964年に建てられたミッドセンチュリーの建物が、有名デザイナーのリノベーションを経ておしゃれなホテルとして生まれ変わった。

Wi-Fi 無料　384室　カード ADJMV

ロスアンゼルス P.55-C2
3515 Wilshire Blvd., Los Angeles, CA 90010
(1-213) 381-7411
www.thelinehotel.com
SDT $219〜459、Su $764〜1060

中級　ハリウッド・ブイアイピー・ホテル / Hollywood VIP Hotel

チャイニーズシアターもすぐ

ハリウッド＆ハイランド・センターのすぐ北側、ハリウッドでは便利なロケーションにありながら、値段はリーズナブル。

Wi-Fi 無料　21室　カード ADJMV

ハリウッド中心部 P.66-B3
1770 Orchid Ave., Hollywood, CA 90028
(1-323) 962-1788
www.hollywoodviphotel.com　SDT $99〜349

中級　ベストウエスタン・ハリウッド・プラザ・イン / Best Western Hollywood Plaza Inn

清潔な客室と好立地

Hollywood Blvd. と Highland Ave. の角から北へ2ブロックの所にあるので、どこへ行くにも便利。

Wi-Fi 無料　86室　カード ADJMV

ハリウッド P.62-A3
2011 N. Highland Ave., Hollywood, CA 90068
(1-323) 851-1800　(1-800) 780-7234　(1-323) 851-1836
www.bestwestern.com　SDT $182〜245

エコノミー　ハリウッド・セレブリティ・ホテル / Hollywood Celebrity Hotel

アールデコ調の優雅なホテル

チャイニーズシアターまで歩いて5分ほどの所。ハリウッドに泊まっている雰囲気を高めてくれる。

Wi-Fi 無料　38室　カード ADJMV

ハリウッド中心部 P.66-B3
1775 Orchid Ave., Hollywood, CA 90028　(1-323) 850-6464
(1-800) 222-7017　(1-323) 850-7667　www.hotelcelebrity.com
SDT $179〜219

エコノミー　ハリウッド・ゲスト・イン / Hollywood Guest Inn

スタンダードなモーテル

Hollywood Blvd. から Highland Ave. を南に下り、Sunset Blvd. を東へ2ブロック行った所にある。

Wi-Fi $8　29室　カード ADJMV

ハリウッド中心部 P.66-B4
6700 W.Sunset Blvd., Hollywood, CA 90028
(1-323) 467-6137　(1-866) 397-3027　(1-323) 467-0804
www.hollywoodguestinn.net　SDT $85〜125

エコノミー　バナナ・バンガロー・ハリウッド / Banana Bungalow Hollywood

おしゃれなホステル

レッドラインの Hollywood/Vine 駅からも近い。ドミトリーは男女混合の部屋もあるので、予約時に確認すること。

Wi-Fi 無料　37室　カード AMV

ハリウッド P.62-B3
5920 Hollywood Blvd., Hollywood, CA 90028
(1-323) 469-2500　(1-844) 469-2500
www.bananabungalow.com　ドミトリー $23〜38、個室 $92〜114

エコノミー　USA ホステルズ・ハリウッド / USA Hostels Hollywood

ハリウッドの中心にある

ドミトリー形式と個室があり、シャワー、トイレは各部屋にある。フロントの受け付けは24時間オープン。

Wi-Fi 無料　150ベッド　カード MV

ハリウッド中心部 P.67-C4
1624 Schrader Blvd., Hollywood, CA 90028
(1-323) 462-3777　(1-800) 524-6783
www.usahostels.com　ドミトリー $35〜54、個室 $115〜145

ダウンタウン

高級　エースホテル・ダウンタウン・ロスアンゼルス / Ace Hotel Downtown Los Angeles

カフェやレストランが徒歩圏内にある

アメリカだけでなく日本でも注目を集めているブティックホテル。1927年に完成した歴史ある建物に、近代的なインテリアがマッチする。シンプルながらもおしゃれな雰囲気が、20〜40歳代の宿泊客に好評。メトロレイルの 7th St./Metro Center 駅まで徒歩10分。

Wi-Fi 無料　182室　カード ADJMV

ダウンタウン中心部 P.64-B4
929 S. Broadway, Los Angeles, CA 90015
(1-213) 623-3233
www.acehotel.com/losangeles
SDT $219〜459、Su $1099〜

110

ダウンタウン

高級 ミレニアム・ビルトモア・ホテル
Millennium Biltmore Hotel

ダウンタウン中心部 P.64-A3
506 S. Grand Ave., Los Angeles, CA 90071
(1-213) 624-1011
(1-800) 245-8673
www.millenniumhotels.com
S D T $245〜、S $363〜

由緒あるクラシックホテル
ダウンタウンの中心パーシングスクエアの横に位置する。レッドライン Pershing Square 駅もすぐ。LA を代表する歴史的なホテルで、アカデミー賞受賞式典も 8 回ほど開かれている。ホテル内にはレストランやバーもある。

Wi-Fi 無料　683室　カード ADJMV

高級 ヒルトン・チェッカーズ・ロスアンゼルス
Hilton Checkers Los Angeles

ダウンタウン中心部 P.64-A3
535 S. Grand Ave., Los Angeles, CA 90071
(1-213) 624-0000
(1-800) 445-8667
(1-213) 626-9906
www.3.hilton.com
S D T $269〜399

ダウンタウンの中心地にある
プライベートな空間を重点におき、1 フロアに 16 室という贅沢なレイアウト。室内はアンティークとモダンが共存する、上品で落ち着いたインテリア。バスルームには大理石が施されている。スパ完備、セキュリティシステムも万全だ。

Wi-Fi $9.95　193室　カード ADJMV

高級 オムニ・ロスアンゼルス・ホテル
Omni Los Angeles Hotel

ダウンタウン中心部 P.64-A2
251 S. Olive St., Los Angeles, CA 90012
(1-213) 617-3300
www.omnihotels.com
S D T $199〜499、S $700〜800

MOCA の隣の機能的なホテル
MOCA（現代美術館）のイメージを内装に取り入れ、清潔感あふれる空間を演出している。部屋は明るく機能的で、居心地がいい。ディズニー・コンサートホールにも近い。ホテル 3 マイル内無料シャトルあり。

Wi-Fi $9.95　453室　カード ADJMV

中級 ミヤコホテル
Miyako Hotel

ダウンタウン中心部 P.64-B2
328 E. 1st St., Los Angeles, CA 90012
(1-213) 617-2000
(1-800) 228-6596
(1-213) 617-2700
www.miyakoinn.com
S D T $159〜319

リトルトーキョーにある日系ホテル
チェックインからチェックアウトまで日本語で利用できるホテル。宿泊客は追加料金を支払えば、ジャクージスパやサウナなども利用可能だ。室内のテレビでは日本の番組を視聴できるのもありがたい。

Wi-Fi 無料　174室　カード ADJMV

中級 カワダホテル
Kawada Hotel

ダウンタウン中心部 P.64-B2
200 S. Hill St., Los Angeles, CA 90012
(1-213) 621-4455
www.kawadahotel.com　S D T $159〜259

ダウンタウンの中心で安心の宿
レッドラインの Civic Center 駅から徒歩 1 分、Hill St. と 2nd St. の角にある。セキュリティ面も安心。

Wi-Fi 無料　116室　カード ADJMV

エコノミー スーパー 8・ロスアンゼルス・ダウンタウン
Super 8 Los Angeles Downtown

ロスアンゼルス P.55-D1
1341 W. Sunset Blvd., Los Angeles, CA 90026
(1-213) 250-2233
www.wyndhamhotels.com　S D T $110〜159

ドジャースタジアム至近！
ドジャースタジアムのナイターを試合終了まで観戦しても歩いて帰ってこれられる、MLB 好きにおすすめのホテル。

Wi-Fi 無料　32室　カード ADJMV

エコノミー バガボンド・イン・ロスアンゼルス・アット USC
Vagabond Inn Los Angeles at USC

ロスアンゼルス P.55-D2
3101 S. Figueroa St., Los Angeles, CA 90007
(1-213) 746-1531　(1-800) 522-1555　(310) 725-8275
www.vagabondinn.com　S D T $108〜135

最低限の設備が揃う
ダウンタウンの中心地からは、やや離れるが、メトロレイルのエクスポラインJefferson/USC 駅の近くにある。

Wi-Fi 無料　72室　カード ADMV

ロスアンゼルスからのエクスカーション

サンタバーバラ
Santa Barbara

カリフォルニア有数のビーチリゾート

西海岸最大の都市LAから車で北へ2時間、サンタイネス山脈と太平洋に囲まれたサンタバーバラは、白壁にオレンジ屋根の瀟洒な南スペイン風の家々が立ち並ぶ、開放的でリラックスできる町だ。ダウンタウンでは、ショッピングを楽しむことができ、夜は満天の星空を観察することができる。

観光ポイントを見て回るだけならLAからの日帰りも可能だが、サンタバーバラを満喫したいなら最低でも1泊はしてほしい。

LAからのアクセス
●グレイハウンドバス
1日3便、所要約2時間30分。
MP.113-B3
住224 Chapala St.,
Santa Barbara
☎(805)965-7551
料$12〜(時期、曜日により異なる)
●サンタバーバラ・エアバス
LAXとサンタバーバラのHyatt Santa Barbara(住1111 E. Cabrillo Blvd.)を結ぶバス。1日8便、所要約2時間15分。
MP.113-B2外
☎(805)964-7759
Free(1-800)423-1618
URLwww.sbairbus.com
料大人$49
●アムトラック・サンタバーバラ駅
MP.113-B3 住209 State St.
Free(1-800)872-7245
料LAから片道$25〜

サンタバーバラ市内交通
●MTDバス
☎(805)963-3366
URLwww.sbmtd.gov
料$1.75、トランスファーは1時間以内1回のみ有効
●サンタバーバラ・トロリー
スターンズワーフやオールド・ミッションから乗車できる。
☎(805)965-0353
URLwww.sbtrolley.com
運行:毎日10:00〜15:00の1時間間隔
料大人$25、子供$8
●ダウンタウン・ウオーターフロントシャトル
☎URLMTDバスと同じ
ダウンタウンシャトル(アーリントン劇場からスターンズワーフ)
ウオーターフロントシャトル(カブリヨブルバード)
運行:毎日10:00〜18:00(10〜30分おき)、金・土(夏期)18:00〜21:00(15分おき)
料50¢

サンタバーバラの歩き方

サンタバーバラの観光ポイントやショップ、レストランは、ダウンタウンの中心を貫く**ステートストリート State St.**周辺に集まっている。ダウンタウン自体がそれほど広くないので、徒歩で十分見て回ることができる。レンタカーで訪れた人は、ステートストリート沿いやウオーターフロントの駐車場に車を停めて、町を歩くことをすすめる。

ビーチとダウンタウン間は、ゆっくり歩いても20分ほどの距離。ウオーターフロントには**スターンズワーフ Stearns Wharf、サンタバーバラ・ハーバー Santa Barbara Harbor**など海辺の町らしい風景が広がっている。海岸に沿って走る**カブリヨブルバード Cabrillo Blvd.**は、パームツリーが立ち並ぶ明るい雰囲気の通り。バイク＆スケート専用レーンがあるので、レンタサイクルで散策するのもいい。

ダウンタウン中心部からは少し離れた所にある**オールド・ミッション・サンタバーバラ The Old Mission Santa Barbara**へは、MTDバス(下記)で簡単に行くことができる。

サンタバーバラのおもな交通

おもな見どころがダウンタウンに集中しているため、市バスに乗る機会は少ないが、**MTDバス**が市内近郊の路線を網羅する。トランスファーは異なる路線のみ無料(1時間以内)。

日帰りの滞在なら、おもな観光ポイントを1周90分で案内してくれる**サンタバーバラ・トロリーSanta Barbara Trolley**がおすすめ。また、ステートストリート周辺とウオーターフロントのルートをもつ**ダウンタウン・ウオーターフロントシャトル Downtown Waterfront Shuttle**も運行されている。

メモ **ダウンタウン・ウオーターフロントシャトル** ルート間で乗り換えをするなら運転手に、"トランスファー・プリーズ"と言って、トランスファーチケットをもらうことを忘れずに!

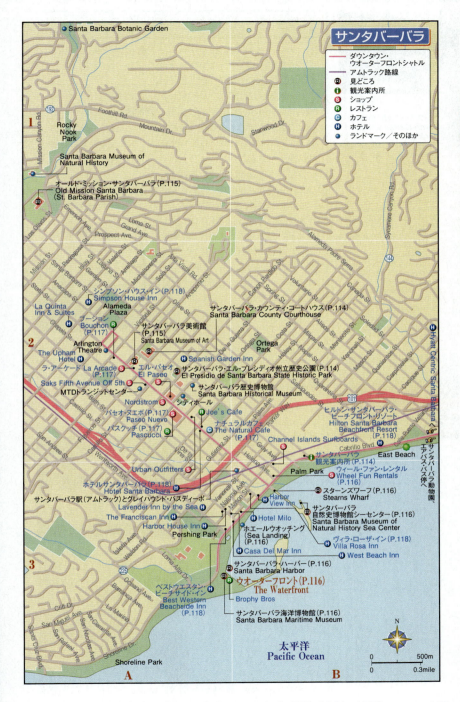

サンタバーバラ Santa Barbara

スタッフが常駐している

サンタバーバラ観光案内所
Santa Barbara Visitor Center
　ビーチ沿いのCabrillo Blvd.とGarden St. の角。地図、各種ブローシャー、イベント情報などが入手できる。
MP.113-B2
住 1 Garden St.
☎ (805) 965-3021
www.santabarbaraca.com
営 2〜10月：毎日9:00〜17:00 (日10:00〜)
11〜1月：毎日9:00〜16:00 (日10:00〜)
休 おもな祝日

サンタバーバラ・カウンティ・コートハウス
住 1100 Anacapa St.
☎ (805) 882-4520
www.sbcourts.org
営 月〜金8:00〜17:00、土・日10:00〜16:30
休 おもな祝日
料 無料

時計台からの眺め

サンタバーバラ・エル・プレシディオ州立歴史公園
住 123 E. Canon Perdido St.
☎ (805) 965-0093
www.parks.ca.gov
営 毎日10:30〜16:30
休 おもな祝日
料 大人$5、シニア (62歳以上) $4、16歳以下無料

サンタバーバラのおもな見どころ

サンタバーバラを一望する　　サンタバーバラ　MP.113-A2
サンタバーバラ・カウンティ・コートハウス
Santa Barbara County Courthouse

　白い時計台が目印のこの建物は、1929年の建造以来、今でも現役の郡裁判所として使用されている。内部は自由に見学できるが、法廷で裁判が行われている場合もあるので、静かに見学しよう。無料のガイドツアーは、毎日14:00 (月・火・金は10:30も催行) にスタートする。

　ダウンタウンでいちばん高い時計台からは、太平洋とサンラファエル山地をバックに、サンタバーバラの町並みが一望できる。1925年の地震で被害を受けたサンタバーバラ市は、町の建物をスペインのアンダルシア風に統一する計画を立て、建築物の階数、屋根や壁の色などに対する規制を設けた。その結果、統一感のある、自然と調和した美しい町を造ることに成功し、全米有数の観光地サンタバーバラが生まれたのだ。

サンタバーバラを代表する建物

スパニッシュコロニアル文化の発祥地　サンタバーバラ　MP.113-A2
サンタバーバラ・エル・プレシディオ州立歴史公園
El Presidio de Santa Barbara State Historic Park

　1782年、先住民との争いに対して、スペイン軍が築いた要塞。サンタバーバラで最も古く、カリフォルニア州でも2番目に古い建物だ。当時のカリフォルニアには4つの要塞があり、1846年までここを本部とした。また、スパニッシュコロニアル文化の中心にもなった。1925年の地震や都市開発のため建物のほとんどが倒壊したが、要塞内のふたつの建物は修復され、ほか5つの建物も元どおりに再建された。現存のPadres' QuartersとPresidio Chapelは、再建の際に手作りの日干しれんがが使用されたという。

真っ白な日干しれんがの壁 (上)
太陽が差し込み、明るい雰囲気の教会内部 (下)

エキゾチックな歴史建造物　　　サンタバーバラ　MP.113-A1
オールド・ミッション・サンタバーバラ
Old Mission Santa Barbara ★★★

その美しい建築様式から、"Queen of the Mission"と呼ばれる。1786年12月4日、聖バーバラの祭礼の日、サンタバーバラ周辺に住んでいたチュマシュ族をキリスト教に改宗させる目的で、スペイン人宣教師により創立され、その後、地震による崩壊などを経て、1820年に現在の姿になった。内部は伝道所の歴史をたどる博物館になっていて、宣教時代に使用された衣服や道具などが展示されている。

毎年8月の第1週末にはFiestaと呼ばれる祭りが行われる。本来は入植者たちが行う収穫後のささやかなパーティだったが、1924年からThe Old Spanish Days Fiestaとして、伝統を残すべく、町を挙げて行われることになった。まばゆい衣装に着飾ったダンサーがラテン音楽に乗ってパレードする姿は圧巻だ。

敬虔な信者が多いオールド・ミッション・サンタバーバラ

オールド・ミッション・サンタバーバラ
- 2201 Laguna St.
- (805)682-4713
- santabarbaramission.org
- 毎日9:00〜16:15
- おもな祝日
- 大人＄12、シニア＄10、学生（5〜17歳）＄7、4歳以下無料
- ダウンタウンからMTDバス＃6、11でState St. & Pueblo St.で下車。Los Olivos St.を東へ徒歩約13分。

リゾート地でアートに親しむ　　　サンタバーバラ　MP.113-A2
サンタバーバラ美術館
Santa Barbara Museum of Art ★★

ダウンタウンの北西、サンタバーバラ・カウンティ・コートハウスの西隣にある美術館。マチスやモネのフランス印象派からロダンの彫刻、中国、日本、インド、チベットなどの仏教美術、19〜20世紀のイギリスとフランス美術、アメリカ美術、現代美術、写真など、そのコレクションは多岐にわたる。State St.に面した入口を入り、吹き抜けの天窓から太陽が降り注ぐなか、いくつものブロンズ像が出迎えてくれる。

1階の右側にはミュージアムショップがあり、左側にはカフェを併設している。ここのカフェは地元でも評判がよく、ランチにはスープやデザートなどをリーズナブルな値段で食べられる（2019年7月現在休業中）。かつては郵便局だった建物も一見の価値がある。ふらりと立ち寄ってみるには、ちょうどいい広さの美術館だ。

アーティスティックな像に迎えられる

サンタバーバラ美術館
2019年7月現在、大規模改修中で展示スペースの半分はクローズ。下記記載の入館料は改修期間中（通常の半額）の料金。
- 1130 State St.
- (805)963-4364
- www.sbma.net
- 火〜日11:00〜17:00（木〜20:00)
- 月、おもな祝日
- 大人＄5、シニア（65歳以上)・学生（6〜17歳）＄3。6歳未満無料、木曜17:00〜20:00は無料
- ●Museum Store
- 火〜金10:00〜18:00、土・日11:00〜17:00

State St.沿いのレストランやカフェにはテラス席がある

 サンタバーバラのワイナリー情報　www.sbcountywines.comで入手できる。季節により、収穫祭やワインフェスティバルなどのイベントが行われるので、旅程に合わせて確認してみるといいだろう。

サンタバーバラ Santa Barbara

ロスアンゼルスからのエクスカーション

スターンズワーフ
- MP.113-B3

サンタバーバラ自然史博物館シーセンター
- MP.113-B3
- 211 Stearns Wharf
- (805)962-2526
- www.sbnature.org
- 毎日10:00～17:00
- おもな祝日、6月最終土曜
- 大人$12、シニア（65歳以上）・学生（13～17歳）$8、子供（2～12歳）$7

サンタバーバラ海洋博物館
- MP.113-A3
- 113 Harbor Way
- (805)962-8404
- www.sbmm.org
- 木・金・日～火10:00～17:00、土9:00～15:00
- 水、おもな祝日
- 大人$8、シニア（62歳以上）・学生（6～17歳）$5、子供（5歳以下）無料

ホエールウオッチング Condor Express
- MP.113-B3(Sea Landing)
- 301 W. Cabrillo Blvd.
- (805)882-0088
- condorexpress.com
- 春季は約2時間30分のツアーが1日3便（9:00、12:00、15:00発）、夏～冬季は約4時間30分のツアーが1日1便（10:00発）
- 春季：大人$50、子供$30、夏～冬季：大人$99、子供$50

ウオータータクシー
- (805)465-6676
- celebrationsantabarbara.com
- 毎日12:00～18:00（時期により異なる）
- 片道大人$5、子供$1

やっぱり海を楽しまないと！　　　　サンタバーバラ　MP.113-A3～B3

ウオーターフロント
The Waterfront ✹✹✹

サンタバーバラの海岸線は、パームツリーの立ち並ぶ美しいビーチが続く。レンタサイクル（→脚注）で走るもよし、ヨットやウインドサーフィンに挑戦するもよし、散歩しているだけでもよし。

スターンズワーフStearns Wharfは、State St.がビーチに突き当たった所にある。1872年、おもに貨物船用の埠頭として建てられたもので、現在はギフトショップやレストランが並ぶ。小さな博物館だが、**サンタバーバラ自然史博物館シーセンターSanta Barbara Museum of Natural History Sea Center**は子供たちに人気のスポット。また、このワーフからの眺めも最高で、パームツリーの向こうにオレンジ色の屋根と白い壁が続く町並みが眼下に広がる。

スターンズワーフを西に歩くと、一般のヨットハーバーと漁港が一緒になっている**サンタバーバラ・ハーバーSanta Barbara Harbor**がある。ハーバー前の**サンタバーバラ海洋博物館Santa Barbara Maritime Museum**では、海とかかわりの深いサンタバーバラの海洋史を知ることができる。また、サンタバーバラは**ホエールウオッチング**がほぼ1年中楽しめるスポットで、3月にはクジラにちなんだお祭りも開催される。出航はSea Landingから、予約なしで乗れる気軽さがいい（ピーク時は要予約）。海上からの眺めを楽しみたいのなら、スターンズワーフとサンタバーバラ・ハーバーとを結ぶ**ウオータータクシー**を利用するのもおすすめだ。

ウオータータクシーに乗るのもいい

Column 郊外のワイナリーでピクニックランチ

サンタバーバラの周辺には、100以上ものワイナリーが点在しており、ナパ＆ソノマバレーに劣らず、多くのカリフォルニアンが訪れている。最もワイナリーが集中しているのが、サンタバーバラから北西に約50km行った所にあるサンタイネス・バレー Santa Ynez Valleyだ。いくつかのワイナリーには、広大なブドウ畑を見渡すような雰囲気のよいピクニックエリアがあるので、午前中にソルバング（→P.119）に観光へ行き、昼にはワイナリーでピクニックなんていかが？

太陽の下で飲むワインは格別

● **Sunstone Vineyards & Winery**

南仏をイメージして造られたワイン蔵や、アーティストがこのワイナリーのために描いたラベルやポスターの絵が華やかにテイスティングルームを彩っている。オリジナルグッズも販売しており、おみやげに最適だ。
- 125 N Refugio Rd., Santa Ynez
- (805)688-9463
- (1-800)313-9463
- www.sunstonewinery.com
- 毎日11:00～16:30（テイスティング）

メモ　海岸線を爽快にサイクリング　サンタバーバラの海岸には自転車専用レーンが設けられており、海岸線の景色を眺めながらのサイクリングが楽しめる。普通車は1時間$12.95、ふたり乗りの自転車は1時間$20.85。

サンタバーバラのショップ＆レストラン
Santa Barbara SHOP & RESTAURANT

ショッピングは町の中心にあるショッピングモール、パセオ・ヌエボでことが足りるはず。食事は、ダウンタウンの目抜き通りステートストリート State St. 沿いに、レストランやカフェがずらりと並ぶので、ホテルにレストランがなくてもまったく困らない。

ダウンタウン

ショッピングモール　パセオ・ヌエボ / Paseo Nuevo
ゴージャスで老舗の気品

スペイン風の華やいだ雰囲気のモール。アバクロンビー＆フィッチ、クラークス、ロクシタンなど数々の有名ブランドやデパートが入り、奥の広場ではミニコンサートが行われたりする。現代美術館もあり。夕暮れ後も安心してショッピングができる。

カード　店舗による

そぞろ歩きが楽しいモール

■ サンタバーバラ P.113-A2
- 651 Paseo Nuevo
- (805) 963-7147
- www.paseonuevoshopping.com
- 月～土10:00～21:00（土～20:00)、日11:00～19:00　※店舗により異なる

ショッピングモール　ラ・アーケード / La Arcada
サンタバーバラが誇るすてきな小径

ダウンタウンの北の外れにあるアーケードは、左右に雰囲気のあるブティックやレストラン、ギャラリーが並ぶ人気のスポット。食事もショッピングも、ここへ行けば満足できるはずだ。ローカルも多い。

カード　店舗による

夜はロマンティックな雰囲気に包まれる
© Visit Santa Barbara / Jay Sinclair

■ サンタバーバラ P.113-A2
- 1114 State St.
- (805) 966-6634
- www.laarcadasantabarbara.com
- 店舗により異なる

ダウンタウン

カリフォルニア　ブーション / Bouchon
地元の食材にこだわったキュイジーヌ

シーフードと地元産の有機野菜で有名な本格派レストラン。サンタバーバラ近郊産のワインに合う食事を求めている人はここがいちばん。日替わりメニューのほか季節のメニューも揃え、地元雑誌でも取り上げられるほどの人気。パティオ席は予約が必要。

カード　A J M V

料理の味はもちろん雰囲気も好評だ

■ サンタバーバラ P.113-A2
- 9 W. Victoria St.
- (805) 730-1160
- www.bouchonsantabarbara.com
- 毎日17:00～21:00

アメリカン　ナチュラルカフェ / The Natural Cafe
サンタバーバラ住人のお気に入り

自然食が売りのカフェレストラン。カリフォルニアの陽光をたっぷり浴びた有機野菜の料理は、地元の人にも大人気だ。ベジタリアンのメニューは特に充実しており、完熟トマトのソースがたっぷり使われたラザニア Veggie Lasagna（$12.39）は人気の1品。

カード　A D M V

健康志向の常連客が集う

■ サンタバーバラ P.113-A2
- 508 State St.
- (805) 962-9494
- www.thenaturalcafe.com
- 毎日11:00～21:00（金・土～21:30)

イタリアン　パスクッチ / Pascucci
地産地消をモットーに

気楽にワインを飲みながらピザやパスタをつまめるレストラン。1品の値段もランチなら$12、ディナーでも$15前後とお手頃なので、散策中にぶらりと入ることができる。サラダやデザートもあるので、カフェとして立ち寄るのもいい。ガーリックブレッドが好評。

カード　A M V

おいしいワインで会話も弾む

■ サンタバーバラ P.113-A2
- 729 State St.
- (805) 963-8123
- www.pascuccirestaurant.com
- 毎日11:30～21:00（金・土～22:00)

Wheel Fun Rentals　P.113-B3　23 E. Cabrillo Blvd.　(805) 966-2282　www.wheelfunrentalssb.com
4～5月：毎日8:00～20:00、6～8月：8:00～21:00、9～11月：8:00～19:00、12～3月：8:00～18:00

サンタバーバラのホテル
Santa Barbara

サンタバーバラのウォーターフロント側では、Bath St. や Cabrillo Blvd. あたりにモーテルが並んでいる。施設としては、どこもきれいだが、値段も＄100 を下らないところが多い。人気の観光地なので週末は混み合う。予約なしで到着したら観光案内所で予算を告げて相談すると、予約をしてくれる。

ダウンタウン

高級 シンプソン・ハウス・イン / Simpson House Inn

あたたかい雰囲気に包まれた B & B

手入れが行き届いた客室、きれいに整備された庭、置いている家具は決して新しくないがていねいに使われてきたのがわかるエイジング具合……。B&B といってもここは普通のホテル以上の豪華さを味わえる。

Wi-Fi 無料　15室　カード AMV

M サンタバーバラ P.113-A2
121 E. Arrellaga St., Santa Barbara, CA 93101
(805) 963-7067
(805) 564-4811
www.simpsonhouseinn.com
SDT ＄233～459

中級 ホテルサンタバーバラ / Hotel Santa Barbara

ダウンタウンの真ん中にあるホテル

State St. と Costa St. の角とロケーション抜群なうえ、手頃な値段。State St. に面しているが、室内はとても静かで快適、広さも十分。毎朝 7:00 ～ 10:00 の間、無料でコンチネンタルブレックファストを食べられる。

Wi-Fi 無料　75室　カード AMV

M サンタバーバラ P.113-A2
533 State St., Santa Barbara, CA 93101
(805) 957-9300
(1-800) 549-9869
(805) 962-2412
www.hotelsantabarbara.com
SDT ＄239～288

ウォーターフロント

高級 ヒルトン・サンタバーバラ・ビーチフロント・リゾート / Hilton Santa Barbara Beachfront Resort

優雅な大型リゾート

まさにカリフォルニアらしい景観が楽しめる抜群のロケーション。パティオかバルコニー付きの広々とした客室に、ビジネスセンターなど館内の諸施設も充実している。フレンドリーでていねいなサービスも魅力。

Wi-Fi ＄12.95　360室　カード ADMV

M サンタバーバラ P.113-B2
633 E. Cabrillo Blvd., Santa Barbara, CA 93103
(805) 564-4333
(1-800) 879-2929
www.hiltonsantabarbarabeachfrontresort.com
SDT ＄395～860

中級 ヴィラ・ローザ・イン / Villa Rosa Inn

女性におすすめのプチホテル

海岸沿いの Cabrillo Blvd.、町のメインストリートである State St. からも近いので何かと便利なロケーション。部屋は海側と山側とに分かれており、どの部屋でも快適に過ごせる。バフェ形式のブレックファストが付いている。

Wi-Fi 無料　18室　カード AMV

M サンタバーバラ P.113-B3
15 Chapala St., Santa Barbara, CA 93101
(805) 966-0851
www.villarosainnsb.com
SD ＄129～359

中級 ベストウエスタン・ビーチサイド・イン / Best Western Beachside Inn

ビーチアクティビティにとても便利

ダウンタウンの中心まではやや離れているが、道路を挟んで反対側はサンタバーバラ・ハーバーというロケーション。ウオーターフロントのアトラクションは、どこも徒歩数分。新鮮な果物が食べられる朝食付き。

Wi-Fi 無料 (ロビー)　60室　カード ADJMV

M サンタバーバラ P.113-A3
336 W. Cabrillo Blvd., Santa Barbara, CA 93101
(805) 965-6556
www.beachsideinn.com
SD ＄145～450

変化に富んだドライブコース
カリフォルニア・セントラルコーストを走ろう

セントラルコーストの町は、LAとSFを結ぶ幹線道路US-101"ワンオーワン"と、この道路に平行して太平洋岸沿いを南北に延びるCA-1"パシフィック・コースト・ハイウェイ"に点在している。アムトラックが停車する町もあるが、車でのアクセスが断然便利。ドライブでふらっと立ち寄りたい場所ばかりだ。

ベンチュラ VENTURA

サンタモニカからUS-101を北へ約101km（63マイル、約1時間15分）、ベンチュラはミッション（サン・ブエナ・ベンチュラ）を中心に繁栄した町。チャネル諸島国立公園への玄関港で、国立公園に指定された4つの島へはツアーで訪れることができる。Island Packersがベンチュラから島へのツアーを催行。

ベンチュラのマリーナ

- Ventura ▶ visitventuraca.com
- チャネル諸島国立公園 ▶ www.nps.gov/chis
- Island Packers ▶ www.islandpackers.com

ピズモビーチ PISMO BEACH

ソルバングからCA-246を西へ、US-101を北へ約90km（55マイル、約1時間）の所にあるピズモビーチは、ローカルのサーファーでにぎわうクラシカルな雰囲気のビーチ。ピズモビーチへ向かう途中、US-101とCA-1の分岐点でCA-1を南へ走ると見えてくるOceano Dunesでは、砂浜をハマーで走るユニークなツアー（1時間ひとり＄55）を催行。

ピズモビーチはバギーや四駆でビーチを走ることができる。西海岸には車で走れるビーチが少ないのでレア気

- Pismo Beach ▶ www.experiencepismobeach.com
- Pacific Adventures（ハマーツアー）
- (805) 481-9330
- ▶ www.pacificadventuretours.com

ソルバング SOLVANG

ベンチュラからUS-101で北へ、サンタバーバラを過ぎたあたりでCA-154、次の分岐点でCA-246へ（約110km/70マイル、約1時間30分）。ヨーロッパ人が渡来するまで、アメリカ先住民チュマシュ族の土地だったソルバング。20世紀初めにスカンジナビア系移民がこの地に定住し、コミュニティを形成したことが現在のデンマーク村の礎。歩いて回れる小さなエリアに、ヨーロッパ風のショップやデンマーク料理店が軒を連ねる。

上／オランダ村ともいえるのがソルバング。とてもかわいらしい町並みだ
下／オランダ版、甘いたこ焼きのオリボレンも食べられる

- Solvang ▶ www.solvangusa.com

サンシメオン SAN SIMEON

ピズモビーチからCA-1を約90km（55マイル、約1時間）ほど北上すると、サンシメオンだ。最大の見どころは20世紀のメディア王ハーストが建てた城のような大邸宅と庭、ハーストキャッスル。6種類のツアー（＄25〜36）で邸内を見学する。とても人気のスポットなのでウェブ、または電話での予約をすすめる。

メディア王の城のような豪邸がハーストキャッスル

プールは屋外にも、屋内にもある

- San Simeon ▶ www.sansimeonchamber.org
- Hearst Castle ▶ 750 Hearst Castle Rd., San Simeon, CA 93452 ▶ (1-800) 444-4445 ▶ hearstcastle.org

ロスアンゼルスからのエクスカーション
オレンジカウンティ
Orange County

カリフォルニアらしいビーチが目玉

　ロスアンゼルスから車で1時間ほど南東に走ると、オレンジカウンティ（＝OC）にたどり着く。内陸部のアナハイム Anaheim 周辺には、ディズニーランド・リゾートやナッツ・ベリー・ファーム、太平洋を望む海岸沿いには、ハンティントンビーチ、ニューポートビーチ、ラグナビーチなど、それぞれに特徴のあるビーチが点在している。また、車ならサンディエゴへもアクセスがよいので、オレンジカウンティを起点に郊外ドライブを楽しむのもいいだろう。

オレンジカウンティの歩き方

サイクリングが気持ちいいニューポートビーチ

　アナハイム周辺に点在するテーマパークのみならず、ビーチライフも楽しみたいところ。ディズニーランド・リゾートが拠点ならニューポートビーチやラグナビーチへ、ナッツ・ベリー・ファームが拠点ならハンティントンビーチへのアクセスが便利だ。公共の交通機関（→巻頭折込の「ロスアンゼルス一交通図一」を参照）が走っているため、車がなくても移動できる。このあたりは観光客も少なく、ビーチが大好きなLAっ子が週末になると集まってくる場所だ。テーマパークやダウンタウンのにぎわいとも異なり、のんびりモードで、人々の笑顔を見ていると、こちらまでハッピーになれる。ぜひ、足を延ばしてみよう。

　また、高級ショッピングモール、サウス・コースト・プラザ（→P.125）やファッションアイランド（→P.125）も近くにあり、一つひとつのモールが大規模だ。ヨーロッパの有名ブランドが多いのも特徴。買い物好きにはたまらない。

Column　サンタカタリナ島

　ロングビーチの南約40kmの沖合に浮かぶサンタカタリナ島（M巻頭折込「アメリカ西海岸」参照）は、手つかずの自然が残る南カリフォルニアのリゾートアイランド。車の乗り入れが禁止された島内には、ホテルやB&Bが点在しており、地元の人は1～2泊のショートステイを楽しむ。アクティビティはツアーバスをはじめ、サイクリング、ボート、バードウオッチングなどさまざま。ニューポートビーチからフェリーでアクセスできるので、日帰り旅行にもおすすめだ。

サンタカタリナ島へのアクセス
ニューポートビーチのバルボアパビリオンから。片道約75分。往復大人$70。3～12歳$53。ニューポートビーチ発9:00、サンタカタリナ島発16:30。
● Catalina Flyer
☎(949)673-5245
URL www.catalinainfo.com

人気のエクスカーション、サンタカタリナ島

オレンジカウンティのおもな交通

オレンジカウンティ全域に路線をもつ**OCTA（Orange County Transportation Authority）バス**と、ディズニーランド・リゾートからアナハイム周辺のホテル、ナッツ・ベリー・ファーム、アナハイム・アムトラック駅などとを結ぶ**アナハイム・リゾート・トランスポーテーション（ART, Anaheim Resort Transportation）バス**が、観光の足となる。ハイエンドブランドもあって人気のショッピングモール**サウス・コースト・プラザ**へは、ARTバスの#22（Costa Mesa Line）が便利だ。ただし運行本数が少ないので、時間は事前に確認しておきたい。

OCTA バス
- (714) 636-7433
- www.octa.net
- $2、1日券$5

ART バス
- (1-888) 364-2787
- rideart.org
- $3、1日バス$5.50、3日バス$14

良質な波を求めてサーファーがやってくる

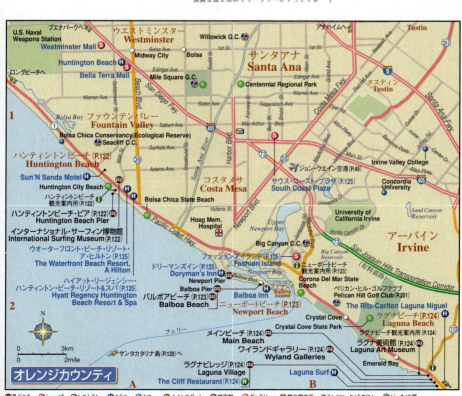

オレンジカウンティ Orange County

ロスアンゼルスからのエクスカーション

ハンティントンビーチ観光案内所
Visit Huntington Beach
- MP.121-A1
- 325 Pacific Coast Hwy., Huntington Beach
- (714)969-3492
- (1-800)729-6232
- www.surfcityusa.com
- 毎日12:00〜17:00（土・日11:00〜）
- ※夏期は毎日10:30〜19:00（土・日10:00〜）

ハンティントンビーチへ
行方 ナッツベリーファームの東を走るBeach Blvd.からOCTAバス#29でPacific Coast Hwy. & 1st St.下車。60分。

ハンティントンビーチ・ピア
毎週金曜に行われるArt-A-faireは、人気のイベント。地元のアーティストによる作品を販売するほか、いろいろなお店が出店している。
- 金11:00〜19:00、または日没まで。土・日に行われることもある

インターナショナル・サーフィン博物館
- 411 Olive Ave., Huntington Beach
- (714)465-4350
- www.surfingmuseum.org
- 火〜日12:00〜17:00
- 休月
- $3

ハンティントンビーチらしい見どころ

ハンティントンビーチ
Huntington Beach

ロスアンゼルス近郊のビーチのなかで最も日本のサーファーの間で知られているのが、ハンティントンビーチだ。"サーフシティ"との呼び名のとおり、サーフィンの聖地で、毎年7〜8月には国際級の大会が開催される。もし、サーフィンを間近で見たいのならば、海に突き出ているピア（桟橋）へ行き、海を見下ろしてみよう。普段は眺める機会のない新鮮な角度からサーフィンを見ることができる。

ピアの周辺に、博物館、ショップ、レストラン、カフェなどが集中しているので、散策するにはちょうどいい。

サーファーの像があるほど、サーフィンが根付いている

ぶらぶら歩きにちょうどいいスポット　オレンジカウンティ　MP.121-A1
ハンティントンビーチ・ピア
Huntington Beach Pier ☀☀☀

海沿いのPCH（Pacific Coast Highway）にある桟橋。PCHと、町の中心を貫くMain St.との交差点には、ハリウッドのものを模したサーフィン・ウオーク・オブ・フェイムがある。また、このあたりのサーフショップは、品揃えも充実しており、日本より格安で手に入るものも多いので、興味がある人はのぞいてみよう。

ビーチバレーの大会も行われる

サーフィンの歴史がわかる　オレンジカウンティ　MP.121-A1
インターナショナル・サーフィン博物館
International Surfing Museum ☀☀

小さな館内には、サーフィンの発祥から始まる歴史、伝説のサーファーの紹介と彼らのボードコレクション、サーフィンミュージックの廃盤レコードなどが展示されている。サーファーには興味深く、そうではない人にも一見の価値あり。

壁画にも注目

☀☀☀おすすめ度

ニューポートビーチ
Newport Beach

バルボア半島の入江にある、南カリフォルニア屈指の高級住宅地。老若男女問わず「住んでみたい町」としてとても人気が高いエリアだ。長く続く砂浜に打ち寄せる白い波、海上を行き交うヨットやボート、まさにカリフォルニアらしい景色が目の前に広がる。また、ボート、サーフィン、サイクリングなどのアクティビティ施設や、食事やショッピングなどが楽しめるショッピングモールもあるので1日中いても飽きることはないだろう。

ニューポート湾には多くのボートが停泊する

ピアの近くにはショップやカフェもある

ニューポートビーチのおもな見どころ

自転車を借りるのもいい

PCHを**Newport Blvd.**か**Balboa Blvd.**で下りて海に向かうと、海岸線に沿って細長く延びたバルボア半島**Balboa Peninsula**にたどり着く。メインのスポットである**ニューポートビーチNewport Beach**、**バルボアビーチBalboa Beach**にはそれぞれにピアがあり、東には高級ショッピングモールの**ファッションアイランドFashion Island**（→P.125）、ホテル、オフィスビルなどが並んでいる。

湾内を1周するハーバークルーズやホエールウオッチングは、バルボアビーチの北、ニューポート湾Newport Bayから運航する。また、カヤック、パドルボートなどのいろいろなボートのレンタルも可能。パラセイルも楽しめる。食事やショッピングなどのアフタービーチはファッションアイランドへ。

ビーチではのんびり過ごしたい

ニューポートビーチ観光案内所
Visit Newport Beach
MP.121-B2
住 ファッションアイランド内
401 Newport Center Dr., Newport Beach
Free (1-855) 563-9767
URL www.visitnewportbeach.com
営 月～土10:00～21:00（土～19:00）、日11:00～18:00

ニューポートビーチへ
行き方 ディズニーランド・リゾートの東を走るHaster St.からOCTAバス#47でBalboa Blvd. & 23rd St.周辺で下車。約80分。

ニューポートビーチ
MP.121-B2

バルボアビーチ
MP.121-B2

The Fun Zone Boat Company
ニューポート湾内を巡る各種クルーズを催行。数種類ある。
住 700 E. Edgewater Pl., Balboa
(949) 673-0240
URL funzoneboats.com
● シーライオンツアー（アシカ）
営 毎日11:00、13:00、15:00（夏期は17:00も）
● セレブリティホーム＆ヨットツアー
営 毎日12:00、14:00（夏期は16:00も）
料 どちらも45分クルーズ：大人$14、子供（5～11歳）$7

ボートレンタルなどのアクティビティ
● **Marina Boat Rentals**
住 600 E. Bay Ave., Newport Beach
(714) 263-3911
URL newportbeachboatrentals.com
営 毎日10:00～18:00
料 カヤック$20～30/60分
パドルボード$20/60分
● **Balboa Boat Rentals**
住 510 E. Edgewater Pl., Newport Beach
(949) 673-7200
URL boats4rent.com
営 毎日10:00～18:00
料 カヤック$18～30/60分
パドルボード$25/60分

ロスアンゼルスからのエクスカーション **オレンジカウンティ** *Orange County*

ラグナビーチ
Laguna Beach

ラグナビーチ観光案内所
Laguna Beach Visitors Center
- P.121-B2
- 381 Forest Ave., Laguna Beach
- (949)497-9229
- (1-800)877-1115
- www.visitlagunabeach.com
- 毎日10:00〜17:00（金・土〜19:00）

ラグナビーチ
- P.121-B2
- 行き方 ハンティントンビーチからOCTAバス#1で約45分、ニューポートビーチからOCTAバス#1で約35分。

オレンジカウンティの南、山が海まで迫る入り組んだ海岸線をもつラグナビーチは、20世紀初頭から続く芸術家のコミュニティだ。湾曲したビーチに沿って、ボードウォークのある公園が続き、海を望む山腹には別荘風の家々が並んでいる。このビーチでは、ビーチアクティビティのほかにアートを楽しむことができるのが最大の特徴。町を貫くPCH沿いにはギャラリー、レストランが軒を連ねているので、ぶらりと歩きながらゆっくりと時間を過ごしたい。

芸術家の町にはギャラリーも多く、散策には最適（左）　地元っ子たちは海を眺めて、のんびり（右）

ラグナビーチのおもな見どころ

メインビーチ
- P.121-B2

ラグナ美術館
- P.121-B2
- 307 Cliff Dr., Laguna Beach
- (949)494-8971
- lagunaartmuseum.org
- 木〜火11:00〜17:00（木〜21:00）　休水、おもな祝日
- 大人$7、シニア・学生・子供$5、17歳以下は無料

ワイランドギャラリー
- P.121-B2
- 509 S. Coast Hwy., Laguna Beach
- (949)376-8000
- www.wyland.com
- 毎日9:00〜21:00（金・土〜22:00）

ラグナビレッジ内のカフェ
The Cliff Restaurant
- P.121-B2
- 577 S. Coast Hwy., Laguna Beach
- (949)494-1956
- www.thecliffrestaurant.com
- 毎日8:30〜22:00（日〜水〜21:00）

朝はビーチの散歩から

ラグナビーチのOCTAバスステーションがあるBroadway St.を海が見える方向へ歩くと海浜公園**メインビーチMain Beach**にたどり着く。メインビーチでのんびり過ごしたあとは、アーティスティックな町の探索に出かけよう。オレンジカウンティで最も歴史のある**ラグナ美術館Laguna Art Museum**は、小さいながらラグナビーチの芸術的財産のひとつとして位置づけられている美術館。展示作品は歴史ある作品から現代絵画までバラエティに富んでおり、アメリカンアートへの理解を深めてもらおうとする、美術館の意欲が伝わるコレクションが揃っている。また、この美術館周辺にはギャラリーも多く点在している。ギャラリーへ立ち寄るのであれば、クジラやイルカの絵で有名なマリンアーティストWyland氏のギャラリー、**ワイランドギャラリーWyland Galleries**がおすすめだ。

また、ビーチからPCHを南へ行くと、ラグナビーチの全景が望める**ラグナビレッジLaguna Village**が右側に見えてくる。ここには50軒近いギャラリーがあり、地元の芸術家たちが作品を売り出している。夕暮れどきには、海を見下ろすビレッジのカフェからの夕日の眺めが最高だ。

オレンジカウンティのショップ & ホテル
Orange County

SHOP & HOTEL

ロスアンゼルス近郊の裕福層が集まるコミュニティタウンだけに、ホテルの顔ぶれも有名高級ホテル揃い。とはいえ、リーズナブルなモーテルもPCH沿いに点在している。車があると移動も便利。ショッピングは、オレンジカウンティを代表する高級ショッピングモールがあるので、満足のいく買い物が楽しめる。

コスタメサ

ショッピングモール
サウス・コースト・プラザ
South Coast Plaza

M オレンジカウンティ P.121-B1

ツアーに組み込まれるほどの人気がある
高級ブランドを中心に250を超える専門店とレストランが集まる。LAのダウンタウンから車で1時間ほど、オプショナルツアーを利用すると便利だ。ディズニーランド・リゾート周辺からは車で20分ほど、ARTバスも運行している（→P.121）。

カード 店舗による

- 3333 Bristol St., Costa Mesa
- (1-800) 782-8888
- www.southcoastplaza.com
- 月～土10:00～21:00（土～20:00）、日11:00～18:30
- おもな祝日

日本人好みのブランドも揃う

ニューポートビーチ

ショッピングモール
ファッションアイランド
Fashion Island

M オレンジカウンティ P.121-B2

高級感あふれるモール
キーテナントはNeiman Marcus、Bloomingdale'sなどの4つのデパート、さらに約200の専門店と30のレストラン、ひとつのシネマコンプレックスが集まっている。ニューポートビーチに行ったらぜひ寄ってみたいモールだ。

カード 店舗による

- 401 Newport Center Dr., Newport Beach
- (949) 721-2000
- (1-855) 658-8527
- www.shopfashionisland.com
- 月～土10:00～21:00（土～19:00）、日11:00～18:00

開放感あふれるモール

ハンティントンビーチ

高級
ウォーターフロント・ビーチ・リゾート・ア・ヒルトン
The Waterfront Beach Resort, A Hilton

M オレンジカウンティ P.121-A1

ビーチの目の前にある高級リゾート
高級感と南カリフォルニアの開放的な雰囲気を併せもった快適なホテル。すべての客室から太平洋を望むことができ、ホテル内のレストランも充実。ハンティントンビーチの魅力もたっぷりと満喫できる。サーフィンスクールとも提携している。

Wi-Fi $12.95　290室　カード ADJMV

- 21100 Pacific Coast Hwy., Huntington Beach, CA 92648
- (714) 845-8000
- (714) 845-8424
- www3.hilton.com
- SDT $371～528

高級
ハイアット・リージェンシー・ハンティントン・ビーチ・リゾート＆スパ
Hyatt Regency Huntington Beach Resort & Spa

M オレンジカウンティ P.121-A1

ハイアットの高級リゾートホテル
赤いルーフと白壁の特徴的な外観が、PCHでひときわ目を引く存在。ビーチに面しているので眺めも最高だ。4つのレストラン、ショッピングプラザ、スパなどの施設も充実。

Wi-Fi リゾート料金（1泊$33.90）に含まれる
517室　カード ADJMV

- 21500 Pacific Coast Hwy., Huntington Beach, CA 92648
- (714) 698-1234
- (714) 845-4990
- huntingtonbeach.regency.hyatt.com
- SDT $379～834

ニューポートビーチ

B&B
ドリーマンズイン
Doryman's Inn

M オレンジカウンティ P.121-A2

ロマンティックでゴージャスなB&B
ニューポートピアの近くに位置する。室内は、暖炉やアンティーク家具がレイアウトされ、バスタブにいたっては大理石というグレードの高さだ。サンデッキからのビーチの眺めはとても美しい。朝食付き。

Wi-Fi 無料　11室　カード AMV

- 2102 W. Oceanfront, Newport Beach, CA 92663
- (949) 675-7300
- (949) 673-2101
- www.dorymansinn.com
- DT $299～399

125

地球の歩き方PLUS オプショナルツアー

アメリカデスクにて本誌をご提示ください

地球の歩き方読者特典 一部オプショナルツアーが **5%OFF!**

西海岸を120%楽しむさまざまなツアー取り揃えています！　arukikata-plus.jp

Las Vegas　ラスベガス

アンテロープキャニオン、ホースシューベンド、グランドキャニオン日帰りツアー

4月～9月：料金 $420 / 10月～3月：料金 $350
6月～9月：催行日 月、水、木、土曜日のみ／10月以降：催行日 毎日

大人気の観光スポットを一日で巡ります。アンテロープキャニオンはアッパーとローラー両方を観光、更にコロラド川が作り出した絶景・ホースシューベンドも観光します。他には無い絶対的、そして圧倒的なボリュームとなっております。

◎催行日の7日前から100%

（イメージ）

Sedona　セドナ

サンライズハイキング

料金 145USD　催行日：毎日

4大ボルテックス全てを一望できる高台（Doe Mesa）からサンライズをご覧頂きます。あまり知られる事の無かったシークレットポイントで、レッドロックの彼方から昇る朝日をご鑑賞下さい。清々しい空気の中で味わうオーガニックコーヒーは格別です！
［約40分（片道）のハイキング／初級者向け］

◎催行日の前日から起算して3日前から100%

◆ 無料送迎対象のホテルは、アップタウンセドナ、ウエストセドナ地区ホテルとさせていただきます。
◆ 歩きやすい靴と水をご持参の上、ご参加ください。帽子、日焼け止め、サングラスのご持参もお勧めます。
◆ 冬季（12～2月）はハイキングコース凍結の可能性があり、安全のため催行を休止させていただきます。

（イメージ）

San Francisco　サンフランシスコ

サンフランシスコ半日観光［日本語ツアー］

大人料金：75USD、子供料金：60USD　催行日：毎日

サンフランシスコに来たら、まずはコレ！サンフランシスコの人気の観光スポットを効率よく短時間でご案内します。時間は短いけれど主要な観光ポイントである、ツインピークス、ゴールデンゲートブリッジ、フィッシャーマンズワーフ、ゴールデンゲートパークなど、盛り沢山!! 初めてサンフランシスコに訪れる方、時間の限られた旅行者にはおススメのツアーです。

◎催行日の前々日から100%

（イメージ）

Los Angeles　ロサンゼルス

映画ロケ地つきデラックス・ロサンゼルス1日観光ツアー

大人料金：135USD、子供料金：125USD　催行日：毎日

ワーナースタジオ、ディズニースタジオ等スタジオシティエリアの車窓見学と映画ロケ地を中心に回る市内観光のツアーです。ハリウッドサインもご覧いただけます。

◎出発日時の48時間前から100%

（イメージ）

［注釈］※当日の天候や混雑具合により、観光ポイントや行程内容が変更及びキャンセルになることがあります。
※英語ドライバーガイドへのチップは含まれておりません。　※◎印の記載は、ご予約を取消された場合の取消料の規定となります。
※歩きやすい服装、靴でご参加下さい。◆その他、たくさんのツアーをご用意しておりますのでお気軽にお問い合わせ下さい。

日本人スタッフ常駐

ご出発前、日本からのお申込みは
Webからは ▶ **arukikata-plus.jp**
地球の歩き方プラス　検索

携帯からは

人気ツアーは完売になることも！
ご出発前のWEB申込がオススメ！

西海岸現地でのお申込みは
☎ **(1)-213-228-1801**

【営業時間】月～金曜日 09:30～18:00／太平洋時間（土日祝休み）
※申込日翌日のツアーは、前日のお昼12時までにご連絡下さい。
（催行状況を確認いたします。）

旅行企画・実施　アメリカトラベルファクトリー（ATF）
【住所】811 Wilshire Blvd, Suite 1250 Los Angeles CA 90017
観光庁長官登録旅行業第1022号

※掲載料金は2019年7月現在のものです。料金は予告なく変更する場合がございますのでご了承下さい。

Theme Parks in Southern California

南カリフォルニアのテーマパーク

大人も子供も楽しめる
シーワールドのイルカショー

ディズニーランド・リゾート	129
ディズニー・カリフォルニア・アドベンチャー・パーク	130
ダウンタウン・ディズニー	134
ディズニーランド・パーク	135
アナハイムのホテル	142
ユニバーサル・スタジオ・ハリウッド	143
ナッツ・ベリー・ファーム	150
シックスフラッグス・マジック・マウンテン	153
シーワールド・サンディエゴ	156
サンディエゴ動物園・サファリ・パーク	158
レゴランド・カリフォルニア	160

朝から晩までおおはしゃぎ!

南カリフォルニアのテーマパーク

Theme Parks in Southern California

旺盛なエンターテインメント精神と気候が安定しているカリフォルニアだからこそ生まれたテーマパーク。インターステート5号線を中心に、個性あふれるテーマパークがなんと7つも点在している。レンタカーやツアーを利用すれば、組み合わせも自由自在だ。

シックスフラッグス・マジック・マウンテン
Six Flags Magic Mountain (P.153)
🚗 (車US-101→I-5で56km、35マイル/40分)

ユニバーサル・スタジオ・ハリウッド
Universal Studios Hollywood (P.143)

🚗 (車US-101で15km、9.5マイル/15分)
🚃 (メトロレイル・レッド＋徒歩/40分)

🚗 (車I-5で36km、22マイル/30分)
🚃 (メトロバス#460/1時間30分〜1時間45分)

🚗 (車I-5で43km、27マイル/35分)
🚃 (メトロバス#460/1時間30分〜2時間)

ロスアンゼルス

ナッツ・ベリー・ファーム
Knott's Berry Farm (P.150)

アナハイム

🚗 (車I-5→CA-78で140km、85マイル/1時間30分)

ディズニーランド・リゾート
Disneyland Resort (P.129)

🚗 (車I-5→CA-78で182km、113マイル/2時間)

🚗 (車I-5で150km、93マイル/1時間35分)

🚗 (車I-5で190km、118マイル/2時間)

サンディエゴ動物園・サファリ・パーク
San Diego Zoo Safari Park (P.158)

🚗 (車I-5で105km、65マイル/1時間5分)

カールスバッド

エスコンディード

レゴランド・カリフォルニア
Legoland California (P.160)

🚗 (車CA163→I-15→CA-78で55km、34マイル/40分)

🚗 (車I-5で50km、30マイル/35分)

シーワールド・サンディエゴ
SeaWorld San Diego (P.156)

サンディエゴ

🚗 (車I-5で11km、7マイル/15分)
🚃 (サンディエゴトロリー・グリーンライン＋MTSバス #9/40分)

ティファナ

事前購入できるお得なパス

Southern California CityPASS

アメリカの各都市でアトラクションの割引のパスを販売しているCity Pass。各テーマパークでチケットを購入するより割引料金になる。例えばディズニーランド・リゾートの2日券は$5、ユニバーサル・スタジオの1日券は$17安くなる。複数のチケットを購入すれば、その割引金額はかなり大きくなるし、事前にオンラインで購入できるのも便利だ。
🌐 www.citypass.com/southern-california

Go Los Angeles Card

ディズニー以外のLAとサンディエゴのテーマパークを含む35以上のアトラクションに入場可能。3日間有効で$264。5日、7日パスもあり。
🌐 gocity.com/los-angeles/en-us

Go San Diego Card

サンディエゴ動物園やシーワールドなど、サンディエゴ周辺の40以上のアトラクションに入場できる。3日間有効で$239。5日、7日パスもあり。
🌐 gocity.com/san-diego/en-us

\\夢と魔法の世界へ//
ディズニーランド・リゾート
★★★ Disneyland Resort ★★★

ディズニーランド・リゾートとは、ふたつのテーマパーク →P.130 →P.135 とダウンタウン・ディズニー →P.134、3つの直営ホテル →P.142 の総称だ。南カリフォルニアのこの地にディズニーランド・パークが開園して、60年以上の月日が流れたが、いまだに連日多くのディズニーファンを虜にしてやまない。毎年新しい施設やショーが封切りされ、変化し続けている。
地球上でいちばんハッピーな場所は、今日もあなたの訪問を待っている。

テーマパーク / Theme Park / ディズニーランド・リゾート

ミッキーが待っているよ!

データ (2019年8月現在)
- P.128
- 1313 S. Harbor Blvd., Anaheim
- (714)781-4565
- www.disneyland.jp(日本語)
- ディズニー・カリフォルニア・アドベンチャー・パーク:毎日8:00〜22:00
- ディズニーランド・パーク:毎日8:00〜0:00
- ※開園時間は、季節、曜日によって異なるためウェブサイトで確認すること。
- 1日券:パークホッパー・チケット(2パーク有効)大人$199〜、子供(3〜9歳)$191〜。2日券:パークホッパー・チケット(2パーク有効)大人$280〜、子供(3〜9歳)$265〜(チケットの価格は日により異なる)※チケットはEntry Plazaで販売 カード A J M V
- ※オフィシャルサイト(英語のみ)から購入することも可能

行き方

ロスアンゼルス国際空港(LAX)から
アナハイムのディズニーランド・リゾートへの直行バス、ディズニーランド・リゾート・エクスプレスで所要約60分。各ホテルからメインゲートまでは徒歩で(ホテルによってシャトルバスあり)。
料 大人片道$30(往復$48)、子供(3〜11歳)片道$9(往復$14)
dre.coachusa.com

LAダウンタウンから
メトロバスで
LAダウンタウンの7th St. & Flower St.から、ナッツ・ベリー・ファーム経由の#460を利用、ディズニーランド・リゾート前下車。約100〜120分。
料 片道$1.75

車で
I-5を南へ走り、Disneyland Dr.の出口で下りて左折。標識に従って、目的のパークやホテルへ向かう。約40分。駐車場は1日$20。駐車場からメインゲートへはトラムが運行。

As to Disney artwork, logos and properties:©Disney

ファストパスで賢く回る! アトラクションの優先入場システムパスがファストパス。入手は入園券を適用アトラクション(FP が付いたアトラクション)のパス発券機に差し込むだけ。あとは指定の時間に乗り場に行けばスムーズに入場できる。一度発券すると、ほかのアトラクションのパスは指定時間まで発券できない。(※ワールド・オブ・カラーとファンタズミック!は例外。P.131脚注メモ参照)

メモ 日本でチケットが購入できる!『地球の歩き方トラベル』parts.arukikata.com/themeparkでディズニーランド・リゾートのおもなパスを事前に購入できる。2〜3デイパスは開園1時間前入園の特典も付く。

129

カリフォルニアをまるごと体感
ディズニー・カリフォルニア・アドベンチャー・パーク
Disney California Adventure Park

カーズランドは子供たちに大人気
©Disney/Pixar

カリフォルニアの風土と文化を感じられるディズニー・カリフォルニア・アドベンチャー・パーク。さわやかな気候を堪能できる野外アトラクションや、ワインの試飲ができるバーはカリフォルニアならでは。

ジェシーのクリッター・カルーセル
©Disney/Pixar

What's New! ディズニー・カリフォルニア・アドベンチャー・パークの最新情報

2018月6月にオープンした、ピクサー映画の世界観が楽しめる新エリア「ピクサー・ピア」。2019年4月には映画『トイ・ストーリー2』をモチーフにしたメリーゴーラウンド「ジェシーのクリッター・カルーセル」が、夏には映画『インサイド・ヘッド』に登場する思い出ボールに乗って空中散歩できる「インサイド・アウト・エモーショナル・ワールウィンド」が完成するなど、新アトラクションが続々と誕生している。

ディズニー・カリフォルニア・アドベンチャー・パーク/ダウンタウン・ディズニー

ピクサー・ピア Pixer Pier
1 インクレディコースター
2 ジェシーのクリッター・カルーセル
3 インサイド・アウト・エモーショナル・ワールウィンド
4 ゲーム・オブ・ピクサー・ピア
5 ピクサー・パル・ア・ラウンド
6 トイ・ストーリー・マニア！

カーズランド Cars Land
1 メーターのジャンクヤード・ジャンボリー
2 ラジエーター・スプリングス・レーサー
3 ルイジのローリッキン・ロードスター

グリズリー・ピーク Grizzly Peak
1 グリズリー・リバー・ラン
2 レッドウッド・クリーク・チャレンジ・トレイル
3 ソアリン・アラウンド・ザ・ワールド

ハリウッドランド Hollywood Land
1 ミッキーのフィルハー・マジック ハイペリオン・シアター
2 アニメーション・アカデミー アナとエルサのロイヤルウェルカム
3 タートル・トーク・ウィズ・クラッシュ・ソーサラー・ワークショップ
4 ガーディアンズ・オブ・ギャラクシー：ミッション・ブレイクアウト！
5 ディズニー・ジュニア・ダンスパーティー
6 モンスターズ・インク：マイクとサリーのレスキュー
7 ハリウッド・バックロット・ステージ

ダウンタウン・ディズニー（→P.134） Downtown Disney
1 アール・オブ・サンドウィッチ
2 ワールド・オブ・ディズニー
3 ポップアップ・ディズニー！ミッキー・セレブレーション
4 スピリッツビル・キングピン・ステージ
5 ラルフ・ブレナンス・ジャズキッチン
6 ディズニー・ドレスショップ
7 カタール・レストラン
8 ナポリ・リストランテ＆ピッツェリア
9 ラ・ブレア・ベーカリー・カフェ
10 トルティーヤ・ジョーズ

パラダイス・ガーデン・パーク Paradise Garden Park
1 シリー・シンフォニー・スイング
2 ゴールデン・ゼファー
3 ジャンピン・ジェリーフィッシュ
4 グーフィーのスカイ・スクール
5 リトル・マーメイド：アリエルのアンダーシー・アドベンチャー

ディズニー・グランド・カリフォルニアン・ホテル＆スパ Disney's Grand Californian Hotel & spa
1 ナパ・ローズ
2 ストーリーテラー・カフェ

- キャラクター登場スポット
- インフォメーション
- 救護室
- コインロッカー
- トイレ
- ATM
- ベビーカー・レンタル
- 車椅子・レンタル
- ベビーセンター
- パレードルート
- 園内は全面禁煙

130 メモ ワインを楽しめるレストラン、ワイン・カントリー・トラットリア パシフィック・ワーフにあり、常時25種類以上のワインを用意。カリフォルニア産やイタリア産のワインを少量ずつ試飲できる（メニューにはWine Flightと書いてある）。

パレード&ショー
Parrade & Show

映画の世界をもとにした本格的なミュージカルやパーティなど、音楽に合わせて手拍子を打ったり、踊ったり。子供から大人まで夢の世界で幸せな気分に!!

アナと雪の女王:
ライブ・アット・ザ・ハイペリオン
Frozen - Live at the Hyperion

ハイペリオンシアターで行われる大人気映画『アナと雪の女王』のテーマショー。キャストの着ているコスチュームも含め、映画のシーンを忠実に再現。最新の映像技術でよりリアルな世界観を演出している。かわいいオラフも必見だ。

ワールド・オブ・カラー
World of Color **FP**

パラダイス・ピアで行われる光と水の大スペクタクルショー。アニメーションや実写画面、レーザー光線などの特殊効果を使ってウォルト・ディズニーと彼の夢を祝う。

美しく、切なく、ハッピーなショー

ウォルト・ディズニーのイマジネーションを体験できる

そのほかのパレード&ショー
ファイブ&ダイム
Five & Dime

テーマパーク Theme Park ディズニー・カリフォルニア・アドベンチャー・パーク

モンスターズ・インク:
マイクとサリーのレスキュー
Monsters, Inc. Mike & Sulley to the Rescue!

映画『モンスターズ・インク』がモチーフのアトラクション。モンストロポリスで繰り広げられる、波瀾万丈の救出劇だ。マイクとサリーは少女ブーを無事に救出できるのか!?

ハラハラ、ドキドキの連続
©Disney/Pixar

ハリウッドランド
Hollywood Land

映画の都、ハリウッドの世界が広がる。映画やアニメをテーマにしたアトラクションを体験して、映画の世界を満喫しよう。

ガーディアンズ・オブ・ギャラクシー:
ミッション・ブレイクアウト! **FP**
Guardians of the Galaxy - Mission : BREAKOUT!

マーベルコミックと映画『ガーディアンズ・オブ・ギャラクシー』をテーマにしたアトラクションは、アライグマのロケットやコレクターの要塞などファン垂涎のエンターテインメントショー。最新技術を駆使し、本物さながらの世界が広がっている。最後は恐怖のフリーフォール!

園内でもひときわ目立つ建物だ ©2019 MARVEL

そのほかのアトラクション
タートル・トーク・ウィズ・クラッシュ
Turtle Talk with Crush

アニメーション・アカデミー
Animation Academy

ソーサラー・ワークショップ
Sorcerer's Workshop

 ワールド・オブ・カラー 展望エリアに入るにはリトル・マーメイド:アリエルのアンダーシー・アドベンチャー近くで発券しているファストパス(FP)が必要。開園直後から配布。

As to Disney artwork logos and properties:©Disney

ディズニー・カリフォルニア・アドベンチャー・パーク

ピクサー・ピア
Pixar Pier

ウォーターサイドに豪快なアトラクションが並ぶ、ピクサー・ピア。2018年6月にピクサー映画の世界観が楽しめるエリアに生まれ変わり、新アトラクションが次々と登場している。

インクレディコースター
Incredicoaster

映画『Mr.インクレディブル』をテーマにしたジェットコースター。エリアと同時にオープンした目玉アトラクションで、スーパーヒーロー家と一緒に爽快なライドが楽しめる。

特殊効果と新しい音楽にも注目！

ピクサー・パル・ア・ラウンド
Pixar Pal-A-Round

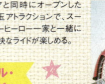

スリルとリラックス、ふたとおりの楽しみ方ができる

46mの高さからパークを見渡せる観覧車。スリルを求めるならゴンドラが揺れる「Swinging」に、ゆっくり景色を楽しむなら揺れない「non-Swinging」に乗ろう。

トイ・ストーリー・マニア！
Toy Story Midway Mania! FP

『トイ・ストーリー』の世界観をモチーフにしたシューティングゲームが楽しめるアトラクション。3Dめがねを装着してライドに乗り込み、次々と現れる的を狙ってシュート！

ダーツを投げたり、ボールを投げたり

そのほかのアトラクション
ジェシーのクリッター・カルーセル
Jessie's Critter Carousel

インサイド・アウト・エモーショナル・ワールウィンド
Inside Out Emotional Whirlwind

ゲーム・オブ・ピクサー・ピア
Games of Pixar Pier

リトル・マーメイド：アリエルのアンダーシー・アドベンチャー
The Little Mermaid ~ Ariel's Undersea Adventure

貝殻の形をしたライドに乗って、映画『リトル・マーメイド』の海の冒険へ出発！ 映画で使用された数々の名曲とともに映画の世界に入り込める。

映画に登場したキャラクターが次々に現れる

パラダイス・ガーデン・パーク
Paradise Gardens Park

子供も楽しめるアトラクションが多く、ファミリーで楽しめるエリア。ピクサー・ピアの北側が、リニューアルされ新エリアに生まれ変わった。

グーフィーのスカイ・スクール
Goofy's Sky School FP

1940〜50年代に発表された短編アニメ「グーフィーの教室シリーズ」を題材にしたミニコースター。グーフィーが教えてくれる飛行訓練、どんな飛び方をするかは乗ってからのお楽しみ！

意外に高い所を走り抜け、けっこうスリルもある

そのほかのアトラクション
ゴールデン・ゼファー
Golden Zephyr

シリー・シンフォニー・スイング
Silly Symphony Swings

132

カーズランド
Cars Land

映画『カーズ』をテーマにしたエリア。東京ドーム1個分以上（約4万8500㎡）という広大な敷地に、ラジエーター・スプリングスの町やオーナメント・バレーの赤い岩山を再現。カーレースを体験できるなど、まるで映画の世界にいるような気分にさせてくれる。

ルイジのローリッキン・ロードスター
Luigi's Rollickin' Roadsters

ライドタイプのアトラクション。音楽に合わせて乗っている車体が前後左右にダンスを続ける。
ルイジらしい陽気なアトラクションは子供たちに人気だ
©Disney/Pixar

テーマパーク Theme Park　ディズニー・カリフォルニア・アドベンチャー・パーク

メーターの　ジャンクヤード・ジャンボリー
Mater's Junkyard Jamboree

赤ちゃんトラクターのメーターが牽引する荷台に乗って8の字のコースをぐるぐる回る。子供向けかと思いきや、左右に振られる動きは意外に激しい。よく見るとメーターの表情もさまざま。お気に入りのメーターに乗り込もう。
かわいいメーターを見にいこう　©Disney/Pixar

ラジエーター・スプリングス・レーサー
Radiator Springs Racers **FP**

カーズランドの敷地の半分を占める大規模アトラクション。初めにラジエーター・スプリングスの町を訪ね、最後は時速65kmで走るレースは、まさに映画のシーンのよう！

トップスピードでコースを駆け抜けろ！　©Disney/Pixar

グリズリー・リバー・ラン
Grizzly River Run **FP**

グリズリー・ピーク山頂からの激流を下るウォーターライドはずぶぬれ必至！ぬれた服は、カラッとしたカリフォルニアの気候が乾かしてくれる。

ずぶぬれになって盛り上がろう

グリズリー・ピーク
Grizzly Peak

豊かな自然を川から、空から、森からと、さまざまな形で体験できるエリア。ライドに乗ったあとは、アスレチックコーナーでカリフォルニアの自然を感じてみてはいかが？

ソアリン・アラウンド・ザ・ワールド
Soarin' Around the World **FP**

五感を使って楽しめるライド、ソアリンがパワーアップしてリニューアルオープン。北極やオーストラリア、ドイツの城など、世界中を自由に飛び回ろう！

とても夢のあるアトラクション

そのほかのアトラクション
レッドウッド・クリーク・チャレンジ・トレイル
Redwood Creek Challenge Trail

As to Disney artwork logos and properties:©Disney

＼豊富なディズニーグッズが揃う／
ダウンタウン・ディズニー
Downtown Disney

ダウンタウン・ディズニーは、買い物や食事などが楽しめる入場券不要のエリア。カリフォルニア最大のディズニーグッズを扱うお店をはじめ、個性的な専門店が揃っている。特筆すべきはナイトエンターテインメント施設の充実ぶり。近隣から食事やショッピング、エンタメを楽しみにやってくるローカルにも人気。店舗により異なるが、8:00から深夜まで営業、1日中楽しめるスポットだ！

夜はロマンティックなムードに包まれる

ワールド・オブ・ディズニー
World of Disney

おみやげを買うならここ！

ディズニーグッズが満載のショップ。おもちゃやTシャツ、ぬいぐるみはもちろん、ありとあらゆるものが揃っている。最後の最後、おみやげ探しはここで！

ザ・ボイド：ステップ・ビヨンド・リアリティ
The VOID : Step Beyond Reality

最先端のVRを体感

最新のバーチャルリアリティを駆使した未体験のアトラクション。『スター・ウォーズ』や『シュガー・ラッシュ：オンライン』の世界を体感できる。

ディズニーランド・リゾート 直営ホテルの特典

ディズニーランド・リゾート内には、ホテルが3つ→P.142 ある。直営ホテルだけあって、ディズニーランド・パークとディズニー・カリフォルニア・アドベンチャー・パークの入園者にはとてもビッグな特典が付いてくる。

特典1 テーマパーク内では現金不要！
宿泊者は、園内各所で会計が必要なとき、ホテルのカードキーを提示するだけOK。チェックアウトの際に精算することができる。※クレジットカードの登録が必要。カード A M V

特典2 おみやげを配達してくれる
テーマパーク内で買ったおみやげと商品は、翌日ホテルのベルサービスまで届けてもらえる。チェックアウト当日、前日の利用は不可。

特典3 ディズニーキャラクターからモーニングコール
なんと、ディズニーキャラクターがモーニングコールをかけてくれる！（録音サービス、自分で設定する必要あり）

特典4 ホテルでもキャラクターたちに会える
キャラクターたちに会うことができるのも魅力のひとつ。ホテルのキャラクター・ダイニングでも会うことができる。

特典5 1時間早く入場できる
宿泊者は指定された曜日に、通常より1時間早く入場できるエキストラ・マジックアワーというサービスがある。

ディズニーランド・ホテル
「グーフィーズ・キッチン」
ビュフェスタイル。シェフ姿のプルートなど、キャラクターたちが各テーブルに回ってきてくれる。

ディズニー・パラダイス・ピア・ホテル
「ディズニーPCHグリル」
こちらはドナルドが登場。ビュフェスタイルで朝食のみの開催。

ディズニー・グランド・カリフォルニアン・ホテル＆スパ
「ストーリーテラー・カフェ」
ミッキーが登場するキャラクター・ブレックファストが楽しめる。

\ 夢と魔法の王国へ /

ディズニーランド・パーク
Disneyland Park

大迫力のショー、ファンタズミック！

ここにしかないオリジナルのアトラクションの数々や、パークの創設者ウォルト・ディズニーゆかりのスポット、子供心を呼び覚ます魅惑のエンターテインメントショー、思わず息をのむディズニー・ミュージックとパレードなど、日本とはまったく違う、びっくりするような体験と笑顔が待っている。本家本元のディズニーランドで味わう楽しさは格別だ。

テーマパーク Theme Park
ダウンタウン・ディズニー／ディズニーランド・パーク

What's New!
ディズニーランド・パークの最新情報

2019年5月、映画『スター・ウォーズ』をテーマにした大型エリア「**スター・ウォーズ：ギャラクシーズ・エッジ**」が誕生。映画には登場しない銀河系辺境の惑星「バトゥー」の貿易港「ブラック・スパイア・アウトポスト」が舞台だ。14エーカーの広大な敷地内に、目玉となる2大アトラクションや、銀河のフードやドリンクが楽しめる飲食店、活気あるマーケットなどが並ぶ。

実物大のミレニアムファルコン号が目の前に！
©&™ Lucasfilm Ltd.

■ **クリッターカントリー** Critter Country
① スプラッシュ・マウンテン
② プーさんの冒険
③ デイビー・クロケットのカヌー探検

■ **フロンティアランド** Frotierland
① 蒸気船マークトウェイン号
② 帆船コロンビア号
③ フロンティアランド・シューティン・エクスポジション
④ ビッグサンダー・マウンテン
⑤ トムソーヤ島のパイレーツの隠れ家

■ **スター・ウォーズ：ギャラクシーズ・エッジ** Star Wars: Galaxy's Edge
① ミレニアム・ファルコン：スマグラーズ・ラン

■ **ミッキーのトゥーンタウン** Mickey's Toontown
① チップとデールのツリーハウス
② ミッキーの家とミート・ミッキー
③ ミニーの家
④ ロジャーラビットのカートゥーンスピン
⑤ グーフィーのプレイハウス
⑥ ドナルドのボート
⑦ ガジェットのゴーコースター

■ **ファンタジーランド** Fantasyland
① おとぎの国のカナルボート
② イッツ・ア・スモールワールド
③ マッターホーン・ボブスレー
④ トード氏のワイルドライド
⑤ 不思議の国のアリス
⑥ ピーターパン空の旅
⑦ 白雪姫の恐ろしい冒険
⑧ ピノキオの冒険旅行
⑨ キングアーサー・カルーセル
⑩ 空飛ぶダンボ
⑪ マッド・ティーパーティ
⑫ ケイシージュニア・サーカストレイン
⑬ 眠れる森の美女の城ウォークスルー

■ **トゥモローランド** Tomorrowland
① スペース・マウンテン
② トゥモローランド・シアター
③ アストロ・オービター
④ スター・ツアーズ：アドベンチャー・コンティニュー
⑤ オートピア
⑥ バズ・ライトイヤー・アストロブラスター
⑦ ファインディング・ニモ・サブマリン・ヴォヤッジ
⑧ スター・ウォーズ・ローンチ・ベイ

■ **ニューオーリンズ・スクエア** New Orleans Square
① カリブの海賊
② ホーンテッド・マンション

■ **メインストリートUSA** Main Street, U.S.A.
① メインストリート・シネマ
② メインストリート・ビークル
③ ディズニーランド・ストーリー「リンカーン大統領の感動の演説」

■ **アドベンチャーランド** Adventureland
① ジャングルクルーズ
② インディ・ジョーンズ・アドベンチャー
③ 魅惑のチキルーム
④ ターザン・ツリーハウス

ディズニーランド・パーク

・・・・ パレードルート
★ キャラクター登場スポット
ⓘ インフォメーション
＋ 救護室
▭ コインロッカー
🚻 トイレ
Ⓢ ATM
👶 ベビーカー・レンタル
♿ 車椅子・レンタル
🍼 ベビーセンター

135

As to Disney artwork logos and properties: ©Disney

ディズニーランド・パーク

パレード&ショー
Parrade & Show

華やかさがちりばめられたエンターテインメントの数々は、忘れずに観ておきたい。ショーやパレードのスケジュールは日によって変動するため、入園時にもらうタイムガイドで確認しよう。

ファンタズミック！
Fantasmic!

アメリカ河で行われる、光と水が織りなす華麗でダイナミックなショー。ウオータースクリーンに映し出される、レーザーや特殊効果を駆使した映像はスケールも大きく、美しさも格別だ。

人気のショーなので早めに場所取りをしたい

ミッキー・アンド・ザ・マジカル・マップ
Mickey and the Magical Map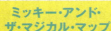

『魔法の地図』をテーマに、巨大なLEDスクリーンとステージ上のパフォーマーが一体化して見せる迫力のライブショー。ディズニーの名作映画のシーンとキャラクターにも出会える。

見習い魔法使いミッキーと冒険に出かけよう

そのほかのパレード&ショー
- ファンタジーフェア / Fantasy Faire
- ディズニーランド・バンド / Disneyland Band
- ダッパー・ダン / The Dapper Dans

※シーズンにより内容が変わる

そのほかのアトラクション
- ディズニーギャラリー / The Disney Gallery
- ディズニーランド・ストーリー「リンカーン大統領の感動の演説」/ The Disneyland Story presenting Great Moments with Mr. Lincoln
- メインストリート・ビークル / Main Street Vehicle

メインストリートUSA
Main Street, U.S.A.

正面ゲートをくぐると最初にゲストを迎えてくれるのがここ。古きよきアメリカの町並みを再現したにぎやかなストリートは何ともかわいらしい。30軒近いショップとレストランが並んでいる。広場のあたりはキャラクターがしばしば出没する。ぜひサインをもらっておこう。

メインストリート・シネマ
Main Street Cinema

6つのスクリーンでミッキーマウスの古典的名作『蒸気船ウィリーSteamboat Willie』などを常時上映している。ミッキーマウスは、時代によって少しずつ顔が変化していることもわかる。館内には隠れミッキーもいるらしい!?

メインストリートUSAでは、最先端の技術を用いて再現されたリンカーン大統領の演説を観ることができる

ジャングルクルーズ
Jungle Cruise

熱帯植物の生い茂るジャングルの奥地へと冒険の船旅に出る。途中カバや水浴びするゾウに出会ったり、首狩り族の襲撃をかわしたりしつつ探検をする。緑の茂るクルーズは、暑い夏に、ほんのひとときの清涼感を与えてくれる。ガイドの説明もリアリティがあって楽しい。

ガイドも魅力のアトラクション

そのほかのアトラクション
魅惑のチキルーム
Enchanted Tiki Room
ターザン・ツリーハウス
Tarzan's Treehouse™

アドベンチャーランド
Adventureland

ジャングル気分の熱帯の楽園をイメージしたエリア。人気アトラクション「インディ・ジョーンズ・アドベンチャー」をはじめ、ドキドキのアドベンチャーを楽しもう。

インディ・ジョーンズ・アドベンチャー
Indiana Jones™ Adventure **FP**

考古学者インディ・ジョーンズ博士が発掘したインドの古代遺跡を、ジープ型の乗り物で冒険するという人気アトラクション。大ヒット映画のなかで繰り広げられた冒険を、主人公になった気分で体験できるライドだ。3コースあり、これだけは必ず乗っておきたい。ライドまでの古代遺跡の探索もとても凝っている。

大冒険に出発だ
©Disney / Lucasfilm, Ltd.

Theme Park テーマパーク ディズニーランド・パーク

ニューオーリンズ・スクエア
New Orleans Square

ディキシーランドジャズが聴こえてくれば、そこは19世紀のニューオーリンズ。ヨーロッパの雰囲気たっぷりのスクエアには個性的なショップも揃っている。

ホーンテッドマンション
Haunted Mansion **FP**

ハイテクなお化け(？)たちが、あの手この手で現れる。れんが造りの不気味な館では、999人の愉快なお化けがパーティの真っ最中！きっと人懐っこい幽霊がカートの自分の隣に乗り込んでくるゾ！ハロウィンから年末年始にかけてスペシャルバージョンに。

愉快なお化けに会いにいこう

ジャック・スパロウをお見逃しなく

カリブの海賊
Pirates of the Caribbean

20人乗りのボートに乗って海賊たちが待ち受けるカリブの海へ航海に出る。真っ暗な水路に目が慣れる頃、周りにはカリブの海賊たちが姿を現す。映画『パイレーツ・オブ・カリビアン』でおなじみのジャック・スパロウとバルボッサ船長が現れるというウワサが……。よく目を凝らして探してみよう。オーディオ・アニマトロニクスを駆使したディズニーアトラクションの傑作だ。

ディズニーランド・パーク

蒸気船マークトウェイン号
Mark Twain Riverboat

アメリカ南部らしい趣のある蒸気船

フロンティアランド
Frontierland

荒々しいアメリカの西部開拓時代。それでも活気にあふれていた時代を再現した町並みが広がっている。スリリングなジェットコースター、ビッグサンダー・マウンテンで大声を上げ、いかだに乗ってトム・ソーヤ気分を堪能しよう。

バンドの演奏を楽しみつつ、ゆったりと川辺の景色を眺めたい人は蒸気船がおすすめ。アッパーデッキのいちばん前は1隻見送ってでも陣取ろうとする人がいるほど人気がある。古き南部の香りを味わおう。スリルあるアトラクションもいいが、ときにはのんびり大河をゆくのも心地いい。

ビッグサンダー・マウンテン
Big Thunder Mountain Railroad **FP**

ゴールドラッシュの頃の廃坑を舞台にした、地震あり落石ありのハプニングが愉快なジェットコースター。右へ左へ、上へ下へと激しい走りで山中を駆け抜ける。

そのほかのアトラクション
帆船コロンビア号
Sailing Ship Columbia
トムソーヤ島のパイレーツの隠れ家
Pirate's Lair on Tom Sawyer Island
フロンティアランド・シューティン・エクスポジション
Frontierland Shootin' Exposition

急カーブが左右に続く

クリッターカントリー
Critter Country

緑の森に囲まれた静かな村をイメージしたクリッターカントリー。本物の木々が豊富なこのエリアには野鳥が集まってくる。カントリー・ベアの裏では、くまのプーさんのかわいらしさ全開のライドもある。

そのほかのアトラクション
デイビー・クロケットのカヌー探検
Davy Crockett's Explorer Canoes
プーさんの冒険
The Many Adventures of Winnie the Pooh

先頭はさらにスリル満点！

スプラッシュ・マウンテン
Splash Mountain **FP**

1946年上映のディズニーの名作『南部の唄』をモチーフに造られたアトラクション。丸太造りの船に揺られて、動物たちが待つ森の中の冒険へと繰り出す。全長800mの森のフィナーレは傾斜47度のウオーターシュート。みんなの絶叫が響くや否や、高くきらめく水しぶき！　ずぶぬれの覚悟で乗ってほしい。降下直後にはピカッとフラッシュが。出口では自分の絶叫写真が売られている。笑顔で写りたい人は、落下直前から「1、2、3」で顔を上げて笑顔を作ろう。

138

ファンタジーランド
Fantasyland

ディズニーランドの神髄がここにある。おとぎの国を体験できるテーマランド。白雪姫、ピノキオ、ピーターパンたちに会えるハッピーワールド！

ピノキオの冒険旅行
Pinocchio's Daring Journey

ピノキオと一緒に冒険の旅に出かけよう。うまく家に帰れたら大成功。ピノキオが夢をかなえるまでをファンタジーたっぷりに描く。物語シリーズのアトラクションのなかでは比較的すいていて狙い目だ。

眠れる森の美女の城ウォークスルーはストーリーを追うスタイル

眠れる森の美女の城ウォークスルー
Sleeping Beauty Castle Walkthrough

ディズニーランド・パークの象徴が眠れる森の美女のお城。そのお城では特殊効果を使った演出で、ストーリーをたどることができる。必ず1階に立ち寄って、お城の"魔法"を体験しよう。最後はハッピーな気分になる。

イッツ・ア・スモールワールド
it's a small world

ボートにゆったり揺られて世界一周の旅。ディズニーがディズニーであるゆえんを、このアトラクションに見ることができるだろう。各国の民族衣装をまとった人形たちが、かわいい歌声で"it's a small world"を歌い踊る。

子供たちに人気のアトラクション

見るたびに感動を与えてくれる

マッターホーン・ボブスレー
Matterhorn Bobsleds FP

イエティ(雪男)が待ち受ける洞窟を超スピードで駆け抜ける、スピードを実感できるジェットコースター。夜になるとスリル倍増！

そのほかのアトラクション
- ピーターパン空の旅 / Peter Pan's Flight
- 白雪姫の恐ろしい冒険 / Snow White's Scary Adventures
- トード氏のワイルドライド / Mr. Toad's Wild Ride
- 不思議の国のアリス / Alice in Wonderland
- キングアーサー・カルーセル / King Arthur Carrousel
- マッド・ティーパーティ / Mad Tea Party
- おとぎの国のカナルボート / Storybook Land Canal Boats
- ケイシージュニア・サーカストレイン / Casey Jr. Circus Train
- 空飛ぶダンボ / Dumbo the Flying Elephant

鮮明なイエティの登場シーン

テーマパーク Theme Park　ディズニーランド・パーク

As to Disney artwork logos and properties:©Disney

ディズニーランド・パーク

ミッキーのトゥーンタウン
Mickey's Toontown

このエリアに1歩入ると、ミッキーやミニーが住む愛らしい町が広がっている。お気に入りのキャラクターに出会える可能性が極めて高い。シティホールの時計が時報を鳴らすと、キャラクターが登場する。

ロジャーラビットのカートゥーンスピン
Roger Rabbit's Car Toon Spin 〔FP〕

トゥーンタウンのタクシーに乗って悪いイタチから逃げ回る。映画『ロジャー・ラビット』の世界を冒険だ！ 最後には……、それは乗ってからのお楽しみ。トゥーンタウンのなかでも大人気のアトラクション！

ミッキーの家とミート・ミッキー
Mickey's House and Meet Mickey

ミッキーの家を訪れ、キッチンや寝室を見て回る。ミッキーの有名なカートゥーン（漫画）もある。ここはミッキーとのツーショットが確実なポイント！ ミッキーのサインも忘れずにもらおう。

ミッキーに会うならここ

タクシーの形をしたかわいい車で冒険旅行に出発

そのほかのアトラクション
グーフィーのプレイハウス
Goofy's Playhouse
ミニーの家
Minnie's House
チップとデールのツリーハウス
Chip'n Dale Treehouse
ガジェットのゴーコースター
Gadget's Go Coaster
ドナルドのボート
Donald's Boat

【New】ミレニアム・ファルコン：スマグラーズ・ラン
Millennium Falcon : Smugglers Run

『スター・ウォーズ』に登場する宇宙船「ミレニアム・ファルコン」のコックピットに乗り込み、スリリングな極秘ミッションに出発！ 船員それぞれに、パイロット、エンジニア、射撃手の役割が割り当てられる。ミッションの成功はあなたしだい！

ハン・ソロ船長になりきって操縦！ ©&™Lucasfilm Ltd.

スター・ウォーズ：ギャラクシーズ・エッジ
Star Wars : Galaxy's Edge

2019年5月に誕生した新エリア。各々のスター・ウォーズの冒険を楽しめる。ここは銀河系の辺境にある惑星「バトゥー」の貿易港。密輸業者、闇商人、冒険家などが集まるミステリアスな町へ繰り出そう。

そのほかのアトラクション
スター・ウォーズ：ライズ・オブ・ザ・レジスタンス
Star Wars : Rise of the Resistance
（2020年1月17日オープン予定）

トゥモローランド
Tomorrowland

宇宙や未来都市をイメージしたトゥモローランドには、テクノロジーとイマジネーションあふれるアトラクションがある。未来の世界をひと足先に体験しよう。

バズ・ライトイヤー・アストロブラスター
Buzz Lightyear Astro Blasters **FP**

シューティングポイントでスペースレンジャーのランクが決定する。バズと一緒にスペースレンジャーとなって悪の手から宇宙を守るミッションに出動だ！

Buzz Lightyear Astro Blasters is inspired by Disney/Pixar's "Toy Story2" ©Disney/Pixar

スペース・マウンテン
Space Mountain **FP**

未来の宇宙旅行が体験できるディズニーランドを代表するアトラクション。降りかかる流星群をぬうように、高速ロケットで宇宙空間を走り抜けていく。星がまたたく空間は、コースが見えにくくてスリルも倍増。臨場感あふれる、ディズニー版宇宙旅行を楽しもう。

暗い宇宙空間を猛スピードで進んでいく！

スター・ツアーズ：アドベンチャー・コンティニュー
Star Tours - The Adventures Continue **FP**

人気のライド型アトラクション、スター・ツアーズが3Dになって帰ってきた。映画『スター・ウォーズ』でおなじみのキャラクターC-3POに案内されて、宇宙船スタースピーダー1000に乗り込んだら、手に汗握る宇宙空間の旅の始まり！

3Dの宇宙旅行に出発
©Disney/Lucasfilm Ltd. ©&™Lucasfilm Ltd.

ファインディング・ニモ・サブマリン・ヴォヤッジ
Finding Nemo, Submarine Voyage

映画『ファインディング・ニモ』の世界が海の中に広がる！　水中ではニモや仲間たちの愉快な生活を見ることができる。黄色い潜水艦に乗って、ニモを探す海底探検の旅へ出かけよう。

『ファインディング・ニモ』の世界が潜水艦に乗って楽しめる
Finding Nemo Submarine Voyage is inspired by Disney/Pixar's "Finding Nemo." ©Disney/Pixar

オートピア
Autopia

ゴーカートで変化に富んだコースを走るので、大人も子供も楽しむことができる。最新の技術で、瞬間的にジェットコースター並みのスピードを出してトゥモローランドを駆け巡る。

トゥモローランドを車で駆けよう

そのほかのアトラクション
アストロ・オービター
Astro Orbiter
スター・ウォーズ・ローンチ・ベイ
Star Wars Launch Bay
トゥモローランド・シアター
Tomorrowland Theater

テーマパーク　Theme Park　ディズニーランド・パーク

141

As to Disney artwork logos and properties：©Disney

アナハイムのホテル
Anaheim

アナハイムといえばディズニーランド・リゾート。実際、ホテル街は、ディズニーランド・リゾートを取り囲むようにできている。なお、リゾート周辺はアナハイム・リゾート・トランジット（ART）のバスが深夜まで運行しているので、テーマパークとホテル街とのアクセスにも不便はない。
※ディズニーのオフィシャルホテル3軒の宿泊料金は目安として参考にしてください。

高級 ディズニー・グランド・カリフォルニアン・ホテル＆スパ
Disney's Grand Californian Hotel & Spa

おすすめディズニーリゾート・ホテル

ディズニー・カリフォルニア・アドベンチャー・パークのオープンにともなって完成した豪華ホテル。メインエントランスやダウンタウン・ディズニーに隣接し、ディズニー・カリフォルニア・アドベンチャー・パークには、ホテルから直接アクセス可。

WiFi 無料　948室　カード ADMV

ディズニーランド・リゾート P.129
1600 S. Disneyland Dr., Anaheim, CA 92802
(714) 635-2300
(714) 300-7300
disneyparks.disney.go.com/jp/disneyland/hotels
SDT $586〜895

高級 ディズニーランド・ホテル
Disneyland Hotel

歴史あるディズニー直営ホテル

いわずと知れたディズニーリゾート・ホテルの元祖。ディズニーランド・パークとはモノレイルで直結。3つのプールに加えてビーチやマリーナまであるリゾートホテルだ。レストランも充実しているし、キャラクターダイニングで人気のグーフィーズ・キッチンもここ。

WiFi 無料　973室　カード AMV

ディズニーランド・リゾート P.129
1150 W. Magic Way, Anaheim, CA 92802
(714) 778-6600
(714) 956-6597
disneyparks.disney.go.com/jp/disneyland/hotels
SDT $445〜689

高級 ディズニー・パラダイス・ピア・ホテル
Disney's Paradise Pier Hotel

ディズニー・カリフォルニア・アドベンチャー・パークに隣接

上記ふたつのディズニーリゾート・ホテルと比べると、多少規模は小さいが、そのぶんアットホームなサービスが受けられる。アメニティグッズがミッキーのものでいっぱいなのもうれしい。ファミリーに人気が高い。

WiFi 無料　489室　カード AMV

ディズニーランド・リゾート P.129
1717 S. Disneyland Dr., Anaheim, CA 92802
(714) 999-0990
disneyparks.disney.go.com/jp/disneyland/hotels
SDT $412〜454

高級 シェラトン・パーク・ホテル・アット・ジ・アナハイム・リゾート
Sheraton Park Hotel at the Anaheim Resort

ディズニーランドに近い

ディズニーランドまで歩いて約15分。コンベンションセンターにもほど近い。多くのショップやレストランが入ったアナハイム・ガーデン・ウオークも徒歩圏内。ディズニーランドが見える客室もある。

WiFi $9.95　490室　カード ADJMV

ディズニーランド・リゾート P.129
1855 S. Harbor Blvd., Anaheim, CA 92802
(714) 750-1811
(714) 971-3626
sheraton.marriott.com
SDT $144〜210

中級 アナハイム・ホテル
The Anaheim Hotel

大きなプールが家族連れに評判

ディズニーランドまで歩いて10分という好立地。2017年から客室やロビーを徐々にリニューアルし、きれいに生まれ変わった。オリンピックサイズのプールや、ピザが評判のレストランを併設するなど充実した設備も魅力。

WiFi 無料　306室　カード AMV

ディズニーランド・リゾート P.129
1700 S. Harbor Blvd. Anaheim, CA 92802
(714) 772-5900
(714) 772-8386
www.theanaheimhotel.com
SDT $119〜259

ユニバーサル・スタジオ・ハリウッド
Universal Studios Hollywood

ハリウッド映画の魅力が凝縮されたパーク

映画の都ハリウッドにあるテーマパーク。実際に撮影が行われているスタジオやロケ現場を巡ったり、大迫力の映画の仕掛けや演出をアトラクションとして楽しむことができる。本場のユニバーサル・スタジオは、ひと味もふた味も違う。こここそまさに"究極"のテーマパークだ。

What's New! ユニバーサル・スタジオ・ハリウッドの最新情報

2018年6月に、映画『カンフー・パンダ』の新アトラクションが登場。360度サラウンド音響設備など最先端の技術を駆使したシアター型アトラクションだ。さらに2019年夏には、映画『ジュラシック・パーク』を舞台にした新アトラクション『ジュラシック・ワールド・ザ・ライド』が完成。2018年9月にクローズした人気のアトラクション「ジュラシック・パーク・ザ・ライド」がパワーアップして帰ってきた。ライドアトラクションの楽しみに3D、4Dの最新技術が加わり、以前と比べて数段パワーアップした。次々と襲いかかってくる恐竜たちはよりリアルになり、3D映画の世界を体感できる迫力満点のアトラクションになっている。

シンプソンズ一家も待っている！

映画の世界が忠実に再現され、ホグワーツ城も大迫力！

データ
- P.62-A1
- 100 Universal City Plaza, Universal City
- Free (1-800)864-8377
- www.universalstudioshollywood.com（日本語あり）
- 毎日10:00～18:00（開園時間は季節、曜日によって異なるため電話またはウェブサイトで確認すること）
- 1日券：大人$139、子供（3～9歳）$133。3歳未満無料（ウェブサイトで事前に購入する場合、割引あり。価格は変動するため、事前にウェブサイトで確認すること）

VIPエクスペリエンス
専属ガイドがバックロットへ案内してくれるほか、全アトラクションへの優先入場（無制限）、そのほか多数の特典付きチケット。$339～409。詳細は→P.148。

カード ADJMV

行き方

LAダウンタウン&ハリウッドから

メトロレイル・レッドラインで
Universal City駅下車。LAダウンタウンから約30分、ハリウッドから約6分。$1.75。
地上を出た通りの向かいから無料シャトルバスが運行（毎日7:00～閉園2時間後まで。10～15分ごとの運行）、徒歩の場合は約10分。

アナハイムエリアから

ツアーで
アナハイム（主要ホテル数ヵ所）とユニバーサル・スタジオ・ハリウッドとを結ぶツアーをStarline Tours社が催行。バスは9:00にアナハイムを出発する。所要約11時間、大人$167、子供$149。
- Free (1-800)959-3131
- www.starlinetours.com

車で
I-5からUS-101へ入り北上、サインに従う。アナハイムから約45分。ハリウッドから約10分。LAダウンタウンから約20分。駐車場の料金は、時間帯と場所により$10～50。

優先パス、ユニバーサル・エクスプレス
全アトラクションと座席のあるショーに各1回ずつ優先入場できるチケット。季節により$189～289（いずれも1日券の料金を含む）。

メモ：日本でチケットを購入できる 「地球の歩き方トラベル」ではユニバーサル・スタジオ・ハリウッドの各種チケットを販売中。チケットをあらかじめ持っていれば、当日は入場がスムーズ。parts.arukikata.com/themepark

ユニバーサル・スタジオ・ハリウッド

スタジオ・ツアー
Studio Tour

ユニバーサル・スタジオ・ハリウッドのマストがスタジオ・ツアー。トラムでGO！

ハリウッドだけでしか体験できないアトラクションがコレ。撮影セット、スタジオ、映画で使われる特殊効果の秘密を、ビデオモニター付きのトラムカーに乗車したまま体験し、知ることができるのだ。実際のスタジオの4エーカー（約1.6ヘクタール）を建て直し、アトラクション（スタジオ・ツアー）として一般に公開している。

4大アトラクションの「キングコング360 3-D」「ジョーズ」「大地震：ビッグワン」「ファスト＆フュリアス・スーパーチャージ」は、あまりの迫力に思わず声を上げてしまうはず。ルートは日によって変わるが、この4大アトラクションはほぼ組み込まれている。迫力の1時間だ。大人気のアトラクションなので、開園直後かなるべく早い時間がおすすめ。

乗り場

メインゲートからアッパー・ロットを右手に向かうと"Studio Tour"と記されたゲートがある。そこからエスカレーターで下りて乗り場へ進むと、4両編成のトラムカーが待機している。ツアー最終出発は閉園1時間〜2時間前なので注意を。

トラム進行方向の右側に座ると「大地震」の洪水や「ジョーズ」に有利。左側は「大地震」の地下鉄で車両が突っ込んでくるときと、「大洪水」、「ファスト&フュリアス」の爆発に有利だ。映画に出てくるカーコレクションは左側のほうが見やすい。所要約1時間。

スタジオ・ツアーはここに乗ろう！

トラム | ①号車 | ②号車 | ③号車 | ④号車

○ジョーズ登場!!　大地震（洪水）　大地震（地下鉄）、大洪水、ファスト＆フュリアス（爆発）

ユニバーサル・スタジオ・ハリウッド

■ ロワー・ロット
Lower Lot (スタジオ・センター Studio Center)
① ジュラシック・ワールド・ザ・ライド　Jurassic World—The Ride
② リベンジ・オブ・ザ・マミー・ザ・ライド　Revenge of the Mummy-The Ride
③ トランスフォーマー：ザ・ライド-3D　Transformers:The Ride-3D

F カウンターフード
R レストラン
S ショップ
映 映画館
E エンターテインメント
i インフォメーション
＋ 救護室
○ コインロッカー
○ 公衆電話
○ トイレ
ATM
○ ベビーカーレンタル
○ 車椅子レンタル
○ 喫煙所

■ ユニバーサル・シティウォーク
Universal Citywalk
①ユニバーサルシネマ　Universal Cinema
②アイフライ・ハリウッド　iFLY Hollywood
S② ユニバーサル・スタジオ・ストア　Universal Studios Store
S③ アバクロンビー＆フィッチ　Abercrombie & Fitch
S④ ドジャース・クラブハウス　Dodgers Clubhouse
R④ ジョニー・ロケッツ　Johny Rockets
R⑤ サンバ・ブラジリアン・ステーキハウス　Samba Brazilian Steakhouse
R⑥ ハードロック・カフェ・ハリウッド　Hard Rock Café Hollywood
R⑦ ババガンプ・シュリンプ・コ　Bubba Gump Shrimp Co.
F③ シティフード（フードコート）　CITY FOOD
F④ ベン＆ジェリーズ　Ben & Jerry's
F⑤ ブードゥー・ドーナッツ　Voodoo Doughnut

■ アッパー・ロット
Upper Lot
① ユニバーサルズ・アニマル・アクターズ　Universal's Animal Actors
② ザ・シンプソンズ・ライド　The Simpsons Ride
③ スタジオ・ツアー　Studio Tour
④ ディスピカブル・ミー ミニオン・メイヘム　Dispicable Me Minion Mayhem
⑤ スーパーシリー・ファンランド　Super Silly Fun Land
⑥ ドリームワークス・シアター・フィーチャリング・カンフーパンダ　DreamWorks Theatre Featuring Kung Fu Panda
⑦ ウォーターワールド　WaterWorld
⑧ スペシャル・エフェクト・ショー　Special Effect Show
⑨ スプリングフィールド　Springfield
⑩ ウォーキング・デッド・アトラクション　The Walking Dead Attraction
⑪ ウィザーディング・ワールド・オブ・ハリーポッター　The Wizarding World of Harry Potter™
⑫ ハリー・ポッター・アンド・ザ・フォービドゥン・ジャーニー　Harry Potter and the Forbidden Journey™
⑬ フライト・オブ・ザ・ヒッポグリフ　Flight of the Hippogriff™

ショップ／レストラン
SHOP / RESTAURANT
S① ユニバーサル・スタジオ・ストア　Universal Studios Store
R① メルズ・ダイナー　Mel's Diner
R② ハリウッド＆ダイン　Hollywood & Dine
R③ ジュラシック・カフェ　Jurassic Café
R④ プラザグリル　Plaza Grill
F② グルーズ・ラボ・カフェ　Gru's Lab Cafe

144

スタジオ・ツアーの代表アトラクション

高速カーチェイスを体感！

ファスト＆フュリアス・スーパーチャージ
Fast & Furious - Supercharged

カーアクション映画、『ワイルド・スピード』のアトラクション。360度の3Dという度肝を抜く映像世界で、190kmを超える高速カーチェイスを体感することができる。大迫力のアトラクションは、スタジオ・ツアーの最後に組み込まれており、ドミニクやブライアンといった、おなじみのキャラクターも登場する。

大迫力の3D映像を堪能しよう

名監督がプロデュース、史上最強の3D

キングコング360 3-D
King Kong 360 3-D

スタジオ・ツアーでいちばん目玉のアトラクション。ワイルド・スピード同様、360度の3D映像体験だ。黒いトンネルに近づくにつれ、観客の興奮もピークに達する。ピーター・ジャクソン監督の合図を受け、3Dめがねをかけると、そこは……。巨大な恐竜がトラムに近づき、あっけにとられているとキングコングも出現。巨大な生物たちのファイティングが、観客の、まさに目の前で繰り広げられる。あわやトラムも巻き込まれ……!?

キングコングと恐竜が格闘する

いきなりの天候変化にびっくり

大洪水
Flash Flood

メキシコの片田舎で突然ゲリラ豪雨が発生。川が氾濫し、あたり一帯が水浸しになる。トラムにまで迫ってくる洪水に、あなたは対処できるのか？

トラム、大ピンチ！

大地震：ビッグワン
Earthquake: The Big One

サンフランシスコの地下鉄駅にトラムが停まると、突然地面が揺れ始めた！ マグニチュード8.3の地震が起きたのだ。天井は割れ、電柱が倒れ、電線は火花を散らす。そして、前方から電車が飛び込んできて、火の海に！ さらに洪水が襲いかかり、トラムは非常事態に巻き込まれる。

洪水がトラムを襲う

ジョーズには要注意！

ジョーズ
Jaws

ニューイングランドの街、アミティの湖で釣りをしていた人が突然、水中に引きずり込まれた。水面は一瞬にして血の海に!! いったい何が起こったのか？ 遠くにいると思ったジョーズは突然、姿を消して……。ジョーズはどこへ？ まさか!? アミティ湖では、油断大敵。

食べられないように注意して！

テーマパーク Theme Park｜ユニバーサル・スタジオ・ハリウッド

スタジオ・ツアーで見ることができる映画とドラマのセット

- バック・トゥ・ザ・フューチャー　Back to the Future
- ビッグ・ライアー　Big Fat Liar
- 宇宙戦争　War of the Worlds
- デスパレートな妻たち　Desperate Housewives
- グリンチ　The Grinch
- ジュラシック・パーク　Jurassic Park
- サイコ　Psycho

事前に映画を観ておきたい！

145

ユニバーサル・スタジオ・ハリウッド

アッパー・ロット
Upper Lot

ウォーター・ワールド、シュレックなど映画やドラマ、アニメをモチーフにした迫力のアトラクションで、ユニバーサル作品の世界にどっぷりひたれるのがアッパー・ロットだ。ハリウッドならではのスタジオ・ツアーとテレビドラマ『ウォーキング・デッド』のアトラクションは必見。ショーも頻繁に行われている。

ウォーキング・デッド・アトラクション
The Walking Dead Attraction

ウォーカー（ゾンビ）でおなじみの海外ドラマ『ウォーキング・デッド』のウォークスルー型アトラクション。当ドラマの監督とクリエイティブチームがUSHと提携し、ドラマの世界観とウォーカーを忠実に再現。荒廃した世界を歩き、ウォーカーと対峙したとき、平静さは失われる。
※危険性はないが刺激が強いため、13歳以下の子供にはおすすめできない。

迫りくるウォーカーから逃げきれるか!?

ハリー・ポッター・アンド・ザ・フォービドゥン・ジャーニー™
Harry Potter and the Forbidden Journey™

『ハリー・ポッター』の世界が広がるエリア、ウィザーディング・ワールド・オブ・ハリー・ポッターに誕生した最新ライド。3Dめがねをかけて、ハリー・ポッターの物語の中へ出発！　ホグワーツ城も眼下に迫る！

動く肖像画もある

夜のホグワーツ城

David Sprague/Universal Studios Hollywood
HARRY POTTER characters, names and related indicia are © & ™ Warner Bros. Entertainment Inc.
Harry Potter Publishing Rights
© JKR. (s17) ©2017 Universal Studios. All Rights Reserved.

おすすめ情報

＼ハリーが住んでいた世界／

ウィザーディング・ワールド・オブ・ハリー・ポッター
The Wizarding World of Harry Potter™

日本でも大人気のハリー・ポッターをテーマにしたエリア。ホグワーツ城やホグズミード村など映画でおなじみの町並みが広がっている。ショップやレストランもあり、ハリー・ポッターのファンは感涙もの！

フライト・オブ・ザ・ヒッポグリフ™
Flight of the Hippogriff™

家族連れに人気のローラーコースター。オオワシの上半身と馬の下半身からなる魔法の生物ヒッポグリフに乗って、カボチャ畑やハグリッドの小屋の上空を飛び回ろう。前方にはホグズミード村やホグワーツ城が広がり、すばらしい景色が楽しめる。

ヒッポグリフとともに飛び立とう

アメリカ版サザエさんといわれるシンプソンズ一家

ザ・シンプソンズ・ライド™
The Simpsons Ride™

アメリカでは知らない人はいない長寿アニメ番組で、大人気のアニメシリーズ『ザ・シンプソンズ』をモチーフにしたアトラクション。ライドに乗ってクラスティ・ザ・クラウンが夢に描くファンタジー・アミューズメント・パーク、クラスティランドを巡る。それぞれが個性的でユニークなシンプソンズ一家とともに、爆笑とハプニングの3Dアドベンチャーへ出かけよう。

テーマパーク Theme Park ユニバーサル・スタジオ・ハリウッド

スーパーシリー・ファンランド
Super Silly Fun Land

小さな子供たちに大人気のゾーン。隣接する「ディスピカブル・ミー・ミニオン・メイヘム」の世界をイメージしたジャングルジム、空中遊泳感覚のかわいいライド、ゲームアーケード、水遊びのエリアなどから構成されている。一番人気は西海岸らしいウオーターゾーン。頭から水をかぶって、子供たちは大喜び。

New ドリームワークス・シアター・フィーチャリング・カンフーパンダ
DreamWorks Theatre Featuring Kung Fu Panda

2008年公開の映画『カンフーパンダ』をモチーフにした映画館型のアトラクション。最新鋭のインテリアプロジェクトマッピングや360度サラウンド音響技術を駆使し、映画世界への没入感が楽しめる。主人公のジャイアントパンダ「ポー」と一緒に冒険に出かけよう。

子供たちに人気が高いエリアだ

自分もカンフーマスターになった気分

おなじみのキャラクターたちも最新の技術を駆使して生まれた

スペシャル・エフェクト・ショー
Special Effects Show

映画制作の舞台裏を、観客を交えながらステージ上で再現。映画の1シーンを例に、デジタルやグリーンスクリーンなどの演出方法、特殊メイクや小道具の紹介をしながら、さまざまな特殊効果を披露してくれる。ステージが始まる前に、観客からボランティアを募るので、ぜひチャレンジしてみよう。ボランティアの家族を優先席に案内してくれる。

ディスピカブル・ミー・ミニオン・メイヘム
Despicable Me Minion Mayhem

日本でも大人気のアニメ映画『怪盗グルー』シリーズ。その第1弾『怪盗グルーの月泥棒』がベースのアトラクションだ。泥棒グルーと養護施設からやってきた三姉妹、グルーの子分のミニオンたちが大冒険の旅に出る。3Dに加え、風圧や水攻撃などとても刺激的で、子供たちも大喜び。ミニオンたちの好物であるバナナが出てくると、さぁ大変！ 五感を使って楽しめる。

園内屈指の人気アトラクション

147

ウォーターワールド
WaterWorld

ケビン・コスナー主演のヒット映画『ウォーターワールド』をモチーフとした人気アトラクション。60人を超えるスタントマンたちの息をもつかせぬスリリングなアクションや、次々に起こる大爆発で、迫力満点！ 所要約20分。

前列はびしょびしょになる大迫力アトラクション

ユニバーサルズ・アニマル・アクターズ
Universal's Animal Actors

子供も大人もみんなで楽しめるショーといえば、こちら。歯切れのよい進行に合わせて、次から次へと動物たちが登場する。ワシが飛び出してきたり、ひょうきんなオランウータンが観客を笑わせたりと、動物たちの芸達者ぶりに脱帽する。上演時間は約20分。

ステージに近い席に座るのがいい

おすすめ情報

VIPツアーもある

専属のガイドに付いてもらいアトラクションを優先的に体験したり、スタジオ・ツアーでは専用のトラムで通常より長く回る特別ツアー、VIP Experience。普段入れないバックロットを歩いたり、サウンドステージや小道具倉庫を見ることができるのもうれしい（※アトラクションの優先入場は無制限）。要予約。所要6〜7時間。VIPダイニングルームでの食事も付いている。なお、ツアー出発時刻やツアー本数は、時期によって変動する。

- $359〜419(1日の入園料・昼食を含む。5歳未満は参加不可)
※VIPツアーの料金については、予告なく変更があるので事前に要確認。ウェブ事前購入割引あり。
- (818)622-8477(英語)
- 予約はハリウッドのオフィスに直接入れることもできるが、「地球の歩き方トラベル」（→P.143脚注）でも取り扱っている。VIPツアーの参加者は、ユニバーサル・スタジオの正面入口右手にある「VIP Experience」という入口から入場する。その中にあるラウンジで集合し、ツアー開始となる。

ユニバーサル・シティウオーク
Universal CityWalk

ユニバーサル・スタジオに隣接するショッピング＆エンターテインメントゾーン。レストランやギフトショップ、映画館、コンサート会場などが一堂に集まっている。ユニバーサル・スタジオ閉園後もほとんどの店はオープンしているので、日中はユニバーサル・スタジオで思いきりアトラクションを楽しみ、閉園後にシティウオークへ移動、みやげ探しや食事などを楽しむといいだろう。

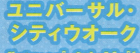

日本では入手できない商品がいっぱい！

- P.62-A1
- 100 Universal City Plaza, Universal City
- (818)622-9841
- www.citywalkhollywood.com
- 日〜木11：00〜21：00、金・土〜23：00が基本だが、夏期やホリデーシーズン、またレストランやバー、映画館はさらに遅くまで営業している。

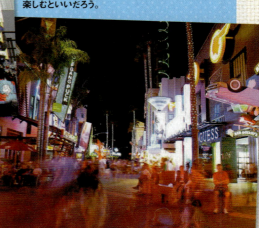

買い物や食事が楽しめる

ロウアー・ロット
Lower Lot

　入口ゲートをくぐり、アッパー・ロットを突っ切り『ザ・シンプソンズ・ライド』左側のエスカレーターを下ると、そこが人気アトラクションがあるロウアー・ロットだ。
　ハリウッド映画ならではの迫力ある特殊効果を、そのままアトラクションにしてしまうのは、さすがユニバーサル・スタジオ！ 2019年夏には、新ライド「ジュラシック・ワールド・ザ-ライド」が登場。

トランスフォーマー™: ザ・ライド-3D
Transformers™ : The Ride-3D

人気映画シリーズ『トランスフォーマー』が3Dのアトラクションになった。これまでの多くの3Dアトラクションは座席が上下左右に動く程度のものだったが、こちらは、巨大なスクリーンに囲まれたなかを実際に疾走するのだ。人間の味方オートボットと敵対するディセプコンのバトルに巻き込まれるシーンでは、オプティマスプライムたちと本当に戦っているような臨場感を味わえる。

映画を観てからトライしたい

リベンジ・オブ・ザ・マミー・ザ・ライド
Revenge of the Mummy™ - The Ride

ユニバーサル・スタジオで人気の高いアトラクション。映画『ハムナプトラ』の世界が、世にも恐ろしいローラーコースターに姿を変えて再現されている。遺跡の中を探索していくと、目もくらむほどの財宝の山を発見！　とその瞬間、真っ暗闇のなかで疾駆するコースターと、それに襲いかかるすさまじい形相のミイラたち、予想もつかない動きをするコースター……。恐怖におののいているうちに終わってしまうライドだ。疲労感もたっぷり。

ミイラたちの恐怖に打ち勝って！

ジュラシック・ワールド-ザ・ライド
Jurassic World™ - The Ride

20年以上愛され、2018年9月にクローズした人気トラクション「ジュラシック・パーク・ザ・ライド」が、2019年夏にパワーアップして新登場。ボート型のライドに乗って大迫力のリバースツアーをするアトラクションだ。映画『ジュラシック・パーク』に登場する恐竜が最新技術でよりリアルに再現され、スリリングな体験ができる。

恐竜が目の前に迫る

スヌーピーに会えるテーマパーク
ナッツ・ベリー・ファーム
Knott's Berry Farm

ファミリー・エンターテインメント・パークとして知られ、ベリー畑とチキンが名物のレストランから始まったという、ユニークな歴史がある個性的なテーマパーク。西部開拓時代の雰囲気が漂う園内は6つのテーマエリアで構成され、最新の絶叫ライドを交えながらファミリー向けのユニークなショーも華やいでいる。おなかがすいたら、ナッツ・ベリー・ファーム名物のチキンを食べにマーケットプレイスのレストランへ足を運ぼう。また、ウオーターパークの「ナッツ・ソーク・シティ」も隣接してある。

What's New！ ナッツ・ベリー・ファームの 最新情報

2019年夏に新アトラクション「キャリコ・リバー・ラピッズ」がオープン。1987年からある「ビッグフット・ラピッズ」を大規模にリニューアルした急流下りのアトラクションだ。新しいストーリーやダイナミックな水の動きが加わり、円形のラフティングボートで激流を駆け抜ける。

かなりの水しぶき

スヌーピーに会おう！

データ

M P.128
住 8039 Beach Blvd., Buena Park
☎ (714)220-5200　URL www.knotts.com
営 基本的に開園は10:00。閉園は17:00〜23:00の間
休 クリスマス
料 大人$84、シニア(62歳以上)・子供(3〜11歳)$54。駐車料金1日$20
カード A J M V

ミセス・ナッツ・チキン・ディナー・レストラン
Mrs. Knott's Chicken Dinner Restaurant
パーク入場ゲートに隣接しているカリフォルニア・マーケットプレイス → P.152 にある。
☎ (714)220-5089
営 日〜金11:00〜21:00(日8:00〜)、土8:00〜22:00

ナッツ・ソーク・シティ → P.152
住 ☎ URL ナッツ・ベリー・ファームと同じ
営 5月下旬〜9月中旬。10:00〜17:00(閉園時間は日によって異なる)　料 大人$53、シニア(62歳以上)・子供(3〜11歳)$43。駐車料金$18

行き方

LAダウンタウンから
メトロバス → P.48 #460で
7th St. & Flower St.からナッツ・ベリー・ファーム経由ディズニーランド・パーク行きに乗り約2時間。
車で
LAダウンタウンからI-5を南下。Beach Blvd.の出口を下りて南へ進み、CA-91の下をくぐると標識が出てくる。直進すれば駐車場だ。駐車料金$20。

アナハイムから
バスで
● **メトロバス #460で**
ディズニーランド・パークの東、Disneyway／HarborからLAダウンタウン行きで約23分。
● **アナハイム・リゾート・トランスポーテーション・バス → P.121 #18で**
ディズニーランド・トランスポーテーション・センターからARTバス#18の北行きに乗り、約30分。1時間間隔の運行。$4。

優先パス、ファスト・レーン・パス

主要なアトラクション(が付いたアトラクション)に並ばずに優先入場できるファスト・レーン・パスFast Lane Pass。通常の入場券に追加料金($80〜、時期による異なる)が必要。当日も購入可能だが、枚数制限と割引があるので事前にウェブサイトから購入するのがおすすめ。

©Knott's Berry Farm

ボードウオーク
Boardwalk

ボードウオークは、ナッツ・ベリー・ファームでも過激なライドが集中しているエリアだ。絶叫ライド好きはすべてのアトラクションを制覇したい。レストランやゲームコーナーもあり。

エクセレイター
Xcelerator

ボードウオークのなかでも人気、スリル度はともに1位。姿だけでも圧倒される。スタートしてわずか2〜3秒で約130kmの最高時速に達し、62mの最高地点へ。その後、真っ逆さまに急降下。全長約670mを約1分で走り抜ける。ひときわインパクトがあり尻込みしてしまうが、乗ったあとには恐怖感と爽快感でみんなが笑顔になる。

エクセレイターは考える暇もなく頂点に到達する

スプリームスクリーム
Supreme Scream

まずは後ろ向きでコースターは上昇する。手を離したかのようにレールの上を滑り落ち、そのあと空を見ながら再度上昇、後ろ向きで滑り落ちる。1分30秒の間に最高のスリルを体験できる、世界初の宙返りコースター。

園内でも存在感抜群のスプリームスクリーム

そのほかのアトラクション

ハングタイム Hang Time	チャールズ・M. シュルツ・シアター Charles M. Schulz Theatre
ボヤージ・トゥ・ジ・ アイアン・リーフ Voyage to the Iron Reef	パシフィックスクランブラー Pacific Scrambler
コーストライダー Coast Rider	サーフサイドグライダース Surfside Gliders
スカイキャビン Sky Cabin	ウィーラー・ディーラー・ バンパー・カーズ Wheeler Dealer Bumper Cars
ワイプアウト Wipeout	

テーマパーク Theme Park ナッツ・ベリー・ファーム

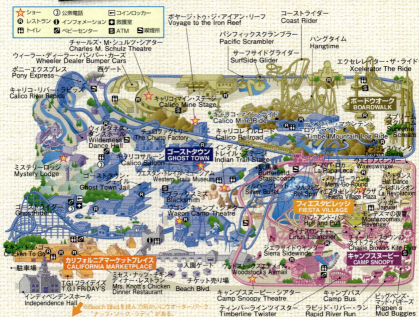

ナッツ・ベリー・ファーム

©Knott's Berry Farm 151

そのほかのエリア

人気アトラクションのキャリコ・マイン・ライドCalico Mine Ride

ゴーストタウン
Ghost Town

1880年代のカリフォルニア西部の鉱山村を再現したエリア。ぶらさがり式のシートでスリル満点の**シルバーバレット Silver Bullet**、木製レールを走る**ゴーストライダー Ghostrider**、カリフォルニアでいちばん長い人工の川を下る**ビッグフットラピッズBigfoot Rapids**も人気が高い。西部の荒くれ者たちのスタントショーも迫力満点!!

フィエスタビレッジ
Fiesta Village

中級の恐さのライド、ジャガーJaguar！

その昔、カリフォルニアにやってきたスペイン人の村をイメージしたエリア。乗車時間は35秒と短いながら発車後3秒で時速約90kmまで加速し、7階建ての高さのループを前後各1周する**モンテズマの復讐Montezooma's Revenge**は人気のライド。1896年製の**メリーゴーラウンドMerry-Go-Round**も見逃せない。

キャンプスヌーピー
Camp Snoopy

小さい子供も楽しめるライドが集中している

子供たちのアイドル、スヌーピーの町。もちろん、チャーリー・ブラウンやルーシー、ライナスもいる。**キャンプスヌーピー・シアター Camp Snoopy Theatre**では、歌やダンスのショーも行われる。ライドは子供向け。

そのほかのエリアのアトラクション

- ■ゴーストタウン
  Ghost Town
  - ポニーエクスプレス
    Pony Express
  - ゴーストライダー
    Ghostrider
  - シルバーバレット
    Silver Bullet
  - ティンバー・マウンテン・ログライド
    Timber Mountain Log Ride
  - キャリコ・マイン・ライド
    Calico Mine Ride
- ■フィエスタビレッジ
  Fiesta Village
  - モンテズマの復讐
    Montezooma's Revenge
  - ジャガー！
    Jaguar!
- ■キャンプスヌーピー
  Camp Snoopy
  - シエラ・サイドワインダー
    Sierra Sidewinder

カリフォルニア・マーケットプレイス

パークの外側、メインエントランス脇にある入場券不要のエリア。毎日ランチやディナーでナッツ名物のチキン料理を味わえる**ミセス・ナッツ・チキン・レストランMrs. Knott's Chicken Dinner Restaurant**（→P.150）や、スヌーピーグッズがところ狭しと並ぶ**ピーナッツヘッドクオーターPeanuts Headquarters**にはぜひ足を運びたい。

ナッツ・ソーク・シティ
Knott's Soak City

ナッツ・ベリー・ファームとBeach Blvd.を挟んだ向かいにはナッツ・ソーク・シティKnott's Soak City（Soakは「ずぶぬれ」の意）がある。1950〜1960年代の南カリフォルニアをイメージして造り上げたウォーターテーマパークだ。
データ→P.150

子供たち用のプールもあり、家族みんなで遊べる

©Knott's Berry Farm

シックスフラッグス・マジック・マウンテン
Six Flags Magic Mountain
絶叫マシンの宝庫

LA近郊で絶叫マシンといえば、シックスフラッグス・マジック・マウンテン。タツ、スクリーム、エックス2などの人気ライドは2～3時間待ち。リドラーズリベンジ、バイパー、ゴライアス、バットマン・ザ・ライドなら1～2時間は並ぶ覚悟が必要。ただし、冬期などのオフシーズンならば、絶叫マシンの連続乗車も可能だ。ぶっ倒れるまで挑戦してみる？　ウオーターパークが希望ならハリケーンハーバーへ。

What's New! シックスフラッグス・マジック・マウンテンの最新情報

2019年、「アポカリプス」や「サイクロン500」がある場所に新しいエリアが誕生し、新アトラクション「ウエストコート・レイサーズ」が登場する。LAを中心とした都会をテーマにしたエリアで、12人乗りの2台のレーシングカー型コースターがスピードを競う。最高速度は時速88km。あたかもサーキットでスピードを競っているかのようなスリリングな体験ができる。

2台のコースターが競走！

データ
- P.128
- 26101 Magic Mountain Pkwy., Valencia
- (661)255-4100
- www.sixflags.com/magicmountain
- 基本的に3月下旬〜8月は毎日、10月は金〜日、12月は土・日と下旬のみ。そのほかは土・日・祝日のみの営業となっている。開園時間は基本的に10:30で、閉園時間はまちまち。日によって細かく設定されているので、ウェブサイトか電話で確認を。
- 大人$89.99（ウェブサイトで事前に購入する場合、割引あり）、身長約122cm未満の子供$59.99。駐車場料金$25

ハリケーンハーバー →P.155
- マジック・マウンテンと同じ
- www.sixflags.com/hurricaneharborla
- 5月下旬と9月は土・日のみ、6〜8月は毎日オープン。園内は基本的に10:30〜、閉園は時期により異なるため、ウェブサイトか電話で要確認。
- 大人$44.99、身長122cm未満の子供$36.99、2歳以下無料

行き方
公共の交通機関では乗り換えなどが複雑。オプショナルツアー →P.52 やレンタカーを利用しよう。

LAダウンタウンから
車で
I-5を北へ約50分。Exit170からMagic Mountain Pkwy.方面へ向かい、すぐの信号を右折。あとは直進して道なりに進めばゲートだ。

サンタモニカやパサデナから
車で
サンタモニカからI-405、パサデナからI-210を北へ。I-5に合流し、あとは上記のとおり。

絶叫マシン好きにはたまらない

優先パス、フラッシュパス
アトラクションの優先入場パス、フラッシュパスThe Flash Pass。優先入場のレベル別に通常の入場券に追加料金がかかり、レギュラー$35〜、ゴールド$65〜、プラチナム$100〜。利用人数に応じて加算。利用可能なアトラクションは日によって異なるので要確認。園内のフラッシュパス売り場でも購入可能だが、枚数制限があるので事前にウェブサイトで購入したい。要パスポート。

©2019 Six Flags

シックスフラッグス・マジック・マウンテン

おもな絶叫マシン

パーク内で最恐の呼び声高いコースター

フルスロットル Full Throttle

スタート直後に時速約112kmまで加速し、直径約50mのループを走り抜けたら、一瞬停止して今度は後ろ向きに発射。2分間が「あっ」という間に感じられるはず。18人乗りのライド。

レックスルーサー:ドロップ・オブ・ドゥーム Lex Luthor™ : Drop of Doom

垂直落下するライドとしては現時点で世界第2位の高さである約120mから5秒間のフリーフォールを体験。既存のライド、スーパーマン:エスケープ・フロム・クリプトンのコースを一部使用しているというのも特徴のひとつだ。

リドラーズリベンジ The Riddler's Revenge

立ったまま乗り、頭から落ちるように回転するスリル満点のライド。3分の間に6回転、最高時速105kmに達する。

「立ったまま」のスタイルはスリル倍増

ツイステッド・コロッサス Twisted Colossus

木造のクラシック感を維持しながら、鉄とのハイブリッド構造のコースターで、2本が同時にスタート。名前のとおりすさまじいひねりが何度もあり、時おりその2本が同時に上下に走るスリルが満点。ダイナミックな急降下、急カーブも健在、4分間がきっと長く感じられるはず。

スーパーマン:エスケープ・フロム・クリプトン Superman™ : Escape from Krypton

マジック・マウンテンのひときわ高いローラーレーン。15人乗りのマシンが急加速すると、わずか7秒で時速160kmに到達し、一気に地上約127mの頂点へ。

ゴライアス Goliath

地上約78mのジャイアント(巨人)コースター！ 約60度の急勾配を一気に降下し、時速136kmに達する。天地もわからなくなるほど振り回された最後にフリーフォールがどかんとやってくる。

シックスフラッグス・マジック・マウンテン

154　©2019 Six Flags

テーマパーク Theme Park

シックスフラッグス・マジック・マウンテン

エックス2 X2
胸のみ固定されて、自分の上にも下にもレールがなく足がブラブラ状態なことから、まるで空中を飛ぶような感覚で絶叫の渦に巻き込まれるコースター。

足が宙に放り出されている感覚が恐怖をさらに倍増させる

スクリーム Scream
天井も床もないFloorless Coasterといわれるユニークなデザインと典型的なローラーコースターの技術を取り入れた3分間のライド。最高地点からの落下スピードはもちろん、ツイスト、回転の連続で、まるで飛ぶような感覚を得られるのが売り。

タツ Tatsu
世界最恐の呼び声高いフライングコースター。時速約100kmで突進し、さらに乗客を左右に振り回す。龍のように空中を舞うコースターだ。

バットマン・ザ・ライド Batman™ The Ride
足が宙ぶらりんになる、ぶら下がり式のコースターで、終わったあとはフラフラに。逆走バージョンも加わり、スリルも倍増。

バイパー Viper
園内最長のループコースター、バイパーViper（毒ヘビ）。19階建てのビルの高さからの急降下で始まり、回転に次ぐ回転だ。

人気、絶叫度ともに最高レベルのライド

絶叫マシン以外のアトラクション

子供から大人まで楽しめるエリア

入園ゲートをくぐった正面にある**バッグス・バニー・ワールドBugs Bunny World**は、幼児や子供向けアトラクションとショーが楽しめるエリア。子供向けジェットコースターなどもある。このエリアで行われる"Daffy Duck™ Dance Off"は、ワーナー・ブラザースのアイコン的アニメ「ルーニー・テューンズ」のメインキャラクターであるバッグス・バニーとその仲間たちが登場する人気のショー。ショーのスケジュールはゲートを入った左側にあるインフォメーションで確認を。カルーセル（回転木馬）のある**シックスフラッグス・プラザ Six Flags Plaza**も人気だ。

ハリケーンハーバー Hurricane Harbor

マジック・マウンテンに隣接するウオーターパーク。流れるプール、波のプール、幼児向けプールなどのスタンダードなプールから、あらゆる趣向を凝らした絶叫系のウォータースライダーまで、さすがシックスフラッグス!!と思わせるアトラクションが揃っている。浮き輪などの用具レンタル、コインロッカー、ピクニックエリアも完備。夏は日差しが強いので、午前中、夕方にマジック・マウンテン、午後の半日をハリケーンハーバーで過ごすのもいい。5月中旬〜10月上旬の開園。データ P.153

ウオーターパークでも絶叫が響く

©2019 Six Flags

家族みんなで楽しめるテーマパーク

シーワールド・サンディエゴ
★★★ SeaWorld San Diego ★★★

穏やかなミッションベイに位置するシーワールドは、自然保護を理念とし、1964年、この地に誕生した。多様な海洋動物との触れ合いが、生命の神秘をダイレクトに感じさせる。エンターテインメントの枠を超えた体験を思う存分楽しめるだろう。

What's New! シーワールド・サンディエゴの最新情報

2019年5月、新アトラクション「タイダルツイスター Tidal Twister」がオープンした。ツイストしながら流れる潮の流れに乗って、16人乗りのふたつのコースターが交錯しながら8の字を描く。ダイナミックな動きとハイスピードのターンで海の力を体感できるアトラクションだ。最高速度は48km、最大高度は5メートル。身長制限が120cm以上と低いため、家族で楽しめるライドとなっている。

家族で楽しめるコースター

シーワールドのユニークなプログラム
Exclusive Tour Experiences

シーワールドでは、特別なツアーや企画を行っている。入場料とは別に料金がかかるが、園内の裏側を見学したり、トレーナーの指示に従って、動物たちに触れる体験ができる企画などがある。なお、ツアープログラムは14歳以下の子供の参加には、同伴者（要ツアー代金）を付けることが義務づけられている。予約はウェブサイトから、または☎(619)226-3901 Free (1-800)257-4268で。

行き方

ロスアンゼルスから
車で
I-5を南に約2時間。Exit 21のSeaWorld Dr.で下り、西へ約2km進むとパーク入口が見えてくる。

ツアーで
● JTB U.S.A.
[Free (1-800)924-9912 www.looktour.net]
シーワールド1日観光
大人$195〜、子供（3〜9歳）$185〜、所要時間約11時間

サンディエゴダウンタウンから
バスで
トロリーのグリーンラインでOld Town Transit Center駅下車。バス#9に乗り換え約15分で到着。20〜30分に1本の割合で運行している。

車で
I-5を北のミッションベイ方面へ進む。Exit 21のSeaWorld Dr.で下り、西方向に約1km進むとパーク入口が見えてくる。約15分。

データ
- サンディエゴ周辺　P.176-A1
- 500 Sea World Dr., San Diego
- ☎(619)222-4732
- Free (1-800)257-4268
- seaworld.com
- 月〜金10:00〜17:00、土・日〜18:00。時期、日により変更あり（夏期9:00〜21:00）
- 3歳以上$91.99、2歳以下無料。駐車料金1日$22
- カード AJMV

※コンビネーションチケット → P.128、車椅子レンタル（電動$55、手動$15）、ベビーカーレンタル（$22）あり。

特別なツアーも用意されており、一生に一度の体験をすることができる

©2019　SeaWorld Parks & Entertainment

メモ シーワールドの1日食べ放題パス　Calypso Bay Smokehouseなど4つのレストランで1日食べ放題のパスAll-Day Dining Deal。1回の食事で注文できる品数は限られるが、かなりお得。大人$39.99、子供（3〜9歳）$19.99。

ショー Show

©Mike Aguilera/SeaWorld® San Diego

ダイナミックなショーに感動

オルカエンカウンター Orca Encounter

自然により近い環境でシャチの性質を観察できるショー。海中最強の捕食者であるシャチのハンティングスキル、複雑なコミュニケーション・コード、家族の役割や遊びの重要性について学ぶことができる。シーワールドの代名詞ともいえるショーは必見！

そのほかのショー

アクロバット集団が、水と光で幻想的な世界を作り出す**シルク・エレクトリクCirque Electrique**や、イルカたちが美しい技を披露する**ドルフィン・デイズDolphin Days**が人気。アシカやラッコのステージ、**シーライオン・ライブSea Lions Live**では、演技力のある動物たちを見ることができる。

テーマパーク Theme Park　シーワールド・サンディエゴ

そのほかのライド、展示

海を滑るように泳ぐマンタをイメージしたコースター**マンタManta**や水しぶきを上げてダイブする**アトランティスへの冒険Journey to Atlantis**といったライドではスリルたっぷりの体験ができる。**タートルリーフTurtle Reef**では巨大水槽を泳ぐウミガメを、**シャークエンカウターShark Encounter**ではガラスのトンネルの下からサメを観察。海の生物を自由に触ることができる**エクスプローラーリーフExplorer's Reef**は子供たちにおすすめ。

ライド&展示 Rides & Exhibit

サンディエゴでいちばん高くて速いコースター

New エレクトリック・イール Electric Eel

電気ウナギをイメージしたジェットコースター。ツイストと反転を繰り返しながら、最高速度は時速96kmという猛スピードで45mの高さから急降下し、全長260mのコースを駆け抜ける。パーク内のライドのなかで最高度と最速スピードを誇る、スリル満点のライドだ。

- レストラン
- ショッピング
- ATM
- 救護室
- インフォメーション
- トイレ
- コインロッカー
- ベビーセンター
- 喫煙所

ショー
1. オルカエンカウンター
2. ドルフィンデイズ
3. シーライオン・ライブ
4. シーレスキュー
5. シルク・エレクトリク

乗り物
6. エレクトリック・イール
7. アトランティスへの冒険
8. シップレックラピッズ
9. スカイタワー
10. ベイサイドスカイライド
11. ワイルド・アークティック・ライド
12. マンタ
13. タイダルツイスター

水族館や展示室
14. シーライオン・ポイント
15. ドルフィン・ポイント
16. タートルリーフ
17. シャークエンカウンター
18. ペンギンエンカウンター
19. エクスプローラーリーフ
20. バットレイシャロー
21. カワウソ展望エリア
22. オルカ・アンダーウォーター・ビューイング

その他の施設
23. ダイン・ウィズ・オルカ
24. セサミ・ストリート・ベイ・オブ・プレイ
25. フラミンゴの入江
26. ノーチラスパビリオン
27. ペルーガインタラクション
28. アーケード&ミッドウェイゲーム
29. サーフアップアーケード

シーワールド・サンディエゴ

©2019 SeaWorld Parks & Entertainment

大型の動物を間近で観察しよう

サンディエゴ動物園・サファリ・パーク
San Diego Zoo Safari Park

サンディエゴの北に位置するサンディエゴ動物園・サファリ・パークは、野生動物の保護を目的としたアニマルパーク。1800エーカー（約728万5000m²）もの広大な土地を、動物本来の生息地に近い状態に保ち、動物たちはその恵まれた環境のなかで、のびのびとした生活を営んでいる。

本物のサファリのよう

What's New!
サンディエゴ動物園・サファリ・パークの最新情報
2018年5月にカンガルーやワラビーに出会えるエリア「**ウォークアバウト・オーストラリアWalkabout Australia**」が誕生した。2019年には公式ウェブサイトからいつでもフクロウを観察できる「**アウルカムOwl Cam**」が新登場！

データ
🅼 サンディエゴ周辺 P.176-A1外
🏠 15500 San Pasqual Valley Rd., Escondido
☎ (760)747-8702
🌐 www.sdzsafaripark.org
🕐 毎日9:00～17:00、時期、日により変更あり（夏期～19:00）
💰 大人$56、子供（3～11歳）$46。駐車料金1日$15～
※コンビネーションチケットあり ➡ P.128

歩き方
園内の動物は、フィールドの外から見学できる。まずは、トラムツアーのアフリカトラム Africa Tramを利用しよう。キリンやサイ、アンテロープなどのそばで止まっては説明をしながら、約30分で1周する。また、鳥や動物のショーやトレーナーのレクチャーが随時行われているので、スケジュールで確認しよう。
そのほか、ユニークな園内ツアー（有料）がいくつか企画されている。キャラバン・サファリCaravan Safariがその代表で、園内のフィールドを特別な車で移動しながら、動物たちに大接近するというもの（料$121～）。

行き方
サンディエゴのダウンタウンからは、公共の交通手段でもアクセス可能だが、車またはツアーがおすすめ。

ロスアンゼルスから
車で：I-5を南に約2時間。OceansideのExit 51Bで下り、CA-78 East方向へ進む。道なりに東へ40km行くとパーク入口まで案内がある。

サンディエゴダウンタウンから
車で：I-15を北へ進み、Exit 27のVia Rancho Pkwy.で下りると、パーク入口まで案内がある。約45分。

ツアーで：
● **H.I.S. ツアーズU.S.A.** (P.52側注)
サンディエゴ動物園・サファリ・パーク観光
料 大人$130、子供（3～11歳）$120
所要時間8時間
● **JTB U.S.A.**
Free (1-800)566-5582　🌐 www.looktour.net
サンディエゴ動物園・サファリ・パーク1日観光
料 大人$145～、子供（3～9歳）$135～、
所要時間8時間

★ サファリ・パークのショー ★
スマトラタイガーの習性について飼育係から話を聞くことができる**タイガー・キーパー・トーク Tiger Keeper Talk**や、地上最速の動物、チーターが全速力で駆け抜ける様子を目撃できる**シャーリーズチーター・ランShirley's Cheetah Run**など、必見のショーが多数！

サイのお尻がかわいい

ツアー Tour

キリンが近い！

アフリカトラム Africa Tram

4両編成のトラムに乗って約30分で園内を1周するツアー。参加費は入場料に含まれている。知識豊富なガイドの説明で動物への理解も深まる。キリンやサイのほか、運がよければライオンがくつろぐ姿も見られる。

そのほかのツアー

動物たちが生活する様子を、車を停めてじっくり観察することができる**キャラバンサファリCaravan Safari**（翻$121～）や8人乗りのカートで園内を回る**カートサファリCart Safari**（翻$53～）、7種類のコースから選べる所要2時間の**ビハインド・ザ・シーンズ・サファリBehind-the-Scenes Safari**（翻$87～）のほか、ジップラインに乗ってサファリ内を空中散歩する**フライトライン・サファリFlightline Safari**（8歳以上参加可能、翻$77～）、園内にある宿泊施設に泊まって動物たちが夜に活動する音を聞きながら寝ることができる**ロア＆スノア・サファリRoar & Snore Safari**（翻$145～）など、ユニークなツアーが用意されている。

テーマパーク Theme Park　サンディエゴ動物園・サファリ・パーク

そのほかのエリア
- エレファントバレー Elephant Valley
- アフリカンアウトポスト African Outpost
- ナイロビビレッジ Nairobi Village
- ゴリラフォレスト Gorilla Forest
- アフリカンウッズ African Woods
- ライオンキャンプ Lion Camp
- ザ・グローブ The Grove
- タイガートレイル Tiger Trail
- コンドルリッジ Condor Ridge
- アジアンサバンナ Asian Savanna
- アフリカンプレインズ African Plains
- ワールドガーデンズ World Gardens
- ウォークアバウト・オーストラリア Walkabout Australia

アジアンサバンナからフライトラインで滑り降りながらパークを一望できる

エリアガイド Area Guide

サファリ・ベース・キャンプ Safari Base Camp
入口のいちばん近くにあるエリア。ギフトショップやレストランがある。ここでは世界の鳥類やミーアキャットを見学できる。

ワールドガーデンズ World Gardens
1. カリフォルニア・ネイティブスケープ・ガーデン
2. バハガーデン
3. オールド・ワールド・サキュレント・ガーデン
4. ボンサイパビリオン

ゴリラフォレスト Gorilla Forest
1. ウォーター・ワイズ・ガーデン
2. ヒドゥンジャングル
3. バードショー
4. ベンボー・アンフィシアター

ウォークアバウト・オーストラリア Walkabout Australia
1. ズーストステーション
2. カンガルーウォーク

- インフォメーション
- 救護室
- トイレ
- ATM
- 車椅子レンタル
- ベビーセンター
- 喫煙所

サファリ・ベース・キャンプ Safari Base Camp
1. フンテ・ナイロビ・パビリオン
2. コンサベーション・カーセル
3. アニマル・アンバサダー・ステージ
4. ウイング・オブ・ザ・ワールド

エレファントバレー Elephant Valley
1. エレファント・ビューイング・パティオ
2. テンボスタジアム

ナイロビビレッジ Nairobi Village
1. ナイロビステーション
2. ペッティングクラール
3. ビレッジ・プレイグラウンド
4. ナイロビ保育園
5. モンバサパビリオン
6. ロリキートランディング
7. サンフォード・キッズシアター

ライオンキャンプ Lion Camp
1. シェリーズ・チーター・ラン

ザ・グローブ The Grove
1. ハーブガーデン
2. キャンプグラウンド
3. サバンナ・クールゾーン
4. キリマポイント

タイガートレイル Tiger Trail
1. サンブタン・ロングハウス
2. エビフィルムトレイル
3. アフリカン・オーバールック
4. キャンププレイエリア

アフリカンウッズ African Woods
1. サンブルテラス
2. サンブル・ジャングルジム
3. キツネザルウォーク
4. アフリカンループ

アフリカンアウトポスト African Outpost
1. オカバンゴアウトポスト
2. ジェームソン・リサーチ・アイランド

アフリカン・プレインズ African Plains
1. ウォータリング・ホール
2. キャミー・オーバールック

サンディエゴ動物園・サファリ・パーク

©2019 San Diego Zoo Global　159

レゴランド・カリフォルニア
Legoland California

レゴ好きにとっては夢の世界

子供の創造力を育むことで世界のベストセラーとなっているブロック玩具のテーマパーク。デンマーク、イギリスに次いで、1999年にサンディエゴとロスアンゼルスとの間に位置する町、カールスバッドにオープンした。子供だけでなく、大人にも支持されているレゴのテーマパークとあって、園内は多くのファンでにぎわっている。

What's New! レゴランド・カリフォルニアの最新情報

2019年5月、ファンタウンのアトラクション「デュプロプレイタウン」がリニューアルオープン。「レゴランドエクスプレス」の列車が新しくなったほか、消防署や病院、食料品店といったおもちゃの家を楽しく探索できる、子供にもってこいのエリアだ。

データ

- サンディエゴ周辺 P.176-A1外
- 1 Legoland Dr., Carlsbad
- Free (1-877)376-5346　www.legoland.com
- 1日券：大人$104.99、子供（3〜12歳）$95.99、2歳以下無料　毎日10:00〜18:00（夏期〜20:00）、時期、日によって異なる　11〜2月の火、水だが、営業している日もあるので事前にウェブサイトで確認を

レゴランド・ウォーターパーク
- レゴランド・カリフォルニアと同じ
- 2日券（レゴランド・カリフォルニアの入場料込）：大人$120.99、子供（3〜12歳）$111.99　3月中旬〜11月上旬。基本的に10:00オープン。閉園時間は時期により17:00〜19:00　※ウェブサイトで確認可能

シーライフ水族館
レゴランドに隣接する小規模な水族館。人気はクラゲのコーナー。ほかにもサメや熱帯魚がいる水槽にレゴブロックの人や船が見え隠れして、遊び心いっぱい。
- レゴランド・カリフォルニアと同じ
- レゴランドとの共通券（2日券）が大人$124.99、子供（3〜12歳）$110.99　毎日10:00〜17:00（日にちや季節により異なるので、事前にウェブサイトで確認を）
※どの施設もウェブサイトでの割引料金あり

行き方

ロスアンゼルスから
車で
I-5を南に約145km、カールスバッドのExit 48 Cannon Rd.で下り、レゴランドへの案内標識に従って進む。渋滞がなければ約1時間30分。

ツアーで
- H.I.S. ツアーズU.S.A.
  （問い合わせ先 →P.52側注）
レゴランド1日観光
大人$185、子供（3〜11歳）$175。所要時間11時間

サンディエゴから
電車＋バスで
コースターでCarlsbad Poinsettia駅下車。Breezeバス♯446に乗り換えて約20分。バスはCarlsbad Poinsettia駅発（月〜金7:21と8:39）、レゴランド発（月〜金16:47と17:23）の各出発地1日2本。土・日・祝日は運休。

車で
I-5で北へ約50km、カールスバッドCarlsbadのExit 48 Cannon Rd.で下り、レゴランドへの案内標識に従って進む。約45分。

ツアーで
- H.I.S. ツアーズU.S.A.
  （問い合わせ先 →P.52側注）
レゴランド1日観光
大人$165、子供（3〜12歳）$160。所要時間8時間

- JTB U.S.A.
  Free (1-800)556-5582　www.looktour.net
レゴランド1日観光
大人$165、子供（3〜12歳）$155。所要時間8時間

アメリカのアイコン、マウントラシュモアもレゴで！

メモ　レゴランドホテルもある　園内にあるホテルは、家族連れが使いやすいスイート仕様。レゴの人気シリーズのパイレーツやアドベンチャー・オブ・キングダムなどが部屋のテーマになっている。

エリアガイド Area Guide

アメリカの町も精巧に再現

テーマパーク Theme Park — レゴランド・カリフォルニア

ミニランドUSA Miniland USA

レゴランド・カリフォルニアの中心を占めるエリア。2000万個のレゴブロックを使用してアメリカの代表的な都市を20分の1のスケールで再現している。ミニランド内の運河をボートで巡る**コーストクルーズ Coast Cruise**では、インドのタージ・マハルやオーストラリアのオペラハウスなど、世界の有名な建築物も見ることができる。

ファンタウン Fun Town

大人も子供も好奇心をかき立てられる楽しいアトラクションが揃う。レゴブロックの製造過程を見学できる**レゴ・ファクトリー・ツアー Lego Factory Tour**や、教習を修了すると免許証を発行する自動車教習所**ドライビング・スクール Driving School**、レゴランドでいちばん人気があるアトラクションのひとつ、消防車を操縦して火事を鎮火する**ポリス・アンド・ファイアー・アカデミー Police and Fire Academy**などがある。

レゴマインドストームの入口ではアインシュタインの顔を模した巨大なレゴブロックがお出迎え

そのほかのエリア
- イマジネーションゾーン Imagination Zone
- ザ・ビギニング The Beginning
- エクスプローラーアイランド Explorer Island
- レゴ・フレンズ・ハートレイク・シティ Lego Friend's Heartlake City
- パイレートショアーズ Pirate Shores
- キャッスルヒル Castle Hill
- ランド・オブ・アドベンチャー Land of Adventure
- レゴ・ニンジャゴー・ワールド Lego Ninjago World

■ファンタウン Fun Town
1. キッド・パワー・タワー
2. スカイパトロール
3. ジュニア・ドライビング・スクール
4. ドライビング・スクール
5. レゴライフ+ビルド&テスト
6. ポリス・アンド・ファイアー・アカデミー
7. レゴ・ファクトリー・ツアー
8. アドベンチャーズクラブ
9. スキッパースクール
10. レゴランドエクスプレス
11. デュプロプレイタウン

■パイレートショアーズ Pirate Shores
1. パイレートリーフ
2. スワビーズデック
3. キャプテン・クランキーズ・チャレンジ
4. スプラッシュバトル

■キャッスルヒル Castle Hill
1. ビルダーズギルド
2. ハイドアウェイズ
3. ロイヤルジョウスト
4. ドラゴンコースター
5. ナイツトーナメント

■イマジネーションゾーン Imagination Zone
1. レゴ・テクニック・コースター
2. バイオニクルブラスター
3. アクアゾーン・ウエーブ・レーサー
4. WBファミリー・ゲーム・スペース
5. レゴ・マインドストーム
6. デュプロプレイ

■レゴ・フレンズ・ハートレイク・シティ Lego Friend's Heartlake City
1. ミアのライディングキャップ
2. ハートレイク・ステーブル
3. ハートレイク噴水

■ミニランドUSA Miniland USA
1. コーストクルーズ
2〜8. アメリカの都市
9. コーストガード・ヒルドアポート
10. スター・ウォーズ・エリア

■エクスプローラーアイランド Explorer Island
1. コースターザウルス
2. ディグ・ゾーズ・ディーノズ
3. サファリトレック
4. フェアリーテールブック

■ザ・ビギニング The Beginning

■ランド・オブ・アドベンチャー Land of Adventure
1. ビートルバウンス
2. デューンレイダース
3. カーゴエース
4. ロスト・キングダム・アドベンチャー
5. ファラオリベンジ

凡例:
- インフォメーション
- 救護室
- トイレ
- ATM
- 車椅子・レンタル
- ロッカー
- 喫煙所

©Legoland California

地球の歩き方 ホームページのご案内

海外旅行の最新情報満載の「地球の歩き方ホームページ」！ガイドブックの更新情報はもちろん、各国の基本情報、海外旅行の手続きと準備、海外航空券、海外ツアー、現地ツアー、ホテル、鉄道チケット、Wi-Fiレンタルサービスなどもご紹介。旅先の疑問などを解決するためのQ&A・旅仲間募集掲示板や現地Web特派員ブログ、ニュース＆レポートもあります。

URL https://www.arukikata.co.jp/

■ 多彩なサービスであなたの海外旅行をサポートします！

旅のQ&A・旅仲間募集掲示板

旅のQ&A掲示板

世界中を歩き回った多くの旅行者があなたの質問を待っています。目からウロコの新発見も多く、やりとりを読んでいるだけでも楽しい旅行情報の宝庫です。

URL https://bbs.arukikata.co.jp/

国内外の旅に関するニュースやレポート満載

地球の歩き方 ニュース＆レポート

国内外の観光、グルメ、イベント情報、地球の歩き方ユーザーアンケートによるランキング、編集部の取材レポートなど、ほかでは読むことのできない、世界各地の「今」を伝えるコーナーです。

URL https://news.arukikata.co.jp/

航空券の手配がオンラインで可能

arukikata.com

航空券のオンライン予約なら「アルキカタ・ドット・コム」。成田・羽田のほか、全国各地の空港を発着する航空券を手配できます。期間限定の大特価バーゲンコーナーは必見。

URL https://www.arukikata.com/

空港とホテル間の送迎も予約可能

地球の歩き方 Travel 現地発着オプショナルツアー

効率よく旅を楽しめる世界各地のオプショナルツアーを取り揃えています。観光以外にも快適な旅のオプションとして、空港とホテル間の送迎や空港ラウンジ利用も人気です。

URL https://op.arukikata.com/

ホテルの手配がオンラインで可能

地球の歩き方 Travel 海外ホテル予約

「地球の歩き方ホテル予約」では、世界各地の格安から高級ホテルまでをオンラインで予約できます。クチコミなども参考に評判のホテルを探しましょう。

URL https://hotels.arukikata.com/

海外Wi-Fiレンタル料金比較

地球の歩き方 Travel 海外Wi-Fiレンタル

スマホなどによる海外ネット接続で利用者が増えている「Wi-Fiルーター」のレンタル。渡航先やサービス提供会社で異なる料金プランなどを比較し、予約も可能です。

URL https://www.arukikata.co.jp/wifi/

LAのディズニーリゾートやユニバーサルスタジオ入場券の手配

地球の歩き方 Travel 地球の歩き方チケットオンライン

アナハイムのディズニー・リゾートやハリウッドのユニバーサル・スタジオの、現地でチケットブースに並ばずに入場できる入場券の手配をオンラインで取り扱っています。

URL https://parts.arukikata.com/

ヨーロッパ鉄道チケットがWebで購入できる「ヨーロッパ鉄道の旅」

ヨーロッパ鉄道の旅 Travelling by Train

地球の歩き方トラベルのヨーロッパ鉄道チケット販売サイト。オンラインで鉄道パスや乗車券、座席指定券などを予約できます。利用区間や日程がお決まりの方におすすめです。

URL https://rail.arukikata.com/

海外旅行の情報源はここに！　地球の歩き方　検索

『地球の歩き方 B02 アメリカ西海岸 2020～2021年版』
更新情報のお知らせ

2019 年 10 月 29 日より、ロスアンゼルス国際空港（LAX）から各地へ向かう、シャトルバス、フライアウエイ、タクシー、ウーバー・リフトなどの乗り場、サインの色・名称などが変更されました。
特に、タクシーとウーバー・リフトについては、いったん「LAX-it」行きシャトルバスに乗って（または徒歩で）タクシーやウーバー・リフトの乗り場（LAX-it）へ移動するように変わりましたので、ご注意ください。

＜ 以下、変更後の情報 ＞

ロスアンゼルス国際空港（LAX）到着階 Arrival Level のバゲージクレームエリアを出てすぐの内周道路にある、下記の各乗り場を利用。

P.43：　フライアウエイ
青色の「LAX FlyAway」のサインがある柱のそばから乗車。

P.43：　路線バス
ピンク色の「LAX Shuttles」のサインがある柱のそばから LAX シャトルのルート C に乗り、路線バス乗り場（LAX シティ・バスセンター）へ。

P.43：　ドア・トゥ・ドア・シャトル
オレンジ色の「Shared Ride Vans」のサインがある柱のそばから「SuperShuttle」などに乗車。

P.43：　メトロレイル
ピンク色の「LAX Shuttles」のサインがある柱のそばから LAX シャトルのルート G に乗り、メトロレイル・グリーンラインの Aviation/LAX 駅へ。

P.43：　タクシー　※ウーバー、リフト（配車サービス）も同様
緑色の「LAX-it」のサインがある柱のそばからシャトルバス「LAX-it」に乗るか、徒歩で、ターミナル 1 近くにあるタクシー乗り場（LAX-it）へ。　※配車サービス乗り場も LAX-it と同区画

P.44：　郊外へのエアポートバス
オレンジ色の「Shared Ride Vans」のサインがある柱のそばから、各バスに乗車。

P.44：　レンタカー
紫色の「Rental Car Shuttles」のサインがある柱のそばから各レンタカー会社のシャトルバスに乗車。

以上が更新情報となりますが、短期サイクルで再度変更される可能性もありますので、最新情報は現地空港インフォメーションなどで各自ご確認ください。

●本誌発行後の情報の更新と訂正について

『地球の歩き方』ホームページの「更新・訂正情報」で可能なかぎりご案内していますので（レストランの料金変更などは除く）、ご旅行前にお役立てください。

URL book.arukikata.co.jp/support

San Diego

サンディエゴ

サンディエゴ	168
テメキュラ	197
ティファナ	198

サンディエゴ湾のフェリーから
ダウンタウンを望む

Why San Diego?

サンディエゴに行く理由は？

温暖な気候と高い晴天率、そして安定した治安と清潔で便利な街は、"America's Finest City（アメリカ最良の街）"と呼ばれている。その居心地のいい街には、車で20分の所にある隣国メキシコの影響が色濃く見られ、ほかの大都市にはない独特の雰囲気がある。

理由 1　シーワールド で かわいいイルカに出合いたい

→ P.156

さまざまな乗り物があるテーマパークとして楽しめるのはもちろん、海洋生物の保護活動にも取り組んでいることにも注目したい施設。動物の展示やショーもとても見応えがある。動物好きには、サンディエゴ動物園と郊外のサファリ・パークもおすすめ。

かわいいイルカが目の前を泳ぐ

イルカのショーは生態の研究にもひと役買っている

理由 2　名物の タコス と ビール を味わいたい

メキシコの文化が色濃く漂うサンディエゴでは、本格的なものから新感覚のものまで、さまざまなメキシコ料理が食べられる。名物のクラフトビールとともに食べ歩いてみたい。

→ P.166

クラフトビールが飲める店もたくさんある

名物のフィッシュタコスはぜひ試したい

理由 3　再生した ガスランプクオーター を歩きたい

さびれた街の一角が再開発で息を吹き返したところは各地で見られるが、ダウンタウンのガスランプクオーターはその好例だ。古い街並みの雰囲気を残しつつ、レストランやブティックが集まり、人通りが絶えない。

→ P.178

メインストリートの5th Ave.にあるゲート

通りに面したテラス席は気持ちがいい

理由 4 **オールドタウン**で歴史を感じたい

カリフォルニアで最古のキリスト教伝道所は、1769年にサンディエゴに建てられた。ダウンタウンの北にあるオールドタウンでは、スペインやメキシコ領土にもなったこの土地の歴史が感じられる。

→P.185

州立歴史公園で古いメキシコの街並みにタイムスリップ

理由 5 歩いて国境を越えて**メキシコ**に入国したい

トランプ大統領になって何かとさわがしいアメリカとメキシコの国境だが、旅行者であればサンディエゴからメキシコの隣町ティファナへの入国は簡単。日帰りで2ヵ国を巡る旅が楽しめる。

→P.198

この建物の向こうは違う国

近代的なサンディエゴから色彩あふれるティファナへは30分

理由 6 **ラ・ホヤ**のビーチでのんびりしたい

→P.188

サンディエゴ周辺随一の高級住宅街が広がるのがこの街。美しい海とビーチは、旅行者だけでなく、アザラシやアシカにとっても天国。あちらこちらで昼寝する彼らの姿を見ながら、こちらものんびり。

警戒心がないので人が近づいても逃げないアザラシ

海水浴も楽しめるラ・ホヤ・コーブの美しい海

理由 7 本物の**空母**に乗艦してみたい

→P.179

ダウンタウンエリアの桟橋のひとつに停泊する巨大な船は、1991年に退役した空母、USSミッドウエー。艦内を自由に見て回ることができ、甲板には歴史的な名飛行機がずらり。マニアには垂涎ものだ。

近くで見るとその圧倒的な大きさに驚愕！

理由 8 **ホテル・デル・コロナド**で古きよきアメリカを知りたい

国指定の史跡にも登録されている1888年に建てられた木造のホテル。優雅な建物同様、昔ながらのあたたかなホスピタリティが受けられる。歴代大統領などの政治家からハリウッドの映画スターまで、ここに滞在した著名人は数えきれない。

→P.184

現存するアメリカで2番目に古い木造建築

アメリカの Finest City で
最強ビールと最高タコス！

サンディエゴは太陽も人もすべて気持ちいい。1年間のうち300日が晴れ、気温は年間を通して暑すぎず、寒すぎず。そんなサンディエゴは、ビールとタコス、夏フードが似合う街だ。ビーチもあればさらにGood！ファイネストな気持ちで、サンディエGO！

おもなビールの種類

お気に入りを見つけよう

ビール

のど越しはさわやか、じゃない。

「わが街こそクラフトビールの街 論争」がアメリカでは繰り広げられているのだが、その最右翼がサンディエゴだ。ビールの品評会で高評価を受けるブリュワリーが多数存在する。

IPA
アイピーエー

特徴はホップの風味と苦み。ドシッとした味わいで、一度はまれば日本の一般的なビールでは物足りなくなる。アメリカに来たなら一度は飲みたい。

Pilsner
ピルスナー

日本の大手酒造メーカーが造っているビールがピルスナーに分類される。クセがなく飲み口も軽い。サラサラ飲める。

Stout
スタウト

大麦を焦がして造られるスタウト。濃厚な味わいで、アルコール度数が高いものが多い。泡はクリーミー。アメリカ料理とのペアリングも◎。

夏は特に気持ちいい〜

サンディエゴ・ビール界の首領
Ballast Point バラストポイント

サンディエゴのビールといえば、ここ。バラストポイントを飲まずして日本には帰れない。雰囲気抜群のテイスティングルーム →P.193 で味わうべし。

いろいろな種類を飲みたいならテイスティングメニューを

屋外の席は常に混雑している

悪魔のラベルは一度見ると忘れない
Stone Brewing Co.
ストーンブリューイング・カンパニー

サンディエゴ、ひいてはアメリカを代表するブリュワリー。1996年の創業から右肩上がりで成長を続けている。ペトコパークの近くにタップルーム →P.192 がある。

一番人気のストーンIPA

昼でも暗い店内

サンディエゴの老舗ブリュワリー
Karl Strauss
カールストラウス

サンディエゴでクラフトビール熱が盛んになる以前、1989年に創業されたカールストラウス。各種ビールが数々の受賞歴をもつという、実力派だ。

ダウンタウンの店舗は老舗感ある店の造り
©Karl Strauss

📍 P.177-A2　🏠 1157 Columbia St., San Diego
📞 (619)234-2739
🌐 www.karlstrauss.com
🕐 日〜金11:00〜22:00(日11:30〜、金〜23:00)、土11:30〜23:00　カード AMV

Finestなビーチへ GO!

Coronado コロナド → P.184
渋く遊ぶ大人が集う
人が少なくのんびりできる
人も少なくゆっくり過ごしたい人に人気
夏は若者で大いににぎわう

Ocean Beach オーシャンビーチ → P.186 脚注
ローカルと家族連れが多い
ローカルが集まるオーシャンビーチ

Mission Beach ミッションビーチ → P.187
若者が多く集まる

タコス

マジでうまい。覚悟して!

アメリカで一般的なタコスといえば、レタスやチーズ、挽肉などが具材だが、サンディエゴのタコスはエビや白身魚など魚介類がトッピングされていることが多い。これが、日本人の舌に合う。

ちょっとお勉強 タコスのキホンのキ

1. タコスTacosとはタコTacoの複数形。そのためタコと呼ばれることもある。
2. 本場メキシコではトウモロコシで作られたトルティーヤが使われるが、サンディエゴでは小麦粉から作られたトルティーヤで提供されることがある。
3. タコスひとつでおなかは満たされない。一般的にひとり3～4つは食べる。

白身魚フライのタコス $3.95

ビーチが目の前にある
グッドロケーション・レストラン

South Beach Bar & Grill
サウスビーチ・バー&グリル → P.193

ローカルが多く集まるオーシャンビーチ。その入口にあるレストランだ。ビーチへ行く前、行ったあと、タコスを食べるならここで決まりだ。

店内ではクラフトビールも飲める

ファストフード感覚でいただける

テイクアウトで訪れる人も多い

絶品フィッシュタコスを召し上がれ

Oscar's Mexican Seafood
オスカーズ・メキシカン・シーフード → P.192

こんなに口当たりが軽く、何個でも食べられそうなタコスに出合うことは少ない。ダウンタウンのタコスの名店オスカーズは、毎日、毎食食べたいほど美味だ。

タコスもブリトーも外れなし

Lolita's
ロリータス

タコスも評判だがブリトーやカルネアサダも美味。ダウンタウンの外れにあり、周辺は治安に不安があるので、夜間の移動は注意して。

ローカルも絶賛するロリータス

📍P.177-B3 🏠202 Park Blvd., San Diego
☎(619)269-6055 🌐lolitasmexicanfood.com
🕐毎日8:00～22:00(日～21:00) カード AMV

サンディエゴ
San Diego

カリフォルニア州最南部に位置し、南に20分車を走らせればメキシコという国境の街。アメリカで8番目に大きな都市で、中心部には高層ビルが並んでいるが、道路の幅が広いせいか、それとも街のいたるところにある背の高いヤシの木のせいか、大都市である感じがあまりしない。通年晴天率が高く、気温の変動も少ない。さらに治安もいいので、アメリカ人が住みたい都市ランキングでは、常に上位に位置している。

サンディエゴの歩き方

サンディエゴは海軍基地の街として発展してきた。カリフォルニア大学サンディエゴ校を中心に、生物学、海洋学の研究機関が集結、医療や情報通信関連の企業進出もめざましい。一方、旅行先としては、日本航空が成田から直行便を運航させており、フライト時間はおよそ10時間。LAから南に約195km、車で約2時間の距離にあり、LAからのエクスカーションで訪れる旅行者が多かったが、直行便就航後はサンディエゴ滞在＋近郊の観光スポット巡りといったスタイルが主流になりつつある。

●プランニングのポイント

おもな見どころは、路線バスやトロリー（→ P.173）でアクセスでき、歩いて散策できるエリアがほとんど。また、エリア間の移動も交通機関に複雑さがないため、比較的迷わずに目的地へとたどり着ける（エリアガイド→ P.170）。路線バス、トロリー双方で使えるDay Pass（→ P.173）を購入して歩き始めよう。公共の交通機関をフルに利用して、1日2～3エリアの街歩きが可能だ。滞在日数が短い場合は、オールドタウントロリーやサンディエゴ・シールツアーズ（→ P.174）などで市内観光に繰り出そう。

ダウンタウンやオールドタウン州立歴史公園、シーワールド、ティファナなどを訪れるなら、ダウンタウン周辺にホテルを取り、そこを拠点に移動するとよい。南カリフォルニアのテーマパークやロスアンゼルスなどを旅程に組み込んでいるなら、レンタカーを利用して、サンディエゴの北に位置するラ・ホヤなどでホテルを取るのもいいだろう。

ジェネラルインフォメーション

カリフォルニア州サンディエゴ市
人口　約142万人（東京23区約957万人）
面積　約842km²（東京23区約628km²）
- セールスタックス　7.75%
- ホテルタックス　12.5%

● 観光案内所
San Diego Visitor Information Center
- P.177-A2
- 996-B N. Harbor Dr., San Diego, CA 92101
- (619)236-1242
- www.sandiegovisit.org
- 6～9月：毎日9:00～17:00、10～5月：毎日9:00～16:00

● 在米公館
在米公館、治安についてはP.434～を参照。

旅行のシーズンアドバイス
（アメリカ西海岸の気候→P.407）

サンディエゴカウンティ（郡）は地域によって沿岸、内陸、山岳、砂漠の4つに分類され、サンディエゴシティ（市）は沿岸地域となる。平均気温13～21℃で晴天率も高く、1年を通じて温暖で乾燥している。いつ訪れても外れがないが、なかでも現地の学校が夏休みに入る前の3～5月と夏休み明けの9～11月がおすすめ。6、7月はロックンロール・マラソン、コミコンなど集客の高いイベントがあるので、ホテル確保は早めにしたい。

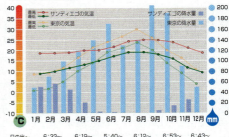
サンディエゴの気候

現地の情報誌

有料情報誌「San Diegan」sandiegan.comはアトラクションをはじめ、ショップ、レストランなど観光に役立つ情報が満載。ドラッグストアなどで入手可能だ。フリーペーパーなら「Reader」www.sandiegoreader.comがある。日本語の無料情報誌「ゆうゆう Yu-Yu」www.sandiegoyuyu.comは現地在住の日本人向けのタウン誌だが、最新のイベント情報、コラムなどを掲載。日系スーパー、日本食レストラン、ホテルなどで入手可能。

イベント&フェスティバル
※詳細は観光局のホームページ（上記のジェネラルインフォメーションを参照）で確認できる

ロックンロール・マラソン
Rock'n' Roll Marathon
- 5月30、31日（2020年）

コースの沿道では多くのバンドが演奏を行い、常に音楽を聴きながら走ることができる。ランナーの仮装OKという、にぎやかなマラソン大会。

コミックコン・インターナショナル
San Diego Comic-Con International
- 7月23～26日（2020年）

4日間で14万人動員のアメリカ版コミックマーケット。年に一度開催されるポップカルチャーの祭典には、コスプレイヤーたちが大集結する。

フリートウイーク
Fleet Week
- 11月4～12日（2019年）

米海軍、海兵隊による航空ショーや艦隊の海上パレード、新兵訓練キャンプ体験などイベント満載のお祭り。

サンディエゴのエリアガイド
San Diego Area Guide

アーバンライフが身近に楽しめるサンディエゴでは、日中の観光だけでなく、ナイトライフも快適かつ安全に楽しめる。ダウンタウンのガスランプクオーターは、レストラン、バーなどが集まる商業地域で、夜が最もにぎやかなエリア。健康的なバケーションが目的なら、ぜひビーチエリアやゴルフコースへ出かけよう。サンディエゴはサーフィンが盛んで、夕日も最高にきれいだ。ショッピングは、ダウンタウンのホートンプラザや、ミッションバレー周辺、国境の町にあるショッピングモールやアウトレットがおすすめ。

ダウンタウン
Downtown (→ P.178)

ダウンタウンでの街歩きはホートンプラザから始めてみよう。建物の東側の南北に広がるエリアはガスランプクオーター、建物の北にあるBroadwayを西に歩けば、港町サンディエゴを実感させる風景を見られる。なお、ガスランプクオーターより東、グレイハウンド駅周辺は浮浪者が多く、あまり治安がよくない。夜間はむやみに歩かないように。バルボアパークにはスペイン植民地時代の歴史的建造物が数多く残されており、その雰囲気を味わうだけでも訪れる価値あり。

コロナド
Coronado (→ P.184)

ダウンタウンから海を横切るように延びている島がコロナドだ。フェリーやバスでアクセスでき、趣のあるリゾートホテル、ホテル・デル・コロナドが有名。宿泊しなくてもホテル内を歩いてみたり食事をして、雰囲気を楽しんでみるのもいい。

美しいビーチが広がっている

Point to Point サンディエゴ移動術

出発地 \ 目的地	Ⓐ 5th Ave. & Broadway ガスランプクオーターの1ブロック北 (ダウンタウン)	Ⓑ Orange Ave. & Adella Blvd. ホテル・デル・コロナド入口の1ブロック北 (コロナド)
Ⓐ 5th Ave. & Broadway ガスランプクオーターの1ブロック北 (ダウンタウン)		Orange Ave. & Adella Ave. 🚌901→ 5th Ave. & Broadway (30分)
Ⓑ Orange Ave. & Adella Blvd. ホテル・デル・コロナド入口の1ブロック北西 (コロナド)	Broadway & 3rd Ave. 🚌901→ Orange Ave. & Glorietta Blvd. (40分)	
Ⓒ Old Town 駅 オールドタウン州立歴史公園の西隣 (オールドタウン周辺)	5th Ave. & Broadway 徒歩5分→ Civic Center 駅 🚋ブルー→ America Plaza 駅🚶 Santa Fe Depot 駅 🚋グリーン→ Old Town 駅 (20分)	Orange Ave. & Adella Ave. 🚌901→12th & Imperial T/C 駅🚶 🚋グリーン→ Old Town 駅 (60分)
Ⓓ Sea World S. Shore Rd. にあるシーワールドの入口 (ミッションベイ)	5th Ave. & Broadway 徒歩5分→ Civic Center 駅 🚋ブルー→ America Plaza 駅🚶 Santa Fe Depot 駅 🚋グリーン→ Old Town 駅🚶 🚌9→ SeaWorld (45分)	Orange Ave. & Adella Ave. 🚌901→12th & Imperial T/C 駅🚶 🚋グリーン→ Old Town 駅🚶 🚌9→ SeaWorld (80分)
Ⓔ Silverado St. & Herschel Ave. ラ・ホヤ中心部 #30 バス停 (ラ・ホヤ)	5th Ave. & Broadway 🚌30→ Silverado St. & Herschel Ave. (60分)	Orange Ave. & Adella Ave. 🚌901→ 5th Ave. & Broadway 🚶 🚌30→ Silverado St. & Herschel Ave. (100分)

公共の交通　🚌MTSバス　🚋サンディエゴトロリー　🚶乗り換え　※所要時間は目安

オールドタウン周辺
Old Town（→ P.185）

19世紀当時の建物と一部再建された建物が立ち並ぶオールドタウン歴史公園では、メキシコの雰囲気を楽しみたい。カリフォルニア発祥の地であるカブリヨ・ナショナル・モニュメントは、シーニックポイントとして有名な場所だ。毎年12月～翌3月にかけてはホエールウオッチングも楽しめる。

ミッションベイ
Mission Bay（→ P.187）

南カリフォルニア随一のマリンライフパーク、シーワールド（→ P.156）を中心に、ローカルが集まるミッションビーチ（→ P.187）やマリンアクティビティが盛んなパシフィックビーチ（→ P.187）など、ダウンタウンにはないにぎやかさがある。特にこのふたつのビーチは遊歩道でつながっており、道沿いに軒を連ねるバーやレストランは、夜になるにつれて若者で活気づく。

ラ・ホヤ
La Jolla（→ P.188）

ダイバーや芸術家たちが愛するラ・ホヤは、海も街並みも美しいリゾート。冒険気分で歩く洞窟、サニー・ジム・ケーブやケーブの上にあるミニトレイルからの眺めに心が癒やされる。リゾート志向の滞在はこのエリアがおすすめだ。

サンディエゴ・エリアマップ

※効率よく移動できるものを、複数あるルートから選んでおり、必ずしも最短ルートとは限らない。

ⓒ Old Town 駅 オールドタウン州立歴史公園の西隣（オールドタウン周辺）	ⓓ Sea World S. Shore Rd. にあるシーワールドの入口（ミッションベイ）	ⓔ Silverado St. & Herschel Ave. ラ・ホヤ中心部 #30 バス停（ラ・ホヤ）
Old Town 駅 グリーン → Santa Fe Depot 駅 → ブルー → America Plaza 駅 → Civic Center 駅徒歩5分 → 5th Ave. & Broadway（25分）	SeaWorld 9 → Old Town 駅 グリーン → Santa Fe Depot 駅 → ブルー → America Plaza 駅 → Civic Center 駅徒歩5分 → 5th Ave. & Broadway（45分）	Silverado St. & Herschel Ave. 30 → Broadway & 3rd Ave. 徒歩3分 → 5th Ave. & Broadway（65分）
Old Town 駅 グリーン → 12th & Imperial T/C 駅 → 901 → Orange Ave. & Glorietta Blvd.（50分）	SeaWorld 9 → Old Town 駅 グリーン → 12th & Imperial T/C 駅 → 901 → Orange Ave. & Adella Blvd.（70分）	Silverado St. & Herschel Ave. 30 → Broadway & 3rd Ave. → 901 → Orange Ave. & Adella Blvd.（120分）
	SeaWorld 9 → Old Town 駅（20分）	Silverado St. & Herschel Ave. 30 → Old Town 駅（40分）
		Silverado St. & Herschel Ave. 30 → Felspar St. & Mission Blvd. 9 → SeaWorld（60分）
Old Town 駅 9 → SeaWorld（20分）		
Old Town 駅 30 → Silverado St. & Herschel Ave.（40分）	SeaWorld 9 → Old Town 駅 30 → Silverado St. & Herschel Ave.（70分）	

サンディエゴへのアクセス
Access to San Diego

グレイハウンド・バスディーポ
Greyhound Bus Depot

バスディーポは、ダウンタウンの東にある。LAから約2時間30分。国境を越えた先、メキシコのティファナまでは約1時間で、便数も多い。
- MP.177-B3
- 1313 National Ave.
- (619)515-1100
- www.greyhound.com
- 毎日5:00〜23:45

サンタフェ駅（鉄道）
Santa Fe Station

LA〜サンディエゴ間をパシフィックサーフライナー号が所要約3時間で1日約11便運行。サンディエゴトロリー（→P.173）のSanta Fe Depot駅とアムトラックの乗り場は隣接している。
- MP.177-A2
- 1050 Kettner Blvd.
- (1-800)872-7245
- www.amtrak.com
- 毎日6:00〜翌1:00

サンディエゴ国際空港（SAN）
San Diego International Airport

- MP.176-A1〜2　3225 N. Harbor Dr.
- (619)400-2404　www.san.org

　ダウンタウンから北西へ5kmほど。日本航空が成田国際空港から直行便を運航している。LAからのアメリカ国内便が頻繁にあり、所要約1時間。ターミナル間の移動は、無料の循環シャトルバス「Airport Loop」で。レンタカー会社の連絡バスはターミナル1と2から運行している。

サンディエゴ国際空港から市内へ

■路線バス　MTS Bus #992
(619)557-4555　※P.173参照

　ダウンタウン（アムトラック駅、ホートンプラザ付近）へはMTSバス♯992が便利。$2.25。毎日5:51〜24:13の間、15〜40分おきの運行。所要約20分。

■ドア・トゥ・ドア・シャトル　Door to Door Shuttle

　サンディエゴ国際空港から市内、近郊の町まで運行。運賃の目安はダウンタウン周辺$8〜10、ラ・ホヤ$25〜35前後。
- ●Advanced Shuttle　www.advancedshuttle.com
- ●SuperShuttle　www.supershuttle.com

サンディエゴの交通機関
Transportation in San Diego

サンディエゴ・MTS バス（路線バス）
San Diego Metropolitan Transit System (MTS) Bus

　バスの起点は、ダウンタウンのBroadwayとオールドタウン・トランジットセンター。

　バスの料金箱はおつりが出ない。なお、トランスファー制度がないのでデイパスを購入するほうがいい。デイパス購入にはコンパスカードCompass CardというICカードの購入が必要（カード代$2）で、1日券（$5）購入の場合、合計$7となる。

サンディエゴトロリー
San Diego Trolley

　ウオーターフロントからぐるっと回って東のサンティ方面へ行くグリーンラインGreen Lineと、北はアメリカプラザ、南はメキシコ国境まで行くブルーラインBlue Line、コートハウスから東へ延びるオレンジラインOrange Lineの3系統ある。どれも車体は同じなので注意すること。

サンディエゴ・MTS バス
サンディエゴ市内と郊外を広くカバーする、MTSのバス。
- ☎(619)557-4555
- 🌐www.sdmts.com
- 💰ルートにより大人$2.25〜2.50、5歳以下無料

MTS トランジットストア
The Transit Store （バス案内所）
- 📍P.177-B3
- 🏠1225 Imperial Ave.
- ☎(619)234-1060
- 🌐www.sdmts.com
- 🕐月〜金8:00〜17:00
- 休土・日、おもな祝日

デイパス Day Pass
- 💰1日券$5、2日券$9、3日券$12、4日券$15
- デイパスはトランジットストアほか、トロリー駅にあるCompass Cloud（専用アプリ）でも買える。

サンディエゴトロリー
- ☎(619)557-4555
- 🌐www.sdmts.com
- 💰区間は関係なく$2.50均一。デイパスも使用可

サンディエゴトロリー・マップ

サンディエゴの交通機関 Transportation in San Diego

コースター
- ☎(760)966-6500
- 🌐www.gonctd.com
- 🕐サンディエゴ発:月〜金6:15〜19:13の間11本運行(金のみ23:15まで13本運行)、土9:35〜23:14の間6本運行、日・おもな祝日9:35〜19:10の間4本運行
オーシャンサイド発:月〜金5:03〜17:41の間11本運行(金のみ21:51まで13本運行)、土8:20〜18:25の間6本運行、日・おもな祝日8:20〜17:21の間4本運行
- 💰Zone1からZone3まで、6歳以上$4〜5.50、5歳以下無料

オールドタウントロリー
- ☎(1-866)754-0966
- 🌐www.trolleytours.com
- 🕐毎日9:00〜17:00で30分に1本運行(夏期は運転延長、冬期は短縮)
- 休サンクスギビング、クリスマス
- 💰$42、4〜12歳$25
- 停留所
- Ⓐ Old Town Market
- Ⓑ Embarcadero Marina
- Ⓒ Seaport Village
- Ⓓ Marriott Marquis & Marina
- Ⓔ Horton Plaza Park
- Ⓕ Gaslamp Quarter
- Ⓖ Hilton Bayfront
- Ⓗ Hotel del Coronado
- Ⓘ Balboa Park
- Ⓙ Little Italy

サンディエゴ・シールツアーズ
- free(1-800)868-7482
- 🌐www.sealtours.com
- 🕐毎日10:00〜17:00(夏期〜18:00、冬期〜15:00、天候やイベントにより異なる)
- 休サンクスギビング、クリスマス
- 💰$42、4歳〜12歳$25、3歳以下$10

コースター
Coaster

　サンディエゴダウンタウンのアムトラック・サンタフェ駅から、海岸線を北上した所にある町、オーシャンサイドOceansideを約1時間で結ぶ鉄道。レゴランドに行くときに便利だ。また、アメリカ西海岸のサーフィンの聖地、エンシニータスEncinitasにも停車する。

ツアー案内

オールドタウントロリー
Old Town Trolley

　市内のおもな見どころ10ヵ所を結ぶ、1日乗り降り自由のトロリー。1周約2時間。チケット窓口はオールドタウン、観光案内所(→P.169)の横などにあるが、事前に左記ウェブサイトからeチケットを購入しておけば、そのバウチャー提示でどの停留所からも乗車可能だ。ドライバー兼ガイドが、観光案内をしてくれる。

効率のよい観光ができるトロリーツアー

サンディエゴ・シールツアーズ
San Diego Seal Tours

　水陸両用車でダウンタウンのシーポートビレッジ(→P.179)から出発し、シェルターアイランドのマリーナからボートに変わって湾内クルーズを楽しむ約90分のツアー。

定番になりつつある水陸ともに楽しめるツアー

Column ローカルに愛されるサンセットを目指して

　サンディエゴの夕日は格別だ。気候もよく空気が澄み、色の濃い夕日を見ることができる。ダウンタウンのウオーターフロントでも見ることができるが、ラ・ホヤ(→P.188)の北、スクリプスビーチの夕日は特にすばらしい。ダウンタウンから遠いぶん観光客が少なく、ローカルが多い。そんな地元っ子の秘密の場所。時間があれば訪れてみてほしい。

●**Scripps Beach**
MP.176-A1
8564 El Paseo Grande, La Jolla

行き方ダウンタウンからMTSバス#30でLa Jolla Shores Dr. & Camino Del Collado下車。所要約70分。

7月中旬、20:00頃の夕日

> 今日は何する？

San Diego Itinerary
―サンディエゴの1日モデルコース―

Point
見どころがコンパクトにまとまっているので、街歩きも快適。トロリーを上手に使いこなそう。

朝食は絶品フレンチトーストから
Café21　滞在時間：1時間
カフェ21　→ P.193

ガスランプクオーターにある、朝食が評判のレストランから1日がスタート。

甘いフレンチトーストとコーヒーを注文

Access　徒歩20分

10:20

巨大空母をくまなく観察　滞在時間：2時間
USS Midway Museum
USSミッドウェイ博物館　→ P.179

数々の戦争を経てサンディエゴの港に停泊する巨大空母へ！

想像以上の大きさに驚くはず

Access　徒歩15分

12:35

絶品イタリアンでランチ　滞在時間：1時間
Little Italy　リトルイタリー　→ P.180

ピザやパスタなどを提供する、イタリアンレストランが並ぶ。どこもおいしい。

アツアツのピザをほおばろう

Access　County Center/Little Italy駅からトロリーのグリーンラインで10分

13:45

サンディエゴの歴史を感じる　滞在時間：1時間
Old Town State Historic Park
オールドタウン州立歴史公園　→ P.185

おみやげ屋が多く、ショッピングにも最適。ノスタルジックなエリアをぶらり。

メキシコみやげが揃う

Access　Old Town T/CからMTSバス#8で約20分

15:05

サンディエゴといえばビーチ
Mission Beach　滞在時間：2時間
ミッションビーチ　→ P.187

若者が集まるミッションビーチをぶらり。サンディエゴは日が長いので、まだ明るい。

歩行者道路は多くの人であふれる

Access　Mission Blvd. & Santa Barbara Pl.からMTSバス#8→Old Town T/Cからトロリー・グリーンラインで約40分

17:45

ガスランプが街をロマンティックに彩る
Gaslamp Quarter　滞在時間：2時間
ガスランプクオーター　→ P.178

ディナーはここで。レストランが通りの左右に連なる。

南の入口にあるネオン

Access　徒歩5〜10分

19:50

最後はサンディエゴ自慢の地ビールで
Brewery　ブリュワリー　→ P.192, 193　滞在時間：1時間

ガスランプクオーターやリトルイタリーのブリュワリーで1日の終わりに乾杯！ほとんどのバーでクラフトビールを提供

How to 夜遊び？
夜遊びならガスランプクオーターで。クラブやバーが多くある。人通りがあり治安もいいので安心して楽しめるだろう。

サンディエゴ San Diego

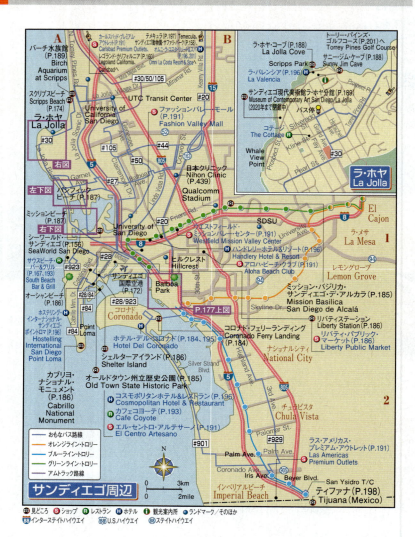

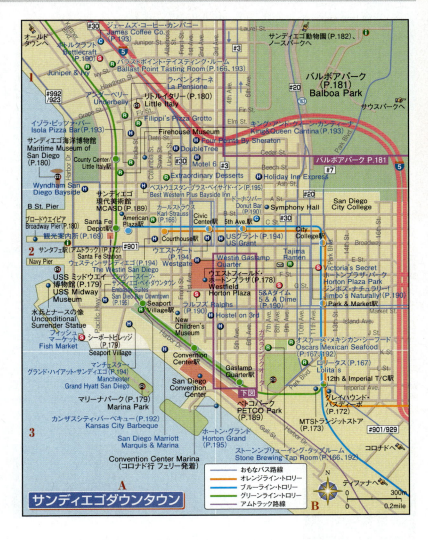

ダウンタウン
Downtown

観光の中心であるダウンタウン。まずはウオーターフロントにある観光案内所へ行き、情報収集から始めたい。海岸沿いには見どころが多く集中している。夜はにぎやかなガスランプクオーターで食事を。

ガスランプクオーター
☎(619)233-5227
🌐www.gaslamp.org
🚋トロリーのグリーンラインでGaslamp Quarter駅下車。

ガスランプ・ミュージアム・アット・ザ・デイビス・ホートン・ハウス
MP.177-A4
住410 Island Ave.
☎(619)233-4692
🌐gaslampfoundation.org
営火～土10:00～16:30、日12:00～15:30
休月、おもな祝日
料$5（オーディオツアー$10）、7歳以下無料
※ガスランプクオーターの各種ウオーキングツアーも行われている

レトロな雰囲気が漂うガスランプクオーター

ホートンプラザ
住324 Horton Plaza
☎(619)239-8180
営月～土10:00～21:00（土～20:00）、日11:00～18:00
休おもな祝日

ダウンタウン　Downtown

19世紀末頃隆盛を極めた、商業地域　サンディエゴダウンタウン　MP.177-B2～B3
ガスランプクオーター
Gaslamp Quarter　★★★

レストラン、ナイトクラブ、バー、ブティックなどが集まっているダウンタウンの再開発地域。北はBroadway、南はHarbor Dr.、東と西を6th Ave.と4th Ave.に囲まれた細長いエリアだ。街頭には数メートルおきにガスランプが立ち、夜はとても美しい。

19世紀初頭、西部劇のヒーロー、ワイアット・アープによって建てられた3つのギャンブル場を中心に街は少しずつ発展、19世紀末にはビクトリア調の美しいビルが立ち並ぶ繁華街になった。しかしその後衰退し、一時はゴーストタウンのようになってしまった。

近年、ビクトリア調の建物（**ウイリアム・ヒース・デイビス・ハウスなど**）を残しながらの再開発が進められ、現在ではダウンタウン随一の繁華街として多くの人々でにぎわうエリアとなった。

テラス席を設けているレストランも多い

街の中心にある便利なモール　サンディエゴダウンタウン　MP.177-A2～B2
ホートンプラザ
Horton Plaza　★★

ダウンタウンの中心にあるモール。デパートのメーシーズやレストラン、郵便局などがある。なかでもオーガニックスーパーのJimbo's Naturally！（→P.190）は、食材やデリはもちろん、おみやげにちょうどいい日用雑貨も豊富に揃っている。また、モールの前にはさまざまなイベントが行われるホートンプラザ・パークがある。

巨大な壁画があるホートンプラザ・パーク

 ダウンタウンの観光案内所　ウオーターフロントにある（→P.169）。周辺には各種ツアーの窓口や、公共のトイレなども設置されているので便利だ。

緑の芝と海のコントラストが美しい　サンディエゴダウンタウン　MP.177-A3
マリーナパーク
Marina Park

サンディエゴ湾に突き出る形で造られた海浜公園。夏の風物詩、サンディエゴ・シンフォニーのサマーポップスは、**エンバーカデロ・マリーナパーク・サウスEmbarcadero Marina Park South**に屋外ステージが設けられる。また、シーポートビレッジに隣接している**エンバーカデロ・マリーナパーク・ノースEmbarcadero Marina Park North**は、朝から多くの市民や観光客が行き交う憩いの場となっている。マリーナパーク・ノースからミッドウエイ博物館までは遊歩道でつながっており、潮風に当たりながらのんびりと歩くにはちょうどいい距離だ。

サイクリングやジョギングも楽しい公園

コロナド行きのフェリー
コンベンションセンターの船着き場から発着している(ブロードウエイピア→P.180からも発着)。
住 600 Convention Way
URL www.flagshipsd.com
営 毎日9:00〜21:00の1時間おき(金・土のみ22:00発あり)
料 大人＄5、3歳以下無料

サンディエゴ・シンフォニー
URL www.sandiegosymphony.org

海に面した広くて楽しいショッピングビレッジ　サンディエゴダウンタウン　MP.177-A2
シーポートビレッジ
Seaport Village

サンディエゴ湾が一望できる好ロケーションで、ブティック、レストラン、ギフトショップなど約70店が集まっている。また、1895年にできた回転木馬、噴水、池、ベンチなどが点在しているほか、路上パフォーマンスやライブ演奏などのイベントもしばしば開催される。

子供に人気の回転木馬

近くにはフィッシュマーケットも

シーポートビレッジ
住 849 W. Harbor Dr.
TEL (619)530-0704
URL www.seaportvillage.com
営 6〜8月 毎日10:00〜22:00、9〜5月毎日10:00〜21:00
交通 トロリーのグリーンラインSeaport Village駅下車。

歴史的な偉業をなし終えた空母ミッドウエイ　サンディエゴダウンタウン　MP.177-A2
USS ミッドウエイ博物館
USS Midway Museum

第2次世界大戦末期から、数々の歴史的な戦いを経て、1991年のクウェート解放を最後に47年間の任務を終えた空母、ミッドウエイMidway。その実物が2004年に博物館として生まれ変わり、一般公開されている。館内はセルフ・オーディオ・ガイドツアー(日本語あり)に従って回るシステムを採用している。地下から順にSecond Deck、Hangar Deck、飛行甲板のFlight Deckで構成され、60を超える展示物と当時活躍した戦闘機など、ミッドウエイの歴史を語るうえで、重要かつ興味深い展示がなされている。なお、狭い艦内を上り下りするので、歩いて展示を回るだけだが体力を消耗する。急ぎ足で回っても3時間は欲しいところ。また、シミュレーションライドやボランティアによるミニツアーが盛んに行われている。甲板の一角に軽食が取れるコーナーやギフトショップもあり。

USS ミッドウエイ博物館
住 910 N. Harbor Dr.
TEL (619)544-9600
URL www.midway.org
営 毎日10:00〜17:00(入場は16:00まで)
休 サンクスギビング、クリスマス
料 大人＄22、シニア(62歳以上)＄19、学生(要ID、13〜17歳)＄16、6〜12歳＄9

広大な甲板上にたくさんの戦闘機などが展示されている

 クラフトビールの聖地　サンディエゴはクラフトビールの聖地と呼ばれるほど、ビールメーカーが多い。サンディエゴに来たからには、いろいろなビールを飲み比べてみるのもおすすめ。(大阪府　黒田啓一郎　'15)['19]

サンディエゴ San Diego　ダウンタウンの見どころ

ダウンタウン *Downtown*

ブロードウエイピア
Flagship Cruises & Events
- 990 N. Harbor Dr., San Diego
- (1-800)442-7847
- www.flagshipsd.com
- ●湾内ツアー
- 1時間：大人＄27、子供（4～12歳）＄13.50
- 2時間：大人＄32、子供（4～12歳）＄16

サンディエゴ湾をクルーズで遊覧しよう　サンディエゴダウンタウン　MP.177-A2

ブロードウエイピア
Broadway Pier ★★

穏やかなサンディエゴ湾では1年を通じてクルーズが楽しめる。いちばん手頃なのが1～2時間の湾内クルーズ。海上に鎮座する現役の軍艦やアシカの群れを眺めながら、ダウンタウンのスカイラインを一望することができる。**コロナドへ渡るフェリーもここから出航。**

コロナドへのフェリー

また、毎年12月中旬から4月中旬にかけてはホエールウオッチング・クルーズが盛んだ。約2万頭ものコククジラが、太平洋北部のベーリング海からメキシコのバハ・カリフォルニアを目指すという。運がよければ、野生のクジラを間近で見られるかも。

サンディエゴ海洋博物館
- 1492 N. Harbor Dr.
- (619)234-9153
- sdmaritime.org
- 毎日9:00～20:00（6～9月～21:00）
- 大人＄18、シニア（62歳以上）・学生（13～17歳）＄13、子供（3～12歳）＄8
- 行き方 トロリーのグリーンライン County Center/Little Italy 駅下車。

サンディエゴ湾に停泊している歴史ある船　サンディエゴダウンタウン　MP.177-A1

サンディエゴ海洋博物館
Maritime Museum of San Diego ★★

1863年に造られた世界でいちばん古い現役の帆船、スター・オブ・インディアStar of Indiaを筆頭に、1898年製の蒸気船バークリーBerkeley、1904年製蒸気ヨットのミディアMedeaといった歴史的価値の高い船をサンディエゴ湾に停泊させている。実際に乗船することができ、甲板や船長室などを自由に見学することができる。

甲板から海を眺めてみよう

リトルイタリー
- 行き方 トロリーのグリーンラインCounty Center/Little Italy駅下車。

リトルイタリー・アソシエーション
- www.littleitalysd.com
- 毎週水曜と土曜のファーマーズマーケットMercatoのほか、アートウオークや各種フェスなどのイベントを数多く開催している。

イタリア移民のコミュニティ　サンディエゴダウンタウン　MP.177-A1

リトルイタリー
Little Italy ★★★

ダウンタウンの北西にあるリトルイタリー一帯は、1920年代から1970年代、水産業に従事していた多くのイタリア系移民が住んでいた場所だ。水産業の衰退とともに地域の活気も失っていたが、再開発が進められ現在のように整えられた。イタリア系アメリカ人を中心に組織されたリトルイタリー・アソシエーションを母体に地域活性化に取り組んでいる。エリア内の清掃がとても行き届いており、1ブロックに最低ふたつのゴミ箱を設置。インディアストリートIndia St.を中心に、レストランやダイニングバー、ブティック、アート関連のショップなどが軒を連ねている。

土曜のファーマーズマーケットの様子

リトルイタリーのサタデイマーケット　土曜日にサンディエゴに滞在しているなら、ぜひ午前中にリトルイタリーのマーケットに行くことをおすすめしたい。新鮮な食材を買い求める地元の人だけでなく、手作りのジャム ↗

アップタウン Uptown

バルボアパーク
Balboa Park

ダウンタウンの北、約2kmの場所に広がる小高い丘の上に造られた4.9km²の面積をもつ総合公園。サンディエゴ動物園をはじめ美術館、博物館、劇場、庭園など約30の施設があり、サンディエゴのレクリエーションや文化活動の中心だ。青い空を背景にスパニッシュコロニアル風の建物が立ち並ぶ広大な敷地内を、時間をかけてじっくり回りたい。

バルボアパークの歩き方

サンディエガン憩いの場である**バルボアパーク**は、1日ではとても回り切れないが、**サンディエゴ動物園**にはぜひ足を運びたい。何度も訪れる予定があるなら観光案内所で販売しているパスポートPark Pass（→側注）を購入して、公園内の博物館や美術館を回るのがお得。時間がなくても、歴史的建造物群を眺めながら散策を楽しんだり、曜日によっては野外音楽堂でパイプオルガンの演奏があったりと、楽しみ方はいろいろだ。

まずは、バルボアパークの中心を走る通りEl Pradoに面して立つ観光案内所**Balboa Park Visitors Center**へ行き、園内の情報を入手しよう。ここには園内案内地図（有料、無料あり）やサンディエゴの観光資料が置いてある。園内の移動には赤と緑の車体が目印のバルボアパーク・トラムを利用しよう。

バルボアパーク
MP.177-B1
行き方 ダウンタウンからMTSバス#7でPark Blvd. & Village Pl.下車。

観光案内所
MP.181-B1
1549 El Prado
(619)239-0512
www.balboapark.org
毎日9:30～16:30

● Park Pass
パーク内にある複数の美術館や博物館を訪れるならパスの購入がお得。1day Explorerパス［大人$48、子供（3～12歳）$29］は16ある施設のうち5ヵ所に入場可能なパス。使い始めから7日間有効のMulti-Day Explorerパス［大人$59、子供（3～12歳）$32］は全16の施設に入場可能だ。また、Multi-Day Explorerパスにサンディエゴ動物園が含まれたパス［大人$103、子供（3～12歳）$68］も人気がある。

El Pradoに面して立つ観光案内所

バルボアパーク・トラム
運行：毎日9:00～18:00（夏期～20:00）、8～10分ごと
無料

パーク・トラムは移動の足として大活躍する

などの加工品やおみやげにいいクラフトやアート作品を並べる店も多数出店しており、旅行者も楽しめる。さまざまな食べ物の屋台もあるので、ここで朝食を取るのもいい。（千葉県　ビアラバー　'19）

サンディエゴ San Diego　ダウンタウンの見どころ（バルボアパーク）

181

ダウンタウン Downtown

アメリカを代表する動物園のひとつ　バルボアパーク　MP.181-A〜B1
サンディエゴ動物園
San Diego Zoo ★★★

左：多くの人でにぎわうエントランス
右：間近で動物を観察

サンディエゴ動物園
住 2920 Zoo Dr.
電 (619)231-1515
zoo.sandiegozoo.org
毎日9:00〜17:00（夏期は21:00まで、季節により閉園時間が異なる）
大人$56、子供$46（ガイドバスツアーとスカイファリを含む）

バスツアーで園内を回ろう

ガイドバスツアー
毎日9:00〜17:00（時期により異なる）

スカイファリ
毎日10:00〜18:00（時期により異なる）

コアラの展示はいちばんの人気

インサイド・ルック・ツアー
$89
所要2時間

　バルボアパークの北側にあり、世界的にその名を知られた動物園。100エーカー（約40万m²）の敷地に約650種、約3500頭の動物を飼育している世界的規模の動物園で、園内随所に配された亜熱帯植物のコレクションでも有名だ。また、絶滅の危機に瀕している希少動物の保護と繁殖にも力を入れている。

　広大な園内だけに、1日ですべてを見て回ることは容易ではない。まずは**ガイドバスツアーGuided Bus Tour**を利用しよう。ダブルデッキのバスで、園内の70%を網羅する35分のツアーだ。ロープウエイのような乗り物**スカイファリSkyfari**は上空から動物園を眺めることができ、こちらもおすすめ。ガイドバスツアーやスカイファリには、しっかり園内の地図を持って乗り込もう。あとで自分の興味のあるエリアに戻るときに位置関係を把握するためだ。動物は必ずしも生息地別に展示されているわけではないので、場所を確認してから歩き始めたい。

　2019年4月に展示の目玉のひとつであったジャイアントパンダが中国に返還されたが、見どころは満載。生息地のオーストラリア以外では世界最大のコアラの飼育（繁殖）施設や、ユキヒョウなどの貴重な種類を含む大型ネコ科動物、ゴリラやオランウータン、ボノボなどの多様なサルの仲間は必見。ガラス1枚隔ててホッキョクグマなどの猛獣に接近できる展示は迫力満点だ。

　動物だけでなく、ハワイ自生の植生を再現した展示をはじめとする植物の展示も（目立たないが）、この動物園の特徴のひとつ。

　一般のゲストが立ち入ることのできないエリアを回り、動物の飼育方法やスタッフの裏話が聞ける**インサイド・ルック・ツアーInside Look Tour**は要予約。

アフリカのサバンナを再現したキリンの展示

バルボアパークの北東に広がるノースパーク　ローカルの集まるノースパークには、ダウンタウンにはない雰囲気がある。人気のブリュワリーやサンディエゴ発のブランド、おしゃれなブティックやカ

ヨーロッパ絵画が充実、庭園の彫刻も見応えあり　バルボアパーク　MP.181-B1
サンディエゴ美術館
San Diego Museum of Art

ルネッサンス期のイタリア、バロック時代のスペイン、19～20世紀の欧米の絵画や影像が中心。ルーベンス、エル・グレコ、ゴヤ、モネ、ルノアールなど、世界的有名画家の作品も多く展示されている。そのほか、日本をはじめ中国、インドなどアジアの絵画、アメリカンモダンアートのイラスト、庭園に点在する彫刻など、見逃せない作品が多く展示されている。

サンディエゴ美術館
- 1450 El Prado, Balboa Park
- (619)232-7931
- www.sdmart.org
- 木～火10:00～17:00（金～20:00、日12:00～）
- 水、おもな祝日
- 大人$15、シニア（65歳以上）$10、学生（要ID）$8、17歳以下無料

コレクションが豊富なサンディエゴ美術館

パットナム姉妹の美術に対する愛情が感じられる　バルボアパーク　MP.181-B1
ティムケン美術館
Timken Museum of Art

スイレンの池のほとりに立つ、こぢんまりとした建物がティムケン美術館だ。Anne、Amy Putnam姉妹の後期のコレクションを展示している（初期のコレクションはサンディエゴ美術館に寄贈）。

60以上あるコレクションは、おもに15～19世紀のヨーロッパ絵画、18～19世紀のアメリカ絵画、15～17世紀のロシアのアイコンの3つに分けて展示されている。

小規模だが質の高い収蔵品が多い

ティムケン美術館
- 1500 El Prado, Balboa Park
- (619)239-5548
- www.timkenmuseum.org
- 火～金・日10:00～16:30（日12:30～）、土11:00～15:00
- 月、おもな祝日
- 無料

アメリカ南西部からメキシコの自然史を展示　バルボアパーク　MP.181-B1
サンディエゴ自然史博物館
San Diego Natural History Museum

地上4階、地下1階の建物には恐竜のコーナーをはじめ、1億5000万年前にカリフォルニアにいたという肉食恐竜アロザウルスの化石や、7500万年前のメキシコやカリフォルニアに生息していたマストドンゾウの化石などの展示がある。また、宝石コーナーも充実しており、サンディエゴ近くで採掘されたピンクのトルマリンは必見だ。同博物館自慢の**ジャイアント・スクリーン・シアターGiant Screen Theater**では、自然界の美しさ、偉大さ、脅威などを映像化した作品を上映している。

サンディエゴ自然史博物館
- 1788 El Prado, Balboa Park
- (619)232-3821
- www.sdnhm.org
- 毎日10:00～17:00
- おもな祝日
- 大人$19.95、シニア（62歳以上）・学生$16.95、子供（3～17歳）$11.95

ジャイアント・スクリーン・シアター
- 入場料に含まれる

マストドンゾウの化石は必見

飛行機や宇宙開発の歴史について知る　バルボアパーク　MP.181-A2
サンディエゴ航空宇宙博物館
San Diego Air & Space Museum

バルボアパークのいちばん南側、博物館群から外れた奥に立っている。UFOを思わせるユニークな建物内の広いスペースは7つの展示室で構成、約60機の多種多様な飛行機のなかには実物も数多い。また、エントランスには、1969年に宇宙飛行したアポロ9のコマンド・モジュールや、チャールズ・リンドバーグが大西洋単独飛行に初めて成功したスピリット・オブ・セントルイス号の模型が展示されている。

スピリット・オブ・セントルイス号の模型

サンディエゴ航空宇宙博物館
- 2001 Pan American Plaza, Balboa Park
- (619)234-8291
- www.sandiegoairandspace.org
- 毎日10:00～16:30
- おもな祝日
- 大人$19.95、シニア・学生（要ID）$16.95、子供（3～11歳）$10.95

フェなど、サンディエゴの流行発信地となっている。ダウンタウンからはMTSバス#2、7で30th St. & University Ave.周辺で下車。約25分。（埼玉県　SHINJI　'16）['19]

コロナド
Coronado

ダウンタウンからサンディエゴ湾の向こうに見えるコロナド。高架橋で結ばれているが、フェリーで行くこともできる。国の史跡にも指定されているホテル・デル・コロナドは見逃せない。

コロナド
行き方 ダウンタウンのBroadway & 3rd Ave.で海側から来るMTSバス#901に乗ると、サンディエゴ湾を横切る橋を越えてコロナドへ渡ることができる。
早朝から深夜まで、1時間に1～4本運行。ホテル・デル・コロナドまで所要約30分。

ホテル・デル・コロナド
🏠 1500 Orange Ave., Coronado
☎ (619) 435-6611
📠 (1-800) 468-3533
🌐 www.hoteldel.com
(→P.195)

クラウンルーム
●サンデイブランチ
充実したメニューでたいへん人気がある。要予約。
☎ (619) 522-8100 (予約)
営 日9:30～13:00
料 大人$98、子供【6～12歳】$36、5歳以下無料
※メニューは脚注参照

コロナド・フェリーランディング
🏠 1201 1st St., Coronado
🌐 coronadoferrylanding.com
営 毎日10:00～21:00 (時期、店舗により異なる)
行き方 ダウンタウンのブロードウエイピアもしくはコンベンションセンターからフェリーで。ダウンタウンからMTSバス#901でも行くことができる。

歴史ある高級リゾートホテル　　サンディエゴ周辺　M P.176-A2
ホテル・デル・コロナド
Hotel Del Coronado　☀☀☀

1888年に建てられて以来、アメリカ歴代大統領や世界中の有名人がこのホテルに泊まった。また、1958年のビリー・ワイルダー監督、マリリン・モンロー主演の映画『お熱いのがお好き』の撮影に使用されたことでも知られる。メインのダイニング、**クラウンルーム Crown Room**の屋根には釘が1本も使用されておらず、柱もない。ここのサンデイブランチはとても人気がある。地階にはホテルの歴史的な資料も展示されているので、ぜひ立ち寄りたい。

ホテルの前には白い砂浜が続く

コロナドへ行くならフェリーが便利　　サンディエゴ周辺　M P.176-A2
コロナド・フェリーランディング
Coronado Ferry Landing　☀

ダウンタウンのブロードウエイピアとコンベンションセンターの2ヵ所とコロナドを結ぶフェリーの、コロナド島側の発着所。レストランやショップが約25店舗入る。レンタルバイクの店もあるので、ここで自転車を借りてホテル・デル・コロナドへ行くのもいい。なお、フェリーはコンベンションセンター発着が30分ごと、ブロードウエイピア発着が1時間ごとの運航。

対岸に立ち並ぶダウンタウンのビル群を見ながら散策するのもいい

メモ ホテル・デル・コロナドのサンデイブランチのおもなメニュー　サラダや冷製のシーフードから、チーズ、デザートまで種類が豊富。特にロブスターやカニ、サーモン、プライムリブなど魚・肉料理が充実している。

オールドタウン周辺
Old Town

オールドタウンはダウンタウンから北西へ約5kmほど離れた所にある歴史的な地区。1769年にスペイン人によって教会が建てられ、街が作られていった。いわばサンディエゴ発祥の地だ。

オールドタウン Old Town

メキシコの雰囲気を感じられる　　サンディエゴ周辺　MP.176-A1
オールドタウン州立歴史公園
Old Town State Historic Park　★★★

オールドタウンに数多く残る歴史的な建物は、Plaza de Las Armas／Washington Square広場から続くSan Diego Ave.とCalhoun St.周辺に集まっている。まず最初に、プラザのRobinson Rose Building内にある観光案内所に寄って無料のタウンマップをもらい、広場を出発点としてぐるっと散策しよう。古い建物だけでなく、レストランやメキシコ風のみやげ物を扱うショップなどもあり、にぎやかな雰囲気だ。

往時の街並みを再現

オールドタウン州立歴史公園
- 4002 Wallace St.
- (619)220-5422
- www.parks.ca.gov
- 毎日10:00～16:00（10～4月の金～土～17:00、レストラン、ショップは店舗により異なる）
- 博物館は入場無料
- ダウンタウンからはトロリーのグリーンラインでOld Town Transit Center駅下車。駅を降りて東側（右側）の通りを越えれば、そこはオールドタウン歴史公園の一角。そのまま進めばWashington Square広場に出る。オールドタウントロリー（→P.174）の停留所にもなっている。

ミッションバレー Mission Valley

カリフォルニア州で最初にできた伝道所　　サンディエゴ周辺　MP.176-B1
ミッション・バジリカ・サンディエゴ・デ・アルカラ
Mission Basilica San Diego de Alcalá　★★

カリフォルニア州に全部で21ヵ所あるカトリックの伝道所のなかで、いちばん初めに建てられたのがここだ。熱心な布教活動により多くのインディアンが改宗したことで知られる宣教師、フニペロ・セラJunípero Serraによって1769年に設立され、1774年に現在の場所へと移転した。

白い壁が青い空に美しく映える礼拝堂

ミッション・バジリカ・サンディエゴ・デ・アルカラ
- 10818 San Diego Mission Rd.
- (619)281-8449
- www.missionsandiego.org
- 毎日9:00～16:30
- トロリーのグリーンラインMission San Diego駅下車後、Rancho Mission Rd.を北へ進みSan Diego Mission Rd.を右折。5分ほど歩くと進行方向左側に白い建物が見えてくる。

★★★おすすめ度

オールドタウン周辺 Old Town

ポイントロマ Point Loma

シェルターアイランド
Shelter Island

コロナド島の対岸にあるリゾート　サンディエゴ周辺　MP.176-A2

カブリヨ・ナショナル・モニュメントへバスで行く際の乗り継ぎ地点でもあるシェルターアイランドは、コロナド島の対岸にあるリゾートだ。サンディエゴのハワイをうたっており、のんびりと過ごしたい人にはおすすめのエリアとなっている。

この地を夏に訪れるならぜひ体験したいのが野外コンサート。**ハンフリー・コンサート・バイ・ザ・ベイHumphreys Concerts by the Bay**には1450席があり、毎年5～10月の間、大物アーティストが連日ライブを行っている。

シェルターアイランド
行き方 トロリーのグリーンラインOld Town Transit Center駅からMTSバス#28でShelter Island Dr. & Anchorage Ln.下車。

ハンフリー・コンサート・バイ・ザ・ベイ
住 2241 Shelter Island Dr.
Fax (1-800) 745-3000
URL humphreysconcerts.com

カブリヨ・ナショナル・モニュメント
住 1800 Cabrillo Memorial Dr.
TEL (619) 557-5450
URL www.nps.gov/cabr
営 毎日9:00～17:00
休 クリスマス
料 1人$10、車1台$15 (7日間有効)
行き方 トロリーのグリーンラインOld Town Transit Center駅からMTSバス#28でRosecrans St. & Shelter Island Dr.下車#84に乗り換える。1時間に1本、平日のみ運行。約40分。

カブリヨ・ナショナル・モニュメント
Cabrillo National Monument

コロナドや太平洋が一望　サンディエゴ周辺　MP.176-A2

サンディエゴ湾を守るように細く突き出したポイントロマ岬Point Loma。一方にサンディエゴ港やコロナド、もう一方に広大な太平洋を望む風光明媚なこの地は、1542年、スペインの探検家ファン・カブリヨJuan Cabrilloがヨーロッパ人として初めてカリフォルニアに上陸した地点として、国定記念物に指定されている。案内所には、カリフォルニアの歴史やカブリヨの業績についての展示がある。

1855年に完成したという白い小さな灯台の内部は、19世紀のままに保存されている。ホエールウオッチングの名所でもあり、12月から4月のシーズンに訪れたなら、ぜひ沖合に目を凝らしてみよう。海から顔を出すクジラを拝むことができるかもしれない。

モニュメントは1913年に設立された

リバティステーション
Liberty Station

かつての海軍施設が一大商業施設に　サンディエゴ周辺　MP.176-A1

1923年から海軍の施設があったリバティステーション(ステーションとあるが駅はない。地名)。冷戦が終わり軍縮が進んだ結果、1997年に閉鎖された。2000年、サンディエゴ市が土地を保有することになり再開発が進んだ結果、ショッピングや食事、アートを楽しめ、イベントも開催される市民のための場として生まれ変わった。

リバティステーションを訪れる多くの人が向かう先は、2016年にオープンした市場**リバティ・パブリック・マーケットLiberty Public Market**。31のテナントで構成され、その多くが飲食店。マーケット内外にはテーブルと椅子が設置され、週末は多くのローカルたちでにぎわう場所となっている。

リバティステーション
URL libertystation.com

リバティ・パブリック・マーケット
MP.176-A1
住 2820 Historic Decatur Rd.
TEL (619) 487-9346
URL bluebridgehospitality.com/libertypublicmarket
営 毎日11:00～19:00 (店舗により異なる)
行き方 トロリーのグリーンラインOld Town Transit Center駅からMTSバス#28でRosecrans St. & Lytton St.下車。Lytton St.を東へ5分ほど歩くと右側に見えてくる。

マーケット内は連日多くの人が訪れる

メモ　**オーシャンビーチ**　ローカルの評判も高く、イベントも多く開催される。周辺にはおいしいレストランも多い。**Ocean Beach** MP.176-A2　住 1868 Bacon St.　URL oceanbeachsandiego.com

ミッションベイ
Mission Bay

ダウンタウンのサンディエゴ湾とは対照的に、幾重もの波が押し寄せるミッションベイ。海では季節を問わず、朝からサーフィンに興じる人でにぎわっている。最大の見どころシーワールド（→ P.156）も忘れずに。

ビーチアクティビティに挑戦したい　　サンディエゴ周辺　M P.176-A1
ミッションビーチ
Mission Beach

　ミッションベイと太平洋に挟まれた細長い半島の太平洋側はビーチになっている。ビーチではサーフィンを中心としたアクティビティが盛んに行われている。レンタルショップもひしめきあっているので、手ぶらで行っても問題ない。

　ミッションビーチ沿いには遊園地**ベルモントパーク Belmont Park**が立つ。ジェットコースターなどの絶叫系ライドもあるが、小さな子供を連れた家族でにぎわっている。

夏のビーチは最高に気持ちいい

サーファーが集うにぎやかなビーチ　　サンディエゴ周辺　M P.176-A1
パシフィックビーチ
Pacific Beach

　ミッションビーチの北に隣接するパシフィックビーチは、サーフポイントが多く、波を求めてやってきたサーファーが多く集まる。パシフィックビーチとミッションビーチは約5kmの遊歩道Ocean Front Walkでつながっており、その遊歩道に沿ってレストランやバーが軒を連ねている。とりわけ夜になると、ナイトライフを楽しむ若者で盛り上がり、昼とは違う雰囲気を感じることができる。ビーチの中心にある木製の桟橋クリスタルピアCrystal Pierは、独特な雰囲気のある絶景のポイント。特にサンセットの時間に合わせて出かけることをおすすめしたい。

きれいなサンセットを拝もう

行き方　トロリーのグリーンラインOld Town Transit Center駅からMTSバス#35でCable St. & Newport Ave.下車。約30分。

ミッションビーチ
行き方　トロリーのグリーンラインOld Town Transit Center駅からMTSバス#8でMission Bay Dr. & Mission Blvd.下車。

ベルモントパーク
住 3146 Mission Blvd.
電 (858)228-9283
URL www.belmontpark.com
営 夏期：毎日11:00～20:00（金・土～22:00、日～23:00）。ウェブサイトや電話で確認すること
料 入場無料。乗り物1日乗り放題$34、身長121cm以下$24

パシフィックビーチ
行き方　トロリーのグリーンラインOld Town Transit CenterからMTSバス#8でMission Blvd. & Felsper St.下車、約18分。

ラ・ホヤ
La Jolla

ダウンタウンから北西へ約20km。高級住宅地として知られるラ・ホヤは、海と明るい陽光に包まれたリゾート地でもある。変化に富んだ海岸線が美しく、マリンスポーツも盛んに行われている。

ラ・ホヤ
行き方 トロリーのグリーンラインOld Town Transit CenterからMTSバス#30でSilverado St. & Herschel Ave.下車。約40分。

人がいようが関係なし、アザラシはビーチで昼寝

サニー・ジム・ケーブ
住 1325 Coast Blvd., La Jolla
電 (858)459-0746
URL www.cavestore.com
営 毎日9:00〜18:00（洞窟の入場は〜17:30）
料 大人$5、子供（16歳以下）$3

サニー・ジム・ケーブの入口

ラ・ホヤ・コーブは海遊びに最適　ラ・ホヤ　MP.176-B1

ラ・ホヤ・コーブとサニー・ジム・ケーブ ★★★
La Jolla Cove & Sunny Jim Cave

　Girard Ave.を北へ真っすぐ下っていくと海浜公園に出る。海岸沿いには、荒波に削られ下の部分が浸食された崖や洞窟が、複雑に入り組んでいる。この辺一帯の入江が、**ラ・ホヤ・コーブ**だ。岩場が多いため、海辺の生き物もたくさんいる。世界中からダイバーが集まってくるだけあって、水の透明度はすばらしい。この周辺は環境保存地域に指定されている。

　また、海浜公園の海を前にして右方向（東）へ進めばラ・ホヤで最も大きい洞窟**サニー・ジム・ケーブ**がある。最小限の明か

にぎやかな街並みの目の前にある美しいビーチ

りがともされた145の階段を降り洞窟内部に到着すると、外には海と沿岸の風景が広がる。また、ケーブの上にあるコーストウオーク（15分間のミニトレイル）を周りの草花、鳥たちに目を向けながら散歩するのもいい。カリフォルニアアザラシの観賞ポイントとしても知られている。

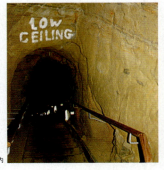

薄暗い洞窟内

メモ **サニー・ジム・ケーブの入口**　一見普通のお店に見えるが、そこが入口だ。The Cave Storeと書かれた白い看板を目印にするといい。6〜9月の間はスノーケリングの道具もレンタルできる（料 2時間で$20）。

海洋研究の成果を一般に広める　　サンディエゴ周辺　M P.176-A1
バーチ水族館
Birch Aquarium at Scripps

海洋研究では全米随一のカリフォルニア大学サンディエゴ校（UCSD）の海洋学研究所の付属施設。平屋建ての館内には、海洋科学関連の展示物と水族館があり、派手さはないが充実した内容。

クジラの彫刻が目印

バーチ水族館
- 住 2300 Expedition Way, La Jolla
- ☎ (858)534-3474
- URL aquarium.ucsd.edu
- 開 毎日9:00～17:00（入場は16:30まで）
- 休 おもな祝日
- 料 大人＄19.50、シニア（60歳以上）＄16.50、子供（3～17歳）＄15
- 行き方 トロリーのグリーンラインOld Town Transit CenterからMTSバス#30でLa Jolla Shores Dr. & Downwind Way下車。50分。

現代美術の宝庫　　ラ・ホヤ　M P.176-B1
サンディエゴ現代美術館ラ・ホヤ分館 (MCASD / La Jolla)
Museum of Contemporary Art San Diego / La Jolla

絵画、写真、オブジェなど、1950年代以降の現代美術のコレクションは西海岸でも有数のもの。本館はダウンタウンのSanta Fe駅の隣にある（M P.177-A2）。作品もさることながら、海に面した展示室の窓から見える景色は一見の価値あり。

※2019年10月現在、改修工事のため閉館中。2020年再オープン予定。

建物そのものもユニークだ

サンディエゴ現代美術館ラ・ホヤ分館
2019年10月現在閉館中。下記データは閉館前のもの
- 住 700 Prospect St., La Jolla
- ☎ (858)454-3541
- URL www.mcasd.org
- 開 木～火11:00～17:00（第3木～19:00）
- 休 水
- 料 大人＄10、シニア＄5、25歳以下（要ID）と第3木曜の17:00～19:00は無料

サンディエゴのスポーツ
Sports in San Diego

ベースボール　Major League Baseball（MLB）

■ サンディエゴ・パドレス
San Diego Padres

2006年の地区優勝以来、浮き沈みが激しく、近年はBクラスが定着しつつある。しかし、アミューズメント要素を取り入れた球場には砂浜や公園などがあり、古い建物を生かしたギフトショップなど雰囲気もよい。球場ツアーも人気。ナイターは冷え込むので上着を忘れずに。

本拠地：ペトコパーク　M P.177-B3
- 住 100 Park Blvd.
- ☎ (619)795-5000
- URL mlb.com/padres
- 行き方 トロリーのグリーンラインGaslamp Quarter駅下車。

ペトコパークツアー
- ☎ (619)795-5011　料 大人＄20、シニア＄17、子供＄17
- 開 毎日10:30、12:30、15:00（試合のある日は時間に変更があるので、ウェブサイトで確認すること）

メモ　ラ・ホヤのおすすめエリア　ラ・ホヤでショッピングなどの散策には、Prospect St.やGirard Ave.周辺がおすすめ。Ralph Laurenなど人気のショップやギャラリーが立ち並んでいる。

サンディエゴのショップ
San Diego

ダウンタウンではシーポートビレッジやガスランプクオーターでのショッピングが楽しい。アメリカらしい巨大ショッピングモールならウエストフィールド・ミッションバレー・センターやファッションバレー・モールへ。トロリーの駅から近いので、車のない人でも簡単にアクセス可能だ。ラ・ホヤに行けば、おしゃれなショッピングエリアと海を一度に楽しめ、オールドタウン州立歴史公園に行けば、メキシコのテイストにあふれた楽しいおみやげに、目移りすること間違いなし。

SHOP

ダウンタウン

ファッション　5&A ダイム　5 & A Dime

メンズのショップならここ

ホートンプラザから東へ5ブロック行った所にある、サンディエゴのストリートカルチャー発信地。BMXやスケートに発想を得たオリジナルの商品が並ぶ。品質にもこだわっており"Quality over Quantity 量より質"を合い言葉に、物作りを行っている。Tシャツ$28〜など。

カード J M V

ダウンタウンいちの高感度ショップ

🅼 サンディエゴダウンタウン P.177-B2
828 G St.
(619) 236-0364
www.5andadime.com
毎日12:00〜19:00（日〜18:00）

スーパーマーケット　ジンボズ・ナチュラリー！　Jimbo's Naturally!

安心・安全の食材ならここ

ダウンタウンの中心、ウエストフィールド・ホートンプラザに入る、サンディエゴを中心に展開するオーガニックスーパー。食料、雑貨の品揃えが豊富で、デリメニューも充実している。

カード A M V

グリーンの看板が目印

🅼 サンディエゴダウンタウン P.177-A2
92 Horton Plaza
(619) 308-7755
jimbos.com
毎日7:00〜21:00（土・日8:00〜）

スーパーマーケット　ラルフズ　Ralphs

旅行者にはありがたいスーパー

南カリフォルニアを中心に展開するスーパー。ホートンプラザの南に位置する店舗は早朝から深夜までオープンしており、アルコールや総菜が豊富。食事のタイミングを逃してしまったときの強い味方だ。

カード A J M V

薬局も入店している

🅼 サンディエゴダウンタウン P.177-A2
101 G St.
(619) 595-1581
www.ralphs.com
毎日5:00〜翌2:30

リトルイタリー

酒屋　ボトルクラフト　Bottlecraft

ビールの品揃えはサンディエゴ随一

テイスティングも可能なボトルビール販売店。サンディエゴ周辺のブリュワリーのものが多く、日によって種類は違うがドラフトビールのテイスティングも可能。リトルイタリーで食事を取った帰りに立ち寄るといい。リバティ・パブリック・マーケット（→P.186）にも支店あり。

カード A J M V

黒光りしたビール瓶が並ぶ

🅼 サンディエゴダウンタウン P.177-A1
2252 India St.
(619) 487-9493
www.bottlecraftbeer.com
月〜金12:00〜23:00（金〜24:00）、土・日11:00〜24:00（日〜22:00）

190

📧投稿　**ダウンタウンの行列ドーナツ**　サンディエゴいち人気のドーナツ屋がダウンタウンにある。朝から行列で売り切れ次第終了。早めに訪れることをすすめる。**Donut Bar** 🅼P.177-B2　631 B St.　(619)

ファッションバレー・モール
Fashion Valley Mall
ショッピングモール

5つのデパートと200を超える専門店が集結

オープンエアの開放的なモール。ルイ・ヴィトンやバーバリー、コーチ、エルメス、グッチ、ティファニーなどのブランド店のほか、ケイト・スペードやフリーピープル、アップルストアなども入店している。トロリーのグリーンライン Fashion Valley T/C 下車。

カード 店舗による

日本人に人気のブランドも入店

📍 サンディエゴ周辺 P.176-A1
🏠 7007 Friars Rd.
📞 (619) 688-9113
🌐 www.simon.com/wall/fashion-valley
🕐 月～土10:00～21:00、日11:00～19:00

ウエストフィールド・ミッションバレー・センター
Westfield Mission Valley Center
ショッピングモール

デパートと90以上の専門店

トロリーの Mission Valley Center 駅から歩いてすぐ。デパートはメーシーズか、アウトレットではブルーミングデールズが入店している。人気スーパーのトレーダージョーズもあり。20スクリーンの映画館も時間がある人におすすめ。郵便局もある。

カード 店舗による

地元の人も多く利用している

📍 サンディエゴ周辺 P.176-A1
🏠 1640 Camino Del Rio N.
📞 (619) 296-6375
🌐 westfield.com/missionvalley
🕐 月～土10:00～21:00、日11:00～18:00

エル・セントロ・アルテサーノ
El Centro Artesano
雑貨

豊富な陶器が揃う

オールドタウンのなかで、最もショップが集中する Twigg St. 側にある、メキシコ雑貨のお店。メキシコらしいペイントが施された陶器や雑貨が、日本では考えられないような価格で販売されている。外に雑多に並んでいる陶器類は $10.50 ～。破損がないかチェックしてから購入するように。

カード M V

メキシコらしいデザインが多い

📍 サンディエゴ周辺 P.176-A1
🏠 2637 San Diego Ave.
📞 (619) 297-2931
🕐 日～木10:00～18:00、金・土9:30～21:00

アロハ・ビーチ・クラブ
Aloha Beach Club
ファッション

ノースパークの高感度ショップ

数々の雑誌に紹介される、サンディエゴ随一の高感度セレクトショップ。ショップの看板商品はハワイで作られたシャツやショーツ。サンディエゴのビーチでも着たい1着だ。周辺にはダウンタウンにはない、インディペンデントのショップも多い。

カード A D J M V

University Ave. に面する

📍 サンディエゴ周辺 P.176-A1
🏠 3039 University Ave.
📞 (619) 269-9838
🌐 alohabeachclub.com
🕐 火～日12:00～18:30（日～17:00）
🚫 月

カールスバッド・プレミアム・アウトレット
Carlsbad Premium Outlets
アウトレット

レゴランドの近くにあるアウトレット

テナント数は約90。バーニーズ・ニューヨーク、コーチのほか、スポーツカジュアルやマリンスポーツのショップが充実。春の風物詩カールスバッドのお花畑は、ここの駐車場から見学できる。サンディエゴから I-15 を北へ、Palomar Airport Rd. で下りてすぐ。車で約30分。

カード 店舗による

確かな品揃えのアウトレットモール

📍 サンディエゴ周辺 P.176-A1 外
🏠 5620 Paseo del Norte, Carlsbad
📞 (760) 804-9000
🌐 www.premiumoutlets.com/outlet/carlsbad
🕐 毎日10:00～21:00（日～19:00）

ラス・アメリカス・プレミアム・アウトレット
Las Americas Premium Outlets
アウトレット

大人気のショップがアウトレットに

若者に人気のアメリカン・イーグル・アウトフィッターズやフォーエバー21、オールドネイビー、U.S. ポロ、トミー・ヒルフィガー、エアロポステールなどのアウトレットが約120店舗ある。トロリーのブルーライン San Ysidro 駅を降りて、Camino de Las Plaza を西に徒歩5分。

カード 店舗による

日本より安く商品が手に入る

📍 サンディエゴ周辺 P.176-B2
🏠 4211 Camino de la Plaza
📞 (619) 934-8400
🌐 www.premiumoutlets.com/outlet/las-americas
🕐 毎日10:00～21:00（日～19:00）

サンディエゴのレストラン
San Diego

メキシコ国境と太平洋に面するサンディエゴ。メキシカンやシーフード料理はもちろんのこと、リトルイタリーでは絶品イタリアンが食べられ、サンディエゴ自慢のクラフトビールは市内各所で味わうことができる。いちばん飲食店が密集しているエリアはガスランプクオーターだ。日本食からフレンチまで、各ジャンルのレストランが軒を連ねている。ダウンタウンに滞在しているならガスランプクオーターへ行けば間違いない。

ダウンタウン

バーベキュー | カンザスシティ・バーベキュー
Kansas City Barbeque

映画『トップガン』に出てきたレストラン

トム・クルーズの出世作、映画『トップガン Top Gun』はサンディエゴが舞台。名物のポーク・スペアリブ（$14.95）に舌鼓を打ったあとは、年季の入った店内の装飾にも注目したい。公開から30年以上過ぎた今でもファンが訪れる。

カード AJMV

- サンディエゴダウンタウン P.177-A2
- 600 W. Harbor Dr.
- (619) 231-9680
- www.kcbbq.net
- 毎日11:00〜翌2:00

店の前にある巨大な人形が目印

メキシカン | オスカーズ・メキシカン・シーフード
Oscars Mexican Seafood

ダウンタウンでタコスなら

サンディエゴのタコス10傑に入るほどおいしいタコスを食べられる。ペトコパークに近く、試合開催日は多くの客でにぎわっている。最初にカウンターで注文し料金を払う、ファストフードスタイル。小ぶりなタコス（$2.25〜）は、1回の食事で3つはいける。

カード AMV

- サンディエゴダウンタウン P.177-B2
- 927 J St.
- (619) 564-6007
- www.oscarsmexicanseafood.com
- 毎日8:00〜21:00（金・土〜22:00）

屋外の席もあり

シーフード | ブルーポイント・コースタル・キュイジーヌ
Blue Point Coastal Cuisine

カップルでちょっと気取ったディナーを楽しむなら

店内は照明を落としたスタイリッシュな空間。新鮮なシーフードだけではなく肉料理（$30〜）も豊富だ。サービスも抜群で、サンディエゴならではの夕食として最適。

カード ADJMV

- ガスランプクオーター P.177-B4
- 565 5th Ave.
- (619) 233-6623
- www.cohnrestaurants.com/bluepoint
- 毎日17:00〜22:00（金・土〜23:00）

繊細な味つけのシーフード料理が食べられる

アメリカン | ストーンブリューイング・タップルーム
Stone Brewing Tap Room

人気ブリュワリーの味を気軽に楽しめる

サンディエゴの北部に醸造所を構える巨大ブリュワリー、ストーンブリューイングの味を、ダウンタウンで気軽に楽しめるレストラン。ペトコパークのそばにあり、店内ではTシャツなどのオリジナルグッズも販売している。簡単な料理もあり。

カード AJMV

- サンディエゴダウンタウン P.177-B2
- 795 J St.
- (619) 727-4452
- www.stonebrewing.com
- 月〜木12:00〜21:00、金〜日11:00〜23:00（日〜21:00）

野球観戦前に1杯！

サンディエゴのレストラン

ダウンタウン

アメリカン
カフェ21
Café 21

朝早くから大行列の人気店

パンケーキ、フレンチトーストなど、特に朝食がおいしいと評判のレストラン。フルーツがたっぷり載ったパンケーキ・クラシック（$11）がおすすめ。15:00以降は提供されないので注意。

カード A M V

フワフワのパンケーキをご賞味あれ

M ガスランプクオーター P.177-B4
802 Fifth Ave.
(619) 795-0721
www.cafe-21.com
毎日8:00～22:00（金・土～23:00）

リトルイタリー

イタリアン
キング・アンド・クィーン・カンティーナ
King & Queen Cantina

モダンメキシカンの人気店

メキシコ料理をベースに日本料理や韓国料理のテイストも取り入れたフュージョンメキシカン。定番のタコスも、トルティーヤの代わりにレタスでラップをしたり、健康志向の人にも人気がある。もちろんクラフトビールの種類も豊富。

カード A D M V

地元の常連客に交ざって列に並ぼう

M サンディエゴダウンタウン P.177-A1
1490 Kettner Blvd.
(619) 756-7864
kingandqueencantina.com
月～木14:00～24:00、金12:00～翌1:00、土・日10:00～翌1:00（～14:00はブランチ）

イタリアン
イゾラ・ピッツァ・バー
Isola Pizza Bar

リトルイタリーでピザを食べるなら

トロリーのグリーンライン County Center/Little Italy 駅から1ブロックの所にあるスタイリッシュなイタリアンレストラン。ワインが豊富に揃っており、店自慢のピザやパスタ（$10～17）とのマリアージュを楽しめる。

カード A M V

しっとりと落ち着いた雰囲気の店内

M サンディエゴダウンタウン P.177-A1
1526 India St.
(619) 255-4230
isolapizzabar.com
毎日11:00～22:00（金・土～23:00、日・月～21:00）

アメリカン
バラストポイント・テイスティング・ルーム
Ballast Point Tasting Room

サンディエガン人気No.1の地ビール

サンディエゴにある数あるブリュワリーのなかでも、抜群の知名度と人気を誇るバラストポイントのテイスティング・ルーム。ビールと相性のいい料理も提供されており、週末の夜は多くの地元客でにぎわっている。

カード M V

ビールの注文カウンターに行列ができる

M サンディエゴダウンタウン P.177-A1
2215 India St.
(619) 255-7213
www.ballastpoint.com
毎日11:00～23:00（金・土～24:00）

オールドタウン周辺

メキシカン
カフェコヨーテ
Cafe Coyote

正統派のメキシコ料理

オールドタウンというメキシカン激戦区にありながら、味、人気ともに定評があるレストラン。これまでに何度も「サンディエゴのベストメキシコ料理店」に選ばれている。朝食からディナーまで、本格的なメキシコ料理が味わえる。予算は朝食で$10前後、ランチ・ディナーは$15前後。

カード A M V

活気あふれるメキシカンレストラン

M サンディエゴ周辺 P.176-A1
2461 San Diego Ave.
(619) 291-4695
www.cafecoyoteoldtown.com
毎日7:00～22:00

アメリカン
サウスビーチ・バー&グリル
South Beach Bar & Grille

海を見ながら食事を

オーシャンビーチで人気のシーフードレストラン。サンディエゴのビールを中心に国内のクラフトビールも豊富に取り扱っている。タコスがおすすめ料理なのだが、ここではサメやメカジキ、豆腐などの変わり種タコスも楽しめる。

カード A M V

ビーチに近く開放的な雰囲気

M サンディエゴ周辺 P.176-A1
5059 Newport Ave.
(619) 226-4577
southbeachob.com
毎日11:00～24:00（日・月～22:00、火～翌1:00)

 投稿 **サンディエゴでコーヒー** リトルイタリーの北にあるジェームズ・コーヒー・カンパニーでは、広々空間でゆったりコーヒーを楽しめる。James Coffee Co. MP.177-A1 2355 India St. （栃木県 環 '16）['19]

193

サンディエゴのホテル
San Diego

ダウンタウンには、中級以上のホテルが多い。少し離れれば安いB＆Bもあるので、観光案内所でリストをもらおう。ラ・ホヤやコロナドはリゾートとしての要素が強くなるため、宿泊料金の相場は高い。サンディエゴは交通網がしっかりしているので、中心部から少し外れても極端に足の便が悪くなることはない。オールドタウンが穴場。ガスランプクオーター周辺にあるユースホステルにはバックパッカーが集まる。

ダウンタウン

高級　マンチェスター・グランド・ハイアット・サンディエゴ
Manchester Grand Hyatt San Diego

ウオーターフロントの高層高級ホテル
シーポートビレッジのすぐ横。海に面して立っているため全客室から海が見える。スパやサロンなどの施設も充実している。最上階（40階）はバーラウンジになっていて、ダウンタウンの美しい夜景と海が両方楽しめる。

Wi-Fi無料　1628室　カード ADJMV

サンディエゴダウンタウン P.177-A2
1 Market Pl., San Diego, CA 92101
(619) 232-1234
(619) 358-6720
www.hyatt.com
SDT $199～469、SU $479～1049

高級　ウエストゲート・ホテル
Westgate Hotel

ダウンタウンの真ん中にある高級ホテル
ダウンタウンにありながら街の喧騒を忘れさせてくれる、ラグジュアリーで落ち着いた雰囲気のホテル。宿泊費のほかに1泊当たり$20の施設利用料金（市内通話、ビジネスセンター、室内でのWi-Fi利用など）がかかる。

Wi-Fi無料　223室　カード ADJMV

サンディエゴダウンタウン P.177-A2
1055 2nd Ave., San Diego, CA 92101
(619) 238-1818
(1-800) 522-1564
(619) 557-3737
www.westgatehotel.com
SDT $189～419、SU $940～

高級　USグラントホテル
US Grant Hotel

ホートンプラザの目の前にある優雅なホテル
1910年創業のクラシックなホテル。合衆国第18代大統領の名前がホテル名になっているのは、その大統領の息子が創業者だから。ジョン・F・ケネディやジョージ・W・ブッシュ元大統領をはじめ、多くの著名人が宿泊した。

Wi-Fi $14.95　270室　カード ADJMV

サンディエゴダウンタウン P.177-B2
326 Broadway, San Diego, CA 92101
(619) 232-3121
(1-866) 837-4270
(619) 232-3626
www.marriott.com
SDT $199～629、SU $549～1119

高級　ウェスティン・サンディエゴ
The Westin San Diego

街の中心、海側の部屋から眺める夕日は最高
ホートンプラザまで2ブロックという最高のロケーション。路線バスが多く通るBroadway沿いにあるので交通の便もとてもいい。内装はシンプルで落ち着いた雰囲気。そのほかの施設も充実。

Wi-Fi有料　436室　カード AJMV

サンディエゴダウンタウン P.177-A2
400 W.Broadway, San Diego, CA 92101
(619) 239-4500
(1-888) 236-2427
(619) 239-3274
www.marriott.com
SDT $199～489、SU $409～2020

ダウンタウン

高級　エンバシー・スイーツ・サンディエゴ・ベイ・ダウンタウン
Embassy Suites San Diego Bay-Downtown

ファミリーにも人気の全室スイートホテル

サンディエゴ湾に面し、ウォーターフロントを一望できる部屋もある。無料の朝食もうれしい。コンベンションセンターやシーポートビレッジなどが徒歩圏内にあるので、ビジネス、レジャーどちらの利用者にも便利だ。

M サンディエゴダウンタウン P.177-A2
601 Pacific Hwy., San Diego, CA 92101
(619) 239-2400
(619) 239-1520
embassysuites3.hilton.com
S/U $209〜608

Wi-Fi $12.95　341室　カード ADJMV

中級　ベストウエスタン・プラス・ベイサイド・イン
Best Western Plus Bayside Inn

客室はきれいで、ロケーションも抜群！

リトルイタリー、サンタフェ駅まで徒歩圏内で、ガスランプクオーターまでも徒歩15分ほどと、立地抜群のホテル。ロビーは2015年にリノベーションされ、日本人スタッフがいるのもうれしい（日によっていない場合もあり）。サンディエゴ国際空港の無料シャトルバスを運行している（毎日7:00〜23:00）。空港に到着したら、ホテルに電話をし、お願いするといい。また、バフェスタイルの無料の朝食には、日本人にはうれしい白米とインスタントの味噌汁がある。

Wi-Fi 無料　122室　カード ADJMV

M サンディエゴダウンタウン P.177-A1
555 W. Ash St., San Diego, CA 92101
(619) 233-7500
Free (1-800) 341-1818
(619) 239-8060
www.baysideinn.com
S/D/T $159〜349

きれいに保たれている客室

夏は屋内のプールでくつろぎたい

中級　ホートン・グランド・ホテル
Horton Grand Hotel

サンディエゴの名物ホテル

ガスランプクオーターにあるクラシックなホテル。れんが造りの外観と、ピンクを基調にしたロマンティックな客室。また、ここの309号室にRoger Whitakerという名前のゴーストが住み着いているといううわさがある。

M サンディエゴダウンタウン P.177-B2
311 Island Ave., San Diego, CA 92101
(619) 544-1886
Free (1-800) 542-1886
(619) 544-0058
www.hortongrand.com
S/T/S/U $219〜344

Wi-Fi 無料　132室　カード ADMV

エコノミー　ホステリング・インターナショナル・サンディエゴ・ダウンタウン
Hostelling International San Diego Downtown

ダウンタウンのガスランプクオーターにあるユース

スタッフの手で改装された部屋は、ポップな色使いでかわいらしい。水回りも清潔だ。

Wi-Fi 無料　153ベッド　カード AJMV

M ガスランプクオーター P.177-B4
521 Market St., San Diego, CA 92101
(619) 525-1531　www.hiusa.org
ドミトリー $38〜52、個室 $93〜153

コロナド

高級　ホテル・デル・コロナド
Hotel Del Coronado

西海岸きってのリゾート

太平洋に臨み、大きな木造のリゾートホテル。マリリン・モンロー主演の『お熱いのがお好き』が撮影されたことでも知られる。宿泊料とは別にリゾート料金1泊当たり$35がかかる。サンデイブランチは大人気。

Wi-Fi 無料　757室　カード ADJMV

M サンディエゴ周辺 P.176-A2
1500 Orange Ave., Coronado, CA 92118
(619) 435-6611
Free (1-800) 468-3533
www.hoteldel.com
S/D/T $359〜
S/U $479〜

 メモ　マップのホテル名称を一部省略　サンディエゴのマップでは、各ホテル名称の最初または最後に付く「ホテル」を省略してあります。

サンディエゴのホテル Hotel in San Diego

オールドタウン周辺

中級 ハンドレリーホテル＆リゾート / The Handlery Hotel & Resort

ダウンタウンから数分のリゾート

便利さと高級リゾート感覚を併せもつホテル。サンディエゴ動物園などへ無料シャトルあり。大きな温水プールやフィットネスセンターなどもあり、家族連れに人気が高い。ペットOKの部屋もある。

Wi-Fi 無料　217室　カード ADMV

M サンディエゴ周辺 P.176-A1
- 950 Hotel Circle N., San Diego, CA 92108
- ☎ (619) 298-0511
- Fax (1-800) 676-6567
- (619) 260-8235
- sd.handlery.com
- S D T $99～269

中級 コスモポリタンホテル＆レストラン / Cosmopolitan Hotel & Restaurant

オールドタウン州立歴史公園の中にある

静かに滞在できるようにテレビや電話は置いていない。朝食はバルコニーで公園を眺めながら。Wi-Fi 無料　10室　カード AJMV

M サンディエゴ周辺 P.176-A1
- 2660 Calhoun St., San Diego, CA 92110
- ☎ (619) 297-1874　www.oldtowncosmopolitan.com
- S D T $159～、Su $169～210

エコノミー ホステリング・インターナショナル・サンディエゴ・ポイントロマ / Hostelling International San Diego Point Loma

風光明媚なポイントロマに近い

カブリヨ・ナショナル・モニュメントやオーシャンビーチにとても近い。

Wi-Fi 無料　55ベッド　カード AMV

M サンディエゴ周辺 P.176-A2
- 3790 Udall St., San Diego, CA 92107　☎ (619) 223-4778
- (619) 223-1883　www.hiusa.org
- ドミトリー $34～50、個室 $74～145

ミッションベイ

高級 パシフィック・テラス・ホテル / Pacific Terrace Hotel

パシフィックビーチ沿いに立つ高級ビーチリゾート

夕日を眺めながら優雅に過ごせる。オールドタウン・トランジットセンターからバス#30で約30分。Wi-Fi 無料　73室　カード ADJMV

M パシフィックビーチ P.176-A3
- 610 Diamond St., San Diego, CA 92109　☎ (858) 581-3500
- (1-800) 344-3370　Fax (858) 274-2534　www.pacificterrace.com
- S D T $319～629、Su $379～1039

中級 バヒア・リゾートホテル / Bahia Resort Hotel

ファミリーで楽しめる充実の施設

穏やかな湾内に位置するリゾートホテル。ホテル棟の客室は広々としており、ファミリーにも好評。ロマンティックな雰囲気を楽しみたいなら、プライベートビーチに面したヴィラ棟がおすすめ。屋外温水プール、テニスコートあり。

Wi-Fi 無料　314室　カード ADJMV

M ミッションビーチ P.176-B3
- 998 W. Mission Bay Dr., San Diego, CA 92109
- ☎ (858) 488-0551
- (858) 488-7055
- www.bahiahotel.com
- S D T $139～399、Su $209～589

ラ・ホヤ

高級 ラ・バレンシア・ホテル / La Valencia Hotel

ラ・ホヤのランドマーク的存在

淡いピンクの壁が美しい、コロニアル調の優雅なホテルだ。大海原を見下ろす絶好のロケーション。ラ・ホヤのランドマークとなっているホテルで、海を眺めてお茶をするためだけでも訪れてみたい。

Wi-Fi 無料　112室　カード ADJMV

M ラ・ホヤ P.176-B1
- 1132 Prospect St., La Jolla, CA 92037
- ☎ (858) 476-6870
- www.lavalencia.com
- S D T $345～775、Su $750～1200

高級 オムニ・ラ・コスタ・リゾート＆スパ / Omni La Costa Resort & Spa

スパ＆ゴルフリゾートで過ごす

ラ・ホヤのさらに北、カールスバッド（レゴランド近く）に位置する。広大な敷地にノース、サウスの2種のゴルフコースを備え、ゴルフ好きにはたまらない。施設使用料として別途1泊につき$35必要。

Wi-Fi 無料　607室　カード ADJMV

M サンディエゴ周辺 P.176-A1 外
- 2100 Costa Del Mar Rd., Carlsbad, CA 92009
- ☎ (760) 438-9111
- www.omnihotels.com
- S D T $309～439、Su $579～1029

サンディエゴからのエクスカーション

テメキュラ
Temecula

南カリフォルニアのワインカントリー

沿岸部のインターステート5号線より内陸に21マイルほど入ったテメキュラバレーは、19世紀末の面影を色濃く残す、素朴でレトロな雰囲気が漂うエリア。テメキュラバレーの東にあるワインカントリーでは、谷間の温暖な気候を利用して、1970年代から本格的にワイン生産も行われるようになった。現在では、サンディエゴやロスアンゼルスからワインを買い付けに来る固定ファンもいるほどだ。

テメキュラの歩き方

テメキュラでは、まずワイナリーへ行こう。Rancho California Rd.沿いを中心に30以上のワイナリーが点在している。効率よくワイナリーをはしごするなら、ピクニック風のランチ付きで数ヵ所のワイナリーを訪問できる、グレープラインのツアーが便利。

テメキュラのおもな見どころ

エンターテインメントも楽しめるカジノ
ペチャンガ・リゾート＆カジノ
Pechanga Resort & Casino

テメキュラのオールドタウンから約5kmの所にある、ラスベガススタイルのカジノ。ホテル、スパ、スポーツ施設、ダイニング、ギフトショップも充実。ショーシアターには、ロスアンゼルスやラスベガスでもチケット入手困難な人気アーティストが出演することもある。

スパやカジノで休暇を満喫 ©Temecula CVB

テメキュラ
M 巻頭折込「アメリカ西海岸」

サンディエゴからテメキュラへ
行き方 サンディエゴのダウンタウンから車でI-15を北へ約60マイル、1時間の所にある。LAのダウンタウンからはI-10→I-15を南へ走る。約85マイル、1時間30分。

サンディエゴからのツアーバス
グレープライン
Free (1-888)894-6379
URL gogrape.com
料 1人$95〜（半日ツアー）、$69〜（シャトルのみ）

ペチャンガ・リゾート＆カジノ
住 45000 Pechanga Pkwy., Temecula
Free (1-888)732-4264
URL www.pechanga.com

Information
サウスコースト・ワイナリー・リゾート＆スパ
South Coast Winery Resort & Spa

ワイナリーに併設して、レストラン、バーなどの設備が充実しているホテル。結婚式などのセレモニーができるパティオもある。ヴィラスタイルの宿泊棟は、全室に暖炉、ジャクージ、プライベートテラスあり。ワインのテイスティングも$18〜22でできる。132室

住 34843 Rancho California Rd., Temecula, CA 92591
☎ (951)587-9463
Free (1-866)994-6379
URL www.southcoastwinery.com
料 ヴィラスタイル$189〜359
Wi-Fi無料　カード AMV

●テメキュラの最新情報はウェブサイトでチェック！
●テメキュラ観光局 URL www.visittemeculavalley.com

サンディエゴからのエクスカーション
ティファナ
Tijuana

国境を越えてメキシコへ

気軽にメキシコ情緒が味わえるティファナ。治安の悪さが目立っていた時代は終わり、週末はアメリカ人も多く訪れる、人気の観光スポットとなりつつある。また、不法、合法問わず、アメリカへ入国を試みようとするメキシコ人たちの一大拠点であり、人口は約170万人にのぼる。

ティファナへの入出国と行き方

※アメリカ／メキシコ国境を越えるので、パスポートを忘れないこと！

ティファナ
M巻頭折込「アメリカ西海岸」

バハカリフォルニア観光局
☎(01152-664) 682-3367 (アメリカから)
URL www.bajanorte.com
❶観光案内所
MP.199
圏毎日9:00〜18:00

ビザの手続き等に関する問い合わせ先
在日メキシコ合衆国大使館
☎(03) 3581-1131
URL embamex.sre.gob.mx/japon

メキシコ総領事館
Consulate General of Mexico
🏠 1549 India St., San Diego
☎(619) 231-8414
圏月〜金8:00〜18:00

日本人（日本国籍）がアメリカからメキシコへ入国する場合、90日を超えない観光、商談の場合、ビザは不要だが、原則、入国フォーム（FMM）の提出が必要。入国フォームは飛行機で入国する場合は機内や飛行場で、陸路での入国の場合は国境にて取得が可能だ（必要ない場合も多い）。7日以上の滞在の場合は$20程度の入国税を管理官の指示に従って支払うこと。なお、アメリカから入国し国境都市のみ滞在、72時間以内にアメリカへ戻る場合は原則入国フォーム（FMM）の提出が不要だ。

アメリカから徒歩で入国する場合、パスポートの提示は必須。また、アメリカ再入国の際は、税関と入国審査を通る荷物検査、パスポートチェックがある。**アメリカ入国時は非常に混雑するので時間に余裕をもって行動すること。**

なお、最新の渡航情報は、外務省海外安全ホームページURL www.anzen.mofa.go.jp から中南米地域のメキシコを検索して確認を。メキシコへの出入国の状況や危険情報を入手できる。

サンディエゴから国境へ
●**サンディエゴトロリー**

サンディエゴダウンタウンからトロリーのブルーラインで国境のサン・イシドロ・トランジットセンター駅San Ysidro Transit Centerへ。駅から前方左の遊歩道を渡り、道なりに進む。鉄棒の回転ドアを抜けるとそこはもうメキシコだ。

またサン・イシドロ駅から徒歩15分の所にある出入国審査ゲートPed Westからも入国できる。

国境へのサインはいたるところにある

●**レート**
US$1=約19.60ペソ（2019年10月9日現在）
●**時差**
太平洋標準時間（PST）で日本との時差は−17時間。夏時間（4月第1日曜〜10月最終日曜）は−16時間。アメリカの夏時間（3月第2日曜〜11月第1日曜）とは期間が異なるので注意。

ティファナ中心部にあるアーチ。これを拠点に町歩きをしよう

国境通過は余裕をもって 12月末、サンディエゴからティファナへ歩いて国境を越えた。メキシコ入国はすんなりできたが、アメリカ再入国の際は1時間以上待たされた。アメリカ入国審査の列は「READY

●レンタカー
I-5の"Last Exit in U.S.A."という出口を出て国境のアメリカ側にある駐車場を利用する。**レンタカーでの国境越えはほとんど認められていないので注意。**

国境からセントロ（ダウンタウン）へ
●徒歩
鉄棒の回転ドアを通って入国したら道なりに進む。「タクシー！」と呼び声がかかるなかを歩き、アメリカ再入国の行列近くにある陸橋を渡る。そのあとは"Centro"という看板に従って人の波について行けばいい。

メキシコからアメリカへ向かうための交通渋滞

ティファナの歩き方

ティファナでのショッピングは革製品、銀細工、陶器が狙い目だ。同じ商品があちこちで売られているので、比べてから購入しよう。ここでのショッピングは**値切るのがルール**。かなりふっかけてくるので注意が必要だ。また、アメリカ国内に比べ、ティファナは**医薬品や化粧品、香水が2〜3割安く**、処方箋がなくても購入できる薬がある。そのため薬局が非常に多く、レボルシオン通りだけで何十軒もある。

おもなショップやモールの営業時間は10:00〜19:00。メキシコでは「シエスタ」を取る習慣があるが、ティファナでは少ない。なお**近年ティファナの治安は改善されつつあるが、明るいうちに行動し、裏通りに入り込まないように注意しよう。**

中心部ではUSドルを使えるが、屋台での軽食やちょっと離れたメルカド（市場）などを訪れるなら**メキシコペソ（$と表記される）も持っておきたい**。換金所は国境付近のいたるところにある。また、ティファナ中心部は英語が通じるが、離れた途端通じなくなる。片言でもスペイン語を勉強しておくといいだろう。英語で話すのとスペイン語で話すのでは、みやげ物屋の反応も全然違うし、彼らも素顔を見せてくれるはずだ。

原色が似合うティファナ

サンディエゴから国境へ
レンタカー
サンディエゴのダウンタウンから、I-5を南下して約25分。しかし、レンタカーでの国境越えは、ほとんどのレンタカー会社が認めていない。**アメリカ国内の保険は通用不可**、盗難や事故などトラブルも多い。

アメリカ側駐車場
I-5の最終出口"Last Exit in U.S.A."で下り、Camino de la Plazaを右折。その先に24時間営業の駐車場がある。
Border Station Parking
📍4570 Camino de la Plaza, San Ysidro
☎(619)428-9477
🌐borderstationparking.com

国境からセントロへ
国境からセントロまで徒歩約20分。

国境の待ち時間（徒歩）
以前はメキシコからアメリカへの国境越えは2、3時間待つのが当たり前だった。しかし近年はウェブサイトやアプリで現在の待ち時間がわかり、PedWestも完成したことで以前ほどの混雑はなくなってきている。
🌐bwt.cbp.gov（徒歩や車での国境越え待ち時間がわかるウェブサイト）

「LANE」と日本人旅行者が並ぶ「GENERAL/PUBLIC」があり、ひどい時は2〜3時間待たされるらしい。同日にロスアンゼルスに帰る鉄道を予約していたので、間に合うかどうかひやひやした。（千葉県　無限飛行　'17）['19]

海外ゴルフデビューにおススメ！
憧れのカリフォルニア・ゴルフラウンドへGO！

アメリカがゴルフ人口世界一である理由は、質量とも充実したゴルフの施設だけでなく、誰もが気軽にプレイできる環境が整っていること。特にカリフォルニアでは、思い立ったらすぐにプレイができる近所のパブリックコースから、全米オープンなどのメジャートーナメントで使用される名門ゴルフコースまで、その種類の多さは全米トップクラス。安定した気候で季節を問わず快適なラウンドが楽しめるのも、カリフォルニアの特徴だ。さあ、憧れのコースで海外ゴルフデビューを果たそう！

アメリカのゴルフ事情

ゴルフ場の種類
アメリカのゴルフ場は大きく分けて、プライベートコースとパブリックコースのふたつ。プライベートはメンバー所有（会員制）と民営（完全プライベートとセミプライベート）によるもので、会員でないと利用できないコース。一方、パブリックは公営（郡や市が所有）や民営のコースで、誰でも利用できる。

グリーンフィは？
グリーンフィの目安は、トップレベルのコースで18ラウンド$150～200、以下ランク順に$100前後、$80～100といったところ。市営だとかなり安い。ただし、全米オープン開催コースのペブルビーチ・ゴルフリンクスだけは例外で、グリーンフィだけで$550～＋カート代$45だ。

ゴルフラウンドについて
ラウンドの人数は日本のように3～4人グループでなくてもOK。当日、少人数のプレイヤーとの組み合わせで回るシステムなので、ひとりでの利用も可能だ。基本的にセルフプレイなのでキャディが付くことはなく、自らカートを利用してクラブを運ぶことになる。また、ラウンド時間は日本のようにハーフを挟んで長い昼食を取ることはなく、18ホールを一気に回るスタイルだ。服装については、トップスは襟付きのポロシャツであれば問題ない。男性も女性も日焼け対策を忘れずに。

ゴルフ場に到着したら、まずはプロショップでチェックイン。できれば予約をウェブサイトから入れよう

打ちっ放しはプロショップで購入したボールのレシートを係員に渡すだけでOK

トーリー・パインズ・ゴルフコース

予約をしよう

　予定なしでも空いてるコースも多いが、人気の高いコースは早めに予約を入れておきたい。ティータイムの予約は、ひとりの場合を除いて電話またはインターネットが便利。電話の場合、人数とスタート時間を伝えるだけ。ただし、保証の意味でクレジットカードが必要な場合がある。あとは、ゴルフ場までの交通手段を確保して、当日は早め（約1時間前）に着くように心がけたい。たいていロッカールームはないので、すぐにプレイできる格好で出かけよう。チェックインはプロショップ内の受付でグリーンフィを先払いし、ボールもここで購入する。

　予約からプレイ当日の流れはざっとこんな感じだが、「予約が不安」「ゴルフ場までの足はどうしよう」「見知らぬ人とラウンドできるかな」など、心配がある人はゴルフツアーに参加したり、現地の手配会社を頼ってストレスのないゴルフを楽しむのも一案。日本人のティーチングプロに付いてもらってのラウンドや、まったくの初心者でもゴルフレッスンをつけてくれるなど、コースを回るだけでなくいろいろなチャレンジができる。カリフォルニアの旅を機にゴルフを始めるのもいいかもしれない。

ディボット跡は目土（めつち）で直しておく。マナーを守り、気持ちのよいラウンドを

飲み物のカートが巡回している。購入したらチップも忘れずに！

写真提供：藤井誠氏 fujii-makoto.jp

憧れのゴルフ場一覧

サンフランシスコ周辺

シルバラード・リゾート＆スパ
Silverado Resort & Spa
M P.277
住 1600 Atlas Peak Rd., Napa Valley, CA 94558
☎ (707)257-0200
URL www.silveradoresort.com

ハーフムーンベイ・ゴルフリンクス
Half Moon Bay Golf Links
M P.221-A3
住 2 Miramontes Point Rd., Half Moon Bay, CA 94019
☎ (650)726-1800
URL www.halfmoonbaygolf.com

ペブルビーチ・ゴルフリンクス
Pebble Beach Golf Links
M P.288-A2
住 1700 17 Mile Dr., Pebble Beach, CA 93953
Free (1-800)877-0597
URL www.pebblebeach.com

スパイグラス・ヒル・ゴルフコース
Spyglass Hill Golf Course
M P.288-A2
住 Stevenson Dr., Pebble Beach, CA 93953
Free (1-800)877-0597
URL www.pebblebeach.com

ポピーヒルズ・ゴルフコース
Poppy Hills Golf Course
M P.288-A2
住 3200 Lopez Rd., Pebble Beach, CA 93953
☎ (831)622-8239
URL poppyhillsgolf.com

ロスアンゼルス周辺

トランプ・ナショナル・ゴルフクラブ・ロスアンゼルス
Trump National Golf Club Los Angeles
M 巻頭折込「ロスアンゼルス一交通図一」を参照
住 1 Trump National Dr., Rancho Palos Verdes, CA 90275
☎ (310)265-5000
URL www.trumpnationallosangeles.com

ランチョパーク・ミュニシパル・ゴルフコース
Rancho Park Municipal Golf Course
M P.59-C4
住 10460 W. Pico Blvd., Los Angeles, CA 90064
☎ (310)838-7373
URL golf.lacity.org/cource_rancho_park/

ペリカン・ヒル・ゴルフクラブ
Pelican Hill Golf Club
M P.121-B2
住 22800 Pelican Hill Rd. S., Newport Beach, CA 92657
Free (1-844)878-0942
URL www.golfpelicanhill.com

サンディエゴ周辺

オムニ・ラ・コスタ・リゾート＆スパ
Omni La Costa Resort & Spa
M P.176-A1外
住 2100 Costa Del Mar Rd., Carlsbad, CA 92009
☎ (760)438-9111
URL www.omnihotels.com

トーリー・パインズ・ゴルフコース
Torrey Pines Golf Course
M P.176-B1外
住 11480 N. Torrey Pines Rd., La Jolla, CA 92037
☎ (858)452-3226
URL www.torreypinesgolfcourse.com

パームスプリングス周辺

ラキンタ・リゾート＆クラブ
La Quinta Resort & Club
M 巻頭折込「アメリカ西海岸」のパームスプリングス周辺
住 49-499 Eisenhower Dr., La Quinta, CA 92253
☎ (760)564-4111
URL www.laquintaresort.com

インディアンウェルズ・ゴルフリゾート
Indian Wells Golf Resort
M 巻頭折込「アメリカ西海岸」のパームスプリングス周辺
住 44-500 Indian Wells Ln., Indian Wells, CA 92210
☎ (760)346-4653
URL www.indianwellsgolfresort.com

迷わない！ハズさない！もっと楽しい旅になる♥
地球の歩き方MOOKシリーズ

持ち歩きやすいハンディサイズ！

定価：1000円（税別）

短い滞在でも充実した旅を過ごせるモデルプランと特集

最新アクティビティやグルメ情報満載

今、話題のショップやハズせないグルメみやげ

- 海外3　ソウルの歩き方
- 海外4　香港・マカオの歩き方
- 海外6　台湾の歩き方
- 海外8　ホノルルの歩き方
- 海外9　ハワイの歩き方 ホノルル ショッピング＆グルメ
- 海外10　グアムの歩き方

豊富なラインアップ
テーマMOOKシリーズ

定価：890円〜（税別）

気になるテーマを深掘りして紹介

続々刊行予定！
- aruco magazine
- 海外子連れ旅★パーフェクトガイド！
- ハワイ スーパーマーケット マル得完全ガイド

2019年10月時点

San Francisco & Environs

サンフランシスコとその近郊

サンフランシスコ	208
サウサリート	254
ミュアウッズ国定公園	255
バークレー	256
シリコンバレー	257
ワインカントリー（ナパ＆ソノマ）	276
モントレー＆カーメル	288
ヨセミテ国立公園	299
マウントシャスタ	306

ミッションドロレス・パークから
ダウンタウンのスカイラインを眺める

Why San Francisco?

サンフランシスコに行く理由は？

狭くて起伏に富んだ土地に点在する見どころ。
歩くのはちょっと大変だけれど、絵になるスポットがいたるところにある。海を渡る風はいつも冷たい。
でもそのおかげで霧に包まれた幻想的な風景が見られる。
西海岸で1、2を争う人気観光地である理由は、訪れてみればわかる。

理由1 ケーブルカーの上から街を眺めてみたい →P.217

ほかの都市にはないロマンティックな乗り物は、公共の交通機関であるのと同時に、街いちばんのアトラクションだ。急な坂道を上り下りする間に変わっていく街並み。車上からその風景を眺める時間は至福のとき。

動き続けるケーブルの音や車掌が鳴らす鐘の音も風景の一部

上りきった坂の向こうに海が見える。旅心を刺激する憎い乗り物

理由2 ゴールデンゲート・ブリッジを歩いて渡りたい →P.246

街のシンボルである全長2737mの橋は歩いて渡ることができる。サンフランシスコ湾の入口、ゴールデンゲート海峡を渡る冷たい風に吹かれながら、高さ227mの主塔を見上げれば、この建造物がいかに偉大であるか実感するだろう。

自転車をレンタルしてサイクリングで橋を渡るのも楽しい

理由3 フィッシャーマンズワーフで名物のシーフードを堪能したい

街の人気スポット、フィッシャーマンズワーフは文字どおり「漁師の桟橋」。ここにはかつて、魚が水揚げされていた漁港があった。今、漁師はいないけれど、新鮮なシーフードが食べられるレストランがいくつもある。

→P.241

名物のダンジネスクラブは秋から冬が旬

理由 4 ワインカントリー でテイスティングしてみたい ➡P.276

ちょっと足を延ばしてカリフォルニアワイン生産の中心、ナパバレーやソノマバレーを訪れたい。魅力的な土地に点在するたくさんのワイナリー。しっかりテイスティングして、お気に入りの1本を手に入れたい。

ブドウ畑が広がる美しい風景はワインカントリーの見どころのひとつ

テイスティングを含むツアーは$20〜40くらい

飲み過ぎに注意して楽しもう

理由 5 ITの中心 で未来に触れる体験をしてみたい

世界的なIT企業の本社が集まるサンフランシスコとその周辺。街でも最先端の技術を使った未来の体験ができる。例えば無人ハンバーガーショップでロボットが調理するハンバーガーを食べてみたり、無人カフェでコーヒーを飲んだり。

世界初のロボットがハンバーガーを作ってくれるショップ
クリエーター
Creator
MP.225-D5
creator.rest

できあがりはこのとおり、なかなかおいしそう

こちらは**カフェ・エックス**のコーヒーを入れてくれるロボットのバリスタ
CafeX
MP.225-D4 cafexapp.com

理由 6 グラフィティアート の傑作を鑑賞したい

街なかのアートはさまざまな都市で見られるが、ミッション地区のグラフィティは、そのレベルが高いことで有名だ。ヒスパニック系のコミュニティであるこの場所は、おしゃれなショップやレストランも多い。

➡P.253

街角のアートを巡るツアーもある

205

Ferry Building Marketplace

フェリービルディング・マーケットプレイス
と周辺案内

サンフランシスコ観光で外せないスポット

海に囲まれた街サンフランシスコのランドマーク、フェリービルディング・マーケットプレイス。街を代表するレストランが入店し、周辺にはサンフランシスコらしい景色が広がっている。ワンストップでサンフランシスコを堪能したいなら、迷わずフェリービルディング・マーケットプレイスへ GO！

時計台の役目も果たすフェリービルディング・マーケットプレイス

フェリービルディング・マーケットプレイスって？ →P.233

かつてはフェリー乗り場として機能していたが、2003年、サンフランシスコ名物のショップやレストランが入店する市場へと生まれ変わった。週3回、建物の周りでファーマーズマーケットも開催される。

天井が高く解放的

左右にずらりとテナントが並ぶ

ビルの海側にはガンジーの像が

Essential 1
Acme Bread
アクミブレッド

オーガニックブレッド界のパイオニア。シェ・パニース →P.270 など有名レストランにも卸しており、その味は折り紙付きだ。

おいしそうなパンが並ぶ

ナパ、ソノマ以外のワインも豊富だ

国内外から絶賛されるソノマのワイン $75

Essential 2
Ferry Plaza Wine Merchant
フェリープラザ・ワインマーチャント

ワインをみやげに考えているならここへ。ナパやソノマのワインが豊富に揃う。

フェリービルディング・マーケットプレイスMAP

正面入口

ドリップコーヒー $3.50

Essential 3
Blue Bottle Coffee
ブルー・ボトル・コーヒー

2015年日本にも上陸したブルー・ボトル・コーヒーは、サンフランシスコの対岸オークランド発。西海岸に数あるコーヒーショップのなかでも屈指の人気と実力を誇る。

いつも混雑している

憧れのヒースの食器はマストバイ

Essential 4
Heath Ceramics
ヒース・セラミックス

サンフランシスコの人気陶器メーカー。日本で販売されている価格の半額ほどで購入できる。おしゃれなテーブルウエアはここで。

グッドビューと絶品ランチ

デートにぴったりのレストランを発見！

La Mar
ラ・マー →P.267

ペルー料理を提供するラ・マー。ペルー料理はあまりなじみがないが、生魚を使ったメニューが豊富で、日本人の舌に合う。海が見えるデッキ席で、心地よい海風を浴びながら食事を。

海を見ながらの食事はサンフランシスコらしい

セビーチェと呼ばれる刺身のマリネ

フュージョン料理もあり

ピア39へ

ミュニメトロ駅

釣り人の奥にはベイブリッジが

まさかの釣り人!?

Pier 1
ピア1

ピア1の先端には釣り人（アジア系）がいる。ここから対岸のオークランドを結ぶベイブリッジもきれいに見え、夜に訪れてもいい。

サンフランシスコのスカイラインを一望できる

サンフランシスコ屈指の写真スポット

絵になる景色

ミュニメトロがビルの前を走る

Front Ferry Building
フェリービルディング前

白いフェリービルディングと青い空。ビビッドな色のミュニメトロとヤシの木。最高の1枚をパシャリ。

本来の機能は今もなお

Ferry Landing
フェリー乗り場

従来のフェリー乗り場として、現在も使われている。サウサリート →P.254 へはここからフェリーでアクセスすることもできる。

フェリーのチケットカウンター

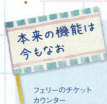

サンフランシスコ
San Francisco

霧に包まれた赤い橋梁、夕陽を受けて走るケーブルカー、急な坂道に並ぶビクトリア調の家々……。アメリカで最も絵になる街の魅力は、その風景だけではない。保守的なカリフォルニアにあって、ここには常に新しいものを求める気風がある。ヒッピーもゲイカルチャーも最先端のITもここで生まれた。そんなサンフランシスコとベイエリアの文化が、この街をより魅力的なものにしている。

サンフランシスコの歩き方

　市内は、公共の交通機関が発達しており、道路は規則正しく碁盤の目のようになっているので、初めて訪れた人にもわかりやすい。中心街は治安もよく、散策するにはぴったりのコンパクトさもいい。さらに、車で1時間ほど走ればシリコンバレー(→ P.257)、2時間圏内にはナパやソノマといったワインカントリー(→ P.276)やモントレーやカーメル(→ P.288)など、小旅行に出かけたいデスティネーションも豊富だ。レンタカーやツアーで気軽に行けるのも魅力的。

●プランニングのポイント

　歩き始める前に寄りたいのが、ダウンタウンにある観光案内所(MP.227-E5)。観光資料が豊富に揃い、交通路線図の入った地図はとても便利なので忘れずに入手しよう。また、案内所から徒歩7分の所にアクセス拠点となる、ケーブルカーの発着所、Market St.を走行するミュニバス、ミュニメトロやバートの駅(Powell St. Station)がある。

　サンフランシスコはユニオンスクエア(→ P.232)を起点に、チャイナタウン、ファイナンシャルディストリクト、ノースビーチまでが徒歩圏内。フィッシャーマンズワーフまでは、坂道が多いので、ケーブルカーでアクセスするのがいい。おもな見どころは徒歩+公共の交通機関で1～2日で回れる。ミュニパスポート(→ P.216)を購入のうえ、自分のペースで歩こう。

　個人旅行で注意したい点は、ホテルの手配。サンフランシスコはニューヨーク並みにホテル代が高い。大規模なコンベンションが頻繁に行われるため、時期が重なると非常に予約が取りにくくなる。旅行日程が決まったら早めの手配をすすめる。

シティパス　ミュニパスポート(3日間)と、カリフォルニア科学アカデミー、ブルー&ゴールド・フリート社の1時間ベイクルーズ、アクアリウム・オブ・ザ・ベイ、エクスプロラトリウムまたはSF MOMAの4つの入場券がセットになっ

ジェネラルインフォメーション

カリフォルニア州サンフランシスコ市
人口　約88万人（東京23区約957万人）
面積　約121km²（東京23区約628km²）
- セールスタックス
  サンフランシスコ市　8.50%
  ワインカントリー　7.75〜9.0%
  モントレー＆カーメル　7.75〜8.75%
- ホテルタックス
  サンフランシスコ市　約16.45%（ホテルの規模による）
  ワインカントリー　14〜14.19%
  モントレー＆カーメル　11〜11.8%＋$1〜2／泊

● 観光案内所
San Francisco Visitor Information Center
MP.227-E5
749 Howard St., San Francisco, CA 94103
1-415 391-2000　www.sftravel.com（英語）
毎日 9:00〜17:00（土・日・祝日は15:00）　クリスマス、元日、サンクスギビング、11〜4月の日

● 在米公館
在米公館、治安についてはP.434〜を参照。

● サンフランシスコ市内の電話のかけ方
SF市内では、市内・市外いずれの通話も最初に「1」と「エリアコード」を入力する。

旅行のシーズンアドバイス
（アメリカ西海岸の気候→P.407）

夏は寒く、冬暖かいのがサンフランシスコの気候最大の特徴。そのため、季節ごとの温度差は少ないが、1日のなかで気温や気候が著しく変化する。夏でも20℃を下回り、日中暑くても夜になると一気に冷え込む。観光シーズンは6〜8月で9〜11月はコンベンションのシーズン。晩秋に突然暖かくなるインディアンサマーという現象により、夏より暖かい日もしばしば。12〜2月は風が肌寒く、降水率が高い。

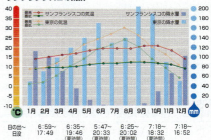

現地の情報誌

地元紙サンフランシスコ・クロニクル（朝刊＄1.50）とサンフランシスコ・エグザミナー（夕刊）は、どちらも発行所が同じ。日曜版のクロニクル（＄3）には、サンフランシスコとベイエリアのスポーツ、演劇などのエンターテインメント情報が満載。スタンドで入手可能だ。フリーペーパーの「SF Weekly」 www.sfweekly.com、「The San Francisco Bay Guardian」は、街角のボックス、カフェなどで。観光客向けの無料情報誌「Where」は毎月発行。中級以上のホテルや観光案内所で手に入る。

イベント＆フェスティバル
※詳細は観光局のホームページ（上記のジェネラルインフォメーションを参照）で確認できる

チャイナタウンの旧正月
Chinese New Year
- 1月25日（2020年）
中国の旧正月を祝うイベントが2週間にわたって盛大に行われる。Market St. から出発するパレードが有名。

サンフランシスコマラソン
San Francisco Marathon
- 7月28日（2019年）
エンバーカデロからフィッシャーマンズワーフを抜け、ゴールデンゲート・ブリッジを走るという魅力的なコース。

SFプライド
SF Pride
- 6月27〜28日（2020年）
LGBTが民権や差別根絶を訴えるために全米から集う。目玉はカストロ地区からMarket St. を歩くパレード。

※お得なパス。使用開始日から9日間有効。 www.citypass.com 大人＄94、子供（5〜11歳）＄74。
地球の歩き方のウェブサイトからも買うことができる。 parts.arukikata.com/citypass/sfo.html

サンフランシスコのエリアガイド
San Francisco Area Guide

おもな観光スポットやショッピングエリアは、ダウンタウンとフィッシャーマンズワーフに集中している。そのほかのエリアはおおむね住宅街やコミュニティタウンが形成されて、家並みや雰囲気を感じながら散策が楽しめる。観光スポットとローカルの生活エリアが隣り合った街でもある。

ダウンタウン
Downtown (→ P.232)

ユニオンスクエアを中心としたサンフランシスコのへそ。公共交通機関もこのエリアを中心に延びていて、旅行者が滞在するのに最も便利な場所だ。高級デパートやブランドショップも集まっている。

ノブヒルとチャイナタウン
Nob Hill & Chinatown (→ P.235)

ユニオンスクエアからケーブルカーで北上すると、重厚な高級ホテルやビクトリアンハウスが並ぶノブヒルにたどり着く。アメリカ最大のチャイナタウンは、ユニオンスクエアから徒歩圏内。おいしい中華料理はここで。

シビックセンターとパシフィックハイツ
Civic Center & Pacific Heights (→ P.238)

シビックセンターはカルチャーと行政の中心地だ。ここでは質の高いオペラやバレエ、サンフランシスコ交響楽団の演奏を楽しもう。サンフランシスコを象徴するビクトリアンハウスの街並みはパシフィックハイツへ。

フィッシャーマンズワーフとノースビーチ
Fisherman's Wharf & North Beach (→ P.241)

シーフードレストランが軒を連ねるフィッシャーマンズワーフはサンフランシスコ観光のマスト。イタリア人コミュニティのノースビーチにある小高い丘、テレグラフヒルに立つコイトタワーで市街の全景を楽しもう。

Point to Point サンフランシスコ移動術

目的地 \ 出発地	Ⓐ Powell St. & Market St. ユニオンスクエアから南へ3ブロック（ダウンタウン）	Ⓑ Washington St. & Taylor St. ケーブルカー博物館と同じブロックの南西角（ノブヒルとチャイナタウン）	Ⓒ Sacramento St. & Fillmore St. パシフィックハイツのアルタプラザの南西1ブロック（シビックセンターとパシフィックハイツ）
Ⓐ Powell St. & Market St. ユニオンスクエアから南へ3ブロック（ダウンタウン）		Washington St. & Taylor St. PH → Powell St. & Market (15分)	Sacramento St. & Fillmore St. 1 → Clay St. & Powell St. 徒歩 PH → Powell St. & Market St. (30分)
Ⓑ Washington St. & Taylor St. ケーブルカー博物館と同じブロックの南西角（ノブヒルとチャイナタウン）	Powell St. & Market St. PH → Jackson St. & Taylor St. 徒歩1分 → Washington St. & Taylor St. (15分)		Sacramento St. & Fillmore St. 1 → Clay St. & Taylor St. 徒歩1分 → Washington St. & Taylor St. (11分)
Ⓒ Sacramento St. & Fillmore St. パシフィックハイツのアルタプラザの南西1ブロック（シビックセンターとパシフィックハイツ）	Powell St. & Market St. PH/PM → Powell St. & Sacramento St. 徒歩 1 → Sacramento St. & Webster St. 徒歩1分 → Sacramento St. & Fillmore St. (24分)	Washington St. & Taylor St. 徒歩7分 → Leavenworth St. & Sacramento St. 1 → Sacramento St. & Webster St. 徒歩2分 → Sacramento St. & Fillmore St. (17分)	
Ⓓ Hyde St. & Beach St. ケーブルカーの終点、キャナリーの南西角（フィッシャーマンズワーフとノースビーチ）	Powell St. & Market St. PH → Hyde St. & Beach St. (20分)	Washington St. & Taylor St. 徒歩1分 → Jackson St. & Taylor St. PH → Hyde St. & Beach St. (10分)	Sacramento St. & Fillmore St. 1 → Clay St. & Hyde St. 徒歩1分 → Hyde St. & Jackson St. PH → Hyde St. & Beach St. (25分)
Ⓔ Goldengate Bridge Toll Plaza ゴールデンゲート・ブリッジの南側（プレシディオとゴールデンゲート・パーク）	Powell St. & Market St. 徒歩3分 → Mission St. & 5th St. 30 → Goldengate Bridge Toll Plaza (30分)	Washington St. & Taylor St. 徒歩6分 → Leavenworth St. & Washington St. 27 → Jackson St. & Van Ness Ave. 徒歩 101 → Goldengate Bridge Toll Plaza (40分)	Sacramento St. & Fillmore St. 22 → Lombert St. & Fillmore St. 徒歩 101 → Goldengate Bridge Toll Plaza (20分)
Ⓕ Mission St. & 16th St. ミッションドレスの3ブロック東（ヘイトアッシュベリーとミッション）	Powell St. & Market St. Daly City 行き → Mission St. & 16th St. (5分)	Washington St. & Taylor St. PH → Powell St. & Market 徒歩 Daly City 行き → Mission St. & 16th St. (20分)	Sacramento St. & Fillmore St. 22 → St. Mission St. & 16th St. (23分)

公共の交通　ケーブルカー（PM=Powell-Mason 線、PH=Powell-Hyde 線）　ミュニバス　ゴールデンゲート・トランジット　バート　乗り換え　※所要時間は目安。

プレシディオとゴールデンゲート・パーク
Presidio & Golden Gate Park (→ P.246)

プレシディオはゴールデンゲート・ブリッジのたもとに広がるエリア。広大なゴールデンゲート・パークには美術館や博物館が点在し、なかでも熱帯雨林コーナーのあるカリフォルニア科学アカデミーは人気のスポットだ。

ヘイトアシュベリーとミッション
Haight Ashbury & Mission (→ P.252)

ヘイトアシュベリーは1960年代ヒッピームーブメントの中心地で、個性的なショップが並ぶ人気のエリア。ゲイコミュニティが確立したカストロと人気店が並ぶミッションは、サンフランシスコで最もヒップなエリアだ。

サンフランシスコ・エリアマップ

※効率よく移動できるものを、複数あるルートから選んでおり、必ずしも最短ルートとは限らない。

Ⓓ Hyde St. & Beach St. ケーブルカーの終点、キャナリーの南西角 （フィッシャーマンズワーフとノースビーチ）	Ⓔ Goldengate Bridge Toll Plaza ゴールデンゲート・ブリッジの南側 （プレシディオとゴールデンゲート・パーク）	Ⓕ Mission St. & 16th St. ミッションドロレスの3ブロック東 （ヘイトアシュベリーとミッション）
Hyde St. & Beach St. PH → Powell St. & Market St. (20分)	Goldengate Bridge Toll Plaza 30 → Mission St. & 5th St. 徒歩3分 → Powell St. & Market St. (25分)	Mission St. & 16th St. Millbrae 行き → Powell St. & Market St. (5分)
Hyde St. & Beach St. PH → Washington St. & Taylor St. (10分)	Goldengate Bridge Toll Plaza 70 → Van Ness Ave. & Sacramento St. 徒歩1分 → Van Ness Ave. & Clay St. 1 → Clay St. & Taylor St. 徒歩1分 → Washington St. & Taylor St. (30分)	Mission St. & 16th St. Millbrae 行き → Powell St. & Market St. PH → Jackson St. & Taylor St. 徒歩1分 → Washington St. & Taylor St. (20分)
Hyde St. & Beach St. PH → Powell St. & Sacramento St. 1 → Sacramento St. & Fillmore St. (30分)	Goldengate Bridge Toll Plaza 28 → Lombert St. & Fillmore St. 22 → Sacramento St. & Fillmore St. (20分)	Mission St. & 16th St. 22 → Sacramento St. & Fillmore St. (23分)
	Goldengate Bridge Toll Plaza 28 → Van Ness Ave. & North Point St. 徒歩6分 → Hyde St. & Beach St. (20分)	Mission St. & 16th St. Millbrae 行き → Powell St. & Market St. PH → Hyde St. & Beach St. (28分)
Hyde St. & Beach St. 徒歩8分 → Van Ness Ave. & North Point St. 28 → Goldengate Bridge Toll Plaza (22分)		Mission St. & 16th St. 49 → O'Farrell St. & Van Ness Ave. 30 → Goldengate Bridge Toll Plaza (25分)
Hyde St. & Beach St. PH → Powell St. & Market Daly City 行き → Mission St. & 16th St. (28分)	Goldengate Bridge Toll Plaza 30 → O'Farrell St. & Van Ness Ave. 49 → Mission St. & 16th St. (25分)	

サンフランシスコへのアクセス
Access to San Francisco

日本からの直行便
2019年9月現在
● サンフランシスコ国際空港 (SFO) へ
・東京（成田）から
　全日本空輸（NH）
　ユナイテッド航空（UA）
・東京（羽田）から
　日本航空（JL）
　ユナイテッド航空（UA）
・大阪（関空）から
　ユナイテッド航空（UA）
● サンノゼ国際空港 (SJC) へ
・東京（成田）から
　全日本空輸

空港の施設も充実
国際線ターミナルは北米最大規模で、ショップ、レストランも充実している。もちろん、Wi-Fiも無料。

飛行機

日本からの直行便が多く到着するサンフランシスコ国際空港のほか、成田から全日空（ANA）の直行便が運航するサンノゼ国際空港、サンフランシスコの対岸にあるオークランド国際空港の3つの空港がある。ロスアンゼルスと並ぶ人気の観光地だけに、アメリカ国内からの観光客も多く、アムトラックやグレイハウンドバスなどの陸路でアクセスする人も多い。

サンフランシスコ国際空港（SFO）
San Francisco International Airport

MP.221-A2　☎(1-650)821-8211　www.flysfo.com

成田、羽田、関西の国際空港から直行便が運航しており、ユナイテッド航空のハブ空港でもある。空港ターミナル間や、バート駅、レンタカーセンターへは、エアトレインAir Trainという無人モノレイルで移動する。日本からの便はすべて国際線ターミナルに到着する。

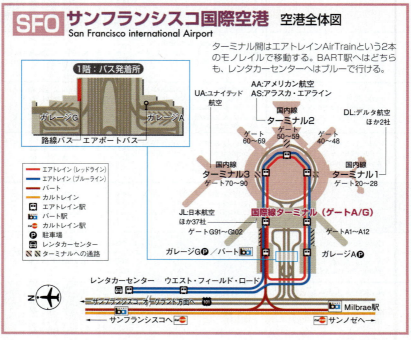

SFO サンフランシスコ国際空港　空港全体図
San Francisco international Airport

212

サンフランシスコ国際空港から市内へ

■ スーパーシャトル SuperShuttle

📞 (1-800)258-3826
🌐 www.supershuttle.com

国際線ターミナルの到着階（2階）を出た所にある Door to Door Vans のサインの所から出発。ダウンタウンへ片道＄19、所要約30〜50分。ほかにも多数のシャトルが走っている。

荷物が多いときに便利

■ サムトランズ（バス）samTrans（Bus）

📞 (1-800)660-4287　※ P.218 参照

#292 と #398 のバスが空港とダウンタウンのセールスフォース・トランジット・センター（→ P.215）を結んでいる。国際線ターミナルの乗り場は Level 1：Bus Courtyard A と G。片道＄2.25、所要約60分。# 292 は 4:30〜翌1:40にほぼ30分ごと、# 398 は 5:47〜22:37にほぼ1時間ごとに運行。

市内へいちばん安く行くならこのバス

■ バート BART

📞 (1-510)464-6000　※ P.217 参照

国際線ターミナルの Level 3 のバート駅から乗車。バート San Francisco Int'l Airport 駅からダウンタウンの Powell St. 駅まで所要約30分。片道＄9.65。SFO 発 5:11〜23:54 に 15〜20分ごとの運行。

ホテルが駅から近いならバートがおすすめ

■ タクシー Taxi

国際線ターミナルの Level 2 を出た所にある Taxi のサインの所から乗車。ラッシュアワーに巻き込まれると2倍以上の時間がかかることもある。ユニオンスクエア周辺まで約＄55〜、フィッシャーマンズワーフ周辺まで約＄63〜（要別途チップ）、所要 20〜40分（空港利用料が＄2加算される）。

荷物が多いとき、人数がいるときは便利

Information　サンフランシスコ国際空港の施設

● バーマン・リフレクション・ルーム

室内の大きな窓から滑走路が見える休憩所。荷物の整理や休憩に利用できる。国際線ターミナルの3階、バート駅のすぐそばにある。
🕐 毎日 7:00〜23:00

● 航空博物館 & 図書館

1930年代、空港ターミナルだった建物にある航空博物館。キャビンアテンダントの制服や飛行機の模型などが展示されている。国際線ターミナルの3階、搭乗エリアA付近にある。入場無料。
🌐 www.flysfo.com/museum/aviation-museum-library
🕐 毎日 10:00〜16:30

● サンフランシスコ空港美術館

国際線のターミナルや搭乗口付近の各所がギャラリーとなっており、随所に作品が展示されている。🌐 www.flysfo.com/museum

空港にはいたるところにアートがある

サンフランシスコへのアクセス Access to San Francisco

サンフランシスコ国際空港から各エリアへ

■ 郊外へのエアポートバス

空港2階を出た所にある、「Airporter」の乗り場から乗車する。バークレー行きのベイポーター・エクスプレスは1階コートヤード1、3、4、Gから乗車するので注意。事前に予約をしておくほうが確実だ。

● ナパへ（→ P.277）
■ Evans ☎(1-707)255-1559
🌐www.evanstransportation.com　1日9本運行。約1時間30分〜2時間15分。片道$40（ナパのターミナルまで）、$60（ホテルまで）。　※現金のみ

● ソノマへ（→ P.282）
■ Sonoma County Airport Express
☎(1-707)837-8700
🌐www.airportexpressinc.com
1日21本運行。約2時間15分、片道$38（ソノマカウンティ内）。

● サンノゼ国際空港／モントレーへ（→ P.215、289）
■ Monterey Airbus ☎(1-831)373-7777
🌐www.montereyairbus.com
1日12本の運行。サンノゼ国際空港まで約1時間、片道$20、モントレーまで約2時間15分、片道$52。

● バークレーへ（→ P.256）
■ BayPorter Express ☎(1-415)769-4063
Free(1-877)467-1800　🌐www.bayporter.com
片道$43。（ウェブは15時間前までに要予約）
※ナパ、ソノマへはタクシーで行くと$180以上かかるので、人数が少ない場合、時間に余裕があるときはシャトルを利用しよう。SFOからバークレーへはバートの利用も便利。

サンノゼまで行くならモントレーエアバスが便利

■ レンタカー Rent-a-Car

SFOには敷地内にレンタカーセンターがある。各ターミナルから運行しているエアトレインのブルーラインで、レンタカーセンター駅まで移動しよう。

● サンノゼ（シリコンバレー）へ（→ P.257）
レンタカーセンターを出て、US-101に乗り南へ。Guadalupe Fwy.（CA-87）に入り南下すると、左側にサンノゼのダウンタウンが見えてくる。所要約40分。

● ワインカントリーへ（→ P.276）
レンタカーセンターを出て McDonnel Rd. を北へ進み、San Bruno Ave. を左折して US-101 North に乗る。分流で Bay Bridge/Oakland 方向へ進み I-80 East に入る。Exit 33 から CA-37 West に乗り、次に CA-29(Sonoma Blvd.) を右折。Exit 18A でナパのダウンタウンへ、ソノマはナパへ向かう途中の CA-29 の分流で CA-12 West へ。所要約1時間20分。

● モントレー＆カーメルへ（→ P.288）
レンタカーセンターを出て、US-101 に乗り南へ。Monterey/Peninsula 方面に進み、CA-156 で西へ入ると道はそのまま CA-1 になる。南に向かえばモントレーの中心部だ。所要約2時間。

長距離バス（グレイハウンド）

■ グレイハウンド・バスターミナル
Greyhound Bus Terminal

ターミナルはダウンタウンの東、セールスフォース・トランジット・センター内にある。ユニオンスクエア周辺まではミュニバス#38、38Rで$2.75、5〜7分。徒歩15分。

鉄道（アムトラック）

■ アムトラックステーション
Amtrak Station（鉄道）

サンフランシスコに駅はなく、対岸のエメリビルとオークランドにある。利用する路線により発着する駅が異なるので要確認。両駅へはテンポラリー・トランスベイ・ターミナルから無料のシャトルバスが出ている。バスは、市内のファイナンシャルディストリクトやフィッシャーマンズワーフを経由する。

セールスフォース・トランジット・センター
MP.225-E4
425 Mission St.

グレイハウンドバス
(1-800)231-2222（24時間）
www.greyhound.com
毎日5:15〜翌1:00

アムトラック／エメリビル駅
MP.221-B2
5885 Horton St., Emeryville

アムトラック／オークランド駅
MP.221-B2
245 2nd St., Oakland

アムトラックオフィス（サンフランシスコ）
MP.225-F4
200 Folsom St.
(1-800)872-7245
www.amtrak.com
毎日6:15〜22:30

（左）SFの交通の拠点となるセールスフォース・トランジット・センター
（右）アムトラック鉄道の駅は対岸のオークランドにある

Information サンフランシスコ周辺の空港

サンノゼ国際空港（SJC）
San Jose International Airport

MP.221-B4、P.257-B
1701 Airport Blvd., San Jose
(1-408)392-3600
www.flysanjose.com

成田からの直行便も運航しているシリコンバレーの空港。国内線と国際線のターミナルAと、国内線専用のターミナルBがあり、空港ターミナル間およびBターミナルにあるレンタカーセンターへは無料のシャトルバスで移動。サンフランシスコ市内へは空港シャトルや公共の交通機関を使ってアクセスできる。各ターミナルにある乗り場から乗車しよう。

SJCからサンフランシスコ市内へ
●空港シャトル　随時運行。$105〜125、所要1時間20分〜40分。
●VTAバス＆カルトレイン
無料のVTAバスで、Santa Clara駅まで行き、カルトレインでSan Francisco駅へ。$10.50、所要約1時間45分。

オークランド国際空港（OAK）
Oakland International Airport

MP.221-B2
1 Airport Dr., Oakland
(1-510)563-3300
oaklandairport.com

空港からサンフランシスコ市内へは空港シャトルや公共の交通機関を乗り継いでアクセスできる。シャトル、ウーバーなどのアプリによる配車サービス、タクシーは各ターミナル前にある乗り場から、バートBARTはターミナル前の駅から乗車しよう。

OAKからサンフランシスコ市内へ
●空港シャトル　随時運行。$57〜85、所要約45分。
●タクシー　$65〜100＋tip、所要約45分。
●バート・トゥOAK（高架鉄道）＆バート
ターミナルを出た駐車場のほぼ中央にBARTの空港駅（高架）があり、BARTの鉄道でColiseum駅まで行く。その後バートでサンフランシスコのダウンタウンのEmbarcadero駅、Powell St. 駅などで下車。$10.95、所要約45分。

サンフランシスコの交通機関
Transportation in San Francisco

ミュニ
☎311（サンフランシスコ市内）
　（1-415）701-2311（ベイエリア）
FAX 511
URL www.sfmta.com
※クリッパーカード使用可
　（→P.216脚注）

トランスファー制度
ミュニバスとミュニメトロで目的地へ行くのに乗り換えが必要な場合はトランスファーチケットを利用しよう。90分以内なら何回でも相互の乗り換えが可能だ。

ミュニバス
料金 $3
乗車は前のドアでも後ろのドアでもいいが、現金の場合は前からのみで、乗車と同時に料金を払う。領収証代わりにトランスファーチケットを必ずもらうこと。入口付近は日本でいうシルバーシート。バス停は、赤字に白で"MUNI"と書かれたボードか、電柱に黄色で"BUS STOP"と書かれている。

ミュニメトロ
料金 $3
ミュニバスもそうだが、おつりは出ないので正確な金額を用意しよう。

ミュニパスポート
ケーブルカー、ミュニバス、ミュニメトロに乗り放題のミュニパスポートを観光局やケーブルカーのチケット売り場で発行している。使用する日にちを自分で削ってから使う。
料金 1日 $23、3日 $34、7日 $45
ルートマップは観光案内所で無料で配布しているものが、わかりやすい。

ミュニバスとミュニメトロ
Muni Bus & Muni Metro

サンフランシスコ一帯を走る路線バスと鉄道。まず、乗車時に運賃を支払ったら、必ずトランスファーチケットをもらうようにしよう（→側注）。

ミュニバス　Muni Bus
市内全域を網羅し、24時間運行しているルートもある。バス停はほぼ2ブロックおきに設置されている。

ミュニメトロ　Muni Metro
Market St.の端、エンバーカデロを起点に、サンフランシスコの西側まで延びる電車。路線はストリートカーEとFのほか、J、K、L、M、N、Tの8系統。おもに市内では地下を走り、郊外では地上を走る。

● ミュニメトロの乗車の仕方
地下を走るミュニメトロなら改札そばの券売機で切符を購入する。Muni TicketsのSingleをタッチして料金を投入。

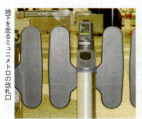

地下を走るミュニメトロの改札口

216　メモ　交通機関を利用するのに便利なカード　クリッパーカードClipper Cardは、事前に必要な金額がチャージできるIC交通カード。カード代 $3が必要だが、乗車のたびにチケットを買ったり、現金で支払ったりす

改札で切符をランプ部分にタッチする（EとFラインは料金箱に直接現金を投入する）。なお、地上での乗り場はミュニバスと同じ。Market St.では地下を走る。

ケーブルカー
Cable Car

サンフランシスコのシンボルでもあり、観光の目玉のひとつでもあるケーブルカー。

●乗車の仕方
①始発点以外で乗車する場合は、茶色と白のストップサインのある所が停留所。手を振り合図をすれば停まってくれる。観光シーズンは始発駅でも30分以上待つことも。
②窓付きの座席と窓なしの座席、ライディングボード（立ち乗り）のいずれかに乗車できる。乗車人数は車掌が決める。

バート
BART(Bay Area Rapid Transit)

サンフランシスコとイーストベイを結ぶ鉄道網。

●乗車の仕方
① "BART TICKETS" と書かれている券売機でチケットを購入する。料金は＄2からで距離制。券売機の料金表で、まずは目的地までの料金を確認する。使えるのは5￠、10￠、25￠の硬貨と＄1〜＄20の紙幣。チケットは投入金額の分だけ磁気カードに記録される。一部の券売機ではクレジットカードも利用可能。また、おつりが欲しい場合、カードに記録する金額をボタンで調節できる。おつりの出ない券売機もあり。

バート路線図

ケーブルカー
■＄7
　乗車する前に、始発点近くの "SFPD" と書かれたシルバーのブースや、自動券売機で買うか、乗り込んでから車掌に直接支払ってもよい。クリッパーカード（→P.216脚注）も使える。
　ミュニバスポート利用可能。

ケーブルカーの路線
❶パウエル‐ハイド線
Powell-Hyde Line
　ユニオンスクエアの南Powell St.とMarket St.との交差点近くと、フィッシャーマンズワーフの西寄りHyde St.の停留所を結ぶ。所要約20〜30分。
❷パウエル‐メイソン線
Powell-Mason Line
　パウエル‐ハイド線と同じ、Market St.とPowell St.の交差点近くに乗り場がある。終点はフィッシャーマンズワーフの東寄りTaylor St.の停留所。所要約20〜25分。
❸カリフォルニア線
California Line
　Market St.とCalifornia St.の交差点から、California St.とVan Ness Ave.の交差点までを結ぶ。所要約15〜30分。

ケーブルカーはカリフォルニア線がすいている

バート
☎(1-510)464-6000
🌐www.bart.gov
■毎日5:00〜24:00（土6:00〜、日8:00〜）
※路線により異なる
■行き先によって異なり、最低＄2から
※ミュニとはシステムが違うので、ミュニバスポートは利用できない。混同しないように。

注意
ダウンタウンのMarket St.沿い地下のバートの停留所では、ミュニメトロの駅と同じ階に改札がある所も。ミュニとバートは異なった交通機関なので乗り間違えないように注意しよう。

サンフランシスコのダウンタウン
Powell St.駅からのバート料金
San Francisco Int'l Airportまで
■＄9.65
Downtown Berkeleyまで
■＄4.10
Coliseum/Oakland Airportまで
■＄10.75

る必要がないので便利。バート、ミュニバス、ミュニメトロ、ケーブルカー、ゴールデンゲート・トランジット、ACトランジットで利用できる。駅の自動販売機で購入可能。

サンフランシスコの交通機関 Transportation in San Francisco

**ゴールデンゲート・
トランジット**
📞511
🌐 www.goldengate.org
🎫 $4.25〜13

**セールスフォース・
トランジット・センター**
🗺️ P.225-E4

サムトランズ
📞(1-800)660-4287
🌐 www.samtrans.com
🎫 $2.25〜4
セールスフォース・トランジッ
ト・センター発。

AC トランジット
📞511
🌐 www.actransit.org
🎫 $2.35〜5.50
セールスフォース・トランジッ
ト・センター発。

カルトレイン
🗺️ P.223-F3（SF乗り場）
🏠700 4th St.
📞(1-800)660-4287
🌐 www.caltrain.com
　駅へはミュニメトロE、N、T
のほか、Market & 5th Sts.の角
からミュニバス#30、45に乗
りTownsend St.と4th St.の角
で下車。ユニオンスクエアま
で約15分。
🎫 大人$3.75〜15

**グレイライン／スーパーサイ
トシーイング**
🗺️ P.229-D2
🏠出発場所：2800Leavenworth
St., Fisherman's Wharf
☎(1-415)353-5310
🌐 www.graylineofsanfrancisco.
com
● **Hop On Hop Off City
Tour**
🎫 大人$55、子供（5〜11歳）
$45
🕐 毎日8:30〜17:00（時期によ
り異なる）

**カリフォルニア・パシフィッ
ク・エクスカーションズ**
🏠588 Sutter St., #115
☎(1-415)228-9865
🌐 www.californiaparlorcar.com
（日本語あり）
🗓️年間を通して運行している
が出発日はウェブサイトで
確認を。日帰り大人$129
〜、子供（2〜11歳）$99。
1泊2日大人$210〜、子供
$100
2泊3日大人$280〜
※ツアー代金は季節、利用人
数、ホテルにより異なる

②改札口にチケットを入れると、チケットが上から出てくる。
それを取ると自動的にバーが開く。ホームで行き先を確認。
③出札の際、チケットの料金が不足していたら、改札横の機
械でチケットを購入したのと同じ要領で精算する。

その他のバス

　ゴールデンゲート・ブリッジの北側、マリンカウンティや
ソノマカウンティを結ぶバスが**ゴールデンゲート・トランジ
ット**。市内からゴールデンゲート・ブリッジ、サウサリート
へ行く際に利用するといい。

　サムトランズは、BARTのDaly City駅からサンマテオカ
ウンティ内を走り、パロアルトまで行くバス。空港やスタン
フォード大学に行くときに便利だ。

　ACトランジットは、ベイブリッジを渡ってサンフランシ
スコとイーストベイ（オークランドやバークレー）を結ぶバス。

カルトレイン
Caltrain

　サンフランシスコと、南のサンノゼとを結ぶ。ダウンタウ
ンの駅（San Francisco駅）はサウス・オブ・マーケットの
4th & King Sts.にある。スタンフォード大学、カリフォルニ
アズ・グレイト・アメリカ、サンノゼ方面に行くときに便利だ。

ツアー案内

グレイライン／スーパーサイトシーイング
Gray Line / Super Sightseeing

　申し込みはフィッシャーマンズワーフのTaylon & North
Pointの北西角のオフィスのほか、大きなホテルならコンシ
ェルジュデスク、もちろんウェブサイトからも可能だ。

●Hop On Hop Off City Tour

　ゴールデンゲート・ブリッジ、フィッシャーマンズワーフ
など代表的な観光スポットを訪れる。1日中乗り降り自由。

カリフォルニア・パシフィック・エクスカーションズ
California Pacific Excursions

　ヨセミテ国立公園を楽しみたい人におすすめのツアー。

●Yosemite Stay Valley Tour 2 Days(3 Days)

　1泊2日または2泊3日コース。1日目はヨセミテバレーで昼
食を取ったあと、バレーサイトツアーとなる。2日目はオプ
ションでグレイシャーポイントを訪れ（時期により異なる）、
その後は自由行動となる。宿泊はバレー内のホテル。ヨセミ
テをまる1日堪能できる。

San Francisco Itinerary
―サンフランシスコの1日モデルコース―

今日は何する?

9:00

ひんやりした空気に包まれパンとコーヒー
Ferry Building Marketplace 滞在時間:1時間
フェリービルディング・マーケットプレイス → P.233

人気のパン屋とコーヒーショップで朝食を買い、海を見ながら食べよう。

有名レストランにも卸しているアクミ

Point 急な坂が多い。特に街の中心を走るMarket St.から北は起伏が激しいので注意。

Access ミュニメトロEでEmbarcadero & Sansome St.下車→ゴールデンゲート・トランジット#27で。約30分

Access ゴールデンゲート・トランジット#101でBARTのCivic Center駅下車→BARTのDaly City行きで。50分

10:30

サンフランシスコのアイコンを拝む
Golden Gate Bridge 滞在時間:1時間
ゴールデンゲート・ブリッジ → P.246

オレンジ色の橋はサンフランシスコの名物。これを見ずしてサンフランシスコを去れない。

霧がかかっていることが多い

12:20

オーガニックレストランとショッピング
Mission 滞在時間:3時間
ミッション → P.253

サンフランシスコ屈指のおしゃれエリアでランチとショッピング。

壁画も多いエリアだ

Access Mission St.を走るミュニバス#14Rで20分

15:40

西海岸屈指の収蔵品がある
SF MOMA 滞在時間:1.5時間
サンフランシスコ近代美術館 → P.234

アメリカン・ポップアートの作品が多く、ギフトショップも充実。デザイン雑貨はどれもキュート。

斬新な建物にも注目

Access 徒歩10分

17:20

一大ショッピングゾーン
Union Square 滞在時間:2時間
ユニオンスクエア → P.232

ユニオンスクエア周辺は高級デパートやハイエンド・ブランドのショップがひしめくエリア。思う存分ショッピングを。

高級ブランド店が並ぶ

Access 徒歩10分

19:30

漢字の看板がずらり
Chinatown 滞在時間:1時間
チャイナタウン → P.236

今日のディナーは中華で決まり。クオリティの高い中華料理店が多く、価格も良心的。

おいしい中華料理が食べられる

Access Montgomery St.駅からミュニメトロで10分

20:40

LGBTの聖地で盛り上がる
Castro St. 滞在時間:1時間
カストロストリート → P.252

LGBTに寛容なエリアは夜が刺激的。バーもクラブも、ジェンダーレスに盛り上がる

ここでは性別なんて気にしない!

How to 夜遊び? ダウンタウンやミッション、カストロなどに夜遊びスポットが集中する。しかし、ダウンタウンでも1本道をはずれるだけで雰囲気がガラリと変わるので注意。

サンフランシスコ San Francisco | サンフランシスコの交通機関／モデルコース

219

サンフランシスコ San Francisco

クリッシーフィールドから見るゴールデンゲート・ブリッジ

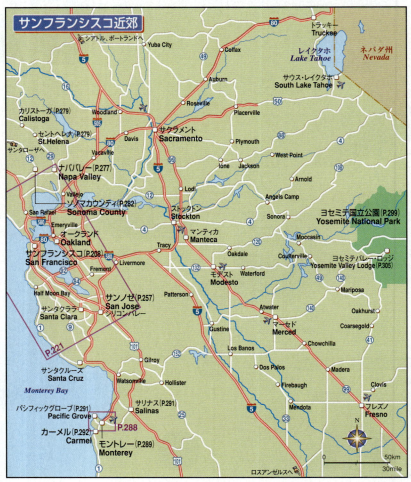

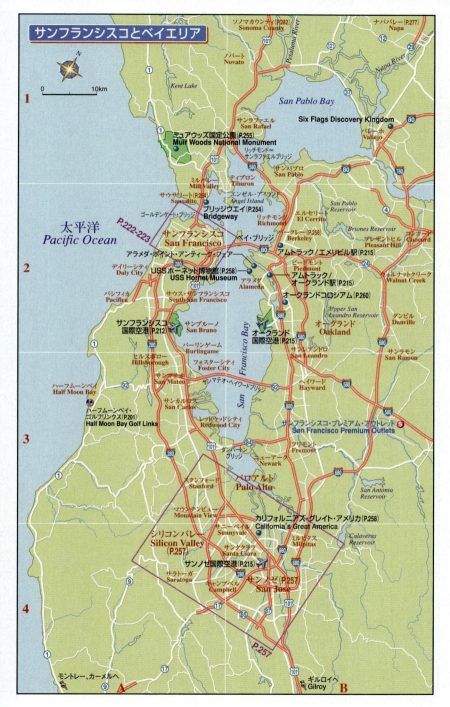

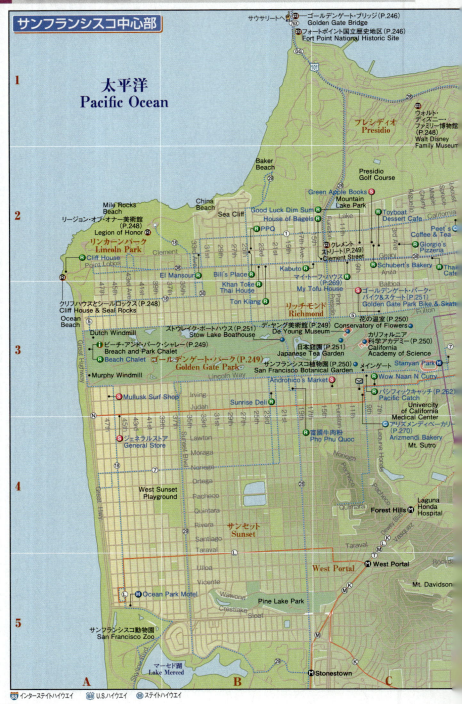

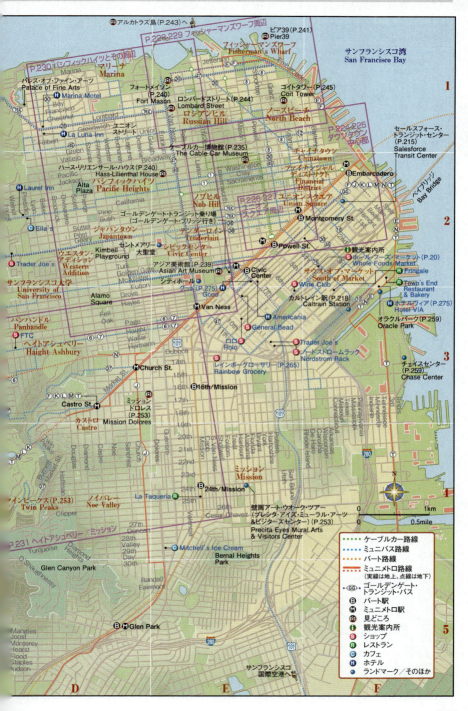

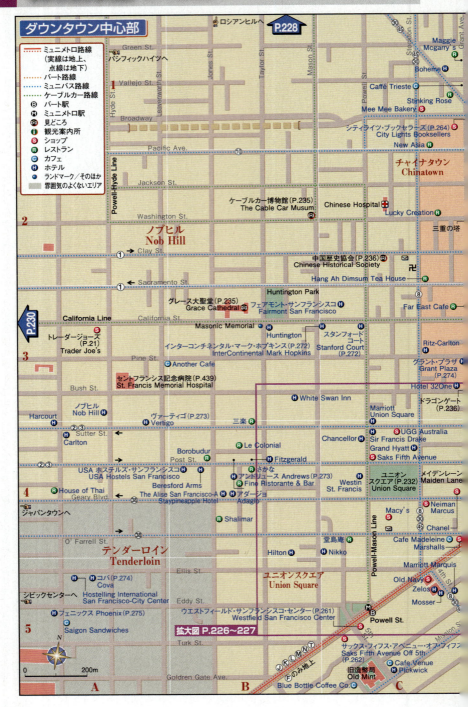

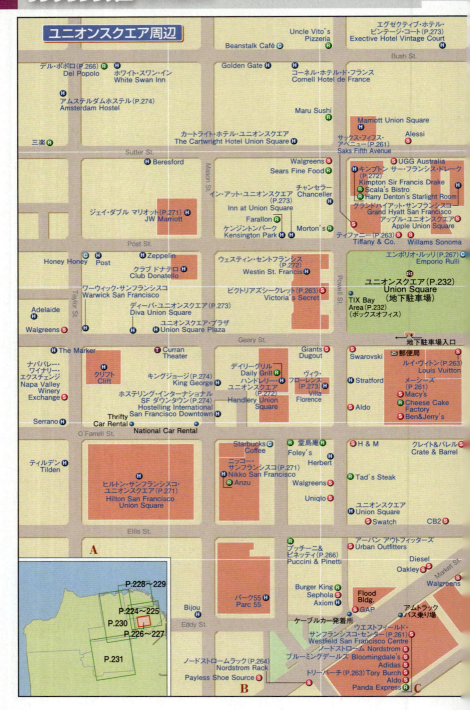

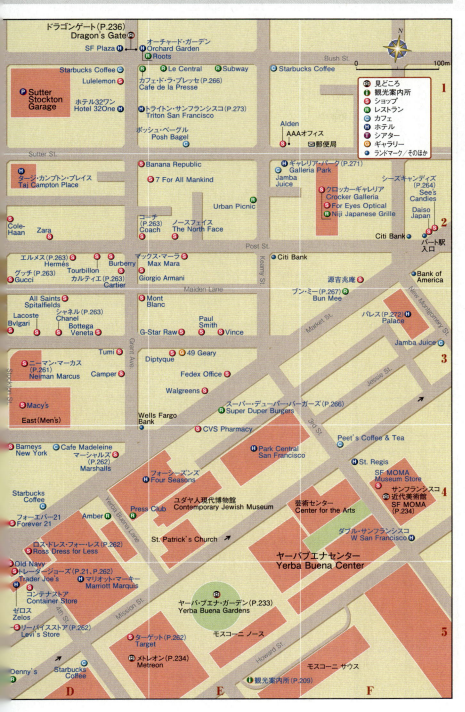

サンフランシスコ San Francisco

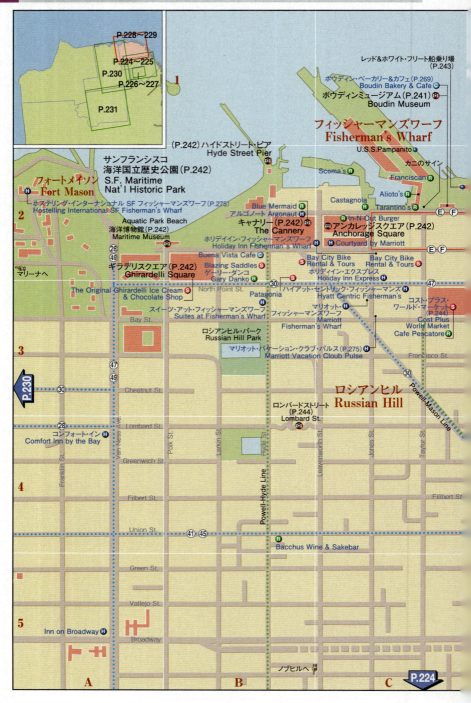

サンフランシスコ San Francisco

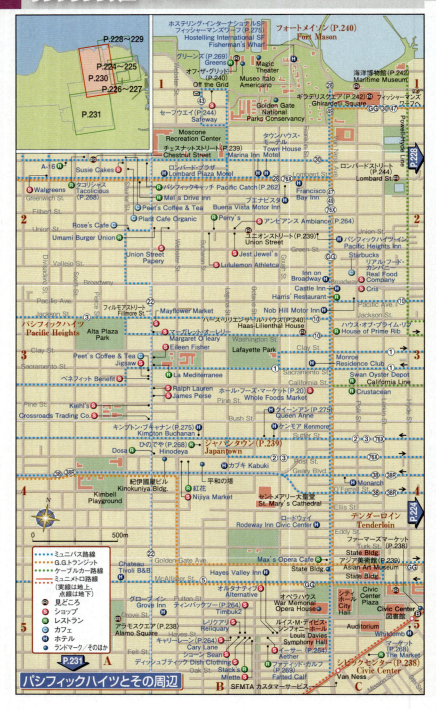

パシフィックハイツとその周辺

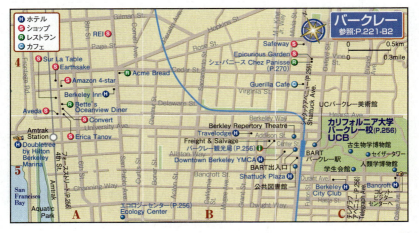

ダウンタウン
Downtown

サンフランシスコの中心であるユニオンスクエアとビジネス街のファイナンシャルディストリクト、美術館などの文化施設が集中しているソーマなど、地元の人や観光客でいつもにぎわっている。ホテルも多いため、ここを起点に観光を楽しむ人が多い。

ユニオンスクエア
行き方 Powell & Market Sts.の交差地点にケーブルカーの発着所あり。横にある地下への階段を下りるとミュニメトロとバートの駅がある。ここから3ブロック北上するとユニオンスクエア。

ユニオンスクエアにはハートのオブジェがある

トランスアメリカピラミッド
住 600 Montgomery St.
URL www.pyramidcenter.com
行き方 ケーブルカーのパウエルーメイソン線、パウエルーハイド線のWashington St. & Powell St停留所で下車、東へ4ブロック。

ダウンタウンの憩いの場　　　　ユニオンスクエア周辺　**M**P.226-C2~3
ユニオンスクエア
Union Square　　　★★★

　ユニオンスクエアは、パウエルPowell、ポストPost、ストックトンStockton、ゲーリーGearyの4本の通りに囲まれた広場。南北戦争の時代、北軍（ユニオン）を支持していた市民がデモを起こしたことに由来する。ダウンタウンの中心にあり、イベントやオープンマーケットが頻繁に開かれ、周辺には、ホテル、デパート、ブランド店、レストランなどが集中する。特に広場の東側にある**メイデンレーンMaiden Lane**には、有名ブランドのブティックが軒を連ね、洗練された雰囲気が漂っている。コンサートなどのチケットを販売するブースやカフェがある。

サンフランシスコのシンボルビル　　　ダウンタウン中心部　**M**P.225-D2
トランスアメリカピラミッド
Transamerica Pyramid　　★★

　高さ260m、48階建ての白い三角形のビル。サンフランシスコいちの高さを誇る。1972年完成当時は、サンフランシスコ市民からその形が不評だったが、今やサンフランシスコを代表する建築物のひとつになっている。最上階から上の尖塔の高さ65m、アルミのパネルで覆われた中は空洞になっている。ビル内部は一般に開放されていない。

スタイリッシュな外観はサンフランシスコの街並みに調和する

 TIX Bay Area　ベイエリアで演劇やコンサートなどの当日券が半額で買えるチケットセンターがユニオンスクエアにある。正規前売り券、ミュニパスポート、シティパスも販売する。**M**P.226-C3（ユニ

ビジネスマンが闊歩する複合ビル　ダウンタウン中心部　MP.225-E~F2
エンバーカデロセンター
Embarcadero Center ☀

ファイナンシャルディストリクトの真ん中の4ブロックを占め、いくつものビルからなる巨大なコンプレックス。ビルのほとんどはオフィスだが、2階部分Lobby Levelを中心に、レストランやショップが90店以上集合するショッピングセンターになっている。センターの屋外には、世界中のアーティストが制作したオブジェが配置され、歩いているだけで芸術鑑賞ができる。

オフィス街兼ショッピングセンターだ

エンバーカデロセンター
- 1 Embarcadero Center
- (1-415)772-0700
- embarcaderocenter.com
- ショップの営業：月～土 10:00～19:00（土～18:00）、日12:00～17:00

食通の街、サンフランシスコのランドマーク　ダウンタウン中心部　MP.225-F2
フェリービルディング・マーケットプレイス
Ferry Building Marketplace ☀☀☀

おしゃれなダイニング＆ショッピング・スポットとして人気のマーケットプレイスには、サウサリート生まれの陶器メーカー、ヒースセラミックスなど、地元ベイエリアの厳選されたショップやレストランが入店する。週3回、建物の前と後ろのプラザで、地元で取れた新鮮な野菜や果物、自家製チーズなどを販売する**フェリー・プラザ・ファーマーズマーケット**が開かれる（→P.206）。

食事にもおみやげ探しにもいい所

フェリービルディング・マーケットプレイス
- 1 Ferry Building
- (1-415)983-8030
- www.ferrybuildingmarketplace.com
- 月～金10:00～19:00、土8:00～18:00、日11:00～17:00（店舗により異なる）

フェリービルでは、地元の人気店が並ぶ

フェリープラザ・ファーマーズマーケット
- (1-415)291-3276
- www.cuesa.org
- 火・木10:00～14:00、土8:00～14:00

構想から30年をかけてオープン　ユニオンスクエア周辺　MP.227-E5
ヤーバ・ブエナ・ガーデン
Yerba Buena Gardens ☀☀

かつて治安の悪いエリアだったソーマ（South of Market＝マーケットストリートの南）は、ヤーバ・ブエナ・ガーデンの誕生とともに生まれ変わった。Mission、Folsom、3rd、4thの通りに囲まれた2ブロックにわたるエリアには、多目的ギャラリーと劇場のふたつからなる**芸術センターCenter for the Arts**、一面に緑の芝生が敷かれた庭園**エスプラネードEsplanade**、コンベンションセンターの**モスコーニセンターMoscone Center**などがある。モスコーニセンターの屋根部分は**ルーフトップRooftop**と呼ばれ、博物館や**ボウリング場 Bowling Center**、**アイススケートリンクIce Skating**なども併設されている。

コンベンションセンターもある ヤーバ・ブエナ・ガーデン

ヤーバ・ブエナ・ガーデン
- 750 Howard St.
- (1-415)820-3550
- yerbabuenagardens.com
- 毎日6:00～22:00

ボウリング場
- (1-415)820-3532
- www.skatebowl.com
- 月～金10:00～22:00、土12:00～24:00、日12:00～21:00
- 1レーン（1時間）$29~52/1時間 貸靴$5.75 貸し切りの日もあるので電話かウェブサイトで確認を。

アイススケートリンク
- www.skatebowl.com
- 日により異なるためウェブサイトで確認を。夏休みあり
- 大人$12.50、シニア（55歳以上）$10、子供（5歳以下）$8、貸靴代$5.50

オンスクエア内）　350 Powell St. (bet. Geary & Post Sts.)　(1-415)433-7627　tixbayarea.org　毎日8:00～16:00（金・土～17:00）

ダウンタウン Downtown

チルドレンズ・クリエイティビティ・ミュージアム
- 221 4th St.
- (1-415)820-3320
- creativity.org
- 火〜日10:00〜16:00
- 月。時間の変更あり。ウェブサイトで確認を
- $12.95

大人も子供も楽しめる博物館

サンフランシスコ近代美術館
- 151 3rd St.
- (1-415)357-4000
- www.sfmoma.org
- 木〜火10:00〜17:00（木〜21:00)
- 水、サンクスギビング、12/25
- 大人$25、シニア(65歳以上)$22、19〜24歳（要ID)$19、18歳以下無料

入口は 3rd St. 側にある

メトレオン
- 135 4th St.
- (1-415)369-6000
- www.shoppingmetreon.com
- 毎日10:30〜20:30（金・土〜21:30)

映画館
- www.amctheatres.com
- 大人$15.99、シニア(60歳以上)$14.49、子供（2〜12歳)$12.99

アイマックスシアター
- 大人$21.99、シニア$20.49、子供$18.99

大人もいつの間にか学んでしまう　ユニオンスクエア周辺　P.225-D5
チルドレンズ・クリエイティビティ・ミュージアム
Children's Creativity Museum　★★

　ヤーバ・ブエナ・ガーデンにある体験型の博物館。人気は、2000曲のなかから好きな曲を選び、パフォーマンスを録画したミュージックビデオを作るコーナー。ほかにも地元の子供たちのアートを、テーマを設けて期間ごとに展示している。博物館の前には、1906年ロードアイランド製の回転木馬Leroy King Carousel（毎日10:00〜17:00、$4）の複製もあり、ノスタルジックな雰囲気だ。

全米屈指の現代アートなら　ユニオンスクエア周辺　P.227-F4
サンフランシスコ近代美術館
San Francisco Museum of Modern Art (SF MOMA)　★★★

　通称SFモマ。収蔵品数3万3000点以上、1935年設立のアメリカ西海岸を代表する美術館だ。拡張工事が行われ、2016年にリニューアルオープンした。
　アンディ・ウォーホルやジャスパー・ジョーンズ、ロイ・リキテンシュタインなどアメリカン・ポップアートの旗手たちの作品が充実。ほかにもレストランやカフェ、書籍やオリジナルグッズが揃うギフトショップも併設。スイス人建築家マリオ・ボッタによる建物にも注目したい。

個性的な建物は存在感抜群
© Henrik Kam 2015

総合エンターテインメントセンター　ユニオンスクエア周辺　P.227-D〜E5
メトレオン
Metreon　★★

　レストランやショップ、映画館、フードコートがあり、旅行者も気軽に立ち寄れるスポット。量販店、ターゲットTargetのサンフランシスコ初の旗艦店も入っている。エンターテインメントと食事、買い物が一緒に楽しめる所は市内でも少なく、みやげ探しにも最適だ。フードコートはエスニック料理が揃い、テラスからはヤーバ・ブエナ・ガーデンの景色も満喫できる。

ショッピング以外も楽しめる

メモ　Market St.より南のソーマ　おしゃれなレストランや粋なショップが増えているが、ひとつ注意。海に近いほうはまだ治安が悪い所が多いので、人通りの少ない道は歩かないように。

ノブヒルとチャイナタウン
Nob Hill & Chinatown

サンフランシスコ San Francisco

ダウンタウン／ノブヒルとチャイナタウンの見どころ

　見晴らしのいい丘ノブヒルは、最高級ホテルや瀟洒な邸宅が並ぶ優雅で静かな住宅地だ。ノブヒルの東側はガラリと雰囲気が変わる。漢字の看板であふれ、聞こえてくるのは英語ではなく中国語。全米でニューヨークと並び1、2の規模を誇るチャイナタウンだ。

ノブヒル　Nob Hill

静寂に包まれた荘厳なカテドラル　　　ダウンタウン中心部　　MP.224-B3

グレース大聖堂
Grace Cathedral　　　　　　　　　　　　　　　✹✹

　ノブヒルの頂上にあり、全米のキリスト教監督派の教会のなかでも3番目の大きさを誇るグレース大聖堂。建物はゴシック様式を凝らした荘厳なもので、ステンドグラスも美しい。ゴールドラッシュの1849年に建立されたが、1906年の震災で焼失、現在の建物は1964年に完成したもの。ローマカトリックとプロテスタントの中庸をいくという、開かれた教会でもある。聖堂内は、両壁の見事なステンドグラスから差し込む薄日に照らされ、外の喧騒がうそのような静寂に包まれている。入口にある**キース・ヘリング**がエイズ撲滅を願って制作した『**キリストの生涯 The Life of Christ**』は一見の価値あり。

　構内ではコンサートなどのイベントも行われるが、ヨガのセッションがあるのがサンフランシスコらしい。

ケーブルカーの動力を目の当たりに　　ダウンタウン中心部　　MP.224-B2

ケーブルカー博物館
The Cable Car Museum　　　　　　　　　　　✹✹

　アンティークなれんが造りの博物館。ケーブルカー車庫 Cable Car Barnにもなっており、ケーブルカーをコントロールしている地下のワイヤーが轟音をたてて回転している。博物館の中に入ると、展示よりもその大迫力の音に圧倒されるだろう。すべてのケーブルカーのパワーはここから作り出されているのだ。館内は資料館としてケーブルカーにまつわる資料や写真が展示されているほか、ケーブルカーのビンテージ模型などがあり、見応えたっぷりだ。ケーブルカーのグッズを売るショップもある。

グレース大聖堂
■1100 California St.
☎(1-415)749-6300
■gracecathedral.org
■毎日8:00～18:00(木～19:00)
■寄付（＄10のサジェスチョンあり）
行き方 ケーブルカーのカリフォルニア線California St. & Taylor St.で下車。

グレース大聖堂。内部は荘厳な雰囲気

ケーブルカー博物館
■1201 Mason St.
☎(1-415)474-1887
■www.cablecarmuseum.org
■4～10月の毎日10:00～18:00、11～3月の毎日10:00～17:00
■サンクスギビング、12/25、1/1
■無料
行き方 ケーブルカーのパウエル－ハイド線、パウエル－メイソン線のWashington St. & Mason St.で下車。

博物館ではケーブルが動いているところを見られる

✹✹✹ おすすめ度

235

ノブヒルとチャイナタウン Nob Hill & Chinatown

チャイナタウン Chinatown

チャイナタウン
住 ドラゴン・ゲート：Bush St. & Grant Ave.
行き方 ユニオンスクエアから北に2ブロック歩き、Bush St.を東へ1ブロック。約10分。もしくは、ケーブルカーのカリフォルニア線でCalifornia St. & Grant Ave.で下車。

チャイナタウンにずらりと並ぶ中華料理店

1970年に完成した異国への入口　ユニオンスクエア周辺　M P.227-D1
ドラゴンゲート
Dragon's Gate

サンフランシスコで最も古い通りGrant Ave.とBush St.の角にあるのが**ドラゴンゲートDragon's Gate**。1970年に完成したもので、寺院の山門という感じの、異国への入口だ。ゲートの両側にある狛犬は邪悪なものから街を守り、門の上部両端の魚は繁栄を、龍は力と豊かさを、中央の玉は真実を表している。

チャイナタウンの象徴だ

中国系アメリカ人の歴史を記録　ダウンタウン中心部　M P.224-C2
中国歴史協会
Chinese Historical Society of America Museum

時期により特別展も開催している

1963年に造られたこの協会は、中国からの移民や中国系アメリカ人の歴史の記録と文化遺産保存のために設立された非営利団体。第36代合衆国大統領L.ジョンソンを名誉会員に迎えた最初の中国系アメリカ人の協会だ。この協会の中に小さな博物館があり、中国移民の歴史を写真と展示物で紹介している。1850年代初期の移民時代から現在までのパネルを見ていくと、アメリカ社会に根付くまでの中国系移民の苦難の歴史を感じる。

中国歴史協会
住 965 Clay St.
☎ (1-415)391-1188
URL chsa.org
営 水〜日11:00〜16:00
休 月・火、おもな祝日
料 大人$15、シニア（62歳以上）・学生（13〜17歳、要学生ID）$10、12歳以下無料

太平洋文化遺産博物館
住 608 Commercial St.
☎ (1-415)399-1124
営 火〜土10:00〜16:00
休 日・月
料 無料

サンフランシスコ初の造幣所だった博物館　ダウンタウン中心部　M P.225-D2
太平洋文化遺産博物館
Pacific Heritage Museum

サンフランシスコで最初の造幣所（1854〜1874年）だった場所で、造幣所を再現したれんが造りの建物。長い間、いろいろな人手に渡ってきた建物を1970年に広東銀行が買い取ったことがきっかけで、1984年から博物館として環太平洋諸国の美術を公開している。入口そばのギャラリーでは特別展を開催。建物自体もカリフォルニア州の歴史的建築物に指定されている。

昔は造幣局だった

Column ノブヒルの歴史

1865年、ドクターのアーサー・ハイネ Dr. Arthur Hayneが深い茂みを切り開き、丘の頂上への道を造り、現在のフェアモントホテルのある場所に家を建てた。数年後には、その道を通って貧しい人々が多数やってきて住み着くようになった。バスやケーブルカーがなかった大昔、この丘は馬でも上がるのが大変だったという。

●ケーブルカーの出現で金持ちが集合
1873年、サンフランシスコの名物ともいえるケーブルカーはノブヒルで生まれた。クレイストリートClay St.からジョイスストリート Joice St.まで、歴史的なテスト運転が霧の中で行われた。ケーブルカーの出現により、見晴らしのよい丘の上へ金持ちが集まり、派手な邸宅が増えていった。当時のノブヒルは、すばらしく有望な丘"ゴールデンプロミス Golden Promise"と名づけられていた。

しかし、1906年、サンフランシスコ大地震の火災によって、一夜にしてすべてが焼失してしまったのである。

●現在のノブヒル
ある意味では、ノブヒルはいまだに宮殿の丘 Palacesである。以前のような派手さはなく、抑えられた上品さが漂っている。しかし、今なおここは、力をもった人間のいる雰囲気がある。

●ノブヒルのウオーキングツアー
ノブヒルの歴史的な建造物を解説付きで巡るウオーキングツアーが行われている。毎週水、木、日曜日の14:00から。参加費は無料。集合場所はCalifornia St.のスタンフォードコート・ホテル（MP.224-C3 905 California St.）の正面玄関から。

このツアーの主催はSan Francisco City Guides。サンフランシスコ公立図書館のサポートによって運営されており、長い歴史がある。サンフランシスコ市内の有名な地域のウオーキングツアーをボランティアのガイドが案内してくれる。詳細はウェブサイトで。
www.sfcityguides.org

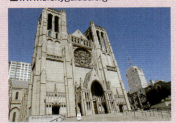
ノブヒルを代表する、グレース大聖堂

ディープ・イン・チャイナタウン

前述の「ノブヒルのウオーキングツアー」で紹介したSan Francisco City Guides主催のチャイナタウンツアーがおすすめ。月・土10:00から。集合場所はポーツマススクエア公園（Kearny & Clay Sts.）のWashington St.側のエレベーターの前（MP.225-D2）。

もっと深く知りたいという人は、右記に紹介する中国文化センターChinese Culture Centerが主催するウオーキングツアーに参加してみてはどうだろう。

中国文化センター
Chinese Culture Center of San Francisco
MP.225-D2
750 Kearny St., 3rd Floor
(1-415)986-1822
www.cccsf.us

●チャイナタウン・ウオーキング・ツアー
Chinatown Dynasty to Democracy Walk
歴史、文化の解説を受けながら、仏教寺院、漢方薬局、学校などを見学していく。所要時間約2時間。
営木・金13:30～（催行しない週もあるのでウェブサイトで確認を）
料大人$30、6～21歳$20

上記のノブヒルやチャイナタウンばかりでなく、ビクトリアンハウスを見学したり、壁画を見て回るウオーキングツアーもある。観光案内所（→P.209）でぜひチェックを。

ポーツマススクエアは中国系の人々の憩いの場所

シビックセンターとパシフィックハイツ
Civic Center & Pacific Heights

シティホール（市庁舎）を中心に連邦政府ビル、州政府ビルが集中し、文化施設も立ち並ぶのがシビックセンターだ。日本でいう「官庁街」のこと。

19世紀のビクトリアハウスが立つパシフィックハイツは、散策するだけでリッチな気分になれる。

シビックセンター
[行き方] ミュニメトロ、バートでCivic Center駅、Van Ness駅下車。いずれも徒歩約5分。

シティホール
[住] 1 Dr. Carlton B. Goodlett Pl.
[☎] (1-415)554-4000
[URL] sfgov.org/cityhall
[営] 月〜金8:00〜20:00
[休] 土・日・祝

オペラハウス
[住] 301 Van Ness Ave.
[☎] (1-415)621-6600
[URL] www.sfwmpac.org

デイビス・シンフォニーホール
[住] 201 Van Ness Ave.
[☎] (1-415)864-6000
[URL] www.sfsymphony.org

アラモスクエア
[行き方] Market St.からミュニバス＃21に乗り、Hayes St. & Steiner St.またはHayes St. & Pierce St.で下車。

周辺にもビクトリアンハウスが多い

シビックセンター Civic Center

威風堂々とした建造物が集中　　パシフィックハイツとその周辺　[M]P.230-C5
シビックセンター
Civic Center　　　　　　　　　　　　　　　　　　　　　　★★

　サンフランシスコの市役所、連邦政府ビル、州政府ビル、図書館などが集結するエリア。その中心が荘厳なドーム型の**シティホール City Hall**だ。見る人すべてを圧倒する美しい巨大なロタンダ（丸天井の大広間）が印象的。一般公開されているので、ぜひのぞいてみよう。向かいに立っているフランスバロック風の建物が**オペラハウス War Memorial Opera House**。巨大なガラス張りの建物がサンフランシスコ交響楽団の本拠地**デイビス・シンフォニーホール Davies Symphony Hall**。オペラやバレエ、クラシックのシーズンは華やいだ雰囲気になる。

写真撮影の名所　　　　　　　　　パシフィックハイツとその周辺　[M]P.230-A5
アラモスクエア
Alamo Square　　　　　　　　　　　　　　　　　　　　　★★

　高級住宅街がある丘の一画に芝生の敷かれた広場がある。この広場の目の前にパステルカラーの7軒のビクトリアンハウスが並んでいる。サンフランシスコを代表する景観のひとつ。

海外ドラマ『フルハウス』でおなじみ

[メモ] シビックセンターのファーマーズマーケット　フェリービルディングに比べると庶民的。 [M]P.230-C5
[住] 1182 Market St. [営] 水7:00〜17:30、金7:00〜16:00、日7:00〜17:00

ジャパンタウン
日本語の通じるショップやレストランが集結　パシフィックハイツとその周辺　M P.230-A~B4

ジャパンタウン
Japantown ★★

　全米に残る3つの日本街のひとつ。約110年前に誕生し、場所を変えながらも1968年には日本の文化と産業を紹介するためにジャパンセンターが建設された。五重塔を中心に、紀伊國屋書店や和食店、日系のスーパーマーケットが点在している。伝統行事の春の桜祭りは毎年盛大に祝われている。

アジア美術館
全米最大規模のアジア美術館　パシフィックハイツとその周辺　M P.230-C5

アジア美術館
Asian Art Museum ★★

　中近東から極東の日本まで、アジア広域からそれぞれの風土を反映した美術品を所蔵している。駅舎をオルセー美術館（パリ）としてよみがえらせたことで有名なイタリアの女性建築家、ガエ・アウレンティ Gae Aulentiにより、かつての図書館が美しくリニューアルされ、建築物としても価値のある美術館となっている。コレクションの約半数が、エブリー・ブランデージ Avery Brundageという実業家がサンフランシスコ市に寄贈したもの。2~3階にはインド、東南アジア、韓国、日本の絵画、ブロンズ、陶磁器、ヒスイなど約6000年にわたる1万8000点以上の作品を所蔵。1日数回、テーマごとのツアーが行われている。1階のカフェは、アジア料理のメニューが豊富だ。

アジアの幅広いコレクションで知られる

パシフィックハイツ Pacific Heights

洗練されたアイテムが揃うストリート　パシフィックハイツとその周辺　M P.230-B2

ユニオンストリート
Union Street ★★

　センス抜群のセレクトショップ、ナチュラルとリラックスがテーマのコスメショップ、オーガニック素材を扱うスーパーなど、こだわりの品が揃うのがユニオンストリートとフィルモアストリート近辺だ。小さいながらも個性豊かな店が並び、歩くだけでも楽しい。

自然体のSF生活を感じる　パシフィックハイツとその周辺　M P.230-A2

チェスナットストリート
Chestnut Street ★

　雑貨店、ブティック、カフェ、レストランが並ぶ庶民派ショッピングストリート。住民たちの格好のウインドーショッピング・エリアとあって、お店の内容も多彩だ。ユニオンストリートUnion St.から北に4ブロック、フィルモアストリートFillmore St.からディヴィサデロストリートDivisadero St.の間がこの通りの中心。

サンフランシスコ San Francisco ― シビックセンターとパシフィックハイツの見どころ

ジャパンタウン
- sfjapantown.org
- 行き方 ユニオンスクエアからミュニバス#2、3に乗りSutter St. & Buchanan St.で下車。またはGeary St.から#38でGeary Blvd. & Laguna St.下車。ファイナンシャルディストリクトからは#1でSacramento St. & Buchanan St.で下車、4ブロック南下。

中国最古のブッダとして世界的に有名
Seated Buddha, dated 338
China
Latter Zhao Dynasty (319~350)
Gilt bronze
The Avery Brundage Collection, B60B1034
© Asian Art Museum

アジア美術館
- 住 200 Larkin St.
- ☎ (1-415)581-3500
- www.asianart.org
- 営 火~日10:00~17:00（木~21:00）
- 休 月、おもな祝日
- 料 大人$15、シニア（65歳以上）$10、学生（13~17歳）$10、特別展は追加料金が必要。毎月第1日曜日は無料
- 行き方 ミュニメトロ、バートのCivic Center駅から徒歩5分。

ユニオンストリート
- 行き方 ユニオンスクエアからミュニバスの#41、45がUnion St.を走る。

そぞろ歩きも楽しいユニオンストリート

チェスナットストリート
- 行き方 ミュニバスの#30でChestnut St. & Fillmore St.の停留所あたりで下車。

 あまり治安がよくないシビックセンター周辺　シティホールを中心としたエリアは日中なら問題ないがGolden Gate Ave.以北のテンダーロイン地区（M P.230-C4~5）には夜間立ち入らないように。

シビックセンターとパシフィックハイツ Civic Center & Pacific Heights

内部見学できるツアーもある

このエリアにはビクトリアンハウスが多い

クイーンアン様式の代表的ハウス　パシフィックハイツとその周辺　MP.230-C3
ハース・リリエンサール・ハウス
Hass-Lilienthal House　　　※※※

パシフィックハイツは美しいビクトリアンハウスの街並みが印象的なエリア。なかでも、代表的なものといえば、1886年に建てられたハース・リリエンサール・ハウス。1時間のツアーにより建物の外観だけでなく内部も見学できるようになっている。家具やインテリアは、すべて当時のまま保存してあるので、興味のある人は参加してみよう。

時代を超えた建築美

ハース・リリエンサール・ハウス
- 2007 Franklin St.
- (1-415)441-3000
- www.haas-lilienthalhouse.org
- 水・土12:00～14:30、日11:00～15:30（館内ツアー所要1時間）
- 休 月・火・木・金
- 大人$10、シニア（60歳以上）・子供（6～12歳）$8、5歳以下無料
- ユニオンスクエアからミュニバス#38、38RでGeary Blvd. & Van Ness Ave.下車。O'Farrell St. & Van Ness Ave.でミュニバス#49に乗り換えてVan Ness Ave. & Jackson St.下車。

フォートメイソン・センター
- (1-415)345-7500
- www.fortmason.org
- ユニオンスクエア近くのStockton St. & Sutter St.からミュニバス#30でVan Ness & North Point St.下車。

オフ・ザ・グリッド
- MP.230-B1
- 2 Marina Blvd.
- (1-415)339-5888
- offthegrid.com
- 3～10月の金17:00～22:00（詳細はウェブサイトで確認を）

博物館や美術館などが集まっている　パシフィックハイツとその周辺　MP.230-B1～C1
フォートメイソン
Fort Mason　　　※※※

　1870年から第2次世界大戦にかけて、軍隊の駐屯地として使われていた場所。現在は、国立リクリエーション地区となっており、軍時代の建物が博物館やレストラン、ギャラリーとしてそのまま使用されている。その中核ともいうべき、**フォートメイソン・センター Fort Mason Center for Arts & Culture**では、芸術、文化、環境をテーマに美術展やカルチャー教室、演劇などの特別イベントが催されるなど、文化活動も展開しているユニークな存在だ。

　ここから眺めるダウンタウンのスカイラインも美しく、芝生に座り込んでのんびり眺める人の姿などが見られる。また、敷地内の駐車場では毎週金曜の夕方にフードトラックが集結するイベント、**オフ・ザ・グリッドOff the Grid**も行われ、盛況だ。敷地内には、人気のベジタリアンレストラン、グリーンズ（→P.269）もある。

フォートメイソンでは金曜の夕方からフードトラックが集まる

メモ　サンフランシスコ湾に面した街の北部は、冷たい風が吹いていることが多く、体感温度は実際の気温よりかなり低い。真夏でも必ず上着を用意しておこう。

フィッシャーマンズワーフとノースビーチ
Fisherman's Wharf & North Beach

フィッシャーマンズワーフは、港町サンフランシスコを代表する観光エリア。その少し南が、イタリア系移民が多く「リトルイタリー」と呼ばれるノースビーチだ。また、フィッシャーマンズワーフの沖3kmには監獄の島、アルカトラズ島がある。

フィッシャーマンズワーフ Fisherman's Wharf

週末にはストリートパフォーマーも登場　フィッシャーマンズワーフ周辺　MP.229-D2

ピア39
Pier 39 ★★★

木造2階建てで、17棟の建物が木のデッキで結ばれている、大人も子供も楽しめる桟橋上の人気スポット。フィッシャーマンズワーフでいちばんにぎやかで、ダイニング34軒、ギフトショップなど50以上が軒を並べている。ピア39の名物は、Kドックに集まる野生のアシカ。海上に設置された台で無数のアシカが群れで日なたぼっこをしている。

またピアの敷地内にある**アクアリウム・オブ・ザ・ベイ Aquarium of the Bay**は、深さ約90mのクリスタルトンネルを通り、2万匹以上もの海洋生物に出合える水族館だ。クラゲコーナーが人気。

SFを代表する観光スポットらしくいつもにぎやか

SF名物のパン「サワードゥブレッド」の博物館　フィッシャーマンズワーフ周辺　MP.228-C2

ボウディンミュージアム
Boudin Museum ★★

フィッシャーマンズワーフで有名なクラムチャウダー。その器の代わりに使用されている酸味のあるパンは、市内各所で見かけられるボウディン・サワードゥ・ベーカリーが発祥。フランス系移民だったボウディン一家の160年以上の歴史が凝縮された博物館には、展示のほかにベーカリーやカフェ、レストラン＆バー、ギフトショップがある。

フィッシャーマンズワーフ
行き方 ケーブルカーのパウエル-ハイド線、またはパウエル-メイソン線の終点で下車。ユニオンスクエアから20～25分。パウエル-ハイド線の終点はHyde St. & Beach St.。メインストリートのJefferson St.まで1ブロック。パウエル-メイソン線はTaylor St. & Bay St.。Jefferson St.まで北へ3ブロック。もしくはMarket St.からWharf行きのミュニメトロFで終点まで。

ピア39
住 Beach St. & The Embarcadero
☎ (1-415)705-5500
URL www.pier39.com
営 毎日10:00～22:00（レストランは11:30～23:00が多い）
※時期、店舗により異なる

アクアリウム・オブ・ザ・ベイ
☎ (1-415)623-5300
URL www.aquariumofthebay.org
営 10:00～18:00
休 クリスマス
料 大人$27.95、子供（4～12歳）$17.95、シニア（65歳以上）$22.95。ファミリーチケット（大人2人、子供3～11歳2人）$75。各種コンビネーションチケットあり

ボウディンミュージアム
住 160 Jefferson St.
☎ (1-415)928-8882
URL boudinbakery.com
営 毎日11:30～21:00、ツアー 月～金9:00～17:00
料 無料

 スリ、置き引きに注意　フィッシャーマンズワーフは常に観光客でにぎわう所。ひとりが写真を撮ってくれと頼み、荷物を置いたすきに仲間が奪っていくという手口が多い。人に話しかけられたときは注意。

フィッシャーマンズワーフとノースビーチ Fisherman's Wharf & North Beach

海洋博物館
- ⓂP.228-B2
- 🏠900 Beach St.
- ☎(1-415)447-5000
- 🌐maritime.org
- 🕐毎日10:00～16:00

ハイドストリート・ピア
- ⓂP.228-B1～B2
- 🏠Corner of Jefferson & Hyde St. Pier
- ☎(1-415)561-7169
- 🌐www.nps.gov/safr
- 🕐毎日9:30～16:30
- 💰大人$15、15歳以下無料

ギラデリスクエア
- 🏠900 North Point St.
- ☎(1-415)775-5500
- 🌐www.ghirardellisq.com
- 🕐毎日11:00～21:00
  （冬期は短縮、店舗によって異なる）
- 🚋ユニオンスクエアからケーブルカーのパウエル-ハイド線で20分。Hyde St. & North Point St.下車。

傾斜地にあるので階段を上る必要あり

巨大なフロアすべてチョコのショップとカフェが占める

キャナリー
- 🏠2801 Leavenworth St.（bet. Beach & Jefferson Sts.）
- ☎(1-415)771-3112
- 🕐毎日10:00～22:00（日9:00～）
  ※レストランの営業時間は店舗により異なる
- 休サンクスギビング、クリスマス

アンカレッジスクエア
- 🏠500 Beach St.
- ☎(1-415)775-6000
- 🌐www.anchoragesquare.com

サンフランシスコの船舶の歴史を知るフィッシャーマンズワーフ周辺　ⓂP.228-A2～B2
サンフランシスコ海洋国立歴史公園
San Francisco Maritime National Historical Park

公園内にある**海洋博物館Marine Museum**は、1840年代から1世紀にわたるアメリカ西海岸の海運史を、船のマスト、帆柱といった実物の展示や当時の写真、船の模型などで説明している。また、海洋博物館の北にある**ハイドストリート・ピアHyde Street Pier**には、1886年進水の貨物船バルクルーサ号、1890年に建造の客船ユーリカ号、1907年建造の曳航船ヘラクレス号など数隻が停泊している。

船の形を基本に設計された海洋博物館

昔はチョコレート工場があったスクエア　フィッシャーマンズワーフ周辺　ⓂP.228-B2
ギラデリスクエア
Ghirardelli Square

1849年、イタリアから来たドミンゴ・ギラデリが製造を始め、今やサンフランシスコ名物となっている**ギラデリチョコGhirardelli Chocolate**。昔のチョコレート工場を改造したれんが造りの建物の中には、ブティックやレストランが入っている。場所はケーブルカーのパウエル-ハイド線の終点の斜め前。建物は中庭の広場を囲むように7つあり、その一角にはギラデリチョコのカフェを併設したショップThe Original Ghirardelli Ice cream & Chocolate at Ghirardelli Squareがある。夜は"Ghirardelli"のイルミネーションがきれいだ。

フィッシャーマンズワーフのショッピングプレイス　フィッシャーマンズワーフ周辺　ⓂP.228-B2～C2
キャナリー / アンカレッジスクエア
The Cannery / Anchorage Square

おしゃれなれんが造りの**キャナリー**。建物は、かつてデルモンテの缶詰工場だったもの。現在はブティックやギャラリー、バーやクラブなどが入店している。東隣の建物は、**アンカレッジスクエア**と呼ばれるショッピングセンターでショップやレストランが集まっている。2階以上はコートヤード・バイ・マリオットのホテルだ。どちらにも中庭があり、バンド、ストリートパフォーマーによるステージやイベントが行われる。

赤れんがのおしゃれな建物が目印

かつて刑務所があった監獄の島　サンフランシスコ中心部　**M** P.223-E1外

アルカトラズ島
Alcatraz Island
☀☀☀

毎年150万人以上が訪れる、サンフランシスコきっての人気スポット。幾度も映画の舞台となり、その存在は長い間畏怖されてきた。島は、1934年から1963年まで連邦刑務所として使用され、この間1576人の囚人たちが収監された。島を取り巻く速い潮流と7〜10℃の冷たい水温のため、島からは絶対に泳いで脱出できない脱獄不可能の島といわれていた。「岩（ザ・ロック）」と呼ばれたこの島に投獄された犯罪者たちには、マフィアの帝王、アル・カポネやマシンガン・ケリーなどがいる。経費の問題から、1963年3月21日最後の囚人の離島を最後にその歴史に幕を閉じた。

島はツアーに参加しないと見学することができないので、ウェブサイトなどから予約しよう（90日前から可能）。早朝に出るアーリーバードツアー、スタンダードなデイツアー、夕方出発するナイトツアー、アルカトラズとエンゼル・アイランドを巡るツアーがある。

脱出不可能なアルカトラズ島。人気のスポット

アルカトラズ島
- www.nps.gov/alca
- 最初のフェリーはピア33を毎日9:00前後に出航、季節に応じて20〜30分おきに運行。ナイトツアーを除いた最終は15:50に出航
- おもな祝日

ホーンブロワー・クルーズ＆イベント社（アルカトラズへのフェリー）
- **M** P.229-E3（ツアー発着所）
- Pier 33
- (1-415)981-7625
- www.alcatrazcruises.com
- 毎日8:00〜19:00
- 大人$39.90〜92.30、シニア（62歳以上）$37.65〜86、子供（5〜11歳）$24.40〜52.40。4歳以下無料
- ピア33へはダウンタウンのMarket St.からムニメトロのFラインで。

ツアーを事前予約した場合、当日はフェリー出航の最低でも30分前に行くこと。チケット売り場の"Will Call"の列に並び、チケットを入手する。その際身分証明書と予約に使ったクレジットカード、予約番号が必要。

Information　フィッシャーマンズ周辺から発着する観光クルーズ

サンフランシスコ湾周辺の埠頭からは、ベイエリアの街へ運航する定期船のほかに、豪華客船でのダイニングクルーズ、湾上から景色を楽しむ遊覧クルーズなどさまざまなスタイルの観光クルーズが発着している。

●ホーンブロワー・クルーズ＆イベント
Hornblower Cruises & Event
- **M** P.225-F1
- Pier 3, at the Embarcadero
- (1-415)788-8866
- (1-888)467-6256
- www.hornblower.com

ピア3より出航。服装はビジネスカジュアルで、ジーンズやタンクトップなどカジュアル過ぎる服装は控えるように。表示の料金は大人料金。シニア、子供（4〜12歳）料金あり。3歳以下無料。基本的にドリンク別、税・サービス料別だがコースにより異なる。

Campagne Brunch Cruise
ゴールデンゲート・ブリッジからベイブリッジの範囲を遊覧する2時間のクルーズ。ブランチバフェを楽しむ。スパークリングワイン、コーヒー、ジュースは無料。生演奏付き。
- おもに週末に運航。土・日11:00乗船開始　大人$81、シニア（55歳以上）$72.90、子供（4〜12歳）$48.60

●レッド＆ホワイト・フリート社
Red and White Fleet
- **M** P.228-C2
- Pier 43 1/2, at Fisherman's Wharf
- (1-415)673-2900
- www.redandwhite.com
- コースによって日本語解説あり。

Golden Gate Bay Cruise
ピア43 1/2から出航。スタンダードな湾内クルーズで、ゴールデンゲート・ブリッジとアルカトラズ島周辺を1時間ほど航行する。
- 毎日10:00（夏期9:15）から1日8〜12便出航（クリスマスは運休）
- 大人（18歳以上）$34、子供・学生（5〜17歳）$25、4歳以下無料

※ほかにもベイブリッジまで航行する2時間コース、カリフォルニアサンセットクルーズ（2時間）などがある。

1時間の湾内クルーズに一度は乗ってみたい

フィッシャーマンズワーフとノースビーチ Fisherman's Wharf & North Beach

ロンバードストリート
ケーブルカーのパウエル-ハイド線がHyde St.とLombard St.の交差する所で止まる。グリップマンのアナウンスに従ってケーブルカーを降りればよい。

道沿いに花や緑が植えられている急な坂道　フィッシャーマンズワーフ周辺　P.228-B4

ロンバードストリート
Lombard Street
★★★

腕自慢のドライバーがひっきりなしにチャレンジする

別名「**世界一曲がりくねった坂道 The Crookedest Street in the World**」。ロシアンヒル観光名所のひとつで、ハイドストリートHyde St.とレベンワースストリートLeavenworth St.の間の急勾配の1ブロックにS字状の急カーブが8ヵ所もある坂道。1920年、この急斜面を車でも通行可能にするため、8つのカーブを加え、このような通りになった。腕自慢のドライバーがS字カーブに挑戦しようと列を作っている。坂の両側に歩行者用の通路があるので、カーブする車を見ながら歩いて下りることもできる。人によって個人差はあるだろうが、往復約15分。上りは息切れがして、立ち止まって休憩してしまうかも。道沿いには色鮮やかなアジサイや緑が植えられており、とても美しい景観だ。坂の上からは、右手前方のほうにコイトタワーが美しく見える。

ロンバードストリートの上はフォトスポット

Information　フィッシャーマンズワーフで楽しむスーパー巡り

ケーブルカーのパウエル-メイソン線のフィッシャーマンズワーフ終点付近には、ローカルなスーパーマーケットが点在している。ワインやチーズ、おみやげ用のチョコレートや小物などが安く手に入る。

●ウォーグリーンズ
Walgreens
P.229-D3
320 Bay St.（Bay St.とMason St.の角）
(1-415)296-0521
www.walgreens.com
毎日7:30～22:00（日9:00～）

スナックや飲み物から化粧品、市販薬まで幅広く扱う。旅行中に必要なものは、ほとんど揃っているので便利だ。

●トレーダージョーズ
Trader Joe's
P.229-D3
401 Bay St.
(1-415)351-1013
www.traderjoes.com
毎日8:00～21:00

輸入ワインやチーズなどこだわりがある商品が豊富。エコバッグ（リユーザブルバッグ）はみやげの定番（→P.21）。

●コスト・プラス・ワールド・マーケット
Cost Plus World Market
P.228-C3
2552 Taylor St.
(1-415)928-6200
www.worldmarket.com
月～土10:00～21:00、日10:30～19:00
おもな祝日

世界各国から輸入したインテリアグッズ、ワイングッズなどの小物から、ビール、ワインなどのアルコール類や食品が充実している。

●セーフウエイ
Safeway
P.229-D3
350 Bay St.（Bay St.とPowell St.の角）
(1-415)781-4374
www.safeway.com
毎日6:00～24:00

アメリカを代表する全国チェーンのスーパーマーケット。デリ、パン、リカーを中心に取り扱う。店の規模が大きいマリーナ店（P.230-B1　15 Marina Blvd.　毎日6:00～24:00）のほうがワインの種類が多い。

メモ　世界的に有名なロンバードストリートでは、ドライブでやってきた旅行者が集中して、しばしば渋滞が発生し住民はたいへん迷惑している。市の当局は2020年からの有料化を検討中（2019年5月現在）。住民以外

ノースビーチ North Beach

荘厳な美しさを放つ聖ペテロ＆パウロ教会が必見　フィッシャーマンズワーフ周辺　MP.229-D4

ワシントンスクエア
Washington Square

ユニオンスクエア、チャイナタウンのポーツマススクエアと並び、市内でも古い公園のひとつ。周囲の住人の集いの場でもある。近くのカフェからエスプレッソの匂いがして、イタリア系の老人が公園のベンチに腰をかけ、長話に興じていたり、早朝なら太極拳ならぬラジオ体操に励む中国系の人々の姿が見られたりと、さまざまな人種が住むノースビーチを、いちばん体感することができるスポットだ。

公園に面して立つ教会は、**聖ペテロ＆パウロ教会Saints Peter and Paul Church**。1884年にイタリアンナショナル教会Italian National Churchとして建設が開始され、完成したのは約40年後の1924年だった。祭壇の像やステンドグラスは荘厳な美しさを放ち、礼拝堂内はまるで別世界のよう。

付近の住民の憩いの場

白亜の聖ペテロ＆パウロ教会

聖ペテロ＆パウロ教会
- MP.229-D4
- 666 Filbert St.
- (1-415)421-0809
- parish.sspeterpaulsf.org
- 7:00〜16:00（土・日・〜18:00）
- ユニオンスクエアからミュニバス#30、45がワシントンスクエアのすぐ前まで行く。またはケーブルカーのパウエル―メイソン線で11分。Mason St. & Filbert St.下車。

1933年に完成したタワー　フィッシャーマンズワーフ周辺　MP.229-E4

コイトタワー
Coit Tower

テレグラフヒルの頂上に立つ高さ約64mの塔。リリー・ヒッチコック・コイト Lillie Hitchcock Coitの遺産12万5000ドルで建てられた。完成は1933年。1906年の大地震で発生した火災に立ち向かった消防士をたたえて、消火ホースのノズルの形をイメージしてデザインしたといわれるが、設計者にはそんなつもりはなかったようだ。限られた予算で、狭い敷地に記念碑を造るためにシンプルな円柱状のデザインを考えたのだ。丘の上に立っていても不安定な印象を与えないために、実際は完全な円柱ではなく、頂上部の直径が下部より約50cmほど小さくなっている。頂上の展望台まではエレベーターで上り、市内を見渡すことができる。1階では、カリフォルニアの産業やサンフランシスコ市民の生活のひとコマ、デパート、港の様子などが描かれているフレスコ壁画をお見逃しなく。

SFの鳥瞰図を楽しもう

コイトタワーからファイナンシャルディストリクトを望む

コイトタワー
- 1 Telegraph Hill Blvd.
- (1-415)249-0995
- sfrecpark.orgからCoit Towerを検索
- 4〜10月：毎日10:00〜18:00、11〜3月：毎日10:00〜17:00
- サンクスギビング、クリスマス、元日
- 大人$9、シニア（62歳以上）・12〜17歳$6、子供$2
- ※チケットは1階のギフトショップで購入する
- ミュニバス#39がフィッシャーマンズワーフからコイトタワーまで行く。

の通行は、ネットで予約のうえ1回$5の通行料を取るか、週末通行するすべての車に$10の通行料を取るか、ふたつの案が検討されている。

プレシディオとゴールデンゲート・パーク
Presidio & Golden Gate Park

サンフランシスコの北西、ゴールデンゲート・ブリッジのたもと周辺にあり、美しい森林が残されているプレシディオ。その南側にあるのがゴールデンゲート・パーク。どちらも緑にあふれ、市民に愛されているエリアだ。サンフランシスコいちの見どころ、ゴールデンゲート・ブリッジは必見。

ゴールデンゲート・ブリッジ
- www.parksconservancy.org
- セールスフォース・トランジット・センター（MP.225-E4）からゴールデンゲート・トランジット・バスで#30、70、101で橋のたもとまで。橋には歩道があり、歩いて渡ることができる（夏期5:00〜21:00、冬期5:00〜18:30）。

橋の通行料（車）
ゴールデンゲート・ブリッジの通行料の支払い（$7.35〜8.35）は、電子決済、電話、ウェブサイトや対面での支払いが可能。詳細は下記ウェブサイトで確認を。レンタカーで渡る場合は、事前に各レンタカー会社にオプションなどの確認をしておこう。
FasTrak
- www.bayareafastrak.org

オレンジ色が映える金門橋

フォートポイント国立歴史地区
- (1-415)561-4959
- www.nps.gov/fopo
- 金〜日10:00〜17:00
- 月〜木、おもな祝日
- 無料
- ゴールデンゲート・ブリッジのたもと。

プレシディオ Presidio

サンフランシスコの象徴、世界一美しい橋　サンフランシスコ中心部　MP.222-B1
ゴールデンゲート・ブリッジ
Golden Gate Bridge ★★★

　世界的に有名なこの橋は、全長2737m、橋の中央の高さは水面から67mもあり、あのクイーンエリザベス号も橋との間をわずか60cm残して通り抜けたという記録がある。1988年に完成した日本の瀬戸大橋とは姉妹橋になっている。

　橋は2012年に誕生75周年を迎え、それにともない**ウエルカムセンター**（毎日9:00〜18:00）もオープンした。建設当時の写真パネルや橋の歴史を紹介する映像など、ミニ博物館の役目も果たしている。また、ゴールデンゲート・ブリッジのTシャツ、絵本、写真集などのオリジナルグッズも販売されている。

ゴールデンゲート・ブリッジを自転車で渡るのもいい

当時は126基の大砲を装備　サンフランシスコ中心部　MP.222-B1
フォートポイント国立歴史地区
Fort Point National Historic Site ★★

　海上の攻撃からサンフランシスコを守るため、1853〜1861年の間に建設された花崗岩とれんが造りの砦。ミシシッピ川以西では、砦の存在自体が珍しく、当時126の大砲が装備されていた。ゴールデンゲート・ブリッジ南端の下にあり、現在は博物館になっている。砦内には当時の古い剣や銃、大砲、制服、写真などが展示されている。時間によってレンジャーによるガイドツアーが出ているので参加してみよう（所要約30分）。

246　★★★おすすめ度

Column　ゴールデンゲート・ブリッジができるまで

建設は住民たちの力で始まった

1930年、橋の建設はサンフランシスコと周辺6つの郡の住民投票により決定された。各郡の財産を担保に公債発行が承認されていたが、当時は大恐慌の最中。公債を引き受けようとする金融機関は見当たらなかった。

この危機を救ってくれたのが、西部最大の銀行バンク・オブ・アメリカの創設者、アマデオ・ピーター・ジャニーニ。彼の決断で、この公債は同行が引き受けることになった。

建設費用は国からでも、州からでもなく、サンフランシスコ湾岸の人々によってまかなわれたため、住民や利用者の愛着は深かった。返済金のほとんどは通行料から捻出され、彼らが元利とともに返済を終えたのは開通から34年後の1971年。この間、彼らは橋を利用しながらコツコツと借財を返済していったことになる。

橋の設計者、ジョセフ・バーマン・ストラウス

不可能な夢をかなえた男

詩人でもあり、哲学者でもあり、この橋の設計者でもあるジョセフ・バーマン・ストラウスは、世界中の400以上の大鉄橋を設計した人物だった。彼は架橋の夢を追い続け、そして夢の総決算となったのが、このゴールデンゲート・ブリッジだ。彼が設計案を発表した当時、海流の速い、強風と霧の海峡につり橋を架けるのは、まず不可能だといわれていた。

だが、彼はそれを成功させた。完成時に書かれた彼の詩は、今でも多くの人を感動させている。そして1年後、技術報告書にサインしたその直後に、架橋に生きた生涯は静かに幕を閉じた。

死と隣り合わせの建設作業

橋の建設が着工されたのは1933年1月。着工後3ヵ月間は足場までのエレベーターがなかったため、労働者は30分かけてそこまで上らなければならなかった。もちろん危険と隣り合わせだ。足場上では強風が吹きつけ、安全ベルトなしでは作業できない状態だった。

また、作業を安全に進めるため、8万ドルの施工費をかけて巨大なネットが橋下に張られた。建設が着工され、4年後の1937年5月に開通するまで、なんと19人の労働者がこのネットにバウンドし、一命をとりとめたのだ。彼らはのちにハーフ・ウエイ・トゥ・ヘル・クラブ（地獄まであと1歩）という組織を作り、交流を深め合ったと伝えられている。

霧の都に映えるオレンジ色

建設当時は橋の名にちなんで金色にするとか、灰色、はたまた黄色と黒のストライプにするなど数案あったようだ。霧の中でもはっきり見えること、周囲の色とのコントラストが美しいとの理由で、橋の色はオレンジ（公式にはInternational Orange）に決定された。

塗り替え作業は約40人の塗装工で行われる。塗装日数は約48日間で、週に2トンのペンキが使われる。ちなみにペンキはオレンジと黒の混合塗料を使用している。

"ゴールデン"ゲート・ブリッジがなぜ赤い？

なぜ金色ではないのか、と疑問に思う人もいるだろう。答えは簡単。"Golden"は"Bridge"にではなく、"Gate"にかかっているということ。つまり、"Golden Gate"に架かる"Bridge"という意味だからだ。

ではなぜこの海峡が"Golden Gate"なのか。多くの人がゴールドラッシュのことを思い浮かべるだろう。しかし、カリフォルニアに金鉱が発見されたのは1848年のこと。一方、ジョン・C・フリーモントがこの海峡に"Golden Gate"と名づけたのは1846年のことだ。実は、外洋船の船長であったフリーモントがこの海峡を見たとき、トルコのイスタンブールにある金角湾Golden Hornを思い出したことから、この名がつけられたのだそうだ。

ブリッジ開通の日

1937年5月、開通第1日目は歩行者のみに開放された。その数なんと20万人。渡橋1号はドナルド・ブライアントという人だった。

当日は約2800マイル（約4500km）離れたホワイトハウスからフランクリン・D・ルーズベルト大統領が開通の祝電を送り、ベルやサイレン、霧笛が打ち鳴らされた。軍艦などが集まり、街中が開通を祝福したという。

📝メモ　**この人誰？**　ゴールデンゲート・ブリッジが見えるウエルカムセンター（→P.246）前の広場Bridge Plazaに男性の銅像がある。橋の設計者であるジョセフ・バーマン・ストラウスだ。

プレシディオとゴールデンゲート・パーク Presidio & Golden Gate Park

ウォルト・ディズニー・ファミリー博物館
- 104 Montgomery St. (The Presidio of San Francisco)
- (1-415) 345-6800
- www.waltdisney.org
- 水～月10:00～18:00(入場は16:45まで)
- 火、おもな祝日
- 大人$25、シニア(65歳以上)・学生$20、子供(6～17歳)$15、5歳以下無料

ウォルトを支えた家族愛から生まれた　サンフランシスコ中心部　MP.222-C1
ウォルト・ディズニー・ファミリー博物館
Walt Disney Family Museum　☀☀

　夢と魔法の王国の生みの親、ウォルト・ディズニー。彼の存在なしには、ミッキーマウスの誕生も、ディズニーランドの開園もなかった。そんな彼の生涯とアートワークに着目した博物館。テーマ別に10のギャラリーに分かれていて、ミッキーマウスの原画や数々のキャラクター、映画を生み出してきた秘蔵品なども展示されている。ここではひとりの夫、父親としてのウォルトを家族写真やビデオから知ることができて、家族愛が彼を支えていたことが理解できる。

博物館の中にはカフェもあり、のんびりできる

リージョン・オブ・オナー美術館
- 100 34th Ave., Lincoln Park
- (1-415) 750-3600
- legionofhonor.famsf.org
- 火～日9:30～17:15
- 月、おもな祝日
- 大人$15、シニア(65歳以上)$12、学生$6、17歳以下、第1火曜は入場無料。ミュニのトランスファーを提示すると$2割引き
- California St.を走るミュニバス#1で33rd Ave. & Clement St.で下車。#18に乗り換えリージョン・オブ・オナー美術館前下車。

フランスの芸術家の作品を多数所蔵　サンフランシスコ中心部　MP.222-A2
リージョン・オブ・オナー美術館
Legion of Honor　☀☀

　ゴールデンゲート・ブリッジと太平洋を望む絶好のロケーションに総工費3400万ドルをかけて完成した美術館。全米でも指折りのヨーロピアンアートの殿堂として、紀元前2500年から20世紀にまたがる絵画や素描、印刷物、ヨーロッパ装飾美術など12万4000点以上の作品を所蔵する。コレクションは1380年代のアンジェーのタペストリーや、パリのドゥシエール・ホテルの18世紀のインテリアなどが有名。エントランスの前にはロダンの「考える人」が配置されている。館内には25以上の展示室があり、自然光が差し込む造りになっているのが特徴だ。リンカーンパークの丘の上に立ち、ヨーロッパを思わせる白亜の壮大な建築物は、霧が立ち込める午前中は幻想的ともいえる風景になる。

リージョン・オブ・オナー美術館のシンボルが「考える人」

クリフハウス
- 1090 Point Lobos Ave.
- (1-415) 386-3330
- cliffhouse.com
- ミュニバス#38、38Rで終点48th Ave. & Point Lobos Ave.まで行き少し戻ってPoint Lobos Ave.を海のほうに5分ほど下る。ユニオンスクエア周辺から所要約40分。

夕日を眺める絶景ポイント　サンフランシスコ中心部　MP.222-A2
クリフハウスとシールロックス
Cliff House & Seal Rocks　☀☀

　太平洋から常に強い西風が吹きつける断崖にある建物がクリフハウスだ。かつては7階建ての建物だったが火災で焼失。現在の建物は1909年に建てられたもの。ここからの夕日はすばらしい。1階にはラウンジとギフトショップ、2階にはレストランがあり、奥に小さな博物館がある。沖に見える小さな島々がシールロックス。ペリカンが羽を休めている姿が見られる。

シールロックスを見渡せるランズエンドの見学館

クリフハウス(左)とシールロックス(右)

中国系の店が多く見られる　　サンフランシスコ中心部　M**P.222-C2**
クレメントストリート
Clement Street

　中国系移民やその子孫が多く住むリッチモンド地区を貫く通り。とりわけアーグエロブルバードArguello Blvd.と12thアベニュー12th Ave.間の一帯はサンフランシスコ第2のチャイナタウンの異名をもち、中国人のみならず、さまざまなエスニック・バックグラウンドをもつサンフランシスカンを引きつける。ダウンタウンのチャイナタウンが、みやげ物屋など観光客を目当てに成り立っている店が多いのに比べて、こちらは生活を営む住民が対象である。ベトナム、タイ、インドネシア、ミャンマー、インド、日本料理などカジュアルなレストランなども軒を並べ、ほかの民族と共存し、週末ともなるとインターナショナルなにぎわいを見せる。

ゴールデンゲート・パーク　Golden Gate Park

文化施設も充実している市民の公園　　サンフランシスコ中心部　M**P.222-A3〜C3**
ゴールデンゲート・パーク
Golden Gate Park

　サンフランシスコの北西部にあるゴールデンゲート・パークは、美術館や博物館、テニスやゴルフなどのスポーツ施設、温室や日本庭園、池などを配置するなど、多岐にわたるレクリエーションが楽しめる広大な公園だ。公園の西口にある**ビーチ・アンド・パーク・シャレーBeach and Park Chalet**がインフォメーションセンターだ。ここで公園のパンフレットや地図を入手して、歩き始めるのもいい。

　この公園は、東西5km、南北800mの長方形で、東京の日比谷公園のおよそ28倍に相当する広さ。徒歩では大変なので、土・日・祝限定で運行する園内シャトルを利用するか、公園東のストウレイクStow Lakeのレンタルバイクショップで自転車を借りると便利。

　公園内にある見どころで注目したいのが、**デ・ヤング美術館De Young Museum**。アメリカを中心に、オセアニアやアフリカなどの美術品が2万7000点以上所蔵されており、モダンアート色の強い美術館だ。なかでもアメリカ絵画のコレクションが目玉のひとつで、ジョージア・オキーフ、エドワード・ホッパー、グラント・ウッドなど、巨匠たちの作品がめじろ押しだ。ほかにも世界各地より集められたテキスタイル（織物）のコレクションも充実。

　デ・ヤング美術館は3階建てで、展示室

1895年に開館したデ・ヤング美術館

クレメントストリート
Geary St.を走るミュニバスの#38がClement St.の1本南を走る。
14th St.から26th St.の間にレストランが集中している。

生活感あふれる第2のチャイナタウン

ゴールデンゲート・パーク
ユニオンスクエアからミュニバス#5、5RでFulton St. & 8th Ave.まで行く。美術館、博物館、日本庭園のある所に出られるので便利。またはミュニメトロのNラインに乗りIrving St. & 9th Ave.との角で下車。

ビーチ・アンド・パーク・シャレー
M**P.222-A3**
1000 Great Hwy.
(1-415)386-8439
goldengatepark.com/beach-and-park-chalet.html
毎日11:00〜18:00。2階は太平洋を見渡せるレストランになっている

ゴールデンゲート・パーク・シャトル
(1-415)831-2727
土・日・祝日のみ9:00〜18:00
平日
無料

デ・ヤング美術館
M**P.222-C3**
50 Hagiwara Tea Garden Dr.
(1-415)750-3600
deyoung.famsf.org
火〜日9:30〜17:15
月、サンクスギビングデイ、クリスマス
大人$15、シニア（65歳以上、要ID）$12、学生$6、17歳以下は無料。毎月第1火曜は無料。ミュニバスポートまたはトランスファー提示で$2割引き

プレシディオとゴールデンゲート・パーク Presidio & Golden Gate Park

花の温室
- MP.222-C3
- 100 JFK Dr.
- (1-415)831-2090
- conservatoryofflowers.org
- 火～日10:00～16:30（3月中旬～10月は18:30まで）
- 月、おもな祝日
- 大人＄9、シニア（65歳以上）・学生（12～17歳）＄6、子供（5～11歳）＄3
- 毎月第1火曜は無料

サンフランシスコ植物園
- MP.222-C3
- 1199 9th Ave.
- (1-415)661-1316
- www.sfbg.org
- 2～10月の毎日7:30～17:00（3月上旬～9月～18:00）、11～1月の毎日7:30～16:00
- 大人＄9、シニア（65歳以上）・学生＄6、子供（5～11歳）＄2、毎月第2火曜は無料
- **無料ツアー**
  メイン入口近くのブックストア前から毎日13:30。所要60～90分、予約不要。

ヒッピーヒル
- MP.231-A1

カリフォルニア科学アカデミー
- MP.222-C3
- 55 Music Concourse Dr.
- (1-415)379-8000
- www.calacademy.org
- 毎日9:30～17:00（日11:00～）、木曜は夜間18:00～22:00もオープン
- 無休
- 大人＄29.75～40.75、シニア（65歳以上）・学生26～35.50、3～11歳＄23.25～31.75、2歳以下無料、料金は日によって異なる

館内を回るポイント
入場後、蒸し暑い「世界の熱帯雨林」を見る前に、厚着をしている人は上着をクロークに預けよう（無料）。その足でプラネタリウムの整理券（毎日10:30～16:30の1時間ごと）を入手し、指定時間までに館内中央にある「世界の熱帯雨林」または地階にある水族館を回る。
また、ランチタイム時のカフェもとても混む。敷地内にピクニックエリアがあるので、事前に購入して持ち込むのもよい。

環境に優しいエコな博物館
カリフォルニア科学アカデミーは、関西国際空港を設計した有名建築家レンゾ・ピアノが設計を担当。建築素材の90％はリサイクル材を使用、屋上にはソーラーパネルを設置し、自家発電も行っている。

やミュージアムショップ、カフェがあるほか、タワーに当たる9階部分の総ガラス張りの展望室からは、SF市内の眺望が楽しめる。

140年近い歴史をもつ**花の温室Conservatory of Flowers**は、2000種もの熱帯植物や花が見もの。ビクトリア様式の優雅な外観の温室だ。

花の温室では熱帯植物も数多く見られる

世界各国の8000種の珍しい植物や樹木が植林されている**サンフランシスコ植物園San Francisco Botanical Garden**では、都会にいながら森林浴ができる。毎日無料ツアー（13:30～）が行われているので参加するのもいい。

園内の最東端は**ヒッピーヒルHippie Hill**と呼ばれ、現在もヒッピーと市民のいこいの場だ。

カリフォルニア科学アカデミーCalifornia Academy of Sciencesは、水族館やプラネタリウム、博物館が同居した世界でも珍しい大型施設。館内中央には世界の熱帯雨林Rainforests of the Worldがある。熱帯雨林では、チョウや鳥が飛び交い、コスタリカやマダガスカル、アマゾンの世界を作り出す。世界最大級、デジタル画像を駆使したモリソンプラネタリウムMorrison Planetariumは、博物館のなかでもいちばん人気だ。プラネタリウムでは、2019年6月現在、何千光年もの宇宙の冒険に乗り出すPassport to the Universeと、海の中の珊瑚礁に焦点を当てたExpedition Reefを上映している。太陽系からおとめ座銀河団までを宇宙飛行士の目線で探検したり、まるで本当に潜っているかのように美しい珊瑚礁の世界を体験したりすることができる。

誰もが関心を寄せる展示は地震Eathquakes。サンフランシスコで起きた1906年と1989年の地震をビクトリアンハウスの中で体感できる装置や、防災の知恵を紹介している。

そのほかアフリカンペンギンがいるアフリカンホールAfrican Hall、4000匹以上の熱帯魚がすむフィリピン・コーラル・リーフPhilippine Coral Reefなど、地球上のあらゆる生物や自然の魅力を余すところなく紹介している。屋上の庭園もお見逃しなく。

水族館では巨大水槽が迎えてくれる

メモ ゴールデンゲート・パークを回るなら　セグウェイSegwayで公園内を回るツアーもある。所要約2時間30分、1人＄75。Golden Gate Park Segway Tours　(1-415)474-3130　www.electrictourcompany.com

日本庭園 Japanese Tea Gardenはカリフォルニア万博が開かれた1894年に造られた。萩原真という日本人がレイアウトを任され、彼の一家は約50年にわたり庭園の手入れなどをした。その後、第2次世界大戦時に「東洋ティーガーデン」と変更されてしまい、多くの建物が破壊されたり、みやげもの屋に変わってしまったが、1952年にもとの名前に戻り、仏教色が強い、華やかな色とりどりの塔や月の橋ができた。園内には五重塔、太鼓橋などがあり、200本余りの桜や松、カエデが日本情緒を引き立てている。親日家の多いサンフランシスコでも人気の場所だ。東屋ではお茶も飲める。

日本庭園
- MP.222-C3
- 75 Hagiwara Tea Garden Dr.
- (1-415)752-1171
- www.japaneseteagardensf.com
- 毎日9:00〜17:45（11〜2月は毎日〜16:45）
- 大人＄9、シニア（65歳以上）・学生（12〜17歳）＄6、子供（5〜11歳）＄3、月・水・金は10:00まで入園無料

日本庭園の太鼓橋。チャレンジする人が後を絶たない

庭園には五重塔もある

Information ゴールデンゲート・パーク内のアクティビティ

ゴルフ Golf
パークの西側、47th Ave.の近くにある9ホール、1357ヤード、パー27のゴルフコース。ショートコースだが、レンタルクラブもあり気軽に楽しむにはよい。
- ●**Golden Gate Park Golf Course**
- 970 47th Ave.
- (1-415)751-8987
- goldengateparkgolf.com
- 毎日 日の出30分後〜日の入り30分前（ウェブサイトで確認を）
- 月〜金＄14〜22、土・日＄16〜26

テニス Tennis ※2020年末まで改装のため閉鎖中
テニスコートは公園内に全21面。花の温室Conservatory of Flowersの南側にある。若干の利用料が必要だが、ラケットさえ持参すれば、いつでもプレイできる。平日は予約不可。ただし、週末と休日は事前に予約が必要。
- ●**Golden Gate Park Tennis Complex**
- Nancy Pelosi Dr. & Bowling Green Dr.
- (1-415)753-7001
- 毎日9:00〜17:00
- 大人＄6〜4、シニア＄2〜5

ボート Boat
パーク内のストウレイクStow Lakeではボートレンタルを行っている。週末は家族連れやカップルでにぎわう。
- ●**Stow Lake Boathouse**
- MP.222-B3
- 50 Stow Lake Dr.
- (1-415)702-1390
- stowlakeboathouse.com
- 毎日10:00〜17:00（レンタルは1時間前まで）
- 1時間＄22.50〜38.50

自転車とインラインスケート Bike & Skate
パーク内には全長12kmのサイクリングロードがある。また、John F. Kennedy Dr.沿いは毎週日曜、歩行者天国になりインラインスケートが思いっきり楽しめる。レンタル店もあるので気軽にトライしてみよう。なお、レンタル時にはID（パスポートなどの身分証明書）とクレジットカードが必要。
- ●**Golden Gate Park Bike & Skate**
- MP.222-C3 3038 Fulton St.
- (1-415)668-1117
- goldengateparkbikeandskate.com
- 自転車1時間＄5〜、1日＄25〜、インラインスケート1時間＄6、1日＄24

メモ カリフォルニア科学アカデミーの根強い人気展示　ボルネオや南米の熱帯雨林を再現したRainforests of the Worldは大人に人気。湿度の高い空間には、そこでしか生きられない動植物がたくさんいる。

ヘイトアシュベリーとミッション
Haight Ashbury & Mission

ヘイトアシュベリーは1960年代のヒッピー発祥の地。今でもその面影を残し、楽器店、古着屋、クラブなどちょっとファンキーな店が集まっている。その南東に位置するミッションはロコに人気で、その中心はゲイコミュニティで有名なカストロだ。

ヘイトアシュベリー
行き方 ユニオンスクエアからMarket St.を走るミュニバス＃6、7でHaight St. & Masonic Ave.下車。マリーナからLombard St.を走る＃43でCole St. & Haight St.下車。

ヘイトアシュベリー・フラワー・パワー・ウオーキング・ツアー
Haight Ashbury Flower Power Walking Tour
- www.haightashburytour.com
- 火・土10:30、金14:00。所要約3時間30分
- $20
- ※Stanyan & Waller Sts.より出発（MP.231-A1）。要予約

カストロストリート
行き方 ミュニメトロK、L、M、TでCastro駅下車。またはF終点17th St. & Castro St.駅下車。

クルージン・ザ・カストロ・ウオーキング・ツアー
Crusin' the Castro Walking Tour
- (1-415)550-8110
- cruisinthecastro.com
- 火・水・金・土10:00〜（日によって異なるので事前に確認を）。所要2時間
- 大人$25
- ※集合場所はCastro駅を出てすぐCastro St.とMarket St.の角の巨大なレインボーフラッグの下（MP.231-B2　Castro & Market Sts.）

GLBT 歴史博物館
- MP.231-B2　4127 18th St.
- (1-415)621-1107
- www.glbthistory.org
- 月〜土11:00〜18:00、日12:00〜17:00
- 大人$5、学生$3、毎月第1水曜は無料

ヘイトアシュベリー　Haight Ashbury

1960年代ヒッピーの発祥地といわれる場所　ヘイトアシュベリー／ミッション　MP.231-A1
ヘイトストリート
Haight Street　★★★

アメリカ激動の1960年代。若者たちは家賃の安いこの地区に移り住み「反戦・平和・自由」をスローガンに独自のカルチャーを生み出した。現在は、ロックやパンクの店、古着店が多く、個性派の若者たちのたまり場といった雰囲気。ジャニス・ジョプリンがカントリー・ジョーとともに住んでいたアパートがヘイトアシュベリーの外れに残っている（MP.231-B1　122 Lyon St.。現在は別人の住居のため立ち入り禁止）。

世界最大のゲイコミュニティ　ヘイトアシュベリー／ミッション　MP.231-B2〜B3
カストロストリート
Castro Street　★★★

Castro St.とMarket St.あたりを中心とするエリアがLGBT（Lesbian, Gay, Bisexuality, Transgenderの頭文字）のコミュニティになっている、通称"カストロ"。1960〜1970年代に労働者階級がカストロに流入してきた頃から、ゲイコミュニティが発生。同性愛者を公言し、議員に当選したハーベイ・ミルクの登場でさらに発展し、現在は世界中から多様な性をもつ人たちが集まる。

GLBT歴史博物館 GLBT History Museum（GLBTはLGBTと同意）では1960年代から現在にいたるまでの歴史や社会背景を、写真や資料の展示物、映像を通じてわかりやすく解説している。歴史的背景などのガイドツアー（→側注）も開催されているので、興味がある人は参加してみるといいだろう。

カストロストリートはレインボーカラーが目につく

メモ　映画『ミルクMilk』 アメリカで初めてゲイの市議会議員となったハーベイ・ミルクを描いた作品。カストロを歩くと、その面影が残っている。2008年、アメリカ映画。

252

サンフランシスコの夜景はここから！　ヘイトアシュベリー／ミッション　MP.231-A3
ツインピークス
Twin Peaks

約277mのふたつの丘からなり、市内の43の丘のうち、展望のよさはナンバーワン。頂上は、自然の状態が保たれている。市内の街並みやサンフランシスコ湾がすべて見下ろせ、特に夜は、ライトアップされたベイブリッジからダウンタウンの高層ビル群が美しい。丘は、強くて冷たい風が常に吹き、夏でも長袖を用意したい。日中であれば徒歩で行けなくもないが、タクシーかレンタカーが便利だ。

ミッション　Mission

1791年に建てられた古い教会　ヘイトアシュベリー／ミッション　MP.231-C2
ミッションドロレス
Mission Dolores

ステンドグラスの美しい教会。建設は1776年に始まり、1791年に完成となった。ゴールドが基調で、ちょっとキリスト教らしくない印象を受けるが、内部は静寂に包まれて心がやすらぐ。教会内には小さな博物館があり、建てられた当初をしのばせる興味深い展示物も数多い。ベイエリア一帯の先住民だったオロニ族Ohloneの残存する数少ない記録やゴールドラッシュ前のサンフランシスコの記録などもある。目の前にある小高い丘は**ミッションドロレス・パークMission Dolores Park**という公園になっており、週末になると園内は大勢の人で埋めつくされる。

サンフランシスコ最古の教会、ミッションドロレス

いろいろな壁画が集まっている　サンフランシスコ中心部　MP.223-E4
壁画アート・ウオーク・ツアー
The Classic Mission Mural Walk

こんな壁画がいたるところで見られる

ヒスパニック系のコミュニティが多いミッション周辺には、優れた壁画アートが数多くあることでも知られている。これは、わずか6ブロック内に70以上もある壁画を歩いて回るウオーキングツアー。なかでも見事なのが18th St.沿い、Valencia St.とGuerrero St.の間にある"Woman's Building"の壁画。グループ以外予約は不要。

ツインピークス
住 501 Twin Peaks Blvd.
☎ (1-415)831-2700
行き方 Powell St.駅からミュニトOK、L、M、TでForest Hill駅下車。道を渡りミュニバス#36に乗り、Marview Way & Panorama Dr.下車。徒歩10分。

ツインピークスから見るダウンタウン

ミッションドロレス
住 3321 16th St.
☎ (1-415)621-8203
URL www.missiondolores.org
営 毎日9:30～16:00（土・日9:00～）
休 おもな祝日
料 大人$7、学生$5
行き方 ミュニメトロJでChurch St. & 16th St.下車、東へ1ブロック。

ミッションドロレス・パーク
MP.231-C2
住 19th St.& Dolores St.
営 6:00～22:00

市民の憩いの場、ミッションドロレス・パーク

壁画アート・ウオーク・ツアー
MP.223-E4（集合場所）
☎ (1-415)285-2287
URL www.precitaeyes.org
営 土・日13:30、所要約2時間15分
料 大人$20、シニア・学生$10、17歳以下$6、12歳以下$3
　集合場所はプレシタ・アイズ・ミューラルアーツ＆ビジターズセンター　Precita Eyes Mural Arts & Visitors Center
（住 2981 24th St.）
行き方 バートの24th St. & Mission駅下車。24th St.を東へ約8分歩く。Harrison St.とAlabama St.の間。

San Francisco
ベイエリアの町とシリコンバレー
Bay Area & Silicon Valley

本書では、サンフランシスコ市内からサンフランシスコ湾を挟んで位置する、サウサリート、バークレー、ミュアウッズ国定公園をベイエリアの町、サンノゼを含むハイテク産業の中心地をシリコンバレーとして紹介している。

サウサリート
Sausalito

サンフランシスコ湾の北側、ノースベイの急な丘とサンフランシスコ湾に挟まれた狭い土地に、きれいな家や店、ギャラリーが点在している。芸術家の町として知られるサウサリートは、ベイエリアで最もおしゃれな町だ。サンフランシスコが霧に包まれているときも明るい日差しがあふれ、地中海沿いの町のような雰囲気が漂っている。

サウサリート
MP.221-A2

サンフランシスコからバスで
（所要約35分）
ゴールデンゲート・トランジット＃30 など が7th St. & Market St. と Lombard St. & Fillmore St.から毎日1時間に1本運行。バスによってはサウサリートまで行かないものもあるので、ドライバーに確認してから乗車しよう。
Golden Gate Transit
(1-415)455-2000
511
goldengatetransit.org
$6.5、シニア（65歳以上）・子供（6～18歳）$3.25

SFフェリービルよりフェリーで
ピア1にあるフェリービルディング（MP.225-F2）から。（所要約30分）
Golden Gate Ferry
(1-415)455-2000
511
www.goldengateferry.org
大人片道$12.5、シニア・子供（6～18歳）$6.25

SFピア41よりフェリーで
フィッシャーマンズワーフのピア41（MP.229-D2）から。
Blue & Gold Fleet Ferry
(1-415)705-8200
www.blueandgoldfleet.com
大人片道$13、シニア（65歳以上）・子供片道$7.50

サウサリート観光案内所
Sausalito Visitor Center
780 Bridgeway, Sausalito
(1-415)332-0505
火～日11:30～16:00

サウサリートのメインストリート　　サンフランシスコとベイエリア　MP.221-A2

ブリッジウエイ
Bridgeway ★★★

　サウサリートの見どころは、海岸沿いのブリッジウエイBridgeway。自転車専用車線が設けてあり、のんびりとサイクリングを楽しんでいる人も多い。このわずか1kmほどの通りの間に並ぶレストランやギャラリー、ブティック、アンティークショップなどは、どれも個性的でハイセンス。ハーバーに停泊している豪華なヨットやクルーザーを眺めたり、ショッピングやギャラリーの見物をしてゆっくりと過ごそう。また、海岸沿いから望むサンフランシスコの街やアルカトラズ島、ゴールデンゲート・ブリッジの風景は格別である。

　サウサリートの町自体は小さいので、ブリッジウエイなら徒歩で十分楽しめる。1日満喫するのならサンフランシスコから貸し自転車の利用がおすすめだ。なお、観光案内所は、フェリー乗り場近くのカーサ・マドローナ・ホテルCasa Madrona Hotel & Spaの前。地図やホテル情報などがある。また奥の部屋はサウサリートの歴史を綴る小さな資料館になっており、写真などが展示されている。

サウサリートにはかわいらしい店が並ぶ

Bay Area

ミュアウッズ国定公園
Muir Woods National Monument

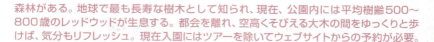

サンフランシスコの北西27km、自然保護の点からも貴重になってしまったレッドウッドRedwoodの森林がある。地球で最も長寿な樹木として知られ、現在、公園内には平均樹齢500〜800歳のレッドウッドが生息する。都会を離れ、空高くそびえる大木の間をゆっくりと歩けば、気分もリフレッシュ。現在入園にはツアーを除いてウェブサイトからの予約が必要。

ミュアウッズ国定公園の歩き方

　自然を愛し、その保全に努めた地元の哲学者ジョン・ミュアにちなんで名づけられた国定公園。レッドウッドとは、日本名でセコイアメスギと呼ぶ。ここのレッドウッドは古いもので樹齢2200年以上に達し、最高115.6mにも生長する。西部開拓入植前の1800年代以前、北カリフォルニア一帯の海岸線はこのレッドウッドに深く覆われていた。しかし、湿気に強い性質を利用して、建材として多く使用されたため、伐採が進んだ現在にいたっては、ごく一部にしか生えていない。

　園内のハイキングコースは全長9.6km。木漏れ日のなか、レッドウッドの森林をゆっくりと歩いてみよう。シダ類やコケ類も豊富で、マイナスイオンの恩恵を受けながら森林浴を満喫できる。また、舗装されたトレイルもあるので、体の調子を考えて散策ルートを選ぶのもいいだろう。

　公園内のインフォメーションはビジターセンターで。また、軽食を取るならビジターセンター裏にあるショップを利用しよう。スナック売り場とギフトショップを併設しているので、おみやげもこちらでどうぞ。

ミュアウッズ国定公園
MP.221-A1
住 Muir Woods National Monument, Mill Valley
URL www.nps.gov/muwo
料 入園料大人（16歳以上）$15、子供無料
予約 URL gomuirwoods.com

サンフランシスコから車で
行き方 車でUS-101、またはCA-1でExit 445B Mill Valley/Stinton Beachの出口で下りる。

タワーツアー
☎ (1-415)345-8687
URL towertours.com
運行 ピア41発　毎日9:00、11:00、14:00、16:00（6〜9月のみ）所要約4時間
料 大人$69、子供（4〜11歳）$39

グレイラインツアー
（→P.218参照）
ミュアウッズとサウサリートを訪れる。
☎ (1-415)353-5310
所要約4〜6時間
料 大人$79、子供（5〜11歳）$49

ミュアウッズ観光案内所
Muir Woods Vistor Center
☎ (1-415)388-2595
URL www.nps.gov/muwo
開 夏期：毎日8:00〜20:00、冬期：毎日8:00〜17:00（季節によって変更あり）
※観光案内所は上記の30分前に閉まる。

レッドウッドのなかでも、いちばん背の高いものは37階建てのビルに相当する

入口近くにはショップやカフェもある

ミュアウッズ行きのバス　5月中旬〜10月の週末と祝日、6月中旬〜8月中旬の平日にサウサリート観光案内所前のバス停からMarine Transit #66のバスがミュアウッズへ行く。往復$3。9:05〜17:05の10〜20分間隔の運行。

バークレー
Berkeley

Bay Area

サンフランシスコの対岸、イーストベイにあるバークレー。カリフォルニア州内にいくつかのキャンパスをもつカリフォルニア大学 University of California を中心に"教養と文化"にあふれたアカデミックな町でもある。ベイエリアの芸術、文化の中心として、多くの作家や音楽家、芸術家が住むことでも知られている。おしゃれで個性的なおもしろい通りも多い。また、住民は環境意識が高いことで有名だ。

バークレー
MP.221-B2
行き方 サンフランシスコのダウンタウンからバートでRichmond行きかAntioch行き(要乗り換え)に乗り、Downtown Berkeley駅下車。所要約30分。もしくはセールスフォース・トランジット・センターからACトランジットのFで。所要約30分。

UCバークレー校
www.berkeley.edu
コレット・ビジターセンター
MP.231-C5外
2227 Piedmont Ave.
(1-510)642-5215
月～金8:30～16:30、土・日 9:00～13:00

Bear Transit Campus Shuttles
Downtown Berkeley駅～キャンパス間を走るシャトルバスH、P、セントラルキャンパス、RFSが平日の朝から夕方まで、夜間はノースサイド、サウスサイドの2ルートが走る(モフィット図書館Moffitt Libraryから出発)。
(1-510)643-7701
$1～1.50

カリフォルニアで最初に誕生した公立大学　バークレー　MP.231-C5
カリフォルニア大学バークレー校（UCB）
University of California, Berkeley　★★★

1960年代、全米を巻き込んだ学生運動発祥の地であり、多数のノーベル賞受賞者を輩出している、全米で1、2を争う公立大学だ。

大学のランドマークは**セイザータワー Sather Tower**。エレベーターで展望台（$4）に登ると、晴天ならサンフランシスコまで見渡せるすばらしい眺望が楽しめる。ほかにもバークレー美術館、ローレンス科学館、UC植物園などの見どころがあり、キャンパス内の無料ツアーも行われている。出発はメモリアルスタジアム南西にある案内所前から。

UCバークレーのシンボル、セイザータワー

バークレーのメインストリート　バークレー　MP.231-C5
テレグラフアベニュー
Telegraph Avenue　★★

バークレー校のスチューデントユニオンから南に延びるテレグラフアベニュー。Durant Ave.との交差点付近には本屋やカフェ、パン屋、レストラン、靴屋、レコード屋などが並び、通りには手作りのアクセサリーを売る屋台が軒を連ねている。そぞろ歩きの楽しい所だ。

いかにも学生向けのレストランやパブが多い

バークレー観光局
Berkeley Convention & Visitors Bureau
MP.231-B5
2030 Addison St.
(1-510)549-7040
www.visitberkeley.com
月～金9:00～17:00（昼休み 13:00～14:00）
土・日、おもな祝日

グルメなストリートとしても有名　バークレー　MP.231-C4、P.231-A5
シャタックアベニュー＆フォースストリート
Shattuck Avenue & 4th Street　★★

シャタックアベニューは、バークレー駅から北東へ徒歩10分。グルメなスポットとしても人気があり、元祖カリフォルニア料理のレストランといえる"シェ・パニースChez Panisse"（→P.270）もここにある。一方、フォースストリート4th Streetは話題と流行の発信地といわれ、洗練されたおしゃれなショップが並ぶ。一見変哲のないショップでも、店内はオーナーのセンスに満ちあふれていたりと、ここでは買わずとも、のぞくことをすすめる。

メモ エコな町バークレーの学びのスポット　リベラルな大学、UCバークレーには、環境に対する意識の高い人が多い。エコについて学べる。**Ecology Center** MP.231-A5　2530 San Pablo Ave.　ecologycenter.org

シリコンバレー
Silicon Valley

サンフランシスコ南側のベイエリアにあるサンノゼ。その温暖な気候や生活水準の高さから、アメリカ人にとって一度は住んでみたい場所として人気が高い。第2次世界大戦前まで、このあたりは一面果樹園で、The Valley of Heart's Delight（心を楽しませてくれる谷）と呼ばれる農業中心の地域だった。現在では、この地域はシリコンバレー Silicon Valleyと呼ばれるようになり、IT産業の中心地として発展を続けている。車があればIT企業めぐりもおすすめだ。

サンノゼが誇るテクノロジーの博物館　サンノゼ＆シリコンバレー　MP.257-B
テック・インターアクティブ
The Tech Interactive　★★★

丸いドームとオレンジのビルは、サンノゼのダウンタウンでひときわ目立つ。シリコンバレーのハイテク技術を集結し、見て、触れて、体験ができる博物館だ。自分でプログラムするゲーム、ウエアラブル端末を身に付けて体の動きを可視化してくれるものや、自分の顔を立体映像化できるスキャナー、PC上の傷を治療するなど、そのおもしろさは大人にとってもテーマパーク並みといっても過言ではない。難しいことは抜きにして、まずはいろいろ試してみよう。

大人も子供も楽しめる博物館

サンノゼ
MP.221-B4

サンノゼ観光局
Team San Jose
MP.257-B
住408 Almanden Blvd., San Jose　☎(1-408)792-4511
URLwww.sanjose.org
営月〜金9:00〜17:00　休土・日

テック・インターアクティブ
住201 S. Market St., San Jose
☎(408)294-8324
URLwww.thetech.org
営毎日10:00〜17:00
休サンクスギビング、クリスマス
料博物館：大人$25、シニア・学生・3〜17歳$20、博物館+IMAX：大人$31、シニア・学生・3〜17歳$24
行き方VTAライトレイルのConvention Center駅下車。

メモ　サンノゼへのアクセス　SFダウンタウンのSan Francisco駅からカルトレインでSan Jose Diridon駅まで所要1時間20分。カルトレインのサンノゼ駅を出たすぐ左には、サンノゼ・シャークスの本拠地SAPセンター（→P.260）がある。

257

Silicon Valley

アップル・パーク・ビジターセンター
- 10600 North Tantau Ave., Cupertino
- (408)961-1560
- 月～金9:00～19:00、土10:00～19:00、日11:00～18:00
- www.apple.com/retail/appleparkvisitorcenter/
- 行き方 サンフランシスコ方面からI-280を南下。Stevens Creek Blvd.でフリーウエイを下りたら右折。さらにN. Tantau Ave.を再度右折してI-280の上を越えて700m先の右側。

アップル本社に隣接　サンノゼ＆シリコンバレー　MP.257-A
アップル・パーク・ビジターセンター
Apple Park Visitor Center　★★★

　1984年、コンピューターを誰もが気軽に使える「道具」として製品化したMacintoshを発売。それ以来、革新的な製品を生み出し続けるアップル。株価時価総額で世界一の企業の本社に隣接するビジターセンターには、アップルストアやカフェがあり、限定グッズも購入できる。店内にある本社の模型にiPadをかざすとVRで未来的な社屋の見学ができるバーチャルツアーをぜひ体験したい。

インテル博物館
- 2200 Mission College Blvd., Santa Clara
- (408)765-5050
- www.intel.com/museum
- 月～金9:00～18:00、土10:00～17:00
- 日、おもな祝日
- 無料
- 行き方 サンフランシスコから車でUS-101を南へ、Montague Expwy.で下りる。Mission College Blvd.を左折、さらに左折しインテル社へ。

世界で最も有名な半導体メーカー　サンノゼ＆シリコンバレー　MP.257-B
インテル博物館
Intel Museum　★★★

　インテル社が、「マイクロプロセッサー」を紹介する博物館。300mmの半導体を製造する施設内部の解説や、約30の体験型展示や、インテル社の歴史などの展示もある。ミュージアムストアもあり。

スタンフォード大学ビジターセンター
- 295 Galvez St., Stanford
- (650)723-2560
- visit.stanford.edu
- 毎日8:30～17:00（土・日10:00～）
- 行き方 カルトレインでPalo Alto駅下車。駅前のバス乗り場からスタンフォード大学行きの無料シャトルMarguerite Shuttleが利用できる。観光に便利なのは♯X、Yライン。SFから所要約1時間。車の場合はUS-101またはI-280を南下。所要約40分。
- ツアー：毎日11:30、15:30。ビジターセンターから出発する約70分のツアー。無料

全米でもトップレベルの大学　サンノゼ＆シリコンバレー　MP.257-A
スタンフォード大学
Stanford University　★★★

　サンフランシスコとサンノゼの間、パロアルトPalo Altoにあるスタンフォード大学は、東のハーバード大学と並び全米でもトップレベルの私立大学だ。大陸横断鉄道建設の立役者、リーランド・スタンフォードが15歳で病死したひとり息子追悼のために1891年設立した。広大なキャンパスで正面入口近くに案内所があり、キャンパスツアー（約70分）も行われている。

建築も美しいスタンフォード大学

カリフォルニアズ・グレイト・アメリカ
- 4701 Great America Pkwy., Santa Clara
- (408)988-1776
- www.cagreatamerica.com
- 5月下旬～8月下旬：毎日9:00～20:00（金・土～22:00）、3月下旬～5月中旬、8月下旬～10月中旬：週末のみ10:00～18:00。※冬期閉鎖、営業時間はとても変則的なのでウェブサイトで確認を。
- 3歳以上$60
- 行き方 サンノゼのダウンタウンから「ダウンタウン・マウンテンビュー」行きのライトレイルに乗りGreat American駅下車。徒歩8分。

北カリフォルニア最大のテーマパーク　サンノゼ＆シリコンバレー　MP.257-B
カリフォルニアズ・グレイト・アメリカ
California's Great America　★★

　ファミリー向けアトラクションからスリルライドまで充実しており、メインキャラクターのスヌーピーのエリアもある。また、ウオーターパークの**ブーメランベイBoomerang Bay**（夏期のみオープン、期間中でもクローズする場合がある。料金は入園料に含まれる）には波のプールやスライダー、大小プールなど数種類のウオーターアトラクションがある。

　2018年に誕生したシングルレールのコースター、レイルブレザーRailBlazerは迫力満点。

絶叫マシンが揃うグレイト・アメリカ

メモ 本物の空母に乗艦できる博物館　サンフランシスコの対岸の街、アラメダ（オークランドの南）にある退役した空母を、そのまま博物館にしている。太平洋戦争でアメリカが攻勢に転じる契機となった、ミッドウェ→

サンフランシスコのスポーツ
Sports in San Francisco

ベースボール Major League Baseball（MLB）

■ サンフランシスコ・ジャイアンツ
San Francisco Giants

　1883年にニューヨーク・ゴッサムズとして産声を上げたチームで、1885年にジャイアンツと改名。1958年にサンフランシスコに移転するまでリーグ優勝17回（通算では23回）、ワールドチャンピオン制覇5回というすばらしい成績を残している（2018年は地区4位）。1964年には日本人初の大リーガー、マッシー村上（村上雅則）、2002年には新庄剛志、2015年は青木宣親が在籍した。また歴代最高の通算本塁打数762本を記録したバリー・ボンズが在籍していたチームとして、日本でも知名度が高い。

　ホームグラウンドのオラクルパークは左翼が約103.3mに対し、右翼が約94.2mという変則的な形。右翼側には高いフェンスがあるが、これを越えて場外ホームランになると、ボールは直接海に飛び込む。スプラッシュ（水しぶき）・ヒットといわれ、試合があると海上でこのボールを待つカヤッカーの姿を目にする。

本拠地：オラクルパーク
MP.223-F3
24 Willie Mays Plaza, San Francisco
(1-415)972-2000
www.mlb.com/giants
行き方 ミュニメトロN、T、Eラインがオラクルパークまで運行している。ユニオンスクエアから徒歩20〜30分。

オラクルパーク・ツアー
チームストア発10：30、12：30（デイゲームの試合時を除く）
大人＄22、　シニア＄17、　子供＄12、2歳以下無料

■ オークランド・アスレチックス
Oakland Athletics

　過去15回のリーグ優勝のうち、9回もワールドシリーズ優勝の実績を残しているアスレチックス。通称 "A's"。1970〜1990年代前半までが黄金期（2018年は地区2位）。サンフランシスコ湾を挟み、人気チームのジャイアンツと相対しているが、ジャイアンツほどの人気がともなわず財政的にも厳しい。しかし、常にダークホース的なチームを作り上げる辣腕ジェネラルマネージャー（現在は副社長）、ビリー・ビーンのおかげで、野球ファンの間ではとびきり注目度の高い球団となっている。2011年に映画化された『マネーボール』は、低予算の弱小球団をビーン独自の起用法で強豪に作り上げた痛快な作品。

　オークランド市の南に位置するアラメダ・カウンティ・コロシアムを本拠地としている。この球場はNFLのレイダースのホーム球場でもあり、野球とアメリカンフットボールの兼用。そのため極端にファウルグラウンドが広く、打者に不利な球場として知られている。

本拠地：オークランドコロシアム
MP.221-B2　7000 Coliseum Way, Oakland
(1-877)493-2255
www.mlb.com/athletics
行き方 バートのFremont行きに乗り、Coliseum/Oakland Airport駅下車。駅の目の前。

バスケットボール National Basketball Association（NBA）

■ ゴールデンステート・ウォリアーズ
Golden State Warriors

　1946年フィラデルフィアで創設されたチームで、NBAで最も歴史のある3チームのひとつ（他はボストン・セルティックスとニューヨーク・ニックス）。ベイエリアには1962年に移転。最初はサンフランシスコに、1972年からオークランドに移転した。なぜかカリフォルニア州のニックネームである"ゴールデンステート"をチーム名とした。1980年代から2000年代後半まで長期低迷時期があったが、近年はNBA有数の強豪チームで、2010年以降はプレイオフの常連。2015、2017、2018年はNBAチャンピオンとなっている（2019年はファイナル進出）。2019-2020年シーズンから、サンフランシスコのチェイス・センターが本拠地となる。

本拠地：チェイス・センター
MP.223-F3　1 Warriors Way, San Francisco
(1-888)479-4667
行き方 ミュニメトロTラインでUCSF/Chase Center下車すぐ。

↘ イ海戦に参加した空母だ。BART12th St. Oakland City Center駅下車、#96のバスでPacific Ae. & Main St.下車。
USS Hornet Museum　MP221-B2　707 W. Hornet Ave., Pier 3, Alameda　www.uss-hornet.org

サンフランシスコのスポーツ Sports in San Francisco

アメリカンフットボール　National Football League（NFL）

■ サンフランシスコ・フォーティナイナーズ
San Francisco 49ers

　レッドとゴールドがチームカラー。過去にスーパーボウルを5度制し、NFL史にその名を刻む名クォーターバック、ジョー・モンタナがプレイしているが、近年の成績は低迷（2018年は地区3位）。それでも人気は相変わらずで、街を歩けばチームキャップやジャージを身に着けている人を必ず見かける。チーム名は、1849年にカリフォルニアで起こったゴールドラッシュに由来する。ホームグラウンドは市内中心から南へ車で約1時間の所にある、シリコンバレーにあるサンタクララ。

本拠地：リーバイススタジアム
MP.257-B　4900 Marie P. DeBartolo Way, Santa Clara　(1-415)464-9277　www.49ers.com
行き方：サンフランシスコからカルトレインでMountain View駅下車。Winchester方面行きのVTAライトレイルに乗りGreat America駅下車、徒歩5分（所要1時間30分）。

■ オークランド・レイダース
Oakland Raiders

　1970年代に最強を誇っていたチームで、1993年に13年ぶりにロスアンゼルスからオークランドへ戻ってきた。カムバックと同時にコロシアムを増築、収容人員が一気に増えた。2002〜2003年はリーグチャンピオンとなり、5度目のスーパーボウルに進出するもタンパベイ・バッカニアーズに完敗した。2016〜2017年は14年ぶりにプレイオフに出場し、久しぶりにファンは溜飲を下げた（2018年は地区最下位）。なお、ファンは49ersに異常なライバル意識をもっているため、観戦にはレッドやゴールドの色のものは避けたほうがいい。2020年のシーズンからラスベガスに移転することが決定した。

本拠地：オークランドコロシアム
MP.221-B2　7000 Coliseum Way, Oakland　(510)864-5000　Fax(1-800)724-3377　www.raiders.com
行き方：アスレチックス（→P.259）と同様。

リーバイススタジアムは最新のIT技術が楽しめる

サッカー　Major League Soccer（MLS）

■ サンノゼ・アースクエイクス
San Jose Earthquakes

　サンノゼ・クラッシュとして1996年にMLS最初の試合に1-0で勝利したが、2005年にヒューストンに移転して、サンノゼのチームは消滅した。しかし、2008年に新チーム、アースクエイクスが誕生。2012年にレギュラーシーズンの1位に輝くも、その後低迷を続ける（2018年は地区最下位）。「カリフォルニア・クラシコ」と呼ばれるライバル・LAギャラクシーとの試合は特に盛り上がる。有名チームとの試合はリーバイススタジアムで開催されることも。

本拠地：アバヤスタジアム
MP.257-B　1123 Coleman Ave., San Jose　(408)556-7700　www.sjearthquakes.com
行き方：サンフランシスコからカルトレインでSanta Clara駅下車。VTA#10のAirport Flyerに乗り、Coleman St. & Earthquake Way下車すぐ（所要約1時間30分）。

アイスホッケー　National Hockey League（NHL）

■ サンノゼ・シャークス
San Jose Sharks

　サンノゼを本拠地とするベイエリア唯一のアイスホッケーチーム。1991年の球団拡張で誕生した。1993年はサンノゼ・ダウンタウンに完成した新アリーナに移転、見事プレイオフ初出場を果たした。2015〜2016年はプレイオフを勝ち進み、スタンレーカップ進出を果たした（2018〜19年シーズンはリーグ6位）。まだスタンレーカップ獲得にはいたらないが、チームの中心であるジョー・パヴェルスキーとジョー・ソーントンの2選手が点を取りまくる攻撃的ホッケーが見どころ。

本拠地：SAPセンター
MP.257-B　525 W. Santa Clara St., San Jose　(408)999-5757（チケット）　www.nhl.com/sharks
行き方：サンフランシスコからカルトレインで、San Jose Diridon駅下車。駅から徒歩1分（所要約1時間30分）。サンノゼまでは遠いので、ナイターの場合はカルトレインの列車の有無を確認すること。

シャークスのホームアリーナSAPセンター

サンフランシスコのショップ
San Francisco

世界的なファッションブランドのブティックから、1960年代のヒッピー文化が色濃く残る古着屋、かと思えば世界のIT産業をリードするベイエリアらしいデジタルガジェットのショップ、健康意識の高い住人のためのオーガニックコスメや食材の店……。西海岸一多様性をもった文化の街らしく、店の種類もいろいろ。もちろん普通のデパートやショッピングセンター、そしてスーパーもたくさんある。店にはエリアごとの個性もあり、それを感じるのもサンフランシスコでのショッピングの楽しみのひとつだ。

ユニオンスクエア周辺

ショッピングモール ウエストフィールド・サンフランシスコ・センター
Westfield San Francisco Centre

地下1階にはフードコートもある

Market St. に面した巨大ショッピングモール。隣接して、ブルーミングデールズや映画館、ドラッグストア、フードコートなどもある。観光案内所からも歩いてすぐ。SF市内のショッピングモールでは最大の規模で、トリーバーチ、コーチ、ケイト・スペードなどの人気ブランドもある。

カード 店舗により異なる

- M ユニオンスクエア周辺 P.226-C5
- 住 865 Market St.
- ☎ (1-415) 512-6776
- URL www.westfield.com/sanfrancisco
- 月～土10:00～20:30、日11:00～19:00
- ※冬期時間変更あり

Powell St. 駅とつながっていてとても便利

デパート メーシーズ
Macy's

品揃えが自慢の庶民派デパート

本店はニューヨークにある老舗デパートで、品揃えの多さが特徴。サンフランシスコ店はStockton St. を挟んでレディスファッション中心のWest、メンズファッション中心のEastに分かれている。フードコートと郵便局もある。

カード A D J M V

- M ユニオンスクエア周辺 P.226-C3～227-D3
- 住 170 O'Farrell St.
- ☎ (1-415) 397-3333
- URL www.macys.com
- 月～土10:00～21:00、日11:00～20:00

ユニオンスクエアに面し、ふたつの館からなる

デパート サックス・フィフス・アベニュー
Saks Fifth Avenue

NYが本店の高級デパート

ニューヨークから発信される流行最先端のファッションが揃う。レディスファッションを扱う店舗で、ビジネスウーマンにファンが多い。コスメブランドも充実している。5階にレストランがあり、1階にブランドコスメが揃う。

カード A D J M V

- M ユニオンスクエア周辺 P.226-C2
- 住 384 Post St.
- ☎ (1-415) 986-4300
- URL www.saksfifthavenue.com
- 月～土10:00～19:00（木～土～20:00)、日12:00～19:00
- 休 おもな祝日

高級感あふれる格式あるデパート

デパート ニーマン・マーカス
Neiman Marcus

世界の高級品が集まるデパート

中に入るとすぐに、4階まで吹き抜けの空間が広がる。天井を見上げるとすばらしいステンドグラス。店の雰囲気同様、扱う商品もエレガントなブランド品が中心。アメリカでは最高級デパートとして知られ、ニーマン・マーカスにしか卸さないブランドもあるほど。

カード A D J M V

- M ユニオンスクエア周辺 P.227-D3
- 住 150 Stockton St.
- ☎ (1-415) 362-3900
- URL www.neimanmarcus.com
- 月～土10:00～19:00（木～20:00)、日12:00～18:00

ハイランクのデパートとして知られる

 メモ メーシーズでお得なショッピング！ 西館6階のビジターセンターで、パスポートかクレジットカードを見せると買い物が10％引きになるカードがもらえる（一部除外品あり）。

サンフランシスコのショップ *Shop in San Francisco*

ユニオンスクエア周辺

アウトレット **サックス・フィフス・アベニュー・オフ・フィフス**
Saks Fifth Avenue Off 5th

ハイブランドが多いアウトレット

高級デパート、サックス・フィフス・アベニューのアウトレット。日本でも人気のあるAlexander WangやAlexander McQueen、Michael Korsなど、コレクションブランドがかなりお安く手に入る。行かないと損すること必至！

カード A J M V

宝探しのような気分で探すといい

Ⓜ ダウンタウン中心部 P.224-C5
- 901 Market St.
- (1-415) 343-7717
- www.saksoff5th.com
- 月～土10:00～21:00、日11:00～20:00

アウトレット **ロス・ドレス・フォー・レス**
Ross Dress for Less

掘り出し物がたくさんのアウトレット店

手頃な価格の洋服や雑貨が盛りだくさんの店。洋服はカジュアルなアイテムが中心。靴やバッグなどの小物も豊富。靴は試し履きを忘れずに。なかには、有名ブランド品もあったりするので、掘り出し物を探してみよう。メンズ、レディスに加え、キッズも揃っている。

カード A M V

アメリカでは有名なショップ

Ⓜ ユニオンスクエア周辺 P.227-D4
- 799 Market St.
- (1-415) 957-9222
- www.rossstores.com
- 毎日7:30～22:30

アウトレット **マーシャルズ**
Marshalls

靴の種類が豊富

BCBG、Nike、Poloなどのブランドが入店する、ユニオンスクエア近くのアウトレット。なかでも靴の品揃えが豊富。日本ではセールにならない商品も安くゲットできるかも。O'Farrell St.とMarket St.の角にある。

カード A D J M V

思わぬお宝をゲットできるかも

Ⓜ ユニオンスクエア周辺 P.227-D4
- 760 Market St.
- (1-415) 395-9068
- www.marshalls.com
- 月～土9:00～21:30、日10:00～20:00

スーパーマーケット **ターゲット**
Target

巨大ディスカウントスーパー

ありとあらゆるものを扱うターゲットは、激安価格であることでも有名。ソーマのメトレオン2階にあり、食料品、衣料品、日用雑貨を中心に、MLBジャイアンツのグッズやギラデリチョコなどサンフランシスコみやげになりそうなものも販売されている。

カード A J M V

買い物に興味がなくても、行ってほしい所

Ⓜ ユニオンスクエア周辺 P.227-D5
- 789 Mission St.
- (1-415) 343-6272
- www.target.com
- 月～金7:00～22:00、土・日8:00～22:00
  （薬局は月～金7:00～19:00、土・日9:00～18:00）

スーパーマーケット **トレーダージョーズ**
Trader Joe's

街の真ん中にトレジョがある

4th St.に面した入口を入り、エスカレーターで地下1階へ。ユニオンスクエアの近くにあるとは思えないほど広いフロアに、豊富な商品が並ぶ。総菜のコーナーが充実しており、物価の高いSFで、おいしくリーズナブルな食事が取れる。もちろんおみやげ探しもバッチリ。

カード A D J M

入口のサインを見逃さないように

Ⓜ ユニオンスクエア周辺 P.227-D5
- 10 4th St.
- (1-415) 536-7801
- traderjoes.com
- 毎日8:00～21:00

ファッション **リーバイスストア**
Levi's Store

ジーンズはこの会社から始まった

世界中の人々に愛用されているジーンズはサンフランシスコのリーバイスが発祥。この店舗は世界で3番目の広さをもち、ディスプレイの斬新さやニーズに合った品揃えは、さすが老舗と唸らせる。カスタムメイドも受け付けている。

カード A J M V

知識豊富な店員のいるリーバイスの店

Ⓜ ユニオンスクエア周辺 P.227-D5
- 815 Market St.
- (1-415) 501-0100
- global.levi.com
- 月～土9:00～21:00、日10:00～20:00

 **ローカルに人気のレストラン** 魚介類や野菜を多く用いた料理で人気のパシフィックキャッチはハワイアンスタイルのポキ（マグロの醤油漬け）丼($18)がおすすめ。**Pacific Catch** Ⓜ P.230-A2 2027 Chestnut St.

サンフランシスコ San Francisco

ユニオンスクエア周辺

サンフランシスコのショップ

ファッション	ビクトリアズシークレット Victoria's Secret

ランジェリーもおしゃれに
セクシー路線からシンプルまでバラエティに富んだランジェリーが揃う。オリジナルのクリームやボディミスト＄15をおみやげに。

Ｍ ユニオンスクエア周辺 P.226-C3
335 Powell St.
(1-415)433-9671
www.victoriassecret.com
月～土10:00～21:00、日10:00～20:00
カード A D J M V

ファッション	シャネル Chanel

豊富な品揃え
コスメからスカーフ、サングラス、アクセサリー、香水、時計、バッグ、ドレスまで幅広いアイテムが手に入る。日本人スタッフもいる。

Ｍ ユニオンスクエア周辺 P.227-D3
156 Geary St.
(1-415)981-1550
www.chanel.com
月～土10:00～18:00、日12:00～18:00
おもな祝日
カード A D J M V

ファッション	エルメス Hermés

女子憧れのスーパーハイエンドのブランド
スカーフ、ネクタイの定番商品のほか流行のファッションも充実。バッグ、アクセサリー、腕時計の小物や、レディス、メンズのウエアも揃う。日本人スタッフがいる。

Ｍ ユニオンスクエア周辺 P.227-D2
235 Post St.
(1-415)391-7200
www.hermes.com
月～土10:00～18:00　日、おもな祝日
カード A J M V

ファッション	グッチ Gucci

流行の品をいち早く
ファッション、靴、小物などグッチのトータルブティック。日本語OK。新作バッグやウォレットをチェックしてみよう。メンズの商品も充実している。

Ｍ ユニオンスクエア周辺 P.227-D2
240 Stockton St.
(1-415)392-2808
www.gucci.com
月～土10:00～19:00、日12:00～18:00
カード A J M V

ファッション	ルイ・ヴィトン Louis Vuitton

人気のシリーズも揃う
定番のボストンバッグをはじめ、キーホルダーなどの小物類から大型トランクまで人気商品が充実。新しいシリーズも見つかる。日本では扱っていない物もあるので、ぜひのぞいてみよう。

Ｍ ユニオンスクエア周辺 P.226-C3
233 Geary St.
(1-415)391-6200
us.louisvuitton.com
月～土10:00～19:00（金～20:00）、日11:00～19:00
カード A D J M V

ファッション	トリー バーチ Tory Burch

ひとつは欲しい、おなじみのロゴ
日本のワーキングウーマンに人気の高いブランドのSF店は、便利なロケーション。ビビッドなカラーで、普段使いによいバレーシューズ、バッグ、ウォレットなど最新の物をゲットしよう。

Ｍ ユニオンスクエア周辺 P.226-C5
845 Market St.
(1-415)371-0065
www.toryburch.com
月～土10:00～20:30、日11:00～17:00
カード A J M V

宝飾品	カルティエ Cartier

ノーブルに輝く
高級感漂う店内に、豪華でエレガントなジュエリーが並ぶ。結婚指輪を買いに来る人もいる。タンクフランセーズ、クリスタルや銀製品も揃う。

Ｍ ユニオンスクエア周辺 P.227-D2
199 Grant Ave.
(1-631)318-6949
www.cartier.com
月～土10:00～18:00、日11:00～18:00
カード A D J M V

宝飾品	ティファニー Tiffany & Co.

アメリカ随一の高級ブランド
入ってすぐにクリスタルと陶器、銀製品。奥のコーナーに金のアクセサリーがディスプレイされている。スターリングシルバーのペンダントはかわいいデザインが多い。

Ｍ ユニオンスクエア周辺 P.226-C2
350 Post St.
(1-415)781-7000　www.tiffany.com
月～土10:00～19:00、日11:00～18:00
おもな祝日
カード A J M V

バッグ	コーチ Coach

確かな技術と縫製で定評のある
アメリカを代表するブランド。クラシックなラインから、ファッショナブルなデザインのものまで、いろいろなバッグを展開している。幅広い年齢層に支持されている。

Ｍ ユニオンスクエア周辺 P.227-D2
190 Post St.
(1-415)392-1772
www.coach.com
月～土10:00～20:00、日11:00～18:00
おもな祝日
カード A J M V

↘ (1-415)440-1950 pacificcatch.com 毎日11:00～21:30　ほかにゴールデンゲート・パーク近くの9th Ave.にも支店がある。P.222-C3 1200 9th Ave. (1-415)504-6905 毎日11:00～22:00（金・土～23:00）

263

サンフランシスコのショップ Shop in San Francisco

ダウンタウン

ショッピングモール フェリービルディング・マーケットプレイス
Ferry Building Marketplace

サンフランシスコの名産品が一堂に会する

フェリービルディングのテナントは、ヒース・セラミックス、ダンデライオン、アクミブレッドなどすべてサンフランシスコを代表する店。フードも物品もクオリティが高く、サンフランシスコ限定の店が多いのも特徴。おみやげに迷ったらまずここへ。

カード 店舗により異なる

フェリービルにはヒース・セラミックスの店もある

Ⓜ ダウンタウン中心部 P.225-F2
🏠 1 Ferry Building
☎ (1-415) 983-8030
🌐 www.ferrybuildingmarketplace.com
🕐 月〜金10:00〜19:00、土8:00〜18:00、日11:00〜17:00 (店舗により異なる)

書籍 シティライツ・ブックセラーズ
City Lights Booksellers

SFの名物書店

ビートニクの詩集を多く出版した詩人ロレンス・ファーリンゲティが始めた、サンフランシスコを代表する書店。スタッフはそれぞれ詩、音楽など専門分野を担当し、知識も豊かだ。オリジナルグッズは本好きに喜ばれる。

SFの名物書店。チェーン店でないのは珍しい

カード A M V

Ⓜ ダウンタウン中心部 P.224-C1
🏠 261 Columbus Ave.
☎ (1-415) 362-8193
🌐 www.citylights.com
🕐 毎日10:00〜24:00
❌ おもな祝日

フード・おみやげ シーズキャンディズ
See's Candies

クセになるチョコ

サンフランシスコではギラデリが有名だが、シーズもお忘れなく。おすすめはトフィーエッツ Toffee-Ettes $21。スコッチキャンディがチョコでコーティングされ、あとをひくおいしさだ。マーケットストリート（MP.227-F2）などにも店舗がある。

カード A J M V

おみやげにおすすめのトフィーエッツ

Ⓜ ダウンタウン中心部 P.225-E2
🏠 3 Embarcadero Center (Street Level)
☎ (1-415) 391-1622
🌐 www.sees.com
🕐 月〜土10:00〜18:00、日12:00〜17:00

シビックセンターとパシフィックハイツ

アウトレット キャリーレーン
Cary Lane

地元デザイナーのアウトレット

洗練された環境に優しいデザインのアパレルやアクセサリー、靴を生み出しているサンフランシスコのデザイナーたち。彼らの作品がアウトレット価格で販売されているのがここ。男女ともサイズ、種類が豊富で、日本人好みのものばかり。

カード A M V

センスのいいSFブランドが揃う

Ⓜ パシフィックハイツとその周辺 P.230-B5
🏠 560 Laguna St.
☎ (1-415) 896-4210
🌐 www.carylanesf.com
🕐 月〜土11:00〜19:00、日12:00〜18:00

ファッション アンビアンス
Ambiance

アクセサリーも充実

おしゃれな普段着から、パーティ用ドレスまで、フェミニンなデザインのものを中心に展開。靴、バッグなどもあり、服に合わせたコーディネートが楽しめる。

Ⓜ パシフィックハイツとその周辺 P.230-B2
🏠 1858 Union St.
☎ (1-415) 923-9796
🌐 www.ambiancesf.com
🕐 月〜金11:00〜20:00、土10:00〜20:00、日11:00〜19:00

カード A J M V

アウトドア イーサー
Aether

センスのいいアウトドアギア

日本でも知る人ぞ知るアウトドアギアのブランドで、パッと見た目はクールなSFファッションといった感じ。シックでクオリティの高いアパレルやアクセサリーが、男女問わず人気。

Ⓜ パシフィックハイツとその周辺 P.230-B5
🏠 489 Hayes St.
☎ (1-415) 437-2345
🌐 www.aetherapparel.com
🕐 月〜土11:00〜19:00、日11:00〜18:00

カード A M V

雑貨 ティンバックツー
Timbuk2

SF生まれのメッセンジャーバッグ

スタイリッシュなデザインにクオリティの高さから、SFでは抜群の人気を誇るバッグブランド。タフなSFサイクリストたちの多くがこのバッグの愛用者。形、色とも豊富で迷ってしまうかも。

Ⓜ パシフィックハイツとその周辺 P.230-B5
🏠 506 Hayes St.
☎ (1-415) 252-9860
🌐 www.timbuk2.com
🕐 月〜土10:00〜19:00、日11:00〜18:30

カード A J M V

メモ　パウエル駅徒歩1分の人気デパートのアウトレット、ノードストロームラック　Nordstrom Rack　MP.226-B5
🏠 901 Market St.　☎ (1-415) 814-4955　🌐 www.nordstromrack.com

ヘイトアシュベリーとミッション / サンフランシスコのショップ

ファッション ミッションワークショップ / Mission Workshop
SF発、大人テイストのバイクギアブランド

日本でも人気のブランド。ミッションの本店では自分でバッグをカスタマイズすることも可能だ。誰ともかぶらない、世界にひとつだけのバッグを作ろう。ウエアはタウンユースとしても使える。メッセンジャーバッグ $165～295。

カード A J M V

日本人にもファンの多いバッグだ

ヘイトアシュベリー／ミッション P.231-C2
541 Valencia St.
(1-415) 864-7225
missionworkshop.com
毎日 11:00～19:00

ファッション ボイジャー / Voyager
デニムブランドに注目

雑貨、衣類、アクセサリーなど、まさにいろいろなものがセレクトされている。特徴はシンプルで日本人好みの点。Still by Hand や Universal Products など、日本のブランドも数多く取り扱っている。

カード A D J M V

日本でもすぐに着られそうなセレクト

ヘイトアシュベリー／ミッション P.231-C1
365 Valencia St.
(1-415) 795-1748
www.thevoyagershop.com
毎日 11:00～19:00

雑貨 グレイベル＆ゴールド / Gravel & Gold
ミッション地区を代表するショップ

オリジナルのテキスタイルで作ったポーチやトートバッグなどが並ぶ、地元のファッショニスタたちも足しげく通う人気店。ほかにも国内、国外でセレクトされた器など、センスが光る商品が揃っている。

カード A J M V

オリジナルのテキスタイル商品が多数

ヘイトアシュベリー／ミッション P.231-C2 外
3266 21st St.
(1-415) 552-0112
gravelandgold.com
月～土 12:00～19:00、日～17:00

コスメ バーム / The Balm
防腐剤不使用のお肌に優しい化粧品

SF コスメの特徴は、オーガニック素材などを用い、環境への配慮を欠かさないこと。バームの化粧品はタルクとハラベンなどの防腐剤が不使用で、肌の弱い人にもいい。保湿効果の高いアイシャドーの下地クリーム Put a Lid on It が人気。

カード A M V

肌に優しいバームのコスメ

ヘイトアシュベリー／ミッション P.231-C2
788 Valencia St.
(1-415) 817-1800
thebalm.com
木～月 10:00～19:00、火・水 11:00～20:00

音楽 アメーバミュージック / Amoeba Music
廃盤レコードも見つけられる

新品、中古のレコードや CD、DVD、テープが揃っている。レア物は定価の何倍もの価格がつけられていることも。また、新アルバムを発売したアーティストがたびたびインストアライブを行う。ライブの詳細はウェブサイトで確認を。

カード J M V

レアな CD も眠っている

ヘイトアシュベリー／ミッション P.231-A1
1855 Haight St.
(1-415) 831-1200
www.amoeba.com
毎日 11:00～20:00

スーパーマーケット レインボーグローサリー / Rainbow Grocery
地球環境に真剣に取り組むスーパー

無駄な容器を減らすために、食材だけでなくシャンプーや洗剤までも量り売りする、サンフランシスコを代表する高級スーパー。スイーツやサンフランシスコの観光名所イラスト付き文房具、オリジナルショッピングバッグはおみやげにおすすめ。

カード A M V

雑貨もかわいいので必見

サンフランシスコ中心部 P.223-E3
1745 Folsom St.
(1-415) 863-0620
www.rainbow.coop
毎日 9:00～21:00

 SFはおしゃれな店多数 特にミッションのValencia St.沿いは、おしゃれな店だらけで驚いた。ロスアンゼルスより優しい感じの、センスのいい商品が並んでいた。 (東京都 ラッスル '15)['19]

265

サンフランシスコのレストラン
San Francisco

全米でも有数のグルメな街サンフランシスコでは、いろいろな料理が楽しめる。ファストフード店、気軽に立ち寄れるカジュアルレストラン、ドレスアップして訪れたい高級レストランまで幅広い店が揃っている。特にユニオンスクエア周辺には店が多く、旅行者も利用しやすい。ここ数年のトレンドは、豆にこだわったコーヒーやアメリカでは貴重なおいしいパンを出すカフェの増加。グルメの最先端を行く、地球と体に優しい料理を味わいたい。

ユニオンスクエア周辺

アメリカン｜スーパー・デューパー・バーガーズ / Super Duper Burgers

ジューシーなパテが自慢

素材と新鮮さにこだわったグルメバーガー店。スーパーバーガー（8oz $8.25）とミニバーガー（4oz $5.75）に好みのトッピングを選ぶ。肉はジューシーで食べ応え十分。ソフトクリーム（$3.75）も大人気。オーガニックのベジバーガー（$6.75）もある。

カード AJMV

ユニオンスクエア周辺 P.227-E3
- 721 Market St.
- (1-415) 538-3437
- superduperburgers.com
- 月〜金8:00〜23:00（木・金〜23:30）、土10:30〜23:30、日10:30〜22:00

Market St.沿いにあり、アクセスしやすい

イタリアン｜プッチーニ＆ピネッティ / Puccini & Pinetti

気軽に利用できるカジュアルレストラン

ユニオンスクエアの近くにある。メニューも豊富で、味もしつこくなくおいしい。ボリュームたっぷりなので、何種類か頼んで数人で取り分けて食べるのがおすすめ。にぎやかな雰囲気もよく、ファミリーにぴったり。パスタはハーフもある。

カード AJMV

ユニオンスクエア周辺 P.226-B4
- 129 Ellis St.
- (1-415) 392-5500
- www.pucciniandpinetti.com
- 月〜金11:00〜22:00（金〜23:00）、土・日10:00〜23:00（日〜22:00）

パスタやシーフードのメイン料理が人気

イタリアン｜デル・ポポロ / Del Popolo

絶品ピザが食べたいなら

ユニオンスクエアから北西に3ブロック、Bush St.沿いにあるピザ屋。サンフランシスコで1、2を争う人気のピザ屋のため、ディナータイムは混雑必至。予約しておいたほうが無難だ。ピザはホールで$12〜18。ワインも豊富に揃っている。

カード AMV

ユニオンスクエア周辺 P.226-A1
- 855 Bush St.
- (1-415) 589-7940
- www.delpopolosf.com
- 火〜金17:30〜22:00、（金〜22:30）、土・日17:00〜22:30（日〜22:00）
- 休月

薄暗い店内は雰囲気もいい

フレンチ｜カフェ・ド・ラ・プレッセ / Cafe de la Presse

テラス席が気持ちいい

全席120のうち20席が外にあるというフレンチレストラン。晴れた日には外のテーブル席が、片手にワインを持った地元の人たちで盛り上がる。メニューはオニオンスープ（$13）や3品のコース$35がおすすめ。フレンチとしてはお手頃で、気取らない雰囲気。

カード ADJMV

ユニオンスクエア周辺 P.227-D1
- 352 Grant Ave.
- (1-415) 398-2680
- cafedelapresse.com
- 月〜金7:30〜21:00、土・日8:00〜21:00

ポーク料理の評判がいい

サンフランシスコのレストラン

ユニオンスクエア周辺

カフェ
エンポリオ・ルッリ
Emporio Rulli

遊び疲れたらここでひと休み
　本格的なイタリアンエスプレッソやカプチーノを楽しめるカフェ。甘過ぎないペストリーやパニーニ$9〜11もおいしくておすすめ。サンフランシスコのマンウォッチングの場所ではここが最高。空港にも支店がある。

カード A M V

ユニオンスクエアでひと休みにはもってこい

M ユニオンスクエア周辺 P.226-C2
住 225 Stockton St.
（Union Square内）
☎ (1-415) 433-1122
URL www.rulli.com
営 毎日8:00〜19:00
休 サンクスギビング、クリスマス

ベトナム料理
ブン・ミー
Bun Mee

フランスとベトナムが調和したサンド
　パリパリッとしたフランスパンに薄くスライスした肉、ニンジンやレタスなどたくさんの野菜を挟んだサンドイッチは、フランスとベトナムの味のコラボ。辛味は備え付けの調味料で調節可。5つのスパイスをブレンドしたチキン$8など。

カード A J M V

ランチはベトナム風サンドイッチを

M ユニオンスクエア周辺 P.227-F3
住 650 Market St.
☎ (1-415) 362-8663
URL www.bunmee.co
営 月〜土11:00〜20:00（土〜14:30）
休 日

ダウンタウン

カリフォルニア
ワンマーケット
One Market

オリジナルメニューが豊富
　オーガニックの野菜をふんだんに取り入れたオリジナルメニューが人気の店。素材のほとんどは地元のファーマーズマーケットで仕入れたもの。肉料理やシーフードが楽しめる。ランチタイムはオフィス街で働く人々でいつもにぎわっている。メイン$23〜43。

カード A D J M V

洗練されたアメリカ料理が評判

M ダウンタウン中心部 P.225-F3
住 1 Market St.
☎ (1-415) 777-5577
URL onemarket.com
営 ランチ月〜金11:30〜14:00、ディナー月〜土17:30〜21:00（土17:00〜）ハッピーアワー月〜金15:30〜19:00、土17:30〜21:00 休 日

中国料理
羊城茶室
Yank Sing

飲茶の種類が60品以上！
　点心専門で30年以上営業しているレストラン。メニューの数は60品以上。さっぱりとした味つけが多く、焼きそばなど別途メニューの注文もOK。人気があるので週末は混雑するが、並ぶ価値はある。週末は80品以上になる。飲茶はひとり$20〜。

カード A J M V

飲茶ならココへ

M ダウンタウン中心部 P.225-F3
住 101 Spear St.（Rincon Center内）
☎ (1-415) 781-1111
URL www.yanksing.com
営 月〜金11:00〜15:00、土・日、おもな祝日10:00〜16:00

ペルー料理
ラ・マー
La Mar

フェリービルディング近くの絶品ペルー料理店
　ここのウリはペルー料理、特に刺身をマリネしたセビーチェ（$19.50〜）がおすすめだ。カルパッチョのようにサッパリとした味で、いくらでも食べられそう。サンフランシスコ湾を望むデッキ席もある。雰囲気よし。

カード A M V

白身も赤身も提供している

M ダウンタウン中心部 P.225-F2
住 Pier 1 1/2,
the Embarcadero
☎ (1-415) 397-8880
URL lamarsf.com
営 ランチ毎日11:30〜14:30（金〜日〜15:00）、ディナー毎日17:30〜21:30

日本料理
ロカ・アコア
Roka Akor

創作和食はどれもレベル高し
　鉄板焼きや刺身などの日本食を、独創的にアレンジし提供する人気のレストラン。そのクオリティの高さから、各方面から絶賛されている。ダウンタウン中心部から離れた場所にあり、店内の雰囲気はアダルト。

カード A M V

巻き寿司も本格的な味

M ダウンタウン中心部 P.225-D2
住 801 Montgomery St.
☎ (1-415) 326-7570
URL www.rokaakor.com
営 ランチ月〜金11:30〜14:30、ディナー毎日17:30〜22:00（金・土〜23:00）

267

サンフランシスコのレストラン Restaurant in San Francisco

ダウンタウン

ベーカリー
アクミブレッド
Acme Bread

行列のできるバークレー生まれのベーカリー

1990年代からオーガニックの原料に着目したパン作りを行っている先駆者的存在。シェ・パニース（→P.270）など有名レストランにも卸していて、その確かな味は多くのシェフたちに支持されている。作り手の徹底したこだわりを味わってみて。バゲット$2.37〜。

カード 現金のみ

サンフランシスコっ子に大人気のパン屋

🚇 ダウンタウン中心部 P.225-F2
🏠 1 Ferry Bldg.
　（フェリービルディング内）
☎ (1-415) 288-2978
🌐 www.acmebread.com
🕐 月〜金7:00〜19:30、
　土・日8:00〜19:00

シーフード
ホッグ・アイランド・オイスター・カンパニー
Hog Island Oyster Company

お得なハッピーアワーといえばココ

新鮮なカキがウリのこの店は、地元でも最高級のものを揃え、カキ好きなローカルがこぞって足を運ぶ。半ダースの生ガキが$19〜ほどで、海を眺めながら楽しめるとあって連日にぎわう。早めに行くのがコツ。クラムチャウダーもおすすめ。

カード A M V

フェリービルにある人気のシーフード

🚇 ダウンタウン中心部 P.225-F2
🏠 1 Ferry Bldg.
　（フェリービルディング内）
☎ (1-415) 391-7117
🌐 hogislandoysters.com
🕐 毎日11:00〜21:00
🚫 サンクスギビング、クリスマス、年始

エスニック
スランテッドドア
Slanted Door

エンバーカデロに面した話題の店

アメリカンとベトナム料理のフュージョン。生春巻や揚げ春巻などベトナム料理の定番メニューや趣向を凝らした創作料理が人気。カニ肉入りの春雨ヌードル（$28）がおすすめ。いつも混んでいるので予約が必要。バーは予約不要で、レストランと一部同じメニューを注文できる。

カード A M V

あと味さっぱりのアジア料理

🚇 ダウンタウン中心部 P.225-F2
🏠 1 Ferry Bldg., #3
　（フェリービルディング内）
☎ (1-415) 861-8032
🌐 www.slanteddoor.com
🕐 ランチ月〜土11:00〜
　14:30、日11:30〜15:00、
　ディナー毎日17:30〜
　22:00
※要予約

シビックセンターとパシフィックハイツ

メキシカン
タコリシャス
Taco licious

おつまみ感覚のメキシカン

新しいスタイルでメキシコ料理を提供したいというアイデアから生まれた店。タパススタイル（小皿料理）を取り入れ、おつまみ感覚でタコスを楽しむことができる。名物のタコスは全部で10種類ほど。値段も$5.50〜と、まさに居酒屋のよう。

カード A M V

小ぶりのタコスなら何種類でもいけそう！

🚇 パシフィックハイツとその周辺 P.230-A2
🏠 2250 Chestnut St.
☎ (1-415) 649-6077
🌐 www.tacolicious.com
🕐 月〜金11:30〜23:00
　（木・金〜24:00）、
　土・日11:00〜24:00
　（日〜23:00）

日本料理
ひのでや
Hinodeya

だしがうまいラーメン

アメリカでも日本のラーメンは珍しくなくなったが、この店こだわりのカツオと昆布から取っただしの和風ラーメン（$14）は絶品。スープをすすると、ほっとしてしまうおいしさだ。メンマや味付け玉子のトッピングも可。ジャパンタウンにある。

カード M V

懐かしい日本の味のラーメン

🚇 パシフィックハイツとその周辺 P.230-B4
🏠 1737 Buchanan St.
🌐 hinodeyaramen.com
🕐 水〜月11:30〜14:30、
　17:00〜22:00
🚫 火

フードホール
マーケット
The Market

サンフランシスコの人気フードホール

中央にあるスーパーマーケットのエリアを囲むように飲食店が軒を連ねる。寿司やハワイ料理のポキ、サンドイッチ、タコスなど、10軒以上が入店し、平日の昼どきは周辺のオフィスワーカーたちでにぎわっている。

カード 店舗により異なる

ヘルシーフードが多めだ

🚇 パシフィックハイツとその周辺 P.230-C5
🏠 1355 Market St.
☎ (1-415) 767-5130
🌐 www.visitthemarket.com
🕐 毎日11:00〜21:00（店舗により異なる）

メモ　ダウンタウンの有名レストラン、マイケル・ミーナ　サンフランシスコ市内、近郊にはミシュラン・ガイドで星を獲得しているレストランが多い。ダウンタウンにも星を獲得したレストランがあり、ファイナンシャル

サンフランシスコのレストラン

シビックセンターとパシフィックハイツ

サンドイッチ
ファテッド・カルフ
Fatted Calf

肉専門店の極旨サンドにほおが落ちる

カリフォルニアで一番ともいわれるレストラン『フレンチランドリー』もここの肉を使っているという有名店。一流店のシェフも認めた肉を使った、絶品のサンドイッチなどが評判だ。Pulled Pork のサンドイッチ $10.50 など。

カード A J M V

肉のクオリティが最上級といわれる

Ⓜ パシフィックハイツとその周辺 P.230-B5
🏠 320 Fell St.
☎ (1-415) 400-5614
🌐 www.fattedcalf.com
🕐 毎日10:30～19:30

ベジタリアン
グリーンズ
Greens

ヘルシーかつ低カロリーで美味

サンフランシスコではフレッシュな大地の恵みがおいしく食べられるレストランの人気が高まっている。野菜料理のイメージを覆すほど、ボリュームたっぷりでおいしく仕上げている。土曜はコースのみ。マリーナが見えて雰囲気もいい。お客のほとんどがサンフランシスコっ子。

カード A M V

SFのヘルシーフードの代表店

Ⓜ パシフィックハイツとその周辺 P.230-B1
🏠 2 Marina Boulevard, Fort Mason Center, Bldg. A
☎ (1-415) 771-6222
🌐 greensrestaurant.com
🕐 ランチ火～金11:30～14:30、ディナー毎日17:30～21:00（金～日17:00～)、ブランチ土・日10:30～14:30
※要予約

フィッシャーマンズワーフとノースビーチ

アメリカン
ママズ・オン・ワシントンスクエア
Mama's on Washington Square

週末は長蛇の列

店に入ったら、まずレジでオーダーを。そのあと席に案内してくれる。ふわふわのパンケーキ（$12.50）と自家製シロップがよく合う。オムレツの種類も豊富。週末は特に混雑するので、早めに行って並ぼう。アメリカンブレックファストを一度は食べてみたいという人におすすめ。

カード 現金のみ

地元の人にも大人気

Ⓜ フィッシャーマンズワーフ周辺 P.229-D4
🏠 1701 Stockton St. at Filbert St.
☎ (1-415) 362-6421
🌐 www.mamas-sf.com
🕐 火～日8:00～15:00
休 月

シーフード
フォッグ・ハーバー・フィッシュハウス
Fog Harbor Fish House

サステイナブルなシーフードを

おいしいのはもちろんのこと、貴重な水産資源を守るためにルールに従って水揚げされた食材のみを使用している。またグルテンフリーメニューもあり、環境だけでなく、健康も意識する人にも好評。メニューは驚くほど豊富で、サンフランシスコ湾を見渡す景色もすばらしい。

カード A D M V

名物のひとつ、海鮮シチューのチョピーノ ($35)

Ⓜ フィッシャーマンズワーフ周辺 P.229-D2
🏠 Pier 39, Ste A-202
☎ (1-415) 421-2442
🌐 fogharbor.com
🕐 毎日11:00～23:00（土・日10:30～）

カフェ
ボウディン・ベーカリー＆カフェ
Boudin Bakery & Cafe

焼きたてのサワードゥブレッドをどうぞ

サンフランシスコ名物のサワードゥブレッド。1849年、フィッシャーマンズワーフにあった今はなき店で焼き上げられたのが始まりだとか。ちょっと酸味があるパンをくり抜いてクラムチャウダーを入れたメニューが定番（$9.99）。トマトブレッドスープやビーフチリもおいしい。

カード A D J M V

トマトブレッドスープもおすすめ

Ⓜ フィッシャーマンズワーフ周辺 P.229-D2
🏠 Pier 39
☎ (1-415) 421-0185
🌐 boudinbakery.com
🕐 毎日9:00～20:00
　ここから徒歩5分の場所にあるJefferson St.の店舗（ⓂP.228-C2）には、博物館やレストランも併設されている。

プレシディオとゴールデンゲート・パーク

韓国料理
マイ・トーフ・ハウス
My Tofu House

韓国版おふくろの味

日本でも人気の豆腐鍋（スンドゥブ）や石焼ビビンバなど、ボリュームたっぷりの韓国料理が味わえる。辛さを選べる料理もある。予算は$15前後。ふっくら炊き上がったご飯や種類豊富なナムル、ボリュームたっぷりの焼き肉もマシッソヨ（おいしい）！

カード J M V

野菜もたっぷりチャージできる

Ⓜ サンフランシスコ中心部 P.222-C2
🏠 4627 Geary Blvd.
☎ (1-415) 750-1818
🕐 日～金11:30～15:00、17:00～21:00（金・日～21:30）、土17:00～21:30

ディストリクトにあるマイケル・ミーナは、アニバーサリーなどの特別な日におすすめしたい。
Michael Mina ⓂP.225-E3 🌐 http://www.michaelmina.net

サンフランシスコのレストラン Restaurant in San Francisco

ヘイトアシュベリーとミッション

カフェ クラフツマン・アンド・ウルブズ Craftsman & Wolves

甘さ控えめのスイーツが美味

流行のバレンシアストリートにあり、スノビッシュな人々でいつもにぎわう。パンのおいしさで有名だが、スイーツもおすすめ。フルーツやクリーム類を用いたケーキ類は繊細な味で、日本人好み。ひと口ほおばれば幸せの香りが口いっぱいに広がる。

カード A J M V

パンとスイーツの人気店

M ヘイトアシュベリー/ミッション P.231-C2
- 746 Valencia St.
- (1-415) 913-7713
- www.craftsman-wolves.com
- 月・水〜金7:00〜17:00、土・日8:00〜17:00
- 火

アメリカン ハーベイズ Harvey's

激動の時代を見守り、現在は人気のレストラン

ハーベイ・ミルク（→ P.252脚注）のファーストネームを冠したレストランは、激動の1970年代はバーとして営業しており、1996年にレストランとしてリニューアルオープンした。店内にはミルクの写真パネルが飾られ、窓際の席からはカストロを行き交う人たちを眺めることができる。

カード A M V

おすすめのバターミルク・フライドチキンは$16.95

M ヘイトアシュベリー/ミッション P.231-B2
- 500 Castro St.
- (1-415) 431-4278
- harveyssf.com
- 月〜金11:00〜23:00、土・日9:00〜翌2:00

ピザ アリズメンディベーカリー Arizmendi Bakery

絶品ピザをぜひ試したい

バークレーの有名ベーカリー、チーズ・ボード・ピザ・コレクティブでパン作りを学び、のれん分けをされた店。ハード系ブレッド（$3〜5）と、本店の看板メニューであるチーズたっぷりのピザが人気。グルテンのたんぱく質を気にする人にもいい。

カード M V （最低$10から）

具だくさんのピザでおなかも心もほっこり

M サンフランシスコ中心部 P.222-C3
- 1331 9th Ave.
- (1-415) 566-3117
- www.arizmendibakery.com
- 火〜金7:00〜19:00、土・日7:30〜18:00
- 月

カフェ タルティーン・ベーカリー Tartine Bakery

地元っ子も並ぶ人気店

朝はクロワッサン（$4.75〜）、夕方は天然酵母のパン（$6〜）が焼き上がる時間になると行列がさらに長くなる。キッシュやホットサンド、ケーキも絶品。2号店（595 Alabama St.）がオープンし、こちらは4倍の広さ。すぐに座れる確率大。

カード A M V

焼きたてパンの香りが充満する店内

M ヘイトアシュベリー/ミッション P.231-C2
- 600 Guerrero St.
- (1-415) 487-2600
- www.tartinebakery.com
- 月8:00〜19:00、火・水7:30〜19:00、木・金7:30〜20:00、土・日8:00〜20:00

アイスクリーム スミッテン・アイスクリーム Smitten Ice Cream

液体窒素で作るオリジナルアイス

今やサンフランシスコで体に優しいアイスクリームは当たり前!! 注目のアイスは、オーガニックミルクから液体窒素で一気に作りあげる。チョコチップに地元のチョコメーカー、TCHOを使い、月ごとにシーズンフレーバーも発表。1カップ2スクープ$5。

カード J M V

進化し続けるSFアイスをぜひ味わって

M ヘイトアシュベリー/ミッション P.231-C2
- 904 Valencia St.
- (1-415) 590-3144
- www.smittenicecream.com
- 毎日11:00〜22:30（金・土〜23:00）

バークレー

カリフォルニア シェ・パニース Chez Panisse

安全、新鮮な素材は特筆モノ

オーナーは「カリフォルニアキュイジーヌの祖」と呼ばれるアリス・ウオータース。要予約。予約時に食事をカフェでするか、レストランでするかを選択する。予約の際はクレジットカードの情報が必要だ。レストランは月〜土の17:30〜か20:00〜の入店のみ。

カード A D M V

キノコのパスタ。カリフォルニア料理の老舗だ

M バークレー P.231-C4
- 1517 Shattuck Ave., Berkeley
- (1-510) 548-5525
- www.chezpanisse.com
- ランチ月〜土11:30〜14:45（金・土〜15:00）、ディナー月〜土17:00〜22:30（金・土〜23:00）
- 日

サンフランシスコのホテル
San Francisco

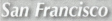

サンフランシスコでホテルが集中しているのはユニオンスクエア、フィッシャーマンズワーフのあたり。B&Bから大型ホテルまで種類もグレードもさまざまだ。ノブヒルには高級ホテルが多く、客室からサンフランシスコの美しい街並みを楽しめる。また、4～6月、9～10月にはコンベンションが数多く開かれ、ホテル料金が跳ね上がるので、その時期に旅行する人はなるべく早めに宿の確保をしよう。

なお、シビックセンター周辺には料金が安いホテルも多いが、周囲の治安をよく確認してから予約するようにしたい。

ユニオンスクエア周辺

高級 ギャレリア・パーク・ホテル
Galleria Park Hotel

ショッピングセンターに隣接

Montgomery駅から徒歩3分、ユニオンスクエア、フェリービルも徒歩圏内と、観光、買い物、食事にも便利だ。ロビーと外観はクラシックな印象だが、客室はとてもおしゃれで、実に快適。ロビーでは朝はコーヒー、夕方はワインのサービスもある。

Wi-Fi無料　177室　カード ADMV

M ユニオンスクエア周辺 P.227-E2
191 Sutter St.,
San Francisco, CA 94104
(1-415)781-3060
(1-415)433-4409
www.jdvhotels.com
S/D/T $313～356、
Su $483～569

高級 ジェイ・ダブル・マリオット
JW Marriott

スマートなサービスが気持ちいい

ユニオンスクエアから1ブロックの所にある高級ホテル。フロント、ロビーがある2階から、21階の最上階までが吹き抜けになっている。スマートフォンのドックスタンドやUSBなどのプラグイン・パネルなど、ビジネス客向けのサービスも充実。

Wi-Fi $14.95　344室　カード ADJMV

M ユニオンスクエア周辺 P.226-B2
515 Mason St.,
San Francisco, CA 94102
(1-415)771-8600
(1-800)228-9290
www.marriott.com
S/D/T $389～469、
Su $474～

高級 ヒルトン・サンフランシスコ・ユニオンスクエア
Hilton San Francisco Union Square

高級ホテルチェーンの安心感

ユニオンスクエアから南西に2ブロックの所にある、市内でも最大級のホテル。3つの棟があり、ビジネス、観光客ともに人気がある。朝食バフェにはご飯や味噌汁など日本食のメニューも揃うが、周囲にはカフェやレストラン、デパートも多い。

Wi-Fi無料　1921室　カード ADJMV

M ユニオンスクエア周辺 P.226-A4
333 O'Farrell St.,
San Francisco, CA 94102
(1-415)771-1400
(1-415)202-7798
www.hilton.com
S/D/T $295～377、
Su $377～707

高級 ホテル・ニッコー・サンフランシスコ
Hotel Nikko San Francisco

日本語で安心

ユニオンスクエアへも2ブロックと近くコンベンションセンターへも徒歩圏内。日系のホテルならではの充実した設備とサービスで、快適な滞在が期待できる。ホテル内には人気レストラン、Anzuがある。

Wi-Fi無料　532室　カード ADJMV

M ユニオンスクエア周辺 P.226-B4
222 Mason St.,
San Francisco, CA 94102
(1-415)394-1111
(1-415)394-1106
www.hotelnikkosf.com
S/D/T $359～589、
Su $789～1860

メモ マップのホテル名称を一部省略　サンフランシスコのマップでは、各ホテル名称の最初または最後に付く「ホテル」を省略してあります。

サンフランシスコのホテル Hotel in San Francisco

ユニオンスクエア周辺

高級 キンプトン・サー・フランシス・ドレーク・ホテル
Kimpton Sir Francis Drake Hotel

ヨーロピアンスタイルのゴージャスなホテル

ユニークなドアマンがいることでも有名なホテル。ホテルの前をケーブルカーが走っており、ユニオンスクエアから、わずか1ブロック。ヘンリー高野氏を通せば日本語で予約できる(→脚注)。

Ⓜ ユニオンスクエア周辺 P.226-C2
- 450 Powell St., San Francisco, CA 94102
- (1-415)392-7755
- (1-800)795-7129
- www.sirfrancisdrake.com
- ⓈⒹⓉ $ 387〜416、
- Ⓢⓤ $ 775〜1066

Wi-Fi $12.99　416室　カード ADJMV

高級 ウェスティン・セントフランシス
Westin St. Francis

ユニオンスクエアの伝統ホテル

ユニオンスクエアを見下ろすように立つ、世界のVIPたちに愛されているホテル。スターシェフのMichael Minaが腕を振るうバーボン・ステーキ Bourbon Steak をはじめとするレストランやバーも充実している。

Ⓜ ユニオンスクエア周辺 P.226-B2
- 335 Powell St., San Francisco, CA 94102
- (1-415)397-7000
- (1-888)627-8546
- www.marriott.com
- ⓈⒹⓉ $ 391〜450、
- Ⓢⓤ $ 489〜1899

Wi-Fi $15　1195室　カード ADJMV

高級 パレスホテル
Palace Hotel

歴史あるラグジュアリーなホテル

1875年に開業した老舗ホテル。美を損なうことのないエレガントでモダンな客室は快適そのもの。まさに別世界というべき装いだ。地下鉄 Montgomery St. 駅のすぐ上。優雅なアフタヌーンティー(土 14:00〜17:00)もおすすめ。

Ⓜ ユニオンスクエア周辺 P.227-F3
- 2 New Montgomery St., San Francisco, CA 94105
- (1-415)512-1111
- (1-888)627-7196
- www.marriott.com
- ⓈⒹⓉ $ 459〜499、
- Ⓢⓤ $ 528〜7500

Wi-Fi $15.99　556室　カード ADJMV

高級 インターコンチネンタル・マーク・ホプキンス
InterContinental Mark Hopkins

ノブヒルにそびえ立つ豪華ホテル

エレガントなロビー、クリスタルのシャンデリアなど内装は超一流。上部の部屋から見下ろすサンフランシスコのパノラマは、このホテルならではの贅沢な眺めだ。ケーブルカーのカリフォルニア線がホテルの目の前を走る。

Ⓜ ダウンタウン中心部 P.224-C3
- 999 California St., San Francisco, CA 94108
- (1-415)392-3434
- www.intercontinentalmarkhopkins.com
- ⓈⒹⓉ $336〜414、
- Ⓢⓤ $430〜3080

Wi-Fi $14.95　382室　カード ADJMV

高級 スタンフォードコート
Stanford Court

上品で落ち着きのあるホテル

小さめのロビーには天井にゴージャスなステンドグラスがはめられ、その下には季節の花々が飾られていて品がある。ノブヒルにある豪華ホテルのなかでも、ひと味違う洗練されたホテルだ。ケーブルカーストップのすぐそば。

Ⓜ ダウンタウン中心部 P.224-C3
- 905 California St., San Francisco, CA 94108
- (1-415)989-3500
- (1-415)391-0513
- www.stanfordcourt.com
- ⓈⒹⓉ $ 332〜393、
- Ⓢⓤ $ 384〜664

Wi-Fi無料　400室　カード AJMV

中級 ハンドレリー・ユニオンスクエア・ホテル
Handlery Union Square Hotel

ロケーション抜群の快適なホテル

ユニオンスクエアまで半ブロック。広々とした快適な客室と高級ホテル並みのサービスは、中心部ではとても貴重だ。
日本セールス担当のヘンリー高野氏(→脚注)を通して日本語で予約することもできる。

Ⓜ ユニオンスクエア周辺 P.226-B3
- 351 Geary St., San Francisco, CA 94102
- (1-415)781-7800
- (1-800)995-4874
- sf.handlery.com
- ⓈⒹⓉ $399〜439、
- Ⓢⓤ $523〜

Wi-Fi無料　377室　カード ADJMV

272　 読者割引料金で宿泊できる　P.272〜273で紹介の3つのホテルは、ヘンリー高野氏(日本語可。予約にはクレジットカード番号が必要)を通して予約すると割引料金で滞在できる。☎(1-650)827-9491 📠(1-650)827-9105

エグゼクティブ・ホテル・ビンテージ・コート
Executive Hotel Vintage Court

中級

1階のスポーツバーもおすすめ

古い建物をリノベーションしたホテルなので、部屋の造りは古さを感じるが、水回りはもちろん、部屋の内装も設備も新しいので快適。ワインカントリーを意識したおしゃれなインテリアはSFのブティックホテルらしい。Bush St.のけっこう急な坂の途中にあって、歩き回るにはちょっとたいへんだが、チャイナタウンのゲート、ユニオンスクエアまでいずれも徒歩2分という抜群のロケーション。チェックインのときに渡されるワインコルクで、1階のバーでフリードリンクが飲める。朝食付き。ホテルのレセプションは、1階にあるスポーツバーの一角。ステーキが自慢のバーで、夜もにぎやかだ。

Wi-Fi 無料　106室　カード ADJMV

M ユニオンスクエア周辺 P.226-C1
住 650 Bush St., San Francisco, CA 94108
☎ (1-415) 392-4666　FREE (1-800) 654-1100
URL www.vintagecourthotel.com
料 S $323～350、SU $611～763

クイーンサイズのベッドが2台置かれても余裕の広さ

ビクトリア様式の影響が感じられるクラシックな外観

イン・アット・ユニオンスクエア
Inn at Union Square

中級

ひとり旅の女性に特におすすめ

女性好みのすてきなホテル。ひとり旅でも安心して滞在できる。ユニオンスクエアのすぐそば。

Wi-Fi 無料　30室　カード ADJMV

M ユニオンスクエア周辺 P.226-B2
住 440 Post St., San Francisco, CA 94102　☎ (1-415) 397-3510
FAX (1-415) 989-0529　URL www.unionsquare.com
料 SD $314～368、SU $443

アンドリュースホテル
Andrews Hotel

中級

朝食付きのカリフォルニアらしいホテル

Jones St.とTaylor St.の間。ホテル内のレストランではカリフォルニアワインや新鮮な食材を使ったイタリア料理が楽しめる。

Wi-Fi 無料 48室　カード AMV

M ダウンタウン中心部 P.224-B4
住 624 Post St., San Francisco, CA 94109　☎ (1-415) 563-6877
FREE (1-800) 926-3739　FAX (1-415) 928-6919　URL www.andrewshotel.info
料 SDT $269～289、SU $299

ホテル・トライトン・サンフランシスコ
Hotel Triton San Francisco

中級

アーティスティックなこだわりホテル

部屋ごとに異なるポップなインテリアが自慢のホテル。ドラゴンゲートのすぐそばにある。禅のテイストでリラックスできるZen Densルームなどもあり、とてもユニークだ。向かいにスターバックスもあり便利。

Wi-Fi 無料　140室　カード AJMV

M ユニオンスクエア周辺 P.227-D1
住 342 Grant Ave., San Francisco, CA 94108
☎ (1-415) 394-0500
FAX (1-415) 394-0555
URL www.hoteltriton.com
料 SDT $255～305、SU $365～405

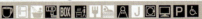

ディーバ・ユニオンスクエア
Diva Union Square

中級

最先端のデザインと親切なサービス

優れたサービスとリーズナブルな料金設定でいつもリピーターでいっぱい。ラウンジには無料で使えるPCあり。

Wi-Fi 無料　116室　カード ADJMV

M ユニオンスクエア周辺 P.226-A3
住 440 Geary St., San Francisco, CA 94102　☎ (1-415) 885-0200
☎ (1-415) 802-1737 (予約)　FAX (1-415) 346-6613
URL www.hoteldiva.com　料 SDT $284～329、SU $424

ヴィラ・フローレンス・ホテル
Villa Florence Hotel

中級

ワインの無料サービスあり

モダンなインテリアが好評。ユニオンスクエアにも近い。ヘンリー高野氏(→P.272脚注)を通しての予約も可。

Wi-Fi 無料　189室　カード ADJMV

M ユニオンスクエア周辺 P.226-C3
住 225 Powell St., San Francisco, CA 94102　☎ (1-415) 397-7700
FREE (1-844) 838-8701　FAX (1-415) 397-1006
URL www.villaflorence.com　料 SD $369～415、SU $428

ホテルヴァーティゴ
Hotel Vertigo

中級

名作映画のロケにも使われた

ヒッチコックの映画『めまい』のロケーションも行われた歴史あるホテル。静かで、快適に過ごせる。

Wi-Fi 無料　102室　カード ADMV

M ダウンタウン中心部 P.224-A4
住 940 Sutter St., San Francisco, CA 94109　☎ (1-415) 885-6800
☎ (1-415) 252-2648 (予約)　FAX (1-415) 885-2115
URL www.hotelvertigosf.com　料 SDT $229～259

✉ henrytakano@earthlink.net　URL www.nishikigan.com　予約は、電話、ファクスまたはeメールで申し込み、確認が取れたらクレジットカードの番号と有効期限、カードの名義をファクスまたは電話で連絡すること。

サンフランシスコ　San Francisco　サンフランシスコのホテル

サンフランシスコのホテル Hotel in San Francisco

ユニオンスクエア周辺

中級　キングジョージ・ホテル　King George Hotel

ロケーション抜群

ヨーロッパ風の明るいインテリアが心地よいホテル。日本人旅行者にも人気が高い。周辺にレストランも多い。

Wi-Fi 無料　153室　カード ADJMV

Ⓜ ユニオンスクエア周辺 P.226-B3
住 334 Mason St., San Francisco, CA 94102
☎ (1-415) 781-5050
Fax (1-800) 288-6005　Fax (1-415) 391-6976
URL www.kinggeorge.com
ⓈⒹⓉ $ 232〜288

エコノミー　グラント・プラザ・ホテル　Grant Plaza Hotel

チャイナタウンの入口でコスパ高し

近くをケーブルカーが通り、ユニオンスクエアやファイナンシャルディストリクトも徒歩圏内と、意外に便利なロケーション。客室は広くはないが清潔で使いやすく、何より料金が安いのがうれしい。それだけに人気も高く、予約は早めに。全館禁煙。

Wi-Fi 無料　72室　カード AJMV

Ⓜ ダウンタウン中心部 P.224-C3
住 465 Grant Ave., San Francisco, CA 94108
☎ (1-415) 434-3883
Fax (1-800) 472-6899
Fax (1-415) 434-3886
URL grantplaza.com
ⓈⒹⓉ $ 79〜149

エコノミー　ホステリング・インターナショナル SF ダウンタウン　Hostelling International San Francisco-Downtown

ユニオンスクエア近くのユース

Geary St. と O'Farrell St. の間にあるユース。バス付きの部屋もある。キッチン、シャワー、自動販売機などは24時間利用できる。ロケーションのよさから、ユースホステルのなかでも人気なので予約は早めに。

Wi-Fi 無料　330ベッド　カード AMV

Ⓜ ユニオンスクエア周辺 P.226-B3
住 312 Mason St., San Francisco, CA 94102
☎ (1-415) 788-5604
Fax (1-415) 788-3023
URL www.hiusa.org
ドミトリー $ 48〜59、
プライベート $ 154〜179

エコノミー　アムステルダムホステル　Amsterdam Hostel

フレンドリーな対応で安心

ユニオンスクエアから2ブロック先の所にある、ロケーションのよいユースホステル。食事もショッピングも観光も、ここに滞在していれば快適だ。パンケーキの朝食付き。

Wi-Fi 無料　100ベッド　カード AJMV

Ⓜ ユニオンスクエア周辺 P.226-A1
住 749 Taylor St., San Francisco, CA 94109
☎ (1-415) 673-3277
URL hostelsf.com
ドミトリー $ 64〜74、
ⓈⒹⓉ $ 175〜266

ダウンタウン

高級　コバホテル　Cova Hotel

シティホールやシビックセンター駅近く

広々とした客室と、屋上にはバーとプレイルームがあり、快適な滞在ができる。毎日 8:00〜22:00 の間にユニオンスクエア、フィッシャーマンズワーフなどへ無料のシャトルを運行。周辺は治安があまりよくないので、夜の移動はタクシーで。

Wi-Fi 無料　95室　カード ADJMV

Ⓜ ダウンタウン中心部 P.224-A5
住 655 Ellis St., San Francisco, CA 94109
☎ (1-415) 771-3000
URL www.covahotel.com
ⓈⒹⓉ $ 358〜537、
Ⓢⓤ $ 715

高級　ハイアット・リージェンシー・サンフランシスコ　Hyatt Regency San Francisco

贅沢なひとときをここで

ファイナンシャルディストリクトの中心にあるホテル。すぐ前にケーブルカーやバートの乗り場がある。フェリービルディングも近い。アムトラックのシャトルバス停留所もホテル前にある。広々とした客室は快適そのもの。

Wi-Fi 無料　804室　カード ADJMV

Ⓜ ダウンタウン中心部 P.225-F3
住 5 Embarcadero Center, San Francisco, CA 94111
☎ (1-415) 788-1234
Fax (1-415) 398-2567
URL www.hyatt.com
ⓈⒹⓉ $ 439〜492
Ⓢⓤ $ 799〜999

サンフランシスコのホテル

ダウンタウン

中級 フェニックスホテル / Phoenix Hotel

SFのロックンロールホテル

中は南の島のリゾート地のようなカジュアルで開放的な雰囲気。建物のデザインや色使いもポップでユニーク、客室は使い勝手もごく快適だ。朝食無料。

WiFi無料　44室　カード AMV

M ダウンタウン中心部 P.224-A5
601 Eddy St., San Francisco, CA 94109
(1-415)776-1380
FAX (1-415)885-3109
www.phoenixsf.com
S D T $314〜332
Su $415〜503

エコノミー グッドホテル / Good Hotel

エコフレンドリーなホテル

環境に優しい、グッドなサービスが充実。客室のベッドは廃材から造られていたり、ちょっと変わったイレがあったりとユニークだ。

WiFi無料　117室　カード ADMV

M サンフランシスコ中心部 P.223-E2
112 7th St., San Francisco, CA 94103　(1-415)621-7001
FAX (1-415)621-4069　www.thegoodhotel.com
S D T $109〜239

シビックセンターとパシフィックハイツ

中級 クイーンアン・ホテル / Queen Anne Hotel

サンフランシスコらしいホテル

閑静な住宅街、パシフィックハイツにあり、周囲はとても静か。100年以上も前に建てられたビクトリアンスタイルの建物で、ホテルに足を踏み入れるとゴージャスなラウンジがある。歴史のあるホテルでとっておきのひとときを。朝食無料。

WiFi無料　48室　カード ADJMV

M パシフィックハイツとその周辺 P.230-B4
1590 Sutter St., San Francisco, CA 94109
(1-415)441-2828
FAX (1-415)775-5212
www.queenanne.com
S D T $295〜355、
Su $345〜525

中級 キンプトン・ブキャナン / Kimpton Buchanan

静かな環境でリラックス

ジャパンタウンにあり、食事や書籍など日本のものには事欠かない。SFっ子に人気のフィルモアストリートへ1.5ブロック、中心部へは目の前を走るミュニバス2番でわずか15分と意外に便利だ。洗練されたインテリアで、落ち着く。全館禁煙。

WiFi $12.99　131室　カード ADJMV

M パシフィックハイツとその周辺 P.230-B4
1800 Sutter St., San Francisco, CA 94115
(1-415)921-4000
Free (1-855)454-4644
FAX (1-415)923-1064
www.thebuchananhotel.com
S D T $274〜377

フィッシャーマンズワーフとノースビーチ

高級 マリオット・バケーション・クラブ・パルス / Marriott Vacation Club Pulse

設備が整った客室は快適

ケーブルカーのパウエル〜メイソン線、パウエル〜ハイド線の終点のどちらからでもアクセスできる。

WiFi無料　233室　カード ADJMV

M フィッシャーマンズワーフ周辺 P.228-C3
2620 Jones St., San Francisco, CA 94133　(1-415)885-4700
FAX (1-415)771-8945　www.marriott.com
S D T $329〜349

エコノミー ホステリング・インターナショナル SF フィッシャーマンズワーフ / Hostelling International San Francisco-Fisherman's Wharf

海のそば、環境も設備も最高

フォートメイソンの高台の森にある。中心部からやや離れるが、周囲は静か。利用客の年齢層も高め。

WiFi無料　44ベッド　カード ADJMV

M フィッシャーマンズワーフ周辺 P.228-A2
240 Fort Mason, San Francisco, CA 94123　(1-415)771-7277
FAX (1-415)771-1468　www.hiusa.org
ドミトリー $48〜57、個室 $108〜130

ソーマ

高級 ホテルヴィア / Hotel VIA

オラクルパーク至近のホテル

道路を挟んだ向かい側にオラクルパークがあり、試合が行われる日は周辺がいっそうにぎやかになる。ミュニメトロの駅までは徒歩3分。客室はモダンな家具でまとめられ、観光、ビジネス問わず、どんなシチュエーションでも快適に過ごすことができる。

WiFi無料　159室　カード ADJMV

M サンフランシスコ中心部 P.223-F2
138 King St., San Francisco, CA 94107
(1-415)200-4977
FAX (1-415)764-4849
www.hotelviasf.com
S D T $379〜579、
Su $599〜639

275

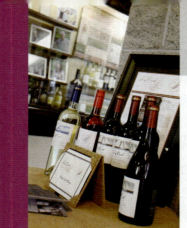

サンフランシスコからのエクスカーション

ワインカントリー（ナパ＆ソノマ）
Wine Country (Napa & Sonoma)

ロマンティックな週末リゾート

ワインカントリーは、カリフォルニアで1、2を争う人気の観光スポット。この地域には大小400以上のワイナリーがあり、レストランや宿泊施設を併設しているところも。ワインと料理、景色が楽しめるワイントレインも人気。周辺の小さな町も個性的だ。マッドバス（泥風呂）で有名なカリストーガや、スヌーピーの生みの親のミュージアムはサンタローザにある。SFからの小旅行にはぴったりのエリアだ。

SFダウンタウンからワインカントリーへ
車でベイブリッジを渡ってI-80をサクラメントSacramento方面に向かい、バレーホVallejoからCA-29に入り標識に従う。

サンフランシスコからのエアポートバス（→P.214）
エバンス
☎(707) 255-1559
www.evanstransportation.com
片道大人$40〜60

SFOのバス乗り場
国際線ターミナル2階を出た「Airporter」の乗り場から。

ソノマ・カウンティ・エアポート・エクスプレス
☎(707) 837-8700
airportexpressinc.com
片道大人$38

ワインカントリーへの行き方

日帰りにもちょうどいい距離で、サンフランシスコから車で約1時間30分。ワインカントリーを南北に走るCA-29から St. Helena Rd.を西に進むと**ソノマ、サンタローザ**、ソノマの西隣のナパからCA-29を北上すれば、**セントヘレナ、カリストーガ**の町だ。また、飲酒運転を避けるならサンフランシスコからツアー（→P.218）に参加するのもいい。**ナパ名物「ワイントレイン」のツアー**（→P.278）など、日帰りでも十分楽しめる。

サンフランシスコ国際空港（SFO）から、ナパ方面にはエバンスEvans社のバスが1日9本（土・日は8本）[毎日6:30〜22:30（土・日8:15〜）]、ソノマ方面にはソノマ・カウンティ・エアポート・エクスプレスSonoma County Airport Expressのバスが1日21本（毎日5:30〜翌0:30）運行している。

ワインカントリーの歩き方

いちばんの見どころはやはり**ワイナリー巡り**。ナパバレーNapa Valley、ソノマカウンティSonoma Countyを中心に、セントヘレナSt. Helena、サンタローザSanta Rosaへと、ワイナリーが広範囲にわたって点在しているので、興味のあるワイナリーを絞って訪れたい。グルメなレストランや洗練されたホテルが多いのも特徴で、ナパバレーの北にあるカリストーガCalistogaは温泉保養地。ミネラルウオーター、スパ、間欠泉なども有名だ。車でワインカントリーの町を走り、スパリゾートで1泊、おいしいレストランで舌鼓を打つ……そんな旅のスタイルがうってつけ。

ナパバレー
Napa Valley

1972年フランスのパリで行われたワイン競技会でナパのカベルネソービニヨンが優勝して以来、一躍知名度を上げたカリフォルニアワイン。アメリカで生産されるワインの大部分を占めている。

ナパのダウンタウンには観光案内所やバスセンター（VINE Transit）がある。ワイントレインの乗り場も近い。ワインカントリーの出発点として絶好の場所だ。ここからはバスの本数も多くて便利なので、車を置いて各路線バスの旅もできる。特に#10のバスは、ナパからワイナリー街道のセントヘレナ・ハイウエイを走る。

ナパバレー
MAP P.221-B1

ナパバレー観光局（観光案内所）
Napa Valley Welcome Center
MAP P.276
住 600 Main St., Napa, CA 94559
☎ (707) 251-5895
URL www.visitnapavalley.com
営 毎日9:00〜17:00

目の前にブドウ畑をもつワイナリーもある

Information
ナパバレーのおもなワイナリー

1. Fairwinds Estate Winery
   Free (1-877) 840-6530
2. Sterling Vineyards (→P.281)
   Free (1-800) 726-6136
3. Dutch Henry Winery
   ☎ (707) 942-5771
4. Schramsberg Vineyards
   Free (1-800) 877-3623
5. Larkmead Vineyards
   ☎ (707) 942-0167
6. Rombauer Vineyards
   Free (1-800) 622-2206
7. Viader
   ☎ (707) 963-3816
8. Freemark Abbey
   Free (1-800) 963-9698
9. Markham Vineyards
   ☎ (707) 963-5292
10. Beringer Vineyards (→P.281)
    ☎ (707) 257-5771
11. Prager
    ☎ (707) 963-7678
12. Merryvale Vineyards
    ☎ (707) 963-7777
13. Louis M. Martini
    ☎ (707) 968-3362
14. V. Sattui
    ☎ (707) 963-7774
15. Sutter Home
    Free (1-800) 967-4663
16. Joseph Phelps Vineyards
    Free (1-800) 707-5789
17. Whitehall Lane
    ☎ (707) 963-9454
18. Inglenook (→P.281)
    ☎ (707) 968-1161
19. Sullivan Vineyards
    ☎ (707) 963-9646
20. Mumm Napa
    Free (1-800) 686-6772
21. Z D Wines
    Free (1-800) 487-7757
22. Miner Family Winery
    Free (1-800) 366-9463
23. Beaulieu Vineyards
    Free (1-800) 373-5896
24. Peju Province
    Free (1-800) 446-7358
25. Opus One (→P.281)
    Free (1-800) 299-6787
26. Robert Mondavi (→P.281)
    Free (1-888) 766-6328
27. Silver Oak
    ☎ (707) 942-7022
28. Silverado Vineyards
    ☎ (707) 257-1770
29. Clos Du Val
    ☎ (707) 261-5212
30. Trefethen Family Vineyards
    Free (1-866) 895-7696
31. William Hill
    ☎ (707) 265-3024
32. Domaine Carneros
    Free (1-800) 716-2788
33. Bouchaine
    Free (1-800) 654-9463
34. Domaine Chandon (→P.281)
    Free (1-888) 242-6366
35. Larson Family Winery (→P.281)
36. Jaccuzi Family Vineyards (→P.281)
    ☎ (707) 931-7575

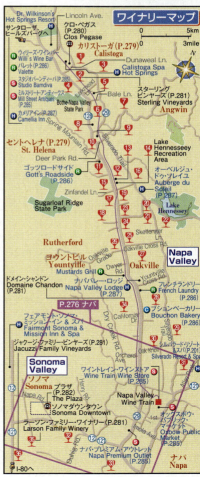

※表内の数字は左の地図中の数字に対応している

サンフランシスコからのエクスカーション　**ワインカントリー（ナパ＆ソノマ）**　Wine Country (Napa & Sonoma)

ナパバレー・ワイントレイン
出発場所：1275 McKinstry St., Napa
☎(707)253-2111
(1-800)427-4124
www.winetrain.com
※要予約

ナパバレーのおもな見どころ

ノスタルジックに食事を楽しむ　　　　　　　　　　　ナパ　MP.276
ナパバレー・ワイントレイン
Napa Valley Wine Train　　　★★★

年間350万人もの観光客が訪れるナパバレーで、人気のアトラクションといえばナパバレー・ワイントレイン。30年以上の歴史を誇り、年を追うごとにその人気は高まっている。サンフランシスコからフェリーとシャトルバスでアクセスもスムーズだ。

車のない人にはおすすめのワイントレイン

ワイントレインとは？
ナパバレー・ワイントレインは、ナパのダウンタウンを出発し、北のセントヘレナへ向かう観光列車。セントヘレナで方向転換し、ナパへと戻る。列車ならではの心地よいテンポで、往復約3時間をかけて、ゆっくりと進む。1910年代のクラシックなアンティーク車両を改良した車両は、どこか懐かしい雰囲気が漂い、年代を問わず多くの人々に親しまれている。車窓から美しいブドウ畑を眺めながら、本格派カリフォルニア料理に舌鼓。美しい景色とおいしい食事が、優雅な列車の旅をぐっと盛り上げる。

列車内にはワインのテイスティングバーもあり、ナパ産のワインを中心にテイスティングも楽しめる。たった3時間で、ワインカントリーの魅力を十分に満喫できるのがこのワイントレインなのだ。

車両で選ぶ楽しみ方
ランチとディナーのプランではそれぞれ1950年代の列車を復元したガラスドームが印象的な展望車両（ビスタ・ドーム・カー Vista Dome Car）に乗る「Vista Dome」と、くつろいだ雰囲気が漂うグルメ車両（Gourmet Cars）に乗る「Gourmet Express」の2種類がある。それぞれの車両で、おいしいひとときを過ごせる。
※料理の内容は、車両によって異なる。

ツアーダイジェスト
●**チェックイン**
カウンターで名前と人数、申し込み内容などを確認する。乗車前にワインセミナーが始まり、ナパ産の赤と白のワインをテイスティング。スタッフがテイスティングの仕方などの説明をしてくれる。

●**本格カリフォルニア料理を楽しむ**
列車内には全部で3つのキッチンがある。本格派のカリフォルニア料理が列車内で作られ、すぐにテーブルへと運ばれてくる。地元の食材と旬にこだわったシェフ自慢の料理だ。ナパバレーの豊かな味わいをワインと一緒に楽しみたい。

●**列車内でもテイスティングできる**
さまざまなワインを取り揃えたワインバーがあり、好みの4種類のワインをテイスティングすることができる。

車がなくても簡単アクセス
ワイントレインでは公共の交通機関でアクセスできるサービスを実施。サンフランシスコからバレーホまでのフェリーと、バレーホからワイントレイン駅までのシャトルをセットにしたルートは往復$90。電話かウェブで前日以前に要予約。詳細はwww.winetrain.com/plan-your-trip/getting-here

ツアーの種類
ランチ：グルメ車両（3コース料理）$139〜199、展望車両（4コース料理とスパークリングワイン1杯）$249〜309
ディナー：グルメ車両（3コース料理）$139〜199、展望車両（4コース料理とスパークリングワイン1杯）$259〜319。
ほかに周辺の観光がセットになった1日ツアーもある。

ちょっと寄り道
帰りのフェリーまでの自由時間は、ぜひナパ・ダウンタウンの散策を。ワイントレインの駅の横には、グルメな店が集結したオックスボウ・パブリック・マーケット（→P.285）がある。ここはカップケーキやチョコレート、オリーブオイルの専門店、カフェなど22店舗が揃うグルメスポット。ナパ・プレミアム・アウトレット（→P.285）では、人気ブランドの商品が毎日25〜65%オフで購入できる。

乗車中にワインに合うおいしい料理が出てくる

★★★おすすめ度

おしゃれでおいしい、小さな町　　　　セントヘレナ　MP.277
セントヘレナ
St. Helena

　実際のところ、ワイナリーが集中しているのは、ナパのダウンタウンから10kmほど北上したあたり。セントヘレナに到着する頃には、両サイドが軒並みワイナリーとなる。ナパから北上し、お昼はおしゃれなセントヘレナの町で、カリフォルニアワインとカリフォルニアキュイジーヌのランチを召し上がれ。

セントヘレナ観光案内所
St. Helena Welcome Center
MP.279
1320 Main St., St. Helena, CA 94574
(707)963-4456
www.sthelena.com
月～金9:00～17:00、土・日10:00～16:00

ダウンタウンにはグルメな店も多い

マッドバスでリラクセーション　　　　カリストーガ　MP.277
カリストーガ
Calistoga

　ナパやセントヘレナのさらに北にあるカリストーガは、温泉保養地。カリストーガの天然水を生産しているなどヘルシーな雰囲気で、特にマッドバス（泥風呂）が盛んなスパリゾートとして有名だ。町はリンカーンアベニュー—Lincoln Avenue沿いに500mくらいの広がりをもち、この周辺にスパがある。値段もお手頃なので、ぜひトライしたい。

　スーパーには、ナパ近郊産のワインがずらりと並び、カリストーガの天然水が各種置いてある。天然水には、鉱物やカルシウム、塩化ナトリウムなどミネラルが豊富に含まれていて、これらがお肌つるつるへの働きを促す。ほとんどのスパにこの飲料水が用意されている。

カリストーガ観光案内所
Calistoga Welcome Center（カリストーガ商工会議所）
　観光に関する資料も豊富。親切なスタッフが、新しいワイナリーや、時期によっては無料ワインテイスティングの情報を教えてくれる。スパやホテルの紹介もしてくれる。
MP.280
1133 Washington St., Calistoga, CA 94515
(707)942-6333
(1-866)306-5588
visitcalistoga.com
毎日9:00～17:00

マッドバスでリフレッシュ

279

ワインカントリー（ナパ＆ソノマ） Wine Country (Napa & Sonoma)

アートなワイナリー

クロ・ペガス
Clos Pegase ✦✦✦

クロ・ペガス
- 1060 Dunaweal Ln., Calistoga
- (707)942-4981
- www.clospegase.com
- 毎日10:00～17:00
- テイスティング＆ツアー $45～75、テイスティングのみ $30～45
- ※要予約

オーナーのJan Schrem氏は13年に及ぶ日本滞在の間に出版業で成功を収めた起業家。夫人のミツ子さんの影響でワインのおもしろさに目覚め、ボルドー第2大学で本格的に学ぶ。その後1984年当地にクロ・ペガスを開業した。日本の芸能人が結婚式を挙げたことで脚光を浴び、現在、全米で最も注目を集めるワイナリーとなった。サンフランシスコ現代美術館との共同コンペで建てられた建物は、夫妻の美術コレクションと見事に調和している。週末の午後は混む。

ワイナリーマップ P.277

建築デザインにも注目

カリストーガでリラックスして美しく

Information カリストーガのスパ

下記物件すべて P.280

●Calistoga Spa Hot Springs
- 1006 Washington St., Calistoga
- (707)942-6269
- www.calistogaspa.com
- 毎日9:00～17:00（金～月～21:00）
- マッドバス $105、ミネラルバス $45、マッサージ（60～90分）$115～190。ミネラルプールは宿泊客と知人ひとりまで入ることができる。$25。

●Golden Haven Hot Springs Spa & Resort
- 1713 Lake St., Calistoga
- (707)942-8000（予約）
- www.goldenhaven.com
- 毎日8:00～23:00
- マッドバス $105～、全身マッサージ $109～115、ほかにも首、肩、背中のマッサージ（25分間、$65～70）、フットリフレクソロジー（25分間、$65～70）もある。

●Indian Springs Spa & Resort
- 1712 Lincoln Ave., Calistoga
- (707)709-8139
- www.indianspringscalistoga.com
- 毎日8:30～20:45
- マッドバス $95、マッサージ $150～335、フェイシャル $150～310。

●Roman Spa Hot Springs Resort
- 1300 Washington St., Calistoga
- (1-800)914-8957
- www.romanspahotsprings.com
- 毎日9:00～17:00（木～日～21:00）
- マッドバス $90、ミネラルバス $85、マッサージ（50～80分）$105～175など。

●Mount View Hotel & Spa
- 1457 Lincoln Ave., Calistoga
- (707)942-6877
- mountviewhotel.com
- 毎日9:00～19:00
- マッサージは8コースあり、$130～220。

メモ カリストーガの間欠泉 "Oldfaithful（昔から忠実な）"と呼ばれる間欠泉が、カリストーガの町から車で5分ほどの場所にある。「忠実」というのは、間欠泉が噴き出す間隔と噴き上がる時間が季節ごと↗

Information　おもなワイナリー

※テイスティングは21歳以上

●ロバート・モンダビ
Robert Mondavi
MP.279
住7801 St. Helena Hwy., Oakville
Free(1-888)766-6328
URLwww.robertmondaviwinery.com
営毎日10:00～17:00
休おもな祝日

　カリフォルニアワインのなかでも高級なワインを造っているワイナリーとして知られている。ワイナリー見学のほか、有料のテイスティング・ガイドツアーあり。$25～65。人気のワイナリーだけあって、レストランでの食事、有料のツアーともに予約をすすめる。

●イングルノック
Inglenook
MP.279
住1991 St. Helena Hwy., Rutherford
☎(707)968-1161
URLwww.inglenook.com
営毎日10:00～17:00

　100%オーガニックのブドウを使った「ルビコン」が人気。複数あるガイドツアーは$65～175、ワインテイスティングは$55。予約が望ましい。

●オーパスワン
Opus One
MP.279
住7900 St. Helena Hwy., Oakville
☎(707)944-9442
Free(1-800)292-6787
URLen.opusonewinery.com

　ボルドーのシャトー・ムートンを所有するロスチャイルド家とロバート・モンダビ氏が、夢のワインを造るために建てたワイナリーだ。ワインテイスティング10:00～16:00、$50。要予約。有料のツアーも催行している。こちらも予約が必要。※工事のため2019年12月までツアーは休止。

●ドメイン・シャンドン
Domaine Chandon
MP.277
住1 California Dr., Yountville
Free(1-888)242-6366
URLwww.chandon.com
営毎日10:00～17:00
休おもな祝日

　有名シャンパンメーカー、モエ・エ・シャンドン系列のワイナリー。緑いっぱいのワイナリーは、開放感もあり、とてもくつろげる。テイスティング$20～35。

●ベリンジャービンヤーズ
Beringer Vineyards
MP.279
住2000 Main St., St. Helena
☎(707)257-5771
URLwww.beringer.com
営毎日10:00～17:30

　1876年からワインを造り続けている老舗のワイナリー。1884年に建てられたステンドグラスが美しい豪華な屋敷でのテイスティングが含まれた各種ツアー（$25～125）を楽しめる。

●スターリングビンヤーズ
Sterling Vineyards
MP.277
住1111 Dunaweal Ln., Calistoga
Free(1-800)726-6136
URLwww.sterlingvineyards.com
営毎日10:00～16:30
休おもな祝日

　ナパバレーを見下ろす丘の上に立つワイナリー。駐車場から丘の上までトラムに乗ってワイナリーにたどり着く。入場券（**料**$35）にはトラムの往復乗車券とワインテイスティングが含まれる。

●ジャクージ・ファミリー・ビンヤーズ
Jaccuzi Family Vineyards
MP.277
住24724 Arnold Dr., Sonoma
☎(707)931-7575
Free(1-866)522-8693
URLwww.jacuzziwines.com
営毎日10:00～17:30　**休**クリスマス

　ジェットバスを開発したイタリアのジャクージ家が経営するワイナリー。5種類のワインをテイスティングできる（**料**$15～35）。

●ラーソン・ファミリー・ワイナリー
Larson Family Winery
MP.277
住23355 Millerick Rd., Sonoma
☎(707)938-3031
URLwww.larsonfamilywinery.com
営毎日10:00～17:00

　ソノマにあるワイナリー。ファミリー経営であたたかい雰囲気が特徴的だ。こぢんまりとしているが、赤ワインで賞を取ったこともある。テイスティング$20～30。

ドメイン・シャンドンのワイナリー。ワイナリーはそれぞれが個性的

にほぼ一定に保たれているからだ。逆にこの間隔がズレたり狂ったりすると、数週間以内に周辺で地震が発生する予兆となるという。詳しくは**URL**www.oldfaithfulgeyser.com

サンフランシスコからのエクスカーション **ワインカントリー（ナパ&ソノマ）** Wine Country (Napa & Sonoma)

ソノマカウンティ
MP.221-B1

ソノマバレー観光局
Sonoma Valley Visitors Bureau
プラザの一角にある。
住 453 1st St. E., Sonoma, CA 95476
Free (1-866)996-1090
URL www.sonomavalley.com
時 毎日9:00〜17:00（日10:00〜）

プラザ（ソノマ州立歴史公園）
住 363 3rd St. W., Sonoma
(707)938-9560
時 毎日10:00〜17:00
休 サンクスギビング、クリスマス、元日
料 大人$3、子供$2

ソノマカウンティ
Sonoma County

　カリフォルニアワインの発祥地が、ここソノマカウンティだ。1823年、ミッション・サンフランシスコ・ソラノ・デ・ソノマの伝道師たちにより、ブドウ作りが始まった。ワイナリーは、バレーに広く点在しているので、まずは、ソノマカウンティ内の中心地サンタローザ Santa Rosa に行こう。ここには観光スポットも点在している。

ソノマのダウンタウンも散策したい

ワイナリーに囲まれたヒストリックサイト　　ワイナリーマップ MP.277
プラザ（ソノマ州立歴史公園）
The Plaza （Sonoma State Historic Park） ☀☀

　オールドソノマの中心地となるのがここプラザだ。スパニッシュスタイルの歴史的なプラザの周辺には、オールドミッションやシティホールなどが集まっている。週末にはウオーキングツアーも行われる。

Column　サイクリング in ソノマカウンティ

　サンフランシスコから北に約56kmの所に位置するソノマカウンティは、車やツアーで気軽にアクセスできることもあり、日帰りや週末旅行で訪れる観光スポットとしてポピュラーだ。サンフランシスコ市内から車で1時間30分ほど走ると、あたりの風景が一変する。なだらかに連なる丘陵、みずみずしい緑が一面に広がるブドウ畑……。足早に通過してしまうのは、何だかもったいない気がするはず。

　ワインカントリーの自然を巡るツアーを企画するGetaway Adventuresでは、いくつかのユニークなツアーを催行している。そのなかのひとつ、Healdsburg Sip'N Cycleは、ソノマバレーのワイナリーと自然が息づく広々とした道を、サイクリングで巡るというもの。トータルで24〜32kmほど走るが、平坦な道なので、心地よいサイクリングが楽しめるだろう。

ブドウ畑をガイドとともに自転車で走る

●**Getaway Adventures**
住 2228 Northpoint Pkwy., Santa Rosa
Free (1-800)499-2453
URL getawayadventures.com

Healdsburg Sip'N Cycle
　ソノマバレーのワイナリーを巡り（試飲料別）、途中、ピクニックランチを取る。10:00集合（住 401 Grove St., Healdsburg）、所要約5時間30分。
料 $159　自転車、ヘルメット、水、ランチ、パーソナルガイド付き
※ツアーはウェブサイトから申し込める

サイクリングするのに気持ちのよい道

メモ　『ピーナッツ』とは？　チャーリー・ブラウンと個性豊かな仲間たちとの日常を描いた漫画。新聞に初めて連載が決まった当時、主人公の"チャーリー・ブラウン"にちなんだタイトルを考えていたシュルツ氏

漫画『ピーナッツ』の作者シュルツの功績をたたえる サンタローザ周辺　P.283
チャールズ・M. シュルツ・ミュージアム
Charles M. Schulz Museum

サンタローザ Santa Rosaにあるチャールズ・M・シュルツ・ミュージアムは、スヌーピーの生みの親であるCharles M. Schulzゆかりのものを展示する、世界でひとつだけのミュージアム。シュルツ氏が存命中に、ミュージアム建設の構想があったが、控えめな性格のシュルツ氏は一切興味を示すことはなかったという。しかし、シュルツ氏と親交をもつアーティストや友人たちの情熱は失われなかった。後世に受け継がれるべき彼の功績を残すためのプロジェクトは、日本人アーティストの大谷芳照氏による、日本のスヌーピータウンショップ設置を機に勢いづく。創造性と遊びに満ちたスヌーピータウンに惚れ込んだ発起人たちは大谷氏を迎え、シュルツ氏の監督の下でプロジェクトが進行していく。2002年、彼が亡くなるまで約40年を過ごしたこの土地に念願のミュージアムがついに誕生し、一般にも公開されている。

館内はシュルツ氏の作品や原画を展示するほかに、関係書物の閲覧室、シュルツ氏が実際に使用していた机と椅子を用いて仕事場を再現したりと、彼のゆかりのものであふれている。また、大谷氏の2作品『ピーナッツのタイル壁画 Peanuts Tile Mural』、『進化するスヌーピー Morphing Snoopy Wood Culture』は必見。前者の作品には製作に2年を費やし、3588枚ものタイルで『ピーナッツ』(→P.282脚注) の4コマ漫画を再現している。後者の作品は、シュルツ氏の子供時代の愛犬だったビーグルの"スパイク"がスヌーピーに進化するまでを描いた木製彫刻で、43枚のレイヤーで構成、総重量3トン以上もある巨大な作品だ。

ミュージアムには展示室のほかにスヌーピー関連のグッズが満載のギフトショップがある。ミュージアムのエントランス前にはスヌーピーの頭部をモチーフにした迷路もあり、とてもユニークだ。また、道路を1本挟んだ向かい側にはスヌーピーズギャラリー＆ギフトショップやアイスアリーナSnoopy's Home Iceもあり、アイスホッケーをこよなく愛したシュルツ氏の心がここにも息づいている。

ピーナッツの仲間たちのフィギュアも展示されている

サンタローザ
巻頭折込「アメリカ西海岸」

チャールズ・M・シュルツ・ミュージアム
2301 Hardies Ln., Santa Rosa
(707)579-4452
schulzmuseum.org
夏期：毎日11:00～17:00 (土・日10:00～)
冬期：水～月11:00～17:00 (土・日10:00～)
火 (冬期のみ)、おもな祝日
大人$12、シニア$8、子供・学生 (4～18歳)$5、3歳以下無料

日本人アーティスト、大谷芳照氏による作品を見学しよう

サンフランシスコから
車でUS-101をゴールデンゲート・ブリッジを越えてUS-101を約55マイル (約90km) ほど北上して、Exit 491で下りる。所要約1時間強。

サンフランシスコ San Francisco｜ソノマカウンティの見どころ

はエージェントが勝手に付けた『ピーナッツ』というタイトルが気に入らなかったという。75ヵ国、2600紙以上に掲載され、世界中の人に愛される作品になった。

283

ワインカントリー (ナパ&ソノマ) Wine Country (Napa & Sonoma)

サファリウエスト

住 3115 Porter Creek Rd., Santa Rosa
電 (707)579-2551
Free (1-800)616-2695
URL www.safariwest.com
ツアーは要予約
営 ツアー：毎日9:00、10:00、13:00、14:00、16:00（季節によって1～4回）

		大人	子供	シニア
9～	月～金	$83	$45	$80
5月	土・日	$93	$45	$88
6～	月～金	$98	$45	$94
8月	土・日	$115	$50	$100

※4歳未満はツアーに参加できない。
※子供料金は4～12歳まで。シニアは62歳以上。
※基本は歩きやすい靴と丈の長いパンツ着用で、カメラと双眼鏡を持参しよう。夏は短パン可、サングラス、日焼け対策を。秋～春は薄手のジャケットがあると便利。冬は地面がぬかるむので汚れてもよい靴がベスト。

宿泊施設
テント
料 2名 $534.92～826.92

サンフランシスコから
交通 車でUS-101をゴールデンゲート・ブリッジを越えて北に向かい、River Rd.出口（Exit 494）で下り、Mark West Spring Rd.を右折して直進。8kmほど進むとPorter Creek Rd.になるのでそのまま直進。Frantz Valley Rd.との交差点の左側に入口が見える。所要約1時間30分。

北カリフォルニアのサファリパーク　　サンタローザ周辺　**M**P.283

サファリウエスト
Safari West ✹✹✹

　非営利の野生動物保護団体が運営するサファリパークで、彼らが保護、育成した野生動物を放し飼いにした自然公園になっている。90種以上、約1000匹の動物がここで暮らしている。カリフォルニアの乾いた空気と広大な自然のなかで生活する動物たちを眺めていると、アフリカの野生に限りなく近づけようとしている運営努力と、のびのびと暮らしている姿に平和を感じる。

　まずは、豊富な知識を備えたガイドが案内するサファリツアーに参加してみよう。オープンエアの車で公園内の見どころを2時間半で回る。ガイドを交えながらところどころで車を停め、至近距離でチーターを観察したり、草食動物に触ったりできる、アドベンチャー気分満載のツアーだ。

　パーク内には宿泊施設も完備。アフリカ風のテントキャビンとコテージの2種類で、設備は万全、快適そのものの滞在ができる。ちょっぴりワイルドな体験がお望みなら、ぜひテントキャビンに泊まってみよう。電気は通っているが電話もテレビもなく静寂のなかで、外から聞こえてくるのは虫の鳴き声、動物の遠吠え……。晴れた日の夜空には満天の星が輝いている。キャンプ場での滞在をハイグレードに仕立てた演出は、さすがアメリカ！と感心してしまう。

動物たちと間近で触れ合える

Column　ソノマでおすすめのワイナリー

●ブエナ・ビスタ・ワイナリー
Buena Vista Winery
　1857年に創設されたカリフォルニア最古のワイナリー。史跡にも登録されている建物は趣があって絵になる。敷地内にあるデリで食材とワインを購入し、ピクニックを楽しむのもいい。
MP.283
住 18000 Old Winery Rd., Sonoma
電 (1-800)926-1266
URL buenavistawinery.com
営 毎日10:00～17:00
　テイスティングは1人$20、建物に併設された博物館とワイナリーを巡るツアー（毎日11:00、13:00、15:00）の参加費は$25。テイスティング、ツアーとも8名以上のグループは事前の予約が必要。

●フリーマン・ビンヤード＆ワイナリー
Freeman Vineyard & Winery
　2001年にオープン。日本人女性がオーナー兼醸造家であるカリフォルニアで唯一のワイナリー。歴史は浅いが、世界的な品評会で金賞を受賞するなど、ワインのクオリティの高さは折り紙付き。テイスティング＆ツアーは予約制。静かな環境で美しいブドウ畑のツアーとテイスティングが楽しめる。
MP.283
住 1300 Montgomery Rd., Sebastopol
電 (1-707)823-6937
URL www.freemanwinery.com
営 月～土10:00～17:00、日～16:00
　テイスティング＆ツアーは1人$30。1グループ、最大6名まで。予約はオンラインでできる。

ワインカントリーのショップ
Wine Country

SHOP

ワインカントリーでのおみやげといえば、やはりワインだろう。ワインはテイスティングをして、気に入ったものを購入しよう。よいワインのあるエリアには、食材もよいものが揃うもの。農場も多く、フルーツやハーブのおみやげも人気がある。

ナパバレー

ワインショップ　ワイントレイン・ワインストア
Wine Train Wine Store

ナパワインを日本でも

ワイントレインの駅にあるワインショップは、600以上もの種類のワインを揃えている。ナパの有名ワイナリーはもちろん、少量生産の希少ワインの品揃えも充実。日本人スタッフも対応可、配送もしてくれる。※日本人スタッフはいない場合もある。

カード

ワイントレインで出されるワインを販売する　© Napa Valley Wine Train

📍 ナパ P.276
🏠 1275 McKinstry St., Napa（ワイントレイン駅内）
☎ (707) 251-5201
🌐 store.winetrain.com
🕐 毎日9:30～17:30
休 クリスマス、元日、12月中旬～2月の月～木

ショッピングモール　オックスボウ・パブリック・マーケット
Oxbow Public Market

ナパのダウンタウンにあるグルメスポット

グルメなレストラン、ショップが22店あり、見るだけでも楽しい。人気のコーヒー店や、カップケーキの有名店などが集結。おみやげ探しにも、ひと役買ってくれそう。自転車もレンタルできるので、サイクリングをしながらワイナリー巡りもできる。

カード 店舗による

食材を買ったあと、カフェでひと休みもできる

📍 ナパ P.276
🏠 610 & 644 1st St., Napa
☎ (707) 226-6529
🌐 oxbowpublicmarket.com
🕐 毎日9:00～19:00。店舗により異なる
休 サンクスギビング、クリスマス

アウトレット　ナパ・プレミアム・アウトレット
Napa Premium Outlets

ブランド品が毎日25～65%オフ

ダウンタウンからもアクセスしやすいアウトレット。Tommy Hilfiger、Coach、Michael Kors、J.Crew、Brooks Brothersなど日本人に人気のブランドもある。約50店舗と見て回りやすい大きさだ。

カード 店舗による

ナパの中心部にアウトレットがある

📍 ナパ P.276
🏠 629 Factory Stores Dr., Napa
☎ (707) 226-9876
🌐 www.premiumoutlets.com
🕐 毎日10:00～21:00（日～19:00）
休 おもな祝日

ヒールズバーグ

雑貨　スタジオバーンディーバ
Studio Barndiva

センス抜群のギフトショップ

オペラハウスを店として改装。世界中から集められた、オーナーの審美眼にかなったアイテムが揃う。雑貨品をはじめとしてグラスや革製品、ジュエリーなどの商品は、センスはもちろん、作り手のこだわりが詰まったものばかり。

カード AMV

隣には同系列のレストランもある

📍 ワイナリーマップ P.277外
🏠 237 Center St., Healdsburg
☎ (707) 771-9481
🌐 www.barndiva.com
🕐 水～日17:30～21:00
休 月・火

アンティーク　ミルストリート・アンティークス
Mill Street Antiques

アンティークの宝の山

広い店内に、アンティークの商品の数々が並ぶ。古着や家具、おもちゃなど、お宝からジャンクまで。日本でも人気の高い陶器のファイヤーキングもある。アンティーク店が多いことで有名なヒールズバーグでも、見逃せない1軒。

カード MV

品数も多く、見るだけでも楽しい

📍 ワイナリーマップ P.277外
🏠 44 Mill St., Healdsburg
☎ (707) 433-8409
🕐 毎日11:00～17:00

メモ：**ワインを日本に持ち帰る際の注意**　現在、空港で機内持ち込みの荷物には基本的にワインを入れることはできない。厳重に梱包して受託手荷物に入れるか、いっそ、日本へ別送品で発送することをすすめる。

285

ワインカントリーのレストラン
Wine Country

ワインのおいしいところらしく、グルメなファストフード店から洗練されたレストランまでたくさんある。この地に宿泊するなら豪華なディナーも堪能できるし、ランチだけでもとてもリーズナブルにアメリカのトップレベルの味を楽しむことができる。

ナパバレー

アメリカン　フレンチランドリー / The French Laundry

有名ガイドブックでも好評

石造りの建物にツタが絡まる重厚なレストラン。料理はニューアメリカンキュイジーヌで、美しい料理が大きなお皿に小さなポーションで供される。知る人ぞ知る名店で、人気も高く、予約は2ヵ月前から受け付ける。ディナーのコースは$325。

カード AMV

ナパを代表する超人気のレストラン

■ ワイナリーマップ P.277
- 6640 Washington St., Yountville
- (707) 944-2380
- www.thomaskeller.com/tfl
- ランチ金〜日11:00〜12:30、ディナー毎日17:00〜20:45
- ※予約客のみ。ドレスコードあり

アメリカン　ゴッツロードサイド / Gott's Roadside

サンフランシスコでも人気店の本店

セントヘレナ発の老舗ハンバーガー店。サンフランシスコやナパのダウンタウンにも支店がある。有名店でランチ時には特に混む。一番人気は、ジューシーなハンバーガー（$7.99〜13.99）。サンドイッチやホットドッグもある。SFグルメバーガーの先駆者的存在だ。

カード AMV

ジューシーなハンバーガーは絶品だ

■ ワイナリーマップ P.277
- 933 Main St., St. Helena
- (707) 963-3486
- www.gotts.com
- 毎日10:00〜22:00、（冬期〜21:00）

ベーカリー　ブションベーカリー / Bouchon Bakery

パンもスイーツもおいしい

上記のフレンチランドリー同系列のビストロ、ブションのパン屋さん。クロワッサン（$3.50〜）やブリオッシュがおすすめで、近所の人も買いにくる。バターの香りが広がるパンは、ふわっとした食感が人気。ハイグレードなチョコレートを使ったケーキやマカロンも美味。

カード AJMV

サンフランシスコから訪れる人もいる名店

■ ワイナリーマップ P.277
- 6528 Washington St., Yountville
- (707) 944-2253
- www.thomaskeller.com/bouchonbakeryyountville
- 月〜金7:00〜19:00、土・日6:30〜19:00
- クリスマス

サンタローザ

カリフォルニア　ウィリーズ・ワインバー / Willi's Wine Bar

小皿料理がおつまみに

気軽に楽しめる小皿料理が30品以上揃っていて、ソノマ産のワインを飲みながら、それに合う料理が少しずつ楽しめる。テイスティングもできるので、頼んでみるといい。予算は$30〜50。

カード AMV

タパススタイルでいろいろ食べられるのがいい

■ サンタローザ周辺 P.283
- 1415 Town and Country Dr., Santa Rosa
- (707) 526-3096
- starkrestaurants.com
- 火〜木11:30〜21:00、金・土11:30〜21:30、日・月17:00〜21:00

ヒールズバーグ

カリフォルニア　バレット / Valette

地元出身の兄弟が経営する

オープン1年目でオープンテーブル（アメリカのレストラン予約サイト）の2015年度全米ベストレストラン100選に選ばれた。新鮮な食材を使った料理とソノマワインが楽しめる。アペタイザーの自家製ハムとチーズの盛り合わせがおすすめ。

カード AMV

ワインに合うメニューが豊富なレストラン

■ ワイナリーマップ P.277外
- 344 Center St., Healdsburg
- (707) 473-0946
- www.valettehealdsburg.com
- ディナー毎日17:30〜21:30
- おもな祝日

286

メモ ナパバレーのファーマーズマーケット　ナパ ダウンタウンの南 195 Gasser Dr.で、5〜10月の火・土8:00〜13:00に行われる。MP.276　(707)501-3087　napafarmersmarket.org

ワインカントリーのホテル
Wine Country

宿泊におすすめは、おいしいレストランの集まるセントヘレナとマッドバスの保養地カリストーガだ。サンフランシスコから週末旅行で来る人も多く、宿泊、スパパッケージともに混み合うので、予約が望ましい。5～10月がハイシーズン。どこの宿もオンシーズンかオフシーズン、平日か週末かで料金がずいぶん違ってくる。

高級　オーベルジュ・ドゥ・ソレイユ / Auberge du Soleil

レストランも人気の高級ホテル

ジャグジー、プール、マッサージルーム、テニスコートなど、リラクセーション施設が充実している。レストランでは、ヘルシーなカリフォルニア料理が堪能できる。センス抜群の地中海風のさわやかなインテリアは女性客にも評判がいい。

Wi-Fi無料　50室　カード ADJMV

ワイナリーマップ P.277
180 Rutherford Hill Rd., Rutherford, CA 94573
(707) 963-1211
(1-800) 348-5406
aubergeresorts.com/aubergedusoleil
S D T $1325～1550

高級　ナパバレー・ロッジ / Napa Valley Lodge

ゆったりとした滞在ができる

広々とした美しいエントランスが特徴的。部屋も上品でシックな内装になっている。プール、スパ、サウナなどの施設も充実。シャンパン付きの朝食も好評で、周囲にはレストランも多い。全館禁煙。

Wi-Fi無料　55室　カード ADMV

ワイナリーマップ P.277
2230 Madison St., Yountville, CA 94599
(707) 944-2468
(1-888) 944-3545
www.napavalleylodge.com
S D T $380～678、
Su $530～650

中級　リバー・テラス・イン / River Terrace Inn

テラスから景色が楽しめる

ナパリバーのすぐそば。周囲は緑にあふれ、まさにワインカントリーの休日らしい、豊かな時間を過ごせる。広々とした客室は、家族連れにも好評だ。ナパのダウンタウンも徒歩圏内で、観光を楽しむのにぴったりのホテル。

Wi-Fi無料　114室　カード AMV

ナパ P.276
1600 Soscol Ave., Napa, CA 94559
(707) 320-9000
(1-866) 627-2386
(707) 258-1236
www.riverterraceinn.com
S D T $440～554

B&B　チェルシー・ガーデン・イン / Chelsea Garden Inn

家庭的な宿でくつろぎのひとときを

カリストーガのダウンタウンにあり、観光の拠点としても便利。かわらしい雰囲気のインテリアでまとめられた客室は、ゆったりとしていて、とてもくつろげる。ボリュームいっぱいの朝食もうれしい。

Wi-Fi無料　5室　カード MV

カリストーガ P.280
1443 2nd St., Calistoga, CA 94515
(707) 942-0948
(707) 942-5102
www.chelseagardeninn.com
S D T 4～11月$195～400、12～3月$165～400

B&B　カメリアイン / Camellia Inn

ヒールズバーグのとっておきのB&B

ヒールズバーグダウンタウンにあるB&B。緑がいっぱいの庭やあたたかいもてなしで、満足度も高い。客室は、かわいらしいインテリアでまとめられ、特に女性に好評だ。夕方にはワインとチーズのサービスあり。

Wi-Fi無料　9室　カード AMV

ワイナリーマップ P.277 外
211 North St., Healdsburg, CA 95448
(707) 433-8182
camelliainn.com
S D T $159～870、
Su $279

287

サンフランシスコからのエクスカーション
モントレー & カーメル
Monterey & Carmel

カリフォルニア文化の発祥地

サンフランシスコから南へ約200km、真っ青な太平洋に突き出たモントレー半島の海岸線沿いに美しく魅力的な町がある。スタインベックの小説で知られるモントレーと、芸術家が集まるカーメルだ。

モントレーは良港として知られ、イワシの缶詰工場など昔の面影が今も色濃く残る観光地。カーメルはアートギャラリーが多く、街歩きが楽しい。隣接する、ふたつの町を訪れてみたい。

行き方
SFからモントレーへ
グレイハウンドバスでサリナスまで$23〜38、所要約4時間。ここから1ブロックの所（Central Ave. & Salinas St.）にあるバス停からMSTバス#20がモントレーまで運行。
www.greyhound.com
mst.org

アムトラックで行く場合、オークランドへのアムトラック連絡バスは列車のチケット購入時に一緒に予約を。サンフランシスコからモントレーまで$33〜114、所要約5時間。
www.amtrak.com

モントレー・エアバス
1日12本運行。
www.montereyairbus.com
$52

モントレー & カーメルへの行き方

サンフランシスコからは、車での移動が便利。US-101を**サリナスSalinas**まで南下、CA-68でモントレーへ。所要約2時間30分。グレイハウンドバスは、隣町のサリナスまでの運行。アムトラックならサンフランシスコから連絡バスでオークランド駅へ。そこから列車に乗り、サリナス駅で下車。駅からアムトラックの連絡バスがモントレーのトランジットプラザまで運行している。サンフランシスコ国際空港（SFO）から直接向かうのなら、モントレーまでモントレー・エアバスが走っている（1階ターミナルの外、最初の中州）。日帰りならツアーバス（→P.218）を利用しよう。

モントレー半島

メモ 景色のよいドライブルート　SFからI-280を南下、カーブが多い山道のCA-85でサラトーガSaratogaへ。CA-17に入りサンタクルーズSanta Cluz、そしてモントレー湾沿いのCA-1からモントレーへ。全行程で約2時間。

モントレー & カーメルの歩き方

モントレー半島は、サンフランシスコからの小旅行で人気の観光地だ。1泊2日の週末を過ごすのに最適の場所で、年間を通じて観光客でにぎわっている。

観光ポイントやアクティビティが集まっているのはモントレー。変化に富んだ海洋環境が、自然観察に絶好の土地柄だ。

モントレーからUS-1を車で15分ほど走ると隣町カーメルに達する。モントレーを訪れる人は、ほとんどがカーメルも訪れる。車なら、夕方には17マイルドライブ（→P.294）でサンセットを眺めて、宿泊ならば静かなカーメルまで足を延ばしたい。

モントレー
Monterey

ダウンタウンには、カリフォルニアで最初にできた税関や古い劇場などが歴史的な建物として残されていて、漁港として栄えていた頃の名残が感じられる。素朴なムードが魅力のオールドフィッシャーマンズワーフ、スタインベックの小説の舞台になったキャナリーロウ（缶詰横町）、豊富な海洋生物の展示で有名なモントレーベイ水族館など、こぢんまりとした町ながらも見どころは充実している。

おもな見どころ

モントレー　MP.289-A1

モントレー観光のメインストリート
キャナリーロウ
Cannery Row　★★

オールドフィッシャーマンズワーフの北西1.5kmにある、海岸沿いのにぎやかな通りがキャナリーロウ。1940年代、スタインベックの小説の舞台になったキャナリーロウは、缶詰工場が並ぶ素朴な通りのある港町だった。1920～30年代の雰囲気を残しながら改装された缶詰工場にはショップやレストランがあり、観光客でにぎわっている。

モントレー
MP.220

モントレー観光案内所
Monterey Visitors Center
無料の地図や小冊子、ホテルやモーテルのパンフレットもあるほか、宿を決めていない人は備え付けの電話で予約ができる。
MP.289-B2
401 Camino El Estero, Monterey
(1-888)221-1010
www.seemonterey.com
毎日10:00～18:00
おもな祝日

スタインベックの小説の舞台となったキャナリーロウ

サンフランシスコ　San Francisco

モントレー＆カーメルへの行き方／歩き方／モントレーの見どころ

メモ　モントレーの交通機関MST　モントレーとその周辺を広範囲に網羅しているバスと、モントレーの観光ポイントをつなぐ無料のトロリーを運営している。mst.org　バス$1.50～3.50

289

モントレー&カーメル Monterey & Carmel

オールドフィッシャーマンズワーフ
住 1 Old Fisherman's Wharf, Monterey
☎ (831)238-0777
URL www.montereywharf.com

オールドフィッシャーマンズワーフはモントレーでも観光の中心

ホエールウオッチング
● Princess Monterey Whale Watching
MP.289-A1
住 96 Fisherman's Wharf #1
☎ (831)372-2203
URL www.montereywhalewatching.com
料 大人$50～70、子供（3～11歳）$35～55
毎日9:00、10:00、12:30、14:00、15:30、夏期は増便。所要約2時間半～3時間
※ウェブサイトから予約可。
カード ADJMV

モントレーベイ水族館
住 886 Cannery Row, Monterey
☎ (831)648-4800
URL www.montereybayaquarium.org
料 大人$49.95、シニア（65歳以上）・学生（要ID、13～17歳）$39.95、子供（3～12歳）$29.95、2歳以下無料
毎日10:00～18:00（夏期とおもな祝日は9:30～。また、夏期の金・土は～20:00、冬期10:00～17:00）
休 クリスマス

巨大水槽の中の海藻の森

モントレー発祥の桟橋　　モントレー　MP.289-A1
オールドフィッシャーマンズワーフ
Old Fisherman's Wharf　　★★★

　ダウンタウンの北、海に突き出た桟橋がオールドフィッシャーマンズワーフだ。1846年に造られた桟橋は、かつては多くの漁師が働いていた所だが、現在はみやげ物店やレストランが並ぶ観光スポットとなっている。

　ノスタルジックな木製の桟橋には、名物のクラムチャウダーや、新鮮な魚をその場で蒸し焼きにして食べさせる店、カジュアルな雰囲気のレストランが軒を連ねる。また、突端まで行くと、観光客が投げる小魚を目当てにカモメが集まっている。桟橋の端から端まで歩いても10分とかからない。この桟橋からは、いくつものツアー会社による湾内クルーズやホエールウオッチングツアーが出ている。時間があればぜひ参加してみよう。

世界に誇る水族館　　モントレー　MP.289-A1
モントレーベイ水族館
Monterey Bay Aquarium　　★★★

　モントレー湾特有の動植物にスポットを当てた貴重な水族館。一般教育活動、研究の分野でも世界的に有名で、特に**"海藻の森 Kelp Forest"** のコーナーが名高い。館内は広いのでインフォメーションでマップや案内を入手し、混雑時は見たいところを絞って効率よく回るようにしよう。

館内のおもな見どころ
● **海藻の森　Kelp Forest**
　高さ約9mのアクリル製水槽の中に、カリフォルニア沿岸のいたるところで見られる巨大なケルプが群生している。ケルプは30m以上に生長することもある海藻で、森にはさまざまな生物が生息している。

● **ジェリー（クラゲ）　Jellies**
　癒やしの生物として人気者のクラゲはとても見応えがある。6つのギャラリーで展示しているが、腕につけたLEDライトでクラゲの反応を見られる工夫がされている。

● **ラッコ　Sea Otters**
　モントレー湾のケルプの森には、多くのラッコがすんでいる。ここにいるのは冬の嵐で母親とはぐれ、岸にいるところを救われたラッコたち。彼らは水族館スタッフとボランティアたちにより、大切に飼育されている。

● **外海　Open Sea**
　水族館自慢の水槽は約126万ℓもの水量を誇り、マンボウやアカシュモクザメがゆうゆうと泳いでいる姿が印象的だ。モントレー湾のすみかMonterey Bay Habitatsでは、アカエイやチョウザメなど、ケルプの生育しているエリアと異なった魚類が見られる。

★★★おすすめ度

モントレー周辺
Outskirts

モントレーの町から半島の先（西）は、パシフィックグローブと呼ばれる海岸線。観光客でにぎわうモントレーとは対照的で、海とビクトリアンハウス、そして花々が鮮やかな色を添える居住区だ。また、モントレーから内陸に車で約30分（約17マイル）で、文豪スタインベックの故郷、キャベツ畑に囲まれた小さな町サリナスに到着する。

パシフィックグローブでは太平洋沿いのシバザクラが美しい

かつてのモントレーの落ち着きを保つ住宅地　モントレー半島　MP.288-A1
パシフィックグローブ
Pacific Grove　★★

毎年11月になるとアラスカやカナダからチョウの群れが避寒にやってくるため、**バタフライタウンButterfly Town**のニックネームをもつ。

観光の中心となるのは、**ラバーズポイントLovers Point**と呼ばれる海に突き出た小さな岬。キャナリーロウから約1kmと、観光気分で歩ける。5月にはピンクのシバザクラが楽しめる。

海沿いを歩いて半島の最北端まで行くと**ポイントピニョス灯台Point Pinōs Lighthouse**がある。灯台に上って太平洋を眺めれば、半島を堪能した気分も満点だ。

ビクトリアンハウスを利用したB＆Bもあるので、滞在してみるといい。

アメリカの文豪スタインベックを知る　モントレー半島　MP.288-B2外
ナショナル・スタインベック・センター
National Steinbeck Center　★★

映画にもなった『エデンの東』の舞台で、原作者スタインベックの生誕の地が**サリナスSalinas**。町の中心地にあるスタインベックセンターは、彼の人となりや、作品に込められた思いを深く知ることができる。作品ごとにコーナーを設け、背景を掘り下げている。彼が『怒りの葡萄』を書いた動機や経緯などの重くなりがちな展示も、実感をもって理解させようという工夫がなされている。

今ではレストランとおみやげ店　モントレー半島　MP.288-B2外
スタインベックハウス
Steinbeck House　★

スタインベック生誕の地は、スタインベックセンターからわずか3ブロックの場所にある。生家のツアー（夏期のみ）も行われている。現在はレストランとして営業をしているが、ランチのみで要予約。地下にはギフトショップThe Best Cellar〔☎(831)757-0508〕もある。

展示を見たあとに立ち寄ってみよう

サンフランシスコ San Francisco
モントレー／モントレー周辺の見どころ

モントレーからパシフィックグローブへ
トランジットプラザ（MP.289-A2）よりMSTバス#1で。モントレーベイ水族館経由でPacific Grove Golf Courseで下車すれば灯台。灯台を経由してSally Griffin Senior Centerで下車すればラバーズポイント。
mst.org

パシフィックグローブ観光局 Pacific Grove Chamber of Commerce
MP.288-A1
100 Central Ave., Pacific Grove
(831)324-4668
www.pacificgrove.org
毎日10:00～17:00

ポイントピニョス灯台
MP.288-A1
80 Asilomar Ave., Pacific Grove
(831)648-3176
www.pointpinoslighthouse.org
木～月13:00～16:00、土10:00～16:00
大人$4、子供$2（寄付制）
火・水

サリナス
MP.220、巻頭折込「アメリカ西海岸」

ナショナル・スタインベック・センター
1 Main St., Salinas
(831)775-4721
www.steinbeck.org
毎日10:00～17:00（毎月第1金～21:00）
おもな祝日
大人$12.95、シニア・学生$9.95、6～17歳$6.95
MSTバス#20がモントレーとサリナス間を日中1時間に2本程度走る。

スタインベックハウス
132 Central Ave., Salinas
(831)424-2735
steinbeckhouse.com
火～土11:30～14:00
ツアー　$10

291

サンフランシスコからのエクスカーション
モントレー&カーメル Monterey & Carmel

カーメル
MP.220

モントレーからカーメルへ
交通 トランジットプラザ（MP.289-A2）からMSTバス#2, 22, 24がカーメルダウンタウンを通る。運行本数が少ないのでウェブサイトなどで時刻表を確認しよう。
※タクシーなら約15分、$18〜23が目安。

カーメル観光案内所
Carmel Visitors Center
MP.293-A1
住 Carmel Plaza 2F, Ocean Ave. & Mission St., Carmel, CA 93921
☎ (831)624-2522
Free (1-800)550-4333
URL www.carmelcalifornia.org
営 月〜土10:00〜17:00、日11:00〜16:00
休 おもな祝日

古い教会と花の美しい庭園を満喫したい

カーメル・ミッション・バジリカ
住 3080 Rio Rd., Carmel
☎ (831)624-1271
URL carmelmission.org
営 毎日9:30〜17:00
休 おもな祝日
料 大人$9.50、シニア$7、子供（7〜17歳）$5、6歳以下無料
交通 モントレー発のMSTバス#24が前を通る。

カーメルの小さなショッピングモールがカーメルプラザ

カーメル
Carmel

20世紀初頭に画家や作家たちが造った芸術家の町。格子状に規則正しく並んだ通りには緑があふれ、こぢんまりとしており、芸術家の町にふさわしい洗練された雰囲気と落ち着きをもっている。建物や看板はすべて町の美観を損ねないように工夫されている。またここは、映画俳優であり監督としても知られるクリント・イーストウッドが市長を務めたことでも有名。町の西のビーチでのんびりするのもよい。

おもな見どころ

カーメルの観光名所　　　　カーメルダウンタウン　MP.293-B2
カーメル・ミッション・バジリカ
Carmel Mission Basilica ★★

町の中心から南へ歩いて行くと、咲き乱れる花に囲まれたれんが色の屋根の教会が前方に見えてくる。正式な名前は"Mission San Carlos Borromeo Del Rio Carmelo"。スペイン人、フニペロ・セラ神父が1771年に建てたもので、1771〜1836年の間に、約4000人もの人がここで洗礼を受けたという。洗礼を受けた人のなかには、アメリカ先住民も多く含まれていた。

セラ神父は1784年に亡くなるまでこのミッションで過ごし、遺体はすぐ近くに埋葬された。建物の中には彼が愛読していた本などが展示されている。教会の内部は古く、くすんだアドービ（日干しれんが）の壁が歴史を感じさせる。

場所はRio Rd.とLasuen Dr.の角で町の南にあり、ダウンタウンから徒歩で約15〜20分。

カーメルのメインストリート　　カーメルダウンタウン　MP.293-A〜B1
オーシャンアベニュー
Ocean Avenue ★★

カーメルのダウンタウンを東西に貫くメインストリート。ひと休みにぴったりのカフェや、オーナーの趣味が感じられるショップが軒を連ねている。沿道にはギャラリーも多く、風光明媚な地にひかれて移り住んだアーティストたちの作品を紹介している。まずは観光案内所もあるショッピングモール、**カーメルプラザ**（→P.296）へ行ってみよう。点在するおしゃれなレストランは決して安くはないが、地元の素材を生かしたおいしい料理がサーブされる。週末ならレストランも早めに予約しておきたい。

オーシャンアベニューはぶらぶら歩くのが楽しい所

292　★★★ おすすめ度

サンセットを見に行こう　　カーメルダウンタウン　MP.293-A1〜2
カーメルビーチ
Carmel Beach ✦✦✦

オーシャンアベニュー沿いにどんどん坂を下って行くと、白い砂のビーチにぶつかる。カーメルビーチのロマンティックなサンセットは、この地を訪れる人たちの大きな楽しみになっている。

現地に住む人たちも飼い犬たちとともに散歩するのが日課のようだ。「夕日に染まる海辺で戯れる犬と子供たち」という絵になる風景に出合える場所だ。

白い砂が映える
美しいビーチ

ビーチからペブルビーチ・ゴルフ・リンクスも見渡せる

サンフランシスコ San Francisco　カーメルの見どころ

293

17 Mile Drive
17マイルドライブ
海岸線と森林の中を走る人気のドライブルート

モントレー、カーメルのふたつの町に挟まれるようにして海に突き出すモントレー半島。この半島を行く海岸線と森林のなかを走る人気のドライブルートが17マイルドライブ 17 Mile Driveだ。

5つのゲートから

入口はモントレー側からのパシフィックグローブ・ゲート、ルート1からのハイウエイ1ゲート、そしてカントリークラブ・ゲート、S.F.B.モースゲート、カーメル側からのカーメルゲートの5ヵ所。料金所で車1台につき$10.50（ペブルビーチ・リゾートで$35以上食事か買い物をすれば返却）を支払うと、いよいよスタート（※オートバイは通行できない）。

ゲートで渡される地図は、21のビューポイントの説明が付いた詳細なコースガイドになっている。番号順に進みたければルート1側のハイウェイ1ゲートから入ること。それぞれのポイントには、地図と同じナンバーの付いた標識がある（見逃してしまうほど小さいものもある）。

パシフィックグローブ・ゲート
Pacific Grove Gate

モントレー側のパシフィックグローブ・ゲートから、海岸沿いをペブルビーチまで走るコースを紹介する。標識に従い、松林を抜けるワインディングロードを進むと右側に④イン＆リンクス・アット・スパニッシュベイThe Inn & Links at Spanish Bayが見えてくる。1987年に設立のスコットランド式ゴルフコースだ。それを横目に右折すると⑤スパニッシュベイ Spanish Bayに出る。ここはスペインの探検家が1769年に上陸した所で、湾沿いにはピクニックエリアがある。右側には砂地が広がり、反対の山側にはゴルフコースとガラス張りの家などシックな造りの家々が見える。緩やかなカーブを描きながら進むと⑥レストレスシー The Restless Sea、⑦ポイントジョー Point Joeに出る。ここからは、スパニッシュベイや太平洋の大海原を見渡すことができる。その先は、次の⑧チャイナロックChina Rockと⑨バード・ロック・ハントコースBird Rock Hunt Courseまで、右に太平洋、左にゴルフコースを見ながらのドライブになる。

シールロック＆バードロック
Seal Rock & Bird Rock

地形の変化を生かした砂地混じりのゴルフコースを過ぎると、17マイルドライブの人気スポット、⑩バードロックBird Rockと⑪シールロックSeal Rockに着く。海岸線から少し離れた所に大きな岩があり、カモメが羽を休めたり、オットセイやアシカがのんびり寝転んだりしている。双眼鏡があれば、より迫力ある姿を見ることができるだろう。また、⑪にはピクニックエリアやトイレもあるので、ひと休みするとよい。

ロックを過ぎると、右側には⑬の白砂の浜辺ファンシェルオーバールックFanshell Overlook（4/1〜6/1の間はゴマフアザラシの出産、子育てのために閉鎖）が、左側

※上の地図の①〜㉑は、ゲートで渡される地図と対応

カーメルのウオーキングツアー Carmel Walks かわいらしい家並みや小道、庭などを見学できる。
☎(831)223-4399　月〜木10:00、金・土10:00、14:00（約2時間）　www.gaelgallagher.com　$30

風光明媚なドライブ道が17マイルドライブ

には⑫スパイグラスヒル・ゴルフコース Spyglass Hill Golf Courseが広がる。

ローンサイプレス　Lone Cypress

　杉林の中をしばらく走ると、⑭サイプレスポイント Cypress Point（4/1～6/1の間は閉鎖）への分岐点に出る。ここには、波打ち際に展望台があり、そこから岩に砕け散る荒々しい波を見ることができる。また、晴れた日は、32km南にあるポイントサー灯台も見える。⑯ローンサイプレスThe Lone Cypress、"ひとりぼっちの杉"と、その名のとおり、断崖の上にポツンと立っている1本の糸杉は、北カリフォルニアのシンボル。観光客がしきりにカメラのシャッターを切っている。ローンサイプレスから、途中⑰ゴーストツリー Ghost Treeの中をくぐり抜ける。このあたりの木の幹は、風や波しぶきを受けて白くなっている。

光と風のペブルビーチ

　緑豊かな杉の木林を走り、しばらくすると視界が開ける。そこは⑲のペブルビーチ Pebble Beach。世界的に有名なペブルビーチ・ゴルフリンクス Pebble Beach Golf Linksがある所だ。このゴルフコースは1919年に設立された名門コースで、ジョン・F・ネヴィルによるデザイン。以来、1972年、1982年、1992年、2000年、2010年のUSオープン、1977年のPGAチャンピオンシップなどの大会が行われ、2019年6月にもUSオープンが開催された。海、断崖、砂浜、松林、池などを巧みに配したリンクスは、世界中のゴルファーの憧れ。米国内のゴルフコースベスト10には、必ずその名が

ランクインし、眺望も抜群。"水晶"の意味があるペブルの名のとおり、美しい渚はまるで水晶をちりばめたかのようだ。

　グリーンフィーは$550（宿泊客はカート付き）。1ヵ月以上前から予約が必要。
　☎ (1-800) 877-0597
　www.pebblebeach.com
　また、クラブハウスの売店では、ペブルビーチの名前入りスポーツ用品を売っている。

ペブルビーチ周辺

　ペブルビーチ一帯には、郵便局、ショッピングアーケード、レストランやデリカテッセンなどがある。しかし値段はどこも高めだ。ビーチ沿いに立つ高級ホテルはロッジ・アット・ペブルビーチ Lodge at Pebble Beach。全面ガラス張りのロビーからは、ペブルビーチとゴルフコースが一望できる。

　🏠1700 17 Mile Dr., Pebble Beach, CA 93953　☎ (831) 624-3811
　☎ (1-800) 877-0597（予約専用）
　FAX (831) 625-8598　💰1泊$940～4650

最後に……

　これより先、カーメルに抜ける場合は、カーメルゲートの標識をもとに進路をとり、CA-1に乗りたい人はカーメルゲートを過ぎたあと、山の中を上って行くとゲートに出る。
　このドライブウエイは、ただひたすら走るのみなら30分もかからない。穏やかな白砂のビーチ、太平洋の激しい波と風が造り上げた断崖、岩場に集まる鳥の姿、杉林と咲き乱れる花々、そしてそこにすむ動物たち。自然の景観を楽しむからこそ、このドライブの価値が生まれてくる。のんびり、豊かな気持ちでこの17マイルを走ってほしい。

※ゲートで渡される地図には、ここに紹介するルート以外のビューポイントの説明も載っている。もっとドライブを楽しみたいなら、それを参考に走ろう

宿泊すればプレイも可能なペブルビーチ・ゴルフリンクス

メモ　カーメルは俳優クリント・イーストウッドが市長を務めていた　彼の経営するレストラン＆ホテルがミッションランチ Mission Ranch。MP.293-A2　🏠26420 Dolores St., Carmel　www.missionranchcarmel.com

モントレーとカーメルのショップ＆レストラン
Monterey & Carmel

モントレーは観光地なので、キャナリーロウに行くと、食べる場所には事欠かない。一方、カーメルには、派手ではないがじっくりと食事を楽しむグルメ派レストランが多く、アメリカ各都市で見られるチェーンのファストフード店は見当たらない。

カーメル

ショッピングモール | **カーメルプラザ / Carmel Plaza**

日本人好みのブランドも多い

オーシャンアベニューの東にあるショッピングモール。モールとしては、それほど大きくないが、日本人に人気のケイトスペードやコール・ハーン、ボッテガ・ヴェネタ、ティファニー、アンソロポロジーなどのショップやレストランなど約35店舗と観光案内所も入っている。　カード　店舗による

カーメルの町並みを壊さないモールだ

🅼 カーメルダウンタウン P.293-A1
- Ocean Ave. & Mission St., Carmel
- (831)624-0138
- carmelplaza.com
- 月〜土10:00〜18:00、日11:00〜17:00（店舗により異なる）

モントレー

シーフード | **ババ・ガンプ・シュリンプ / Bubba Gump Shrimp Co.**

映画『フォレスト・ガンプ』がレストランに！

店名は、映画のなかでガンプが設立したシュリンプの水産会社名。モントレーの中心、キャナリーロウにあり、店内には映画で使われた衣装が飾られ、メニューはもちろんシュリンプがメイン。定番のシュリンパーズ・ネット・キャッチ（$13.79）はぜひ注文したい。　カード AJMV

スパイスが効いたケイジャンシュリンプ

🅼 モントレー P.289-A1
- 720 Cannery Row, Monterey
- (831)373-1884
- www.bubbagump.com
- 月〜金11:00〜22:00（金〜23:00）、土10:30〜23:00、日10:30〜22:00

カーメル

アメリカン | **ホッグス・ブレス・イン / Hog's Breath Inn**

古きよき西部の雰囲気が漂う

ランチはサンドイッチ、ハンバーガー、サラダなどが$16前後。ディナーのメインは$21〜42で、サラダやベイクドポテトが付くものもある。アメリカらしい料理が楽しめる。クリント・イーストウッドがペイントした看板が目印。　カード AMV

雰囲気もいい人気レストラン

🅼 カーメルダウンタウン P.293-A1
- San Carlos St. (bet. 5th & 6th Aves.), Carmel
- (831)625-1044
- www.hogsbreathinn.net
- ランチ：毎日11:00〜16:00
- ディナー：毎日16:00〜22:00

カーメル

イタリアン | **ポータベラ / Porta Bella**

地中海料理の人気店

地元の素材を存分に使い、イタリア、スペイン、南フランスの料理をうまくミックスして仕上げた料理の数々。特に、新鮮な野菜だけがもつ甘さに驚くはず。ディナーの前菜$16程度、メイン$25〜34程度。　カード AJMV

カーメルでイタリアンといえばここ

🅼 カーメルダウンタウン P.293-A1
- Ocean Ave. (bet. Lincoln & Monte Verde Sts.), Carmel
- (831)624-4395
- www.portabellacarmel.com
- 毎日11:30〜21:30（金・土〜22:00）

Information　パワースポット「ビッグサー Big Sur」

カーメルからCA-1を南へCabrillo Hwy.を約40分、車で走るとビッグサーに着く。近年、景色のすばらしさと空気のすがすがしさからパワースポットのように位置づけられている。切り立った崖と太平洋のコントラストが見事で、周辺には10近くの州立公園がある。

●ビッグサー商工会議所 Big Sur Chamber of Commerce
🅼 巻頭折込「アメリカ西海岸」
www.bigsurcalifornia.org

モントレーとカーメルのホテル
Monterey & Carmel

モントレーとカーメルのホテルは、観光地だけあって値段が高い。車がある人ならモントレーの中心部から外れたモーテル街もあるが、そうでない人は、前もってウェブサイトなどで予約をしたほうがいい。昼はモントレーで遊んで、夜は B&B が多くあるカーメルに宿泊することをおすすめする。

高級 ベストウエスタン・プラス・ビクトリアン・イン
Best Western Plus Victorian Inn

モントレー P.289-A1

観光の中心地キャナリーロウに至近

ビクトリア調のかわいらしいイン。各部屋は広々贅沢に整えられていて、夕方にはワインとチーズのサービスがある。モーテルが多いベストウエスタンでは別格だ。キャナリーロウや水族館へ数ブロックと、場所もいうことなし。

487 Foam St., Monterey, CA 93940
(831) 373-8000
(1-800) 780-7234
(831) 655-8174
www.victorianinn.com
S D T $229〜359

Wi-Fi無料 70室 カード ADJMV

高級 インターコンチネンタル・クレメント・モントレー
InterContinental the Clement Monterey

モントレー P.289-A1

モントレーで贅沢に時間を過ごすなら

目の前は海で、さざ波の音を聞きながら眠りにつける。夕日観賞できるレストランもある。水族館へ徒歩3分。

750 Cannery Row, Monterey, CA 93940
(831) 375-4500　(1-866) 781-2406　(831) 375-4501
www.ictheclementmonterey.com　S D T $319〜392

Wi-Fi無料 208室 カード ADJMV

高級 モントレー・プラザ・ホテル&スパ
Monterey Plaza Hotel & Spa

モントレー P.289-A1

モントレーの最高級ホテル

モントレー湾に面した老舗ホテル。落ち着いたたたずまいで、客室も清潔。スパも併設され、女性客に人気。

400 Cannery Row, Monterey, CA 93940
(831) 920-6710　(1-877) 862-7552
montereyplazahotel.com　S D T $298〜479

Wi-Fi無料 250室 カード ADMV

中級 スピンドリフトイン
Spindrift Inn

モントレー P.289-A1

海側の部屋がベスト

モントレー観光の中心、キャナリーロウにある、ヨーロッパ風のプチホテル。ロマンティックなインテリアでまとめられた客室は広々としていて快適。朝食を部屋で食べることができたり、夕方にはワインとチーズのサービスがあるのもうれしい。

652 Cannery Row, Monterey, CA 93940
(831) 646-8900
(1-800) 841-1879
(831) 655-8174
www.spindriftinn.com
S D T $263〜518

Wi-Fi無料 45室 カード ADMV

中級 マリポサイン&スイーツ
Mariposa Inn & Suites

モントレー P.289-A2

おしゃれなインテリアも魅力

屋外プールで泳いだり、パティオでのんびりしたりと、モントレーらしい、ゆったりとした時間を満喫できる。町でも人気の高い宿だ。客室は全部で6種。なかにはスパ付きのスイートもあり、カップルにも家族連れにもおすすめ。

1386 Munras Ave., Monterey, CA 93940
(831) 649-1414
(1-800) 824-2295
(831) 649-5308
www.mariposamonterey.com
S D T $199〜299

Wi-Fi無料 50室 カード AMV

中級 シー・ブリーズ・イン&コテージ
Sea Breeze Inn & Cottage

モントレー半島 P.288-A1

ビーチに近い

ビーチに歩いて行ける距離にあるかわいらしいホテル。インとコテージの2タイプがある。朝食無料。

1100 Lighthouse Ave., Pacific Grove, CA 93950
(831) 372-7771　(831) 643-0235
seabreezeinnpg.com　S D T $149〜205

Wi-Fi無料 42室 カード AMV

297

モントレーとカーメルのホテル Hotel in Monterey & Carmel

モントレー

中級 モンテレーベイ・イン Monterey Bay Inn
モントレー湾の眺めがすばらしい
キャナリーロウにあり、観光に便利なロケーション。バルコニーで波の音を聞きながら静かなひとときを過ごすのもいい。朝食は部屋まで届けてくれる。 Wi-Fi 無料 49室 カード ADJMV

M モントレー P.289-A1
242 Cannery Row, Monterey, CA 93940　(831) 373-6242
(1-800) 424-6242　(831) 655-8174　www.montereybayinn.com
SDT $ 359〜549

中級 ホテルパシフィック Hotel Pacific
暖炉付きで趣のあるスイート
ダウンタウンにあるロマンティックなホテル。全室がゆったりとしたスイートで、暖炉も付いている。 Wi-Fi 無料 105室 カード AMV

M モントレー P.289-A1
300 Pacific St., Monterey, CA 93940　(831) 373-5700
(831) 373-6921　www.hotelpacific.com
SU $ 195〜229

中級 セントレライン Centrella Inn
ロマンティックな B&B
チャーミングなビクトリアン建築のB&B。建設当時のデザインや装飾を大切に守り続けている。 Wi-Fi 無料 25室 カード AMV

M モントレー半島 P.288-A1
612 Central Ave., Pacific Grove, CA 93950
(831) 372-3372-9129　(1-800) 610-9615　(831) 372-2036
www.centrellainn.com　SD $198〜269、SU $278

エコノミー ホステリング・インターナショナル・モントレー Hostelling International Monterey
キャナリーロウまで徒歩5分
モントレーベイ水族館から4ブロックの所にあるユースホステル。リビングやキッチンが広く快適。 Wi-Fi 無料 43ベッド カード AMV

M モントレー P.289-A1
778 Hawthorne St., Monterey, CA 93940　(831) 649-0375
www.montereyhostel.org
ドミトリー $ 46〜56、個室 $ 159〜219

カーメル

高級 パインイン Pine Inn
シックなヨーロピアンイン
Ocean Ave.に面した豪華なヨーロッパ調ホテル。予約は日本セールス担当のヘンリー高野氏（→脚注）まで。 Wi-Fi 無料 49室 カード ADJMV

M カーメルダウンタウン P.293-A1
Ocean Ave. (bet. Lincoln & Monte Verde Sts.), Carmel, CA 93921
(831) 624-3851　www.pineinn.com
SDT $ 199〜319、SU $ 349〜359

高級 ラ・プラヤ・ホテル La Playa Hotel
庭が美しいホテルとして有名
1905年に建てられた地中海風の別荘で、デザインやインテリアまでこだわりが感じられる。 Wi-Fi 無料 75室 カード AMV

M カーメルダウンタウン P.293-A1
Camino Real at 8th Ave., Carmel, CA 93921
(831) 293-6100　(1-800) 582-8900　(831) 624-7966
www.laplayahotel.com　SD $ 449〜699

中級 キャンドル・ライト・イン Candle Light Inn
眺めのよさが自慢
全室コーヒーメーカー、テレビ付き。朝食が部屋まで届けられるが、キッチン付きの部屋もある。 Wi-Fi 無料 20室 カード AMV

M カーメルダウンタウン P.293-A1
San Carlos (bet. 4th & 5th Aves.), Carmel, CA 93921
(831) 624-6451　(1-800) 433-4732　(831) 624-6732
www.candlelightinncarmel.com　SDT $ 259〜340

中級 ウエイサイドイン Wayside Inn
キッチン付きの部屋もある
全室トイレ、シャワー付き。バスタブ、キッチン、暖炉付きの部屋もある。海にも歩いて行ける。 Wi-Fi 無料 22室 カード AMV

M カーメルダウンタウン P.293-A1
7th Ave. & Mission St., Carmel, CA 93921　(831) 624-5336
(1-800) 433-4732　(831) 626-6974　www.waysideinncarmel.com
SD $ 299〜417、SU $ 319〜472

中級 ロボスロッジ Lobos Lodge
白砂のビーチまで徒歩5分
庭がきれいに整備されており、ホテル内もとても清潔。朝食を部屋まで運んでくれるのがうれしい。 Wi-Fi 無料 30室 カード AMV

M カーメルダウンタウン P.293-A1
Ocean Ave. & Monte Verde St., Carmel, CA 93921
(831) 624-3874　(831) 624-0135
www.loboslodge.com　SDT $ 195〜310

メモ **読者割引料金で宿泊できる** パインインは、ヘンリー高野氏をとおして予約すると読者割引料金で宿泊できる。☎ (650) 827-9491、FAX (650) 827-9105、E henrytakano@earthlink.net、www.nishikaigan.com

298

サンフランシスコからのエクスカーション
ヨセミテ国立公園
Yosemite National Park

氷河が造り出した芸術

シエラネバダ山脈の懐に広がる面積約3000km²のヨセミテ国立公園。東京都の1.5倍の広さに、巨大な岩峰、雪解け水を集めた無数の滝と渓流、氷河の名残の湖など「自然が造った最高の宝物」がある。2万年前、渓谷は厚さ1000mの氷河に覆われていたが、急速な温暖化により後退。氷河が岩肌を削り、現在の岩壁ができた。アメリカを代表する大自然をぜひとも訪れておきたい。

ヨセミテ国立公園への行き方

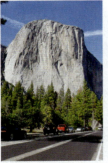

そびえ立つエルキャピタン

ヨセミテ国立公園はカリフォルニア州の東端にあり、**サンフランシスコから車で約4時間、ロスアンゼルスからは約6時間**で行ける。レンタカーでのアクセスがおすすめだが、ツアーや列車、バスなどの交通機関もあるので心配はない。

バス、列車でヨセミテへ向かう場合、ヨセミテまで約110kmの**マーセドMerced**が拠点だ。マーセドから国立公園へはYARTSのバスが運行している。

●グレイハウンドバス＋YARTSバス

サンフランシスコからマーセドまで直行便で約4時間、1日1本。ロスアンゼルスからは直行便で6～7時間30分、1日5本運行。

マーセドからYARTSバス（夏期5本、冬期4本）に乗り換える。

マーセドからヤーツYARTSのバスでアクセスできる

●アムトラック（鉄道）

サンフランシスコ～ロスアンゼルスを結ぶ列車（San Joaquins号）が、マーセドに停車、ヨセミテ国立公園へのシャトルバスである上記のYARTSバスと連絡している。なお、サンフランシスコ市内からEmeryville駅間、ロスアンゼルスからはUnion駅からBakersfield間はアムトラック連絡バスによる接続となる。全行程の所要時間は、サンフランシスコから約6時間30分～8時間30分、ロスアンゼルスから約10時間。

サンフランシスコからマーセドへ
●グレイハウンドバス
 (1-800)231-2222
 www.greyhound.com
マーセドのディーポ（バス停車場）
 710 W.16th St., Merced
 月～金7:30～15:00 土・日7:30～10:30
 SF→マーセド片道$24～43
 LA→マーセド片道$22～64
●アムトラック
 (1-800)872-7245
 www.amtrak.com
マーセドの鉄道駅
 324 W. 24th St., Merced
 毎日5:00～21:00
 SF→ヨセミテ国立公園片道$34～54
 LA→ヨセミテ国立公園片道$58～94

マーセドからヨセミテへ
● YARTS
 (1-877)989-2787
 www.yarts.com
 マーセド⇔ヨセミテ往復大人$32（国立公園入園料込み）

キャンピングカーで来る人も多い

SFから車で行くルート ベイブリッジを渡りI-580 East、I-205 East、I-5 Northと移り、CA-120で下りるとマンテカ。さらにCA-120を東に約115マイルでBig Oak Flat Entrance着。約3～4時間。後半の急な山道、冬は積雪注意。

ヨセミテ国立公園 Yosemite National Park

ヨセミテ国立公園
Yosemite National Park
MP.220
P.O. Box 577, Yosemite N.P., CA 95389
(209)372-0200
www.nps.gov/yose
一部を除いて年中24時間オープン
車1台＄35。バイク1台＄30。そのほかの方法は1人＄20
※ヨセミテではゲートを出る際にも入園料のレシートをチェックされるので、なくさないようにしよう。7日間有効で出入り自由。ヨセミテの各ゲートでは AMV のカードで支払い可。

ヨセミテバレー・ビジターセンター
MP.303
毎日9:00～17:00(夏期～17:30)
　ヨセミテバレーに到着したら、まずはビジターセンターへ行こう。地図や本などの資料が豊富に揃っている。また、年に数回発行の「**Yosemite Guide**」は必ず入手しておきたい情報誌。イベントや園内シャトルバスのスケジュール、ツアー案内、ジェネラルインフォメーションなどが掲載されている。ウェブサイトからダウンロード可。日本語の案内もある。
www.nps.gov/yose/planyourvisit/brochres.htm

バレーシャトル
● **Valley Shuttle Bus**
運行：毎日7:00～22:00、10～15分ごと
● **El Capitan Shuttle Bus**
運行：6月中旬～10月上旬の毎日9:00～17:00、30分ごと

レンタサイクル
　ヨセミテバレー・ロッジ、カリービッジにレンタルセンターがある。
www.travelyosemite.com/things-to-do/biking
毎日8:00～19:00 (最終貸し出しは17:45)
1時間＄12、1日＄34

ツアーバス
　申し込みはヨセミテバレー・ロッジのロビーにあるツアーデスク (夏はカリービレッジ、ビレッジストアでも可)。
(1-888)413-8869
www.travelyosemite.com/things-to-do/guided-bus-tours
● **Glacier Point Tours**
5月下旬～11月上旬8:30、13:30ヨセミテバレー・ロッジ発。所要4時間。
大人往復＄52、5～12歳＄33 (片道のみで帰路はハイキングでも可。大人片道＄26、子供＄17)、4歳以下無料

ヨセミテ国立公園の歩き方

　広大な公園のなかでも、巨大な岩壁や滝など、見どころが集中しているのが**ヨセミテバレー Yosemite Valley**だ。ヨセミテバレーは、深さ約1km、幅1.6km、長さ11.5kmのU字型の細長い渓谷。バレー内にはホテルやレストラン、キャンプ場などが点在しているので、できればここに宿を取りたい。無料のシャトルも運行されている。このバレー内の中心的な存在が**ヨセミテビレッジ Yosemite Village**だ。ビジターセンター、郵便局、診療所、スーパーマーケット、ギフトショップ、ギャラリーなどもあり、大自然のなかに開けた"村"である。また、案内所にある**ヨセミテガイド Yosemite Guide**(→側注)という情報誌は利用価値大。ヨセミテビレッジから少し離れた、マーセド川の対岸にあるのが**カリービレッジ Curry Village**。キャビンなどの宿泊施設が緑のなかに立ち並ぶ。グロサリー、カフェテリアなどの施設も充実している。

どこまでも広がる大自然

ヨセミテ国立公園の交通

●ヨセミテ・バレー・シャトル　Yosemite Valley Shuttle
　バレー内を循環しているバスが運行。年中運行の**バレー・シャトルバス Valley Shuttle Bus**(→P.302～303地図参照)、夏期限定で、ヨセミテバレーからエルキャピタン方面へ行く**エルキャピタン・シャトルバス El Capitan Shuttle Bus**の2本。無料なので上手に利用しよう。

●レンタサイクル　Bike Rentals
　バレー内を自由に散策するのなら、レンタサイクルがおすすめ。自転車専用道路も整備されているので、安全で快適なサイクリングが楽しめる。4月中旬～11月中旬の間のみ。

●ツアーバス　Yosemite Tours
　年間を通して園内のポイントへ各種の有料のガイドバスツアーが催行されている。観光案内所などで配布されるYosemite Guideやウェブでスケジュールを調べて、到着したら早めに予約しよう。

メモ　LAから車で行くルート　I-5を北へ。山間部を過ぎた所でCA-99へ移ってフレズノへ。あとはCA-41を北上すればヨセミテのSouth Entrance到着。所要約6時間。約460kmの距離。

ヨセミテ国立公園のおもな見どころ

ヨセミテのシンボル　　　　　　　　　ヨセミテバレー　　MP.303
ハーフドーム
Half Dome
☀☀☀

丸いドームをナイフで縦半分に切り落としたような形をしている。麓から頂上まで1443m。この巨大な岩壁を、2万年もの昔に氷河が造りだしたことを思うと、自然の偉大さを実感せずにはいられない。バレー内はセンチネル橋Sentinel Bridgeからの景色が美しい。ハーフドームの向かい側の丸いドーム状の岩峰はノースドームだ。

ハーフドームも時間を違えて見学したい

自然が造ったパノラマ展望台　　　　　ヨセミテバレー　　MP.303
グレイシャーポイント（積雪時は閉鎖）
Glacier Point
☀☀

ハーフドームを見るための特等席だ。カリービレッジの頭上の岩壁のてっぺんにある。眼前にハーフドームが迫り、シエラネバダ山脈がはるかかなたまで続く。下方には、ビレッジが豆粒のように小さく見える。グレイシャーポイントへは、ツアーバス（夏期のみ、約1時間15分）か、ヨセミテバレー・ロッジ近くからFour-Mile Trailを半日歩く。

ロッククライマーたち憧れの岩壁　　　ヨセミテバレー　　MP.302
エルキャピタン
El Capitan
☀☀☀

ヨセミテバレーの入口に君臨するエルキャピタンは、谷底からの高さ996m、花崗岩としては世界最大の一枚岩だ。その堂々とした姿は、男性的な力強さを感じさせる。バレーフロアから垂直にそびえていることから、世界中のロッククライマーたちの憧れの岩でもある。彼らは途中のテラスで眠りながら、3〜6日かけて頂上を目指す。双眼鏡でのぞいても、中腹以上のクライマーは米粒ほどにしか確認できない。

神々しさが感じられる

サンフランシスコ発のツアー

ヨセミテは、アメリカで最も人気の高い国立公園のひとつなので、宿泊先の確保が難しい。そこで利用したいのが宿泊先をセットしたツアーだ。現地に到着してからの予約は非常に難しいので、事前に直接予約を入れるか、日本の旅行会社で尋ねてみよう。

● **California Pacific Excursions**
■588 Sutter St., #115, San Francisco
☎(1-415)228-9865
■www.californiaparlorcar.com（日本語サイトあり）
■ヨセミテバレー・ロッジ1泊$360、2泊$690　アワニーホテル1泊$595
※ダブル（2人部屋）利用の1人料金。入園料、税込み。

園内のツアーバス（→P.300）

無料のバレーシャトルを利用しよう

春の必見ポイント

春先に訪れたら、エルキャピタンのすぐ左側の絶壁から流れ落ちているリボン滝（→P.304）をお見逃しなく。また、エルキャピタンの向かい側にあるのがブライダルベール滝（→P.304）だ。

ヨセミテ国立公園 Yosemite National Park

朝のバレービュー

トンネルビューはヨセミテのハイライトが見られる

ヨセミテを代表とする絶景ポイント　　　ヨセミテバレー　MP.302

バレービュー
Valley View ❋❋❋

　マーセド川の流れを前景に、エルキャピタンとブライダルベール滝が絶妙なバランスで配置されている。滝の横にそびえる岩壁は**カテドラルロックCathedral Rocks**。氷河の彫刻の見事な技に心打たれる思いだ。

ヨセミテで最も有名な風景のひとつ　　　ヨセミテバレー　MP.302

トンネルビュー
Tunnel View ❋❋❋

　ヨセミテバレーからグレイシャーポイントや公園南口へ向かう道（CA-41）を行くと、途中ワウォナトンネルWawona Tunnelがある。トンネル入口にあるのが、トンネルビューという展望台だ。アンセル・アダムスの写真にもたびたび登場する、ヨセミテで最も有名な風景が開ける。ハーフドーム、エルキャピタン、カテドラルロック、そしてブライダルベール滝を一望するさまは、アメリカでも指折りの絶景ポイントといっても過言ではない。

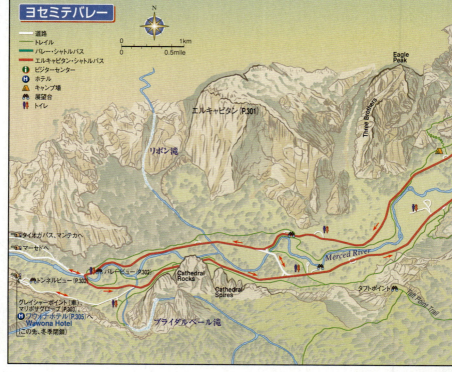

302

ジャイアントセコイアの森　　ヨセミテバレー　MP.302外
マリポサグローブ（積雪時は閉鎖）
Mariposa Grove

ヨセミテバレーから南へ約1時間15分。公園の南端に、ジャイアントセコイアの森がある。これがマリポサグローブだ。セコイアは、日本の杉にかなり近い種類の世界最大の木で、ビッグツリーの別名をもっている。なかでも最大は**グリズリージャイアントGrizzly Giant**という木で、直径8.7m、根元の周囲28m、そして推定樹齢はなんとおよそ2700年だというから驚く。何度も落雷を受けたため、高さ63.7mで生長が止まり、17度傾いている。なお、一般車は森の入口までしか入れない。あとは歩くか、シャトルを利用しよう。

高さ60m以上ある大木を実感してみよう

マリポサグローブへ
マリポサグローブへ向かうマリポサグローブロードMariposa Grove Roadは一般車の通行が制限されている。森の入口のマリポサグローブウエルカムプラザMariposa Grove Welcome Plazaに300台入る駐車場があるが、昼近くには満車になることもあるので注意。ここからマリポサグローブまでは無料のシャトルが往復している。
圏3月中旬～5月中旬・10月中旬～11月下旬8:00～17:00、10分ごと
5月中旬～10月中旬8:00～20:00、10分ごと
休12月上旬～3月中旬

サンフランシスコ San Francisco

ヨセミテ国立公園の見どころ

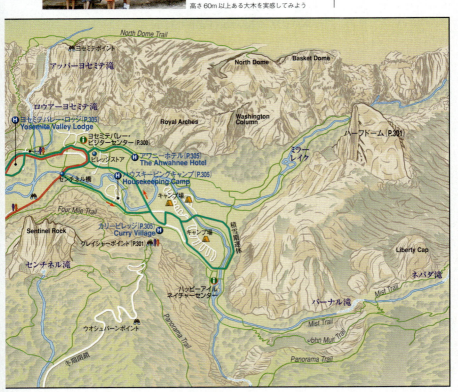

303

サンフランシスコからのエクスカーション　世界遺産　## ヨセミテ国立公園 Yosemite National Park

滝を見に行くなら時期を選ぼう　　ヨセミテバレー　MP.302〜303

ヨセミテ内の代表的な6つの滝
Fall & Falls

●ヨセミテ滝　Yosemite Falls（739m）
ヨセミテビレッジのすぐ裏にあり、滝つぼまで歩いて行くことができる。アッパー滝、カスケード（小滝）、ロウアー滝に分かれている。3つ合わせると世界で8番目の高さをもつが、7月からは徐々に水量が減り、秋から春にかけては涸渇してしまう。

●センチネル滝　Sentinel Falls（610m）
センチネルロックの南側の絶壁から、階段状に流れ落ちる滝。世界で7番目の落差を誇るが、春にしか見られない。

●リボン滝　Ribbon Fall（491m）
リボンのようにねじれながら落下する美しい滝で「処女の涙」の別名をもつ。エルキャピタンの西側の絶壁から流れ落ちる。5月中旬〜6月上旬以外は水が涸れてしまう。

●ブライダルベール滝　Bridalveil Fall（189m）
細い柔らかな流れの滝で、風でしぶきが吹き上げられて霧になって広がる姿が美しい。その様子が花嫁のベールのようなので、こんなロマンティックな名前がついた。カテドラルロックのちょうど真下にある。

●ネバダ滝　Nevada Fall（181m）
ネバダ滝は雪崩を連想させる力強い滝。ハーフドームの後ろにあり、グレイシャーポイントからよく見える。水量が多く、幅も広いので迫力がある。

●バーナル滝　Vernal Fall（97m）
ネバダ滝の手前、下流にあるバーナル滝は爽快感がある滝で、別名「青春の滝」と呼ばれている。

ヨセミテ国立公園のアクティビティ

ヨセミテでは、あらゆるアクティビティが楽しめるので、ぜひチャレンジしてみよう。

●ロッククライミング
カリービレッジ（→P.305）のMountaineering Schoolでロッククライミングのレッスンを行っている。約7時間かけて、ハーネスやロープの使い方などの基礎を教えてくれる。エルキャピタンを見て登りたくなったら、参加しよう。初心者だけでなく、中級、上級クラスもあり。要予約。

●ラフティング
夏のみの限定だが、マーセド川をラフティングで楽しむツアーも実施される。7月中旬〜8月下旬（年による）。カリービレッジのアクティビティキオスクから4.8km川を下った所まで。シャトルバスは、そこからセンターまで運行。

公園内の滝は春から初夏にかけてが見頃だ

FallとFallsの違い
Nevada Fallのように"Fall"と単数形になっているものは、一気に落ちる滝。Yosemite Fallsのように"Falls"と複数形のものは、いくつかの段に分かれて連続して落ちる滝だ。

ネバダ滝ハイキング
ネバダ滝へのトレイルは日帰りハイキングにちょうどいい。往復8.6km、約5〜7時間。途中のバーナル滝までは往復4.8km、約3時間。

ロッククライミング
● Mountaineering School
www.travelyosemite.com/things-to-do/rock-climbing
1人 $175〜

ラフティング
Rafting at Yosemite
カリービレッジのレンタルセンターで申込み。
1人$28.50（体重22.7kg未満は参加不可）

ヨセミテはクライミングの聖地でもある

クマに注意 ヨセミテ国立公園では、昼夜に限らず、クマがキャンプ場などに出没し、人間の食料などをあさる。キャンプをする人は、食べ物と匂いがするものは必ずフードロッカーに入れること。

ヨセミテ国立公園のホテル
Yosemite National Park

公園内の宿泊予約（ホテル）は1年前から下記にて受付。
Yosemite Reservations
(1-888) 413-8869　www.travelyosemite.com

キャンプ場予約は5ヵ月前の15日（10:00～。太平洋時間）から下記にて受付。
National Park Reservation Center
(606) 515-6777　(1-877) 444-6777　www.recreation.gov
※Mariposa County Room Tax 10%が別途加算される。

高級　アワニーホテル
The Ahwahnee Hotel

自然と調和したデザインがすてき
　ハーフドーム、ヨセミテ滝両方が見える最高の位置に立つリゾートホテル。花崗岩や松、樫などすべてヨセミテバレーで調達できる材料で造られている。アメリカ人の間でも「一生に一度は泊まってみたい」と憧れの的。

Wi-Fi無料　123室　カード ADJMV

ヨセミテバレー P.303
S D T $518～615
Su $650～1221

中級　ヨセミテバレー・ロッジ
Yosemite Valley Lodge

ヨセミテで最も人気の宿泊施設
　ヨセミテ国立公園内で人気ナンバーワンのロッジ。大自然のよさを味わってもらうため、TVなど音の出るものは避けるなどの配慮がされている。部屋のタイプも実に多彩。自転車の貸し出しステーション（→P.300 側注）もある。

Wi-Fi無料　245室　カード ADJMV

ヨセミテバレー P.303
S D T $278～298

中級　ワウォナホテル
Wawona Hotel

マリポサグローブ入口のホテル
　ヨセミテ国立公園内最古のホテル。ビクトリア調の外観で、ロマンティックな雰囲気だ。建物自体は古いが部屋はきれいに保たれている。場所はバレーからは遠く、公園南口のそばのマリポサグローブの入口にある。

Wi-Fi無料（サンルームのみ）　104室　カード ADJMV

ヨセミテバレー P.302 外
S D T バス付き$216、バスなし$153
1月上旬～3月下旬

エコノミー　カリービレッジ
Curry Village

木立の中の素朴なキャビン
　ホテル形式の部屋もあるが、自然を身近に感じたい人にはキャビンのほうがおすすめだ。ただし、木製のフレームにキャンバスをかけたテントキャビンは、夏以外は寝袋がないと寒い。数に限りがあり先着順だが、フロントに貸し出し用の寝袋もある。

Wi-Fi無料（ラウンジのみ）　481室　カード ADJMV

ヨセミテバレー P.303
ホテル$268、バス付きキャビン$231、テントキャビン$167
1月上旬～3月下旬

エコノミー　ハウスキーピングキャンプ
Housekeeping Camp

キャンプ場に準ずる施設
　ヨセミテで最も安く泊まれる所。ひとつのテントに4人までOK。夏のみのオープンだ。キャンバスの中には2段ベッドがあるだけの質素な建物なので、雨露がしのげればよいという人向け。

266棟　カード ADJMV

ヨセミテバレー P.303
1ユニット $108（4人まで利用可）
10月中旬～4月中旬

305

★マウントシャスタ
レディング
サクラメント
ナパ
サンフランシスコ
サンノゼ

壮麗なシャスタ山

サンフランシスコからのエクスカーション
マウントシャスタ
Mount Shasta

北カリフォルニアのヒーリングスポット

　カスケード山脈が連なり、深い緑と潤沢な水源に恵まれたマウントシャスタ。その湧き水は、おいしい飲料水として世界中で親しまれている。標高4300mを超えるシャスタ山の麓の町、マウントシャスタ・シティ、マクラウド、ウィードからは、どこからでもシャスタ山を仰ぐことができる。近年はシャスタ山に癒やしを求めてやってくる者も多いが、明確な"パワースポット"があるのではなく、この地域一帯が強いエネルギーに包まれている。

マウントシャスタ
M 巻頭折込「アメリカ西海岸」

SFからマウントシャスタへ
●飛行機　SFOから国内線のフライトのあるレディング空港へ。空港からレンタカーでI-5を北へ約1時間30分。マウントシャスタ・シティへ。
●車　SFから、I-80を東のサクラメント方面へ。I-505を北へ向かうとその道はI-5になるのでひたすら北上。約275マイル（443km）、所要5時間。

レディング空港（RDD）
🏠 6751 Woodrum Circle, Redding
🌐 www.cityofredding.org/departments/airports
SFOからユナイテッドエキスプレスが毎日3便運航。

観光案内所
Mt. Shasta Chamber of Commerce
🏠 300 Pine St., Mt. Shasta, CA 96067　☎ (530)926-4865
📧 mtshastachamber.com
🕐 毎日9:00～16:30

スチュワート・ミネラル・スプリングス
🏠 4617 Stewart Springs Rd., Weed
☎ (530)938-2222
🌐 www.stewartmineralsprings.com
🕐 毎日10:00～20:00
入浴受付は閉店90分前まで。
💰 基本料金$35（75分）
🚗 マウントシャスタ・シティから車でI-5を北上、観光案内所から17マイル、約25分。

マウントシャスタの歩き方

　マウントシャスタの中心は**マウントシャスタ・シティ Mt. Shasta City**。I-5を下りてすぐ、Lake St. と Pine St. の角にある観光案内所で情報収集から始めよう。レストラン、ショップなどはメインストリートの Mt. Shasta Blvd.（北の Jesse St. と南の Old McCloud Rd. 間）に集中している。モーテルやB&Bなどは点在している。

　マウントシャスタ・シティの東にある**マクラウド McCloud**は林業で栄えた町。当時社宅だった建物が住居、B&B、グローサリー、レストランとして現在も利用され、ノスタルジックな雰囲気を醸し出している。シャスタ山の朝日を見るにはベストの町だ。

　マウントシャスタ・シティの北にある**ウィード Weed**はミネラルウオーターの採水地で飲料水メーカーの工場があり、森林にある温泉施設（→下記参照）ではユニークなスパ体験ができる。

マウントシャスタの見どころ

　バニーフラット Bunny Flat（標高約2118m）は、車で通年アクセスできるシャスタ山の5合目。7～10月頃（積雪状況によって変わる）は、バニーフラットより先の**オールド・スキー・ボウル Old Ski Bowl**（標高約2408m）まで車でのアクセスが可能。自然を満喫できるトレイルあり。また、ウィードにある**スチュワート・ミネラル・スプリングス Stewart Mineral Springs** にはバスハウスが併設されていて、宿泊者でなくても利用可能（入浴料は時間帯、曜日により異なる）。入浴方法は温泉→サウナ→川へ入る（クールダウン）を3回繰り返す。

公園の湧き水を汲みに来る人が絶えない

メモ　**カリフォルニア・ウエルカムセンター**　シャスタカスケード・エリアを中心に旅情報を提供。🏠 1699 Hwy. 273, Anderson　☎ (530)365-7500　🌐 www.shastacascade.com　🕐 月～金9:00～17:00、土・日10:00～16:00

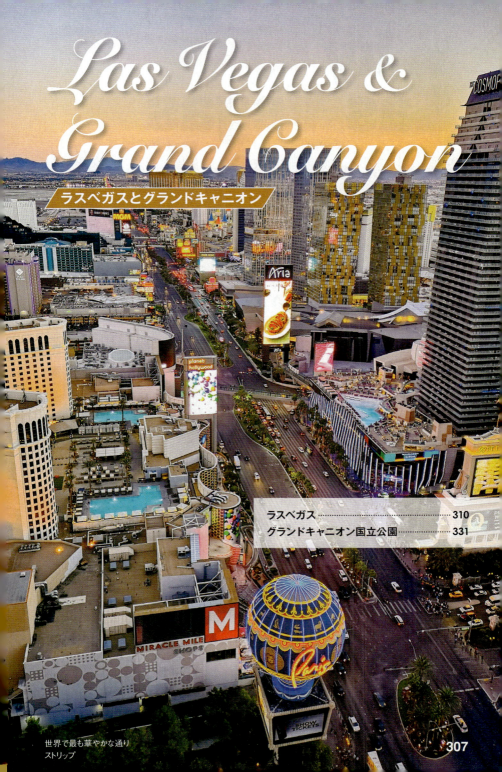

Las Vegas & Grand Canyon
ラスベガスとグランドキャニオン

ラスベガス ………………………… 310
グランドキャニオン国立公園 ……… 331

世界で最も華やかな通り
ストリップ

Why Las Vegas

ラスベガスに行く理由は?

世界トップクラスの
エンターテイナーのステージをはじめ、
多種多様なショーや街じゅうにあふれる
アトラクション、ショッピングやグルメ、そして郊外の自然スポットまで、
ラスベガスの楽しみは無限大。もちろんカジノでのギャンブルも健在だ。

理由 1 世界最高峰のエンターテインメントに浸りたい

有名アーティストのコンサート、アクロバット、マジック、ダンスパフォーマンス、さらに18歳未満入場不可の大人向けショーまで、すべての世代が楽しめるショーが満載。公演スケジュールをしっかりチェックしよう。

➡ P.322

イケメンボーカルグループのハーモニーが堪能できる「ヒューマン・ネイチャー」

水とアクロバットが融合してステージ上に不思議な世界を作り出す「オー」

理由 2 ホテルのスパで身も心もリラックスしたい

実はラスベガスは、アメリカでも有数のスパ激戦地。大型ホテルのほとんどにスパ施設が併設されており、さまざまな設備とメニューを揃えて、癒やしを求める人々を待っている。宿泊しているホテルの施設を利用するのがスムーズだが、別のホテルのスパが利用できることもある。

➡ P.325

利用する際は必ず予約をすること

理由 3 初心者でも楽しめるカジノで一攫千金を目指したい!

コインを入れるだけのスロットマシンから、チップを置くだけのルーレット、しっかりルールを学んでから挑戦したいカードゲームまで、ゲームの種類もルールの複雑さもいろいろ揃うのがラスベガスのカジノ。

➡ P.324

ルーレットはルールが簡単で初心者でもすぐに楽しめる

理由4 アメリカ有数のグルメシティの **名物ビュッフェ** で食い倒れしたい

一流のホテルには必ず一流のレストランがある。つまりラスベガスには一流のレストランが多数あるわけだ。食の楽しみも多いラスベガスでは、いろいろな種類の料理を少しずつ食べられるビュッフェスタイルのレストランも大人気。

➡P.329

コスモポリタンホテルの人気ビュッフェレストランの肉料理

理由5 宿泊施設をはるかに超越した **個性的なホテル** を巡ってみたい

何千室も客室がある巨大宿泊施設は、カジノをはじめ、宿泊客を楽しませるさまざまなアミューズメントも備える総合エンターテインメントセンター。自分が宿泊しているホテルだけでなく、ほかのホテルも見学してみたい。

➡P.319

ラスベガスの繁栄の礎となったのがこのフラミンゴ

ピラミッド、スフィンクス、オベリスクが並ぶのはストリップの老舗ホテル、ルクソール

理由6 無数の **写真映えスポット** で会心の1枚を撮りたい

鮮やか色彩のサインボードから輝くネオンまで、夜も昼も活動を続けるこの街にはSNS映えするスポットにあふれている。

水面の反射も美しいパリス・ラスベガスのイルミネーション

砂漠の街に登場するベネチアンのゴンドラはインパクトあり

理由7 人工の不夜城を脱出して郊外の **自然スポット** を訪れたい

➡P.331

24時間眠らない街から一歩足を延ばせば、周辺は乾いた大地が広がっている。ツアーやドライブで簡単に大自然スポットにアクセスできるのもラスベガスの魅力。

カジノの滞在時間を削ってでも訪れたいグランドキャニオン国立公園

ラスベガス
Las Vegas

　荒涼としたモハーベ砂漠の中に突如現れるオアシス、ラスベガス。第2次世界大戦後、ひとりのマフィアが造りあげたカジノホテルが発端となり、ラスベガスはカジノの都として発展した。近年はアミューズメント性を高めた施設が街じゅうにあふれ、世界のエンターテイナーが集う"エンターテインメントキャピタル"に変貌を遂げた。

ラスベガスの歩き方

　年間4000万人以上もの人が訪れるラスベガスは、観光客だけでなく1年を通してさまざまなコンベンションが行われ、ビジネスの場としても活気ある街だ。

　ラスベガスの中心街は、ホテルのネオンサインがきらめく大通り、Las Vegas Blvd.（ストリップ→P.312）。そして、ストリップの北端から約3kmにはダウンタウン（→P.312）が広がる。ラスベガスはこのふたつのエリアからなり、いたって単純な構造。この街で道に迷うことは皆無に等しく、むしろ観光名所のひとつである"巨大カジノホテル"の内部のほうが複雑で迷ってしまうはず。また、ストリップに限っては夜もひとりで出歩けるほどのにぎわいで、治安のよさはアメリカの都市ではたいへん珍しい。カジノ以外にも、シルク・ドゥ・ソレイユに代表されるパフォーマンスや有名エンターテイナーのショー、ショッピング、ダイニング、スパなど、お楽しみがめじろ押し。元気をもらいにラスベガスを訪れる日本人も増加している。1日24時間、フルに遊べる"眠らない街"がラスベガスなのである。

●プランニングのポイント

　街の構造は単純なのに、効率的に移動するのはけっこう難しい。ストリップ沿いのホテルは見た目以上に巨大で、隣のホテルまで歩こうと思っても予想以上に時間がかかる。特に夏は猛暑で、日中は歩くのも容易ではない。車も時間帯によっては使い勝手が悪く、夕方から夜にかけては大渋滞となる。さらに駐車場からホテルまで離れている場合も多い。そこで活躍するのがバスやモノレールなどの交通機関。Las Vegas Blvd.を走るデュースバスやSDXバス（→P.315）、トラムやモノレール（→P.316）を利用して効率的な街歩きを楽しもう。

　宿泊に関しては、エンターテインメント性のある、いわゆるカジノホテルはストリップに集中しており、ホテルのランクもさまざま。コンベンションの開催が客室料金に影響することも多く、加えて平日と週末料金の差が激しいのが特徴。ラスベガス初心者は、多少値は張ってもロケーション重視で、ストリップ中心の滞在をおすすめする。

ジェネラルインフォメーション

ネバダ州ラスベガス市
人口　約65万人（東京23区約957万人）
面積　約352km²（東京23区約628km²）
- セールスタックス　8.25%
- ホテルタックス　13～13.38%。ショーのチケットなどにはライブエンターテインメント税 9%

※**ラスベガスでは、ほぼすべてのホテルでリゾート料金 Resort Fee が加算（1泊 $25～45）される**。インターネット接続料やフィットネスルームの利用が無料になるなどのメリットがあるが、利用しない人には高くつく。宿泊予約時に要確認。

● 観光案内所
Las Vegas Convention and Visitors Authority
- P.318-B3
- 3150 Paradise Rd., Las Vegas
- (1-877)847-4858
- www.visitlasvegas.com（英語）
- www.visitlasvegas.com/ja（日本語）
- 月～金 8:00～17:00
- 土・日

● 在米公館
在米公館、治安については P.434～を参照。

旅行のシーズンアドバイス
（アメリカ西海岸の気候→ P.407）

砂漠気候のため、年間を通じて昼夜の寒暖の差が激しく、平均湿度は29%ときわめて低い。3～5月は平均最高気温 21～32℃と過ごしやすいが、夜はジャケットが必要なことも。6～8月は1年のなかで最も暑く平均最高気温 37～40℃、以降10月までは30℃前後を保ち、プールで泳げるくらいの気候だ。12～2月はクリスマスや正月などのホリデイを過ごす人々でにぎわう。平均気温は15℃、時間帯によっては氷点下になる。

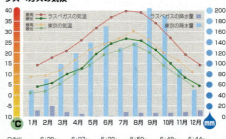

ラスベガスの気候

	1月	2月	3月	4月	5月	6月	7月	8月	9月	10月	11月	12月
日の出／日没	6:28／17:22		6:07／19:15（夏時間）		5:23／20:00（夏時間）		5:59／19:31（夏時間）		6:48／18:05（夏時間）		6:44／16:27	

現地の情報誌

ホテルの客室などに置いてある「Las Vegas Magazine」 lasvegasmagazine.com は、ショーやアトラクション、ショッピング、ダイニング、ナイトライフにいたるまで約100ページで構成。クーポンの掲載あり。「Where」 wheretraveler.com も重要な情報源。エンタメやレストラン情報が充実している。また、ストリップの情報だけでなくローカルな話題も盛り込んだ「Las Vegas Weekly」 lasvegasweekly.com も見応えあり。ショッピングセンター、カフェ、スーパーなどに置かれている。

イベント＆フェスティバル
※詳細は観光局のホームページ（上記のジェネラルインフォメーションを参照）で確認できる

モンスターエナジー・ナスカーカップ
Monster Energy NASCAR Cup
- 3月上旬開催

ラスベガス・モーター・スピードウエイで開催されるナスカーのレース。四駆市販車両を改造した車（ストックカー）がサーキットを走り抜ける。

ベガス・アンコルクド
Vegas Uncork'd
- 4～5月開催

料理雑誌「ボナペティ」主催の食の祭典。有料だが、ラスベガスのカリスマシェフが一堂に会し、自慢の腕を振るうこともあり、毎年大盛況のイベントだ。

ロックンロール・ラスベガス・マラソン
Rock'n Roll Las Vegas Marathon
- 11月16～17日（2019年）

派手なネオンが輝くなか、ストリップを走り抜ける。開始は夕刻。ラスベガスらしく派手なパフォーマーたちも一緒に走る。随所でロックの演奏あり。

ラスベガスのエリアガイド
Las Vegas Area Guide

ストリップ
Strip

　Las Vegas Blvd. の北のストラトスフィアタワーから、南のマンダレイベイの間、約4マイル（約6.4km）がストリップと呼ばれている。南北に長いストリップは、交差する東西の道（右のエリアマップのピンク色の道）を覚えておけば、自分の位置、あるいは目的のホテルの位置がだいたいわかる。ここでは巨大なホテル自体が見どころだ。ショー、ショップ、レストラン、カジノなどが備わっているテーマホテル見学を存分に楽しもう。

ダウンタウン
Downtown

　ストリップの北約3.2km行った所にあるのがダウンタウン。フリーモントストリート・エクスペリエンスが最大の見どころで、この周辺に郡の役所やパフォーミングアートの拠点であるスミスセンター、グレイハウンドのバスディーポなどがある。ホテル代もストリップと比べてぐんと安くなる。なお、夜間は人通りの少ない道や裏道は避けるように。

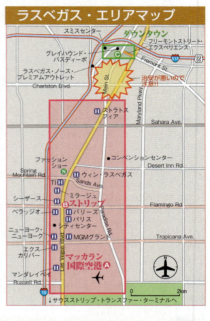

ラスベガス・エリアマップ

ラスベガス移動術

目的地 \ 出発地	Ⓐ マッカラン国際空港	Ⓑ Las Vegas Blvd. & Flamingo Rd. ストリップ	Ⓒ 4th St. & Carson Ave. ダウンタウン
Ⓐ マッカラン国際空港		Bellagio 前（Las Vegas Blvd. 交点付近）南行き→ SSTT 🚶 109→マッカラン国際空港（45分）	4th St. & Carson Ave. 徒歩5分→ Casino Center Blvd. & Fremont St. 南行き→マッカラン国際空港（40分）
Ⓑ Las Vegas Blvd. & Flamingo Rd. ストリップ	マッカラン国際空港 109→ SSTT 🚶 北行き→ Paris 前（Las Vegas Blvd. 交点付近）（40分）		4th St. & Carson Ave. 徒歩5分→ Casino Center Blvd. & Fremont St. 南行き→ Bellagio 前（Las Vegas Blvd. 交点付近）（40分）
Ⓒ 4th St. & Carson Ave. ダウンタウン	マッカラン国際空港 北行き→ 4th St. & Carson Ave.（50分） マッカラン国際空港 北行き→ 4th St. & Carson Ave.（40分）	Harrah's 前（Las Vegas Blvd. 交点付近）北行き→ Casino Center Blvd. & Carson Ave. 徒歩4分→ 4th St. & Carson Ave.（40分）	

公共の交通 　Deuce　SDX　CX　路線バス　🚶 乗り換え　SSTT=South Strip Transit Terminal

ラスベガスへのアクセス
Access to Las Vegas

マッカラン国際空港（LAS）
McCarran International Airport

P.318-B4　5757 Wayne Newton Blvd.
(702)261-5211　www.mccarran.com

　日本からの直行便はないが、西海岸の都市からアメリカン、デルタ、ユナイテッドなどのアメリカ大手航空会社が運航している。空港から繁華街のストリップはとても近く、南端のMGMグランドあたりなら約4km。ダウンタウンでも約9kmだ。しかし時間帯によっては渋滞がひどく、移動するのに予想以上の時間がかかる場合がある。

　ラスベガスで自由自在に移動したい、あるいは郊外に行きたいという人は、空港からレンタカーの利用をすすめる。

マッカラン国際空港から市内へ

■空港シャトル　スーパーシャトル　SuperShuttle
Free(1-800)258-3826　www.supershuttle.com　24時間

　乗り合いのシャトルバンは1～2名の利用ならタクシーよりも割安。ストリップへは片道$11。スーパーシャトルとベルトランスのシャトルが運行（→P.313脚注）。

　ターミナル1はバゲージクレームのドア11の近く、ターミナル3はバゲージクレーム階にブースと乗り場がある。

■ RTCバス　RTC Bus（→P.315）
　ダウンタウンへは急行の**WAX**と**CX**、Paradise Rd.を通る**#108**が出ている。どのバスもストリップは通らないが、CXはファッションショー（→P.328）付近で下車できる。または**#109**でサウスストリップ・トランスファー・ターミナルSouth Strip Transfer Terminal（→P.315側注）へ行き、デュースDeuceかSDXバスに乗り換えればストリップにアクセスできる。

　ターミナル1のレベルゼロの乗り場から#108、109が運行。ターミナル3のレベル2（ターミナルを出て道路を渡った先）の乗り場からWAXとCXが運行。

■タクシー　Taxi（→P.315）
　乗り場は、ターミナル1は1階バゲージクレームのドア1～4を出てすぐ。ターミナル3はレベルゼロのすぐ外側。空港からの所要時間と運賃（チップ別途）の目安は、ストリップ南のマンダレイベイから北のストラトスフィアまでの範囲で13～17分、約$22～27。ダウンタウンのホテルまで約25分、$35前後。

マッカラン国際空港のターミナル
　基本的にターミナル1は国内線、ターミナル3は国際線。航空会社により、機内預けの荷物を受け取る「バゲージクレーム」の場所が異なるため、現地で要確認。

ショーやカジノの広告でとてもにぎやかな第1ターミナルのバゲージクレーム

レンタカー　Rent-a-Car
　レンタカー会社は、空港敷地外のレンタカーセンターにある。バゲージクレームから外に出ると「McCarran Rent-A-Car Center」と表示された白に青いラインのバスが見えるので、それに乗り込もう（無料）。7分ほどでセンターに到着。各社で手続きを終え、レンタカー会社ごとに分かれたゲートへ進めば、目的の駐車場に出られるようになっている。24時間営業。

レンタカーセンター
7135 Gilespie St.
(702)261-6001
24時間

グレイハウンド・バスディーポ
Greyhound Bus Depot
　バスディーポ（停車場）は、ダウンタウンの繁華街に近いMain St.沿いにある。24時間営業。ストリップへは、バスディーポから東へ5ブロックほど行ったLas Vegas Blvd.からデュースでアクセスできる。
P.318-A1、B1
200 S. Main St.
(702)384-9561
24時間

メモ　そのほかの空港シャトル　●Bell Trans　www.airportsshuttlelasvegas.com　ストリップまで往復$15.50

ラスベガス Las Vegas

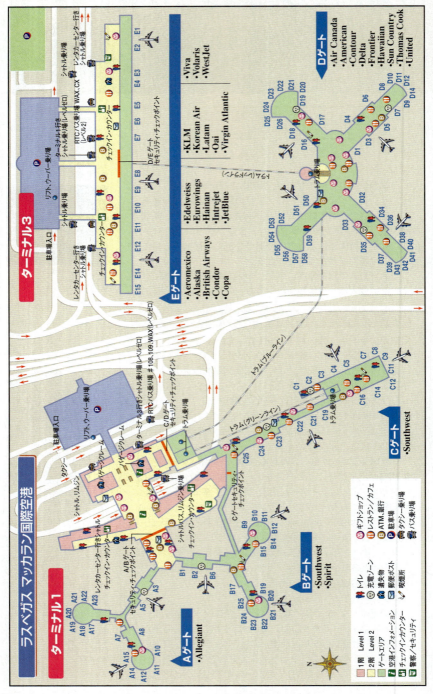

314 ストリップの移動法　ストリップ通りを南北に移動する場合、週末のストリップは大渋滞となり、歩いたほうが速いくらい。週末の移動はバスではなく、モノレイルをおすすめする。ただ、モノレイルは料金

ラスベガスの交通機関
Transportation in Las Vegas

デュースとSDX（路線バス）
Deuce & Strip Downtown Express

　ラスベガス一帯の公共交通機関を運営するのがRTCだ。一般の旅行者が使う路線は、ストリップを南北に走る2階建てバスの**デュースDeuce**と2両編成の**SDX(Strip & Downtown Express)**。そして、マッカラン国際空港とダウンタウンを結ぶ急行バスの**WAX**と**CX**、同じく空港からパラダイスロードを通って、ダウンタウンまで行く**#108**とメリーランドパークウェイを通る**#109**のほぼ6路線に限られる。

　ストリップを走るデュースは、ダウンタウンのフリーモントストリートからストリップの南のサウス・ストリップ・トランスファー・ターミナル（SSTT）の間を往復する。24時間、15～20分間隔の運行。SDXは毎日9:00～24:00に約15分間隔の運行。ラスベガス・ノース・プレミアム・アウトレットからダウンタウンのフリーモントストリート、ラスベガス・サウス・プレミアム・アウトレット、SSTTの間を走る。

ストリップとダウンタウンを結ぶ便利なバスがデュース

　南行きと北行きで停車場所が異なるので注意。

　ストリップは日中を除き渋滞している。バスが来るまでかなり待たされることもある。なお、SDXには車内に料金箱がないので事前に乗車券を購入のうえ、乗車をすること。

タクシー
Taxi

　ラスベガスでは、**路上で流しているタクシーを呼び止めることは禁止**されている。ホテルの正面玄関にあるタクシー乗り場でタクシーをつかまえよう。ストリップとダウンタウンの間を行き来するのにも便利だが、ストリップ内の短い移動にも使える。初乗りが$3.50で、その後12分の1マイルごとに23¢の加算（距離料金）。空港からの乗車は$2、運賃のクレジットカード決済には$3の手数料が別途加算される。初乗りと距離料金、手数料などの総額に、3％の州税が課せられた料金が最終的な支払い額だ。

RTC(Regional Transportation Commission)
☎ (702)228-7433
free (1-800)228-3911
www.rtcsnv.com
デュースとSDXは2時間パス$6、24時間パス$8、3日パス$20。それ以外の路線は$2

時間帯によるが、ラスベガスの交通渋滞はかなりひどい

RTCの主要ターミナル
ダウンタウンのBTCと国際空港近くにあるSSTT。有人の案内所もある。
● **Bonneville Transit Center (BTC)**
P.318-B1
101 E. Bonneville Ave.
チケット窓口：毎日7:15～17:45（ロビーは24時間オープン）
● **South Strip Transfer Terminal (SSTT)**
P.318-A4地図外
6675 Gilespie St.
毎日8:00～18:00（ロビー開放）

タクシー運賃の目安などは
Nevada Taxicab Authority
taxi.nv.gov

おもなタクシー会社
Yellow/Checker/Star Cab
☎ (702)873-2000
Western Cab
☎ (702)736-8000

タクシー料金の目安
ストラトスフィアからダウンタウンまで$15、MGMグランドまで$23、タウンスクエア Town Square（ストリップから南へ約2.5マイルにあるショッピングエリア）まで$31。

Uber ウーバーの利用
→ P.423

が高いうえ（1回$5）、ルートも不便（各ホテルの東側を走るので、ストリップに出るには巨大なテーマホテルを横断しなくてはならない。P.316）なので、週末のみの利用をすすめる。

ラスベガス Las Vegas

ラスベガス・モノレイル
🌐 www.lvmonorail.com
乗り方と降り方
ラスベガス・モノレイルは改札近くの券売機でチケットを購入し、チケットを改札機に通して乗車する。下車時は改札機にチケットを通し外へ。

トラムとモノレイル
Tram & Monorail

一部のホテルとホテルをつなぐトラムとモノレイルが走っている。トラムは無料、ラスベガス・モノレイルは有料だ。モノレイルは路線によってはストリップから駅までが遠いので注意。

●**エクスカリバー⇔マンダレイベイ**（トラム：無料）新フォーコーナー（エクスカリバー前）に駅があるのが魅力。2路線が平行して走っている。毎日9:00〜22:30の間3〜7分ごと運行（北行きのみルクソールにも停車）。

●**ベラッジオ⇔シティセンター（クリスタルズ）⇔パークMGM**（トラム：無料）クリスタルズなどのあるシティセンターと両隣のホテル、ベラッジオとパークMGMを結ぶ。毎日8:00〜翌4:00の間7〜15分ごと運行。

●**ミラージュ⇔TI：トレジャーアイランド**（トラム：無料）ミラージュの正面玄関近くに乗り場があり、TI：トレジャーアイランドの2階と連絡している。毎日7:00〜翌2:00の間15分ごと運行。

●**MGMグランド⇔SLSラスベガス** 片道約15分（ラスベガス・モノレイル：1回$5、1日券$13、3日券$29）。新フォーコーナーからフォーコーナー、コンベンションセンターを通ってストラトスフィアタワー手前にあるサハラアベニューまで。毎日7:00〜翌2:00（月〜24:00、金〜日〜翌3:00）の間4〜8分ごと運行。

シーニック航空
☎ (03) 5745-5561（日本）
📠 0120-288-747（日本）
☎ (702) 638-3300（ラスベガス）
📠 (1-800) 634-6801（ラスベガス）
🌐 www.scenic.co.jp

ツアー案内

シーニック航空
Scenic Airlines

日本にも営業所のある**シーニック航空Scenic Airlines**（→P.332）がラスベガス発のツアーを催行。ラスベガス名物の夜景を楽しめる遊覧飛行（$104）、観光バスなどで訪れるグランドキャニオン日帰りコース（$140）がおすすめだ。ラスベガスのホテルへの送迎つき。

メモ にぎやかなベガスで静かに過ごせる場所　マンダレイベイ（→P.320）のタワー棟はデラーノ・ラスベガスが運営しており、最上階にあるラウンジは隠れ家的な夜景スポット。スカイフォールラウンジSkyfall Lounge

Las Vegas Itinerary
―ラスベガスの1日モデルコース―

今日は何する？

8:00
朝から癒やしの空間へ 滞在時間：3時間
Qua Bath & Spa
クア・バス & スパ P.325脚注

朝食前のニュートラルな状態で、50分のマッサージ（$165〜）とホットタブでリラックスタイムを。

3つのホットタブがある

Point 毎晩夜ふかししたいベガスでは、疲れを翌日に残さないのが鉄則。朝はのんびり、夜はアクティブにいこう！

Access 徒歩20分

11:20
ブランチをバフェで！ 滞在時間：1.5時間
Wicked Spoon ウイキッドスプーン P.329

コスモポリタンのホテルバフェは、味、種類、雰囲気も高評価。肉もデザートもがっつりいこう！

カービングステーションで肉料理をチョイス

Access コスモポリタンからパリスの前にあるバス停まで徒歩5分→SDXで約30分

13:30
アーケードで雄叫び！ 滞在時間：1時間
Fremont Street Experience
フリーモントストリート・エクスペリエンス P.326

woohoo〜♪

LEDのショーは日没後。昼間はジップライン（→P.326脚注）で、アーケードをひとっ飛び！

けっこう楽しいかも

Access ダウンタウンからSDXで約7分

14:40
いいものお安くゲット！ 滞在時間：2.5時間
LV North Premium Outlets
ラスベガス・ノース・プレミアムアウトレット P.328

何時間でもいられるアウトレットモール。お気に入りのブランドに絞って、効率よく回ろう。驚きの安さだ！

Access ストリップの中心までSDXで約45分

17:55
観覧車で空中散歩 滞在時間：2.5時間
The Linq リンク

世界でいちばん高い観覧車 P.327 やビルの12階の高さからスタートするジップラインがある。ラスベガスで空中散歩を楽しむならここ。

夕暮れの眺めが最高

Access ベラッジオ前のバス停まで徒歩15分→SDXでマンダレイベイまで10分→徒歩10分

21:00
憧れのシルク・ドゥ・ソレイユを観る
Michael Jackson One 滞在時間：2時間
マイケル・ジャクソン・ワン P.323

シルクもMJも堪能できちゃう欲ばりな演目。ホログラムでよみがえるMJに大感激!!

スムースクリミナルのワンシーン

Access 劇場からデラーノ・ラスベガスへは徒歩すぐ

23:00
アップスケールなラウンジで最高の1杯を
Skyfall Lounge 滞在時間：1時間
スカイフォールラウンジ P.316脚注

マンダレイベイ（→P.320）とツインタワーのデラーノ。最上階で最高の景色を楽しもう。

開放感のあるパティオ

©IsaacBrekkanGettyImages

How to 夜遊び？ クラブ、ラウンジ、バーは、すべてホテル内にあるので、宿泊先のホテルなら移動の心配もいらない。ただし酔いつぶれは厳禁！　詳細は→P.330を参照。

MP.318-A4　日〜木17:00〜24:00、金・土〜翌1:00

ラスベガス　Las Vegas　ラスベガスの交通機関／モデルコース

317

ラスベガス Las Vegas

318　ラスベガスのUber事情　タクシーに取って代わるウーバーUber（→P.423）だが、ラスベガスの主要ホテルや空港にも、わかりやすい乗り場が設置されているのを見かけた。　（東京都　かっちゃん　'16）［'19］

ラスベガスのホテル＆カジノ
Las Vegas

ラスベガスのホテルは単なる宿泊施設ではない。ストリップに集中しているほとんどのホテルが、巨大なカジノを併設し、独自のテーマをもっている。外観も内観もユニークな造りで、来訪者をワクワクさせてくれる。そう、ラスベガスのホテルは「見どころ」なのだ。ひとりでも多くの人に立ち寄ってもらい、カジノをはじめとする施設でお金を落としてもらうよう、さまざまな努力がされている。

なお、ラスベガスのホテルでは、宿泊料とは別にリゾート料金 Resort Fee という施設使用料も徴収される（1泊当たり $25～45）。予約時に確認を。

ストリップ

高級　ウィン・ラスベガス & アンコール
Wynn Las Vegas & Encore

洗練されたデザインのホテル

隆盛を極めるラスベガス。その仕掛け人、スティーブ・ウィンが夢見たホテルだ。ラスベガスの粋を集めたというべきホテルで、エレガントな装いのカジノ、厳選した素材を使った料理、ハイエンドブランド店などが揃う。リゾート料金 $39。

Wi-Fi無料　2716室　カード ADJMV

M P.318-A3
3131 Las Vegas Blvd. S., Las Vegas, NV 89109
(702) 770-7000
(1-888) 320-7123
www.wynnlasvegas.com
スタンダード $189～799、Su $299～4000

高級　ベラッジオ
Bellagio

噴水のバレエが名物の高級リゾート

カジノホテルがゴージャスなリゾートになりうることを証明した革命児。北イタリアのコモ湖を模した池では優雅な噴水ショーが行われ、カジノへのアプローチにはティファニー、シャネルといった高級店がずらりと並ぶ。リゾート料金 $39。

Wi-Fi無料　3933室　カード ADJMV

M P.318-A4
3600 Las Vegas Blvd. S., Las Vegas, NV 89109
(702) 693-7111
(1-888) 987-6667
(702) 693-8456
www.bellagio.com
スタンダード $159～1169、Su $229～2099

高級　パリス・ラスベガス
Paris Las Vegas

砂漠の大通りにフランスのエスプリを

エッフェル塔、凱旋門、ルーブル美術館などパリのポイントが集まるホテルでは、従業員のあいさつもフランス語。食事がおいしいと評判だ。エッフェル塔展望台（$18～22）から観るベラッジオの噴水ショーは必見。リゾート料金 $37。

Wi-Fi無料　2916室　カード ADJMV

M P.318-A4
3655 Las Vegas Blvd. S., Las Vegas, NV 89109
(1-877) 796-2096
www.caesars.com/paris-las-vegas
スタンダード $56～809、Su $114～2349

高級　プラネット・ハリウッド・リゾート & カジノ
Planet Hollywood Resort & Casino

ショッピングゾーンも充実のホテル

こだわりのある客室は、ハリウッド映画に関するメモラビリア（ゆかりの品）をインテリアにし、デザインもその映画に合わせて施されている。カジノはスタイリッシュで、週末になるとダンスガールも現れる。リゾート料金 $37。

Wi-Fi無料　2567室　カード ADJMV

M P.318-A4
3667 Las Vegas Blvd. S., Las Vegas, NV 89109
(1-866) 919-7472
www.caesars.com/planet-hollywood
スタンダード $59～839、Su $200～2639

319

ラスベガスのホテル＆カジノ Hotel & Casino in Las Vegas

ストリップ

高級　シーザースパレス Caesars Palace

ラスベガスを代表するカジノリゾート

ギャンブラーの憧れの館であり、全米屈指の知名度を誇る。ホテルが誇るオクタヴィアスタワーはラグジュアリー感と快適さを兼ね備えている。館内にNobu Hotel（スタンダード$149〜、181室）が入っている。リゾート料金$39。

Wi-Fi無料　3960室　カード ADJMV

- P.318-A3
- 3570 Las Vegas Blvd. S., Las Vegas, NV 89109
- (1-866) 227-5938
- www.caesars.com
- スタンダード$109〜439、
- Su$160〜1615

高級　ミラージュ Mirage

コスパの高い老舗カジノリゾート

熱帯魚が泳ぐロビーの巨大水槽、ランの花咲くアトリウム、ヤシの葉を葺いたカジノなどトロピカルムードでいっぱい。イルカや、ホワイトタイガーなど、珍しい動物にも出会えるホテルだ。リゾート料金$37。

Wi-Fi無料　3044室　カード ADJMV

- P.318-A3
- 3400 Las Vegas Blvd. S., Las Vegas, NV 89109
- (702) 791-7111
- (1-800) 374-9000
- www.mirage.com
- スタンダード$52〜509、
- Su$152〜1186

高級　ベネチアン＆パラッツォ Venetian & Palazzo

灼熱の街に水の都が出現

ゴンドラが浮かぶ運河に砂漠の太陽が強烈に照りつけ、繊細な彫刻を施したドゥカーレ宮殿やリアルト橋に誘われてロビーへ入れば、丸天井を飾るフレスコ画に圧倒される。ベネチアンと別館パラッツォは全室スイート。リゾート料金$39。

Wi-Fi無料　7093室　カード ADJMV

- P.318-A3
- 3355 Las Vegas Blvd. S., Las Vegas, NV 89109
- (702) 414-1000
- (1-866) 659-9643
- ベネチアン www.venetian.com
- パラッツォ www.palazzo.com
- Su$119〜579

高級　TI：トレジャーアイランド TI: Treasure Island

大人のホテルへとイメージチェンジ

スタイリッシュな大人向けのホテルへと大幅に変身して名称もTIとなったが、なじみがないためTreasure Islandの名を残した。シルク・ドゥ・ソレイユの原点ともいうべきショー、ミスティアMystèreはTIで観ることができる。リゾート料金$37。

Wi-Fi無料　2884室　カード AJMV

- P.318-A3
- 3300 Las Vegas Blvd. S., Las Vegas, NV 89109
- (702) 894-7111
- (1-800) 944-7444
- www.treasureisland.com
- スタンダード$32〜663
- Su$84〜740

高級　アリア・リゾート＆カジノ Aria Resort & Casino

ラスベガスのエコ・カジノ＆ホテル

シティセンターを代表するメガリゾート。ラスベガスでは珍しい地球に優しいホテルで、省エネ、再生物の利用など工夫が凝らされている。客室の設備スイッチもタブレット端末を利用するなど、一歩進んだ設備も自慢。リゾート料金$39。

Wi-Fi無料　4004室　カード ADJMV

- P.318-A4
- 3730 Las Vegas Blvd. S., Las Vegas, NV 89158
- (702) 590-7111
- (1-866) 359-7757
- www.aria.com
- スタンダード$150〜1200、
- Su$227〜2800

高級　マンダレイベイ Mandalay Bay

レストランも充実、遊べるリゾート

エクスカリバーからトラムで約3分。ストリップ南端の黄金色に輝くホテルに到着する。プールの規模と美しさはトップクラスで、アトラクションとレストランの多さも魅力だ。別棟のタワーは全室スイートのデラーノ・ラスベガス。リゾート料金$37。

Wi-Fi無料　3211室　カード ADJMV

- P.318-A4
- 3950 Las Vegas Blvd. S., Las Vegas, NV 89119
- (702) 632-7777
- (1-877) 632-7700
- www.mandalaybay.com
- スタンダード$59〜827、
- Su$103〜1319

 ハラスホテルのフルトン・ストリート・フードホール　ファストフード店が集結するフードコートとは一線を画すスタイルで人気。ラーメンが食べられるので、日本の味が恋しい人にもおすすめ。 P.318-A3

中級 リンク・ホテル&カジノ
The LINQ Hotel & Casino

複合施設リンクに隣接するホテル

自動チェックイン機やタッチパネル式の予約システムをレストラン入口に設置するなど、ハイテク化したシステムが話題に。客室はコンパクトでモダンなデザイン。屋外プールやフルサービスのスパもある。リゾート料金 $35。

Wi-Fi無料　2256室　カード ADJMV

📍 P.318-A3
🏠 3535 Las Vegas Blvd. S., Las Vegas, NV 89109
📞 (1-800) 634-6441
🌐 www.caesars.com/linq
スタンダード $35～649、
$84～899

中級 ルクソール
Luxor

高さ107m、30階建てのピラミッド

ファラオ像に見守られた神殿カジノをはじめとして、ホテル中が古代エジプト。客室はピラミッドの外壁に沿って配置され、エレベーターも斜めに上がる。客室はタワー棟のほうが広くてきれい。リゾート料金 $35。

Wi-Fi無料　4405室　カード ADJMV

📍 P.318-A4
🏠 3900 Las Vegas Blvd. S., Las Vegas, NV 89119
📞 (702) 262-4000
📞 (1-877) 386-4658
🌐 www.luxor.com
スタンダード $32～659、
$77～856

中級 MGM グランド
MGM Grand

世界で最も面積が広いメガリゾート

横切るだけでも歩き疲れるほどの巨大リゾート。エンターテインメントの充実度もラスベガス屈指で、ビッグスターのコンサートやボクシングの世界タイトルマッチが行われる。また、レストラン街には有名シェフが店を構えている。リゾート料金 $42。

Wi-Fi無料　5044室　カード ADJMV

📍 P.318-A4
🏠 3799 Las Vegas Blvd. S., Las Vegas, NV 89109
📞 (702) 891-1111
📞 (1-877) 880-0880
🌐 www.mgmgrand.com
スタンダード $55～729、
$111～845

中級 ニューヨーク・ニューヨーク
New York New York

ノスタルジックなホテル、ナンバーワン！

自由の女神と摩天楼を見れば一目瞭然。ホテルのテーマはマンハッタンだ。1920年代のマンハッタンをテーマにしていて、当時流行したアールデコのデザインが取り入れられている。名物のローラーコースターからは常に悲鳴が。リゾート料金 $42。

Wi-Fi無料　2024室　カード ADJMV

📍 P.318-A4
🏠 3790 Las Vegas Blvd. S., Las Vegas, NV 89109
📞 (702) 740-6969
📞 (1-800) 689-1797
🌐 www.newyorknewyork.com
スタンダード $49～824、
$104～969

中級 フラミンゴ
Flamingo

かつてフラミンゴ・ヒルトンとして知られた

ラスベガスの隆盛はこのホテルから始まった。フラミンゴやペンギンもいる大きなプールが自慢。フラミンゴの羽をかたどったピンクのネオンサインはあまりにも有名だ。古いだけに値段もリーズナブル。リゾート料金 $35。

Wi-Fi無料　3460室　カード ADJMV

📍 P.318-A3
🏠 3555 Las Vegas Blvd. S., Las Vegas, NV 89109
📞 (702) 733-3111
🌐 www.caesars.com/flamingo-las-vegas
スタンダード $43～614、
$95～979

エコノミー フーターズ
Hooters

やっぱり男性に人気のカジノ

アメリカを中心に430店舗以上を展開する、スパイシーチキンとゴージャスなウエートレス（フーターガールズ）が名物のレストランが経営。レストランをはじめ、カジノにはフーターガールズがディーラーを務めるテーブルがある。リゾート料金 $35。

Wi-Fi無料　696室　カード AJMV

📍 P.318-A4
🏠 115 E. Tropicana Ave., Las Vegas, NV 89109
📞 (702) 739-9000
🌐 www.hooterscasinohotel.com
スタンダード $27～479

www.caesars.com/harrahs-las-vegas → Restaurants　24時間

ラスベガスのショー
Las Vegas

©Matt Beard
© Denise Truscello

夜ごときらびやかなショーが繰り広げられる街、ラスベガス。近年カジノよりも超一流のショーを目当てにやってくる人も増えている。ラスベガスの特徴は、ミュージカルをはじめとして、大仕掛けなイリュージョン、神秘的なアクロバット、大物エンターテイナーのコンサートなど、種類がバラエティに富んでいること。さらにほとんどが専用の特別劇場をもっていて、仕掛けもダイナミック。時代の最先端をいく一流エンターテインメント鑑賞が楽しめる。

SHOW

シルク・ドゥ・ソレイユでは多くの日本人パフォーマーが活躍している。写真はカーに出演のバトントワラーの髙橋典子さん
©Eric Jamison

ラスベガスの半額チケット売り場はココ！

シルク・ドゥ・ソレイユをはじめとした人気のショーが半額になることはまれだが、客足が落ちてきたショーは半額になったり、割引で販売されることもある（下記参照）。

また、多くの劇場がカジノの上得意客用にいい席を確保しており、その日に上得意客は来ないと見なされれば、数日前や直前にその席が出回ることもある。運がよければいい席を入手することもできるので、劇場のボックスオフィスをのぞいてみるのも一考だ。

有料ショーのチケットの買い方

最も簡単なチケットの買い方は現地で購入する方法。お目当ての公演の劇場内にある"Box Office"に直接出向いて購入すればいい。

事前に予約購入する場合は、各公演の公式ウェブサイトから購入が可能。決済はクレジットカードで行う。手続きが完了すると、チケット交換のための予約確認番号 Confirmation Number が通知されるので、指定された期間内（開演30分前まで、などの案内がある）に、現地の劇場の"Will Call"とある窓口でチケットを発行してもらう。この際、予約番号と一緒にパスポートなどのIDや決済に使ったクレジットカードの提示を求められるので、必ず携行すること。なお、近年は自宅などで印刷可能なeチケットで対応してくれるケースもある。現地で"Will Call"に立ち寄る手間が省けるので便利だ。

Information ★ Tix 4 Tonight

公演間近のショー、アトラクションの割引前売券、バフェなどのミールクーポンも販売している。ただし、これらの店で購入すると、1回の購入につき$2〜6の手数料がかかり、税金も入れると、半額以上の金額になる。
www.tix4tonight.com
毎日10:00〜20:00（店舗によって異なる）
おもな店舗（市内に9店舗あり）
ファッションショー
MP.318-A3 ニーマン・マーカスの入口
ショーケースモール
MP.318-A4 巨大コーラビンが目印
ベストウエスタン・カジノロイヤル
MP.318-A3 マクドナルドの巨大サインが目印

シルク・ドゥ・ソレイユのKÀは、毎週木・土曜の12:00と12:30から無料の舞台裏ツアーを開催している。舞台装置の解説やショーの裏話などが聞けて興味深い（英語のみ）。

おすすめのショー

アクロバットショー　オー　O
シルクならではの優美な水の舞台

幻想的な水上＆水中アクロバット。舞台上に設けられた巨大なプールを使って、飛び込みやシンクロナイズドスイミング、空中ブランコなどを展開する。プールが消えるなどマジック以上の不思議な世界が観客を魅了する。5歳未満は入場不可、18歳以下は大人の同伴が必要。

カード AMV

人気No.1といわれるショーが『オー』

〈場所〉ベラッジオ
- P.318-A4
- www.cirquedusoleil.com
- 水～日19:00、21:30
- 月・火
- $107.37～206.90
- 予約はウェブサイトか、
- (702) 693-8866、
- (1-888) 488-7111へ

アクロバットショー　カー　KÁ
ド派手な演出で終始興奮

ラスベガスでは、『カー』を超える舞台装置はないと言っても過言ではない。事実、『オー』の舞台制作費を上回る約220億円の巨額を投じて造られたのだ。火のシーンでは約120個の火薬が92mの炎を上げ、ヘッドレストに内蔵されているふたつのスピーカーが大迫力の音響を生む。

カード AMV

激しいパフォーマンスに注目！

〈場所〉MGMグランド
- P.318-A4
- www.cirquedusoleil.com
- 土～水19:00、21:30
- 木・金
- $75.21～209
- 予約はウェブサイトか、
- (702) 531-3826、
- (1-800) 929-1111へ

アクロバットショー　ズーマニティ　Zumanity
好みが分かれるセクシーショー

キャバレーなどの大衆文化をベースに愛と性を表現しつつ、シルク・ドゥ・ソレイユの驚異的なアクロバットを見せてくれる。性別、人種を問わずあらゆるカップルが登場し、官能的なパフォーマンスを披露する。18歳未満入場不可の刺激的なショー。

カード AMV

強烈なキャラが揃うショー

〈場所〉ニューヨーク・ニューヨーク
- P.318-A4
- www.cirquedusoleil.com
- 金～火19:00、21:30
- 水・木
- $75.21～190.75
- 予約はウェブサイトか、
- (702) 740-6815、
- (1-866) 606-7111へ

アクロバットショー　マイケル・ジャクソン・ワン　Michael Jackson One
マイケルとシルクの最強タッグ！

「キング・オブ・ポップ」の異名を取り、2009年6月に急逝したマイケル・ジャクソン。マイケルが残した数々の名曲が、シルク・ドゥ・ソレイユの華麗で軽快なアクロバットと融合して、夢のステージができあがった。誰もが知るヒット曲が、新鮮な形でよみがえる。

カード AMV

MJのトリビュートショー

〈場所〉マンダレイベイ
- P.318-A4
- www.cirquedusoleil.com
- 金～火19:00、21:30
- 水・木
- $75.21～209.85
- 予約はウェブサイトか、
- (1-877) 632-7400へ

© Isaac Brekken/Getty Images

モータウンショー　ヒューマン・ネイチャー　Human Nature

イケメン・ボーカリスト4人組にも注目

1960年代に流行した「モータウン・サウンド」を現代風にアレンジ。軽快で美しいハーモニーで観客を魅了する。スティービー・ワンダーやテンプテーションズなど、誰もが一度は聴いたことがあるサウンドで会場を盛り上げる。5歳以上、12歳未満は大人の同伴が必要。

カード AMV

客席で踊りだす熱狂的なファンもいる

〈場所〉ベネチアン
- P.318-A3
- www.humannaturelive.com
- 火～土19:00
- 日・月
- $72.90～127.40
- 予約はウェブサイトか、
- (702) 414-9000、
- (1-866) 641-7469へ

アダルトショー　チッペンデールズ　Chippendales
女同士で盛り上がるならコレ！

筋肉隆々の男性ダンサーによるアダルトショー。アメリカでは、結婚を控えた女性が独身最後の記念にハメを外すための必見ショーとして知られている。ストリップショーではあるが、あくまでエンターテインメントとしてのセクシーさがウリ。18歳未満入場不可。

カード AMV

観客の99％は女性だ

〈場所〉リオ
- P.318-A3
- www.chippendales.com
- 木～土20:30、22:30、日～水20:30
- $64.95～93.12
- 予約はウェブサイトか、
- (702) 777-7776へ

シルク・ドゥ・ソレイユの長期休演日に注意　3～4ヵ月に1回、1週間ほどの不定期休演がある。通常はひと晩に2ステージ、週に1、2回の休演日を設けているが、ウェブサイトなどで事前に確認を。

323

カジノでの遊び方
How to play games

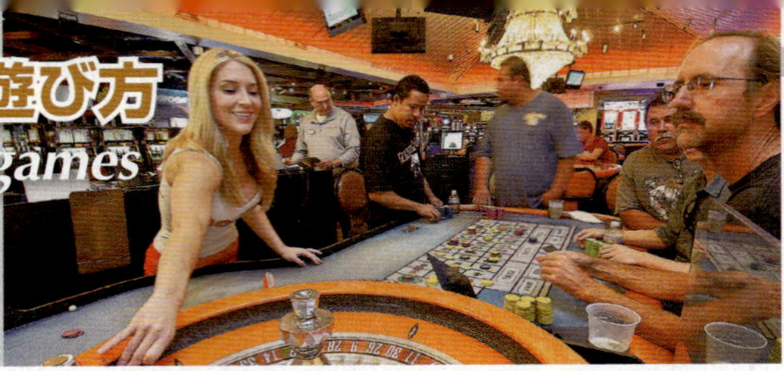

◆カジノでのマナー◆

- ■服装はカジュアルでかまわないが、ホテルによってはラフな格好は避けたほうがいい
- ■テーブルゲームで席に座るのはプレイヤーのみ。見物するときは必ず立って
- ■カジノ内はビデオ・写真撮影禁止
- ■ピット内（ディーラーの背後）立入禁止
- ■ドリンクのサービスには$1～2のチップを渡す
- ■21歳未満はゲーム禁止。ゲームをするときは必ずパスポートを持参すること
- ■カードゲームなどをするときには各カジノ専用のチップを使う
- ■チップから現金への再両替はキャッシャー（両替所）で

◆スロットマシン◆

1回の賭け金が25¢と$1のマシンが多いが、5¢、$100などのマシンもある。回転速度や停止のタイミングは調整できないので、頭脳もテクニックもほとんど関係ない。運命の女神に祈るのみだ。

◆コインか紙幣を入れて、1枚賭けならBet One Credit、3枚賭けならPlay 3 Creditsを押す。25¢マシンで3枚賭けなら、1回75¢賭けることになる。

◆Spin Reelsを押す。レバーを引くマシンもある。

◆勝負は中央の横1列の3つの絵柄で決まる。

◆賭け金、配当金の精算は自動的に行われ、1回ごとの残高が表示される。

◆終わるときはChangeを押すと残高分のコイン、またはバウチャーが出てくる。

◆ルーレット◆

◆席に着いたら、テーブルに紙幣を置いてルーレット専用に色分けされた「ホイールチップ」を買う。参加者ごとに色が異なる。

◆テーブル上の枠内または線上にチップを張る(賭ける)。ルーレットの回転が遅くなり「No more bet！」と声がかかったら、以後チップに触れてはいけない。

◆玉が入った数字または、色や列に賭けていた人のみ、所定の配当がもらえる。

◆ゲームを終えるときはディーラーに「Change, please.」と言って普通のカジノチップに交換してもらおう。

※以下のⒶ～Ⓘの賭け方は右の図に対応。

Ⓐ数字ひとつに賭け、当たれば36倍
Ⓑ数字2個にまたがって賭け、当たれば18倍
Ⓒ横1列（数字3個）に賭け、当たれば12倍
Ⓓ4つの数字にまたがって賭け、当たれば9倍
Ⓔ0、00、1、2、3の5つの数字に賭け、当たれば7倍
Ⓕ横2列（6個）に賭け、当たれば6倍
Ⓖ縦1列（12個）に賭け、当たれば3倍
Ⓗ1～12など横4列(12個)に賭け、当たれば3倍
Ⓘ1～18か19～36、偶数EVENか奇数ODD、赤REDか黒BLACKに賭ける。18個に賭けることになり、当たる確率は約2分の1なので、保険と思って利用しよう。当たれば2倍

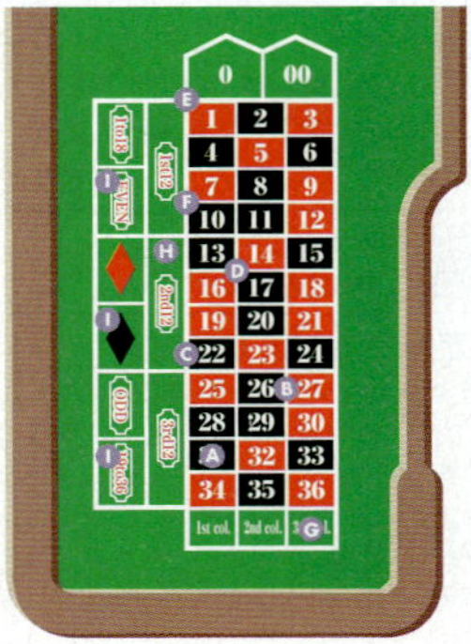

メモ 代表的なスパ Canyon Ranch Spa+Fitness MP.318-A3 住3355 Las Vegas Blvd. S.（ベネチアン4階）URL www.canyonranch.com/lasvegas ボディ、フェイシャルなど、メニューの多さと質の高いサービス↗

◆ブラックジャック◆

- 日本のトランプの"21"とルールは基本的に同じ。カジノでは最もポピュラーなゲームだ。テーブルによって賭け金が違うから、始める前に確認をしておきたい。ジョーカーは使わないので注意。最低賭け金は$10前後くらいから。
- カードの合計が21以内で、21に近いほうが勝ち。21をオーバーしてしまうと、"バストbust(破産)"といって、負けになる。
- テーブルに何人もプレイヤーが並ぶが、ディーラー(親)対それぞれのプレイヤー(客)とのゲームになる。
- 席に着いたら、お金をカジノチップに替えてもらう。
- カードは最低2枚で勝負する。21を超えない限り、何枚でももらえる。カードが欲しいときは、手のひらを下に向け、人さし指でテーブルをとんとんと軽くたたく。もういらないときは、同じく手のひらを下に向け、左右(水平)に軽く1回振る。
- 2〜9のカードはそのまま2〜9として数える。
- 10とJ(11)、Q(12)、K(13)は、すべて10と数える。10以上のカードが16枚もあるわけで、ほぼ3枚に1枚は10が出る確率。
- Aは1、または11の好きなほうに数えていい。A+7なら、8でも18でもいい。
- 最初の2枚がA+10(10〜K)だったら、ブラックジャックBlackjack。最強の手だ。3枚以上のカードの合計が21になるよりもブラックジャックのほうが強い。ディーラーがブラックジャックでない場合、掛け金が2.5倍になる。
- ディーラーは配るとき、自分の分を1枚目は伏せて、2枚目は表にして見せなければならない。これを見て、プレイヤーは考える。

いざ、勝負!

Information ホテルのスパでリラックス

ほとんどのカジノホテルにスパが併設されているラスベガスでは、全米でも1、2を争う人気スパや個性的なコンセプトのスパなど、バラエティに富んだスパ体験が宿泊客以外も楽しめる。スパの利用法は以下のとおり。

【スパに行く前に】
●予約をする
トリートメントやフェイシャルなどの施術には予約が必要(スパ施設だけの利用は不要)。電話または直接スパで予約を。予約時は名前、クレジットカード情報、電話番号が滞在ホテル名を聞かれる(当日パスポートを提示することも)。
※スパによっては、宿泊客のみ受付可としているところもあるので要確認。

【スパでの注意点】
●水着を持参する
スパの基本料金にはフィットネスルームなどの使用料が含まれている。施術前後にスパを利用するとき、基本的には水着を着用する。
●禁煙、基本的に18歳未満は不可

当日の手順
❶予約の30〜45分前までに入室
遅れると自動的にキャンセルになり、キャンセル料が発生するので注意。入室時間は予約時に確認しておくこと。キャンセルをする場合は予約時間の4時間前までに(スパにより異なる)。
❷受付、着替えを済ませて施術室へ
ロッカールームでバスローブに着替え、指示された部屋で担当者を待つ。
❸施術終了、精算をする
施術後、担当者が精算のレシートを持ってくるので内容を確認。ほとんどの場合、チップが含まれていないので施術料に対して15〜20%の額をTip/Gratuityの欄に計上し、総支払額を記入する。宿泊者以外の利用可。
❹そのほかの施設の利用
施術後、ジャクージ、サウナを利用できる。フィットネスルームではスポーツシューズを着用のこと。

代表的なスパ
→P.324脚注

キャニオン・ランチ・スパクラブ

ラスベガスのアトラクション
Las Vegas

ラスベガスではカジノへの客寄せのため、観覧無料のショーがあちこちで行われている。5～15分程度のショーだが、その迫力と演出は無料とは思えない本格的なものばかり。タイミングを合わせて観に行く価値がある。

また有料のものでは、はるか300mも下に街を見下ろしながらのフリーフォール、バンジージャンプや高速スピードでレールを走り抜ける最新鋭の絶叫マシンなど、遊ぶことにも徹底したラスベガスらしい、スケールの大きなアトラクションがずらりと勢揃いしている。

無料のアトラクション

噴水 ベラッジオ 噴水ショー
Fountains of Bellagio

イタリアのコモ湖をイメージ

ベラッジオ前の巨大な人造湖では、1000本以上の噴水口から噴出される水が見事なバレエを踊る。オペラやミュージカルのナンバー、ワルツ、シナトラなど約30パターンほどあり、夜は光の演出も加わっていっそう美しい。この噴水ショーは、今やラスベガスのイメージとして定着した。

ベラッジオの噴水ショーのベストスポットはエッフェル塔

M P.318-A4
〈場所〉ベラッジオ前の池
月～金15:00～20:00に30分ごと、20:00～24:00に15分ごと、土12:00～20:00に30分ごと、20:00～24:00に15分ごと、日11:00～19:00に30分ごと、19:00～24:00に15分ごと

ファイアーショー ミラージュ 火山噴火
The Mirage Volcano

エンターテインメント性の高い火山

ストリップの名物アトラクション。ホテル前のラグーンを流れる高さ16mの滝が、音楽に合わせて火山となって噴火する。轟音とともに溶岩を噴き上げたかと思うと、あっという間にあたり一面が真っ赤な炎と溶岩で埋め尽くされる。最前列で見れば溶岩の熱気がほおに伝わってくる。

水面からも炎が燃え上がる演出だ

M P.318-A3
〈場所〉ミラージュストリップ沿い正面玄関前
日～木20:00と21:00、金・土20:00、21:00、22:00（強風時休演）

映像ショー レイク・オブ・ドリームス
Lake of Dreams

人工湖で行われる幻想的なショー

普段は滝が流れている場所に、レーザーやホログラムを使って、幻想的でミステリアスな空間が現れる。映像と音楽が見事にマッチし、無料とは思えないクオリティのショーだ。カクテル片手に、テラス席でゆっくりと鑑賞したい。

独特の世界観で観客を魅了する

M P.318-A3
〈場所〉ウィン・ラスベガス
毎日日没後～翌0:30の30分ごと

映像ショー フリーモントストリート・エクスペリエンス
Fremont Street Experience

イベントが開催されるアーケード

ダウンタウン中心部のフリーモントストリートにアーケードをかぶせて造った、巨大なLEDスクリーン。日没後毎正時になると、4ブロック分もある長いスクリーンに迫力ある映像が流れる。演目については vegasexperience.com から VIVA VISION LIGHT SHOW で。

ラスベガス必見のネオンの祭典

M P.318-A1、B1
〈場所〉ダウンタウン Fremont St.のMain St.から4th St.までの間
毎日 日没後（18:00～20:00くらい）～24:00（夏期は翌1:00まで。時期、曜日によって変更あり）
上演 約6分

メモ アーケードを飛ぶジップライン フリーモントストリート・エクスペリエンス（→上記）の人気アトラクション。スロットジラ Slotzilla slotzilla.showare.com 毎日13:00～翌1:00（金・土～翌2:00） $20～45

ビッグアップル・コースター
The Big Apple Coaster
絶叫マシン

ラスベガス最強のローラーコースター

　自由の女神も思わず耳をふさぐ爆音、時速108kmのスピード、最大44mの急降下、540度のスパイラル、ひねりながら落下するループなど、コースデザインは比類のないおもしろさ。摩天楼のすき間を走り抜ける爽快な3分間はラスベガスでしか味わえない！

カード A D J M V

マンハッタン中に響く絶叫

M P.318-A4
〈場所〉ニューヨーク・ニューヨーク
日〜木11:00〜23:00、金・土10:30〜24:00
〈条件〉身長137cm以上
$15、1日パス$26

ハイ・ローラー
High Roller
観覧車

世界一高い大観覧車

　ショップやレストランなどもあるプロムナード、リンクにある高さ168mの観覧車。ガラス張りのカプセルに乗って約30分かけて一周する。ラスベガスの街が砂漠に囲まれているから、上空から見れば一目瞭然。晴天時には最高到達地点からははるか40km先まで見渡せる。

カード A D M V

圧巻の夜景を楽しもう

M P.318-A3
〈場所〉リンク
毎日10:00〜翌1:00
大人昼$25、夜$37、子供(7〜17歳)昼$10、夜$20

マダムタッソーろう人形館
Madame Tussaud's Las Vegas
ファンスポット

ビッグスターと夢の共演!?

　TV、映画、音楽、スポーツ界などで活躍したスターを中心に、話題の人物やアメコミのヒーローまで100体以上のろう人形が並ぶ。これらの人形は本人が生存している場合、手、足などのパーツの型取りに協力してもらい、さらに写真やコンピューターで立体分析をして制作する。

カード A M V

息遣いが聞こえてきそうな精巧さにビックリ

M P.318-A3
〈場所〉ベネチアン
毎日10:00〜21:00(金・土〜22:00)※チケット販売は閉館の30分前まで。季節や曜日により変動あり
大人$29.99、子供(3〜12歳)$24.99、2歳以下無料

モブ博物館
The Mob Museum
博物館

ラスベガスの暗黒時代を暴露

　「モブ Mob」とは、マフィアやギャングなどの犯罪組織のこと。マフィアとは無縁の街となった今だからこそ、誕生した博物館だ。ラスベガスに限らず、ニューヨークやシカゴなど大都市で組織化していったマフィアの歴史と、映像化されたギャング映画などを紹介する。

カード A M V

ギャングについて詳しく解説する博物館だ

M P.318-A1、B1
〈場所〉ダウンタウン
300 Stewart Ave.
(702)229-2734
themobmuseum.org
毎日9:00〜21:00
大人$26.95、シニア(65歳以上)$20.95、子供(11〜17歳)と学生(要ID)$16.95

ストラトスフィアタワー
Stratosphere Tower
絶叫マシン

スリル満点のライドが集結

　人気アトラクションは、タワー頂上からのバンジージャンプ「スカイジャンプ Sky Jump」。ほかにも、フリーフォール式のビッグショット、空中ブランコ式のインサニティ、シーソー式のエックススクリームなど絶叫系ライドが集まっている。ライドによって身長制限あり。

カード A D J M V

©Las Vegas News Bureau
シーソー式のエックススクリーム

M P.318-B2
〈場所〉ストラトスフィア
毎日10:00〜翌1:00(金・土〜翌2:00)
展望台大人$20(ホテル宿泊者は$5)、子供(4〜12歳)$12、ライド1回$25、2回$30、3回$35、展望台とライド1日券$39.95
スカイジャンプは1回$119.99

アドベンチャードーム
Adventuredome
絶叫マシン

エアコン完備だから猛暑もへっちゃら

　空調が効いたドーム内に、絶叫コースターやファミリーアトラクションなど、さまざまなライドがぎっしりと詰まっている。ラスベガスでは唯一の大型遊園地。はしゃぎ過ぎて、ちょっと休憩したい人は、サーカスサーカス内のアトラクション「サーカス」を観に行くのもいい。

カード A M V

©Las Vegas News Bureau
暑いラスベガスだから誕生した遊園地

M P.318-B2
〈場所〉サーカスサーカス
毎日11:00〜18:00(時期により変更あり)
〈条件〉身長122cm以上
1回$6〜12、乗り放題の1日券は$33.95、子供(122cm)$19.95

メモ　シャークリーフ・アクアリウム　マンダレイベイの中の水族館。15種100匹のサメなど、約2000種以上の水の生物を展示。**Shark Reef Aquarium**　M P.318-A4　大人$25、子供(4〜12歳)$19、3歳以下無料。

ラスベガスのショップ
Las Vegas

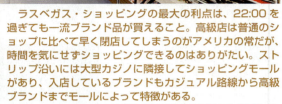

ラスベガス・ショッピングの最大の利点は、22:00を過ぎても一流ブランド品が買えること。高級店は普通のショップに比べて早く閉店してしまうのがアメリカの常だが、時間を気にせずショッピングできるのはありがたい。ストリップ沿いには大型カジノに隣接してショッピングモールがあり、入店しているブランドもカジュアル路線から高級ブランドまでモールによって特徴がある。

また、アウトレットは街から1時間以上離れた場所にあることが多いが、ラスベガスには中心部から非常に近い場所に2軒あり、アクセスも抜群だ。

ストリップ

ショッピングモール クリスタルズ / Crystals

世界の高級ブランドが集結!!

ストリップのど真ん中に位置するシティセンターのモール。ルイ・ヴィトン、プラダ、グッチなどのブティックをはじめ、ウルフギャング・パック、マエストロズ・オーシャン・クラブなどのレストランが約40入店。環境に配慮した建物、シックで芸術的な内装も見もの。 カード 店舗による

ドルチェ＆ガッバーナも入店

- P.318-A4
- 3720 Las Vegas Blvd. S.
- (702) 590-9299
- www.theshopsatcrystals.com
- 毎日10:00〜23:00（金・土〜24:00）

ショッピングモール ファッションショー / Fashion Show

実際にファッションショーが行われる

250の店舗と6軒のデパートをもつ巨大モール。フードコートも充実している。日本人におなじみのファッションブランドも多数出店。まずは、1階にある案内所（1階の奥）でフロアマップを入手しよう。屋内の広場では、ときおりファッションショーが開催される。 カード 店舗による

近未来的な建物がモールとは思えない

- P.318-A3
- 〈場所〉ストリップ沿い。ウィン・ラスベガス前
- 3200 Las Vegas Blvd. S.
- (702) 369-8382
- www.thefashionshow.com
- 月〜土10:00〜21:00、日11:00〜19:00

ショッピングモール ミラクルマイル・ショップス / Miracle Mile Shops

バラエティ豊かなショップがラインアップ

ショップやレストラン、小劇場など200以上ある店舗は、プラネット・ハリウッドのカジノフロアや劇場を囲むように配置されているので、とても歩きやすい設計。アパレルとレストランはカジュアルラインがメインで、日用品やおみやげが揃うハワイ発祥のコンビニABCストアも入店している。 カード 店舗による

日本人に人気のショップも多い

- P.318-A4
- 〈場所〉プラネット・ハリウッド
- 3663 Las Vegas Blvd. S.
- (702) 866-0704
- www.miraclemileshopslv.com
- 毎日10:00〜23:00（金・土〜24:00）※レストランとナイトクラブは店舗により異なる

ダウンタウン

アウトレット ラスベガス・ノース・プレミアムアウトレット / Las Vegas North Premium Outlets

アクセスのよいアウトレットモール

砂漠のオアシスをイメージした広い敷地内に、日本でも人気のブランドが約175揃っている。SDXバスが停車し、アクセスに便利。屋外型のアウトレットなので、夏場はマメに水分補給をしながらショッピングを楽しみたい。 カード 店舗による

拡張工事を終えて新ブランドが増えた

- P.318-B1
- 875 S. Grand Central Pkwy.
- (702) 474-7500
- www.premiumoutlets.com
- 毎日9:00〜21:00（日〜20:00）季節によって変更あり

 バフェのはしごバス シーザース系のホテルが発行する、次のバフェが24時間食べ放題のパスBuffet of Buffets:$59.99〜（週末・祝日は$74.99〜）。Flamingo (Paradise Garfden Buffet)、Harrah's (Flavors)、Paris

ラスベガスのレストラン
Las Vegas

ラスベガスでの食事にはバフェ Buffet（食べ放題の食事のこと）、世界各国の一流レストランの支店などがあり、気分や予算に合わせて選べるのがうれしい。

ストリップ沿いのカジノホテルにはバフェが入店しており、種類の多さ、シーフード、デザートなど、各バフェに特徴がある。はしごして食べ比べるならバフェのはしごパスがお得（→P.328脚注）。

カジノで一攫千金を手にできなくても行ってみたいのが、世界各国から集まったカリスマシェフと呼ばれる有名料理人が手がける高級レストランだ。ラスベガスは、非常に多くの有名店が集まるグルメシティ。ストリップのホテルに出店している場合が多く、交通手段に困ることなく行くことができる。非常に人気が高いので、事前に予約をしておきたい。

カリスマシェフ

フレンチ
ギー・サヴォア
Guy Savoy

世界屈指のフレンチシェフの味を堪能
ラスベガス支店はミシュランスター2つ星を獲得、また「ラスベガスで最もロマンティックなレストラン」として、そのエレガントな雰囲気が評価されている。プレステージ・テイスティング・メニュー（14品 $385）には、有名なアーティチョークとトリュフのスープも含まれている。
カード ADJMV

パリの名店の料理が比較的気軽に楽しめる

M P.318-A3
〈場所〉シーザースパレス
3570 Las Vegas Blvd. S.
(702) 731-7286
水～日 17:30～21:00
月・火

シーフード
マイケル・ミーナ
Michael Mina

ミシュランスターシェフのレストラン
季節のシーフード料理、エアルーム野菜を盛り込んだメニューなど独創的な料理が人気。ベラッジオの温室に面しており、静かな雰囲気で食事を堪能できる。代表的な料理で構成したシグネチャー・テイスティング・メニューは前菜、メイン、デザートなど6品で $138 とお手頃。
カード ADJMV

ぷりぷりの身がおいしいメイン州産のロブスター

M P.318-A4
〈場所〉ベラッジオ
3600 Las Vegas Blvd. S.
(702) 693-7223
www.michaelmina.net
月～土17:00～21:45
日

ラスベガスのおもなバフェ

ホテル名／バフェ名	営業時間／料金	週末ブランチ料金
Aria (M P.318-A4) **Buffet**	朝食（月～金）7:00～9:00 $24.99／ランチ（月～金）9:00～15:00 $28.99／ディナー（月～木）15:00～22:00 $38.99／ディナー（金～日）15:00～22:00 $43.99	（土・日）7:00～15:00 $33.99
Bellagio (M P.318-A4) **The Buffet**	朝食（月～金）7:00～9:00 $24.99／ランチ（月～金）11:00～15:00 $27.99／ディナー（月～木）15:00～22:00 $38.99／ディナー（金～日）15:00～22:00 $43.99	（土・日）7:00～15:00 $33.99
Caesars Palace (M P.318-A4) **Bacchanal Buffet**	ブランチ（月～金）7:30～15:00 $39.99～／ディナー（毎日）15:00～22:00 $64.99～	（土・日）11:00～15:00 $59.99～
The Cosmopolitan (M P.318-A4) **Wicked Spoon**	ブランチ（月～木）8:00～17:00 $28／ディナー（月～木）17:00～21:00 $42／ディナー（金～日）15:00～22:00 $49	（金・土・日）8:00～15:00 $36
Luxor (M P.318-A4) **More the Buffet**	朝食（月～金）7:00～11:00 $19.99／ランチ（月～金）11:00～16:00 $20.99／ディナー（毎日）16:00～22:00 $27.99	（土・日）7:00～16:00 $23.49
Mandalay Bay (M P.318-A4) **Bayside Buffet**	朝食（月～木）7:00～11:00 $18.99／ランチ（月～金）11:00～14:30 $21.99／ディナー（毎日）16:30～21:45 $32.99	（土・日）7:00～16:30 $25.99
MGM Grand (M P.318-A3) **MGM Grand Buffet**	朝食（月～木）7:00～9:00 $18.99／ランチ（月～木）9:00～15:00 $21.99／ディナー（木）15:00～21:30／（金～日）15:00～22:00 $29.99～	（金・土・日）7:00～15:00 $28.99
Mirage (M P.318-A3) **Cravings**	朝食（月～金）7:00～11:00 $18.99／ブランチ（月～金）11:00～15:00 $23.99／ディナー（毎日）15:00～21:00 $29.99	（土・日）8:00～15:00 $28.99
Paris (M P.318-A3) **Le Village Buffet**	朝食（月～金）7:00～11:00 $21.99～／ランチ（月～金）11:00～15:00 $24.99／ディナー（月～木）15:00～22:00 $30.99／ディナー（金・土）15:00～23:00 $30.99～	（土・日）10:00～15:00 $30.99～
Planet Hollywood (M P.318-A4) **Spice Market Buffet**	朝食（月～金）7:00～11:00 $17.99～／ランチ（月～金）11:00～15:00 $19.99／ディナー（毎日）15:00～22:00 $25.99～	（土・日）10:00～15:00 $23.99～
TI: Treasure Island (M P.318-A3) **Buffet at TI**	朝食（月～金）7:00～11:00 $23.45／ランチ（月～金）11:00～16:00 $25.95／ディナー（月～木）16:00～22:00 $29.95／ディナー（金～日）16:00～22:00 $35.95	（土・日）7:00～16:00 $30.45
Wynn Las Vegas (M P.318-A3) **The Buffet**	ブランチ（月～金）7:30～15:30 $28.99／ディナー（毎日）15:30～21:30 $42.99	（土・日）7:30～15:30 $36.99

Las Vegas(Le Village Buffet)、Planet Hollywood(Spice Market Buffet)、Rio(Carnival World Buffet)。追加料金を払えばCaesars Palace(Bacchanal Buffet)も利用可能。

ホットでトレンディ

ラスベガスの
ナイトクラブ

ラスベガスのナイトライフは、メガクラブの存在なくして語れない。ラグジュアリーな空間に最先端の設備が整い、セレブもお忍びで訪れるほど。また、世界を席巻するDJと専属契約を結んでいることも人気の理由だ。世界中のクラバーに交じって思いきり楽しむために、知っておきたいルールを即チェック！！

カルヴィン・ハリスのDJプレイは最高！ クラブイベントは、事前にウェブサイトを要チェック

教えて！ナイトクラブ Q&A

Q. 予算はどのくらい？
A. クラブやイベントの内容、曜日によってまちまちだが、平均チャージは$25〜35。

Q. ドレスコードでひっかからない服装は？
A. ダメージデニムやバギーパンツ、短パン、スポーツウエア、帽子、サンダル、スニーカー、ブーツなどはNG。男性はえり付きシャツに、チノパンや細身のデニムというスタイルが無難だ。女性は男性ほど細かくチェックされないが、ドレスやワンピースなど、きれいな格好で出かけたい。

Q. 最新情報はどこで手に入る？
A. 現地の情報誌 → P.311 や、ラスベガス観光局のウェブサイト■www.lasvegas.comで確認を。

Q. クラブ内は危ない？
A. 入店前に係員がID、身だしなみのチェックも行い、少しでも危険と見なす客は入店させないため、ある程度の安全は保たれている。女性は男性から声をかけられることもあるので、その際はしっかりと人を見極めること！ また、スリなどの窃盗にも気をつけたい。

おさえるべき9つのポイント！

1. 21歳未満は入店不可
2. パスポートなどの写真付きIDは必携
3. 各クラブのドレスコードを要チェック
4. 楽しむためにも荷物は最小限に
5. 有名DJのイベントもお見逃しなく！
6. 人気のクラブは長時間待たされる覚悟で
7. クラブ内のテーブル席はボトル購入者のみ着席可
8. いちばん盛り上がる時間帯は24:00〜翌1:00
9. 比較的安全な街だが、帰りはタクシーで！

世界トップクラスのDJがプレイする 注目のナイトクラブ

Omnia Nightclub

全米で最もホットなナイトクラブ。ハッカサン・ラスベガス（MGMグランド→P.321）と同じ運営会社が手がける最新クラブ。専属DJは世界で最も稼ぐカルヴィン・ハリスを筆頭に、ゼッド、バーンズ、ボージャスなど、そうそうたる顔ぶれ！

オムニア・ナイトクラブ
MP.318-A3
住 シーザースパレス → P.320
☎ (702) 785-6200
URL omnianightclub.com
営 火・木〜日22:30〜
休 月・水 料 $25〜
カード AJMV

メインフロアには可動式のLEDシャンデリアがある

©Rukes

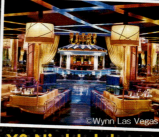
©Wynn Las Vegas

とにかく盛り上がりたい若者に大人気

XS Nightclub

DJを務めるのはエステバン・カラスコ、DJ スネイクなど、30名を超えるトップアーティストたち。ウェブサイトで彼らのスケジュールをチェックしておこう。

エクセス・ナイトクラブ
MP.318-A3
住 アンコール → P.319
☎ (702) 770-0097
URL xslasvegas.com
営 金・土22:30〜翌4:00
休 日〜木
料 $20〜
カード ADJMV

ラスベガスからのエクスカーション
グランドキャニオン国立公園
Grand Canyon National Park

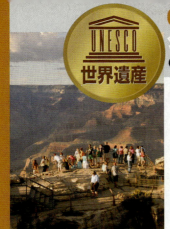

日の出と日の入りの変化を見てほしい

大自然の芸術に感動する

コロラド川が500万～600万年という途方もない時間をかけて大地を削り、造り上げた大峡谷。その圧倒的なスケールを目の当たりにすると、人知を超えた地球の営みにただ驚くしかない。リム（崖のふち）に立って見る、時間ごとに表情を変えてゆく光景は、まさに大自然の生み出す芸術品だ。特に日の出と日の入りがすばらしい。光と影が織りなす峡谷は一生に一度は見ておきたい絶景だ。

グランドキャニオン国立公園への行き方

●レンタカー（ラスベガスから）

マッカラン国際空港の南を走るI-215 Eastに乗り、あとはI-515 South、US-93 Southへと進む。フーバーダムでコロラド川を渡り、アリゾナ州に入ってから約80マイルでキングマンKingman。ここでI-40 Eastに乗り、約120マイルでウィリアムズWilliamsだ。Exit 165でAZ-64に移ればサウスリムまでは約60マイルの一本道。ラスベガスから約5時間。

グランドキャニオン国立公園
- 巻頭折込「アメリカ西海岸」
- www.nps.gov/grca
- 24時間365日。ただし、ノースリムは5月中旬～10月中旬オープン
- サウスリムとノースリム共通で車1台$35、バイク1台$30、そのほかの方法での入場1人$20（7日間有効）

メモ　大型アウトドア店　国立公園に行く際は、ぜひ立ち寄りたい。目印はSilverton Lodge & Casino。Bass Pro Shops MP.318-A4外　8200 Dean Martin Dr.　www.basspro.com　毎日9:00～21:00（日～19:00）

331

グランドキャニオン国立公園 Grand Canyon National Park

ラスベガスからのエクスカーション / 世界遺産

グレイハウンドバス
- ☎ (702) 384-9561
- www.greyhound.com

フラッグスタッフのバスディーポ
- 880 E. Butler Ave. Flagstaff, AZ
- ☎ (928) 774-4573
- 毎日10:00～翌5:30

Groome Transportation
- ☎ (928) 350-8466
- groometransportation.com/grand-canyon/
- フラッグスタッフ発7:35、12:35、15:45。所要1時間45分
- 片道$34（公園の入園料$6は含まず）

グランドキャニオン鉄道
- ウィリアムズ駅:233 N. Grand Canyon Blvd., Williams, AZ
- ☎ (303) 843-8724
- Free (1-800) 843-8724
- www.thetrain.com
- 1日1往復。ウィリアムズ発9:30、グランドキャニオン発15:30。所要2時間15分
- 往復$67～226。席のグレードによって6つの料金設定。コーチクラスの場合往復$82（税金と国立公園の入園料が別途加算される）
- クリスマス

●グレイハウンドバス

グレイハウンドバスで行く場合、まず**フラッグスタッフFlagstaff**へ行き、町にあるアムトラック駅から**グルームトランスポーテーションのシャトル**を利用する。フラッグスタッフのアムトラック駅（フラッグスタッフのバスディーポから車で約5分、徒歩約20分）を出発し、ウィリアムズWilliamsのグランドキャニオン鉄道駅（→下記の鉄道を参照）に寄ってから、サウスリムのマズウィックロッジへ行く。なお、グレイハウンドバスはロスアンゼルスから1日7便（途中乗り換え、11～13時間）、ラスベガスから1日2便（約6時間）、フェニックスから1日6便（約3時間）走っている。

●鉄道

ウィリアムズ駅からサウスリムまでの間を運行している観光用の**グランドキャニオン鉄道Ground Canyon Railway**も人気。ウィリアムズ駅までは、フラッグスタッフ駅からバスに乗りHoliday Inn Express & Suites Williamsで下車、そこから徒歩で15分ほど。

●飛行機

シーニック航空（下記）が、ラスベガスの郊外にあるボウルダーシティの空港からグランドキャニオン空港まで定期便を飛ばしている。毎日1日2便（夏季3便）、所要75分、片道$259、往復$518。

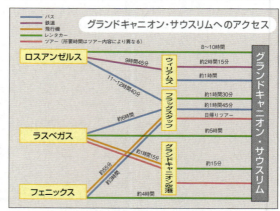

グランドキャニオン・サウスリムへのアクセス

Column ラスベガスからツアーでグランドキャニオンへ

ラスベガスからグランドキャニオンへは、大型バンや観光バスで行く日帰り、または1泊2日のツアーがポピュラー。朝日や夕日を見たいのであれば、1泊2日のツアーがおすすめ。また、小型機で飛行遊覧を楽しんだあと、国立公園内をバスで回る日帰りツアーも人気だ。右記の会社ではグランドキャニオン・ウエスト（→P.338）へのツアーも催行している。

●ネバダ観光サービス（日本語）
- ☎ (03) 5530-8663（日本）
- ☎ (702) 731-5403（ラスベガス）
- www.nevakan.com

●シーニック航空（日本支社）
- ☎ (03) 5745-5561　Free 0120-288-747
- www.scenic.co.jp
- ☎ (702) 638-3300（ラスベガス）
- ☎ (1-800) 634-6801（ラスベガス）

国立公園でやってはいけないこと アメリカの国立公園は、自然は自然のままにしておくのがルール。国立公園内のものは、花をつんだり、何ひとつ持ち帰ってはいけない。動物に餌を与えるのも厳禁だ。

グランドキャニオン国立公園の歩き方

グランドキャニオン国立公園はコロラド川両岸、南北に広がっており、**南側をサウスリム（南壁）、北側をノースリム（北壁）**と呼ぶ。なお、本書では交通の便がよく、施設の整ったサウスリムを中心に紹介している。

サウスリムには断崖沿いにトレイルと舗装道路が敷かれ、自然の形を利用したビューポイントがいくつも点在する。東端から西端まで移動するだけでも、キャニオンの様相は変化に富むが、少しでもいいから歩いて下からキャニオンを見上げてほしい。夏期ならばノースリムに行ってみるとか、ヘリで空から眺めてみるなどすれば、大峡谷のさらなる違った表情に巡り会えるだろう。

サウスリムビレッジを中心に、**ウエストリム～イーストリム間は、15～30分おきに無料のシャトル**が走っている（P.334～335の地図参照）。各ポイントがバス停になっているので、まずは、端から端まで、くまなく乗りこなしてみよう。

気候と服装について

グランドキャニオンでは4～10月は天候も安定し気温も快適だが、夏は突然の雷雨もある。

冬は天候も荒れ、吹雪の日も多い。サウスリムは標高が高く、朝夕の温度差がかなりあるので、Tシャツ、セーター、ジャケットなど数種の衣類を持参し、重ね着で対応しよう。

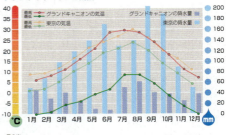

グランドキャニオンの気候

	1月	3月	5月	7月	9月	11月
日の出	7:16～	6:55～	6:11～	6:47～	7:35～	7:32～
日没	18:10	20:02（夏時間）	20:47（夏時間）	20:18（夏時間）	18:53	17:15

Column　下から見上げるグランドキャニオン

グランドキャニオンは、「リム（崖のふち）に立って見るよりも、下から見上げる景色のほうが、何倍もスゴイ」ということがよく言われる。ラスベガスからの日帰りツアーとして人気が高いが、できれば数時間、いや1泊して、少しでもいいから峡谷を下ってほしい。自分の足と、自分の目で大峡谷のすばらしさを体感すれば、生涯心に残る旅の思い出になるだろう。

●峡谷を実感するショートトレイル

時間がない、谷底まで行く体力に自信がないという人におすすめなのが、ブライトエンジェル・トレイルBright Angel Trailだ。途中で引き返しても、頭の上から覆いかぶさるような大迫力のキャニオンを実感できる。トレイルは、グランドキャニオンで最もにぎわうサウスリムのブライトエンジェル・ロッジのすぐ西側からスタートする。3マイル・レストハウスまでのコース（往復約10km）なら、往復4～6時間ほど。なお、短距離のハイキングでも、十分な水、スポーツドリンクの粉末（塩分も必要）、軽食、ジャケット、帽子、タオル、日焼け止めなどの装備は万全に。また、天気が悪くなったら、すぐに引き返そう。早朝に出発して早めに戻りたい。

●もっとグランドサークルを楽しむために

グランドキャニオンのように、大自然のなかでのトレッキングは、アメリカの魅力を満喫する最良の方法だ。グランドキャニオンを含めたユタ州南部とアリゾナ州北部には、大西部ならではの国立公園が8つあり、このエリアを総称して「グランドサークルGrand Circle」と呼ぶ（→P.340）。

そのグランドサークルを詳しくガイドしているガイドブックが「地球の歩き方B14ダラス ヒューストン デンバー グランドサークル フェニックス サンタフェ」。このエリアを訪れるなら、こちらの本もぜひ参考に。

地球の歩き方 B14
「ダラス ヒューストン デンバー グランドサークル フェニックス サンタフェ」
ダイヤモンド社刊
1700円+税

ラスベガスからのエクスカーション グランドキャニオン国立公園 Grand Canyon National Park

世界遺産

サウス＆イーストリムのおもな見どころ

旅行パンフレットにも登場する絶景　サウスリム・ビレッジ＆ウエストリム　MP.335

マーザーポイント
Mather Point　★★★

グランドキャニオン・ビジターセンター
Grand Canyon Visitor Center
MP.335
☎(928)638-7888
◆夏期：毎日8:00〜17:00、冬期：毎日9:00〜17:00
案内所は観光客でにぎわうビレッジではなく、マーザーポイントの展望台近くにある。マイカー対策として造られた巨大な駐車場に隣接する。国立公園発行の「The Guide」にはレンジャーツアー、地図、ハイキングマップなど情報が満載。必ず入手しておきたい。滞在が短いのなら、ヤババイポイント（→P.335）の地質学博物館もビジターセンターの役割を担っており、天気などの基本情報は各ロッジでも案内している。

ビレッジからブライトエンジェルトレイル（谷を下るトレイル）の各ポイントまで
往復距離・標高差・往復の所要時間（登山経験のあまりない、ごく一般の人が普通に歩いた場合の目安）は以下のとおり。
● 1.5-Mile Resthouseまで
　4.8km　340m　2〜4時間
● 3-Mile Resthouseまで
　9.6km　645m　4〜6時間
● Indian Gardenまで
　14.4km　933m　6〜9時間

注意：
谷底までの日帰りの往復は危険なので、絶対にしないように。忠告の掲示を無視する人も絶えないが、毎年、死者が出ているほど危険なのだ。
また、トレイルの歩道から外れて転落する事故も多発。注意を払おう。

　ここからの眺望は、数あるビューポイントのなかでも1、2を争うすばらしさ。旅行のパンフレットなどに登場するグランドキャニオンの写真は、ここで撮影したものが圧倒的に多い。キャニオンに張り出した自然の岩の展望台に立てば、断崖と残丘が幾重にも重なり、16km先に対峙するノースリムが青く霞んで一直線に見える。ヤババイポイントと同様、日の出、日の入を見るには最高のポイントだ。ビレッジから行くには、ビレッジルートの無料シャトルに乗り、ビジターセンターで下車してからマーザーポイントまで約5分ほど歩く。トイレあり。

グランドキャニオンでも屈指のビューポイント

334　メモ　ブライトエンジェル・ロッジ＆キャビン（MP.335）から各見どころまでの所要時間　マーザーポイントまで徒歩約1時間、ヤババイポイントまで徒歩約40分。

| 早朝、夕方に訪れたい | サウスリム・ビレッジ＆ウエストリム | **MP.335** |

ヤバパイポイント
Yavapai Point

夕方のヤバパイポイント

1540年、西洋人として初めてグランドキャニオンを発見したスペインの遠征隊は、このポイントで深い峡谷と劇的な対面をしたという。**ヤバパイ博物館 Yavapai Geology Museum** からは、ガラス越しに広がる180度のパノラマが楽しめる。インディアンガーデンからプラトーポイントに向かってプラトーポイント・トレイルが延びているのがよく見える。さらに谷底の緑のなかにはファントムランチがある。

| 断崖の下にはハイカーやラバの姿が見える | サウスリム・ビレッジ＆ウエストリム | **MP.335** |

ヤキポイント
Yaki Point

正面のノースリムを一直線にえぐっているのがブライトエンジェル・キャニオン。その断崖の端をよく見ると、グランドキャニオン・ロッジが立っているのがわかる。右手の奥には**ウータンの玉座 Wotans Throne**や美しい**ビシュヌ寺院 Vishunu Temple**も見えている。東のほうへ目をやるとイーストリムのそばの奇妙な形をした岩の上にアヒル Duck on The Rock がいる。南を振り返れば、白いサンフランシスコ連峰がそびえている。ビジターセンターからカイバブルートの東行きシャトルで約25分。

ヤバパイ博物館
ヤバパイポイントの崖っぷちに立つ、こぢんまりとした博物館兼展望台。中にはグランドキャニオンの立体模型や化石の展示があり、レンジャープログラムも行われる。
夏期：毎日8:00～20:00
冬期：毎日8:00～18:00
無料

※**ヤキポイント・ロードは、シャトルバス以外の一般車両は進入禁止**

下から見上げる造形美
リムから見下ろすのもいいが、少しだけでも谷の中に下りてみれば、キャニオンのまた違った表情を楽しむことができる。グランドキャニオンは見上げる大峡谷なのだ。谷を下るトレイルには、ブライトエンジェル・トレイルとサウス・カイバブ・トレイルがあるが、ビレッジを出発点とするブライトエンジェル・トレイルのほうがポピュラーだ。

ヤキポイントの夜明け。日没と日の出が最も美しい

ラスベガス Las Vegas グランドキャニオン国立公園／サウス＆イーストリムの見どころ

メモ 無料シャトルバスを利用しよう 4種類のシャトルが運行されている。うまく利用すれば、マーザーポイント、ヤバパイポイント、モハーベポイント、ハーミッツレストなどのビューポイントへ行くことができる。

335

ラスベガスからのエクスカーション　世界遺産

グランドキャニオン国立公園 Grand Canyon National Park

化石の宝庫
グランドキャニオンは世界で最も多くの化石が見つかっている場所でもある。コロラド川が岩石を深く削ってくれたおかげで、岩壁には、いたるところに化石が露出している。グランドキャニオンは生物の進化の過程を、われわれに教えてくれているのだ。

できれば、朝がおすすめのポイント　サウスリム・ビレッジ＆ウエストリム　MP.335 地図外

グランド・ビュー・ポイント
Grand View Point　★★

壮大な景色が目の前に広がるポイントで、静かな朝などは、吹き抜けていく風の音とともにコロラド川の流れの音が聞こえてくる。駅馬車が走っていた時代にはここにホテルが立っていたが、サンタフェ鉄道の開通と同時にさびれてしまい、今は撤去されている。東側に開けているので朝方には崖の各層が浮かび上がり、まるで地層の標本を見るようだ。残念ながら、車がないと早朝に訪れるのは無理。

幾重にも重なる地層

イーストリムを走るドライブウエイの終点　サウスリム・ビレッジ＆ウエストリム　MP.335 地図外

デザートビュー
Desert View　★★★

コロラド川がカーブする角にあるので西と北両方に視界が開き、東から支流のリトルコロラド川が合流しているのが見える。名前が示すとおり北側には、はるか地平線まで続く砂漠（カラーデザート Color Desertと呼ばれる）が見渡せる。西側の複雑なキャニオンとの対比がおもしろい。

ウオッチタワー
- 夏期：毎日8:00～18:00
- 冬期：毎日9:00～16:30
- 無料

デザートビューにはツアーで行ける

イーストリムの終点にある展望台、ウオッチタワー

サウスリムとは異なる景色が広がる

展望台に立つ**ウオッチタワー Watch Tower**は古代先住民の遺跡を再現したもの。鉄筋とグランドキャニオンの岩石で造られており、中には先住民の壁画が描かれている。夕暮れ時は上部からの眺望がすばらしいので、機会があればぜひ訪れたい。また、近くには観光案内所、食料品や衣料品が揃うストア、ガソリンスタンド、カフェテリアやキャンプ場があり、東へ行くと東口ゲートに出る。

ウエストリムのおもな見どころ

双眼鏡を持って巡りたい

探検家パウエルの名を冠したポイント　サウスリム・ビレッジ＆ウエストリム　MP.334

パウエルポイント
Powell Point　★★

　キャニオンに突き出した所で、雄大な景色が楽しめる。展望台から見ると、正面にダナビュート Dana Butte、対岸にアイシス寺院 Isis Templeという名の岩峰が北壁をバックに屹立している。パウエルとは、コロラド川を最初に下った探検家 J. W. Powellのこと。

夕日を見るのによいポイント　サウスリム・ビレッジ＆ウエストリム　MP.334

ホピポイントとモハーベポイント
Hopi Point & Mohave Point　★★

　西側に視界が開けているので夕焼けの時間を狙って行こう。クフ王のピラミッド Cheops Pyramidと呼ばれる岩山の下をコロラド川が蛇行して流れるのが見える。ホピポイントとモハーベポイントの間は、日が差すと炎のように赤く見えるためインフェルノ（地獄）と呼ばれている。

急流の音に耳を傾けてみて　サウスリム・ビレッジ＆ウエストリム　MP.334

ピマポイント
Pima Point　★★★

　180度開けたパノラマが楽しめるポイント。赤いコロラド川の中で白く見えるのは急流の部分。静かな日にはブーシェの急流 Boucher Rapidsの音が聞こえてくるという。対岸には勇壮なオシリス神殿 Osiris Templeがそびえている。

仙人の休憩所というポイント　サウスリム・ビレッジ＆ウエストリム　MP.334

ハーミッツレスト
Hermits Rest　★★

　石造りの休憩所がある。ラウンジに大きな暖炉があり、ポーチに出るとグランドキャニオンの壮大な景観が広がっている。一般の観光客が来られるのはここまでで、西の終点だ。無料シャトルで約40分。軽食スタンド、ギフトショップ、トイレあり。

ウエストリムの無料シャトルバス
● Hermits Rest Route
3〜11月のみ運行。15〜30分ごとに運行。80分で1往復する

ホピポイント
　ホピポイントからは、はるか東の断崖に、デザートビューのウオッチタワーがポツンと見える。

オプショナルツアー
　ビレッジから離れた展望台を巡るツアーバスがある。予約はなるべく前日までに。ビレッジの各ロッジに送迎してくれる。
予約 Free (1-888)297-2757
www.grandcanyonlodges.com
現地での予約は各ロッジにあるツアーデスクで。
● Hermits Rest Tour
大人$36、ツアーに参加する大人に同伴の16歳以下無料、所要2〜3時間
● Desert View Tour
大人$65、ツアーに参加する大人に同伴の16歳以下無料、所要4時間

モハーベポイントからコロラド川を見渡す

ラスベガスからのエクスカーション 世界遺産

グランドキャニオン国立公園 Grand Canyon National Park

グランドキャニオン・ウエスト
Grand Canyon West

「ぜひグランドキャニオンを見てみたい。でも、どうしても半日しか時間が取れない!」という人向けスポットで、ラスベガスとサウスリムの間にある。正確には国立公園内ではないが、ワラパイ族先住民居留地にあるため、ネイティブアメリカンの文化に触れられる。峡谷にせり出したガラスの橋"スカイウオーク"を訪れるツアー、ヘリコプターで遊覧するツアー、ラフティングツアーなど数多く催行されている。ラスベガスから車でも行けるが、ネバダ観光サービスや、シーニック航空（→P.332 Column）などのツアーを利用するとラク。

グランドキャニオン・ウエストのおもな見どころ

スカイウオークがあるのはこのエリア　　ラスベガス近郊　MP.331
イーグルポイント
Eagle Point　　　★★★

ワシが羽を広げたように見える岩があり、先住民の間で古くから聖地とされていた。そこに絶壁から谷にU字型にせり出したガラスの橋**スカイウオークSkywalk**が造られている。景観を乱す、聖地が汚れる、など物議を醸しているが、その奇抜なアイデアと技術は一見に値する。コロラド川からの標高差は1200mだそうだが、支谷へ入った所にあるので、足元に川が見下ろせるわけではない。時間はないがグランドキャニオンに行きたい人には最適だ。隣ではインディアンダンスなどのパフォーマンスも行われている。

足元がガラスなので、とてもスリリング

雄大なポイントが広がる展望ポイント　　ラスベガス近郊　MP.331
グアノポイント
Guano Point　　　★★

グランドキャニオン国立公園のサウスリムに比べれば、はるかに浅く小さな峡谷である。化粧品などに利用するグアノ（コウモリの糞）を採掘した跡が残っており、コロラド川を足元に見下ろせる。

グランドキャニオン・ウエスト
MP.331
☎(928)769-2636
Free(1-888)868-9378
www.grandcanyonwest.com
$49
※入園料には園内シャトルバスの料金が含まれている。なお、スカイウオークは別のパッケージになる。料金は下記のとおり。

車での行き方
ラスベガスからUS-93を南下し、フーバーダムを過ぎてから40マイルでPierce Ferry Rd.へ左折。28マイル走ってDiamond Bar Rd.へ右折し、21マイルで飛行場に到着。スカイウオークへはシャトルバスに乗り換える。所要約2時間30分。

● **Grand Canyon West Airport**
5001 Diamond Bar Rd., Peach Springs, AZ 86434

スカイウオーク
$79
※入園料、園内シャトルバス、昼食、スカイウオークの見学を含む。なお、スカイウオークにはカメラ、手荷物など一切持込禁止。ギフトショップで買い物をするための財布のみ持ち込みが許されている。

シーニック航空
東京☎(03)5745-5561
日本☎0120-288-747
www.scenic.co.jp
● **スカイウオーク（ラスベガス発）**
$349～
ラスベガスのホテル、またはマッカラン国際空港の送迎付き。レイクミード、フーバーダムの上空を飛行し、グランドキャニオン・ウエストへ。スカイウオークを訪れ、グアノポイントで食事をする。

イーグルポイント

グアノポイント

グランドキャニオンのホテル　Hotel in Grand Canyon

グランドキャニオンを代表するホテルがエルトバーホテル

園内には8軒の宿泊施設があり、下記の6軒はサウスリム・ビレッジにある。通年混雑しているがピークは4〜10月で、できれば1年前からの予約をすすめる。予約はXanterra社の場合、13ヵ月前の1日から（例えば2020年8/1〜8/31までの予約は2019年の8/1から受け付ける）、DNC社は13ヵ月前から可能。当日のキャンセル狙いは、Xanterra社のロッジ1ヵ所で聞けば全ロッジの予約状況を確認できる。それでも宿が見つからない場合、フラッグスタッフ（MP.331）でなら宿を確保できるだろう。

●国内宿泊施設の予約窓口（ヤバパイロッジを除く）
Xanterra Parks & Resort Central Reservations
☎ (303) 297-2757　☎ (1-888) 297-2757
当日予約は☎ (928) 638-2631　■ www.grandcanyonlodges.com
休 サンクスギビング、クリスマス、元日

●ヤバパイロッジの予約窓口
DNC Parks & Resorts at Grand Canyon, Inc.
☎ (801) 449-4139　Fax (1-877) 404-4611　■ www.visitgrandcanyon.com

※ヤバパイロッジを除き、下記ホテルでは客室内でWi-Fiを使うことができる（無料。ヤバパイロッジはロビーで使用可能）。しかし、電波が弱いため、動画のストリーミングや重たいファイルのダウンロードなどは難しい。

高級	エルトバーホテル El Tovar Hotel	M サウスリム・ビレッジ&ウエストリム P.335 料 ⓈⒹ $227〜370、Ⓢⓤ $462〜562

歴史的高級リゾート
1905年建造。北アリゾナ地方に初めて探検隊を送ったトバー伯爵の名を取った。真夏と真冬は意外にすいている。全室禁煙。　78室　カード ADJMV

中級	ブライトエンジェル・ロッジ&キャビン Bright Angel Lodge & Cabins	M サウスリム・ビレッジ&ウエストリム P.335 料 スタンダード（シャワー共同あり）$89〜115、キャビン$146〜227、Ⓢⓤ $179〜490

観光の中心地
部屋のグレードや設備についてはほかのロッジに比べて劣るが、バスの発着所、公園内のツアーデスクも兼ねている。全室禁煙。　90室　カード ADJMV

中級	サンダーバードロッジ Thunderbird Lodge	M サウスリム・ビレッジ&ウエストリム P.335 料 ⓈⓉ ストリートサイド $225、 ⓈⓉ キャニオンサイド $283

キャニオンが見下ろせる部屋もある
モーテルのような造りで、華美ではないが清潔で快適だ。チェックインなどは、ブライトエンジェル・ロッジで行う。全室禁煙。　55室　カード ADJMV

中級	カチナロッジ Kachina Lodge	M サウスリム・ビレッジ&ウエストリム P.335 料 ⓈⓉ ストリートサイド $225、 ⓈⓉ キャニオンサイド $283

現代的ロッジで設備もよく、快適
ムードよりも快適さを選ぶ人向きのロッジだ。チェックインなどはエルトバーホテルで行う。全室禁煙。　49室　カード ADJMV

中級	マズウィックロッジ Maswik Lodge	M サウスリム・ビレッジ&ウエストリム P.335 料 ⓈⒹⓉ 南側 $117、北側 $225

スイスシャレー風の石造りのロッジ
客室は南側（South）と北側（North）とで設備と料金が異なる。ブライトエンジェル・トレイルヘッドまで徒歩5分。　250室　カード ADJMV

中級	ヤバパイロッジ Yavapai Lodge	M サウスリム・ビレッジ&ウエストリム P.335 料 ⓈⒹ $154（旧館）、ⓈⒹ $191（新館）

ビジターセンター奥の松林の中に立つ
1階建ての旧館（West）と2階建ての新館（East）があり、無料シャトルがロッジ棟を回っている。　358室　カード ADJMV

凡例：コーヒーメーカー／ミニバー・冷蔵庫／バスタブ／ヘアドライヤー／BOX 室内金庫／ルームサービス／レストラン／フィットネスセンター・プール／コンシェルジュ／日本語を話すスタッフ／ランドリー／ワイヤレスインターネット／駐車場／車椅子対応の部屋

グランドサークル *Grand Circle*

Column ラスベガスからグランドサークルへ

ラスベガスに滞在していると実感できないが、実はラスベガス周辺は全米屈指の大自然の宝庫。西には灼熱のデスバレー国立公園、東にはグランドキャニオンをはじめとする国立公園や国定公園が集中し「グランドサークルGrand Circle」と呼ばれるエリアになっている。

時間が許すのであれば、ぜひ、これらのエリアまで足を延ばしてみよう。レンタカーでの移動がいちばん便利ではあるが、ラスベガス発着のツアーもバラエティ豊かだ。パンフレットで比較するなど、自分の予定に合ったツアーを選ぶといいだろう。

●ザイオン国立公園　MP.331
Zion National Park

バージン川に浸食された渓谷と、両岸にそびえる巨大な岩峰が魅力。できれば、花が咲く5月、黄葉の10〜11月の頃に訪れたい。ラスベガスから車で3時間弱なので、日帰りもOK。また、ブライスキャニオンと組み合わせたツアーも一般的で、1日14時間、$200前後が目安だ。

おもな見どころは、公園の中心を貫く渓谷。ウエストテンプルWest Temple、エンジェルスランディングAngels Landing、世界最大級の一枚岩グレート・ホワイト・スローンGrate White Throneなどが谷の両側に並ぶ。

ビジターセンター
Zion Canyon Visitor Center
☎ (435)772-3256　www.nps.gov/zion
公園は24時間オープン。ビジターセンターは夏期：毎日8:00〜18:00、夏期以外：毎日8:00〜17:00　休クリスマス

行き方
ラスベガスからI-15をひたすら北上し、約130マイル走ってSt. Georgeを過ぎた所でUT-9に乗る。さらに東に約35マイル走れば公園に着く。

入園料（公園は年中オープン）
車1台$35、バイク1台$30（7日間有効）。そのほかの方法は1人$20。

水かさが増していたり、水温が低いときは注意が必要

●ブライスキャニオン国立公園　MP.331外
Bryce Canyon National Park

この国立公園について特筆すべき点は、色も形もさまざまな岩の尖塔群だろう。断崖の上から眺めるだけでも強烈な印象を与えてくれる。アクセスは、バスや小型飛行機によるツアーが主流。

園内には、サンライズポイントSunrise Pointやサンセットポイント Sunset Pointといった朝夕におすすめの展望ポイントがある。キャニオン全体を見渡せるブライスポイントBryce Pointも絶景だ。なお、5月上旬〜10月上旬のみ園内のおもな展望ポイントを結ぶ無料のシャトルバスが運行する。

ビジターセンター Visitor Center
☎ (435)834-5322　www.nps.gov/brca
公園は24時間オープン。ビジターセンターは5〜9月：毎日8:00〜20:00、11〜3月：毎日8:00〜16:30、4・10月：毎日8:00〜18:00
休サンクスギビング、クリスマス、元日

行き方
ザイオンから約110分。UT-9を東に走り、US-89を北上。さらにUT-12を右折、次はUT-63を右折する。

入園料（公園は年中オープン）
車1台$35、バイク1台$30（7日間有効）。そのほかの方法は1人$20。

グランドサークルで最も印象深いと評判のブライスキャニオン

●アンテロープキャニオン　MP.331
Antelope Canyon

ユタ州とアリゾナ州にまたがる、アメリカ国内2番目の大きさを誇る人造湖レイクパウエル。そこへ流れ込む支流が作り出した峡谷がアンテロープキャニオンだ。峡谷の幅の狭さ、水の流れをそのまま映し出したようにうねる壁、峡谷最深部にかすかに届く太陽光。それらすべてがあいまって幻想的な風景を作り出している。

場所はグランドサークル観光のハブ、ペイジPageの東側。ナバホ族居留地内にあるため自由に見学することはできないが、数社がツアーを催行している。要予約。

アンテロープキャニオン・ツアー
Antelope Canyon Tours
🏠 22 S. Lake Powell Blvd., Page, AZ（オフィス＆ツアー出発場所）
☎ (928) 645-9102
🌐 www.antelopecanyon.com
🕐 観光ツアー：毎日7:00、8:00、9:30、11:30、13:30、15:30、16:30（冬期は7:00～9:30、16:30の回は催行しない。所要90～100分）
💰 大人$60～75、8～12歳$50～65、3～7歳$42～57
※ラスベガスからネバダ観光サービス（→P.332）などがツアーを催行している

行き方
フラッグスタッフからの場合、ペイジまでは車でUS-89を北へ約200km、所要約2時間30分。グランドキャニオン・ビレッジからはAZ-64、US-89と進む。

自然のものとは思えないアンテロープキャニオン

● **モニュメントバレー**　MP.331 外
Monument Valley

アメリカの原風景と称されるモニュメントバレー。アンテロープキャニオンと同じくナバホ族居留地内にあり、アリゾナ州とユタ州にまたがっている。赤土の荒涼とした大地に、ユニークな形をしたいくつものビュート（残丘）がそびえる。時間の移ろいでまったく違った表情を見ることができ、夕方に赤く染まるビュートは特に壮観だ。

モニュメントバレー・ビジターセンター
Monument Valley Navajo Tribal Park Visitor Center
🏠 P.O. Box 360289, Monument Valley, UT
☎ (435) 727-5870

映画の舞台としても使われる

🌐 utah.com/monument-valley/visitor-center
🕐 4～9月：毎日6:00～20:00、10～3月：毎日8:00～17:00
※ラスベガスからネバダ観光サービス（→P.332）などがツアーを催行している

行き方
フラッグスタッフからはUS-89を北へ1時間走りUS-160を東へ。130kmほど進むとKayentaケイエンタの町になり、そこからUS-163を北へ33kmほど進み州境を越え、Monument Valley Rd.を東に進むとビジターセンターがある。

入場料
車1台$20（4人まで）、以降1人$6。6歳以下無料

● **セドナ**　MP.331 外
Sedona

強力な大地のエネルギーが渦巻く、アメリカを代表するパワースポット。グランドサークル内ではないが、グランドキャニオンとあわせて観光する旅行者も多い。

大地のエネルギーが集まるボルテックスVortexがセドナには多く、その神秘的なエネルギーが訪れる人に癒やしを与えている。なかでもエアポートメサAirport Mesa、ボイントンキャニオンBoynton Canyon、カセドラルロックCathedral Rock、ベルロックBell Rockの4つはセドナの4大ボルテックス。ここはぜひとも立ち寄りたいところだ。

セドナは町なので商業施設が多く、ほかの国立公園と比べると観光しやすい。

セドナ観光案内所 Sedona Chamber of Commerce Visitor Center
🏠 331 Forest Rd., Sedona, AZ
☎ (928) 282-7722　🌐 visitsedona.com
🕐 毎日8:30～17:00
※ラスベガスからネバダ観光サービス（→P.332）などがツアーを催行している

行き方
フラッグスタッフからI-17を南へ6km、Exit337で下り、AZ-89Aを南へ約40km。約1時間。

4大ボルテックスのひとつ、カセドラルロック

「地球の歩き方」の書籍

地球の歩き方 GEM STONE

「GEM STONE(ジェムストーン)」の意味は「原石」。地球を旅して見つけた宝石のような輝きをもつ「自然」や「文化」、「史跡」などといった「原石」を珠玉の旅として提案するビジュアルガイドブック。美しい写真と詳しい解説で新しいテーマ&スタイルの旅へと誘います。

006	世界遺産 マチュピチュ完全ガイド
022	グランドサークル&セドナ アメリカ驚異の大自然を五感で味わう体験ガイド
026	ベルリンガイドブック「素顔のベルリン」増補改訂版
030	世界遺産 イースター島完全ガイド
038	イスタンブール路地裏さんぽ
040	南アフリカ自然紀行 野生動物とサファリの魅力
041	世界遺産 ナスカの地上絵完全ガイド
042	世界遺産 ガラパゴス諸島完全ガイド
044	プラハ迷宮の散歩道
045	デザインとおとぎの国 デンマーク
050	美しきアルジェリア 7つの世界遺産を巡る旅
051	アマルフィ&カプリ島 とっておきの散歩道
052	とっておきのポーランド 世界遺産と小さな村、古城ホテルを訪ねて
053	台北近郊 魅力的な町めぐり
054	グリム童話で旅するドイツ・メルヘン街道
056	ラダック ザンスカール スピティ 北インドのリトル・チベット [増補改訂版]
057	ザルツブルクとチロル アルプスの山と街を歩く
060	カリフォルニア・オーガニックトリップ サンフランシスコ&ワインカントリーのスローライフへ
066	南極大陸 完全旅行ガイド

地球の歩き方 BOOKS

「BOOKS」シリーズでは、国内、海外を問わず、自分らしい旅を求めている旅好きの方々に、旅に誘う情報から旅先で役に立つ実用情報まで、「旅エッセイ」や「写真集」、「旅行術指南」など、さまざまな形で旅の情報を発信します。

ニューヨークおしゃべりノート2

地球の歩き方フォトブック
世界の絶景アルバム101 南米・カリブの旅

『幸せになる、ハワイのパンケーキ&朝ごはん』
〜オアフ島で食べたい人気の100皿〜

地球の歩き方フォトブック
旅するフォトグラファーが選ぶスペインの町33

ブルックリン・スタイル ニューヨーク新世代アーティストのこだわりライフ&とっておきアドレス

MAKI'S DEAREST HAWAII
〜インスタジェニックなハワイ探し〜

GIRL'S GETAWAY TO LOS ANGELES

MAKI'S DEAREST HAWAII
〜インスタジェニックなハワイ探し〜
インスタ映えする風景、雑貨、グルメがいっぱい!

地球の歩き方シリーズ　地球の歩き方 編集部　検索　www.arukikata.co.jp/guidebook/

Seattle
シアトル

シアトルセンターにある公園の噴水と街のシンボル、スペースニードル

シアトル	346
オリンピック国立公園	374
マウントレニエ国立公園	376

Why Seattle?

シアトルに行く理由は？

高層ビルが林立する大都会でありながら、
都市特有のせわしなさがシアトルでは感じられないのはなぜだろう。
近くに水辺が多いからか、街なかに緑が多いからか、
それとも別の理由があるのだろうか。
自分の目で、自分の肌でその理由を探ってみたい。

理由 1　さわやかな潮風に吹かれながら**ウオーターフロント**を散歩したい

ダウンタウンのビルの間から、海が見えるシアトル。この街ほど海が近くに感じられる都会はないかもしれない。アトラクションやレストランが並ぶ海沿いの道を歩きながら、街を見上げれば高層ビルのスカイラインが美しい。

→P.357

人の波が途切れることがない

海から見るウオーターフロント

理由 2　街でいちばんにぎやかなスポット**パイク・プレイス・マーケット**を訪れたい

100年以上の歴史をもつ市民の台所。野菜や生花、魚などがおもに売られている普通の市場で、特別な何かがあるわけではないが、なぜか足を運んでしまう不思議な場所。旅行者も大挙して訪れている。

→P.356

新鮮なシーフードの店は見ているだけで楽しい

理由 3　シアトルのシンボルの**スペースニードル**に上って街を見下ろしたい

スペースニードルの約160mの高さの展望デッキから街を見下ろすと、緑豊かな街は水に囲まれていることがよくわかる。天気がよければマウントレニエの美しい姿も遠望できる。

→P.361

夜遅くまで開いているのでロマンティックな夜景も眺められる

理由 4 　海や湖を巡る**クルーズツアー**に参加して船から街を眺めたい

➡P.358

西側のエリオット湾、東側のワシントン湖、それぞれ船から見ると街の特徴がよくわかる。特に湖ではフローティングホームや自家用ヨットの桟橋が眺められ、リッチな人々の暮らしが垣間見られる。

お金持ちしか住めないフローティングホームが湖畔に並ぶ

1～2時間の気軽なツアー、アゴシークルーズ

理由 5 　巨大な格納庫に圧倒される**ボーイング**の工場を見学したい

シアトル周辺には世界トップの企業の本社や生産拠点がある。シアトルの北約40kmにある町エベレットには世界最大の航空機メーカー、ボーイングの工場があり、ツアーに参加すると飛行機の製造工程を見学することができる。

➡P.366

工場の外に駐機中のできたてホヤホヤの747型機

理由 6 　**シアトル・マリナーズ**の試合を観戦したい

世界一の安打製造機イチロー選手や大魔神佐々木投手が活躍し、その後も多くの日本人選手が所属したマリナーズ。2019年7月現在、菊池雄星投手がプレイしている。T-モバイルパークはダウンタウンから歩いても行ける便利な球場だ。

➡P.360

試合がない日は球場の見学ツアーも行われるT-モバイルパーク

理由 7 　**シアトル系コーヒー**のルーツを探ってみたい

➡P.371

スターバックスがシアトル生まれであることは知られているが、今でもたくさんのコーヒー店が、日夜おいしいコーヒーを入れるべく、努力を重ねている。いろいろな店に足を運んで味を比べてみたい。

自分の好みのコーヒーに出会えるかな？

スターバックスの1号店はパイク・プレイス・マーケットにある

店内で豆の焙煎も行っているスターバックス・リザーブ・ロースタリー

シアトル
Seattle

エリオット湾を西に、ワシントン湖を東に、水に囲まれたシアトルは、(冬に雨が多いものの)通年穏やかな気候と生活環境のよさで、アメリカで住みたい都市ランキングでトップの常連だ。「エメラルドシティ」のニックネームどおり、街を歩けば緑の多い美しい風景に魅了される。世界トップの医療やIT関連の企業が開発拠点をここにおいているのも納得できる。

シアトルの歩き方

シアトルの見どころは広範囲ではないので、公共の交通機関だけで十分回れる。市内だけなら1日、周辺の見どころは1～2日が目安。また、シアトルは豊かな自然に囲まれた都市で、近郊にはオリンピック国立公園(→P.374)やマウントレニエ国立公園(→P.376)の大自然が広がっている。レンタカーやツアーでぜひ訪れてほしい。夏ならフェリーでサンファン島のオルカウオッチング(→P.352)のツアーも印象深い体験になるはずだ。

●プランニングのポイント

歩き始めるのは朝のパイク・プレイス・マーケットからがいい。中心部からエリオット湾の方面へ急激に下がっている地形のため、海沿いから中心部へ歩くのはかなりの体力を要する。まずシアトル美術館やオリンピック・スカルプチャー・パークを経由して、ウオーターフロントを散策、レストランや水族館でのんびり過ごそう。ウオーターフロントからパイオニアスクエアやインターナショナルディストリクトへは歩いてもいいし、バスで向かうのもいい。

ダウンタウンからバスで20～30分ほどの所にあるフリーモント(→P.365)とバラード(→P.365)はローカルに人気の粋なエリア。フリーモントは町のいたるところに、地元アーティストの作品(モニュメント)が鎮座し、とても印象的。バラードには女性が好みそうなかわいらしいショップ、レストラン、カフェが立ち並び、散策するにはぴったり。どちらも日曜にマーケットが開かれる。

市内の中級ホテルや高級ホテルはダウンタウンの1st～6th Aves.とMadison～Stewart Sts.に集中するが、割安なホテルならユニバーシティディストリクト周辺が狙い目。7～8月の観光シーズンと9～11月のコンベンションシーズンは客室料金が高くなる。

メモ　シティパス　観光案内所や各アトラクションのチケットブースでシアトル・シティパスを販売。スペースニードル、パシフィック・サイエンス・センターまたはチフリー・ガーデン・アンド・グラス、アゴシークルーズ、ポップカルチャー博物館

ジェネラルインフォメーション

ワシントン州シアトル市
人口　約 74 万人
　　（東京 23 区 957 万人）
面積　約 217km² （東京 23 区約 628km²）
●セールスタックス　10.1%
●ホテルタックス　15.6%

●観光案内所
Seattle Visitor Center & Concierge Service
MAP P.355-B2　住701 Pike St., Seattle, WA 98101　☎(206)461-5840
URL www.visitseattle.org
営月～金 9:00 ～ 17:00、夏期は土・日 10:00 ～ 16:00 もオープン。コンベンションセンター内にあり、地図や観光ガイド、情報誌が充実している。ホテルやレストランの予約、交通の手配、スポーツやアトラクションのチケットなども取り扱っている。コンシェルジュがいるのでたいへん心強い。

●在米公館
在米公館、治安については P.434 ～を参照。

旅行のシーズンアドバイス
（アメリカ西海岸の気候→ P.407）

4 ～ 9 月（3 ～ 5 月 12 ～ 18℃、6 ～ 9 月 21 ～ 25℃）は過ごしやすく、長袖シャツとジャケットがあれば対応できる。冬は、空に雲が立ちこめる季節。1、2 月には気温が摂氏 0 ～ 5℃程度の日も多く、シアトル名物の雨もこの時期が多い。厚手のジャケット、セーター、コートなどを持っていくとよいだろう。

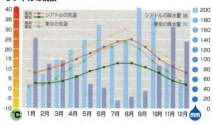

現地の情報誌

日本語のフリーペーパー「Soy Source」URL www.soysource.net や「Lighthouse」URL www.youmaga.com は日系スーパーや日本食レストランなどで入手可能だ。

インターネットでシアトルの今を知りたい人は、豊富な情報量のジャングルシティ URL www.junglecity.com にアクセスしてみよう。最新情報や生活ガイドまで幅広いガイドが魅力だ。

イベント＆フェスティバル
※詳細は観光案内所のホームページ（上記のジェネラルインフォメーションを参照）で確認できる

バイト・オブ・シアトル
Bite of Seattle
● 7 月 19 ～ 21 日（2019 年）
ノースウエストの食の祭典。シアトルセンターを会場に人気レストランや食品会社、ワイナリーなどが参加し、それぞれのブースで料理の実演や販売を行う。

シーフェアー　Seafair
● 6 月中旬～ 8 月中旬
約 2 ヵ月にわたり、シアトル市内の各所で行われる夏の恒例イベント。アメリカ海軍の飛行隊、ブルーエンゼルスによるアクロバット飛行や、ロックンロール・マラソンなどが開催される。

バンバーシュート
Bumbershoot
● 9 月 3 ～ 5 日（2020 年）
国内外からアーティストが集まる音楽と芸術の祭典。全米でも最大規模で、3 日間で 10 万人もの人が来場する夏フェスだ。会場はシアトルセンター。

またはウッドランドパーク動物園、シアトル水族館の 5 ヵ所に入場できるお得なパスだ。適用アトラクションは変更される可能性あり。使用開始日から 9 日間有効。☎(1-888)330-5008　URL www.citypass.com　料大人 $99、子供（5 ～ 12 歳）$79

シアトルのエリアガイド
Seattle Area Guide

シアトル中心部は大きく6つのエリアに分けて考えられる。おもな観光ポイントを見るだけなら、1日で回れる。まったく違う個性をもつエリアが隣接しているのもシアトルの魅力だ。

ウオーターフロントとダウンタウン
Waterfront & Downtown (→ P.356)

ダウンタウンの海側、エリオット湾に面したウオーターフロントは、観光客向けの店やレストラン、フェリーの発着所が並んでいるエリア。いくつもの埠頭（ピア）が並び、シアトル水族館やパイク・プレイス・マーケットなど、見どころが多くある。エリオット湾を巡る遊覧クルーズや島へ渡るフェリーもここから出航する。

歴史的な建物と近代的な摩天楼が混在するシアトルのダウンタウンは、ショップやレストラン、ホテル、交通機関などが集まる観光の中心地。街歩きはここから始めるといいだろう。

パイオニアスクエアとインターナショナルディストリクト
Pioneer Square & International District (→ P.359)

れんがや石造りの建物が保存されているパイオニアスクエアは、シアトル発祥の地。インターナショナルディストリクトは、T-モバイルパークの北東に位置するエリアで、アムトラックの駅、日系スーパーなどがある。なお、浮浪者が多いエリアなので、夜間は注意。

シアトルセンター
Seattle Center (→ P.361)

シアトル名物のスペースニードルが立つ総合公園。20以上もの文化・娯楽施設が集まり、観光客にも人気のエリアだ。

Point to Point シアトル移動術

目的地 ＼ 出発地	Ⓐ ウオーターフロント・パーク Alaska way & Union St. （ウオーターフロントとダウンタウン）	Ⓑ パイオニアスクエア パイオニアスクエア駅の2ブロック西 （パイオニアスクエアとインターナショナルディストリクト）
Ⓐ ウオーターフロント・パーク Alaska way & Union St. （ウオーターフロントとダウンタウン）		パイオニアスクエア 徒歩→ ウオーターフロント・パーク（12分）
Ⓑ パイオニアスクエア パイオニアスクエア駅の2ブロック西 （パイオニアスクエアとインターナショナルディストリクト）	ウオーターフロント・パーク 徒歩→パイオニアスクエア（12分）	
Ⓒ スペースニードル (Broad St. & John St.) スペースニードルの入口 （シアトルセンター）	ウオーターフロント・パーク 徒歩10分→ 3rd Ave. & Pike St. →🚌2 1st Ave. & Broad St. 徒歩6分→スペースニードル（23分）	パイオニアスクエア 徒歩6分→ James St. & 4th Ave. 🚌4 → 5th Ave. N. & Broad St. 徒歩3分→ スペースニードル（25分）
Ⓓ Broadway E. & E. Harrison St. リンク・ライトレイル Capitol Hill 駅の2ブロック北 （キャピトルヒル）	ウオーターフロント・パーク 徒歩11分→ University St. 駅🚇→ Capitol Hill 駅 徒歩4分→ Broadway E. & E. Harrison St.（19分）	パイオニアスクエア 徒歩3分→ Pioneer Square 駅🚇→ Capitol Hill 駅 徒歩4分→ Broadway E. & E. Harrison St.（18分）
Ⓔ N.E. Campus Pkwy. & Brooklyn Ave. N. E. ワシントン大学セントラルプラザの2ブロック西 （ユニバーシティディストリクト）	ウオーターフロント・パーク 徒歩10分→ 3rd Ave. & Pike St. 🚌70 → N.E. Campus Pkwy. & Brooklyn Ave. N. E.（40分）	パイオニアスクエア 徒歩5分→ Prefontaine Pl. S. & Yesler Way 🚌70 → N.E. Campus Pkwy. & Brooklyn Ave. N. E.（42分）

📝 **治安について** シアトルのダウンタウンは比較的治安はいいが、昼間と夜間との様子がガラリと変わるエリアがある。特にPike St.の3rd Ave.から1st Ave.にかけてのエリア（MP.355-A2〜A3）と、4th Ave.の

キャピトルヒル
Capitol Hill (→ P.363)

ダウンタウンの東側にある閑静な住宅地。ボランティアパークでは、普段着のシアトルを見ることができる。

キャピトルヒルのメインストリート沿いには、カフェブームの当初から営業しているカフェが多い。さらに、個性的なショップも多く、買い物するにもおすすめだ。

シアトル周辺
Seattle Outskirts (→ P.364)

フリーモントは1980～1990年代前半にかけて、ニルヴァーナのカート・コバーンはじめ、多くのアーティストや学生に愛されてきたコミュニティ意識の強い町。ワシントン州最大の大学、ワシントン大学はワシントン湖とユニオン湖の間に位置している。

アートの町フリーモント

シアトル・エリアマップ

🚌 メトロバス　🚉 リンク・ライトレイル　🚶 乗り換え　※所要時間は目安

※効率よく移動できるものを、複数あるルートから選んでおり、必ずしも最短ルートとは限らない。

Ⓒ スペースニードル (Broad St. & John St.) スペースニードルの入口 (シアトルセンター)	Ⓓ Broadway E. & E. Harrison St. リンク・ライトレイル Capitol Hill 駅の2ブロック北 (キャピトルヒル)	Ⓔ N.E. Campus Pkwy. & Brooklyn Ave. N. E. ワシントン大学セントラルプラザの2ブロック西 (ユニバーシティディストリクト)
スペースニードル 徒歩4分→ Denny Way & 2nd Ave. N. 🚌2→ 3rd Ave. & Union St. 徒歩7分→ ウオーターフロント・パーク (21分)	Broadway E. & E. Harrison St. 徒歩4分→ 🚉Capitol Hill 駅→ University St. 駅 徒歩8分→ ウオーターフロント・パーク (16分)	N.E. Campus Pkwy. & Brooklyn Ave. N. E. 徒歩1分→ N.E. Campus Pkwy. & 12th Ave. N.E. 🚌70→ 3rd Ave. & Union St. 徒歩7分→ ウオーターフロント・パーク (30分)
スペースニードル 徒歩2分→ 5th Ave. N. & Broad St. 🚌3→ James St. & 3rd Ave. 徒歩4分→ パイオニアスクエア (21分)	Broadway E. & E. Harrison St. 徒歩4分→ 🚉Capitol Hill 駅→ Pioneer Square 駅 徒歩3分→ パイオニアスクエア (15分)	N.E. Campus Pkwy. & Brooklyn Ave. N. E. 徒歩1分→ N.E. Campus Pkwy. & 12th Ave. N.E. 🚌70→ 3rd Ave. & James St. 徒歩4分→ パイオニアスクエア (40分)
	Broadway E. & E. Harrison St. 徒歩4分→ E. John St. & 10th Ave. E. 🚌8→ Denny Way & Broad St. 徒歩3分→ スペースニードル (19分)	N.E. Campus Pkwy. & Brooklyn Ave. N. E. 徒歩1分→ N.E. Campus Pkwy. & 12th Ave. N.E. 🚌70→ Boren Ave. & Virginia St. 🚶 🚌8→ Denny Way & Broad St. 徒歩3分→ スペースニードル (46分)
スペースニードル 徒歩4分→ Denny Way & 5th Ave. N. 🚌8→ E. John St. & Broadway E. 徒歩5分→ Broadway E. & E. Harrison St. (20分)		N.E. Campus Pkwy. & Brooklyn Ave. N. E. 徒歩1分→ N.E. Campus Pkwy. & 12th Ave. N.E. 🚌49→ Broadway E. & E. Republican St. 徒歩2分→ Broadway E. & E. Harrison St. (15分)
スペースニードル 徒歩3分→ Denny Way & 5th Ave. N. 🚌3→ 3rd Ave. & Virginia St. 🚶 徒歩2分→ Virginia St. & 6th Ave. 🚌70→ N.E. Campus Pkwy. & Brooklyn Ave. N. E. (50分)	Broadway E. & E. Harrison St. 🚌49→ N.E. Campus Pkwy. & Brooklyn Ave. N. E. (14分)	

↘ James St.からS. Jackson St.にかけてのエリア (MP.355-B3) は、雰囲気が悪いので要注意。

シアトルへのアクセス
Access to Seattle

タクシー　Taxi
● イエローキャブ　Yellow Cab
（乗り場は駐車場の3階）
ダウンタウンまで20〜30分で$40（均一料金）＋チップ。
☎(206)622-6500

グレイハウンド・バスディーポ
Greyhound Bus Depot
グレイハウンド・バスディーポはダウンタウンの南東2km、ライトレイルのStadium駅近くにある。
MP.355-B4
503 S. Royal Brougham Way
☎(206)624-0618
www.greyhound.com
毎日4:00〜1:15

アムトラック・キングストリート駅
Amtrak King Street Station（鉄道）
ダウンタウンの南東。サウンドトランジット・リンク・ライトレイルのInternational District/Chinatown駅に隣接する。
MP.355-B3〜4
303 S. Jackson St.
(1-800)872-7245
www.amtrak.com
毎日 5:00〜23:00

シアトル・タコマ国際空港（シータック空港、SEA）
Seattle-Tacoma International Airport（Sea-Tac Airport）
MP.354-A4　17801 International Blvd.　☎(206)787-5388
www.portseattle.org/Sea-Tac

ダウンタウンの南約20km、シアトル市とタコマ市のほぼ中間にある。2019年9月現在、成田から全日航（NH）、日本航空（JL）、デルタ航空（DL）、関西からデルタ航空が直行便を運航させている。

シアトル・タコマ国際空港から市内へ
■ サウンドトランジット・リンク・ライトレイル
Sound Transit Link Light Rail
駐車場の4階が乗り場。月〜土／5:04〜翌0:49、日／6:04〜23:49の間、6〜15分おきの運行。中心部まで約40分。$3.25。Westlake、University St.、Pioneer SquareとInternational District/Chinatown駅などに停車。

■ シャトルエクスプレス　**Shuttle Express**
☎(425)981-7000　shuttleexpress.com
乗り場は駐車場3階のインナードライブ沿い。空港へ行く場合は要予約。中心部まで約40分、1〜2名$39〜。24時間営業。

■ ダウンタウンエアポーター　**Downtown Airporter**
☎(206)518-9005　shuttleexpress.com　営24時間
市内のホテル（→脚注）と空港を結ぶシャトルバス。

SEA シータック空港（メインターミナル）
Sea-Tac Airport

国際線は南サテライトに到着。入国審査・荷物受け取り・税関を終えたら、もう一度荷物を預けて（指示に従ってベルトコンベアに置くと、自動的にメインターミナルに運ばれる）、地下鉄（ループ・トレイン）でメインターミナルへ。

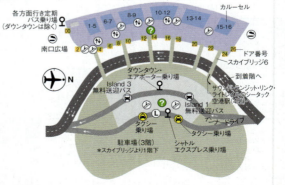

メモ　ダウンタウンエアポーター　停車ホテル：Renaissance、Crowne Plaza、Fairmont、Hilton、Sheraton、Grand Hyatt、Westin、Warwick　所要時間はホテルにより40〜60分。大人片道$25.45。

シアトルの交通機関
Transportation in Seattle

シアトル

Seattle

シアトルへのアクセス／交通機関

メトロバス
Metro Bus

シアトル市内のみならず、キングカウンティ（郡）一帯を走る市民の便利な足。料金は定額制で、1回の乗車につき大人＄2.75、子供（6～18歳）＄1.50。ICカードのORCAで支払う場合は、大人＄1.50、子供＄1となり、かなりお得。運行頻度は路線や曜日により異なるが、5:00頃～翌1:00頃の間、およそ10～30分間隔。

●トランジットトンネル

3rd Ave.は、ダウンタウンの一部でトンネルになっており、リンク・ライトレイル（下記）が走っている。トンネル部分の駅は、International District/Chinatown、Pioneer Square、University St.、Westlakeの4つ。

サウンドトランジット
Sound Transit

ライトレイルと、ダウンタウンと郊外を結ぶバスを運営。

●リンク・ライトレイル

空港とダウンタウン、キャピトルヒル、ワシントン大学などを約44分で結ぶ。ダウンタウンではトンネル内を走る。

●エクスプレスバス

キング郡一帯をカバーする高速バス。約30の路線をもつ。

シアトルストリートカー
Seattle Streetcar

ダウンタウンのウエストレイクセンターから北東にあるユニオン湖まで、Westlake Ave. N.に沿って北上するサウス・レイク・ユニオン・ラインSouth Lake Union Lineと、キングストリートの駅そばから、インターナショナルディストリクトを通り、キャピトルヒルまでを結ぶファースト・ヒル・ラインFirst Hill Lineの2路線が運行している。

シアトルセンター・モノレイル
Seattle Center Monorail

5th Ave. & Pine St.にあるモール、ウエストレイクセンターの3階から乗車。2分でスペースニードル隣のシアトルセンター・ターミナルSeattle Center Terminalに到着する。

メトロバス
☎ (206)553-3000
🌐 metro.kingcounty.gov
MP.355-B3
●案内所
キングストリート・センター
MP.355-B3
🏠 201 S. Jackson St.
🕐 月～金8:30～16:30

ORCA カード
上記案内所のほか、空港や市内にある自動発券機でも購入可能。購入時に＄5かかるが4回乗れば元が取れる。使用頻度を考えて購入しよう。

サウンドトランジット
☎ (206)398-5268
🌐 www.soundtransit.org
🕐 リンク・ライトレイル:月～土6:00～翌1:00以内、日6:00～24:00頃の6～15分間隔（エクスプレスバスは路線により異なる）
💲 リンク・ライトレイル:大人＄2.25～3.25、子供（6～18歳）＄1.50、
エクスプレスバス:大人＄2.75～3.75、子供（6～18歳）＄1.50（距離により異なる）

シアトルストリートカー
☎ (206)553-3000
🌐 www.seattlestreetcar.org
🕐 サウス・レイク・ユニオン・ライン:月～土6:00～21:00（金・土～23:00）、日10:00～19:00の10～15分間隔
ファースト・ヒル・ライン:月～土5:00～翌1:00、日10:00～20:00の10～25分間隔
💲 大人＄2.25、子供（6～18歳）＄1.50

シアトルセンター・モノレイル
☎ (206)905-2600
🌐 www.seattlemonorail.com
🕐 毎日7:30～23:00（土・日8:30～）の10分間隔で運行（時期により運行時間は異なる）
💲 片道＄2.50、子供（5～12歳）＄1.25

351

シアトルの交通機関 Transportation in Seattle

ワシントン・ステート・フェリー（ピア52）
- P.355-A3
- Pier 52, 801 Alaskan Way
- (206)464-6400
- (1-888)808-7977
- www.wsdot.wa.gov/ferries
- ベインブリッジ〜シアトル：大人$8.50、車$15〜22.90（時期により異なる）、自転車$1の追加

ビクトリア・クリッパー・フェリー
- Pier 69, 2701 Alaskan Way
- (206)448-5000
- (1-800)888-2535
- www.clippervacations.com
- シアトル〜ビクトリア間
- ピア69出発
- P.355-A2
- 1日1〜3便（時期により異なる）
- クリスマス
- ※そのほか運休日あり。
- 大人 往復$115〜160/片道$99〜129、子供（1〜11歳）往復$77.50〜102.50/片道$49.50〜59.50

ティリカムエクスカーション
- ピア54出発
- P.355-A3
- Pier 54, 1101 Alaskan Way
- (206)623-1445
- (1-888)623-1445
- www.argosycruises.com
- ツアー開始時刻
  6月下旬〜8月下旬：水〜土11:30（金・土は13:30、16:30の回もあり）、
  8月下旬〜9月下旬：金・土11:30（季節や曜日により出発時刻が異なるので、ウェブサイトで確認を）
- 大人（13〜64歳）$92、シニア（65歳以上）$83、子供（4〜12歳）$36、3歳以下無料

ワシントン・ステート・フェリー
Washington State Ferries

　州の交通局が運営するフェリーで、近郊住民の重要な足。シアトル周辺の町へ11の航路をもっている。ベインブリッジ・アイランドやブレマートンなどへのシアトルの乗り場はピア52のフェリーターミナル。ダウンタウンからピア52まで徒歩15分。もしくはサウンドトランジット・リンク・ライトレイルかバスでPioneer Square駅まで行き、そこから徒歩約7分。

ビクトリア・クリッパー・フェリー
Victoria Clipper Ferries

　カナダのビクトリアまで約3時間で行ける高速フェリー（一部ターボジェット）の**ビクトリア・クリッパー**がピア69から出発している。ビクトリア直行便のほか、サンファン島に寄る船もある。車は乗船不可。必ず予約を入れること。

ツアー案内

ティリカムエクスカーション
Tillicum Excursion

　シアトルのウオーターフロントから出港する人気のツアー。フェリーで約45分、ピュージェット湾の南西に浮かぶブレーク島州立マリン公園で、北西部海岸に暮らしていた先住民、チヌーク族の文化を紹介してくれる。伝統的なノースウエスト料理を堪能したあとは、彼らの神聖なダンスを鑑賞する。自由時間もあるから、トレイルをハイキングするのもおすすめ。フェリーからはシアトルのスカイラインも楽しめる。所要約4〜5時間。

Information オルカに合いに行こう

　シアトルの北、サンファン諸島の近海は、オルカ（和名シャチ）の生息するエリアだ。この近くで、群れをなして暮らし、雄大な海で遊ぶオルカをツアーで見に行くことができる。

●ホエール（オルカ）ウオッチング付きビクトリア日帰り観光
Seattle to Victoria Day Trip with Whale Watching
　シアトル（ピア69 P.355-A2）を朝出発し、ビクトリア・クリッパーでビクトリアへ。ビクトリアで自由時間を過ごしたあと、オルカウオッチングをして夕方シアトルに戻る。5〜10月の催行。1泊ツアーもある。

野生のオルカに出合える

- (1-800)888-2535
- www.clippervacations.com
- $120〜（要予約）

ライド・ザ・ダックスのツアー　水陸両用のバスで市内を周遊する。ダウンタウンの見どころを回ったら、そのままユニオン湖に入っていき、遊覧する。所要約90分。Ride the Ducks　516 Broad

> 今日は何する?

Seattle Itinerary
―シアトルの1日モデルコース―

朝から人であふれる
Pike Place Market
パイク・プレイス・マーケット →P.356
滞在時間:2時間

生鮮食品が売られるマーケット内と周辺のレストランは、朝から多くの人でにぎわう。朝食を取って市場を見て回ろう。

近海で取れた魚介類が並ぶ

9:00

Point ストリートカーとライトレイルは駅がわかりやすく、シアトル初心者でも簡単に乗りこなせる。

Access Westlake駅からリンク・ライトレイルで約15分

11:45

シアトルを一望する
Smith Tower Observation Deck
スミスタワー展望台 →P.360
滞在時間:1時間

シアトルをぐるっと1周見渡せる展望台。タコマ富士も望める。

ウオーターフロントもきれいに見える

Access 徒歩1分

肉の気分ならここへ
Tat's Delicatessen
タッツ・デリカテッセン →P.371
滞在時間:1時間

12:50

ここのフィリーステーキはシアトルいちうまい。ボリュームも満点。
肉とチーズをパンで挟んだフィリーステーキ

Access メトロバス#3 or 4で約20分

14:10

芸術に触れる時間
Seattle Center シアトルセンター →P.361
滞在時間:2時間

シアトルを代表する博物館があるエリア。ポップカルチャー博物館が特におすすめ。

フランク・ゲーリーが設計したポップカルチャー博物館

Access メトロバス#5 or 28などで15分

パブリックアートを楽しむ
Fremont フリーモント →P.365
滞在時間:2時間

16:25

フリーモントはいたるところに公共芸術があり、歩いているだけで楽しい。
巨大なトロール像がお出迎え

Access メトロバス#5 or 28などで20分

18:45

絶品シーフードに舌鼓をうつ
Ivar's アイバーズ →P.370
滞在時間:1.5時間

ディナーはここで。鮮度抜群の生ガキは絶対食べたい。

ウオーターフロントの名物レストラン

Access 徒歩25分

1日の締めにふさわしいコーヒーを
Starbucks Reserve Roastery & Tasting Room
スターバックス・リザーブ・ロースタリー&テイスティングルーム →P.371
滞在時間:1時間

20:40

しっとりムーディーなスターバックスで、夜飲んでも安心なディカフェのコーヒーを。
希少豆を使ったコーヒーで乾杯

 How to 夜遊び? 夜遊びスポットはあまりない。市内のバーやカフェでゆっくりと過ごすのがおすすめ。

シアトル Seattle / シアトルの交通機関/モデルコース

St. (MP.355-A1) もしくは4th Ave. & Pine St. (MP.355-A2。4〜8月の間のみ) ☎(206)441-3825 ■www.ridetheducksofseattle.com ■毎日9:30〜18:00の60分間隔(時期により異なる) ■大人$38、子供$23

353

シアトル Seattle

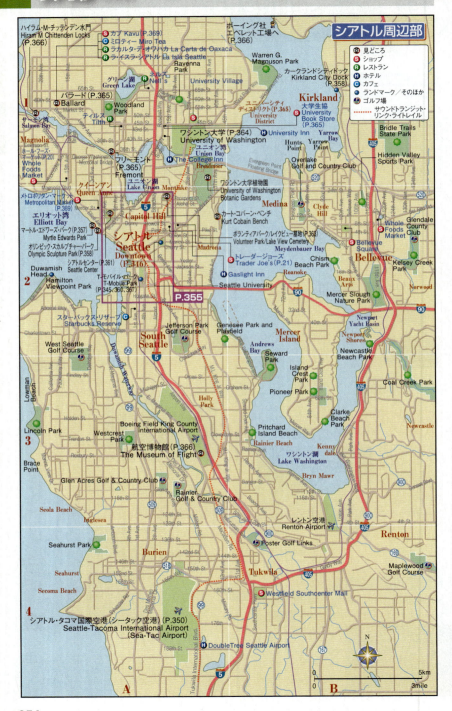

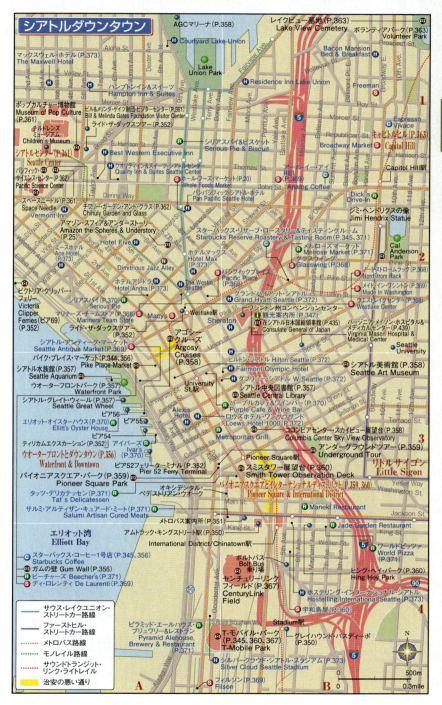

ウォーターフロントとダウンタウン
Waterfront & Downtown

シアトル観光はパイク・プレイス・マーケットから始めよう。スターバックス１号店がある通り沿いは、ベーカリーで朝食を取る人たちでにぎわっている。開店準備で忙しい雰囲気から、シアトルの１日の始まりを体感できる。

パイク・プレイス・マーケット
85 Pike St.
☎(206)682-7453
www.pikeplacemarket.org
毎日9:00～18:00
（店舗により異なる）
休 サンクスギビング、クリスマス
●案内所：毎日10:00～18:00
休 マーケットと同じ
※Pike St.と1st Ave.の角近くの案内所で、各種パンフレットが置いてあるほか、マーケットについての質問にも答えてくれる。

スターバックス１号店
MP.355-A3
1912 Pike Pl., Seattle
☎(206)448-8762
www.starbucks.com
毎日6:00～21:00
カード A J M V

絶妙の呼吸で魚が宙を飛ぶ！

ガムの壁
MP.355-A3
パイク・プレイス・マーケットの案内所（上記）の南側にある下り坂を進み、突き当たりを左へ曲がると、噛み終えたチューインガムで埋め尽くされた壁がある。1993年、入場待ちの少年がガムと硬貨を貼り付けたのが始まりとされている。

ウォーターフロント Waterfront

シアトル観光の一番人気はここ　　　シアトルダウンタウン　MP.355-A3

パイク・プレイス・マーケット
Pike Place Market　　　★★★

　1907年、地元の人が農家から直接農作物を購入できるようにと始まった市場は、継続する市場としては全米でも屈指の歴史をもつ。80以上のレストランや200以上の店舗からなり、素顔のシアトルに触れたいのなら、この市場へ直行しよう。生鮮食品だけでなく、マーケットの中ほどにはおみやげにもよさそうなアクセサリーや陶器のショップもある。またここにコーヒー界の巨人、**スターバックス・コーヒーの１号店**があり、毎日長蛇の列ができている。

　マーケットのメインアーケードでは北西部周辺で取れたカニやサーモンなどの新鮮な魚介類、色鮮やかな野菜や果物、生花が並び、あちこちから威勢のいい売り手の呼び声がかかる。また、Pike St.に面するアーケード入口を入ってすぐ、魚介類の販売を行っている**Pike Place Fish**では、買い手との商談がまとまると、スタッフは商品であるカニやサーモンをカウンターに放り投げる。そのパフォーマンスをひと目見ようと、ここにはマーケットいちの人だかりができている。

　2017年に拡大された海側のエリアには、海を見渡す気持ちのいいサンデッキやビアレストラン、チョコレート工場を併設したカフェなどがある。

「PUBLIC MARKET」の大きなサインが目印

356　メモ　**マスコットのレイチェル**　Pike Place Fishすぐ前の通路に豚のブロンズ像がある。彼女の名はレイチェル。マーケットのマスコットで、実は貯金箱でもある。寄付はいつでもWelcomeだそうだ。

VIP席がおもしろい観覧車　シアトルダウンタウン　MP.355-A3
シアトル・グレイト・ウィール
Seattle Great Wheel

2012年夏の開業以来、大人気の観覧車。エアコン付き、8人乗りのゴンドラは地上53mの高さまで上がり、12分間で3回転する。周囲の景色が観賞できるだけでなく、VIP席はなんと床がガラス張り！　高所恐怖症の人は注意。

シアトル・グレイト・ウィール
- Pier 57, 1301 Alaskan Way
- (206)623-8607
- seattlegreatwheel.com
- 毎日10:00～23:00（金・土～24:00）※時期により変動あり
- 大人$15、子供（3～11歳）$10、3歳以下無料、VIP席は1人$50

8人乗りで3回転する観覧車

ウオーターフロント随一の見どころ　シアトルダウンタウン　MP.355-A3
シアトル水族館
Seattle Aquarium

100年以上前に建設された埠頭ピア59にある。400種類以上の海洋生物を、趣向を凝らした展示で観察することができる。いちばんの見どころは、水族館の目の前の海、ピュージェット湾に生息する魚たちが元気に泳ぎ回る巨大水槽。随時行われているダイバーの餌づけも見逃せない。

秋口にかけては産卵のために海から川へ上っていくサケを見学することもできる。ほかにも、シアトル周辺の海の生物を中心とした展示がある。

シアトル水族館
- Pier 59, 1483 Alaskan Way
- (206)386-4300
- 毎日9:30～17:00
- 休クリスマス
- www.seattleaquarium.org
- 大人（13歳以上）$34.95、子供（4～12歳）$24.95、3歳以下無料

間近で動物と触れ合える

エリオット湾に面した公園　シアトルダウンタウン　MP.355-A3
ウオーターフロントパーク
Waterfront Park

ピア57から59にかけて広がる板張りの遊歩道。もとはアラスカでゴールドラッシュが起こった頃、物資の搬送拠点だった。ここからはエリオット湾がよく見渡せる。オブジェや噴水の周辺には、腰かけてスナックをほおばる旅行者の姿が。潮の香りを味わいながらのんびりと過ごしたい。ここから眺めるダウンタウンのスカイラインも見逃せない。

ウオーターフロントパーク
- 1401 Alaskan Way
- (206)684-4075

シーフードレストランや観光フェリーの発着地がある

天気のいい日にはオリンピック国立公園の山々が見える　シアトルダウンタウン　MP.354-A2
マートル・エドワーズ・パーク
Myrtle Edwards Park

ウオーターフロントから巨大なクルーズ船が停泊する埠頭を見ながら北上し、ピア70を過ぎた所にある、エリオット湾Elliott Bayに面した公園。芝生が敷き詰められ、きれいに整備されており、ランチタイムには近くのオフィスで働く人々でいっぱいになる。

マートル・エドワーズ・パーク
- 3130 Alaskan Way
- (206)684-4075
- 24時間
- 行き方 Pine St. & 3rd Ave.からメトロバス#24, 33でElliott Ave. & 4th Ave.下車、徒歩3分。

潮風を受けながらのジョギングも気持ちがいい

メモ　シアトル中央図書館　トイレ、コンセント、Wi-Fiなど、無料で使うことができる。Seattle Central Library
MP.355-B3　1000 4th Ave.　(206)386-4636　月～±10:00～20:00（金・土～18:00）、日12:00～18:00

ウォーターフロントとダウンタウン *Waterfront & Downtown*

ダウンタウン *Downtown*

シアトル美術館
- 1300 1st Ave.
- (206)654-3100
- www.seattleartmuseum.org
- 水10:00〜17:00（木〜21:00）
- 月・火、おもな祝日
- 大人$19.95、シニア（62歳以上）$17.95、学生（13〜19歳）$12.95、12歳以下、毎月第1木曜は無料 ※特別展開催時は変動あり

ハマリングマンを目印に行こう

コロンビアセンター・スカイビュー展望台
- 700 4th Ave., 73rd Fl.
- (206)386-5564
- www.skyviewobservatory.com
- 毎日10:00〜20:00（夏期〜22:00）
- おもな祝日
- 大人$20、シニア$17、学生・5〜13歳$14

遠くの景色を見ることができる

ネイティブアートと現代美術を見学　シアトルダウンタウン　MP.355-A3
シアトル美術館
Seattle Art Museum（SAM） ☀

ハンマーを打ち下ろす黒い大きな彫刻『ハマリングマン Hammering Man』が目印のシアトル美術館は、地元では頭文字をとって「SAMサム」という愛称で呼ばれている。米国北西部のネイティブアメリカンや、アジア、アフリカの美術品のコレクションで有名。常設の展示に関してはウェブサイトから無料でオーディオガイドをダウンロードできる。日本美術は驚くほどすばらしいので、お見逃しなく。

シアトルでいちばん高い展望台　シアトルダウンタウン　MP.355-B3
コロンビアセンター・スカイビュー展望台
Columbia Center Sky View Observatory ☀

76階建てのスリムな黒い外観は現代的で、シアトル摩天楼の代表格。入口は5th Ave.側にあり、まずは4階へ。そこからエレベーターに乗り40階へ行き、さらに73階へ。280m近い高さの展望台からは、天気がよければダウンタウンだけでなくスペースニードル、シータック空港、マウントレニエ、エリオット湾などを見渡すことができる。

Information　シアトル観光の目玉アゴシークルーズ

海と湖に囲まれた都市シアトル。人気のある観光アトラクションのひとつがクルーズだ。

①ハーバークルーズ Harbor Cruise（通年運航）
エリオット湾を1時間かけて周遊する、1949年から続くシアトルの名物ツアー。ピア55（MP.355-A3）より出発。
大人$31、シニア（65歳以上）$26、子供（4〜12歳）$17

②ロックスクルーズ Locks Cruise（通年運航）
ダウンタウンの摩天楼を見ながら北上し、島が点在するピュージェット湾からチッテンデン水門を経由してレイクユニオンへ。最後にフローティングホームを見ながらユニオン湖のAGCマリーナ（MP.355-A1）で終了。ピア55（MP.355-A3）より出発。所要約2時間。
大人$43、シニア$37、子供（4〜12歳）$20
※ロックスクルーズは往復のチケットもある。往復といってもAGCマリーナからダウンタウンまでは陸路をバスで行く（所要2時間30分）。大人$50、シニア$45、子供（4〜12歳）$27

③レイク・ワシントン・クルーズ Lake Washington Cruise（4月下旬〜9月下旬運航）
ワシントン湖をクルーズする90分のコース。シアトル名物のひとつ、フローティングホーム（水上住宅）や、世界最長のフローティングブリッジ（浮き橋）、ビル・ゲイツの邸宅などを水上から見学していく。都市部のみのツアーと異なり、自然も楽しめるのが大きな特徴。ワシントン湖北東のカークランドシティドック（MP.354-B1）より出発。
大人$34、シニア（65歳以上）$29、子供（4〜12歳）$15

● **アゴシークルーズ Argosy Cruise**
- MP.355-A3
- Pier 55, 1101 Alaskan Way
- (206)623-1445　FAX(1-888)623-1445
- www.argosycruises.com

※アゴシークルーズの案内所はピア55と56の間（1201 Alaskan Way）にある
※運航時間、料金は季節や曜日によって異なるので要確認
※シティパス（→P.346脚注）適用アトラクション

358　📝メモ　**オリンピック・スカルプチャー・パーク Olympic Sculpture Park**　ピア70の北にある公園（MP.354-A2）。20を超えるオブジェを無料で見学することができる。

パイオニアスクエアとインターナショナルディストリクト
Pioneer Square & International District

1890年代のれんがや石造りの立派な建物がそのまま残された歴史保存地区、パイオニアスクエア。そのすぐ南東にインターナショナルディストリクト、アジア人街がある。夜間は治安がよくないので要注意。

パイオニアスクエア　Pioneer Square

ここが実質的なシアトル発祥の地　シアトルダウンタウン　MP.355-A3〜B3
パイオニアスクエア・パーク
Pioneer Square Park

Yesler Wayと1st Ave.の角に位置する、石畳の三角形の広場。その昔ケーブルカーの待合所とアンダーグラウンドのトイレをカバーする目的で建てられたビクトリア調のアーチ（パーゴラ）や、アラスカ・トリンギット族が彫った高さ18mのトーテムポールなどを見ることができる。

現在のトーテムポールは実は2代目。初代は、1899年にシアトルの有力者たちがクリンケットの村から盗んできたものだったが、1938年放火により焼失。その後シアトル市が直接クリンケット族に代わりになるトーテムポールの作製を依頼した。そのときクリンケット族は、盗まれた最初のトーテムポールの分と合わせて2本分の代金を請求したという。

パイオニアスクエア・パーク
- 100 Yesler Way
- (206) 667-0817
- www.pioneersquare.org

実は2代目のトーテムポール

20世紀初頭に捨てられた地下世界を探検　シアトルダウンタウン　MP.355-A3
アンダーグラウンドツアー
Underground Tour

1st Ave.とYesler Wayの交差点にあるパイオニアプレイスから出発するツアー。出発前に20分間歴史についての解説を聞いたあと、1時間のウオーキングツアーに出る。40人ほどのグループがガイドを先頭にカビ臭い地下の通路を歩き回る。宿屋やよろず屋などを見ると、確かに別世界が存在したことがわかるだろう。足場が悪いので歩きやすい靴で参加すること。

アンダーグラウンドツアー
- 614 1st Ave.
- (206) 682-4646
- www.undergroundtour.com
- ツアー／4〜9月：毎日9:00〜19:00、10〜3月：毎日10:00〜18:00。1日3〜10回催行、月によって変則的なのでウェブサイト、電話で確認すること
- 大人$22、シニア（60歳以上）・学生（13〜17歳要ID）$20、子供（7〜12歳）$10
※ウェブサイトでも、ツアー開始1時間前までに、チケットを購入できる。なお、所要時間の長いツアーなので、6歳以下の子供には向かない。

ツアーの出発場所がここ

恐るおそる地下へ下りる

★★★おすすめ度

359

パイオニアスクエアとインターナショナルディストリクト　Pioneer Square & International District

スミスタワー展望台
- 506 2nd Ave.
- (206)624-0414
- www.smithtower.com
- 毎日10:00〜21:00
- セルフツアー大人$20、子供（5〜12歳）$16、シニア（65歳以上）$16

かつての「マンハッタンの外で最も高いビル」　シアトルダウンタウン　MP.355-B3

スミスタワー展望台
Smith Tower Observation Deck ★★

　タイプライター王、L.C.スミスが1914年に建てた42階建てのビル。ニューヨークにあるメトロポリタン生命保険ビルをイメージしてデザインされたという、鉛筆のような尖塔が目印だ。

　35階の展望室は建物を1周できる造りになっておりシアトル市内を360°見渡せ、晴れた日はタコマ富士をはっきりと見ることができる。カフェバーも併設されているので、夜に訪れ、お酒を飲みながらシアトルの夜景を見るのもありだ。また、展望台にエレベーターで到着すると、目の前に立派な椅子がある。中国の西太后から贈られた物で、独身女性が座ると1年以内に結婚できるという伝説がある。

クラシックなデザインがかえって新鮮に見える

インターナショナルディストリクト
- Yesler Way, 4th Ave、Dearborn St.、Rainier Ave.に囲まれたあたり。
- ライトレイルInternational District駅下車。

ヒング・ヘイ・パーク
- MP.355-B3〜4

宇和島屋
- MP.355-B4
- 600 5th Ave. S.
- (206)624-6248
- 月〜土8:00〜22:00、日9:00〜21:00

T-モバイルパーク
- 1250 1st Ave. S.
- (206)346-4001（チケット＆ツアー案内）
- ライトレイルStadium駅下車。

T-モバイルパークツアー
- (206)346-4241
- www.mlb.com/mariners/ballpark/tours
- ツアー／3月下旬〜10月：試合がない日の毎日10:30、12:30、14:30、11〜3月火・木〜土10:30、12:30（金・土は14:30もあり）、日12:30、14:30（試合がある日は要確認）
- 大人$12、シニア（65歳以上）$11、子供（4〜12歳）$10、3歳以下は無料

球場のツアーは人気が高い

インターナショナルディストリクト　International District

エキゾチックな香り漂うエリア　シアトルダウンタウン　MP.355-B3〜4

インターナショナルディストリクト
International District ★★

　かつては多くの中国人が住みチャイナタウンと呼ばれていたが、ベトナムや日本をはじめ、アジア各国からの人口増加にともない"インターナショナルディストリクト"の名称に。にぎやかなのは5th Ave.と7th Ave.、S. Weller St.とS. Jackson St.に囲まれたエリア。Maynard Ave. S.とS. King St.が交差する所には赤い柱の中国風東屋がある**ヒング・ヘイ・パーク Hing Hay Park**があり、早朝や夕方には太極拳をする中国人グループの姿が見られる。周辺には中国、日本、ベトナム、フィリピンなどアジア各国人の経営するレストランやショップが並ぶ。紀伊國屋書店も入っているスーパー、**宇和島屋**は在シアトル日本人の強力な味方。インターナショナルディストリクトからI-5を越えると、リトルサイゴンと呼ばれるベトナム人コミュニティが広がっている。

鉄骨むきだしの外観はシアトルのランドマーク　シアトルダウンタウン　MP.355-A4〜B4

T-モバイルパーク
T-mobile Park ★★

　1999年完成、観客4万7000人収容のマリナーズのホームスタジアム。開閉可能な屋根と美しい天然芝を誇る球場だ。かつてはイチロー選手が活躍し、2019年からは菊池雄星投手が在籍している。1st Ave.側ストア発の**T-モバイルパークツアーT-Mobile Park Tour**（所要1時間）に参加すれば、ベンチまで見学できる。

きれいな天然芝と青い空

シアトルセンター
Seattle Center

1962年に開かれた世界博覧会の跡地に造られた総合公園&文化施設がシアトルセンター。広大な敷地には20以上もの文化・娯楽施設が集まる。その北に位置するエリアは、英国調の建物が並ぶ高級住宅地クイーンアンだ。

ロックンロールの殿堂　　　　シアトルダウンタウン　MP.355-A1
ポップカルチャー博物館
Museum of Pop Culture（MoPOP） ✹✹✹

ロックミュージックやサイエンスフィクション、ポップカルチャーをテーマとした博物館。2016年末、EMP博物館から現在の名前に改称した。メインミュージアム（2階）は、アメリカンポップスの歴史を物語る。その時代に主流となっていた音楽や時代を代表するミュージシャンのポスターとアルバムジャケットなどが展示されている。何といっても郷土のスター、ジミ・ヘンドリックスのギャラリーが一番人気。3階の「サウンドラボ」は、ギターやキーボードを使って作曲したり、ダンスのステップを練習したりする体験コーナーとなっている。また、SFやファンタジーなどの映画・ドラマに特化した展示は秀逸で、実際に使用された小道具が無数に並んでいる。ファンは見逃さないように。

建物は斬新なデザインで知られるフランク・ゲーリーの設計

シアトルのシンボル　　　　シアトルダウンタウン　MP.355-A1
スペースニードル
Space Needle ✹✹

シアトルに来たからには上っておこう

塔の上部にUFOのような円盤がくっついているタワーがスペースニードルだ。高さ184m、この円盤部の展望台（展望台の高さは158m）からは、360度、遮る物のないパノラマが展開する。天気のよい日には、南にダウンタウンと真っ白なマウントレニエ、東にレイクワシントン、そして西には船が行き交うエリオット湾と、かなたに連なるオリンピック山脈を見渡すことができる。

ポップカルチャー博物館
- 325 5th Ave. N.
- (206)770-2700
- www.mopop.org
- 5月下旬〜9月上旬：毎日10:00〜19:00、9月上旬〜5月下旬：毎日10:00〜17:00
- サンクスギビング、クリスマス
- 大人$28、シニア（65歳以上）・学生$25、子供（5〜12歳）$19、4歳以下は無料
- ※閉館時間が早くなる場合もあるので確認すること。

子供が夢中になるゲームコーナー

スペースニードル
- 400 Broad St.
- www.spaceneedle.com
- 展望デッキ：毎日8:00〜24:00　レストラン：ブランチ毎日9:30〜14:45、ディナー毎日17:00〜21:45（ドレスコードはビジネスカジュアル）
- 大人$37.50、シニア（65歳以上）$32.50、子供（4〜12歳）$28.50、3歳以下無料
- ※早朝と深夜は料金が安くなる。詳細はウェブサイトで確認を。
- ※シティパス（→P.346脚注）適用アトラクション。

 ビル・ゲイツの財団へ　世界の貧困についての展示が充実している。**Bill & Melinda Gates Foundation Visitor Center** MP.355-A1 440 5th Ave. (206)709-3100 火〜土10:00〜17:00 日・月 無料

シアトルセンター Seattle Center

パシフィック・サイエンス・センター
- 200 2nd Ave. N.
- (206)443-2001
- www.pacificsciencecenter.org
- 毎日10:00～17:00（土・日・祝～18:00）
- 大人$25.95、シニア（65歳以上）$23.95、子供（6～15歳）$17.95、3～5歳$13.95、2歳以下無料。アイマックス付きチケットは大人$34.70、シニア（65歳以上）$31.70、子供（6～15歳）$24.70
- レーザーショー
- 木～日$14
- IMAX
- 大人 $10.75～16.95、シニア（65歳以上）$9.75～15.95、子供（6～15歳）$8.75～14.95、3～5歳 $6.75～11.95
- ※シティパス（→P.346脚注）適用アトラクション。

楽しみながら学べる科学館

チフリー・ガーデン・アンド・グラス
- 305 Harrison St.
- (206)753-4940
- www.chihulygardenandglass.com
- 毎日9:00～19:00（金～日～20:00。時期により異なる）
- 大人$32、シニア（65歳以上）$27、子供（5～12歳）$19
- ※シティパス（→P.346脚注）適用アトラクション。

体験学習ができる科学館
シアトルダウンタウン　MP.355-A2

パシフィック・サイエンス・センター
Pacific Science Center ★★

　アイマックスシアター、プラネタリウムやレーザードームもある、体験しながら科学を楽しく理解するための本格的な科学館。中央のスレンダーな姿のアーチと、メインとなる5つの建物はミノル・ヤマザキの設計によるもの。人体の器官の立体図による解説、3D映画が作られる工程、コンピューター操作をしながら音楽や絵を作っていくなど、子供たちにわかりやすく科学を理解してもらえるようなアトラクションがめじろ押しだ。

正面中央には噴水や池があり、足こぎボートも楽しめる（左）
家族で楽しめるアトラクション（下）

ガラス彫刻を集めた博物館
シアトルダウンタウン　MP.355-A1

チフリー・ガーデン・アンド・グラス
Chihuly Garden and Glass ★★★

屋外にもチフリー作品が展示されている

　ガラス彫刻家であるデール・チフリーDale Chihulyの作品を集めた美術館。チフリー氏はシアトル郊外のタコマ市の出身で、ガラスアートに革新をもたらした人物。太陽光が作品の表情を変化させるガラス張りの展示室に、それまで無機質だったガラス作品が、まるで生き物のように輝き出す。また庭園では、植物とガラス作品の共演を楽しむことができる。ギフトショップでは、ガラス工芸品のほかに、チフリー夫妻が選んだ商品が並ぶ。

極彩色のガラスが出迎えてくれる

キャピトルヒル
Capitol Hill

ダウンタウンの東、キャピトルヒルと呼ばれるエリアは住宅街。美しい緑が広がる市民の憩いの場、ボランティアパークでのんびり過ごすのもおすすめ。美術館や展望台もあるので、ローカルな雰囲気を楽しんでみよう。

シアトル市民の休息の場　　　　シアトルダウンタウン　MP.355-B1
ボランティアパーク
Volunteer Park

キャピトルヒルの北東にあるこの公園は、ニューヨークのセントラルパークの設計で有名なオルムステッドブラザーズによってデザインされた。自然をそのまま生かしており、かつ整然としていて美しい。木々の葉の色は移りゆく季節をそのまま反映している。公園の中で目に入るのがれんが造りの貯水塔。上部は展望台（無料、毎日10:00～18:00頃）になっていて、ダウンタウンのビル群やレイクワシントンにかかる浮き橋、ユニオン湖がよく見える。タワーの裏手には**シアトル・アジア美術館Seattle Asian Art Museum**、奥には珍しい熱帯植物やサボテンが見られる**ボランティアパーク温室Volunteer Park Conservatory**など見どころが点在している。

アジア系移民の多い街ならではの美術館

アクション俳優の墓がある　　　シアトルダウンタウン　MP.355-B1
レイクビュー墓地
Lake View Cemetery

ボランティアパークの向かいにあるこの墓地には、『燃えよドラゴン』で有名なアクション俳優、ブルース・リーBruce Leeが眠る。彼は10代後半にシアトルに移り住み、カンフー道場を開いた。晩年は香港で過ごしたが、遺体はこの地に埋葬されている。息子のブランドン・ブルース・リーBrandon Bruce Leeの墓は右隣に並ぶ。

レイクビュー墓地のブルース・リー親子の墓

ボランティアパーク
- 1247 15th Ave. E.
- (206)684-4075
- www.seattle.gov/parks/volunteer-park
- 毎日6:00～22:00
- ダウンタウンのPike St. & 4th Ave.からメトロバス#10で約20分。15th Ave. & E. Highland Dr.で下車。

シアトル・アジア美術館
（2019年9月現在閉館中。2020年春に再オープン予定。下記は閉館前のデータ）
- 1400 E. Prospect St.
- (206)654-3210
- www.seattleartmuseum.org
- 水～日10:00～17:00（木～21:00)
- 月・火、祝日
- 大人＄9、シニア（62歳以上）＄6、子供（13～19歳）・学生＄5、12歳以下無料

ボランティアパーク温室
- 1400 E. Galer St.
- (206)684-4743
- volunteerparkconservatory.org
- 火～日10:00～16:00
- 月
- 大人＄4、子供（13～17歳）＄2、12歳以下無料

レイクビュー墓地
- 1554 15th Ave. E.
- (206)322-1582
- www.lakeviewcemeteryassociation.com
- 毎日9:00～日没（季節によって変更あり）
- ダウンタウンの4th Ave.とPike St.からメトロバス#10に乗りE. Garfield St. & Grandview Pl. E.下車。E. Garfield St. を西に1ブロック行った所。ボランティアパークから徒歩10分。

363

シアトル周辺
Seattle Outskirts

豊かな自然環境が広がるベッドタウンであり、小さいけれど魅力的な町がいくつもあるシアトル周辺。少し足を延ばして、ダウンタウンとは違った風景を楽しみたい。中心部とは異なり、ゆったり気分で観光が楽しめる。

ワシントン大学
- www.washington.edu
- 行き方 Westlake駅からリンク・ライトレイルでUniversity of Washington駅下車。6分。

ビジターセンター
- 022 Odegaard
- (206) 543-9198
- www.washington.edu/visit
- 月～金8:30～17:00
- 土・日、祝日
- ※キャンパスマップをもらうことができる。

セントラルプラザ

ヘンリー・アートギャラリー
- 15th Ave. N.E. & 41st St.
- (206) 543-2280
- henryart.org
- 水～日11:00～16:00（木～21:00）
- 月・火
- 大人$10、シニア（62歳以上）$6、13歳未満の子供は無料
- 行き方 ワシントン大学キャンパスの南西にある。

バーク博物館
- 4300 15th Ave. N.E.
- (206) 543-7907
- www.burkemuseum.org
- 毎日10:00～17:00（第1木曜～20:00）
- 祝日
- 大人$22、シニア$20、学生・子供（5歳以上要学生証）$14、3歳以下は無料。第1木曜は無料
- 行き方 ワシントン大学キャンパスの北西にある。

実力も人気も高いシアトルの名門校　　　　シアトル周辺部　M P.354-A1

ワシントン大学
University of Washington　　　　　　　　　　※※

ワシントン大学は1861年、現在のダウンタウンに、ひとりの教授とわずか30人の学生とともにスタートした歴史のある大学。レイクワシントンとレイクユニオンの間、ユニオン湾に面した現在のロケーションには1895年に移転してきた。その後キャンパスも拡大され、今やワシントン州最大の大学となった。

中央にある広場が**セントラルプラザ Central Plaza**。赤れんがが使われているので通称レッドスクエアといわれている。その南には、南東方面にマウントレニエがよく見えるスポット、**レニエビスタRainier Vista**と**ドラムヘラー噴水Drumheller Fountain**がある。図書館はゴシック建築の**スッツァロー&アレン図書館Suzzallo & Allen Libraries**を含め13あり、蔵書のなかには日本全国の電話帳まであるというから、その充実ぶりには脱帽してしまう。大学の科目は建築学、海洋学、法学、薬学、医学のプライマリケアが特に著名だ。

スポーツのほうも、水上スポーツ、フットボール、バスケットボールが人気、実力ともに評価が高い。大学のスポーツチームは**ハスキーズHuskies**（シベリアンハスキーのこと）という大学のマスコットとともに親しまれている。

●ヘンリー・アートギャラリー　Henry Art Gallery
大学構内にあるアートギャラリーで、洗練された作品を多く所蔵。20世紀現代アートの常設展のほかにも、意欲的な特別展を開催している。ギャラリーの一角にジェームス・タレル・スカイスペースJames Turrell Skyspaceという空間があり、瞑想のインスタレーションがよく行われる。

●バーク博物館
Burke Museum of Natural History & Culture
1885年創設の、ワシントン州では最も古い大学博物館。シアト

364　　メモ **大学の敷地内には** 博物館、ギャラリー、レストラン、大学生協など観光客が立ち寄れる施設が多い。ハスキースタジアムの裏にあるウオーターフロント・アクティビティ・センターでは、カヌーやボートを借りることができる。

ルを中心としたアメリカ大陸太平洋岸の文化人類学と自然史関係のコレクションで知られている。なかでもネイティブアメリカンの工芸品は充実しており、ヒマラヤスギをくり抜いたカヌー、意味深な彫刻が施されたトーテムポールなど、珍しい品々を多数収蔵している。2019年10月12日リニューアルオープンした。

ユニバーシティディストリクト
University District

ワシントン大学西側の学生街　シアトル周辺部　MP.354-A1~B1

中心はN.E. 45th St.とUniversity Wayの交差するあたりで、学生向けの安いレストラン、カフェ、古着屋、本屋、映画館などが歩ける範囲に集中している。多くの学生が行き交い、学生街特有のにぎわいを見せている。University Way沿い43rd~45th St.間の**大学生協University Book Store**にはぜひ立ち寄りたい。書籍、文具、衣料品、雑貨とかなりの品揃えだ。大学の愛称"Huskies"のロゴ入りグッズは、人気のおみやげ。マスコットはもちろんシベリアンハスキー犬だ。

ユニバーシティディストリクト
行方 ワシントン大学キャンパスの北西にある。

大学生協
MP.354-A1
住 4326 University Way N.E.
☎ (206)634-3400
Free (1-800)335-7323
URL www.ubookstore.com
営 月～金9:00～19:00、土10:00～18:00、日12:00～17:00

大学のカラー、紫の商品が並ぶ

フリーモント
Fremont

アートがいっぱいの町　シアトル周辺部　MP.354-A1

ダウンタウンの北約6kmにあるフリーモントは、Fremont Ave.とN. 35th St.の交差点付近を中心に広がる小さな町。シアトルの若者やアーティストの間で人気のあるエリアだ。

町の各所にアーティストの作ったモニュメントがあり、なぜか町角にレーニン像やトロール像、ロケットがそびえていたりする。

巨大なトロール像

センター・オブ・ザ・ユニバースの支柱には、「トロール2ブロック」「ルーブル9757km」など方向と距離が示されている。また、毎週日曜日には**サンデイ・マーケット**が開催される。のんびり散策するのに最適の町だ。

フリーモント
町角のスタンドにマップ付きのウオーキングガイドが置いてあるので、それを片手に歩き始めよう。
URL fremont.com
行方 ダウンタウンからメトロバス#28でFremont Ave.とN. 34th St.で下車。約20分。

フリーモント・サンデイ・マーケット
住 3401 Evanston Ave.
URL www.fremontmarket.com
営 日10:00～16:00

バラード
Ballard

散策にぴったりな町並み　シアトル周辺部　MP.354-A1

フリーモントから5kmほど北西、チッテンデン水門がある太平洋に隣接したヒップなエリア。幅広い年齢層の人でにぎわっている。

町の中心は、N.W. Market St.とBallard Ave.が交差するあたり。まずは、れんが敷きの舗道をバラードアベニューに沿って歩いてみよう。1800年代の建物を改装したショップやレストランが軒を連ねるオールドバラードの町並みが広がり、そぞろ歩きが楽しい一画となっている。

バラード
行方 ダウンタウンの3rd Ave. & Pine St.からメトロバス#40でN.W. Market St. & Ballard Ave. N.W.下車。約30分。フリーモントからもメトロバス#40で行くことができる。

バラード・ファーマーズ・マーケット
住 bet. 22nd Ave. & Market St.
URL www.sfamarkets.com
営 日10:00～15:00

シアトル周辺 Seattle Outskirts

ハイラム・M・チッテンデン水門とフィッシュラダー
住 3015 N.W. 54th St.
営 毎日7:00～21:00
フィッシュラダー
営 毎日7:00～20:45
行き方 ダウンタウンの3rd Ave. & Union St.からメトロバス#17でN.W. 54th St. & 32nd Ave. N.W.下車。約40分。

ビジターセンター
☎ (206)783-7059
営 5～9月：毎日10:00～18:00、10～4月：木～月10:00～16:00（ランチタイム12:30～13:30はクローズ）
休 10～4月の火・水
※わかりやすい図解入りのパンフレットがある。

ここをサケが上がってくる

航空博物館
住 9404 E. Marginal Way S.
☎ (206)764-5700
URL www.museumofflight.org
営 毎日10:00～17:00（第1木曜～21:00）
休 サンクスギビング、クリスマス
料 大人＄25、シニア（65歳以上）＄21、子供（5～17歳）＄16. 4歳以下無料。第1木の17:00～21:00は無料
※日本語のオーディオガイド（＄5）あり。
行き方 ダウンタウンの3rd Ave.とPike St.からメトロバス＃124でE. Marginal Way S. & S. 94th Pl.下車。約30分。

ボーイング社エベレット工場見学
住 8415 Paine Field Blvd., Mukilteo
Fax (1-800)464-1476
URL www.futureofflight.org
営 毎日8:00～19:00。ツアーは8:30～17:00（時期により異なる）
休 おもな祝日
料 大人＄25、子供＄15
チケットはオンラインでも事前購入可
※身長122cm以下は入場不可。
行き方 シアトルから車でI-5を北上、Exit 189で下り、WA-526を8km西進。84th St. S.W.とPaine Field Blvd.交差点を左折。約40分。路線バスもあるが複雑でわかりにくいので、車がない人はツアー（→P.367側注）で訪れよう。

海と湖の交差点　　　　　シアトル周辺部　M P.354-A1
ハイラム・M・チッテンデン水門とフィッシュラダー
Hiram M. Chittenden Locks & Fish Ladder ★★

　ワシントン湖（淡水）とピュージェット湾（塩水）を結んで東西に走っているシップ運河は、年間約5万隻のボートが行き交う交通の要所。1911年、水位の低いピュージェット湾から水位の高いワシントン湖へスムーズに船を誘導させるため、チッテンデン水門が造られた。その仕組みは、海から入ってきたボートが水門に入ると、水門内の水位が上昇し、水位が同じ高さになると開門、湖側へ抜けるというもの。1917年には、海と湖を行き来するサケやニジマスのための魚道、フィッシュラダーが設けられた。7～11月は遡上の様子を見学することができる。

航空マニア必見　　　　　シアトル周辺部　M P.354-A3
航空博物館
The Museum of Flight ★★

　ボーイング社発祥の地であるエリオット湾沿いに立つ航空機専門の博物館。6階建ての高さに相当するガラス張りの館内には、レオナルド・ダ・ヴィンチからNASAまでの人類の航空史をカバーした展示と、150機以上の本物の航空機がゆったりと展示されている。
　ボーイングが初めて旅客を乗せて飛んだ18人乗りの複葉機Boeing 80A-1型（1929年）、世界初のジェット旅客機のデハビランドD・H・106コメットなどが並び、ベトナム戦争で使われたマクダネルF-4CファントムⅡは平和への願いを込めてここに納められている。屋外には、ケネディやニクソンの時代から使われてきたエア・フォース・ワン（大統領専用機）や超音速旅客機コンコルドもあり、近くで見ることができるのは貴重な体験だ。

大統領専用機「エア・フォース・ワン」は内部も見学できる

旅客機の製造過程を見学　　シアトル周辺部　M P.354-B1 外
ボーイング社エベレット工場見学
Future of Flight Aviation Center & Boeing Tour ★★★

　シアトルダウンタウンから北へ車で約40km行ったエベレット市にボーイング社の工場があり、その南のマカティオ市に**フューチャー・オブ・フライトFuture of Flight**と呼ばれる体験型展示場もある。ボーイング社の工場見学ツアーと合わせて、シアトルならではの見どころとして人気を博している。
　エベレット工場の床面積は約40万m²。東京ドームの8.5倍もあり、ボーイング社の747、777、787型機を組み立てる作業場は、ジャンボ機を6機、B-767を8機同時に組み立てられる能力をもっている。ジャンボ機24機が駐機できる駐機場、外板疲労テスト装置、3000m級の滑走路、ジャンボジェットのエンジンを遠くコネ

チカット州にあるユナイテッド・テクノロジー社から貨車で運び込む引き込み線までを備えた、容積では世界最大の建物（約1330万m³）である。

●**本物の作業現場を実感するツアー**

まず始めにフューチャー・オブ・フライトという240人収容の劇場で、ボーイング社の歴史や777型機が組み立てられる様子を撮影した映画を鑑賞。そのあと、専用バスで工場へ移動し、地下道（全長3.7km）を通って世界最大の容積を有する工場を見学する。工場の高さは11階建てのビルに匹敵し、全長約3.4km、現在3万人以上の従業員が働いている。ドリームライナーの製造過程を見学するのだが、あまりにも広大なため工員の人数の多さや、工場らしいせわしなさが感じられない。機体はボディやウイングなど9つのセクションに分かれ、最後に合体できるようなレイアウトとなっている。約1時間の作業現場ツアーのあとは、再びフューチャー・オブ・フライトへ。同館には、展示場（ギャラリー）、カフェテリア、ギフトショップなどがあり、展示場には最新鋭機ドリームライナーの胴体部や座席の実物大の模型、747型機のエンジンや尾翼などが展示され、727のコックピットに座ることもできる。ギフトショップも充実している。

パーツが組み立てられている

※ボーイング社エベレット工場内は写真撮影不可。Future of Flightはエベレット市の南、マカティオ市にある。

ボーイング社工場日本語ガイド同行ツアー
シアトルETC（エデュケーションツアーセンター）
🏠1511 3rd Ave., Suite 1002, Seattle
🌐educationtourcenter.com
💰ガイド同行：大人＄130、子供＄65（チップ、税込み、身長122cm以下は不可）。Future of Flightを専用車、日本語ガイド同行で見学する所要4時間のツアー。工場内はボーイング社専属ガイドによる英語ツアー（片言の通訳は可）。最低2名から。

シアトルのスポーツ
Sports in Seattle

ベースボール Major League Baseball（MLB）

■ シアトル・マリナーズ
Seattle Mariners

この十数年で日本人に最も親しまれたチーム。イチロー選手を筆頭に数多くの日本人が過去に活躍しており、2019年からは菊池雄星投手が所属している。

本拠地：T-モバイルパークT-Mobile Park　MP.355-A4〜B4　🏠1250 1st Ave. S.
📞(206)346-4001　🌐www.mlb.com/mariners　🚇リンク・ライトレイルStadium駅下車。

アメリカンフットボール
National Football League（NFL）

■ シアトル・シーホークス
Seattle Seahawks

T-モバイルパーク北隣にスタジアムを構え、NFC西地区に所属。2013年スーパーボウル制覇、2014年もプレイオフを勝ち進みスーパーボウル出場、その後2018年シーズンまで、2017年を除いてプレイオフに出場している強豪チーム。

本拠地：センチュリーリンクフィールド
CenturyLink Field
MP.355-B4　🏠800 Occidental Ave. S.
📞(1-888)635-4295　🌐www.seahawks.com

サッカー
Major League Soccer（MLS）

■ シアトル・サウンダーズFC
Seattle Sounders FC

MLSには15番目のチームとして2009年から参加。毎試合4万人以上の観衆を集めるMLS屈指の人気チームで、毎年のようにプレイオフへ進出している。2016年にはMLSカップ優勝を果たした。

本拠地：センチュリーリンクフィールド（シアトル・シーホークスと同じ）
MP.355-B4　🏠800 Occidental Ave. S.
📞(1-877)657-4625　🌐www.soundersfc.com

シアトルのショップ
Seattle

アメリカ北西部の中心都市だけにハイエンドブランドも揃い、デパートやモールも中心部に集中している。アウトドアのメッカであるシアトルには、自然と目の肥えた人たちの商品選びに堪えうる、厳選されたアウトドアギアも集まっている。本格派を目指すには打ってつけだ。アール・イー・アイといったシアトル発祥ブランドも多い。女性なら、シアトル郊外にあるフリーモントやバラードで、地元のデザイナーによるオリジナルブランドのショップを巡るのも楽しい。

SHOP

――ウォーターフロントとダウンタウン――

ショッピングモール
ウエストレイクセンター
Westlake Center
おしゃれで開放的な街の中心

ダウンタウンでは最も大きいモール。ショップやカフェなど約20店舗入り、旅行者は立ち寄る機会も多い。なかでも、日本でおなじみのダイソー Daisoが入店しているのがうれしい。3階からシアトルセンター行きのモノレイルも出ている。

カード 店舗による

立ち寄りやすいモール

🚇 シアトルダウンタウン P.355-A2
🏠 400 Pine St. (bet. 4th & 5th Aves.)
☎ (206) 467-1600
🌐 www.westlakecenter.com
🕐 月～土10:00～20:00、日11:00～18:00（店舗により異なる）

ショッピングモール
パシフィックプレイス
Pacific Place
ダウンタウンのショッピングモール

ティファニーなどの高級ブランドからカジュアルウエアまで人気のショップが約50店舗入り、レストランやスターバックス・コーヒー、映画館など、ショッピング以外の楽しみも多い。中央の吹き抜けがさわやか。

カード 店舗による

吹き抜けにあるカフェは市民にも人気

🚇 シアトルダウンタウン P.355-A2
🏠 600 Pine St.
☎ (206) 405-2655
🌐 www.pacificplaceseattle.com
🕐 月～土10:00～21:00、日11:00～19:00（店舗により異なる）

アウトレット
ノードストロームラック
Nordstrom Rack
デパートのアウトレット店

老舗デパート Nordstromの商品を値引きして大量に売っている店。最新アイテムはさすがに見当たらないが、カジュアルな洋服や小物類、アメリカンブランドがリーズナブルな値段で売られている。コツは根気よく探すこと。

カード AJMV

掘り出し物が見つかるかも

🚇 シアトルダウンタウン P.355-A2
🏠 Westlake Center, 400 Pine St.
☎ (206) 448-8522
🌐 shop.nordstrom.com
🕐 月～土9:30～21:00（土10:00～）、日10:00～19:00

スポーツ
マリナーズ・チームストア
Mariners Team Store
マリナーズみやげはここ

選手の背番号入りのTシャツや、マリナーズのロゴ入りキャップ（$22.99～）が並ぶ、ファンには見逃せない店。ダウンタウンのほかに、T-モバイルパーク（→ P.360）内にも支店がある。

カード AJMV

試合はなくてもグッズはゲット！！

🚇 シアトルダウンタウン P.355-A2
🏠 1800 4th Ave.
☎ (206) 346-4327
🌐 www.mlb.com/mariners
🕐 月～土10:00～20:00、日10:00～18:00（ゲームがない日は～17:00）

高感度なショップを発見！ ダウンタウンからPike St.を東へ行きI-15を越えた所にあるグラスウイングは、レディスもメンズもすてきなものがいっぱい！ シアトルの数あるお店のなかでも、特におすすめ。

シアトルのショップ

ウォーターフロントとダウンタウン

アウトドア アール・イー・アイ / REI

最大手アウトドアストアの本店

ファッション性と実用性の高い製品が豊富に揃う。専門店らしくキャンプや登山、カヌー、サイクリング用品が充実。定期的にクライミングやカヤックのレッスンも行っている。要予約。

カード ADJMV　日本にはない商品も多数

M シアトルダウンタウン P.355-B1
- 222 Yale Ave. N.
- (206) 223-1944
- Free (1-800) 426-4840
- www.rei.com
- 月~土9:00~21:00、日10:00~19:00

アンティーク シアトル・アンティーク・マーケット / Seattle Antiques Market

見るだけでも価値があるアンティーク

19~20世紀のヨーロッパ家具やアクセサリー、1940~1980年代のアメリカ食器や文房具などがあり、コンディションもいい。観光客でにぎわうピア57の向かいにあるから、ぜひのぞいてほしい。

M シアトルダウンタウン P.355-A3
- 1400 Alaskan Way
- (206) 623-6115
- www.seattleantiquesmarket.com
- 毎日10:00~18:00

カード AJMV

ギフト メイド・イン・ワシントン / Made In Washington

ワシントン州のおみやげ全般が買える店

旅行者なら必ず通るウエストレイクセンターの1階にあり、ワシントン州のおみやげ全般が買える。スモークサーモンやジャム、置物、クラフトなど、上質な物を扱っている。

M シアトルダウンタウン P.355-A2
- Westlake Center, 400 Pine St., 1st Floor
- (206) 623-9753
- www.madeinwashington.com
- 月~土10:00~20:00、日11:00~18:00

カード AMV

食料品/ギフト ディ・ロレンティ / De Laurenti

創業約70年の老舗

パイク・プレイス・マーケットにある、1946年創業、トマトのロゴが目印の高級食料品店。世界中のワインやチーズ、ハム、パン、オリーブオイルなどがところ狭しと並ぶ。

M シアトルダウンタウン P.355-A3
- 1435 1st Ave.
- (206) 622-0141
- www.delaurenti.com
- 月~土9:00~18:00、日10:00~17:00

カード AJMV

パイオニアスクエア

ファッション フィルソン / Filson

ロマンあふれるフィルソン本社

1890年代、ゴールドラッシュを目指す人たちに、頑丈で着心地のいい服やかばんを提供したいと考え創業されたフィルソン。本店では1階に工場が併設されており、ガラス越しに作業工程を見ることができる。

カード AMV　一生使える物が揃う

M シアトルダウンタウン P.355-A4
- 1741 1st Ave. S.
- (206) 622-3147
- www.filson.com
- 月~土10:00~18:00、日12:00~17:00

シアトルセンター

食料品 メトロポリタン・マーケット / Metropolitan Market

地元に展開する高級食材店

シアトルとタコマに7店舗を展開する地元のチェーンストア。高級食材を中心に扱う品揃えは、有名オーガニックスーパーの上をいく。デリやベーカリーのコーナーも充実しているので、シアトルセンター周辺のランチスポットとしてもおすすめ。

カード ADMV　おみやげ探しにもグッド

M シアトル P.354-A2
- 100 Mercer St.
- (206) 213-0778
- metropolitan-market.com
- 毎日5:00~翌1:00

シアトル周辺部

アウトドア カブ / Kavu

シアトル発アウトドアウエア

1993年にシアトルで創業。小規模だが、季節ごとに新作を発表し、シアトルっ子に人気。日本でも買えるが、直営店だけで取り扱う商品もあり、街着としてもおしゃれに着こなせるものばかり。

カード AMV　日本でも帽子が大人気

M シアトル周辺部 P.354-A1
- 5419 Ballard Ave. N.W.
- (206) 783-0060
- www.kavu.com
- 月~土10:00~19:00、日11:00~17:00

↘ Glasswing　M P.355-B2　1525 Melrose Ave.　(206) 641-7646　glasswingshop.com　月~土11:00~19:00、日12:00~18:00　(東京都　のあ　'15) ['19]

シアトルのレストラン
Seattle

　シアトルのグルメ料理といえば、新鮮な海の幸や山の幸をふんだんに使ったノースウエスト料理（→P.370 脚注）が評判。かと思えば、アジアとエスニックが融合したパンアジアやエスニックにもますます磨きがかかり、外れがないともいわれる。パイク・プレイス・マーケット周辺には気軽なレストランやカフェも数多くある。
　なかでも親しまれている料理がクラムチャウダー。シーフード店ならたいていあり、テイクアウトで気軽に食べることができる。

RESTAURANT

ウォーターフロントとダウンタウン

アメリカン
シリアスパイ
Serious Pie

スターシェフが経営するレストラン

　料理界のアカデミー賞といわれるジェームズ・ビアード賞を受賞したトム・ダグラス氏が経営するレストラン。毎晩店外に行列ができている。看板メニューは薄い生地のピザ（$17～19）。素材にこだわり繊細な味つけは日本人の舌にも合う。

カード AJMV

しつこくなく 1 枚ペロリと食べられる

■シアトルダウンタウン P.355-A2
■316 Virginia St.
■(206) 838-7388
■www.seriouspieseattle.com
■毎日11:00～23:00

ノースウエスト
パープルカフェ＆ワインバー
Purple Cafe & Wine Bar

ワインのストックは 5000 本以上

　ダウンタウンで人気のワインバー。カジュアルな雰囲気で、専任のスタッフが旬の素材を生かしたノースウエスト料理に合うワインを選んでくれる。人気メニューはサンマルツァーノ・トマトのスープ（$7.50）とチーズをペストリーの生地で包んで焼いたベイクドブリー（$16）。

カード AMV

取れたてシーフードとワインを楽しもう

■シアトルダウンタウン P.355-A3
■1225 4th Ave.
■(206) 829-2280
■www.purplecafe.com
■日～金11:00～23:00
（日12:00～、金～24:00）、
土12:00～24:00

シーフード
アイバーズ
Ivar's

名物はクラムチャウダー

　レストラン隣のテイクアウトカウンターで、クラムチャウダー（$6.75～）やフィッシュ＆チップス、サラダなどを注文しよう。ガラス張りの休憩所で、テイクアウトしたチャウダーを海を見ながらゆっくり味わえる。このクラムチャウダーはT-モバイルパークでも食べられる。

カード AMV

Madison St. との交差点にある

■シアトルダウンタウン P.355-A3
■1001 Alaskan Way, Pier 54
■(206) 624-6852
■www.ivars.com
■毎日11:00～22:00（金・土～23:00）

シーフード
エリオット・オイスターハウス
Elliott's Oyster House

ウォーターフロントでシーフードなら

　入口正面のカウンターには、ずらりとカキやカニが並び、リクエストで鮮やかにむいてくれる。カキは 6 個 $16 ～。エリオット湾産のダンジネスクラブ（$27）やクラムチャウダー（$6～）もおすすめしたい。

カード AMV

どこで取れたカキなのか明記しているのもいい

■シアトルダウンタウン P.355-A3
■1201 Alaskan Way, Pier 56
■(206) 623-4340
■www.elliottsoysterhouse.com
■毎日11:00～22:00

メモ **ノースウエスト料理**　北太平洋に近く、海の幸が豊富で、その新鮮な魚介類を生かした料理を「ノースウエスト料理」と呼ぶ。近年のヘルシー志向で、これにオーガニックの野菜を合わせた料理の人気が特に高い。

シアトルのレストラン

ウォーターフロントとダウンタウン

フードホール　メルローズマーケット
Melrose Market

どんな好みにも応えるフードホール

ダウンタウンの北西、I-15を越えた場所にあるフードホール。アメリカン、シーフード、ベジタリアンとさまざまなレストランがひとつの空間に集まっている。周辺にはオシャレなブティックやスターバックス・コーヒーのロースタリー（→下記）もある。

カード　店舗により異なる

朝から多くの人でにぎわう

■ シアトルダウンタウン P.355-B2
住 1531 Melrose Ave.
電 店舗により異なる
URL melrosemarketseattle.com
営 店舗により異なる

スローフード　ビーチャーズ
Beecher's

無添加手作りチーズ工房でランチ

Pike St.とPike Placeの角にあるチーズ工房。成長ホルモンを使わずに育てられた牛のミルクを使い、毎日フレッシュチーズを作っている。シアトル・タコマ国際空港にも支店あり。

カード ADJMV

チーズの試食も可能だ

■ シアトルダウンタウン P.355-A3
住 1600 Pike Place
電 (206) 956-1964
URL www.beechershandmadecheese.com
営 毎日9:00～19:00

パイオニアスクエア

アメリカン　タッツ・デリカテッセン
Tat's Delicatessen

チーズステーキにかぶりつく

アメリカ東部にあるフィラデルフィアの名物、フィリーステーキを提供しているレストラン。たっぷりの牛肉とたっぷりのチーズをパンに挟んだチーズステーキ（$10.50）は昼食に最適。テイクアウト可。

■ シアトルダウンタウン P.355-A3
住 159 Yesler Way
電 (206) 264-8287
URL www.tatsdeli.com
営 月～金8:00～15:00、土11:00～17:30
休 日
カード MV

イタリアン　サルミ・アルティザン・キュアード・ミート
Salumi Artisan Cured Meats

評判の自家製サラミソーセージ

テイクアウトもできる自家製サラミの名店。入口を入ると薫製中のサラミがずらりと並び壮観。メニューはサンドイッチ（$10.50～）やサラミの盛り合わせなど。

■ シアトルダウンタウン P.355-B3
住 404 Occidental Ave. South
電 (206) 621-8772
URL www.salumicuredmeats.com
営 月～土11:00～15:00
休 日
カード MV

インターナショナルディストリクト

アメリカン　ピラミッド・エールハウス・ブリュワリー＆レストラン
Pyramid Alehouse, Brewery&Restaurant

T-モバイルパーク向かいのビール工場

都心の小さなブリュワリーながら、州外にも多く出荷している人気のビール。料理はスタンダードなアメリカンで、チキンウイング（$14）やベビーバックリブが人気だ。

■ シアトルダウンタウン P.355-A4
住 1201 1st Ave. S.
電 (206) 682-3377
URL www.pyramidbrew.com
営 毎日11:00～21:00（金・土のイベントのある日のみ～23:00）
カード AMV

アメリカン　ワールドピッツァ
World Pizza

安くてうまいピザ屋

インターナショナルディストリクトにある真っ赤な内装のピザ屋。窯では焼かないが「これぞアメリカのピザ」といった、親しみある味わい。King St.と7th Ave.の角にある。

カード AMV

一見チープそうだが味は抜群

■ シアトルダウンタウン P.355-B4
住 672 S. King St.
電 (206) 682-4161
URL www.worldpizzaseattle.com
営 毎日10:00～21:00（金・土～22:00、日～20:00）

キャピトルヒル

カフェ　スターバックス・リザーブ・ロースタリー＆テイスティングルーム
Starbucks Reserve Roastery & Tasting Room

スターバックス版サードウエイブ・コーヒー

世界中のスターバックス・コーヒーで使用される豆のうち、1％未満という希少な豆のブランド「スターバックス・リザーブ」。この希少な豆を好みの抽出方法でいただける同店。巨大焙煎機やオリジナル商品の販売など、見どころも満載だ。

カード AMV

オリジナル商品多数

■ シアトルダウンタウン P.355-B2
住 1124 Pike St.
電 (206) 624-0173
URL www.starbucksreserve.com
営 毎日7:00～23:00

> シアトルやポートランドなど北西部まで来たら、ぜひ、これらの料理を味わっていこう。なお、人気のレストランはできるだけ予約を入れたい。一部のレストランはウェブサイトからも予約できる。URL www.opentable.com

シアトルのホテル
Seattle

　高級から中級のチェーン系ホテルは、ダウンタウンの1st〜6th Aves.とMadison〜Stewart Sts.、中心部のにぎやかなエリアに集中する。ホテル代を少しでも抑えるなら、シアトルセンターやユニバーシティディストリクト界隈で探してみよう。バスやモノレイルを利用すれば、中心部へのアクセスも悪くないし、シアトルセンターの北にはおしゃれなレストランの集まるエリアもある。ユースホステルはダウンタウンにある。

ウォーターフロントとダウンタウン

高級　ヒルトン・シアトル / Hilton Seattle
何をするにも便利なロケーション
　ダウンタウンの中心にあり、ウエストレイクセンターまで4ブロック。14階にロビーやコンシェルジュデスク、バーラウンジがある。レンタカー会社のカウンターがある1階からエレベーターで上がりチェックインする。
Wi-Fi $10.95　239室　カード ADJMV

🅜 シアトルダウンタウン P.355-B2〜3
1301 6th Ave., Seattle, WA 98101
(206)624-0500
(206)624-9539
www.hilton.com/en/
S D T $179〜429、Su $319〜509

高級　グランドハイアット・シアトル / Grand Hyatt Seattle
ワンクラス上のホテル
　周辺にはデパート、ショップ、ブティックなどが多く、街歩きの拠点としても最適だ。
　客室は落ち着きあるデザインで、機能、居心地のよさ、ともに満足度の高いホテルである。シーズンによってはお得な料金となることも。
Wi-Fi 無料　457室　カード ADJMV

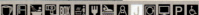

🅜 シアトルダウンタウン P.355-B2
721 Pine St., Seattle, WA 98101
(206)774-1234
seattle.grand.hyatt.com
S D T $239〜524、Su $289〜869

高級　ダブリュー・シアトル / W Seattle
洗練されたモダンなデザイン
　ホテルらしさという概念がくつがえされるデザインだが、大胆なインテリアに見えて、実はリラックスのために十分な配慮がされている。ヤングエグゼクティブに人気が高い。1階のレストランはおいしさで評判。
Wi-Fi $14.95　424室　カード AMV

🅜 シアトルダウンタウン P.355-B3
1112 4th Ave., Seattle, WA 98101
(206)264-6000
(206)264-6100
www.wseattle.com
S D T $215〜446、Su $282〜655

高級　ロウズホテル・ワンサウザンド / Loews Hotel 1000
中心街に立つデザインホテル
　海に近い1st Ave.沿いの古い建物を全面リノベーションしたホテル。スタンダードルームの客室も広く、大きなベッドで大画面TVが楽しめる。玄関で出迎えてくれるベルマンやスタッフはフレンドリー。
Wi-Fi 無料　120室　カード ADJMV

🅜 シアトルダウンタウン P.355-A3
1000 1st Ave., Seattle, WA 98104
(206)957-1000
www.loewshotels.com
S D T $362〜555、Su $302〜1025

コーヒーメーカー　ミニバー/冷蔵庫　バスタブ　ヘアドライヤー　BOX 室内金庫　ルームサービス　レストラン
フィットネスセンター/プール　コンシェルジュ　日本語を話すスタッフ　ランドリー　ワイヤレスインターネット　駐車場　車椅子対応の部屋

ウォーターフロントとダウンタウン

高級 ホテルアンドラ / Hotel Ändra

ダウンタウンのラグジュアリーなホテル

ノースウエストの水、森、石を感じさせる落ち着いたデザインが人気のホテル。1歩館内に入ると、暖炉と本棚がある重厚感のあるロビーエリアが出迎えてくれる。こぢんまりしているだけあり、フロントスタッフの対応も親切。併設されているレストランは地元の人にたいへん人気がある。アンドラとはスウェーデン語で"Change"の意。

Wi-Fi 無料　119室　カード ADJMV

M シアトルダウンタウン P.355-A2
住 2000 4th Ave., Seattle, WA 98121
☎ (206)448-8600
URL www.hotelandra.com
料 SDT$280〜421、Su$327〜503

清潔な客室はゆったりくつろげる
ダウンタウン中心部へは徒歩で行ける

高級 ホテルマックス / Hotel Max

現代アートのギャラリーのよう

現代絵画や彫刻が配置され、ホテルとは思えない雰囲気。内装にも凝っている。

Wi-Fi 無料　163室　カード AMV

M シアトルダウンタウン P.355-A2
住 620 Stewart St., Seattle, WA 98101　☎ (206)728-6299
URL www.hotelmaxseattle.com
料 SDT$247〜449

中級 エースホテル / Ace Hotel

人気のベルタウンにある

こぢんまりとしたヒストリックビルにありながら、新感覚のインテリアで話題の1軒だ。

Wi-Fi 無料　28室　カード ADJMV

M シアトルダウンタウン P.355-A2
住 2423 1st Ave., Seattle, WA 98121　☎ (206)448-4721
URL www.acehotel.com
料 共同バスS$139〜199、デラックス$219〜319

シアトルセンター

中級 マックスウェル・ホテル / The Maxwell Hotel

スペースセンター散策に最適のロケーション

スーパーやドラッグストアが徒歩5分ほどの所にあり、レストランやバーも数多くあるので食事にも困らない。

Wi-Fi 無料　140室　カード ADMV

M シアトルダウンタウン P.355-A1
住 300 Roy St., Seattle, WA 98109　☎ (206)286-0629
URL www.themaxwellhotel.com　料 SDT$209〜359、Su$229〜395

インターナショナルディストリクト

高級 シルバークラウド・シアトル・スタジアム / Silver Cloud Seattle-Stadium

T-モバイルパークの対面にある

シアトル・マリナーズの観戦が旅程に組み込まれているなら、シルバークラウドに宿泊することをすすめる。ホテルの正面にボールパークがあり、徒歩1分でアクセス可能。ダウンタウンまでは無料のシャトルが運行している。

Wi-Fi 無料　211室　カード ADJMV

M シアトルダウンタウン P.355-A4
住 1046 1st Ave. S., Seattle, WA 98134
☎ (206)204-9800
FAX (206)381-0751
URL www.silvercloud.com
料 SDT$249〜399、Su$349〜469

エコノミー ホステリング・インターナショナル・シアトル / Hostelling International Seattle

アムトラック駅そばのアットホームな宿

ライトレイルの駅から徒歩3分と便利だ。40〜50代の夫婦や家族連れも宿泊している。

Wi-Fi 無料　286ベッド　カード AJMV

M シアトルダウンタウン P.355-B3〜4
住 520 S. King St., Seattle, WA 98104　☎ (206)622-5443
☎ (206)299-4141　URL www.hihostels.com
料 ドミトリー$37〜42、個室$80〜165

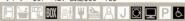

オリンピック国立公園
Olympic National Park

シアトルからのエクスカーション

UNESCO 世界遺産

変化に富んだ景観が魅力

コケやシダで覆われた森、長い年月をかけて形成された氷河、流木が無数に打ち上がるビーチ、それらの環境で自由に生活するビーバーやエルクなどの野生動物。多様な生態系、気候、地形があるオリンピック国立公園。アメリカ全土を見渡しても、ここまで表情豊かな国立公園は珍しい。シアトルまで来たなら、ぜひ足を延ばしてほしい。1981年には世界遺産にも登録された。

コケに覆われた木々

オリンピック国立公園
MP.374

**シアトルから
ポートエンゼルスへ**
●車
シアトルのピア52からワシントン・ステート・フェリー（→P.352）に乗り、対岸に到着してはWA-305、WA-3、WA-104と走り、US-101に出る。これを北西へ進むとポートエンゼルスへ。ベインブリッジアイランドから約75マイル（120km）。シアトルから約2時間45分。

オリンピック国立公園の歩き方

オリンピック国立公園へのゲートシティとして最も便利なのは、公園の北側、ファンデフカ海峡に臨む小さな港町**ポートエンゼルスPort Angeles**だ。オリンピック半島の山岳は、車でアクセスできるエリアがかなり限られており、見どころへはそれぞれ直通の道はなく、いちいちUS-101に戻ってつないでいくことになる。レンタカーなら1泊2日、無理をすれば日帰りも可能だが、できればマウントレニエ国立公園（→P.376）と合わせて3〜4日かけて回りたい。

374　メモ　**レンタカーはシアトルか空港から借りるのが現実的**　ポートエンゼルスで車を借りることもできるが、台数が少ないため、シアトルのダウンタウンかシータック空港のレンタカーセンターで借りるのが現実的。

オリンピック国立公園のおもな見どころ

眺望がすばらしい シアトル近郊 M P.374
ハリケーンリッジ
Hurricane Ridge ☀☀☀

標高約1500mの尾根まで一気に坂を上って行くと、氷河の残るオリンピック連山、ファンデフカ海峡、天気がよければバンクーバー島までが一望できる。所要1〜数時間の何本かのトレイルがあるので予定に合わせて歩いてみよう。なお、積雪期は金〜日のみ通行可、車はタイヤチェーン必携。

ハリケーンリッジ案内所からの眺め

湖ではフィッシングも盛ん シアトル近郊 M P.374外
クレセント湖
Lake Crescent ☀

ポートエンゼルスからUS-101を西へ18マイルほど走ると湖が見えてくる。三日月の形をしていることからその名がついているが、残念ながら道路上では全景を確認できない。しかし、湖の透明度が高く、とても神秘的だ。クレセント湖からさらにUS-101を西へ走ると、**ソルダック・ホット・スプリングスSol Duc Hot Springs**への分かれ道がある。そこを南へ入り、ソルダック川Sol Duc Riverに沿って約12マイルの所にこの温泉リゾートがある。日帰り温泉も可能だが水着着用で。

クレセント湖にはロッジもあり、宿泊もおすすめ

太古の森のトレイルを歩く シアトル近郊 M P.374外
ホー・レイン・フォレスト
Hoh Rain Forest ☀☀☀

オリンピック国立公園内にある降雨林（森）のなかで最大の森。年間平均3700mmという多量の雨が木々を巨大に育てた、世界でも数少ない温帯雨林だ。ヘムロック（ツガ）、カエデ、杉など、どこにでもある木々なのだが、幹や枝に隙間なく生えたコケが異様な風景をつくっている。足元の地面にもシダ類などがびっしりと生え、まるで熱帯のジャングルに迷い込んだようだ。ビジターセンターの裏手に、Hall of Moss、Spruce Nature Trailというふたつのトレイルが続いている。それぞれ1.3km（ゆっくり歩いて40分ほど）、2km（約1時間）とそう長くはないので、どちらかをぜひ歩いてみよう。

オリンピック国立公園案内所
Olympic National Park Visitor Center
- M P.374
- 3002 Mount Angeles Rd., Port Angeles
- ☎ (360) 565-3130
- www.nps.gov/olym
- 毎日9:00〜16:00（季節により異なる）

ハリケーンリッジ案内所
Hurricane Ridge Visitor Center
- 毎日9:00〜16:00（季節により異なる）

ソルダック・ホット・スプリングス
- 12076 Sol Duc Hot Springs Rd., Port Angeles
- Free (1-866) 476-5382
- 3月下旬〜5月下旬、9月上旬〜10月下旬：毎日9:00〜20:00、5月下旬〜9月上旬：9:00〜21:00
- 10月下旬〜3月下旬
- 大人$15、子供（4〜12歳）$11
- ※宿泊も可。

ホー・レイン・フォレスト案内所
Hoh Rain Forest Visitor Center
- ☎ (360) 374-6925
- 夏期の毎日9:00〜17:00（冬期は金〜日10:00〜16:00）
- 冬期の月〜木

シアトルからオリンピック国立公園へのツアー
日系の旅行会社、シアトルETC（エデュケーションツアーセンター）では、オリンピック国立公園への日帰りツアーを催行している。

シアトルETC
- educationtourcenter.com
- 大人$240、子供（4〜12歳）$140
- 所要時間約11時間30分。滞在ホテルまでの送迎あり。最少催行人数2人。マウントレニエ国立公園（→P.376）への日帰りツアーも催行している。

オリンピック国立公園のデータ ☎ (360) 565-3130　www.nps.gov/olym　24時間　なし　車1台$30、バイク1台$25、自転車1台$15（7日間有効）。野営は$8（1人1泊）　世界遺産登録：1981年

シアトルからのエクスカーション
マウントレニエ国立公園
Mt. Rainier National Park

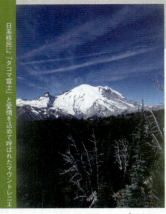

日系移民に「タコマ富士」と愛情を込めて呼ばれたマウントレニエ

原生林に囲まれた緑豊かな国立公園

シアトルの高層ビルのはるかかなたに、高くそびえ立つ力強い姿から、その昔、日系移民たちは「タコマ富士」と呼んで、苦しい新天地での生活の支えにこの山を眺めていた。標高4392m、アメリカ本土で最大の氷河をもち、裾野にはうっそうとした原生林が広がる。

マウントレニエ国立公園の歩き方

マウントレニエ国立公園
MP.374
住39000 State Route 706 E, Ashford, WA 98304（ニスカリーエントランス）
☎(360)569-2211
夏夏期は24時間、積雪期は一部を除いて閉鎖
URL www.nps.gov/mora
料車1台$30、そのほか自転車や徒歩などの方法は1人$15（7日間有効）

シアトルからマウントレニエへ
行き方シアトルから車でI-5を南へ走りタコマTacomaへ。WA-7、WA-706経由で東へ向かうとNisqually Entrance。所要約2時間30分。
5～9月なら北東口からもアクセスできる。シアトルからI-5を南へ走り、Exit 142でWA-18へ。WA-167とのジャンクションを過ぎるとすぐにWA-164の入口がある。ここからイナムクローEnumclaw経由でWA-410を東へ行けばよい。シアトルから約100マイル（160km）。ただし、この道路は積雪の状態によって開通時間が変わるので注意。

ヘンリー・M・ジャクソン案内所（パラダイス）
Henry M. Jackson Visitor Center
☎(360)569-6571
夏6～9月：毎日10:00～17:00、10～12月：土・日・祝日10:00～16:00

マウントレニエ国立公園へ行くには公共交通機関はないので、レンタカーかツアーバスを利用することになる。ゲートシティとなるのはシアトルとタコマ。公園ゲートは4ヵ所あるが、1年中オープンしているのは南西のニスカリーエントランス Nisqually Entranceだけ。ツアーバスもこのゲートから入園する。山間部の気候上、オンシーズンは6～10月上旬までと短く、冬期はニスカリーを除き、ゲートが閉鎖されてしまうので注意が必要だ。もちろん、あたり一面が白銀の世界となる冬景色の美しさにも魅力はあるが、"鮮やかな緑に咲き乱れる色とりどりの花々"といったイメージを求めるなら、7月下旬～8月上旬がベスト。

マウントレニエ国立公園のおもな見どころ

美しい風景は、まさに楽園　　　　　　　シアトル近郊　MP.374 外
パラダイス
Paradise　　　　　　　　　　　　　　　　　　　　　☀☀

マウントレニエ南麓にあるパラダイスは標高1646m。ビジターセンターとパラダイスインというロッジ（冬期は閉鎖）があるだけの小さなビレッジだが、目の前に迫るのは、氷河を頂いた優雅なマウントレニエ。夏は黒い岩と白く輝く氷河のコントラストが美しい。南のほうを見ると草原と森の向こうにタトゥーシュ山脈が連なる。そして周りは一面の花畑。色とりどりの花が咲き乱れる初夏の草原はまさにパラダイス。

パラダイスが最も美しいのは初夏。色とりどりの花が咲く

376 メモ パラダイスのおすすめトレイル　ニスカリービスタNisqually Vistaのハイキングトレイルがおすすめ。6～10月のみのオープンで、1周2km、約50分の距離。出発はJackson Visitor Centerより。

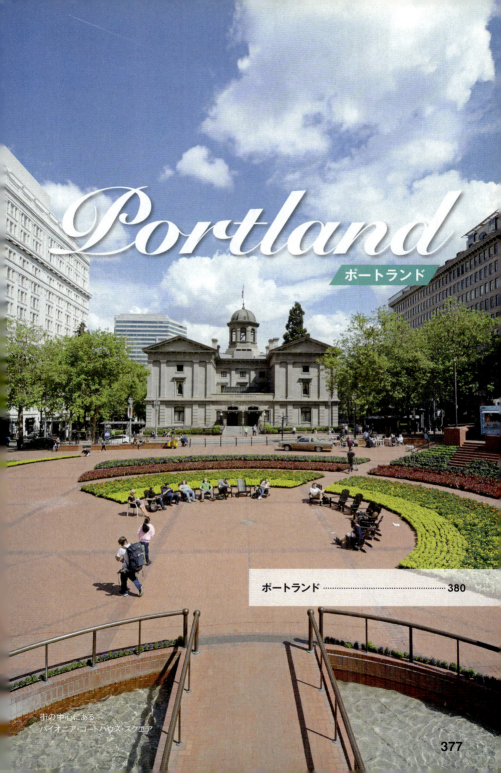

Portland
ポートランド

ポートランド 380

街の中心にある
パイオニア・コートハウス・スクエア

Why Portland?

ポートランドに行く理由は？

特筆すべき見どころがあるわけではないこの街では、生活者の目線で旅をするのが楽しい。
お気に入りのカフェやパブを見つけ、地産地消のレストランで食事をして、
地元の人が集うマーケットに足を運び、
ちょっと気取ったエリアにはおしゃれをして出かけてみたい。

理由 1　人々の生活が見える 個性的な通り を歩いてみたい

→ P.393

ショッピングでも、グルメでも、通りにそれぞれ違う色が感じられる街には、とても魅力がある。ポートランドはまさにそういう街。昔から変わらない通り、アーティストが集まる通り、ファッションセンスが高い通りなど、違いを感じながら歩くのは楽しい。

新しいものから古いものまで、さまざまな文化が交錯するホーソンブルバード

若者が集まる今一番人気のミシシッピアベニュー

アーティストが集まる一画があるアルバートストリート

理由 2　クラフトビール ブームの発祥地でうまい1杯を飲み干したい

小さな都市ながら、70店以上のクラフトビールのブリュワリーがある。"クラフトビール"という名前がまだ一般的でなかった1980年代から、地ビールが造り続けられてきたポートランド。そのビールの味は推して知るべし。

→ P.400

地元のビール好きにおすすめの店を推薦してもらおう

理由 3　新鮮な食材が並ぶ ファーマーズマーケット で買い物したい

→ P.395

街の各所で定期的に開かれるファーマーズマーケット。大規模なマーケットでは出店者数が100を超えるところもあるという。生鮮品を買っても旅行者はなかなか調理ができないが、生で食べられる野菜や果物ならその味が楽しめる。

もちろん野菜だけでなく加工品もたくさんあり、おみやげを探すこともできる

理由 4 アウトドアショップ で自然に親しむ暮らしを感じたい

街から車で15分も走れば、周囲は豊かな自然が広がるポートランド。ここに暮らす人々にとって、ハイキングなどのアウトドア・アクティビティは日常生活の一部。ウエアから道具まで、街なかには専門店が多数ある。

→P.398

コロンビアスポーツウエアの本店

理由 5 アメリカで一番大きいといわれる 書店 で立ち読みをしてみたい

ダウンタウンにあるパウエルズブックスは、全米でいちばん大きいといわれる書店。それが本当かどうかは定かではないが、実際に訪れてみれば、小さな街の図書館をしのぐその大きさには驚くはずだ。ジャンル別になった書棚を端から見ていこう。

→P.399

1ブロック全部が本屋で複数の建物がつながっている

理由 6 ワシントンパークで 日本の侘び寂びに触れたい

ダウンタウンの中心からライトレイルで15分弱。駅から無料のシャトルバスに乗れば、アメリカにいるとは思えないほどの本格的な日本庭園がある。美しい枯山水や苔むした地面は、外国だからよけいに心にしみる。

→P.396

国籍不明の日本庭園が多いアメリカでは特筆ものの本格的な庭園

訪れる地元の人にも苔むした地面の美しさが伝わっている（はず）

理由 7 B級グルメが堪能できる フードカート を楽しみたい

屋台飯はアメリカでも大人気。気取ったテーブルマナーもチップもいらない気軽さ、でも味は本格的というフードカートが、「ポッド」と呼ばれる屋台村で営業している。数人で訪れて、異なる屋台の料理をいろいろ試してみるのが楽しい。

→P.391

人気の屋台はいつも行列ができているほど

理由 8 ポートランド市民の気分で ウィラメット川 を散歩したい

街の真ん中を流れるのは、西海岸一の大河コロンビア川の支流ウィラメット川。緩やかに流れる川に沿って遊歩道が造られていて、たくさんの人が散歩やジョギング、サイクリングを楽しんでいる。芝生に寝転んで昼寝するのもいいかも。

川沿いの公園があるのは西（ダウンタウン）側

→P.392

ポートランド
Portland

ポートランドが長年「最も住みたい街」として不動の人気を保っている理由。それは、初めて訪れる人でも感じる居心地のよさだ。小さなブロックに区切られた計画都市はわかりやすく、公共交通機関も使いやすい。ショップやレストランは洗練されており、そこのスタッフは皆気さく。緑の豊かな街を歩いていると、いつの間にか自分が旅行者であることを忘れてしまう。

ポートランドの歩き方

環境先進都市ポートランドでは公共の交通機関が整っており、ダウンタウンを中心とした周辺のエリアへは簡単にアクセスすることができる。さらに、ひどく治安の悪い所もなく、旅行者にとって安心して歩ける街だ。おもな見どころはウィラメット川の東西に点在していて、ダウンタウン北西部と川の東側がホットなエリアとして注目されている。

●プランニングのポイント

ダウンタウンの移動には、乗降が簡単なマックス・ライトレイルが便利。ダウンタウンからバスかストリートカーで行けるノースウエストはトレンディなエリア。バス1本で行けるホーソンブルバードは、ヒップなポートランドが味わえるので、ぜひ行ってみよう。また、ウィラメット川沿いの遊歩道を歩いてみたり、レンタルバイクで走りぬけるのも爽快だ。西側の丘に広がるワシントンパークにはバラ園、動物園、森林公園などがある。ダウンタウンを中心に観光エリアが広がっているので、1日ではとても回りきれない。最低でも3日は滞在したいところだ。

市内の美しさもさることながら、郊外にある自然へのアクセスが容易なところも、ポートランドの魅力のひとつ。レンタカーやツアー（→脚注）を利用すれば、コロンビア峡谷やマウントフッドへ気軽に行くことができる。

ホテルについては、コンベンションセンター周辺を含め、ダウンタウンが人気だ。中級から高級のビジネス仕様のホテルが多い。6〜8月にかけてが観光シーズンで、特に6月のローズフェスティバル前後は予約が取りにくくなる。そのためフェスティバルシーズンは早めにホテルをおさえておきたい。10月頃からホテルの客室料金も安くなるが、11月から雨のシーズンに突入する。冬はパフォーミングアートが盛んになる季節なので、イベントスケジュールをチェックして出かけよう。

380 **メモ** ポートランド発のツアー　現地の日系旅行会社（→P.386）のほか、グレイライン社でもポートランド郊外へのツアーを催行。おすすめはコロンビア峡谷への4時間25分の旅だ。要予約。Multnomah Falls and

ジェネラルインフォメーション

オレゴン州ポートランド市
人口　約65万人
　　　（東京23区約957万人）
面積　約376km²（東京23区約628km²）
- セールスタックス　0％
- ホテルタックス　11.5～15.3％

● 在米公館

在米公館、治安についてはP.434～を参照。

● 観光案内所
Travel Portland Visitor Information Center
📖 P.389-A3　📍877 S.W. Taylor St. (Director Park)　☎(503)427-1372
🌐 www.travelportland.com
🕐 月～金 9:00～17:00、土 10:00～16:00
　（5～10月のみ日 10:00～14:00）

　街の中心、ディレクター・パークにある。オレゴン州全般の情報も入手できる。また、観光案内所に置いてある茶色の小冊子「Portland Mini Guide」は、ショップやレストランがエリアごとに紹介されており、たいへん重宝する。案内所には地元ショップのポップアップ・スペースが期間限定で設けられる。

旅行のシーズンアドバイス
（アメリカ西海岸の気候→P.407）

　東京より少し寒い。春先は、1日の間にめまぐるしく天候の変わる日もあるが、全体的にさわやかだ。6月中旬から夏になり、気温は27℃前後で空気は乾燥している。真夏でも朝晩は涼しいので、長袖シャツがあると便利。紫外線対策に日焼け止め、サングラスも必要だ。10月下旬から雨期に入り、冬の間、気温は低くなるが雪は少ない。雨が多いので、防寒具とともに雨具はぜひ用意を。

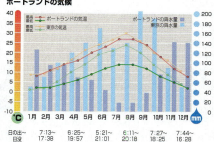
ポートランドの気候

現地の情報誌

　ダイニング情報に強い有料の月刊誌「Portland Monthly」は書店、スーパーなどで販売。アート、映画、音楽、イベント、レストラン情報が満載の英語のタウン誌「Willamette Week」や「Portland Mercury」🌐www.portlandmercury.comは街角のスタンドで無料で入手可能。日本語の無料情報誌「Lighthouse」🌐www.youmaga.comは日系スーパーマーケットや日本食レストランで入手可能。

イベント＆フェスティバル

※詳細は観光局のホームページ（上記のジェネラルインフォメーションを参照）で確認できる

**ポートランド・ローズ
フェスティバル**
Portland Rose Festival
- 5月下旬～6月中旬

　フェスティバル期間中は色とりどりの花でディスプレイされた山車のパレードをはじめ、カーレース、航空ショーなどが行われる。

**オレゴン・ブリュワーズ
フェスティバル**
Oregon Brewers Festival
- 7月26～29日（2020年）

　アメリカ中から100以上のビールブリュワリーが集結する5日間。会場はトム・マッコール・ウォーターフロントパーク。

ポートランドマラソン
Portland Marathon
- 10月6日（2019年）

　市内を見渡せるビューポイントが多いコースを走る、全米で有数のマラソン大会。参加総数が1万5000人といわれる大規模な大会だ。

↘ Columbia River Gorge Tour　大人$59　☎(503)241-7373　🌐www.graylineofportland.com

ポートランドのエリアガイド
Portland Area Guide

ポートランド市内は、ウィラメット川を挟み、東西南北で大きく4分割される。おもな見どころが集中しているエリアが、サウスウエスト（ダウンタウン）、サウスイースト、ノースウエスト。コンベンションセンターがあるノースイースト（N.E.）は、ローズクオーターやショッピングセンターのロイドセンターなど、大きな施設があるエリアだ。

サウスウエスト（ダウンタウン）
South West (Downtown) (→ P.390)

サウスウエストに属しているダウンタウンは、端から端までが1.5kmほどと広くないため、観光にはさして時間はかからない。観光ポイントも豊富で、ポートランド名物の移動式屋台フードカートや、クラフトマンシップにあふれたショップなども多い。サタデイマーケットが行われるダウンタウンの東側は古い街並みが広がり、川沿いはローカルたちの憩いの場だ。また、ダウンタウンを北へ向かうとチャイナタウンがあるが、そこから北は浮浪者が多いので、夜間は特に注意するように。

サウスイースト（S.E.）
South East (→ P.393)

サウスイーストには個性的なふたつの通りがある。ホーソンブルバード Hawthorne Blvd. とディビジョンストリート Division St. だ。東西に延びるふたつの通りには、今のポートランドを象徴するフードカート発のレストランをはじめ、アンティークショップ、グローサリーストア、タトゥーショップなど、エッジの効いた店が連なっている。

ユーモアの街、ポートランド

Point to Point ポートランド移動術

目的地 \ 出発地	Ⓐ パイオニア・コートハウス・スクエア S.W. Broadway & S.W. Morrison St.（ダウンタウン）	Ⓑ S.E. Hawthorne Blvd. & S.E. 37th Ave. ホーソンブルバードの中心（バグダッド劇場前）（サウスイースト）
Ⓐ パイオニア・コートハウス・スクエア S.W. Broadway & S.W. Morrison St.（ダウンタウン）		S.E. Hawthorne Blvd. & S.E. 37th Ave. 🚌14 → S.W. 6th Ave. & S.W. Main St. 徒歩4分→パイオニア・コートハウス・スクエア（21分）
Ⓑ S.E. Hawthorne Blvd. & S.E. 37th Ave. ホーソンブルバードの中心（バグダッド劇場前）（サウスイースト）	パイオニア・コートハウス・スクエア徒歩4分→S.W. Main St. & S.W. 6th St. 🚌14→S.E. Hawthorne Blvd. & S.E. 37th Ave.（22分）	
Ⓒ N.W. 23rd Ave. & N.W. Marshall St. ノブヒル繁華街の北端（ノースウエスト）	パイオニア・コートハウス・スクエア徒歩5分→Central Library 駅 NS → N.W. 23rd & Marshall 駅（26分）	S.E. Hawthorne Blvd. & S.E. 37th Ave. 徒歩7分→ S.E. Belmont St. & S.E. 38th Ave. 🚌15 → N.W. 23rd Ave. & N.W. Lovejoy St. 徒歩1分→ N.W. 23rd Ave. & N.W. Marshall St.（38分）
Ⓓ ワシントンパーク駅 日本庭園、オレゴン動物園の最寄り駅（ワシントンパーク周辺）	Pioneer Square North 駅 🚊レッドかブルー→ワシントンパーク駅（10分）	S.E. Hawthorne Blvd. & S.E. 37th Ave. 🚌14 → S.W. 2nd Ave. & S.W. Main St. 徒歩5分→ Morrison/S.W. 3rd Ave. 駅 🚊レッドかブルー→ワシントンパーク駅（43分）

公共の交通　🚌トライメットバス　🚊ポートランドストリートカー　🚊マックス・ライトレイル　※所要時間はおおよその時間

382　📝メモ　サウスイーストにあるDIYの聖地　DIYに必要な工具やスペース、さらにDIYの知識が豊富なスタッフが常駐しているエー・ディー・エックス。日本語通訳付きの見学ツアーを催行している。ADX 🗺P.388-B3

ノースウエスト（N.W.）
North West（→ P.394）

ノースウエストに属するノブヒルは、若い世代や女性に人気のエリア。閑静な住宅街の中に小さなショップやレストランが並ぶ。パールディストリクトは、かつてのニューヨーク、ソーホーのように、倉庫などの広いスペースをリノベーションしたギャラリーなどが点在している。ポートランドのスノッブな若者たちをウオッチングするのが楽しい。

ワシントンパーク周辺（S.W.）
Washington Park（→ P.396）

サウスウエストに属しているワシントンパークは、博物館、動物園、日本庭園、そしてポートランドのシンボルであるバラの名所、バラ園がある巨大な公園。ワシントンパークの北西にある丘の上には、市内を一望できるフランス・ルネッサンス様式の邸宅、ピトック邸がある。

ワシントンパークのバラ園

ポートランド・エリアマップ

※効率よく移動できるものを、複数あるルートから選んでおり、必ずしも最短ルートとは限らない。

ⓒ N.W. 23rd Ave. & N.W. Marshall St. ノブヒル繁華街の北端 （ノースウエスト）	ⓓ ワシントンパーク駅 日本庭園、オレゴン動物園の最寄り駅 （ワシントンパーク周辺）
N.W. 23rd Ave. & Marshall 駅 🚌NS → S.W. 11th Ave. & Taylor 駅徒歩 5 分→ パイオニア・コートハウス・スクエア（24 分）	ワシントンパーク駅 🚈レッドかブルー→ Pioneer Square South 駅（12 分）
N.W. 23rd Ave. & N.W. Marshall St. 🚌15 → S.E. Belmont St. & S.E. 37th Ave. 徒歩 6 分→ S.E. Hawthorne Blvd. & S.E. 37th Ave.（37 分）	ワシントンパーク駅 🚈レッドかブルー→ Pioneer Square South 駅→ S.W. Main St. & S.W. 2nd Ave. 🚌14 → S.E. Hawthorne Blvd. & S.E. 37th Ave.（37 分）
	ワシントンパーク駅 🚈レッドかブルー→ Providence Park 駅徒歩 2 分→ S.W. Morrison St. & S.W. 17th Ave. 🚌15 → N.W. 23rd Ave. & N.W. Overton St. 徒歩 2 分→ N.W. 23rd Ave. & N.W. Marshall St.（21 分）
N.W. 23rd Ave. & N.W. Marshall St. 🚌15 → S.W. 18th Ave. & S.W. Morrison St. 徒歩 2 分→ Providence Park 駅 🚈レッドかブルー→ ワシントンパーク駅（23 分）	

🏠417 S.E. 11th Ave. ☎(503)915-4321 このほかにDIY体験ができる場所としてDIY Bar🌐www.diybar.coがある。

ポートランドへのアクセス
Access to Portland

タクシー
- Broadway Cab
  ☎ (503)227-1234
- Radio Cab
  ☎ (503)227-1212

グレイハウンド・バスストップ
Greyhound Bus Stop
チケットカウンターなどがないバス停なので、事前にウェブサイトでチケットを購入しておくこと。
MP.389-B1
1090 N.W. Station Way
(1-800)231-2222
www.greyhound.com

アムトラック・ユニオン駅
Amtrak Union Station
マックスならUnion Station/N.W. 5th Ave. & Glisan St.駅で下車。西海岸を縦断する列車のほか、グレイシャー国立公園を通ってシカゴへ向かう列車もある。
MP.389-A〜B1
800 N.W. 6th Ave.
(1-800)872-7245

ポートランド国際空港（PDX）
Portland International Airport

MP.388-B1　☎(503)460-4234　www.flypdx.com

ポートランド国際空港へは、デルタ航空が成田からの直行便を毎日運航。空港内の施設が充実しており、旅行誌の空港ランキングなどでたびたび全米一の評価を獲得している。

ポートランド国際空港から市内へ

■**マックス・ライトレイル・レッドライン　MAX Light Rail Red Line**

M下図参照　www.trimet.org

マックス・ライトレイルのレッドラインが空港に乗り入れている。約15分おきにバゲージクレームエリアからダウンタウンへ出発。空港からダウンタウンへは所要約40分。$2.50。

■**タクシー　Taxi**

バゲージクレームを出て、横断歩道を渡って、アイランド#3（中央部分）から。ダウンタウンまで約30分。約$40。

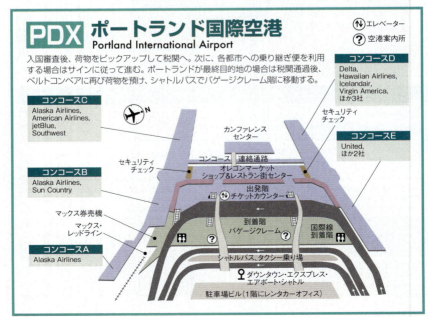

メモ　中距離移動に便利なBoltBus（→P.423）近郊のユージーンやシアトルへの移動は、ボルトバスが人気だ。車内もきれいで、乗り場もグレイハウンド駅周辺よりも安全だ。ただしバス停がわかりにくいので注意。

ポートランドの交通機関
Transportation in Portland

トライメットバス
TriMet Bus

　ポートランド市と近郊の町をカバーする路線網をもち、周辺の見どころへ行くのに便利だ。チケットはマックス・ライトレイル、ストリートカーにも併用できる。チケット上部に印字された有効時間（最長2時間30分）内なら何回でも無料で乗り換えられる。ダウンタウンの5th Ave.と6th Ave.（北はIrving St.から南のHarrison St.あたりまで）はポートランド・トランジット・モールPortland Transit Mallと呼ばれるバス専用道路で、ほとんどのバスはここから発着する。

バス路線の番号も明記されている

トライメットバス
- 4:30から深夜まで（路線により異なる）
- 大人$2.50、7〜17歳$1.25。1日バスは大人$5、7〜17歳$2.50

●市内交通案内所
- P.389-A3
- 701 S.W. 6th Ave.
- (503)238-7433
- www.trimet.org
- 月〜金8:30〜17:30

※パイオニア・コートハウス・スクエア内にある案内所で、無料の時刻表、全路線図が入手できるほか、1日バスなどが購入できる。時刻表は案内所の前に出ているので、土・日でも入手可能。路線図は地図としても役に立つ。

チケットはウェブサイト www.boltbus.com で購入可能。シアトルまでは約$20。バス乗り場 P.389-A2
N.W. Everett St. & N.W. 8th Ave.

385

ポートランドの交通機関 Transportation in Portland

マックス・ライトレイル
- 毎日3:30から深夜まで約5〜30分間隔運行（路線により異なる）
- $2.50、1日パス$5。乗り場に設置されている券売機でチケットを購入して乗車する

ポートランドストリートカー
- トライメットバスと同じ案内所で情報が得られる。
- 月〜金5:30〜23:30、土・日7:30〜23:30（日〜22:30）
- $2.50、1日パス$5、7日パス$26（ストリートカーのみのチケットは$2）

ホップオン・ホップオフ・トロリーツアー
バイオニアスクエアやオレゴン動物園、オレゴン科学産業博物館などを巡る1日乗り降り自由のトロリーバス。夏・秋のみの運行。
- ☎(503)241-7373
- graylineofportland.net
- 5月下旬〜6月、9月〜10月上旬：毎日10:00〜16:00、7・8月：毎日9:00〜16:00、ともに1時間間隔の運行
- 大人$37、6〜12歳$19。2日券もあり

ポートランド・ブリュワリー・ツアー
市内のブリュワリーを3〜4軒巡る。
ブリュワナ社
- ☎(503)729-6804
- brewvana.com
- ほぼ毎日催行。数種類あるので詳細はウェブサイトで確認を。集合場所はMt. Hood Brewing Co.(MP.388-A3) 401 S.E. Caruthers St.)の場合が多い。
- $69〜109

ポートランドETC（エデュケーションツアーセンター）
- ☎(503)294-6488
- www.educationtourcenter.com

マックス・ライトレイル
MAX（Metropolitan Area Express）Light Rail

トライメットが運行する鉄道。ブルー、レッド、グリーン、イエロー、オレンジの5路線（→P.385の地図参照）が走っている。ワシントンパークや動物園へ行くには、ブルーラインかレッドラインで。

レッドラインはポートランド国際空港とダウンタウンを結ぶ（約40分）。また、グリーンラインとイエローラインはPortland State University（PSU）を起点に、ダウンタウンの5th Ave.と6th Ave.を南北に走る。オレンジラインは、ダウンタウンとポートランド南部のミルウォーキーを結ぶ。

チケット（hop fastpass）はタッチ式になっているので、駅または車内にあるセンサーにチケットを当てて（音がする）利用する。なお2回で元が取れるので1Day Passがお得。

ポートランドストリートカー
Portland Streetcar

NSラインとAループ、Bループの3路線からなる。ダウンタウンからノースウエスト地区への移動はNSラインが便利。A、Bループはほぼ同じルートを通り、Aループは時計回り、Bループは反時計回りで運行。ダウンタウン、コンベンションセンター、オレゴン科学産業博物館などを循環する。

ツアー案内

1日乗り降り自由のホップオン・ホップオフ・トロリーツアーやブリュワリーを巡るツアー、市内を散策するウオーキングツアー（ガイド付き）、ウィラメット川でのカヤック体験、郊外のコロンビア峡谷へ行くものなどがある。また、ポートランドの日系ツアー会社、ポートランドETC（→側注）では、日本人ガイドのツアーを催行。日本語でのアテンドは満足度も高く、日本人観光客に人気だ。

Column スケートボードの街ポートランド

ポートランドのバーンサイド・スケートパークは世界中のスケーターたちの憧れの場所だ。バーンサイド橋Burnside Bridgeの高架下（N.E. 2nd Ave.沿い）にあり、1万平方フィート（約930㎡）ほどの広さがある。

ここからはプロも巣立っており、「スケートボーダーの神」として知られるトニー・ホークTony Hawkはその代表だ。パークには、今でもスケートボードを愛する老若男女が集い、熱心に練習に励んでいる。

スケートルートがある

●バーンサイド・スケートパーク
Burnside Skate Park
MP.389-B2
中心部からはトライメットバス#12で。ウィラメット川を渡ったらすぐに下車。

練習に励む市民

ロープウエイ ストリートカーのNSライン南端South Waterfrontから、丘の上の街を結ぶロープウエイ、ポートランド・エアリアル・トラムPortland Aerial Tramもおすすめの乗り物。ロープウエイから

Portland Itinerary
―ポートランドの1日モデルコース―

今日は何する？

9:15

Point こぢんまりとした街で、土地勘はつかみやすい。自転車での移動もおすすめだ。

ポートランドの真骨頂
Farmers Market ファーマーズマーケット →P.395
滞在時間：1時間

地産地消の文化が根づくポートランド。ローカルたちは毎日のように開かれるファーマーズマーケットで食材を買う。

試食ができるブースもある

Access 徒歩10〜15分

10:30

ぶらぶら歩くのにちょうどいい
Downtown ダウンタウン →P.390
滞在時間：1.5時間

パイオニア・コートハウス・スクエアを中心にデパートなどが軒を連ねる。ランチまでショッピング。

大型デパートがダウンタウンに集まっている

Access 徒歩5〜10分

12:10

ランチは絶対ここで
Food Cart フードカート →P.391
滞在時間：1時間

ポートランド昼食の定番。ローカルと交じって食事を。

天気のいい日はフードカートのごはんが最高に合う

Access マックス・ライトレイルのブルーかレッドラインで約20分

13:30

ポートランドのレクリエーションエリア
Washington Park ワシントンパーク周辺 →P.396
滞在時間：3時間

日本庭園やバラ園など、ポートランドを代表する見どころが広がるエリア。自然のなかでのんびり過ごしたい。

日本庭園のコケは美しい

Access マックス・ライトレイルのブルーかレッドライン→メトロバス#14で1時間

17:30

ヒップなエリアでショッピング&ディナー
Hawthorne Blvd. ホーソンブルバード →P.393
滞在時間：2時間

個性的なショップやレストランが並ぶ通りは、そぞろ歩きに最適。

行列ができるレストランも多数

Access メトロバス#14→Hawthorne Bridgeからメトロバス#2

20:10

本場でクラフトビールを味わう
Pearl District パールディストリクト →P.395
滞在時間：1時間

いたるところにクラフトビールが楽しめるパブがある。どこも気軽に入れる雰囲気だ。

いろいろな種類が飲めるsamplerがおすすめ

Access 徒歩30分

21:40

ポートランドに来たことを実感
Portland Sign ポートランドサイン →P.391脚注
滞在時間：30分

日が暮れてからネオンがともり、いっそうきれいに見えるサイン。橋のたもとは浮浪者が多いので注意。

橋から見るポートランドサイン

How to 夜遊び？ 夜遊びスポットはあまりない。市内のバーでビールを飲むのが定番。グレイハウンド駅周辺は浮浪者が多いので注意。

ポートランド / Portland / ポートランドの交通機関／モデルコース

の街の眺めはなかなかだ。往復$5.10（券売機は、クレジットカード、デビットカードのみ受付）月〜金5:30〜21:30、土9:00〜17:00、6〜10分ごと運行。日は5月中旬〜9月中旬の13:00〜17:00のみ運行。祝日は運休。

ポートランド Portland

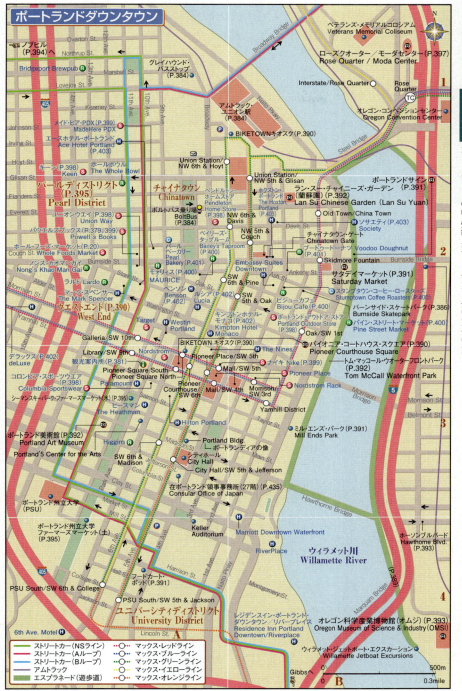

ダウンタウン
Downtown

ウィラメット川に面し、ビジネスや文化の拠点として多くの施設が集中するダウンタウン。碁盤の目のように整った道路と市バス、マックス・ライトレイル、ストリートカーなどの交通路線も充実。旅行者はここを拠点に街歩きを始めよう。

パイオニア・コートハウス・スクエア
701 S.W. 6th Ave.
thesquarepdx.org

週末はさまざまなイベントが開催されている

人が絶えないダウンタウンのランドマーク　ポートランドダウンタウン　MP.389-A3
パイオニア・コートハウス・スクエア
Pioneer Courthouse Square　☀

　ダウンタウンの中心に開いた、すり鉢状の広場。ここはまさに市民の憩いの場。噴水や天気予報マシーン、舞台があり、休日はライブやパフォーマンスが開催される。広場に面してマックス・ライトレイルの駅があり、周辺にはバスの停留所も多数あって移動の拠点にもなる。広場の目の前に立つ重厚な建物が、州ではなく合衆国のコートハウス（裁判所）。

ポートランドいちヒップなエリア　ポートランドダウンタウン　MP.389-A2
ウエストエンド
West End　☀☀☀

　W. Burnside St.、S.W. 10th St.、S.W. Morrison St.、S.W. 13th St.に囲まれたあたりは、クラフトマンシップあふれるショップ、ヘルシーなレストランやカフェが集中するエリアだ。

Column　ナイキの自転車でポートランド散策

　2016年からポートランドで始まったシェアサイクル、バイクタウン。スポーツメーカーのナイキがスポンサーとなり、市内に1000の自転車と、100ものバイクステーションを設置。

使い方
①事前にウェブサイトやスマートフォンのアプリで氏名やクレジットカード番号を入力しアカウントを作成。6ケタの番号が付与され、4ケタのパスワードを自身で設定する
②バイクステーションへ行き、自転車の後方に付いている端末で6ケタの番号、4ケタのパスワードを入力。すると鍵が外れ、乗車することができる
③返却はバイクステーションへ行き、施錠するだけ

●BIKETOWN
Free (1-866)512-2453
www.biketownpdx.com
60分$5、ひとつのアカウントにつき、4台までシェアできる。超過料金は1分ごとに8¢かかる。施錠は忘れないこと
※バイクステーションの位置はウェブサイト、スマートフォンアプリで検索可能

390　　**バイクタウンのアカウントについて**　事前にアカウントを作成していなくても、バイクステーション数ヵ所に設置されている自動端末キオスクでも、登録は可能。クレジットカード必須。おもなキオスクMP.389-A3、B1

週末なら必ず行くべし　　ポートランドダウンタウン　MP.389-B2

サタデイマーケット
Saturday Market

バーンサイドブリッジBurnside Bridgeのたもと、ウィラメット川沿いの公園とアンカニースクエアAnkeny Squareで**3～12月の土曜と日曜に開かれる青空市**で、観光客はもちろん、地元の人にとっても定番イベント。定例行事としては全米最大規模のオープンエアマーケットで、アート＆クラフト、おもちゃ、食べ物、衣類など250以上の店が出店する。お手製の雑貨やアクセサリーを販売している店舗が多く、思い出に残る品と出合うことができるだろう。

マーケットは雨天でも行われ、1973年以来中止になったのは、大吹雪の日とセントヘレンズ火山噴火（1980年）の2回だけだという。最近はフードブースが充実していて、世界各国のファストフードが安価で食べられる。テーブルもあるのでランチにも最適だ。

タイダイグッズは名物のひとつ

サタデイマーケット
- 2 S.W. Naito Pkwy.
- (503)222-6072
- www.portlandsaturdaymarket.com
- 3月上旬～12月下旬
  土10:00～17:00、日11:00～16:30
- 1～2月
- マックス・ライトレイルのレッド、ブルーラインSkidmore Fountain駅下車、徒歩1分。

世界一小さい公園といわれる
ミル・エンズ・パーク
Mill Ends Park
- MP.389-B3
- S.W. Naito Pkwy. & S.W. Taylor St.

S.W. Naito Pkwy.の中央分離帯にわずか半径30cmの花壇がある。見逃してしまいそうな小さい花畑は、世界でいちばん小さい公園とギネスに認定されたことがある。

ポートランド　Portland　ダウンタウンの見どころ

Column　ポートランドはフードカートの街

ポートランドの食を語るうえで欠かせないフードカート。フードカートを簡単にいうなら"屋台"だ。公園や駐車場の一画を間借りし、移動式のトラックなどで営業している。現在ポートランド市内には600軒以上のフードカートがあり、街のいたるところで目にすることだろう。

フードカートが集まるエリアはポッドPodと呼ばれ、下記で紹介しているポッドは名店が多く集まり、特に評判が高い。ポートランダーに近づくため、いざ、フードカートポッド巡りへ！
www.foodcartsportland.com

大学の近くにあるポッド。緑豊かなキャンパス内で、フードカートの料理に舌鼓を打つことができる。
- MP.389-A4
- 979 S.W. Harrison St.

● プロスト！マーケットプレイス・フードカート・ポッド
Prost! Marketplace Food Cart Pod
個性的な店が並ぶミシシッピアベニューの北の端にあるポッド。
- MP.388-A2
- N. Mississippi Ave. & N. Skidmore St.

ひとつのポッドに5～20軒ほど集まるのでいろいろな料理を選べる

● ポートランド州立大学・フードカート・ポッド
Portland State University Food Cart Pod
ダウンタウンの南、ポートランド州立

雨でも平気。屋根付きのテーブルが並ぶプロスト！

 ポートランドサイン　Burnside Bridgeのたもとにある、鹿のシルエットに「Portland Oregon OLD TOWN」と書かれた有名なサイン。夜はネオンが輝き、いっそうきれいに見える。MP.389-B2　（大阪府　キラリ　'15）['19]

ダウンタウン *Downtown*

ポートランド美術館
- 1219 S.W. Park Ave.
- (503)226-2811
- portlandartmuseum.org
- 火～日10:00～17:00（木・金～20:00）
- 休 月、おもな祝日
- 料 大人$20、シニア（62歳以上）・学生（18歳以上）$17、子供（17歳以下）無料

屋外にはオブジェが展示されている

アメリカを代表する画家が揃う　ポートランドダウンタウン　M P.389-A3
ポートランド美術館
Portland Art Museum ☀☀

　約4万2000点を収蔵する美術館。15～16世紀の宗教画、17～20世紀初頭のヨーロッパ絵画から現代美術まで、幅広いジャンルの作品を収蔵する。モネ、ルノワール、ピカソの作品のほか、アメリカ先住民に関する展示物も豊富で、生活様式を紹介したビデオの上映、装飾品やテキスタイル、木製の仮面の展示など、バリエーション豊かな美術品は見応え十分。必見はアメリカ絵画のコーナー。建国初期の肖像画家であるギルバート・スチュアートをはじめ、アメリカ西部の大自然を描いたハドソンリバー派のビアスタット、やわらかい画風が特徴的なアメリカ印象派のホーマーやイネス、ハッサム、独特のタッチが上品さを生むレンブラント・ピールなど、マスターピースともいえる作品が充実している。日本美術も、江戸時代を中心に掛け軸や浮世絵など約1800点を収蔵し、なかには江戸時代の六曲屏風絵や徳川家使用の陶器などもある。美術館の周りに点在する現代美術の彫像もお見逃しなく。

トム・マッコール・ウオーターフロントパーク
- Naito Pkwy.（bet. S.W. Harrison & N.W. Glisan Sts.）
- 毎日5:00～24:00

川沿いを歩くのは気持ちいい

ウィラメット川沿いに続く緑地帯公園　ポートランドダウンタウン　M P.389-B3
トム・マッコール・ウオーターフロントパーク
Tom McCall Waterfront Park ☀

　休日ともなると芝生の上でくつろいだり、ジョギングなどを楽しむ市民の姿でいっぱいになる。春、夏の間は多くのイベントが開催され、華やかな雰囲気だ。北側には、第2次世界大戦中、捕虜としてオレゴン州の収容所に抑留されていた日系人にささげられた彫刻広場**ジャパニーズ・アメリカン・ヒストリカル・プラザ Japanese American Historical Plaza**があり、日系人の歴史を刻んだ彫像と100本の桜の木が植えられている。

ラン・スー・チャイニーズ・ガーデン
- 239 N.W. Everett St.
- (503)228-8131
- www.lansugarden.org
- 3月中旬～10月下旬：毎日10:00～19:00、11月上旬～3月中旬：毎日10:00～16:00
- 料 大人$12.95、シニア（62歳以上）$11.95、6～18歳$9.95
- 行き方 マックス・ライトレイルのレッド、ブルーラインOld Town/Chinatown駅から徒歩3分。

園内でお茶を楽しむことができる

ダウンタウンの名所、本格派中国庭園　ポートランドダウンタウン　M P.389-B2
ラン・スー・チャイニーズ・ガーデン（蘭蘇園）
Lan Su Chinese Garden（Lan Su Yuan）

　チャイナタウンの一画にある中国庭園は、ポートランド住民にたいへん人気のスポット。中国から招いた65人もの技師によって設計、造園がなされた本格的なもので、中国江蘇省にある運河と庭園で有名な都市、蘇州の庭園様式が用いられている。蘇州はポートランドと姉妹都市でもある関係から、このプロジェクトが実現した。白壁に囲まれた敷地はそう広くはないが、曲がりくねった回廊と太鼓橋を渡って庭園を1周する間に、さまざまな景色が見られるように工夫されている。

ダウンタウンの人気スポット

サウスイースト
South East

ポートランドのサウスイースト。ウィラメット川を渡ったそこは、ダウンタウンとは打って変わり高い建物がなく、住居と個性的な物件がうまく交ざり合うエリアだ。ホーソンブルバードを中心に、そぞろ歩きが楽しい通りが東西に延びている。

個性的な店が多いヒップカルチャーゾーン　　ポートランド中心部　**M**P.389-B4
ホーソンブルバード
Hawthorne Boulevard ☀☀☀

　S.E. 12th Ave.から50th Ave.にかけてのエリアは、ユニークなレストランやカフェ、民族料理の店、古着、骨董品から雑貨、ブティックなど、あらゆる種類の個性的なショップが並び、1日かけても回りきれないほど奥が深い。クラフトビールを出すバーも多い。もとは商工業地区であったが、近年ホーソンブルバードを挟んで南北に再開発が進んでいる。蒸留所が集中する**ディスティラリーロウDistillery Row**（上図参照）は地元の人に人気のスポットだ。

どの店も個性的でおもしろい

ホーソンブルバード
行き方 ダウンタウンからトライメットバス#14で約15分ほど行くとHawthorne Blvd. & 32nd Ave.にさしかかる。
S.E. 33rd Ave.から42nd Ave.にかけて、物件が集中している。

ベルモントストリートとディビジョンストリート
　ホーソンブルバードの6ブロック北のBelmont St.、7ブロック南のDivision St.にもおもしろい店が多い。時間があれば足を延ばしてみたい。

巨大な科学博物館　　ポートランドダウンタウン　**M**P.389-B4
オレゴン科学産業博物館（オムジ）
Oregon Museum of Science & Industry（OMSI） ☀☀

　通称「オムジOMSI」。館内には5つの展示室があり、宇宙、地球、自然、情報、生命、物理の科学分野を体験しながら理解できるよう、いろいろな工夫がされている。
　大画面に展開されるエンピリカルシアターやプラネタリウムを楽しんだり、ウィラメット川に係留されている潜水艦"USS Blueback Submarine（SS-581)"号の艦内を見学することができる。

潜水艦の展示は大人気

オレゴン科学産業博物館
住 1945 S.E. Water Ave.
☎ (503)797-4000
URL www.omsi.edu
開 火〜日9:30〜17:30（時期により変更あり。夏期は毎日）
休 月（ポートランド公立校が休みの日は開館）、クリスマス、サンクスギビング
料 大人＄14.50、シニア（63歳以上）＄11.25、子供（3〜13歳）＄9.75
エンピリカルシアター、プラネタリウム、レーザーショー、サブマリン／それぞれ大人＄7〜8.50、シニア・子供＄6〜6.50
そのほかセット券もあり
行き方 ストリートカーのA、BループでOMSI下車。

393

ノースウエスト
North West

ダウンタウンの北西にはノブヒルというおしゃれなエリアがあり、N.W. 21st St.～23rd St. を中心ににぎわっている。かつては工場や倉庫が並んでいたパールディストリクトにも、ショップやレストランが増殖中だ。

ノブヒル
ポートランドストリートカーのNSラインでN.W. 23rd & Marshall下車。

天気のいい日は屋外のテーブルで

おしゃれをして出かけたい　　　ポートランド中心部　M P.388-A2～3

ノブヒル
Nob Hill　　　　　　　　　　　　　　★★★

「ノブヒル」は、ネイバブNabob（大金持ち）という言葉に由来している。この呼び名は、1880年代、サンフランシスコからこの地に移ってきた商人（→P.237）によって付けられ、N.W. 21stと23rd Aves.周辺の通称"トレンディサード"のあたりを指す。ブティックやギフトショップを中心に、アップスケールなレストランやオープンカフェが集まり、散策しているだけでも楽しい。Burnside St.から北のLovejoy St.あたりまで店が密集している。

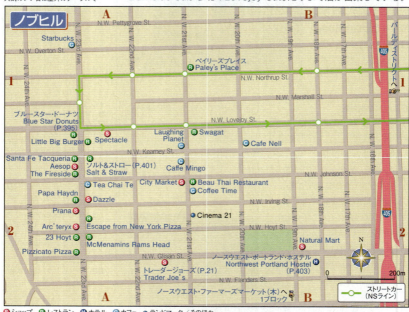

Ⓢショップ　Ⓡレストラン　Ⓗホテル　Ⓒカフェ　ランドマーク／そのほか

メモ 現在地の確認が簡単　ノースウエスト地区は、南端のBurnside St.から通りの名称がアルファベット順になっているので、自分がいる位置がわかりやすい（チャイナタウン、パールディストリクトも同様）。

394

散策にぴったりなエリア　　ポートランドダウンタウン　**P.389-A1〜2**

パールディストリクト
Pearl District

ハイセンスなエリアとして知られているパールディストリクト。東西はBroadway Ave.からI-405あたり、南北はW. Burnside St.からLovejoy St.の間に広がっている。ダウンタウンからはストリートカーで5分ほど、徒歩でも行ける距離にある。

1990年代の半ばまではあまり治安のよくないエリアであったが、大規模な再開発を経たあとはすっかりおしゃれに様変わりして、地元の若者でいつもにぎわっている。かつての工場・倉庫街を彷彿させるれんが造りの建物に、個性的なギャラリーやユニークなショップ、レストランが入居している。

毎月第1木曜の夜、周辺の画廊が時間を延長して開くギャラリーウオーク「**ファーストサーズデイFirst Thursday**」が名物イベント。ギャラリーによって多少異なるが、18:00〜21:00前後に開催される。

赤れんがの建物が残る一角

パールディストリクト
explorethepearl.com
※北はN.W. Irving St.、南はN.W. Flanders St.、東西はN.W. 9th〜14th Ave.の間がにぎやか。観光案内所またはパールディストリクトの店で、ウオーキングマップがもらえる。
行き方 パイオニア・コートハウス・スクエアから徒歩10分

ファーストサーズデイ
参加ギャラリーのイベント情報などをウェブサイトから確認することができる。
www.firstthursdayportland.com

建物をそのまま利用してショップが入居している

Column ポートランドのファーマーズマーケット
Portland Farmers Market

いまやポートランドを代表する文化のひとつとなったファーマーズマーケット。1992年、わずか3人の活動家が地元の農家に働きかけ、最初の出店ブースは13ほどだったという。

現在は市内各所で定期的に開催されており、出店数も多い所では100を超える。ここでは代表的な5つのファーマーズマーケットを紹介したい。

Portland Farmers Market
☎(503)241-0032
www.portlandfarmersmarket.org

●ポートランド州立大学（土曜日）
　Portland State University
P.389-A4
住S.W. Park Ave. & S.W. Montgomery St.
営4〜10月：8:30〜14:00、
　11〜3月：9:00〜14:00

●ケントン（水曜日）
　Kenton
P.388-A1
住N. Denver St. & McClellan Ave.
営6〜9月：15:00〜19:00

●シーマンスキーパーク（水曜日）
　Shemanski Park
P.389-A3
住S.W. Park Ave. & S.W. Salmon St.
営5〜11月：10:00〜14:00

●キング（日曜日）King
P.388-B2
住N.E. 7th Ave. & N.E. Wygant St.
営5〜11月：10:00〜14:00

●レンツ・インターナショナル（日曜日）
P.388-B4域外
住S.E. 92nd Ave. & S.E. Reedway St.
営6〜11月：9:00〜14:00

ポートランド州立大学のものは最大規模を誇る

 ポートランド発ドーナツショップ① 日本にも一時期進出していたドーナツ店。**ブルースター・ドーナツBlue Star Donuts** P.394-A1　住921 N.W. 23rd Ave.　☎(503)265-5537　www.bluestardonuts.com　営毎日7:00〜20:00

ワシントンパーク周辺
Washington Park

ダウンタウンの西側に位置し、総面積1873ヘクタールで全米最大規模の都市型公園ワシントンパーク。市内にいながらオレゴンの自然の豊かさが感じられる、地元市民の憩いの場だ。

ワシントンパーク
- P.388-A3
- 毎日5:00〜22:00
- explorewashingtonpark.org
- 行き方 マックス・ライトレイルのレッド、ブルーラインWashington Park駅で下車。

ワールド・フォレスタリー・センター／ディスカバリー博物館
- 4033 S.W. Canyon Rd.
- (503)228-1367
- www.worldforestry.org
- 木〜月10:00〜17:00（夏期は毎日）
- 火・水、おもな祝日
- 大人$8、シニア（62歳以上）$7、子供（3〜18歳）$5

日本庭園
- 611 S.W. Kingston Ave.
- (503)223-1321
- www.japanesegarden.org
- 3月中旬〜9月：火〜日10:00〜19:00、月12:00〜19:00、10月〜3月中旬：火〜日10:00〜16:00、月12:00〜16:00
- おもな祝日
- 大人$18.95、シニア（65歳以上）$16.25、大学生（要ID）$15.25、子供（6〜17歳）$13.50、5歳以下無料
- 行き方 マックス・ライトレイルのレッド、ブルーラインProvidence Park駅かWashington Park駅からトライメットバス#63で。

和モダンの外観、ウマミカフェ

森林資源の教育文化施設　ポートランド中心部　M P.388-A3
ワールド・フォレスタリー・センター／ディスカバリー博物館
World Forestry Center / Discovery Museum

豊かな森林資源をもち、数少ない原生林が残っているオレゴン州ならではの博物館。教育、研究、展示を通じて森林資源の維持に努めるというモットーで造られた。

20万〜300万年前の石化樹木や北西部の原生林、熱帯雨林などの常設展に加え、常に複数の特別展示がある。

手入れの行き届いた本格的日本庭園　ポートランド中心部　M P.388-A3
日本庭園
Japanese Garden

ポートランド市民によるNPO団体「オレゴン日本庭園協会」が計画し、日本人による設計で1967年に完成。以降、日本の歴史ある造園技術や庭園美を伝え続けている。茶室を取り巻く露地庭、菖蒲が咲く池に橋が架けられ回遊できる庭、玉砂利が敷き詰められている枯山水、小さな滝や小川、東屋や竹垣がアクセントになっている庭など、代表的な様式の日本庭園が8つ配されている。そのクオリティの高さは驚きだ。

2017年4月には、日本人建築家、隈研吾氏デザインによるエリア、**カルチュラルビレッジCultural Village**がオープン。ここにはギフトショップやギャラリーのほか、日本茶や和菓子を食べることができる**ウマミカフェUmami Café**（庭園と同じ）も併設されている。

穏やかな気持ちになれる日本庭園

| 1世紀の歴史をもつバラ園 | ポートランド中心部　M P.388-A3 |

バラ園
International Rose Test Garden ☀☀

バラの都ポートランドを象徴するような見事なバラ園。ダウンタウンを見下ろす静かな丘に、シーズンである5〜6月は610種8000株ほどのバラが咲き誇る。ここは1917年に創立された、アメリカで最も古いバラ試験場で、市の公園課によって管理されている。

美しい花と香りに包まれる ©www.travelportland.com

バラ園
- 400 S.W. Kingston Ave.
- (503)823-3636
- 毎日7:30〜21:00（時期により変更あり）
- 無料
- マックス・ライトレイルのレッド、ブルーラインProvidence Park駅かWashington Park駅からトライメットバス#63で。東斜面にあたるので、午前中に訪れるほうが美しい。

| 街を見下ろす丘の上の豪邸 | ポートランド中心部　M P.388-A3 |

ピトック邸
Pittock Mansion ☀

オレゴン州最大の発行部数を誇る新聞『オレゴニアン』の創始者ヘンリー・ルイス・ピトックが1914年に建て、家族で住んでいた大邸宅。ポートランド市を見下ろす美しい丘に立ち、ルネッサンス様式の重厚さと優美さを兼ね備えている。

日本語の案内書もあるので、それをもらって邸内を見て回ろう。大きな窓がある音楽室が美しい。2階の窓から望むダウンタウンの眺めも絶景だ。

ピトック邸
- 3229 N.W. Pittock Dr.
- (503)823-3623
- www.pittockmansion.org
- 2〜5月、9〜12月：毎日10:00〜16:00、6〜8月：毎日10:00〜17:00
- 1月、おもな祝日
- 大人＄12、シニア（65歳以上）＄10、学生（6〜18歳）＄8、5歳以下無料
- トライメットバス#20でW. Burnside St. & N.W. Barnes Rd.下車。徒歩10分。

ポートランドのスポーツ
Sports in Portland

バスケットボール
National Basketball Association（NBA）

■ **ポートランド・トレイル・ブレイザーズ**
Portland Trail Blazers

トレイル・ブレイザーは「開拓者」という意味。かつて太平洋地区はLAレイカーズの独壇場だったが、1990年代にはブレイザーズもそれに追随した。過去の優勝は1977年に一度、ファイナル出場は3回（プレイオフ出場31回）という成績。2008年から3年連続プレイオフに進出、2013〜2014年シーズンからも5シーズン連続でプレイオフに進出している。

本拠地：モーダセンター
- M P.389-B1　1 Center Court St.
- (503)797-9600　www.nba.com/blazers
- マックス・ライトレイルのイエローラインInterstate/Rose Quarter駅、グリーン、レッド、ブルーラインRose Quarter TC駅下車。

サッカー
Major League Soccer（MLS）

■ **ポートランド・ティンバーズ**
Portland Timbers

2011年からMLSに参加。下部リーグ時代からファンサポートはすばらしく、2万人強収容するホームスタジアムでの試合は、チケットが完売することもしばしば。2008年から2010年までは、元日本代表の鈴木隆行も所属していた。

本拠地：プロビデンスパーク
- M P.388-A3
- 1844 S.W. Morrison St.
- (503)553-5400
- www.timbers.com
- マックス・ライトレイルのレッド、ブルーラインProvidence Park駅下車。

ダウンタウンから徒歩でも行ける

ポートランドのショップ
Portland

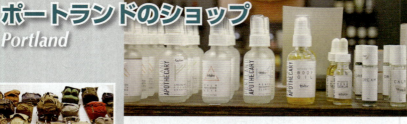

セールスタックスが0%のポートランドは、旅行者にとってはまさにショッピング天国。アメリカ旅行で買いたい物はポートランドで買っていくのがベターだ。

クラフトマンシップにあふれる街は、世界的に有名なアウトドア、スポーツメーカーが誕生した地でもある。それらの旗艦店はダウンタウンにあり、ぜひ訪れておきたい。"今のポートランド"らしい物を求めるならウエストエンドやサウスイーストへ。

ダウンタウン

ファッション｜ポートランド・アウトドア・ストア Portland Outdoor Store
ベテランスタッフが親切にアドバイス

緑色の看板が目印で、ポートランドのランドマーク的存在。ウエスタンファッション全般を取り扱い、WranglerのデニムやPendletonのジャケットのほか、シャツ、ウエスタンブーツなどの品揃えが豊富。スタッフはベテランばかりなので、サイズや在庫などの質問にもていねいに答えてくれる。

カード AMV

ポートランドの老舗セレクトショップ

M ポートランドダウンタウン P.389-B2
- 304 S.W. 3rd Ave., Portland
- (503) 222-1051
- portlandoutdoorstore.us
- 月～土9:30～17:30
- 休 日

アウトドア｜キーン Keen
つま先を保護するサンダルが人気

常に新しいアイデアを盛り込んだ商品を生み出し続けるシューズブランド、キーンの本店。本格的なハイキングブーツからカジュアルなスニーカーまで、品揃えは豊富。もともと倉庫だった建物を見事に再生させた快適な空間で、じっくり自分に合った靴選びができる。

カード AMV

古いれんがの外壁がおしゃれ

M ポートランドダウンタウン P.389-A1
- 505 N.W. 13th Ave.
- (971) 200-4040
- www.keenfootwear.com
- 月～土10:00～19:00、日11:00～17:00

アウトドア｜コロンビアスポーツウエア・フラグシップストア・ポートランド Columbia Sportswear Flagship Stores-Portland
オレゴン生まれのアウトドアウエア

コロンビアスポーツウエアの本店はポートランドにある。コロンビア製品はほとんどのデパートや大型店で買えるが、品揃えが抜群の本店で、思いきり買い物したい。アウトドア用だけでなく、タウンウエアとして着たくなるウエアもある。

カード AMV

本店ならではの豊富な品揃え

M ポートランドダウンタウン P.389-A3
- 911 S.W. Broadway
- (503) 226-6800
- www.columbia.com
- 月～土9:30～19:00、日11:00～18:00

アウトドア｜ペンドルトン・ホームストア Pendleton Home Store
人気のネイティブ柄がずらり

日本でも人気の高い、ネイティブアメリカン柄が特徴のペンドルトン。定番のラグやブランケットのほか、シャツやかばんなども豊富に揃う。セールスタックスがかからないこともあり、日本より安価で購入することができる。品揃えは世界一だ。

カード AJMV

ブランケットが豊富に揃う

M ポートランドダウンタウン P.389-A2
- 210 N.W. Broadway
- (503) 535-5444
- www.pendleton-usa.com
- 月～土10:00～17:30
- 休 日

 注目エリア、ウエストエンドにあるモール、ユニオンウエイUnion Way ポートランド発祥ブランドや、地元で人気の寿司店が営むラーメン店などが入る。MP.389-A2 1022 W. Burnside St.

スポーツウエア ナイキ / Nike

ナイキ本社の直営店

ナイキの本社は郊外のビーバートンにあるが、ナイキ本社というものはない。その代わり、発祥地であるオレゴンの中心、ポートランドの直営店は、スポーツ博物館のような楽しい造りだ。

- M ポートランドダウンタウン P.389-A3
- 638 S.W. 5th Ave.
- (503) 221-6453
- www.nike.com
- 月〜土10:00〜20:00、日11:00〜18:00
- 空港内に支店あり
- カード A M V

雑貨 メイドヒア・PDX / MadeHere PDX

ポートランドのプロダクトが集結

ポートランドで誕生したブランドのみをセレクトしたショップ。観光客だけでなく地元の人も立ち寄る人気のスポットだ。取り扱っている商品はバラエティに富み、革製品や石鹸、化粧品、かばん、塩、ハチミツなど。気の利いたみやげ探しにもいい。

カード A M V

ポートランド製の物ばかり

- M ポートランドダウンタウン P.389-A2
- 40 N.W. 10th Ave.
- (503) 224-0122
- madeherepdx.com
- 日〜金11:00〜18:00（木〜19:00）、土10:00〜19:00

書籍 パウエルズブックス / Powell's Books

世界最大規模の本屋さん

街の1ブロックがまるごと本屋さんの敷地になっていて、カフェもある。数軒離れた建物に技術専門書、ホーソンブルバード店は料理・園芸専門書をおもに扱っている。ポートランドに来たからには訪れておきたい書店だ。

カード A M V

ポートランドを代表する書店

- M ポートランドダウンタウン P.389-A2
- 1005 W. Burnside St.
- (503) 228-4651
- www.powells.com
- 毎日9:00〜23:00（古書の引取は20:00まで）、特別資料室は11:00〜19:00
- ※ポートランド国際空港内にも支店あり

アウトドア ネクストアドベンチャー / Next Adventure

ポートランドでアウトドアならここ

アウトドアブランドの聖地でもあるポートランドで、ローカル人気一番のネクストアドベンチャー。最大のウリは地階のアウトドア古着。日本では未発売の商品も多数。

- M ポートランド中心部 P.388-B3
- 426 S.E. Grand Ave.
- (503) 233-0706
- nextadventure.net
- 月〜土10:00〜19:00（土〜18:00）、日11:00〜17:00
- カード A M V

スーパーマーケット ニューシーズンズ・マーケット / New Seasons Market

ローカルフードを売る個性派スーパー

健全な地産のローカルフードを販売するために設立されたスーパー。安全でおいしい食料品が揃っている。店内には食料品以外にもパン屋や薬局、デリのほか、誰でも利用できる憩いスペースもある。

カード A J M V

市内に20店舗近くあり

- M ポートランド中心部 P.388-B3
- 1954 SE Division St.
- (503) 445-2888
- www.newseasonsmarket.com
- 毎日8:00〜22:00

雑貨 ビーム＆アンカー / Beam & Anchor

おしゃれさん必訪の店

革製品や陶磁器、宝飾品、石鹸などをメインに、オーナー夫妻が世界各地で買い集めた作品が並ぶ。人とのつながり、地元のアーティストを尊重するポートランドらしさがよく表れているセレクトショップだ。

カード A J M V

町の外れにあるが行く価値あり

- M ポートランド中心部 P.388-A2
- 2710 N. Interstate Ave.
- (503) 367-3230
- beamandanchor.com
- 月〜土11:00〜18:00、日12:00〜17:00

ショッピングセンター ロイドセンター / Lloyd Center

ダウンタウンすぐ近くの巨大モール

ダウンタウンからマックス・ライトレイルで20分。大型デパートと150以上の専門店、レストランやフードコート、映画館からスケート場まで備えたオレゴン州最大のショッピングモール。

- M ポートランド中心部 P.388-B2
- 2201 Lloyd Center
- (503) 282-2511
- www.lloydcenter.com
- 月〜土10:00〜20:00、日11:00〜18:00
- カード 店舗により異なる

 オーガニック製品の宝庫 ピープルズ・フード・コープ People's Food Co-op M P.388-B3　3029 S.E. 21st Ave.　(503) 674-2642　www.peoples.coop　毎日8:00〜22:00　カード M V

399

ポートランドのレストラン
Portland

　人口ひとり当たりのレストラン数は全米で一番といわれるポートランド。ダウンタウンには、ニューヨークやLAにも支店を出す人気のコーヒーショップや観光名所ともいえるドーナツ店など、あらゆる種類の店が揃っている。オールドタウン、チャイナタウンは、民族料理やバーが、ノブヒル、ホーソンブルバードには、個性的な店が軒を連ねる。地元で取れた魚介類や山の幸をふんだんに使ったノースウエスト料理を、思う存分楽しもう。

ダウンタウン

ビジューカフェ Bijou Café
アメリカン
ポートランドの朝はここから始まる

　1978年創業、週末の朝は遠来の客でにぎわう明るい雰囲気の店。新鮮な魚介類やオーガニックの野菜、ジュースなど、素材にもこだわっている。通常の朝食のほか、カキとポテトのオイスター・ハッシュ（$16.25）などの創作メニューも豊富だ。朝昼のみ営業。

カード J M V

Ⓜ ポートランドダウンタウン P.389-B2
🏠 132 S.W. 3rd Ave.
☎ (503) 222-3187
📧 bijoucafepdx.com
🕐 毎日8:00〜14:00

店内はクラシカルで落ち着いている

モォリィス MAURICE
フレンチ
パリの下町を感じるビストロ

　ダウンタウンにあるこぢんまりとしたビストロ。北欧テイストのフランス料理で、メインのメニューはその日手に入る新鮮な食材で作るので毎日変更。各種スイーツもおすすめで、街歩きの途中にコーヒーとケーキでひと休みするのもいい。

カード A M V

Ⓜ ポートランド中心部 P.389-A2
🏠 921 S.W. Oak St.
☎ (503) 224-9921
📧 www.mauricepdx.com
🕐 火〜日10:00〜16:00
休 月

ひと皿の量は少なめ

ベイリーズ・タップルーム Bailey's Taproom
クラフトビア
気軽に入れるビアパブ

　市内に数あるクラフトビールの店のひとつ。タップ（生）ビールは26種類、ボトルは50種類以上を揃えており、タップビールは、不定期でその種類が入れ替わる。明るい店内で、10oz（約300ml）で$3〜と、値段もリーズナブルで入りやすい。

カード A M V

Ⓜ ポートランドダウンタウン P.389-A2
🏠 213 SW Broadway, Portland
☎ (503) 295-1004
📧 baileystaproom.com
🕐 毎日12:00〜0:00

通りに面したテラス席もある

スタンプタウン・コーヒー・ロースターズ Stumptown Coffee Roasters
カフェ
ポートランドを代表するカフェ

　ポートランドのコーヒー文化を作ったといわれているカフェ。市内に数店舗あるほか、ニューヨークやロスアンゼルスにも近年出店している。焙煎技術も市内でトップクラス。コーヒー好きは必訪のカフェだ。

カード A M V

Ⓜ ポートランドダウンタウン P.389-B2
🏠 128 S.W. 3rd Ave.
☎ (503) 295-6144
📧 www.stumptowncoffee.com
🕐 毎日6:00〜19:00（土・日7:00〜）

ポートランダーが多く集まる

メモ 必訪のフードホール　人気の飲食店がテナントとして入る。**パイン・ストリート・マーケット Pine Street Market** 🄼 P.389-B2　🏠 126 S.W. 2nd Ave.　📧 www.pinestreetpdx.com　🕐 毎日11:00〜22:00（店舗により異なる）

サウスイースト

アメリカン　アピッツァショールズ
Apizza Scholls

ダウンタウンから離れるが行く価値あり

ダウンタウンの東、Hawthorne Blvd. と 48th Ave. が交わる場所にあるピザ屋。観光客とは無縁だが、ピザの味と昔ながらの店の雰囲気は地元客から絶大な支持を得ている。ダウンタウンから #14 のバスで約 20 分。

カード AMV

どのピザも絶品

M ポートランド中心部 P.388-B3
- 4741 S.E. Hawthorne Blvd.
- (503) 233-1286
- www.apizzascholls.com
- 毎日17:00～21:30、ランチ土・日11:30～14:30

アメリカン　パイン・ステート・ビスケット
Pine State Biscuits

ポートランドのアイコン的レストラン

ビスケットサンドの名店。ファーマーズマーケットで人気となり、出店。毎日手作りされる塩味のビスケットサンドに香ばしく焼きあげたチキンを挟んで食べる（$6 ～）。

M ポートランド中心部 P.388-B3
- 1100 S.E. Division St.
- (503) 236-3346
- www.pinestatebiscuits.com
- 毎日7:00～15:00

カード AJMV

フレンチ　ル・ピジョン
Le Pigeon

日本人の口に合うさっぱりした味つけ

アメリカ料理界で数々の賞を受賞し、全米に名を知られている人気シェフ Gabriel Rucker がいるレストラン。コースメニュー（5品 $85、7品 $105）がお得だ。

M ポートランド中心部 P.388-B3
- 738 E. Burnside St.
- (503) 546-8796
- lepigeon.com
- 毎日17:00～22:00

カード AMV

タイ料理　ポクポク
Pok Pok

本場さながらのタイ料理を提供する

タイのおいしいローカル料理を食べるために、いつも行列ができている。タイ料理の屋台からスタートし、今や料理界のアカデミー賞ともいわれるジェームズ・ビアード賞を獲得するほどの名店に成長した。

M ポートランド中心部 P.388-B3
- 3226 S.E. Division St.
- (503) 232-1387
- pokpokdivision.com
- 毎日11:30～22:00

カード JMV

カフェ　ブレッド・アンド・インクカフェ
Bread and Ink Cafe

幅広い客層に人気の明るいカフェ

ホーソンブルバードにオープンしてから 30 年以上の老舗カフェ。朝食のオムレツ（$9.25 ～）、ランチのハンバーガー（$12.95 ～）のほか、夜はノースウエスト料理も提供している。

M ポートランド中心部 P.388-B3
- 3610 S.E. Hawthorne Blvd.
- (503) 239-4756
- www.breadandinkcafe.com
- 毎日8:00～20:30（金・土～21:30）

カード AMV

ノースイースト

アメリカン　ヘルサーズ
Helser's

朝食にこだわるアメリカならではのレストラン

休日の朝 9:00 には満席になることも珍しくない人気店。朝食とランチのみの営業となっており、ぜひとも朝食時に訪れてほしい。パンケーキやエッグベネディクトのほか、スモークサーモンのハッシュなども絶品だ。1 品 $8 ～ 15 で、朝食としてはいいお値段。

カード AMV

朝食時から大混雑する

M ポートランド中心部 P.388-B2
- 1538 N.E. Alberta St.
- (503) 477-9058
- helsersonalberta.com
- 毎日7:00～15:00

ノースウエスト

スイーツ　ソルト&ストロー
Salt & Straw

甘さ控えめのアイスクリーム

いつ訪れても長い行列ができているアイスクリーム屋。おいしさの秘密は、オレゴン州ユージーンにある酪農家からオーガニックな乳製品を直接取り寄せているからだとか。

M ノブヒル P.394-A2
- 838 N.W. 23rd Ave.
- (971) 271-8168
- saltandstraw.com
- 毎日10:00～23:00

カード ADJMV

ベーカリー　パールベーカリー
Pearl Bakery

地元の人も大推薦

食材のほとんどが地元産の自然食材。食べて安心、かつおいしいので、パンは多くのレストランに卸されている。ファーマーズマーケットにも出店している。

M ポートランドダウンタウン P.389-A2
- 102 N.W. 9th Ave.
- (503) 827-0910
- pearlbakery.com
- 毎日6:30～16:00（土7:00～、日8:00～）

カード JMV

メモ ポートランド発ドーナツショップ② Doughnut　早朝から夕方まで行列ができる人気店。**ブードゥードーナツ VooDoo** MP.389-B2 22 S.W. 3rd Ave. (503)241-4704 www.voodoodoughnut.com 24時間

401

ポートランドのホテル
Portland

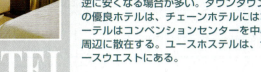

ダウンタウンの中心部と川沿いにある高級ホテルは、決して安くはないが、ビジネス客が中心のため、金〜日曜は逆に安くなる場合が多い。ダウンタウンにある$100以下の優良ホテルは、チェーンホテルにはない個性がある。モーテルはコンベンションセンターを中心に市内全域、空港周辺に散在する。ユースホステルは、サウスイーストとノースウエストにある。

ダウンタウン

高級　キンプトンホテル・モナコ　Kimpton Hotel Monaco
ポートランドで3本の指に入る豪華さ

1912年に建てられた歴史ある建物が大幅に改装され、おしゃれなブティックホテルとして生まれ変わった。パイオニア・コートハウス・スクエアまで3ブロック。ロビーでは、朝にコーヒー、夕方にワインの無料サービスがある。

Wi-Fi $14.99　221室　カード A D J M V

ポートランドダウンタウン P.389-A2
506 S.W. Washington St., Portland, OR 97204
(503) 222-0001　Free (1-888) 207-2201　Fax (503) 222-0004
www.monaco-portland.com
S/D/T $140〜336、Su $156〜454

高級　ホテルルシア　Hotel Lucia
ポストモダンなデザインホテル

ダウンタウンの中心にあるポストモダンなデザインホテル。ロビーや廊下など、ホテル随所にオーナー自慢の現代アートが飾られ、暖炉のあるロビー一階はまるでギャラリーのよう。客室はシンプルながら、都会らしいヒップ感にあふれ、とても落ち着く。

Wi-Fi 無料　127室　カード A J M V

ポートランドダウンタウン P.389-A2
400 S.W. Broadway, Portland, OR 97205
(503) 225-1717　Free (1-866) 986-8086　Fax (503) 225-1919
hotellucia.com
S/D/T $169〜459、Su $319〜689

高級　ベンソン　The Benson
有名人やビジネス客が多い

1913年に建てられた歴史ある老舗ホテル。クラシックな優美さをそのままに、機能的にも十分近代化されている。ロビーではジャズライブも不定期に開催されており、上質な音楽を堪能できる。クリントン元大統領やマドンナも滞在した。

Wi-Fi 無料　287室　カード A D J M V

ポートランドダウンタウン P.389-A2
309 S.W. Broadway, Portland, OR 97205
(503) 228-2000
Fax (503) 471-3920
www.bensonhotel.com
S/D/T $130〜319、Su $221〜629

高級　ホテルデラックス　Hotel deLuxe
アートを感じるデザインホテル

旧マロリーホテルがデザイナーズホテルへと変身。パイオニア・コートハウス・スクエアから西に徒歩7〜8分ほど。マックス・ライトレイルの駅も近く、観光にはたいへん便利だ。通路に飾られたポートレートといい、館内は洗練された雰囲気。

Wi-Fi 無料　130室　カード A D J M V

ポートランドダウンタウン P.389-A2
729 S.W. 15th Ave., Portland, OR 97205
(503) 219-2094
www.hoteldeluxeportland.com
S/D/T $159〜359、Su $219〜429

メモ　マップのホテル名称を一部省略　ポートランドのマップでは、各ホテル名称の最初または最後に付く「ホテル」を省略してあります。

ポートランドのホテル

ダウンタウン

高級　ホクストン・ポートランド
The Hoxton, Portland

ルーフトップバーが魅力のホテル

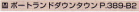

ロンドン、パリ、ニューヨークなどに展開するおしゃれなホテルチェーン。古いビルを改装しているので、客室は広くないが、内装、アメニティともに充実。カジュアルだが、節度のあるサービスに好感がもてる。ルーフトップバーはとても人気があり、いつも大にぎわい。1階のちょっと高級なレストランはメキシカンだ。ロビーの横にはカフェがあり、ホテルのロビーもカフェの一部になっているようで、カフェ利用者とホテルの客が一緒に集う不思議な空間になっている。マックス・ライトレイルの駅から徒歩5分ほど。観光にも抜群のロケーション。

統一感のあるインテリア / 人気のルーフトップバー

📍ポートランドダウンタウン P.389-B2
15 N.W. 4th Ave., Portland, OR 97209　(503) 770-0500
thehoxton.com/oregon/portland/hotels　S/D $219～

Wi-Fi 無料　119室　カード ADMV

中級　ソサエティホテル
Society Hotel

アーバンステイを堪能したいならここ

チャイナタウンにあるブティックホテル。客室は広くないが、清潔に保たれている。基本的にバスルームは共同だ。

📍ポートランドダウンタウン P.389-B2
203 N.W. 3rd Ave., Portland, OR 97209
(503) 445-0444　thesocietyhotel.com
ドミトリー $55～、個室 $119～199

Wi-Fi 無料　62室　カード AMV

中級　エースホテル・ポートランド
Ace Hotel Portland

古い建物を斬新に改装したデザインホテル

シャワー室が付いている客室と共同の客室がある。ホテルの1階には地元で大人気のコーヒーショップも入店。

📍ポートランドダウンタウン P.389-A2
1022 S.W. Stark St., Portland, OR 97205
(503) 228-2277　Fax (503) 228-2297
www.acehotel.com　S/D/T $125～375

Wi-Fi 無料　79室　カード AJMV

サウスイースト

中級　ジュピターホテル
Jupiter Hotel

お手頃なデザインホテル

ダウンタウンの川向こう、バーンサイド通り沿いにある。ホテル内のラウンジではライブ演奏も楽しめる。

📍ポートランド中心部 P.388-B3
900 E. Burnside St., Portland, OR 97214　(503) 230-9200
(1-877) 800-0004　jupiterhotel.com
S/D/T $143～225、Su $225～327

Wi-Fi 無料　81室　カード AMV

エコノミー　ホステリング・インターナショナル・ポートランド、ホーソン
Hostelling International-Portland, Hawthorne

若者でにぎわうホーソン通り近く

ドミトリーのほか、個室もある。ダウンタウンから#14のバスで S.E. Hawthorne & 30th で下車。

📍ポートランド中心部 P.388-B3
3031 S.E. Hawthorne Blvd., Portland, OR 97214　(503) 236-3380
Fax (1-866) 447-3031　www.hiusa.org
ドミトリー $35～39、個室 $69～77

Wi-Fi 無料　個室2室、28ベッド　カード ADJMV

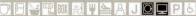

ノースウエスト

エコノミー　ノースウエスト・ポートランド・ホステル
Northwest Portland Hostel

ノブヒル探訪に絶好のロケーション

目の前にコーヒーショップがあり、スーパーも徒歩圏内。個室は早めの予約を。

📍ノブヒル P.394-B2
479 N.W. 18th Ave., Portland, OR 97209　(503) 241-2783
(1-888) 777-0067　nwportlandhostel.com
ドミトリー $28～46、個室 $74～119

Wi-Fi 無料　個室33室、150ベッド　カード JMV

ノースイースト

高級　ホテルイーストランド
Hotel Eastlund

不自由しないブティックホテル

コンベンションセンターのほど近くにあるブティックホテル。マックス・ライトレイルの駅に近く、コンベンションセンターや NBA のアリーナ、モーダセンターも徒歩圏内だ。

オレンジ色の看板が目印

📍ポートランド中心部 P.388-B3
1021 N.E. Grand Ave., Portland, OR 97232
(503) 235-2100
hoteleastlund.com
S/D/T $149～339、Su $219～559

Wi-Fi 無料　168室　カード ADJMV

 コーヒーメーカー　 ミニバー/冷蔵庫　 バスタブ　 ヘアドライヤー　 BOX 室内金庫　 ルームサービス　 レストラン　フィットネスセンター/プール　コンシェルジュ　日本語を話すスタッフ　ランドリー　ワイヤレスインターネット　 駐車場　 車椅子対応の部屋

地球の歩き方　投稿

検索

あなたの旅の体験談をお送りください

『地球の歩き方』は、たくさんの旅行者からご協力をいただいて、改訂版や新刊を制作しています。あなたの旅の体験や貴重な情報を、これから旅に出る人たちに分けてあげてください。なお、お送りいただいたご投稿がガイドブックに掲載された場合は、初回掲載本を1冊プレゼントします！

ご投稿は次の3つから！

インターネット
URL www.arukikata.co.jp/guidebook/toukou.html
画像も送れるカンタン「投稿フォーム」
※「地球の歩き方　投稿」で検索してもすぐに見つかります

郵便
〒160-0023　東京都新宿区西新宿 6-15-1
セントラルパークタワー・ラ・トゥール新宿 705
株式会社地球の歩き方メディアパートナーズ
「地球の歩き方」サービスデスク「○○○○編」投稿係

ファクス
(03)6258-0421

郵便とファクスの場合
次の情報をお忘れなくお書き添えください！　①ご住所　②氏名　③年齢　④ご職業
⑤お電話番号　⑥E-mail アドレス　⑦対象となるガイドブックのタイトルと年度
⑧ご投稿掲載時のペンネーム　⑨今回のご旅行時期　⑩「地球の歩き方メールマガジン」
配信希望の有無　⑪地球の歩き方グループ各社からのDM送付希望の有無

ご投稿にあたってのお願い

★ご投稿は、次のような《テーマ》に分けてお書きください。
《新発見》ガイドブック未掲載のレストラン、ホテル、ショップなどの情報
《旅の提案》未掲載の町や見どころ、新しいルートや楽しみ方などの情報
《アドバイス》旅先で工夫したこと、注意したいこと、トラブル体験など
《訂正・反論》掲載されている記事・データの追加修正や更新、異論・反論など
※記入例：「○○編 201X 年度版△△ページ掲載の□□ホテルが移転していました……」

★データはできるだけ正確に。
ホテルやレストランなどの情報は、名称、住所、電話番号、アクセスなどを正確にお書きください。
ウェブサイトのURLや地図などは画像でご投稿いただくのもおすすめです。

★ご自身の体験をお寄せください。
雑誌やインターネット上の情報などの丸写しはせず、実際の体験に基づいた具体的な情報をお待ちしています。

ご確認ください

※採用されたご投稿は、必ずしも該当タイトルに掲載されるわけではありません。関連他タイトルへの掲載もありえます。
※例えば「新しい市内交通バスが発売されている」など、すでに編集部で取材・調査を終えているものと同内容のご投稿をいただいた場合は、ご投稿を採用したとはみなされず掲載本をプレゼントできないケースがあります。
※当社は個人情報を第三者に提供いたしません。また、ご記入いただきましたご自身の情報については、ご投稿内容の確認や掲載本の送付の用途以外には使用いたしません。
※ご投稿の採用の可否についてのお問い合わせはご遠慮ください。
※原稿は原文を尊重しますが、スペースなどの関係で編集部でリライトする場合があります。
※従来の、巻末に綴じ込んだ「現地最新情報・ご投稿用紙」は廃止させていただきました。

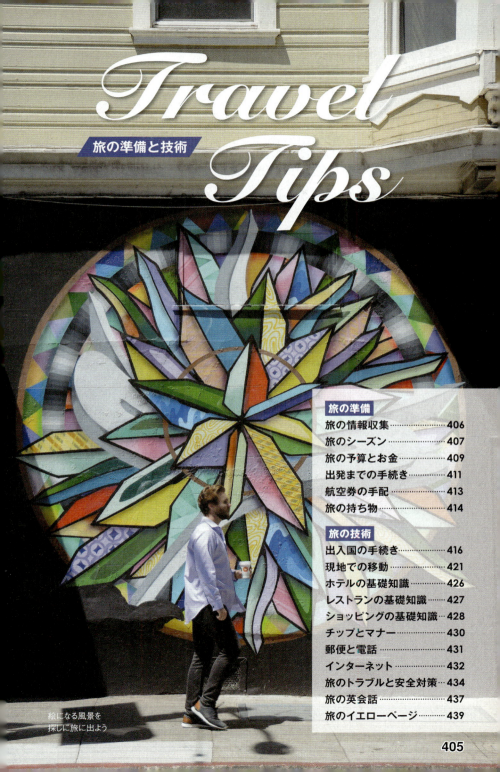

Travel Tips

旅の準備と技術

旅の準備
- 旅の情報収集 …… 406
- 旅のシーズン …… 407
- 旅の予算とお金 …… 409
- 出発までの手続き …… 411
- 航空券の手配 …… 413
- 旅の持ち物 …… 414

旅の技術
- 出入国の手続き …… 416
- 現地での移動 …… 421
- ホテルの基礎知識 …… 426
- レストランの基礎知識 …… 427
- ショッピングの基礎知識 …… 428
- チップとマナー …… 430
- 郵便と電話 …… 431
- インターネット …… 432
- 旅のトラブルと安全対策 …… 434
- 旅の英会話 …… 437
- 旅のイエローページ …… 439

絵になる風景を探しに旅に出よう

旅の準備

旅の情報収集

　行き当たりばったりの旅も楽しいが、限られた時間で旅行を充実させるには、事前にしっかりと情報を入手することが肝要。インターネット上にあふれる無数の情報の中から、自分に役に立つものを探し出してみよう。

右記以外の都市
サンタバーバラ観光局
圖santabarbaraca.com
アナハイム＆オレンジカウンティ観光局
圖visitanaheim.org
ティファナ観光局
圖www.descubretijuana.com
テメキュラ観光局
圖www.visittemeculavalley.com
ナパバレー観光案内
圖www.napavalley.com
ソノマカウンティ観光局
圖www.sonomacounty.com
モントレーカウンティ観光局
圖www.seemonterey.com
カーメル商工会議所
圖www.carmelchamber.org
シャスタ・カスケード・ワンダーランド協会
圖www.shastacascade.com
ユージーン・カスケード&コースト観光（レーン郡観光局）
圖www.eugenecascades
　coast.org
ネバダ州観光局
圖travelnevada.com

新聞、雑誌、フリーペーパー
　現地で入手できる情報源として有力なのは、滞在する都市で発行されているローカル新聞、有料の観光情報誌、タウン誌などのフリーペーパー。
→ P.39、169、209、311、347、381

渡航関連情報／旅の総合情報
外務省・海外安全ホームページ
圖www.anzen.mofa.go.jp
地球の歩き方
圖www.arukikata.co.jp
ブランドUSA
圖www.gousa.jp

●インターネットの活用

■各都市の観光局公式サイト
　公的な機関である各地の観光局が運営する。一般的な情報を入手するにはいちばん便利だし、情報の信頼性も高い。ただし運営側のつごうで更新が頻繁になされていないこともあり、また英語ページにある情報が日本語ページにはなかったりすることもあり、サイトによって質の差もある。以下は観光局の日本語のサイト。〈英〉とあるものは英語のみ。

●カリフォルニア州観光局
圖www.visitcalifornia.com/jp　※英語サイトは/jpを取る
●ロサンゼルス観光局/ロサンゼルス国際空港
圖jp.discoverlosangeles.com〈日〉※英語サイトは頭のjp.を取る
●サンディエゴ観光局
圖www.sandiego.org/plan/international-travelers/japan.aspx
※英語サイトは/plan/以下を取る
●サンフランシスコ観光協会/サンフランシスコ国際空港
圖www.sftravel.com/ja　※英語サイトは/jaを取る
●ラスベガス観光局
圖www.visitlasvegas.com/ja　　※英語サイトは/jaを取る
●シアトル観光局 圖www.visitseattle.org〈英〉
●シアトル・ワシントン州観光事務所 圖www.visitseattle.jp
●ポートランド観光局
圖www.travelportland.com/lang/japanese
※英語サイトは/lang/以下を取る
●アメリカ国立公園情報 圖www.nps.gov〈英〉

■ブログ、口コミサイト、SNS
　現地在住者や旅行者が発信するブログは、リアリティのある情報源。情報の質としては、だいたい現地在住者＞旅行者。旅行者の場合、たまたまその場所で見聞きした情報を発信していることが多いので、それが一般的なものなのか、特別なものなのかは不明。いずれも発信者のフィルターを通した情報であることを覚えておこう。同様に口コミサイトの情報も個人の主観。発信者の思い込み、勘違いがあることを前提にして、あくまでも参考程度に考えよう。SNSも速報性という点では優れている。また趣味や感性に共感できる自分がフォローしている人のSNSなら、ショップやレストランなどについて、ほかでは得られない情報が見つけられるかもしれない。

●現地での情報収集

　町にある観光案内所も利用価値が高い。地元スタッフから最新の情報が聞けるし、地図や無料ガイド、交通機関の利用法やスケジュール、パンフレットなどの資料も手に入る。場所によってはアトラクションのチケットやパスを販売しているところもある。

406 　メモ　**コンシェルジュ**　相談はホテルのコンシェルジュを頼ってみるのもひとつの方法。コンシェルジュとは、宿泊客のあらゆる要望に対応するホテルスタッフの一員で、ベテランホテルマンが務めている場合が多い。

旅のシーズン

　一般的に西海岸の都市は厳寒酷暑がないので、どの季節に訪れてもそれなりに楽しめる。それでも快適に過ごしたいなら、ベストシーズンを知るだけでなく、訪れる場所の地形や気候的な特徴を知って、服装などそれに備えた準備をしておこう。

●西海岸の気候とベストシーズン、服装

　ひと言で西海岸といっても、場所によって気候は大きく異なる。その気候に大きな影響を与えているのが、太平洋を流れる海流だ。それに注目して本書掲載都市の気候的特徴を北から見てみよう。

●シアトル

　シアトルは北緯47度36分にある。北海道の稚内より北だが、真冬でも氷点下になることは少なく、降雪はあっても、積もることはほとんどない。これはシアトルの太平洋岸をアラスカ海流という暖流が流れているから。冬に雨が多いのもそのためで、高緯度地域の低い気温と高い海水温の温度差により海水が蒸発し、たくさんの雨雲を発生させるからだ。春になって気温が高くなるにつれて雨は少なくなり、気温が低くなる晩秋から、再び雨が多くなる。

ベストシーズン：雨が少なくなる5〜10月の間。

服装：夏はそれなりに暑くなるが、朝夕は涼しいので1枚羽織るものを。冬はしっかりした雨具を。防寒対策が必要になるほど気温は低くならないが、天気がよくないので寒々しい。

●ポートランド

　シアトルと同じ気候帯に属しており、冬に雨が多いのは同じだが、海から約100km内陸にあるため、シアトル以上に四季がはっきりしており、寒暖の差はより大きく、夏はかなり暑くなることも。ただ北海道の稚内とほぼ同じ緯度にありながら、冬はさほど寒くならず、氷点下を下回る日数は数えるほどしかない。

ベストシーズン：雨が少なくなる春4月から雨が多くなる前の10月まで。気温が高い夏も湿度が低いのでさわやか。

服装：東京の季節感に合わせた服装で特に問題ない。ただ夏は東京ほど暑くならないし、朝夕は意外に涼しい。

●サンフランシスコ

　サンフランシスコは、上記のアラスカ海流の代わりに、カリフォルニア海流の影響を受ける。これは北から南に流れる寒流だ。シアトルは海に面しているがかなり内陸の湾であり、海流の直接的な影響は少ない。ところがサンフランシスコは太平洋に面しているので、もろに寒流の影響を受ける。そのため海沿いでは、1年を通して気温が大きく変わらない。ただ気温が変わらないのは海の近くだけ。ナパバレーもシリコンバレーもサンフランシスコから車で1時間しか離れていないが、はっきりとした四季がある。夏、内陸が暑いとき、海岸部との温度差によって霧が発生しやすくなる。霧が発生すると気温もぐっと下がる。カリフォルニアは暖かいというイメージがあるが、サンフランシスコには当てはまらないと覚えておこう。

ベストシーズン：通年気温は変わらないが12〜3月はやや雨が多い。4〜11月が観光シーズンだが、夏になると霧が多くなる。それを含めて

アラスカ海流
　暖流といっても「温かい海水」ではなく「冷たくない海水」くらい。そのおかげでシアトルは夏の間もさほど暑くならない。

年間平均気温と降水量は各都市の「旅のシーズン」を参照
→ P.39、169、209、311、347、381

日本との時差早見表
→ P.11

世界の天気
　気象予報のサイトなどで現地の状況を確認しておこう。
地球の歩き方
世界の天気＆服装ナビ
www.arukikata.co.jp/weather
日本気象協会
www.tenki.jp/world

マーク・トゥエインの名言
　ひと夏をサンフランシスコで過ごした作家の言葉。「今まで過ごしたなかで最も寒かった冬は、夏のサンフランシスコだった」

旅の準備　Travel Tips　旅の情報収集／旅のシーズン

サービスの内容は幅広く、劇場のチケットや飛行機、列車の切符の手配、レストラン紹介や予約、ビジネスサポートなどを行う。なお、コンシェルジュに要望したサービスの提供を受けた場合は、難易度に応じた額のチップを渡そう。

旅の準備

アメリカの温度の単位

アメリカでは気温や体温などの温度は、華氏（°F）で表示されるのが一般的。摂氏（℃）への換算は下表参照。

温度換算表

華氏⇔摂氏の換算
●華氏
＝（摂氏×9／5）＋32
●摂氏
＝（華氏－32）×5／9

華氏温度を簡単に計算
（華氏－30）÷2でだいたいの気温がわかる。華氏100°Fなら（100－30）÷2＝35（実際は37.7℃）、華氏50°Fなら（100－30）÷2＝10（一致）。つまり華氏50°Fから上下に離れるに従って誤差は大きくなるが、だいたいの気温を知るには十分だ。

LAのビーチで海水浴？
美しいビーチがたくさんあるLA。ビーチには大勢の人がいるが、泳いでいる人をあまり見かけない。理由は簡単。水温が低いからだ。

カリフォルニアのイメージ
いつも天気がよくて、暖かいカリフォルニアのイメージを体験したいなら、LAではなく迷わずサンディエゴを訪れることをおすすめする。

夏のアクティビティは厳しい
屋内で過ごすことが多いラスベガスだが、外でのアクティビティを楽しもうと考えるなら夏は避けるべき。乾燥しているので暑さに気づきにくく、気がついたら脱水症や熱中症になっていることがある。

サンフランシスコの風景が見たいなら、7、8月がいい。
服装：東京の初春、あるいは晩秋の服装がちょうどいい。ただ1日の天候の変化が激しく、晴れていればTシャツ1枚で過ごせるが、雲が出てきたとたんに冷たい風が吹き、体感温度があっという間に10℃以上下がることも珍しくない。重ね着で対応したい。

霧に包まれるゴールデンゲート・ブリッジ

●ロスアンゼルス

明るい太陽とヤシの木の並木道。温暖なカリフォルニアのイメージそのままに、ロスアンゼルスは暖かい。冬、最低気温は10℃を下回ることはあまりなく、最高気温が20℃を超えることも少なくない。夏は30℃を超える暑さになるが、湿度が低いのでさわやか。とはいえロスアンゼルスは広い。場所によってもう少し説明が必要だ。

カリフォルニア海流の影響を受けるので、海沿いは涼しい。ダウンタウンで35℃になるような酷暑の日でも、海沿いのサンタモニカは30℃以下などということは珍しくない。

内陸に行けば気温差はさらに大きくなる。降水量は1年を通して少なく、降るのは11月から3月。この時期太陽が隠れるとぐっと寒く感じられる。

ベストシーズン：雨がほとんど降らない4～10月だが、7～8月はかなり高温となり、湿度が低いとはいえ、外を歩き回るのはツライ。9～10月がいちばん快適。

服装：4～9月は基本半袖で過ごせる。湿度が低いぶん、日が落ちると涼しく感じるので、朝夕は1枚羽織るものを。冬の時期は東京の晩秋のイメージの服装で大丈夫。

●サンディエゴ

気候的にはロスアンゼルスとほぼ同じだが、LAよりも海流の影響が大きい。夏場はカリフォルニア海流の影響を受け、冬場はメキシコ沖から北上してくる暖流の影響を受ける。そのため夏はあまり暑くなく（30℃を超えない）、冬は暖かい（10℃を下回らない）という理想的な気候。また雨が降るのも冬から春先までで、降水量も少なく、年間を通じて晴天率がとても高い。

ベストシーズン：通年。1～3月は降水があるが、量は少ない。

服装：秋から春にかけての冬場は、半袖＋上着（日中、いつでも脱げるように）。春から秋にかけては、基本的に半袖だけでOK。念のために朝夕の涼しいとき用に薄手の上着も用意しておこう。

●ラスベガス

海流の影響を受けない内陸部にあり、非常に乾燥した砂漠気候に属する。夏は非常に暑く（45℃を超える！）、冬はかなり寒い（氷点下も珍しくない）。1年の寒暖差だけでなく、1日の寒暖差も大きい。通年雨の心配はないが、6～9月は最高気温が35℃を上回る。

ベストシーズン：最高気温がさほど高くなく、寒さも厳しくない3～5月、または10～11月。

服装：前述したように寒暖の差が激しい。これは屋内と屋外の温度差も含まれる。脱ぎ着しやすい服装を心がけたい。

旅の予算とお金

　旅のスタイルや旅行のシーズンにより、「何にお金がかかるのか」、「何にお金をかけるべきなのか」は変わってくる。旅行資金を有効に使うために、またそれを安全に使うために、覚えておきたいことを解説する。

●旅の予算

　旅行者にとってアメリカの物価は高く感じる。一番の理由は外食費が高いからだ。日本の1.5倍くらいの感覚。またアトラクションの入場料やツアーの参加費なども割高感がある。とはいえ、食事もアトラクションも旅の楽しみのひとつなので、ケチりたくはない。一方交通機関の運賃は日本とさほど変わらないし、ホテル料金は日々変動するので、一概に高いとはいえない。旅の予算は大きく6つに分けられる

①航空券代

　国際線航空券代は旅行の時期による変動が大きい。ゴールデンウイーク、夏休み、年末年始が3つのピーク。安く済ませたいなら、まずその時期を外すこと。また航空券代は1日の違いで大きく変わることがある。航空券料金比較サイト（→P.413）でチェックができるので、休みの取得に融通が利かせられるなら、出発日を変えて料金を調べてみよう。航空会社による差はあまりない。

②宿泊費

　ホテルのランク、ロケーションなどで料金が違うのはもちろん、航空券同様、日々料金が変動する。ピークシーズンだけでなく、その町で大きなイベントやコンベンションなどがあり、部屋の需要が高くなれば、当然料金も上がる。市場経済に生きる宿命とはいえ、あえて高い宿泊料を払いたくない。各都市の観光局のサイトを見ると、イベントスケジュール（あるいはカレンダー）のページがあるので、自分が旅行したい時期にイベントがないか確認しよう。

③食費

　滞在中にかかる食事代や飲み代は、節約をしようと思えば、いちばん切り詰めることができる費用だが、旅の大きな楽しみを削るのは忍びない。ここはメリハリをつけて、食事を楽しみたい。例えば朝食はうんと切り詰めてランチやディナーを豪華にするとか、節約する日と食べたいものを食べる日を作るとか。事前にレストランを予約しておき、そのぶんは別予算を立てておくのもあり。旅行中に食べたものは、旅の思い出の重要な要素だ。

④観光費（遊興費）

　入場料や現地ツアーの参加費など。複数のアトラクションの入場料がセットになったパスが各都市で発売されている。うまく使えばかなりの節約ができるはずだ。美術館、博物館では、平日の夕方以降入館料が無料になる日を設けていることがあるので、それを狙うのもよい。

⑤現地移動費

　市内交通費は、1日パスを買って元がとれるか？ICパスを買わずに、その都度チケットを買ったほうがいいのか？など、交通機関をどれくらい使うか、事前にしっかり考えよう。レンタカーは、レンタル料金やガソリン代以外に駐車場代もかかる。

国内線の航空券
　現地で国内線を使って移動する予定があり、日程が決まっているなら、国際線の手配と一緒に国内線を購入したほうがいい。複数の区間がひとつの予約で済み、管理がしやすいからだ。

料金はひと部屋が基本
　ホテルの料金はひと部屋の料金なので、複数で宿泊すれば安くなる。ただし3人以上の場合、ロールアウェイベッド（簡易折り畳みベッド）を追加料金を払って入れることが条件になっていることもある。

航空券の手配
→ P.413

宿泊費の目安
　高級ホテルは、$300〜、中級$150〜、エコノミー$80前後、ユースホステルなら$30前後で泊まれる。

長距離バス/片道運賃の目安
※2019年7月現在
ロスアンゼルス〜サンフランシスコ間$25〜90

鉄道／片道運賃の目安
※2019年7月現在
ロスアンゼルス〜サンフランシスコ間$70〜120

レンタカー料金の目安
　カリフォルニア州内でエコノミー2/4ドアクラスを借りる場合、諸税金、保険、ガソリン満タン1回分を含み1日7500〜1万1000円。

レギュラーガソリンの価格
（2019年7月現在）
※1ガロン（3.8ℓ）当たり。価格は地域によって異なる。
ロスアンゼルス$3.9、
サンフランシスコ$4

駐車代
※地域やホテルにより異なる
無料〜$65前後

南カリフォルニアのテーマパーク
→ P.127

409

旅の準備

デビットカードの発行銀行
（2019年7月現在）
JCBデビット：三菱UFJ銀行など31行にて発行
URLwww.jcb.co.jp/products/jcbdebit
VISAデビット：イオン銀行など25行にて発行。
URLwww.visa-news.jp/debit
※発行会社によっては、利用限度額の設定が可能。

トラベルプリペイドカード
●クレディセゾン発行
「NEO MONEYネオ・マネー」
URLwww.neomoney.jp
●アプラス発行
「GAICAガイカ」
URLwww.gaica.jp
●マネーパートナーズ発行
「Manepa Cardマネパカード」
URLcard.manepa.jp
●アプラス発行
「MoneyT Globalマネーティーグローバル」
URLwww.aplus.co.jp/prepaidcard/moneytg/

カードをなくしたら!?
国際カードの場合、現地のカード会社の事務所や提携の銀行に連絡して不正使用を防ぐ。カード会社では、緊急時の連絡先（→P.439）を用意している。手続きにはカードナンバー、有効期限が必要なので、カード裏面の発行会社名、緊急連絡先と一緒にメモしておき、財布と別に保管を。

ATMでのキャッシング操作手順
※機種により手順は異なる
①カードを機械に挿入
↓
②ENTER YOUR PIN＝「暗証番号」を入力後ENTER
↓
③希望する取引を選択
WITHDRAWAL、またはGET CASH＝「引き出し」を指定
↓
④取引の口座を選択。クレジットカードの場合はCREDITデビットカード、トラベルプリペイドカードの場合はSAVING
↓
⑤画面に表示された金額から金額を指定してENTER
↓
⑥現金とRECEIPT「利用明細」を受け取る
※途中で手順がわからなくなったら、CANCEL＝「訂正」を選択し、初めからやり直そう

クレジットカードでキャッシング
クレジットカードを使って現地ATMで現金を下ろす（キャッシング）のも便利。手数料以外に利息もかかるので、帰国後早めに繰り上げで返済するのがおすすめ。

⑥雑費

①～⑤以外にかかるもの。おもにおみやげの購入費など。旅先では衝動買いなどをしがちなので、買い物については、別に予算を立てておいたほうがいいかもしれない。

●お金の持っていき方

日本よりはるかにキャッシュレス化が進んでいるアメリカ。スーパーマーケットはもちろん、ファーマーズマーケットの屋台でもクレジットカードが当たり前のように使える。さらに今ではカードすら必要としない店もあるくらいだ。「自分は現金主義」という人も、アメリカでは支払いはカードを中心に。現金は最低限あればいい。

■どんなカードが必要？

万一紛失したときのことを考えてクレジットカードは2枚以上用意したい。言うまでもないが、メインに使うカードと予備カードを一緒の財布に入れておいては意味がないので別の場所に保管しよう。2枚のカードのどちらかはマスターカードMastercardかビザVisaがいい。この2種のカードであれば、ほぼ100％の店で使える。その次に通用範囲が広いのはアメリカン・エキスプレスAmerican Express。続いてダイナースクラブDiners Club。西海岸の大都市であれば使える店は多いが、前記のカードと比べると通用範囲が狭くなってしまうのがジェーシービーJCBだ。旅行中は財布のひもが緩みがち。カードの限度額はしっかり確認しておこう。各カードのPIN（暗証番号）も確認しておきたい。

■デビットカードとトラベルプリペイドカード

これらのカードはクレジットカード（以下CC）と同じように買い物やオンラインでの支払い、現地ATMでの現金引き出しができる。使うときはCCと同じだが、支払いが異なる。

デビットカード（以下DC）の支払いは、口座から引き落としになるのはCCと同じだが、CCが締日までの買い物をまとめて支払うのに対し、DCは使用と同時に口座から引き落とされる。つまり後払いではなく、その場で現金を支払うのと同じ。口座の残高が利用限度額となる。銀行に口座があれば、作ることができる。

トラベルプリペイドカード（以下TPC）は、もっと簡単に作れるカード。銀行口座も審査も不要（ただし本人確認書類とマイナンバー申告が必要）。コンビニATMなどで出発前に日本円でチャージ（入金）した金額を限度額として利用できる。現地での使い過ぎが心配な人は、旅行期間中の支払い専用に、TPCを作っておくといいかもしれない。

■外貨の両替

支払いはカードにしても、やはり現金がないと心配、という人は多いだろう。また、少額のチップなど現金が必要になる場面も、多くないがまだある。アメリカ入国したあとでも日本円の両替は可能だが、日本出発前に外貨（US$）を両替しておいたほうが両替レートはいい。大手銀行や空港で両替できる。銀行では$100単位でパッケージで売られていることが多く、空港の両替所では好きな金額で両替が可能。

出発までの手続き

パスポートをはじめ、海外旅行に行くには、出発までに揃えなければいけないものがたくさんある。またアメリカ旅行には、必ず取得しなければいけないESTAもある。出発直前になって慌てないように、余裕をもって用意したい。

●パスポートの取得

パスポート（旅券）は、あなたが日本国民であることを証明する国際的な身分証明書だ。パスポートの申請は、住民登録している都道府県庁にある旅券申請窓口で行う。5年用が紺、10年用が赤い表紙。20歳未満は5年用のパスポートのみ申請可。現在国内で発給されるパスポートはすべて、身分事項や所持者の顔写真を電磁的に記録したICチップが組み込まれたIC旅券。詳しくは下記サイトを参照。
🌐www.mofa.go.jp/mofaj/toko/passport/index.html

●受領は本人のみ

受領は本人のみで代理人は不可。通常、申請後7～10日で受け取れる。申請時に渡された受領証、発給手数料額の印紙・証紙（5年用1万1000円、10年用1万6000円、12歳未満6000円。申請窓口近くで販売している）が必要。

●その他の手続き

●ビザ免除プログラム（VWP）

ビザは、国が発給する入国許可証。観光または商用目的でアメリカに90日以内滞在する日本国民の場合、IC旅券を所持し、復路または次の目的地までの航空券等を持っていれば、ビザは不要となる。ただし下記のESTA手続きは必要だ。申請方法などは詳しくは→P.412。

●電子渡航認証システム（ESTA）

上記のビザ免除プログラム（VWP）の一部で、渡航者が行う電子申請制度。インターネットを通じて氏名や住所、渡航情報などを入力し、ビザ免除で渡航できるかチェックを受ける。手数料と認証費として$14かかる（クレジットカード払い）。即座に回答が得られ、認証は2年間有効で、その間なら同じパスポートを使うかぎり何度でも出入国可能。出発の72時間前までにESTA渡航認証を取得することが推奨されている。申請番号を控えておこう。
🌐https://esta.cbp.dhs.gov

●海外旅行保険

海外旅行保険とは、旅行中の病気やけがの医療費、盗難に遭った際の補償、あるいは自分のミスで他人の物を破損した際の補償などをカバーするもの。万一のことを考えると、保険なしで旅行するのはかなり危ない。クレジットカードに旅行保険が付帯しているので大丈夫、と思う人がいるが、カードの保険では心もとない。アメリカの医療費は非常に高く、犯罪の発生率も決して低いとはいえない。また、金銭的な補償が得られるということだけでなく、緊急時に保険会社のもつ支援体制が使えることは、たいへん心強いもの。保険への加入は、当然本人の意思によるが、保険料は旅行全体の費用からみれば、ごくわずかな出費にすぎない。他人に起こるトラブルは、自分にも起こり得ると

旅の準備 Travel Tips 旅の予算とお金／出発までの手続き

■パスポート申請
必要書類
・発給申請書（1通）
　5年用と10年用がある。申請書の「所持人自署」の欄にしたサインがそのままパスポートに転写される。サインは日本語でもローマ字でもかまわない。
・戸籍謄本または抄本（1通）
　6ヵ月以内に発行されたもの。本籍地の市区町村の役所で発行。郵送での取り寄せも可能。
・写真（1枚）
　6ヵ月以内に撮影したもので、タテ4.5cm×ヨコ3.5cm。無背景など細かな規定があるので要確認。
・身元確認のための書類
　運転免許証ならひとつ。健康保険証、国民年金手帳、写真付き学生証ならふたつ。
・住民票の写し（1通）
　住基ネット導入エリア在住者は原則不要。6ヵ月以内に発行されたもの。

ビザが必要な場合
滞在が90日以内でも、観光以外の目的で入国する人、第三国経由でアメリカに入国する予定の人は、ビザが必要になることもある。事前に必ず大使館や総領事館に問い合わせること。

ESTAの有効期間
原則2年間。ただし、認証期間内でも、パスポートの有効期限が切れるとESTAも無効になる。また、氏名やパスポート番号の変更があった場合は、再度申請を行うこと。

ネットで旅行保険申し込み
地球の歩き方ホームページからも申し込みができる。
🌐www.arukikata.co.jp/hoken

ESTA申請代行サイトに注意
ネットで検索したサイトからESTA申請を行う場合、申請代行サイトを利用していることに気づかずに申請してしまい、あとで手数料を請求されることがある。申請の際は次ページにあるESTAのURLであることをしっかりと確認しよう。

✏️**メモ** **パスポートの保管** ICチップのデータに影響する恐れがあるため、かばんや財布のマグネットなど磁気のある物に近づけないように。また、パスポートの中で所持人が記載できるのは、「所持人記入欄」のみ。メモや落書きは厳禁。

旅の準備

日本の免許証も必要
国外運転免許証は、実は免許証ではなく、日本の免許証の公式な翻訳。つまり日本の免許証も一緒に持っていないと効力がない。レンタカー会社によっては、国外免許証に代わる書類を有料で作成してくれる。

警察庁交通局
www.npa.go.jp/policies/
application/license_
renewal/japan.html

ISIC カード
www.isicjapan.jp

(株)大学生協事業センター
☎ (03) 5307-1155/東京
www.univcoop.or.jp/uct

考えて、海外旅行保険には必ず加入しよう。

●国外運転免許証
国外運転免許証は、日本の運転免許証があれば誰でも取得できる。有効期間は発行から1年。取得に必要なものは、①有効な運転免許証・パスポート ②写真（1枚、タテ5cm×ヨコ4cm、6ヵ月以内に撮影のもの）③申請用紙（窓口にある）④手数料2350円。申請、発行場所は、住民登録している都道府県の公安委員会が管轄する運転免許センターなど。

●国際学生証（ISICカード）
世界青年学生教育旅行連盟が発行する世界共通の学生身分証明書。博物館や美術館で学生料金が設定されている場合、これを提示することでその料金で入場できる。取得には申請書、学生証（コピーでも可）か在学証明書、写真1枚（縦3.3cm×横2.8cm）、カード代金1750円が必要（オンラインおよび郵送の場合は2300円）。

●ESTAの申請手引き

❶ https://esta.cbp.dhs.gov にアクセス
英語の画面右上にある「CHANGE LANGUAGE」で「**日本語**」**をクリック**。トップページの画面から「**新規の申請**」**をクリック**し、「個人による申請」または「グループによる申請」どちらかをクリック。「セキュリティに関する通告」の内容を読み「確認＆続行」をクリック。

❷ 免責事項
免責事項の画面が表示される。内容をよく読み、同意なら「はい」を選択し「**次へ**」**をクリック**。
2009年旅行促進法に基づき、申請にかかる手数料、支払いに関しての内容を記載。同意なら「はい」を選択し、「**次へ**」**をクリック**。

❸ 申請書の入力
「＊」の印がある項目は回答必須。質問事項は日本語で書かれているが、すべて英語（ローマ字）で入力、またはプルダウンメニューから該当項目を選択する。疑問がある場合は「？」のアイコンをクリックする。
● 申請者／パスポート情報、別の市民権・国籍、GEメンバーシップ、両親、連絡先情報、Eメールアドレス、ソーシャルメディア、勤務先情報を入力。
● 米国内の連絡先、米国滞在中の住所、米国内外の緊急連絡先情報を入力。
● 1〜9の適格性に関する質問事項に「はい」、「いいえ」で回答。
●「権利の放棄」と「申請内容に関する証明」の内容を読み、☑チェックを入れる。
● 本人以外が代行して入力した場合は、「第三者による代理申請の場合に限定」の内容を読み、☑チェックを入れる。
入力内容を確認して、間違いがなければ「**次へ**」**をクリック**。

❹ ❸で入力した内容が「申請内容の確認」として表示される
申請者／パスポート情報、渡航情報、適格性に関する質問事項な

ど、すべての回答に間違いがないかを再確認しよう。各申請内容に間違いがなければ「確認＆続行」をクリック。
申請内容をすべて確認したら、最後にパスポート番号、発行国、姓、生年月日を入力して「**次へ**」**をクリック**。

❺ 申請番号が発行される
申請番号は必ず書き留めるか印刷すること。申請番号は今後「既存の申請内容を確認」するときに必要だ。
「免責事項」の☑チェックを入れ、「支払い」をクリックする。

❻ 支払い
オンラインでの支払いとなる。まずPayPalまたはデビットカード／クレジットカードどちらかを選び、カードを選んだら次の画面でカード情報を入力する。
入力の情報を再度確認したら、「**続行**」**をクリックする**。

❼ 支払い手続きの確認
「支払い手続き実行中です」という画面が現れ、手続きが済むと次の画面が現れる。「承認は保留中です」と「支払い手続きが実行されました」と書かれた下に、氏名、生年月日とともに申請番号が書かれている。

「**終了**」**をクリックして**申請手続きは終了。すぐに登録したメールアドレスに申請番号とESTAのリンクが張られたメールが送られてくるのでメモを忘れても問題はない。

承認の審査は72時間以内に行われる（実際はもっと短いことが多い）ので、しばらくしたら再度ESTAのサイトにアクセスし、「既存の申請内容を確認」をクリックして、状況を確認。その際は申請番号だけでなく、パスポート番号も必要になる。

なお、ESTAの承認がされなかった場合、渡航に際してビザを取得する必要がある。詳しいことは、アメリカ大使館や総領事館の関係部署に問い合わせのこと。

412

航空券の手配

　航空券は旅行費用のなかで大きな部分を占める。だからといって、よく調べもせずに安い航空券を購入して後悔した、などということが起きてはつまらない。航空券について、基本的な知識を身に付けて、自分に最適の航空券を購入しよう。

●日本からアメリカ西海岸への就航便

　2019年9月現在、日本とアメリカ西海岸の都市を直行便で結ぶのは、日本発が成田（NRT）、羽田（HND）、関空（KIX）の3つの空港からで、就航都市はロスアンゼルス（LAX）、サンディエゴ（SAN）、サンフランシスコ（SFO）、サンノゼ（SJC）、シアトル（SEA）、ポートランド（PDX）の6都市。日本航空（JL）が5路線、全日空（NH）が5路線、ユナイテッド航空（UA）が4路線、デルタ航空（DL）が4路線、アメリカン航空（AA）が2路線、シンガポール航空（SQ）が1路線の航路をもつ。

●アジア経由の便もある

　直行便にこだわらなければ、さらに多くの航空会社が選択できる。東アジアの都市、例えばソウル、台北、香港などを経由する便だ。時間も距離もよけいにかかるが、これらの便のほうが安いことが多いので、「時間はあるが、予算は少ない」という人には利用価値がある。

●どこで購入する？

　P.409でも説明したように、航空券の値段は常に変動している。シーズンにより変わるのはもちろんだが、同じ日の同じフライトであっても、「いつ」予約・購入するかで値段が変わってくる。一般的にはできるだけ早く購入するほうが安く買えるので、旅行の日程が決まったら、すぐに航空券を手配するのが賢明だ。

　ひと昔前まで、航空券は旅行会社のカウンターで買うものだったが、今はネットで買うのが一般的。各航空会社のサイトで購入することも可能だが、エクスペディアExpediaなどのOTA（Online Travel Agent）（→P.22）であれば、航空券と一緒にホテルやレンタカーの手配ができる。

　ネットで購入する航空券は、ほとんどが「eチケット」という形で発行される。自分でプリントアウトしたり、スマートフォンに保存したりして、必要な場合に提示できるようにしておく。もし忘れてしまっても、パスポートで本人確認ができれば搭乗は可能だ。ただしプリントアウトなどがあれば、手続きははるかにスムーズだ。

　複数の航空会社の料金を一度に比較できるサイトもある。スカイスキャナーやトラベルコといったサイトでは、さまざまな会社や窓口で販売されているネット上の無数の航空券料金を横断的に検索（メタサーチという）して、料金の比較ができるように表示してくれる。目的地と日程の条件を入力するだけなので、日程が確定していなくても航空券代を知ることができる。もちろん日程が決まっているならそのまま購入することも可能だ。

　なお航空券の料金以外にも、燃油サーチャージ、日本出国税、空港税、発券手数料などを支払わなければならない。これらの金額が表示される航空券の料金に含まれているかどうか、しっかり確認したい。

航空会社別直行便ルート（2019年9月30日現在）

日本航空（JL）
NRT-LAX、KIX-LAX、HND-SFO、NRT-SEA、NRT-SAN

全日空（NH）
NRT-LAX、HND-LAX、NRT-SFO、NRT-SJC、NRT-SEA

ユナイテッド航空（UA）
NRT-LAX、NRT-SFO、HND-SFO、KIX-SFO

デルタ航空（DL）
HND-LAX、NRT-SEA、KIX-SEA、NRT-PDX

アメリカン航空（AA）
NRT-LAX、HND-LAX

シンガポール航空（SQ）
NRT-LAX

航空券の値段の違い

　出発地と目的地、日程が同じでも、航空会社の違いで大きな差がある。値段と快適さや利便性は比例する。出発・到着時刻が早朝や深夜だったり、値段はものすごく安いが、乗り継ぎが何度もあり、各乗り継ぎで長時間待たされるようなチケットもある。購入する際は、フライトの内容をしっかり確認したい。

日本出国税の徴収開始

　2019年1月7日より、日本を出国する人はひとり1000円の出国税を支払うことになった。航空機だけでなく船舶の利用者も同様。

燃油サーチャージ

　石油価格の高騰や変動により、航空運賃のほかに"燃油サーチャージ"といって燃料費が加算されることがある。時期や航空会社によって状況が異なるので、航空券購入時に確認を。

代表的な航空券料金比較サイト

スカイスキャナー
skyscanner
🖥www.skyscanner.jp
トラベルコTRAVELKO
🖥www.tour.ne.jp
スカイチケットskyticket
🖥skyticket.jp/international-flights/

旅の準備

旅の持ち物

旅の荷物は軽いに越したことはない。特に国際線、国内線ともに機内預けや機内持ち込みの荷物（かばん）のサイズや重量に対して厳しい規制がある。たいていの物は現地調達できるので、悩むようなものは思いきって持っていかないほうがいい。

TSA 公認グッズ
スーツケースに施錠できないことに不安を感じる人は、TSA公認の施錠スーツケースやスーツケースベルト、南京錠などを使用しよう。これらTSA公認グッズは、施錠してもTSAの職員が特殊なツールでロックの解除を行うため、かばんに損傷の恐れが少なくなる。

預ける荷物について
国際線（北米線）エコノミークラスの場合、無料で預けられる荷物は2個まで（AA、DL、UA、JL、NH、SQ）、1個の荷物につき23kg（50ポンド）以内、3辺の和が157cm以内とされている場合が多い。また、アメリカの国内線において、エコノミークラスの場合は2個まで預けられるが、1個目から有料（$25前後）。詳細は利用航空会社に確認を。

乗継便利用時の手荷物の注意
日本出国手続き後に免税店などで購入した液体物は、アメリカ国内の乗り継ぎ空港でスーツケースなどに入れて預けなおそう。手荷物として乗り継ぎ搭乗しようとすると没収される恐れがある。なお出国手続きのあと免税店で購入した液体物については、不正開封防止袋（STEBs）に封入すれば、乗り継ぎ地点で放棄することなく目的地まで持っていくことができる。

荷造りのコツ
おみやげなどを考慮して、出発時は容量の70〜80%程度に抑えたい。基本的に貴重品や割れ物は預託荷物には入れないこと。また、おしゃれ着はかばんの大きさに合わせて大きくたたみ、セーターなどかさばる冬服は圧縮袋などを利用しよう。シェーバーなど、衝撃に弱い物はタオルで巻いて荷物の中央に。

モバイルバッテリーの注意事項
スマートフォンの予備電源として使われるモバイルバッテリー。ほとんどがリチウムイオン電池を採用しており、機内に預ける荷物（預託荷物）に入れることは禁止されている。手荷物に入れて機内へ持ち込もう（→P.417）。

●荷物について

荷物で大きく占める衣類は、着回しが利くアイテムを選び、下着や靴下、Tシャツなどは2〜3組あれば十分。洗濯は、小物類なら浴室での洗濯が可能だが、大物類はモーテルやホテル、街なかのコインランドリーを利用しよう。スーツやワンピース、Yシャツなどはホテルのクリーニングサービス（有料）に頼むこともできる。なお、ドラッグストアで買える風邪薬、胃腸薬、頭痛薬などを除いては、日本と同じく医師の処方せんがなければ薬が買えないため、薬だけは常備薬を携行すること。

■チェックイン荷物について（預託荷物）

アメリカ同時多発テロ以降、出入国者の荷物検査が強化され、アメリカ運輸保安局（TSA）の職員がスーツケースなどを開けて厳重なチェックを行っている。航空会社のカウンターで預ける荷物には施錠をしないよう求められているのはそのためで、検査の際にカギがかかっているものに関しては、ロックを破壊して調べてもよいとされている。したがって、機内預けの荷物には高価な物や貴重品は入れないこと。

また、預託荷物は利用するクラス、航空会社によって、無料手荷物許容量（→左側注）が異なる。かばんのサイズや重量も各航空会社別に規定があるので、利用前に確認を。なお、機内持ち込み手荷物についてもかばんのサイズや個数などが定められており、アメリカの国内線・国際線ともに液体物の持ち込み規制（→P.417）があるので必ず確認を。

■機内に持ち込む手荷物について

ひとつは無料で持ち込むことができる。持ち込みできるサイズは座席の上の棚、または前の座席の下に入る大きさなら基本的にOK。重量の制限は特に設けていない。ただ小型のポーチなどは個数に含まれないことが多い。ナイフ、はさみといった刃物、ドライバーなど先がとがったものなどは、機内に持ち込むことができない。また液体物などについても制限があるので、疑問があれば自分が利用する航空会社に問い合わせのこと。

● TPO に合わせた服選びを

旅行中は歩く機会が日常生活よりもずっと多い。行動しやすい服装を基本にしよう。旅先で新しい靴を履きたくなるかもしれないが、いざ履いてみて足に合わなかったら悲惨だ。履き慣れた、または出発前にしっかり履き慣らした靴を用意しよう。

アメリカというと、常にカジュアルなイメージがあるが、日本以上に日常と非日常のメリハリがしっかりしている。ドレスコードがある場所は少ないが、そういった場所に行くときは、アメリカ人はしっかりおし

414 📓メモ 重い荷物は宅配サービスを利用しよう 事前の電話で自宅まで集荷に来てくれる。帰国時は空港内のカウンターで手続きを。ABC空港宅配[無料] 0120-919-120 ヤマト運輸[無料] 0120-01-9625

やれをしている。旅行中に高級レストランでディナーを取る予定がある
なら、それに倣って、しっかりドレスアップしたい。荷物は増えてしま
うが、場にそぐわない服装で肩身の狭い思いをするのはつまらない。

■持ち物チェックリスト

	持ち物	必要度	チェック	備考
貴重品	パスポート	◎		有効期限の確認を。コピーを取って別の所に保管する
	現金	◎		US ドルは日本で両替して用意。日本円も忘れずに
	クレジットカード	◎		違う種類のカードが2枚以上あるといい。Mastercard または VISA は必携
	デビットカード、トラベルプリペイドカード	○		こちらをメインに使うカードにしてもいい
	航空券（e チケットの控え）	◎		名前、便名、日付をしっかり確認すること
	海外旅行保険証	○		万一に備え、加入しておきたい。クレジットカード付帯のものでは不十分なことが多い
	ESTA のコピー	○		パスポートがあれば問題ないが、念のため
	国外運転免許証	△		レンタカーを使う予定なら必須。日本の免許証も忘れずに
衣類	アンダーウエア、靴下	◎		吸湿速乾性の高い素材のものが便利。必要最低枚数を用意し、洗濯して使う
	ミッドウエア	◎		着回ししやすい組み合わせを考える
	アウターウエア	◎		ジャケット、ウインドブレーカーなど。季節によっては防水機能があるものを
	おしゃれ着	△		ドレスコードのあるレストラン、ナイトライフを楽しむなら
	雨具	○		レインウエア、傘など、場所とシーズンに応じて
	帽子	○		日よけ、雨よけ、防寒にも
	手袋	△		南カリフォルニアは不要だが、その他の地域を夏以外に訪れるなら
	シューズ	◎		履き慣れたものを。目的に応じて防水機能が必要な場合も
	水着	△		プールだけでなく、温泉やジャクージで使う
身の回り品	洗面用具（シャンプーなど）	○		現地で購入できるのは大きなものばかり。必要量を用意しておきたい
	ドライヤー	△		ほとんどのホテルに備えられているが、絶対必要なら
	洗剤	○		衣類を少なくするには、日々の洗濯が欠かせない
	薬品類	○		飲み慣れたものと常備薬を。現地で買うのはけっこう大変
	ビニール袋	△		密閉できるものが便利。サイズの違うものを数枚ずつ用意
	輪ゴム、ロープ	△		荷物の整理に。部屋で洗濯物を干すのにも役立つ
	洗濯挟み	△		洗濯物を干すだけでなく、あるといろいろと役に立つ
	筆記用具	○		メモ帳とボールペンを1セットで
	裁縫道具	○		はさみ、針、糸がセットになった小型のものがいい
	スリッパ、サンダル	△		機内やホテルの室内で。できるだけ軽くかさばらないもの
観光用品	カメラ	○		使い慣れていないものなら、必ずマニュアルも持参する。充電器も忘れずに
	メディア（SD カードなど）	△		現地では入手できる所がかぎられる
	防水バッグ	△		アクティビティだけでなく、テーマパークで必要になるかも
	サングラス	○		まぶしいときだけでなく、ファッションアイテムとしても
	携帯カイロ	△		現地ではなかなか入手できない。冷え込むシーズンにはありがたい
その他	スマートフォンと充電器	◎		SIM フリーなら現地で使える SIM カードに交換
	モバイルルーター	△		グループで利用すれば通信費を安く抑えられるかも
	電池	△		必要に応じて。現地でも入手可能だが、ボタンタイプは種類がかぎられる
	エコバッグ	○		スーパーでは袋は有料のことがほとんど
	辞書	△		ちょっとした調べものならスマートフォンで代用できる
	計算機	△		チップの計算などに。スマートフォンがあれば不要
	顔写真	○		パスポートサイズのものを3〜4枚

旅の準備

出入国の手続き

　空港へは日本なら出発時刻の2時間前、アメリカなら出発時刻の3時間前までに着くようにしたい。アメリカでは保安検査を受けるまでに長時間待たされることがあるからだ。また、急なフライトスケジュールの変更に対応できるよう早めの到着を心がけよう。

成田国際空港
空港の略号コード　NRT
☎ (0476) 34-8000
🌐 www.narita-airport.jp

東京国際空港（羽田空港）
空港の略号コード　HND
☎ (03) 6428-0888
🌐 www.haneda-airport.jp/
inter/

関西国際空港
空港の略号コード　KIX
☎ (072) 455-2500
🌐 www.kansai-airport.or.jp

機内預けの荷物は施錠しない
　現在、アメリカ線は預託荷物には施錠をしないように求められている。心配な人はスーツケースにベルトを装着するか、TSA公認のロック機能の付いたスーツケースを使用しよう（→P.414側注）。

─●日本を出国する

国際空港へ向かう
　日本の国際空港で西海岸の都市に直行便があるのは、成田、羽田、関西の3つ。

■空港到着から搭乗まで
❶搭乗手続き（チェックイン）
　空港での搭乗手続きをチェックイン（Check-in）といい、eチケット所持者なら通常は自動チェックイン機で各自手続きを行う。コードシェア便の航空券を持っている場合などは、有人のカウンターでチェックイン手続きを行う。自動チェックイン機での手続きは、タッチパネルの操作をガイダンスに従って行う。わからないことがあれば、航空会社のスタッフに声をかけて教えてもらおう。すべての手続きが完了したら搭乗券が発券される。預ける荷物がある場合は、荷物タグ（バゲージクレームタグ）も同時に発券される。その後、預託荷物を、航空会社のカウンターに預ける。その際、パスポートの提示が求められ、本人確認がある。航空会社のウェブサイトでのチェックイン手続きができる場合は、出発時刻の24～72時間前に手続きを行う（任意）。早くチェックイン手続きを進めることで、好きな座席が選択できることもあるので、可能ならウェブサイトでチェックインをしてしまおう（→下記囲み）。

❷手荷物検査（セキュリティチェック）
　保安検査場では、機内に持ち込む手荷物のX線検査と金属探知機に

●ウェブサイト（オンライン）チェックインのやり方

　航空会社によってウェブページの構成は異なり、順番が前後したりすることがあるが、流れはだいたい同じ（以下は日本航空の場合）。
❶**認証**
　予約番号、またはeチケットの番号、便名、出発日、名前を入力して搭乗者の認証を行う。同じ予約で複数の搭乗者がいる場合、それらの人も一緒に認証される。
❷**チェックインする搭乗者の選択**
　搭乗予定者（複数の場合も）にチェックをして、チェックインを開始。
❸**手荷物の注意事項の確認**
　持ち込み禁止の危険物が表示されるので、確認したらチェック。
❹**チェックイン対象便の確認と座席指定**
　搭乗予定便が再度表示されるので確認し、間違いがなければ座席指定ページへ。
　シートマップが示される。指定可能座席は無印、できない座席には×が付いている。航空会社によっては、選択可能な座席に○が付いている。

❺**搭乗者の渡航情報の入力**
　国籍、生年月日、パスポート情報などを入力。さらに現在の居住地、アメリカ滞在中の住所（最初に泊まるホテル）を入力。
❻**搭乗券の発行**
　日本航空の場合3とおり（メールで受け取る、その場で印刷する、iPhone/iPadで受け取る）の方法が選択できる。メールの場合は、メールアドレスを入力。印刷はカラーでもモノクロでも、どちらでもよい。いずれの方法も選択できない場合、空港のカウンターで搭乗券を受け取ることができる。その場合でもチェックインの手続き自体は終了している。最後のページでeチケットの控えを印刷することができるので、可能ならその場で印刷をしておきたい。

　カウンターで預ける荷物がなければ、空港に着いたらそのまま保安検査へ。チェックインの手続きが終了していても、荷物を預ける場合は、空港の自動チェックイン機で手続きをして荷物のタグを受け取る必要がある。

よる身体検査を受ける。ノートパソコンなどの大型電子機器、財布や携帯電話、ベルトなどの身に着けている金属類はトレイに置いて、手荷物検査と一緒にX線検査を受けること。液体やジェル類の機内持ち込みは透明の袋に入れて別にして検査を受ける（→下記囲み参照）。

❸税関手続き
高価な外国製品を持って出国する場合、「外国製品持ち出し届」に記入をして申告する。これを怠ると、帰国時に国外で購入したものとみなされ、課税対象になることもある。ただし、使い込まれたものなら心配はない。

❹出国審査
審査に必要なのはパスポートのみ。成田、羽田、関西はじめ、日本の国際空港のほとんどに顔認証ゲートが導入されたので、パスポートをかざすだけで出国審査が済むようになった。同時に出国のスタンプも押されなくなった。もし出張の証明などで出国の証拠が必要な人や、旅の記録を残したい人は、係員に申し出ればスタンプを押してくれる。

❺搭乗
自分のフライトが出るゲートへ向かう。飛行機への搭乗案内は出発時間の約30分前から始まる。搭乗ゲートでは搭乗券とパスポートを提示する。

●アメリカに入国する

アメリカの場合、アメリカ国内線へ乗り継ぎがあっても、必ず最初の到着地で入国審査を行う。日本からの直行便がないラスベガスへ向かう場合は、ロスアンゼルス国際空港（LAX→P.42）やサンフランシスコ国際空港（SFO→P.212）などの乗り継ぎの国際空港で、入国審査を受けることになる。

到着する前に、機内で配布される「税関申告書」に記入をしておこう。なお、従来アメリカ入国の際に記入していた「I-94W査証免除用出入国カード」の提出は、空路での入国については廃止されている。

飛行機のドアは出発時刻より早く閉まる
飛行機のドアは出発時刻の10分以上前に閉まることがざら。小さい飛行機ならぎりぎりまでドアを閉めないこともあるが、国際線などの大きな飛行機に乗るときは、買い物などに時間を取られて乗り遅れないように注意しよう。

18歳未満のアメリカ入国時の注意
両親に引率されない子供が入国する場合は、子供の片親や親、法的保護者からの同意書（英文）が要求される可能性がある。詳細はアメリカ大使館に問い合わせのこと。
アメリカ大使館
🏢〒107-8420 東京都港区赤坂1-10-5
☎(03)3224-5000（代表）
🖥jp.usembassy.gov

アメリカ税関申告書記入例
→P.419

ESTA申請代行
「地球の歩き方×ファーストワイズ アウレア ハワイ」では、インターネットにアクセスできない人のために、ESTAの申請代行を有料で行っている。
☎0120-881-347

旅の技術 Travel Tips	出入国の手続き

Information　機内持ち込み手荷物について

身の回り品のほか、3辺の和が114cm以内の手荷物（サイズは各航空会社によって異なる）はひとつまで機内に持ち込むことができる。貴重品、パソコン、携帯電話、壊れやすい物は必ず機内持ち込みにすること。

ライターは、使い捨てライターとオイルライターならひとりにつき1個まで、機内へ持ち込むことができる。カミソリやはさみは機内預けの荷物へ。

電池類については、パソコンや携帯電話などの製品内部にあるリチウムイオン電池は問題ないが、予備用のリチウムイオン電池は必ず機内持ち込み手荷物にすること。機内預けの荷物に入れることは禁止。アルカリ電池については機内預けの荷物に入れることが可能。

また、国際線航空機内客室への液体物の持ち込みは、出国手続き後の免税店などで購入した物を除き、制限されている。化粧品や歯磨き粉など液体類およびジェル状のもの、ヘアスプレーなどのエアゾール類はそれぞれ100mℓ以下の容器に入れ、容量1ℓ以下の無色透明ジッパー付きの袋に入れること。手荷物とは別に検査を受ければ持ち込み可能。

詳細は国土交通省のウェブサイト🖥www.mlit.go.jp/koku/15_bf_000006.html内にある「航空機への危険物の持ち込みについて」、「国際線の航空機内への液体物持ち込み制限について」を参照。

そのほか、直行便でなく乗継便を利用する場合の注意はP.414側注を参照。STEBsを利用しても没収の可能性があることは頭の隅に入れておこう。

旅の技術

まずはあいさつから

慣れない英語での入国審査は緊張するものだが、審査官の前に進んだら、"Hello.", "Hi.", "Good morning." と、まずはあいさつをしよう。審査終了後も "Thank you." のひと言を忘れずに。

質問の答え方

● 渡航目的は、観光なら "Sightseeing."、仕事ならば "Business."。
● 滞在日数は、5日なら "Five days."、1週間ならば "One week."。
● 宿泊先は到着日に泊まるホテル名を答えればよい。
● 訪問先は、アメリカを周遊する場合に尋ねられる場合がある。旅程表などを提示して、説明するといい。
● 所持金については、長期旅行や周遊する町が多い場合に尋ねられることもある。現金、T/C、クレジットカード所有の有無を答えよう。

入国審査は簡単な英語だが、どうしてもわからないときは通訳Interpreter（インタープリター）を頼もう。

ESTAで2度目の入国は自動入国審査機が便利

ロスアンゼルス、サンディエゴ、サンフランシスコ、ラスベガス、シアトル、ポートランドの国際空港には、セルフサービスの入国審査端末（以下APC）が導入されており、ESTAを利用および顔写真撮影と指紋採取をして2回目以降の入国者はAPCで入国審査を行える。アメリカが初めての渡航者は、従来どおり審査官がいるブースへ。APCは日本語にも対応しており、ガイダンスに従ってパスポートの読み取り、顔写真の撮影、入国に関する質問の回答、指紋採取の手続きを行う。すべての行程を終えると確認のレシートが発行されるので、それを係官に渡せば入国手続き完了となる。「×」がついた場合は審査官の列に並びなおす。

空港で荷物が出てこなかったら→ P.436

■入国審査から税関申告まで

❶入国審査

飛行機から降りたら、"Immigration" の案内に沿って入国審査場に向かう。審査場の窓口は、アメリカ国籍者（U.S. Citizen）、それ以外の国の国籍者（Visitor）の2種類に分かれている。自分の順番が来たら審査官のいる窓口へ進み、パスポートと税関申告書を提出する。場合によってはeチケットの控えや宿泊先の詳しい情報を求められることもある。なお、現在米国に入国するすべての人を対象に、インクを使わないスキャン装置による両手のすべての指の指紋採取（一部空港）とデジタルカメラによる入国者の顔写真の撮影が行われている。渡航目的や滞在場所など、いくつかの質問が終わり、入国が認められれば、パスポートと税関申告書を返してくれる。

審査に必要なパスポート、申告書など一式を手渡す

入国審査時に顔写真を撮る

©Department of Homeland Security, US-VISIT

パスポートの検査、質問（滞在目的、日数など）

指紋スキャン　デジタルカメラによる顔写真の撮影

バゲージクレームへ

❷荷物をピックアップする

入国審査のあと、バゲージクレームBaggage Claimへ。自分のフライトをモニターで確認して、荷物の出てくるターンテーブルCarouselへ行き、ここで預託荷物を受け取る。手荷物引換証（タグ）を照合する空港もあるので、タグはなくさないように。また、預託荷物が出てこない、スーツケースが破損していたなどのクレームは、その場で航空会社のスタッフに申し出ること。

❸税関検査

アメリカ入国には持ち込み制限があり、酒類は21歳以上で個人消費の場合は1ℓ、おみやげは$100相当、たばこは200本（または葉巻50本、刻みたばこなら2kg）まで無税。野菜、果物、肉類や肉のエキスを含んだすべての食品は持ち込み禁止になっている。

●税関検査後、市内や近郊の町へ

空港から市内へは、公共の交通機関、空港シャトル、タクシー、レンタカーなどのアクセス方法がある。これらはおおむね空港到着階のバゲージクレームからターミナルを出た所の "Ground Transportation" と示されたエリアから運行している。市内へのアクセスの選択に困ったら、インフォメーションデスクで相談してから行動しよう。

●アメリカ入国に必要な書類

税関申告書
① 姓　② 名
③ 生年月日（月／日／年：西暦の下2桁）
④ 同行している家族の人数
⑤ 滞在先（ホテル）の名称
⑥ 滞在先（ホテル）の市
⑦ 滞在先（ホテル）の州
⑧ パスポート発行国
⑨ パスポート番号
⑩ 居住国
⑪ 米国到着前に訪問した国。なければ無記入
⑫ 米国に乗り入れた便名
⑬ 該当するものがない場合は「いいえ」をチェック
⑭ アメリカ居住者へのおみやげなど米国に残るものの金額（私物は含まない）
⑮ パスポートと同じサイン
⑯ 米国到着日（月／日／年：西暦）
⑰ 課税対象がある場合は、品目と金額を書き込む
⑱ その合計金額

●アメリカを出国する

❶空港へ向かう
　ホテルから空港への交通手段で、最も一般的なのは空港シャトルの利用だろう。この空港シャトルはDoor-to-Doorのサービスで、ホテルや個人宅へも来てくれる。ウェブサイトから24時間前までに予約を。決まったルートを定期的に運行する空港バスの場合は、どこから出発するのかと運行スケジュールを事前に確認しておくこと。空港への最も安い交通手段は、地下鉄や路線バスなどの公共交通機関。これらを利用する場合は、時間に余裕をもって行動したい。なお、現在アメリカ国内の空港のセキュリティが非常に厳しく、とても時間がかかる。国内線は2時間前に、国際線は3時間前までには空港に着くようにしよう。

❷利用航空会社のカウンターに向かう
　アメリカのおもな国際空港は、航空会社によってターミナルが違う。空港シャトルならドライバーに乗客の利用する航空会社を尋ねられ、そのターミナルで降ろしてもらえる。空港バスの場合ドライバーがターミナル名と航空会社を言うので、これを聞き逃さないように。

❸チェックイン（搭乗手続き）
　出国審査官がいるゲートで出国スタンプを押してもらうプロセスがない（手荷物検査前にパスポートチェックはある）。eチケットでチェックイン後、利用航空会社のカウンターでパスポートを提示して荷物を預ける。係員から、預託荷物のタグと搭乗券、パスポートを受け取ったら手荷物検査とX線検査を通って搭乗ゲートに向かう。

空港シャトル（ドア・トゥ・ドア・シャトル）
ロスアンゼルス→P.43
サンディエゴ→P.172
サンフランシスコ→P.213
サンノゼ→P.215
オークランド→P.215
ラスベガス→P.313
シアトル→P.350
※客が集まるまで待機したり、ホテルを巡回して客を降ろしたりするため、大幅に時間がかかる場合がある。急いでいる人は注意。

各都市の国際空港
ロスアンゼルス→P.42
サンディエゴ→P.172
サンフランシスコ→P.212
サンノゼ→P.215
オークランド→P.215
ラスベガス→P.313
シアトル→P.350
ポートランド→P.384

旅の技術

日本に入国する

飛行機が到着し、検疫カウンターへ。アメリカからの帰国者は基本的に素通りでよいが、体調異常がある場合は検疫官に申し出ること。出国時と同様に、入国審査ではパスポートをかざすだけ。スタンプ希望者は係員へ申し出よう。

バゲージクレーム・エリアのターンテーブルで預託荷物を受け取ったら、税関のカウンターへ進む。海外で購入した物品が免税範囲内なら緑、免税の範囲を超えている場合は赤の検査台へ。なお、機内で配布された「携帯品・別送品申告書」はここで提出しよう。

日本に持ち込めないもの

ほとんどの植物や動物は、日本への持ち込みにあたり検疫を受ける必要がある。動物検疫所
🌐 www.maff.go.jp/aqs

肉類・肉加工品に注意

アメリカ、カナダで販売されているビーフジャーキーなどの肉加工品は、日本に持ち込むことができない。免税店などで検疫済みシールが添付されているものも不可。

また、バターやチーズなどの乳製品（販売用およびそれと疑われるような大量）も検疫の対象なので要注意。
🌐 www.maff.go.jp/aqs/tetuzuki/product/aq2.html

携帯品・別送品申告書
（表面）
記入例
❶搭乗航空会社名（アルファベット2字の略号）と便名
❷出発地　❸入国日
❹氏名（フリガナ）
❺住所と電話番号
❻職業　❼生年月日
❽パスポート番号
❾同伴家族の有無
❿質問の回答欄にチェック
⓫別送品がある場合は「はい」に✓、個数を記入
⓬署名

（裏面）
※日本入国時に携帯して持ち込むものについての質問欄に回答。不明な点などは係員に確認を。

輸出入禁止・規制品について

肉製品や偽ブランド品のほか、不正薬物、けん銃類、わいせつな媒体、児童ポルノなどの日本持ち込みも厳禁。

詳細は税関のホームページを参照。
🌐 www.customs.go.jp

携帯品・別送品申告書について

携帯品・別送品申告書（表）

2019年7月現在、日本に入国（帰国）するすべての人は、「携帯品・別送品申告書」を1通提出することになっている。海外から別送品を送った場合は2通提出し、このうちの1通に税関が確認印を押して返してくれる。返してくれた申告書は、別送品を受け取る際の税関手続きで必要になるので、大切に保管しよう。

なお、帰国後に別送品の申告はできない。申請用紙は機内で配られるが、バゲージクレーム・エリアなど税関を通過する前に記入台が設けられているので、別送品がある場合は必ず帰国時に申告しよう。もし、別送品の申請をしなかったり、確認印入りの申請書をなくした場合は、一般の貿易貨物と同様の輸入手続きが必要になるので要注意。

海外から日本への持ち込み規制と免税範囲

日本への持ち込みが規制されている物は、税関で規制対象品と判明した時点で所有を放棄する、自己負担で現地に送り返す、輸入許可が下りるまで有料で保管されるなどの処置がなされる。

日本入国時の免税範囲（成年者ひとり当たり）
2019年7月現在

	品目		数量または価格	備考
1	酒類		3本	1本760ml程度のもの
2	たばこ	葉巻たばこ	100本（ただし、ほかのたばこがない場合）	加熱式たばこは紙巻きたばこ400本に相当する数量（個装等20個）。※2021年10月から各たばこの数量が変更される予定。
		紙巻きたばこ	400本（ただし、ほかのたばこがない場合）	
		その他のたばこ	500g（同上）	
3	香水		2オンス	1オンスは約28ml
4	品名が上記1〜3以外であるもの		20万円（海外市場の合計額）	合計額が20万円を超える場合は、超えた額に課税。ただし、1個20万円を超える品物は、全額に課税される。

未成年者の酒類、たばこの持ち込みは範囲内でも免税にならない。
6歳未満の子供は、おもちゃなど明らかに子供本人の使用と認められるもの以外は免税にならない。
※免税範囲についての詳細は税関🌐 www.customs.go.jp

現地での移動

　現地での長距離の移動手段は、飛行機、バス、鉄道、レンタカーがある。効率を考えると飛行機がいちばんだが、場所によっては別の手段のほうがいいこともある。また移動手段そのものが旅の楽しみというケースもあるので、手段はよく考えて選ぼう。

●飛行機（アメリカ国内線）

■広いアメリカでは飛行機は移動の主役

　日本の25倍の国土をもつアメリカ。長距離の移動は飛行機というのは一般的。飛行機となると、大都市間の移動手段と考えがちだが、アメリカはかなり小さな街でも空港がある。長距離バスは街をつなぐ細かいルートをもっているが、実は飛行機を利用してもアメリカの小さな街を訪れることは可能だ。旅情には欠けるが効率よく移動するなら飛行機がいちばん。

■航空券の手配

　P.413でも述べているが、国内線で移動することを予定しているなら、国際線と一緒に国内線の手配をしてしまおう。ルートにもよるが、日本との往復航空券とは別に国内線を手配すると、LCC等の安い航空会社を利用したとしても、値段が高くなることが多い。これは国際線の運賃がゾーンで設定されているためで、日本から1都市を往復するのと同じ料金で複数の都市を周遊することができるからだ。

　例えばLA滞在中にサンタバーバラに行くことが決まっているなら、LAまでの往復航空券を手配するときにLA乗り継ぎ、LAでストップオーバー（24時間以上の途中降機）の設定にして、サンタバーバラまでの往復で料金を調べてみよう。同じ金額でサンタバーバラまで行けるかもしれない。

■アメリカのLCC(Low Cost Carrier)

　アメリカにも格安航空会社が多数ある。それらの多くは大手の航空会社が多数のフライトを就航させている路線には飛んでいないことが多い。例えばアメリカの大手LCCであるサウスウエスト航空Southwestは、ロスアンゼルス空港（LAX）からサンフランシスコ空港（SFO）には就航していないが、サンフランシスコと湾を挟んで反対側のオークランド空港（OAK）には多数のフライトがある。ロスアンゼルスにもいくつも空港があるので、ルートの選択肢が広がる。

■国内線利用の流れ

　国内線を利用するときには、「ドメスティックDomestic」と書かれたカウンターでチェックインをする。eチケットによるセルフチェックインが一般的。チェックインを済ませ、セキュリティチェックを受けてから搭乗ゲートへ。ターミナル内では、各所にあるコンピューターディスプレイで自分の乗るフライトのゲート番号を確認する。機内への搭乗は、通常出発30分前から。目的の空港に到着したら、早めにバゲージクレームに進み、荷物をピックアップする。大きな空港は、出口で荷物のクレームタグの番号を照合することも多い。

●航空券の手配について
→ P.413

郊外へ飛行機で
　例えばサンフランシスコから車で3時間かかるモントレーは、飛行機で飛べば50分で行ける。ロスアンゼルスから車で2時間30分のサンタバーバラも約50分。

アメリカの国内線を利用するとき
　国内線利用で注意したいのが、搭乗予定者がいなくても出発してしまったり、出発予定時刻より早く飛行機が出てしまう場合があること。搭乗開始は出発時刻の30分前に行われるので、必ず30分前までには搭乗ゲートで待つことをすすめる。

国内線の預け入れ荷物は有料
　預け入れ荷物は、国際線は2個まで無料であることが多いが、アメリカ国内線では1個から有料であることがほとんど。当日カウンターで支払うと割高になるので、航空券購入時に荷物預け入れもオプション購入しておくのがおすすめ。

サブ空港からのアクセス
　オークランド空港からは鉄道（BART）で直接サンフランシスコのダウンタウンにアクセスできるので、利便性はSFOに行くのとなんら変わらない。ロスアンゼルスも、国際空港（LAX）からダウンタウンまではメトロで1時間かかるが、北部のバーバンク空港ならダウンタウンまで25分。ディズニーランドがロスアンゼルス滞在の目的なら、オレンジ・カウンティのジョン・ウェイン空港からリゾート周辺へ所要30分くらいで頻繁にシャトルバスが運行している。

旅の技術 Travel Tips 出入国の手続き／現地での移動

📖メモ　国際線からの乗り継ぎ　ターミナルが離れている場合、かなり時間を要することもある。同じ会社の国内線に乗り継ぐ場合は、ターミナルを変えずに搭乗できるところも多い。

421

旅の技術

アムトラックの時刻表
確実なのはアムトラック発行の時刻表。大きな駅に用意されており、無料で手に入る。ウェブサイトでは時刻表の確認ができるほか、チケットの予約も可能。
🆓 www.amtrak.com
🆓 (1-800) 872-7245

USAレイルパス
アムトラックでは、鉄道周遊券を販売している。これはアムトラックの全路線（主要駅から発着している連絡バスを含む）、適用期間内の利用回数分だけ乗車できるシステム。
USAレイルパスは日本ではマックスビスタトラベル🆓 www.ohshu.comで取り扱っている。アメリカで購入する場合は、大きな鉄道駅に行けばよい。なお、アセラ特急とオートトレイン、VIA鉄道共同運行便、一部の連絡バス（番号7000～7999）には使用できない。また、乗車の際はその区間の乗車券を駅で発券する必要がある。バスだけでは乗れない。

料金は、15日間/8回以内で大人5万8800円、30日/12回以内で8万8200円、45日/18回以内で11万5100円（2019年7月現在、オンライン購入の場合の料金）。日本ではバウチャーを発行。現地の利用開始日で駅で乗車券に換える必要がある。

グレイハウンドの時刻表はウェブで
ウェブサイトのトップページに出発地と目的地、乗車日を入力すると、時刻表のほか、運賃も知ることができる。さらに進めばバスターミナルやバスディーポの情報も知ることができる。
🆓 (1-800) 231-2222
🆓 www.greyhound.com

サンフランシスコにあるバスターミナル

●鉄道（アムトラック）

広大なアメリカ大陸を迫力満点に疾走する列車の旅は、単なる移動手段としてではなく、それ自体が大きな楽しみといえる。車窓からの移りゆく風景を眺めながら、思いおもいの時を過ごしてみよう。

●乗車の流れ

乗車券の購入はチケット窓口で。乗りたい列車と目的地、乗車券の枚数などを告げよう。また、ウェブサイトで予約している場合は、予約番号の入ったバウチャーを渡せばよい。USAレイルパスを持っていて初めて使うときは、パスポートなどの証明書を見せて、利用開始日と終了日を記入してもらう。なお、日本で予約購入した人はバスのバウチャーも提示し、希望の列車と目的地を告げて乗車券を発券してもらおう。

列車に乗り込む際、安全のため列車の到着と出発時刻の前後以外は駅のホームに入ることができない。長距離列車の場合、列車に乗り込むとき、車掌が座席を指示することがある。また、一部の駅では、ホームへの入口で係員がチケットをチェックするので、手に持っていよう。列車が動き出してから車掌が検札にやってくる。そのとき提示した乗車券を切り、その代わりに引換証を頭上の荷物置き場の所に挟んでくれる。席を移動するときは、これを持って移動するように。

サンディエゴの駅に停まるパシフィック・サーフライナー号

●長距離バス（グレイハウンド）

グレイハウンド社はアメリカで唯一最大の長距離バス会社。ハワイとアラスカを除く全米48州をカバーし、提携バス会社と合わせると、行けない街はないといっていいほどその路線網は充実している。バスに乗ってアメリカの大地を感じる旅に出てみよう。

●乗車の流れ

バスターミナル、バスディーポ（→脚注）へは出発時刻の60分前までに行こう。チケットはインターネットで前売りを買うこともできる。割引になっているので、乗車日が決まっているのなら、そちらがおすすめ。購入後、自宅のプリンターで印刷することも可能で、クレジットカードが必要。現地で普通の乗車券を買う場合は、チケットカウンターで行き先、片道か往復か、枚数などを告げる。バスディーポによっては、自動券売機もある。大きな荷物を預けたい人は、ここで荷物の数を申告し、行き先の書かれた荷物タグをもらう。

改札が始まるのは出発時刻の10～15分前くらいから。改札をするのはバスを運転するドライバーの場合が多い。車体下部のトランクに大きな荷物を預ける人は、改札のときドライバーに頼む。再度、行き先を

📝 **バスディーポとは？** バスターミナルより規模の小さいもので、アメリカではディーポというのが一般的。さらに小さいものとしてバスストップがある。バスストップはたいがいガソリンスタンド。

確認したらバスに乗り込もう。最近は満席でもバスを増便することが少なくなったので、出発ゲートを確認したら早めに並ぶこと。席は早い者順だが、ほかの街を経由してきたバスは、すでに先客が座っているから、空いている席に座ることになる。目的地に到着したらクレームタグの半券を見せて、係員に荷物を出してもらおう。

なお、バスディーポやバスターミナルは街の中心地にあっても治安の不安定な所にある場合が多い。バス利用のとき以外は、なるべく近くをうろつかないように心がけよう。

●グレイハウンドが運営するボルトバス

グレイハウンドが運営するボルトバスBoltBus。アメリカ西海岸と東海岸に限定的に路線をもつ。近年評判となり、ローカルやビジネスマンたちの利用が急増している。グレイハウンドは決して車内がきれいとはいえないが、こちらは車内がきれい。駅はダウンタウンからアクセスがよく、周辺の治安も良好だ。料金も大差がない。

アメリカ西海岸ではシアトルがあるワシントン州とポートランドがあるオレゴン州、カナダのバンクーバーで運行されている。グレイハウンドのようにわかりやすい駅やターミナルがない。シアトルやポートランドは特にわかりにくいので、注意が必要だ。

チケットはウェブサイトで購入する。購入後QRコードが添付されたメールが届くので、その画面を印刷するか、スマートフォンやタブレットを使用しているなら、メールは消さないようにしておこう。乗車する際、運転手がQRコードを読み取り、チケットの確認を行う。発券などの手続きは一切ない。車内は無料のWi-Fi、コンセント、トイレを完備。

BoltBus
Free (1-877) 265-8287
URL www.boltbus.com
●シアトル
MP.355-B4
住5th Ave. S. & S. Dearborn St., Seattle（宇和島屋の前）
●ポートランド
MP.389-A2
住N.W. Everett & N.W. 8th Ave., Portland

オレンジと黒の車体が目印

Information　配車サービス、ウーバー Uber

近年、ローカルたちはタクシーに乗ることが少ない。すぐそこにタクシーが停まっているにもかかわらず、皆スマートフォンでUberのアプリを立ち上げ、車を呼ぶのだ。

日本でも知名度が高まってきたUberなどの配車サービス。簡単にいえばスマートフォンのアプリで呼べるタクシーだ。しかし、一般的なタクシーとは大きく異なり、低価格でチップが不要、アプリで簡単に呼べてお金のやりとりが必要なく、ぼったくられることも少ない。また、さまざまなプランが登場してきており、Uber Poolというプランでは相乗りが可能、そのぶん料金はグッと下がる。

使い方は次のとおり。①スマートフォンでアプリをダウンロードし、クレジットカードなどの個人情報を入力、②インターネットにつながっている状態でアプリを立ち上げると、自分の居場所がマップ上に現れ、行きたい場所にピンを落とす、③乗車プランを選択、④自分の居場所にピンを落とし配車をリクエスト、④車が到着し、あとは乗って目的地で降りるだけ（どんな人がどんな車でやってくるかもアプリ上で確認可能）。

タクシー同様、距離に関係なく利用でき、複数でシェアすれば、バスより安くなることもあり、また決まった運行スケジュールに縛られることもないので、旅行中の利用価値は高い。以前のようなトラブルの報告もほとんどなくなったので、ぜひ積極的に利用してみたい。
Uber　URL www.uber.com
Lyft　URL www.lyft.com

車に貼ってあるマーク。Lyft は Uber 同様の配車サービス

旅の技術

国外（国際）運転免許証について
→ P.412

※アメリカで運転するときは、日本の運転免許証と国外（国際）運転免許証のふたつを携帯して運転すること。レンタカー会社によっては、国外運転免許証の代わりとなる、日本の免許証の翻訳文書を有料で作成してくれるサービスを提供している。それがあっても日本の免許証は必要になる。

日本に支社、代理店のあるレンタカー会社

●アラモ Alamo
🌐 www.alamo.jp
日本 0120-088-980
☎ (03) 5962-0345
🕐 月〜金9:30 ～ 18:00
📅 土・日、おもな祝日、年末年始
アメリカでの問い合わせ先
Free (1-844) 357-5138

●エイビス Avis
🌐 www.avis-japan.com
日本 0120-31-1911
🕐 月〜金9:00 ～ 18:00
📅 土・日、おもな祝日
アメリカでの問い合わせ先
Free (1-800) 352-7900

●バジェット Budget
🌐 budgetjapan.jp
日本 0120-113-810
🕐 月〜金9:30 ～ 18:00
📅 土・日・祝、年末年始
アメリカでの問い合わせ先
Free (1-800) 214-6094

●ダラー Dollar
🌐 www.dollar.co.jp
日本 0120-117-801
🕐 月〜金9:00 ～ 18:00
📅 土・日、おもな祝日、年末年始
アメリカでの問い合わせ先
Free (1-800) 800-5252

●ハーツ Hertz
🌐 www.hertz.com
日本 0120-489-882
（ヨヤクハハーツ）
🕐 月〜金9:00 ～ 18:00
📅 土・日、おもな祝日、年末年始
アメリカでの問い合わせ先
Free (1-800) 654-4174

その他のレンタカー会社

●エンタープライズ
🌐 www.enterprise.com
Free (1-800) 261-7331

━●レンタカー

レンタカーを利用する際、日本で予約を入れるときに決めなければいけない項目は、借り出しと返却の日時、場所と車種。借り出しと返却の日時は、"7月23日の午前10時頃" という決め方。場所については、「ロスアンゼルス国際空港の営業所」など、営業所を特定する。車種はおもに大きさを基準にして、いくつかのクラスに分類されている。

■レンタカーを借りる手続きと返却手続き

●現地の営業所で車をピックアップ（チェックアウト）

レンタカーを借りることをピックアップ（チェックアウト）、返却することをリターン（チェックイン）という。営業所のカウンターで予約確認証、国外（国際）運転免許証、日本の運転免許証、クレジットカード、クーポン（eチケット）で支払う場合はクーポンを差し出す。クーポンで支払う場合でも、任意保険や保証金のためにクレジットカードの提示が必要。ここで係員により任意保険、ガソリンの前払いオプション、車両のアップグレードの希望を聞いてくる場合がある。任意保険は必要なものだけ、オプションやアップグレードについても追加料金が発生するので、同意のうえで契約する際は必ず車種と追加料金を確認すること。必要ない場合は「NO」とはっきり伝える。最後に契約書にサインをする。契約書の条件を守る義務を生じさせるものなので、保険、オプション、車種などの**契約内容を書面上で十分に確認したうえでサインをするように**。契約書にサインしたら手続きは終了。キーと一緒に、車の停めてあるスペースの番号が告げられる。

●保険について

レンタカーの基本料金には、自動車損害賠償保険（強制保険のこと。最低限の対人・対物補償）が含まれていることがほとんど。ただし、補償上限額は低いので、任意保険に加入しておいたほうが安心。なお、カリフォルニア州とテキサス州ではこの強制保険の適用がないので、借りる際、基本料金に保険が含まれているかよく確認しよう。含まれない場合は、追加自動車損害賠償保険に加入することをすすめる。

●車をリターン（チェックイン）

無事にドライブを楽しんだあとはリターン（チェックイン）の手続きが待っている。各レンタカー会社の営業所が "Car Return" のサインを出している。営業所内でも "Car Return" のサインが出ているので、これに従って進む。車を停めたら、カウンターに向かうか、チェックイン専門の係員が近くにいるので、契約書の控えと記入済みの契約書ホルダーを出し、契約に従って精算する。支払いが終わったら、契約書の控えと領収書を受け取って手続き終了。

■給油について

オレゴン州の都市部を除いてセルフサービスのガスステーションが主流。代金の支払い方法は店舗で異なり、"Please Pay First" とポンプに書いてある場合は先払い、ない場合は後払いだ。先払いは、給油ポンプに付属の端末機でクレジットカード払い、または売店で現金ないしはクレジットカードで支払いを済ませてから給油する。深夜まで営業しているところもあるが、夜間の利用は控えたい。

✓メモ スキミングに注意 アメリカのガソリン給油機は、日本のクレジットカードが使えないこともある。その場合、カードをレジに預けて給油することになるが、スキミングに遭う被害が報告されている。

How to Drive?

アメリカで運転するための交通ルール

規則を理解し、安全運転で

道路標識は日本と同様に絵が描かれているので、不便は感じないはず。原則はマイル表記、右側通行。また、チャイルドシートの着用義務年齢（州により対象設定が異なる）、制限速度（州によって異なる）なども日本と異なるので注意すること。特に気をつけたい交通ルールをここでは解説しよう。

★ 右側走行と左側追い越し

片側2車線以上の道路では、右が走行車線、左が追い越し車線。

★ 信号が赤でも右折可

正面の信号が赤でも、交差する道路状況の安全が確認できたら右折できる場合がある。必ず一時停止をし、横断する歩行者に注意を払おう。ただし、「No Right Turn on Red」の標識がある場合は、矢印が青のときだけ右折できる。

★ 左折時の注意

交差点内で左折する際、通常の信号のほかに矢印信号がある場合は、それらの指示に従わなければならない。「左折は青矢印のときのみ可」="ONLY"の指示標識が出ている場合は、直進の信号が青でも左折できない。指示標識がない場合は、対向車が途切れたら安全確認をし、左折しよう。

★ 信号がない交差点での優先度

信号のない交差点では、初めに交差点にかかった車が優先的に発進できる。判断が難しいときは、自分より右側に位置している車を優先させる。

★ 前方にスクールバス

スクールバスが停車していて、赤いフラッシュライトが点滅していたり、"STOP"のサインが出ていたら、後続車は停車しなければならない。それらのサインが消えてバスが発進するまで停車していること。

★ 踏切は一気に通過

アメリカでは、踏切前で「一時停止」はしない。ただし、バスや大型トラックには一時停止が義務づけられているので、前に大型車がいる場合は停止することを察知しよう。

★ 有料道路Toll Roadと有料橋Toll Bridge

ファストラックの案内板

カリフォルニア州のオレンジカウンティや、リバーサイドカウンティ周辺にトールロードToll Roadと呼ばれる有料道路があり、入口に「Toll Road」の表示が出ていたら、その先は有料になる。また、サンフランシスコ周辺にはゴールデンゲート・ブリッジやベイブリッジなどの有料橋、トールブリッジToll Bridgeがある。料金は$5～8.35。料金所は電子決済の「FasTrak」レーンと現金支払いの「Cash」レーンがあり、現金払いのドライバーが料金を支払わずに通過すると罰金を請求されるので注意（→P.246側注）。

禁止事項アレコレ

制限速度

フリーウエイは時速50～65マイル（約80～104km）、一般道は時速30～45マイル、住宅街や学校周辺は時速25マイルとされている。道路標識を確認しながら走行しよう。

駐車違反

駐車場またはパーキングメーターのある所に駐車しよう。路上駐車の場合は縁石の色に注目！ 赤は駐停車禁止、黄色は荷物の積み降ろしと人の乗り降りのみ可、白はごく短い間（約10分）のみ駐車可、緑は時間制限のある駐車可能地帯、青はハンディキャップのある人のための駐車帯だ。

シートベルトの着用

運転席だけでなく全席シートベルトの着用が義務づけられている。子供は年齢に合わせてチャイルドシートを着用しよう。

アルコール

栓の開いたアルコール類の車内持ち込み、カリフォルニア州では同乗者が車内で飲酒をするのも違法だ。未開封でも外から見える場所に置くことすら厳禁なので、購入したアルコール類は必ずトランクへ。

▶ドライブ中のトラブル → P.436

地球の歩き方B25アメリカ・ドライブ編では、より詳しいドライブ情報が掲載されておりますので、車で移動する場合は、あわせてご活用ください。

425

旅の技術

ホテルの基礎知識

超高級ホテルから普通の家のひと部屋を貸し出す民泊まで、あらゆる種類の宿泊施設があるアメリカ。インターネットで手配することで、料金はもちろん、ホテルのグレードやロケーションなど、自分が泊まりたい条件のホテルが選べるのはうれしい。

ホテルの料金
$300払っても中級ホテルにしか泊まれなかったり、$200以下で高級ホテルに泊まれたりすることも。右記の金額はあくまでもカテゴリー分けの目安。

高級ホテル
施設が充実しているだけでなく、サービスの質が高い。専任のコンシェルジュがいるホテルもある。

中級ホテル
機能性を重視したホテルが多く、必要なものは揃っている。チェーンホテルや個性的なホテルが多い。

エコノミー
個人で営業しているものも多く、サービスや設備の差が大きい。

モーテル
客室料金の相場は$40～120。車で旅する人向けの宿で、国道沿いやハイウェイの出入口付近に点在する。

ユースホステル
安さ重視の人、国際交流したい人向け。部屋の形態はドミトリー（ひと部屋に6～8人収容、男女別室・混合など）、個室もあるがシャワーやトイレが共有などさまざまなケースがある。

ベッド&ブレックファスト（B&B）
住居を改築した家族経営の小規模な宿。郊外の瀟洒な町に多く、しっかりとした朝食とかわいらしい装飾の部屋が特徴。相場は$70～200。

エアB&B
世界中にサービスを提供するサンフランシスコ発祥の大手民泊紹介サイト。アパートのひと部屋から一軒家まるごと貸し出しているものもあり、料金もさまざま。ホテルの予約サイトでは見つからないので、公式サイトⅢwww.airbnb.jpに登録して検索してみよう。

おもな都市のホテルタックス
ロスアンゼルス市※15.7%（詳細は→P.39参照）
サンディエゴ12.5%
サンフランシスコ※約16.45%（詳細は→P.209参照）
ラスベガス※12.5～13.38%（詳細は→P.311）
シアトル15.6%
ポートランド※11.5～15.3%（詳細は→P.381参照）
※印は課税方法が特殊な都市

●アメリカの宿泊施設

宿泊施設は超高級ホテルからユースホステルまで、さまざまだ。料金はシングルルームで最高級$300～、高級$200～、中級$150～、エコノミー$80～といった具合。アメリカでは「ひとりいくら」ではなく「ひと部屋いくら」なので、複数で泊まればひとり当たりは安くなる。料金は季節や繁忙期などによって上下し、夏の観光シーズンは特に混雑する傾向にある。基本的には、宿泊者が多いときには料金は高く、少ないときには安い。本書で紹介している都市は、旅行客だけでなくコンベンションで訪れるビジネス客も多く、コンベンションが集中する時期は宿泊費が一気に上がり、都市によっては街の中心地での部屋の確保が難しくなる。そんなときは、ビジネス客の使わないエコノミーホテルや空港周辺のホテル、少し郊外にあるホテルなどが狙い目だ。

■部屋のタイプについて

●シングルとダブル Single Room & Double Room
アメリカのホテルでシングルサイズのベッドを置いているところは、エコノミーホテルを除き、ほとんどない。ベッドの大きさはダブルのクイーンサイズかキングサイズで、どちらもふたり用。たいてい、ひとりで行っても広さはふたり用の部屋に通される。

●ツイン Twin Beded Room
ベッドがふたつある部屋で、多くの場合それぞれが大きなダブルベッドであることが多い。家族連れならこのタイプの部屋でOK。

●スイート Suite
寝室と居間が分かれているタイプの部屋で、中級以上のホテルに多い。

■ホテルのタックス（税金）について
アメリカでは通常の物品税（セールスタックス）とは別に、ホテルの場合は各都市で設定されたホテルタックスが付く。ほとんどのホテルは、タックスなしの料金を提示しているので注意しよう。また、ホテルタックスのほかに、地域特有の課税やそれに準ずるものや、リゾート設備料（Resort Fee）などを設定している街もある。

●ホテルの予約について

予約方法は①ホテル予約サイトでオンライン予約　②ホテルのオフィシャルサイトからオンライン予約　（大手ホテルチェーンなら日本に電話予約窓口あり）③日本の旅行会社を通じての予約　などが挙げられる。③の場合、中級以上のホテルなら日本の旅行会社でも予約できる。バウチャーやクーポンを発券するケースが多い。①②の場合、予約に際してはクレジットカードが必要。希望の日にちを間違えないよう入力し、金額も必ず確認すること。予約が完了すると予約番号Confirmation Numberの入った予約確認書が発行される。印刷して携行しよう。

地球の歩き方海外ホテル予約　Ⅲhotel.arukikata.com

レストランの基礎知識

アメリカのなかでも食に対してのこだわりが強い西海岸の都市。地産地消の意識が高く、地元の新鮮な食材、オーガニックの食材をふんだんに使った料理が味わえる。また、多民族国家であるがゆえ、各国の料理が楽しめるのもアメリカの食の特徴だ。

●利用の流れ

❶ 予約をする

人気のあるレストランや有名店では、予約が必要な場合がある。予約は電話、またはレストランのウェブサイトから予約する方法がある。日本からの予約ならウェブサイトで行うほうが簡単だ。

❷ レストランへ

予約していれば、店の人に名前を告げる。していない場合は人数を告げて、店の人の案内を待つ。

❸ 席へ案内されたら

案内のテーブルについたら、テーブル担当者がメニューを持ってきてくれ、今日のおすすめ料理（Today's Special）、日替わりの料理などを簡単に説明してくれる。まず、最初に飲み物を注文し、それらが運ばれてくる間にメインのメニューを選んでおこう。メニューは、Appetizer（前菜）、Salad（サラダ）、Soup（スープ）、EntreeやDinner（メインディッシュ）、Dessert（デザート）などに分かれている。ひと皿の量が多いので、胃袋に自信がある人を除いて頼み過ぎないよう周囲の様子を見ながら注文するのがコツ。

❹ 食事を楽しむ

テーブルの担当者が食事の様子をうかがいに来る。"Is everything OK?" などと聞いてくるので、おいしければ "Good." "Excellent." などと答えよう。逆に何かおかしかったら説明を。メインを食べ終わる頃に "Have you finished?" と聞きにくるが、まだだったら "I'm still working." と答えればよい。"Would you like dessert?" とデザートをすすめにきて、もう食べたくないときは "I'm fine." と答えるのもよい。

❺ 会計をする

支払いはテーブルで行うのが一般的。会計をお願いします "Check, please."でOK。店のスタッフが勘定書きを持ってきてくれる。

●現金で支払うケースで、代金とチップの合計金額ぴったりの現金で会計するときは、勘定書きと一緒に現金をテーブルに置いて店を出てよい。おつりが必要な場合は、店のスタッフを呼び、勘定書きと一緒に現金を渡し、おつりの中からチップぶんをテーブルに置く。

●クレジットカードで支払う場合、勘定書きを確認し、カードをその上に置くか、ホルダーに挟む。店のスタッフが一度それを持って下がり、サインするための伝票を持ってくる。飲食代の下にチップを記入する欄があるのでそこに15〜20%程度のチップを料金に加算し、その下に合計金額を記入、署名欄にサインする。伝票は通常2枚あり、お客様控えCustomer's Copyをレシートとして受け取り、店側の控えを残して席を立つ。チップのみ現金払いも可（→側注）。その場でカード処理用端末の機械にカードを入れる場合は、自分で暗証番号を入力して処理することもある。チップを加算することもできる。

ドレスコード

高級レストランでは「ドレスコード」を設けているところがある。ショートパンツ、Tシャツ、ジーンズ、スニーカーなどカジュアルな服装では入店できず、男性ならジャケットにネクタイ、女性ならワンピースなどを着用するという決まりがある。店の雰囲気に合った服装をするように心がけよう。

アルコールについて

カリフォルニア州、ネバダ州、アリゾナ州、ワシントン州、オレゴン州では、21歳未満の飲酒は禁止。また、お酒を買うときは必ず写真付きのID（身分証明書）が必要。ナイトスポットでは入場時にもIDの提示を求められる。飲酒は、公園などの公共の場でも厳禁、罰金も高額なのでご注意を。

カフェやファストフード店では

基本的な注文の流れは、注文→受け取り→支払い（注文→支払い→受け取り）の順。注文は、写真付きのメニューを指さし、またはセットメニュー（＝コンボCombo、ミールMeal）の番号を伝えるだけでOK。もちろん、単品でも注文できる。注文を終えると、"For here or to go ?" と店内での食事（here）、または持ち帰り（to go）かを聞かれる。受け取りは、レシートに書かれた番号で呼び出されるパターンが多い。なお、ファストフード店ではソフトドリンクが飲み放題（店舗の立地により異なる）のことも。空のドリンクのカップを渡されるので、ドリンクバーで好きなだけ注ごう。

チップを現金で支払う場合

カード伝票のチップ欄に斜線を引き、合計金額欄に飲食代金額のみ記入する。チップぶんの現金を伝票に添える。

メモ　レストランの予約サイト アメリカで最も普及しているレストラン予約サイトがオープンテーブル OpenTable www.opentable.com。都市名やレストラン名、携帯番号、メールアドレスを入力していく。

旅の技術

ショッピングの基礎知識

高級ブランドのブティックから大型ショッピングモール、郊外のアウトレットからファーマーズマーケットの屋台まで、さまざまなショッピングができるアメリカ西海岸。ショッピング好きなら年に何度か行われるバーゲンの時期を狙って旅行するのもいい。

アメリカのバーゲン時期

アメリカは日本に比べてよくバーゲンをやっている。際立って安くなるのがサンクスギビングからクリスマスにかけて。特にバーゲン初日は早朝から店もオープンし、皆いっせいにクリスマスプレゼントを買うために繰り出す。

支払い方法

アメリカではカードでの支払いが基本。少数だが現金を置いていない店もあるくらい。もちろん普通は現金でも支払いができる。高額紙幣だと偽札だと疑われることがある、といわれるがちゃんとした店ではそのようなことはない。ただ最低限の現金しか置いていない店が多いので、少額の買い物の支払いに高額紙幣を使うとおつりがないこともあるので、不便なことは確かだ。

試着する際は3サイズを

日本人はアメリカ人に比べて細身。7〜9号くらいの女性は"P"と表示されたPetiteのほうが合う。サイズ表から目星をつけ、その前後のサイズを合わせて3サイズを試着してみよう。その際、ほころび、キズなどないか要チェック。製品の素材もよく確かめて。

おもな都市のセールスタックス

ロスアンゼルス市9.5%（詳細は→P.39参照）
サンディエゴ7.75%
サンフランシスコ8.50%
ラスベガス8.25%
シアトル10.1%
ポートランドは課税なし

外国人旅行者への税金還付制度について

ヨーロッパやアジアの一部の国にあるような、旅行者への税金還付制度はアメリカのほとんどの都市で実施されていない。

●賢くショッピングをするポイント

●セールの時期

日本では7〜8月、1〜2月がセールの季節だが、アメリカでは祝祭日に合わせてバーゲンセールが行われる。ただし、セール品は返品不可の店もあるので、よく品定めをしてから買おう。クリスマスセールの時期、デパートの多くは23:00ぐらいまで営業している。アメリカのセール時期は側注のとおり。

●服、靴のサイズを確認し、必ず試着を

サイズの表示は日本と違う。服の場合、サイズ表記はインチが基準なので注意すること（カジュアルなものは、Small、Medium、Large、Extra Large）。靴は、メーカーやブランドによって、サイズ表記が異なってくる。まずは、サイズ比較表（→P.429）から自分がどれにあたるか目星をつけておこう。ギフトを選ぶ場合は対象者のサイズ確認も忘れずに。実際にショッピングをするときは、服でも、靴でも買う前に必ず試着をしてみること。メーカーなどによってサイズに相違があるし、作りもアメリカと日本では若干異なる。

●どこで買い物をする？

短時間で一度に買い物を済ませたい人にはショッピングモールがおすすめ。広い敷地に建てられた大きな建物の中に、デパートや各ブランドの小売店が入っている。また、レストランやフードコートが入っていて、ひと休みにもいい。モールによっては、シネマコンプレックスなども入っていて、郊外型の巨大ショッピングモールなら1日中遊べる。郊外なら駐車場の料金は無料だが、都市部は有料のことが多い。

また、ブランドものがディスカウント価格で販売されているアウトレットは、もはやアメリカンショッピングの定番といってもいいだろう。大型のアウトレットは郊外にあり、公共の交通機関を使って行くことは難しい場合が多い。車、またはツアーを利用して行ってみよう。規模は大きくないが、ノードストロームラックやロス・ドレス・フォー・レスのように中心地に出店している都市型のアウトレットもある。

ちょっとしたおみやげなら、スーパーマーケットやドラッグストアがおすすめ。オーガニック系のスーパー、ホールフーズマーケットやトレーダージョーズでは自然派コスメ、アロマセラピー、ヨガグッズなども売っている。またナッツ、ドライフルーツも充実。日本でも定着したエコバッグは、ファッショナブルで手頃な価格が魅力だ（→P.20〜21）。

■セールスタックスについて

アメリカは州や市によって、日本の消費税に相当するセールスタックスの税率が異なる。同じものなら、税率の低い都市での買い物が得。

---

428 **メモ** **おもな高級デパート** ●サックス・フィフス・アベニュー www.saksfifthavenue.com
●ノードストローム shop.nordstrom.com ●メーシーズ www.macys.com

●日本とアメリカのサイズ比較表

●身長

フィート／インチ(ft)	4'8"	4'10"	5'0"	5'2"	5'4"	5'6"	5'8"	5'10"	6'0"	6'2"	6'4"	6'6"
センチメートル(cm)	142.2	147.3	152.4	157.5	162.6	167.6	172.7	177.8	182.9	188.0	193.0	198.1

●体重

ポンド(lbs)	80	90	100	110	120	130	140	150	160	170	180	190	200
キログラム(kg)	36.3	40.9	45.4	50.0	54.5	59.0	63.6	68.1	72.6	77.2	81.7	86.3	90.8

●メンズサイズ

サイズ		Small		Medium		Large		X- Large
首回り(inches)	14	14½	15	15½	16	16½	17	17½
首回り(cm)	35.5	37	38	39	40.5	42	43	44.5
胸囲(inches)	34	36	38	40	42	44	46	48
胸囲(cm)	86.5	91.5	96.5	101.5	106.5	112	117	122
胴回り(inches)	28	30	32	34	36	38	40	42
胴回り(cm)	71	76	81	86.5	91.5	96.5	101.5	106.5
袖丈(inches)	31½	32	33½	34	34½	35	35½	36
袖丈(cm)	82.5	84	86.5	87.5	89	90	91.5	

●レディスサイズ

	X-Small	Small	Medium	Large	X-Large
アメリカサイズ	4	6	8	10	12	14	16	18
日本サイズ	7	9	11	13	15	17	19	

●靴サイズ

婦人用	アメリカサイズ	4½	5	5½	6	6½	7	7½
	日本サイズ(cm)	22	22.5	23	23.5	24	24.5	25
紳士用	アメリカサイズ	6½	7	7½	8	8½	9	10
	日本サイズ(cm)	24.5	25	25.5	26	26.5	27	28
子供用	アメリカサイズ	1	4½	6½	8	9	10	12
	日本サイズ(cm)	7.5	10	12.5	14	15	16.5	18

※靴の幅

AAA	AA	A	B	C	D	E	EE	EEE
狭い			標準			広い		

●身の回りのサイズ
●乾電池
単1=D 単2=C 単3=AA 単4=AAA 単5=N
●用紙サイズ
アメリカの規格は日本と異なる国際判(レターサイズ)
・Letter Size=8.5in×11in=215.9mm×279.4mm
・Legal Size=8.5in×14in=215.9mm×355.6mm
　(日本のA4は210×297mm)
●写真サイズ
・3×5=76.2mm×127mm
・4×6=101.6mm×152.4mm
・8×10=203.2mm×254mm
　(日本のL版は89mm×127mm)
●液体の容量
・1ティースプーン(日本でいう小さじ)=約4.92㎖
・1テーブルスプーン(日本でいう大さじ)=約14.78㎖
・1カップ=約236.58㎖(日本は200㎖)

●ジーンズなどのサイズ

ウエストサイズ(inches)	29	30	31	32	33	34	36
メンズウエストサイズ(cm)	73	76	78	81	83	86	91
ウエストサイズ(inches)	26	27	28	29	30	31	32
レディスウエストサイズ(cm)	56	58	61	63	66	68	71

●ガールズサイズ

サイズ	7	8	10	12	14	16
身長(cm)	124.5～131	134.5～141	147.5～153.5～160			

●ボーイズサイズ

サイズ	8	9	10	11	12	14	16	18
身長(cm)	128～133	138.5～143.5	148.5～156～164～167					

●ベイビーサイズ

サイズ	3	4	5	6	7(6X)
身長(cm)	91.5～98	～105.5	～113	～118	～123

●ヨーロッパ・サイズ比較表

	洋服					靴					
日本	7	9	11	13	15	22.5	23.0	23.5	24.0	24.5	25.0
フランス	34	36	38	40	42	35	35½	36	36½	37	37½
イタリア	36	38	40	42	44	35	35½	36	36½	37	37½

●度量衡
●長さ
・1インチ(inch)≒2.54cm
・1フット(foot)=12インチ≒30.48cm
　(複数形はフィートfeet)
・1ヤード(yard)=3フィート≒91.44cm
・1マイル(mile)≒1.6km
●重さ
・1オンス(ounce)≒28.35g
・1ポンド(pound)=16オンス≒453.6g
●体積
・1パイント(pint)≒0.4ℓ
・1クォート(quart)=2パイント≒0.946ℓ
・1ガロン(gallon)=4クォート≒3.785ℓ

メモ おもなショッピングモール ●ウエストフィールド www.westfield.com、アウトレット ●プレミアム
アウトレット www.premiumoutlets.com

旅の技術

チップとマナー

アメリカは、異なる慣習をもつ人々が暮らす多民族国家。これさえ守れば大丈夫！といった絶対的な決まりごとはないが、最低限守りたい慣習やマナーだけはおさえておきたい。「郷に入れば郷に従え」、気持ちよいマナーを心がけて楽しい旅を！

●チップについて

アメリカではサービスを受けたらチップを渡す習慣がある。一般的に、どのレストランでも請求書の売上料金の15～20%をチップとしてテーブルに残しておく。グループだと合計金額も高くなるが、人数や時間に関係なく、合計額の15～20%が基本だ。なお、少額の消費をしたときでも$1以上のチップを手渡したい。

●チップの支払い方

ウエーター、ウエートレスへのチップは支払い後、会計伝票を載せてきたトレイに残す。クレジットカードでの支払いでもチップを含めて決済できる（記入例は下記を参照）。チップは売上料金に対しての15～20%程度とし、タックスぶんは対象にしなくていい。

チップの目安
●ポーターへ
ホテルの玄関からロビーまで荷物を運ぶドアマンと、ロビーから部屋まで荷物を運ぶポーターにそれぞれ渡す。荷物1個につき$2～3が目安。
●ホテルメイドへ
ベッド1台につき$1～2。
●タクシーで
タクシーなどの場合はチップを単体で手渡すのではなく、メーターの表示額に自分でチップを加えて支払うことになる。メーター料金の15～20%とされるが、気持ちよくドライブしてくれたら多めにチップをはずんでもいい。細かい端数は切り上げて支払うのが一般的だ。
●ルームサービスで
ルームサービスを頼んだ場合、まず伝票を見る。サービス料金が記入されていればチップは不要。サービス料金が加算されていなければ伝票にチップの金額を書き、さらに合計金額を書く。現金でもOK。メッセージや届け物などは$1～2。
●ツアーで
ガイドチップはツアー代金の15～20%が目安。

会計伝票記入例
- 税金（9.50%の場合）
- 売上料金（飲食代）
  Services 40:00
  Taxes 3:80
  Tip/Gratuity 8:00
  Total 51:80
- 合計売上
- チップ（売上料金に対して20%、端数は切り上げる）

チップ換算早見表

料金($)	15% チップ	15% 合計額	20% チップ	20% 合計額
5	0.75	5.75	1.00	6.00
10	1.50	11.50	2.00	12.00
15	2.25	17.25	3.00	18.00
20	3.00	23.00	4.00	24.00
25	3.75	28.75	5.00	30.00
30	4.50	34.50	6.00	36.00
35	5.25	40.25	7.00	42.00
40	6.00	46.00	8.00	48.00
45	6.75	51.75	9.00	54.00
50	7.50	57.50	10.00	60.00

簡単なチップの計算法
①料金の端数を切り下げる（または切り上げ）
例）$35.21 → $35.00
②チップが20%なら、小数点をひとつ左に移動して2倍に
$35.00 → $3.50 × 2 = 7.00
③チップの相当額は15～20%（$5.25～7）の範囲。通常チップの目安は18%なので中間の数字が相場だ。それぞれのサービスに見合った額を決めればよい。

●マナーについて

心がけたいマナー
●あいさつ
道を歩いていて人に触れたら「Excuse me」。もし、ひどくぶつかってしまったり、足を踏んでしまったら「I'm sorry」。人混みのなかで先に進みたいときも「Excuse me」だ。無言はたいへん失礼になる。お店に入って、店員に「Hi!」と声をかけられたら、「Hi!」または「Hello」などと返事を返そう。また、話をするときは、真っすぐ人の目を見て話すように。

歩行喫煙はNG!!
日本で多く見られる歩行喫煙は絶対にやめたい行為。

●飲酒と喫煙

州によって法律が違うが、アメリカ西海岸の州は21歳未満の飲酒と、屋外での飲酒は禁じられている（→P.427側注）。リカーストア（酒類の販売は6:00～翌2:00）、ライブハウス、クラブなどでは、アルコール購入の際ID（身分証明書）の提示を求められることもある。特に注意してほしいのが、公園やビーチ、公道でのアルコールは厳禁。たばこを取り巻く環境となると、さらに厳しい。レストランは屋内でもアウトドアのテラスでも禁煙。ホテルも禁煙ルームのほうが断然多い。

●子供連れの場合

レストランや公共の場などで騒いだら、落ち着くまで外に出ていること。また、ホテル室内や車の中に子供だけを置き去りにすることや、子供をしつけのつもりでたたいたりすると、警察に通報されるので特に日本人は要注意だ。

メモ 列の並び方 キャッシャーやATM、トイレなどで並ぶときは、1列に並んで空いたところから入っていくという、フォーク型の並び方が定着している。

郵便と電話

リアルタイムで世界中と簡単にやり取りができるデジタルの世にあっても、みやげ物屋の店頭にはたくさんの絵はがきが並んでいる。今でも多くの人がアナログのよさをわかっているのだ。同様に電話がなくならないのも直接話すことの大切さを理解しているからだろう。

●旅の便りを送ろう（郵便）

アメリカから日本への所要日数は、エアメールでだいたい1週間前後。料金は普通サイズのはがき、封書とも$1.15が基本となっている。宛て名は日本語で書いてよいが最後に「JAPAN」と記す。

かさばる書類やおみやげなどの荷物は、郵便で日本に送ってしまえばあとがらく。大きな郵便局ならクッション入りの大型封筒、郵送用の箱なども売っている。

●電話のかけ方

■アメリカ国内の電話
●市内通話と市外通話

同じ市外局番（エリアコード）内の市内通話の場合、公衆電話の最低通話料金は50¢が一般的だ（LA内でエリアコード外にかけるときは、50¢以上かかる）。受話器を持ち上げ、コインを入れ相手先番号を押す（LAとサンフランシスコの市内通話は例外→脚注）。市外通話は最初に1をダイヤルしてから、市外局番、相手先番号と続ける。オペレーターが"Please deposit one dollar and 80 cents for the first one minute."などと料金を言うので、それに従いコインを入れる。

●プリペイドカード

まず専用のアクセス番号（カードに表記されている）をプッシュ。操作案内があるので、それに従って自分のカード番号、相手先電話番号をプッシュしていけばよい。このプリペイドカードは日本やアメリカの空港、ドラッグストアのレジなどで販売されている。

●ホテルの部屋からの電話

まず外線発信番号（多くの場合8または9）を最初に押す。あとは通常のかけ方と同じだ。ただし、ホテルの部屋からの通話にはサービスチャージが加算される。トールフリー（無料電話free）の番号でも、チャージするところが多い。

■アメリカから日本へ、日本からアメリカへの国際電話

固定電話や公衆電話のほかに、携帯電話で国際電話をかけることも増えている。いずれも、多くのケースで、最初に国際電話識別番号（アメリカ→日本：011、日本→アメリカ：010）を入力して、国番号＋市外局番＋相手先番号と入力すればよい。詳しくはP.8「電話のかけ方」を参照。

郵便のサイズ（タテ×ヨコ）
●はがき
（最大）15.2cm×10.8cm
●封筒
（最大）15.7cm×29.2cm
（最小）8.9cm×12.7cm
両方とも重さは1オンス（約28g）まで。

その他の日本向け郵便
書籍・印刷物Printed Matterは11ポンド（約5kg）まで$79.75、1ポンドごとに$7.25加算。小包Parcelは、1ポンド（453.6g）まで$48.25、2〜66ポンドまで1ポンドごとに$2.95〜3.25を加算。最大重量66ポンド（約30kg）。

トールフリーとは
トールフリーはアメリカ国内通話料無料の電話番号。(1-800)、(1-888)、(1-877)、(1-866)、(1-855)、(1-844)で始まる。なお、日本からかける場合は有料となり、アメリカ国内で携帯電話から利用する場合も、通話料がかかる。

アメリカで利用できる日本で販売のプリペイドカード
空港などで販売している。
●KDDI（スーパーワールドカード）
●ソフトバンク（KOKUSAI Card）

日本での国際電話に関する問い合わせ先
●KDDI
[電話] 局番なしの0057
[URL] www.kddi.com
●NTTコミュニケーションズ
[電話] 0120-506506
[URL] www.ntt.com
●ソフトバンク
（国際電話サービス）
[電話] 0120-0088-82
[URL] tm.softbank.jp/consumer/0061_intphone
●au
[電話] 0077-7-111
[URL] www.au.kddi.com
●NTTドコモ
[電話] 0120-800-000
[URL] www.nttdocomo.co.jp/service/world
●ソフトバンク
（モバイルサービス）
[電話] 157（ソフトバンクの携帯から無料）
[URL] www.softbank.jp/mobile/service/global

 ロスアンゼルス市内の(213)と(323)、サンフランシスコ市内の(415)と(628)のように、市内でエリアコード（市外局番）が異なる地域では、同一の局番内でも最初に1をダイヤルし、市外局番、相手先番号と続ける。

旅の技術

インターネット

　インターネットによって、旅は劇的に進化している。旅行を計画する際の情報収集はもちろん、ネットとつながることでこれまでとは比較にならないほど効率的に旅行ができるようになった。スマートフォンを活用して、旅の楽しみを広げたい。

スマートフォンなどの利用方法はこちらでも
「地球の歩き方」ホームページでは、アメリカでのスマートフォンなどの利用にあたって、各携帯電話会社の「パケット定額」や海外用モバイルWi-Fiルーターのレンタル情報をまとめた特集ページを公開中。
📖www.arukikata.co.jp/net

無料 Wi-Fi スポットを検索するには
📖www.openwifispots.com
で検索できる。

━●デジタル旅行のすすめ

　日常生活でスマートフォン（スマホ）が欠かせないものになっている今日、旅行中でも同じような使い方をしたい人は多いだろう。そのためにはまずインターネットに接続する通信環境が必要になる。もちろん人によってネットの使い方は異なるので、自分が旅行中に何が必要なのかを考えて準備しておこう。

■常時接続の環境が欲しい人は

　SNSの発信、さまざまなアプリケーションを利用したい（→P.433）、思い立ったらすぐにネットに接続したい……、という人は、日本にいるときと同じような通信環境が必要になる。さまざまな方法があるが、やり方により費用も異なるので、自分の旅のスタイルに合わせて選びたい。

●常時接続環境のためのオプション

利用するサービス	メリット	デメリット	必要な手続き
スマホのキャリアのパケット定額サービスを利用する	・日本と同じ感覚で使える ・スマホ自体の設定変更は不要 ・日本の電話番号をそのまま使える	・普段の通信料に海外で使うための追加契約の料金が加算される ・追加契約をしないと高額な利用料が発生する	・海外で利用するためのパケット定額サービスを契約する
日常使っているスマホのSIM カードを入れ替える	・一部機能は使えないが、日本とほぼ同じ感覚で使える ・日本で追加契約をするより、費用が抑えられることが多い	・すべてのスマホで利用できるかどうかわからない ・日本の電話番号は使えない ・現地ショップで SIM カードを購入する際、英語でのやりとりが必要	・SIM カードを入れ替えて利用できるスマホか確認する ・日本で現地対応の SIM カードを購入しておくか、現地で SIM カードを購入する
海外用モバイル Wi-Fi ルーターをレンタルする	・日本と同じ感覚で使える。 ・Wi-Fi の接続設定以外、スマホ自体の設定変更は不要 ・複数の人数、複数のデバイスで利用できる	・レンタル料が発生する ・ルーター、ルーター用充電器など荷物が増える ・借りる、返す手間がかかる	・レンタル契約をして、ルーター一式を借りる（事前予約が望ましい）

ホテルでのネット接続
ホテルでネットに接続する場合、高級ホテルほど有料であることが多い。また通信速度によって有料であったり、無料であったりすることもある。メールをチェックしたり、ネットで検索したりする程度であれば、高速の通信環境は不要だ。

　このほかに、現地でスマホを購入するという手もあるが、短期滞在の旅行者にはメリットはない。自分が契約している通信会社では、どんな海外利用プランがあるか、料金だけでなく、通信速度やデータ量なども検討要素となるので、事前にしっかり調べておきたい。

■いつも接続できる必要はない人は

　たまにメールをチェックする程度の利用であれば現地のWi-Fiを利用すれば済む。ホテルだけでなく、カフェやレストラン、ショッピングモ

ール、そのほか、図書館などの公共施設でも無料Wi-Fiを提供しているところが多数あるが、セキュリティ上のトラブルが起こりやすいことも頭に入れておきたい。

●旅を便利にするアプリケーション

例えば知らない場所に行くとき、地図アプリで場所を調べる。経路検索アプリで目的地までの経路と所要時間を調べる。初めて行くレストランがどんなところか、口コミサイトで評判を見る……。

現地でインターネットに常時接続できる環境がもてたら、旅先でも日本と同じ感覚でスマホを活用できる。貴重な海外旅行の時間を少しでも無駄にしたくないなら、ネットを使って効率のいい旅をしたい。

■どんなアプリが必要？

旅に便利な無料のアプリが多数あるので、積極的に活用したい。

●交通系のアプリ

各都市の交通局が公共交通機関（バス、トラムなど）の運行スケジュール、乗換案内などがわかるものを無料で提供している。グレイハウンドなど長距離バスなど利用するなら、専用アプリで時刻を知るだけでなくチケット購入もできる。またUber（→P.423）などの配車サービスを利用するなら、専用のアプリが便利だ。

●予約サービス

ホテルだけでなく、レストランの予約もネットでできる。サイト（→P.427脚注）にアクセスしても可能だが、アプリを使えばもっと簡単だ。

安心＆便利なドコモの海外パケット定額サービス

ドコモの「パケットパック海外オプション」は、1時間200円からいつものスマートフォンをそのまま海外で使えるパケット定額サービス。旅先で使いたいときに利用を開始すると、日本で契約しているパケットパックなどのデータ量が消費される。24時間980円のプランや利用日数に応じた割引もある。詳細は「ドコモ海外」で検索してみよう。

口コミ情報

日本でも利用者の多いYelpなど、口コミ情報が掲載されているウェブサイトも、オンラインでサイトにアクセスするよりアプリを使ったほうがスムーズ。

INFORMATION
アメリカでスマホ、ネットを使うには

まずは、ホテルなどのネットサービス（有料または無料）、Wi-Fiスポット（インターネットアクセスポイント。無料）を活用する方法がある。アメリカでは、主要ホテルや町なかにWi-Fiスポットがあるので、宿泊ホテルでの利用可否やどこにWi-Fiスポットがあるかなどの情報を事前にネットなどで調べておくとよいだろう。ただしWi-Fiスポットでは、通信速度が不安定だったり、繋がらない場合があったり、利用できる場所が限定されたりするというデメリットもある。ストレスなくスマホやネットを使おうとするなら、以下のような方法も検討したい。

☆各携帯電話会社の「パケット定額」

1日当たりの料金が定額となるもので、NTTドコモなど各社がサービスを提供している。

いつも利用しているスマホを利用できる。また、海外旅行期間を通してではなく、任意の1日だけ決められたデータ通信量を利用することのできるサービスもあるので、ほかの通信手段がない場合の緊急用としても利用できる。なお、「パケット定額」の対象外となる国や地域があり、そうした場所でのデータ通信は、費用が高額となる場合があるので、注意が必要だ。

☆海外用モバイルWi-Fiルーターをレンタル

アメリカで利用できる「Wi-Fiルーター」をレンタルする方法がある。定額料金で利用できるもので、「グローバルWiFi（【URL】https://townwifi.com/）」など各社が提供している。Wi-Fiルーターとは、現地でもスマホやタブレット、PCなどでネットを利用するための機器のことをいい、事前に予約しておいて、空港などで受け取る。利用料金が安く、ルーター1台で複数の機器と接続できる（同行者とシェアできる）ほか、いつでもどこでも、移動しながらでも快適にネットを利用できるとして、利用者が増えている。

ほかにも、いろいろな方法があるので、詳しい情報は「地球の歩き方」ホームページで確認してほしい。
【URL】http://www.arukikata.co.jp/net/

ルーターは空港などで受け取る

旅の技術

旅のトラブルと安全対策

旅の安全対策とは、あらゆるトラブルを未然に防ぐことではなく、事故や盗難に遭うことを前提に、いかに被害を最小限に食い止められるかの対応力が大事である。日本人が海外で遭遇しやすいトラブル事例を挙げながら、対処方法を紹介しよう。

スリ、置き引きの多い場所とは

駅、空港、ホテルのロビー、観光名所、電車やバス、ショッピング街や店内、ファストフード店の中などでは、ほかのことに気を取られがち。「ついうっかり」や「全然気づかぬスキに」被害に遭うことが多い。ツアーバスに乗ったときもバスに貴重品を置いたまま、外に出ないこと。貴重品は必ず身に付けておこう。

こんなふうにお金は盗まれる

犯罪者たちは単独行動ではなく、必ずグループで犯行に及ぶ。例えば、ひとりが写真を撮ってもらうよう頼んでかばんを地面に置いた瞬間に、もうひとりがかばんを奪って逃げていくという具合に、ひとりがカモになる人の気を引いているのだ。

親しげな人に注意

向こうから、親しげに話しかけてくる人、特に日本語で話しかけてくる人には注意。たいていはカモになる人を探しているのだ。例えば、「お金を落としてしまって困っている」なんて話しながら、うまくお金を巻き上げていく人も多い。

本当に大切なものは肌身離さず

なくなったらその旅が不可能になる、パスポートやクレジットカードなどは常に携帯し、パスポート番号などの備忘録は貴重品とは別にしまっておこう。中級以上のホテルに泊まっているなら、客室備え付けのセーフティボックスに保管するのが賢明。

荷物は少なくまとめること

両手がふさがるほど荷物を持って歩いているときは注意力も散漫になりがちだ。スリに狙われやすく、落とし物もしやすくなる。大きな荷物は行動範囲をせばめる原因でもある。

●アメリカの治安

本書で紹介するアメリカ西海岸の都市は、アメリカのなかでも比較的治安は安定している。その一方で、アメリカは日本と比べ犯罪率が高く、どの街にもなるべく近寄らないほうがいいエリアがある。

●ロスアンゼルス リトルトーキョーの南側、4th St.、7th St.、Los Angeles St.、Central Ave.に囲まれたエリア（MP.64-B3）とサウスセントラル（MP.55欄外参照）、イングルウッドと呼ばれるエリア（MP.55-C4〜D4）。サウスセントラルは、メトロレイル・ブルーラインの103rd St./Watts Towers駅以南、ロングビーチとの間に広がる一帯。イングルウッドはロスアンゼルス国際空港の東隣に位置するエリアだ。どちらもLAではかなり治安の悪い地域なので注意したい。

●サンディエゴ ダウンタウンのベトコパークの東側（MP.177-B3）は、浮浪者がうろついていてあまり雰囲気がよくない。

●サンフランシスコ フィッシャーマンズワーフはスリが出やすい場所。特にピア39周辺（MP.229-D2）は要注意。次に、テンダーロインTenderloin（MP.224-A〜B4〜5）。Powell St.駅の西側で、Mason St.とシビックセンター Civic Center、Eddy St.とMarket St.に挟まれたエリアだ。ユニオンスクエア周辺ということで、知らないうちに迷い込んでしまうおそれがある。そのほか、サウス・オブ・マーケットのMarket St.の5th St.より西（MP.223-E2）、ジャパンタウンの南側のウエスタン・アディションWestern Addition（MP.223-D2）、ゴールデンゲート・パークの東側パンハンドル地区Panhandle（MP.223-D3）も気をつけたいエリアだ。

●ラスベガス ストリップとダウンタウンの間（MP.312「注意！」）は、空き地が多く、安モーテルや質屋が並ぶあまりガラのよくないエリア。

●シアトル パイオニアスクエアとインターナショナルディストリクト（MP.355-A〜B3）は夜間の治安がよくない。Pike St.（MP.355-A2〜3）も要注意。

●ポートランド 夜間のグレイハウンドのバスターミナル周辺（MP.389-B1）は治安がよくないので、利用する人は時間帯に注意するように。

■街の歩き方

昼間は安全な雰囲気でも、夜間では様子がガラリと変わることはざらにある。夜間や人通りの少ない道でのひとり歩きは避ける、細い路地には入らないなど、注意が必要。また、人前でお金を見せない、妙に親切な人には注意するなどを徹底して守ろう。治安のよし悪しを判断する目安は、やたらとゴミが散乱している、落書きが多いなど。ホームレスや目つきの悪い人がうろついている所は立ち入りを避けたい。また、きちんとした身なりの女性が少なくなったら引き返そう。夜間の外出はタクシーを使い、レンタカーでもさびしい道は走らないように。

そのほか、気をつけたい事項は次のとおり。
●服装で注意したいのが、ストリートギャング風（ダボッとしたパンツに、パーカーのフードやキャップを目深にかぶるスタイル）のいで立ち。
●路線バス、地下鉄などの公共交通機関の利用は、暗くなってからは人通りがグンと減るので、バス停やひと気のないプラットホームに立って待っているのはおすすめできない。夜間の移動は、タクシーを利用するように。

人混みではスリに注意し、荷物は必ず体の前で持つ

暗くなってから外を歩くときは賑やかな所を

●ドライブ時の注意として、これはアメリカのどの地域に関してもいえることだが、車を離れるとき、荷物は後ろのトランクなどに入れ、窓から見える所に置かないようにする。また、特に年末のショッピングシーズンなどは、買い物の荷物を狙った車上荒らしが多発するので要注意。車と金品を狙ったカージャックは、駐車場だけでなく、走行中や信号待ちの際にわざと車をぶつけ、車内から人が降りたスキを狙う場合もある。ドライブ中に何かのアクシデントに巻き込まれたら、できるだけ安全と思われる場所（ガスステーションや警察）まで移動して助けを求めよう。

━●トラブルに遭ってしまったら

■安全な旅を目指して（事後対応編）
●盗難に遭ったら

すぐ警察に届ける。所定の事故報告書があるので記入しサインする。暴行をともなわない置き引きやスリの被害では、被害額がよほど高額でないかぎり捜索はしてくれない。報告書は、自分がかけている保険の請求に必要な手続きと考えたほうがよい。報告書が作成されると、控えか報告書の処理番号（Complaint Number）をくれる。それを保険請求の際に添えること。

●パスポートをなくしたら

万一、パスポートをなくしたら、すぐ在外公館（総領事館→側注）へ行き、新規発給の手続きを。申請に必要なものは、①顔写真（2枚）、②パスポート紛失届出証明書（現地の警察で発行）、③戸籍謄本または抄本、④旅行の日程などが確認できる書類。

発給までには、写真を日本に送り本人かどうかを確認するため約1週間かかる。また発給の費用は、10年用は＄143、5年用は＄98（12歳未満＄54）が必要。なお、帰国便の搭乗地国ないし、その国へ向かう途中でなくした場合は、『帰国のための渡航書』（＄22）を発行してもらい帰ることはできる。2時間ほどで発行。やはり写真と申請書が必要。

●在ロスアンゼルス日本国総領事館
Consulate General of Japan in Los Angeles
📖P.64-A3
🏠350 S. Grant Ave., Suite 1700, Los Angeles, CA 90071
☎(1-213)617-6700（緊急の場合は24時間対応）
🌐www.la.us.emb-japan.go.jp
🕐月〜金9:30〜12:00、13:00〜16:30（領事窓口）
🚫土・日、おもな祝日
※サンディエゴもロスアンゼルスの管轄

●在サンフランシスコ日本国総領事館
Consulate General of Japan in San Francisco
📖P.225-E3
🏠275 Battery St., Suite 2100, San Francisco, CA 94111
☎(1-415)780-6000
🌐www.sf.us.emb-japan.go.jp
🕐月〜金9:30〜12:00、13:00〜16:30（領事窓口）
🚫土・日、おもな祝日
※ラスベガスもサンフランシスコの管轄

●在シアトル日本国総領事館
Consulate General of Japan in Seattle
📖P.355-B2
🏠701 Pike St., Suite 1000, Seattle, WA 98101
☎(206)682-9107
🌐www.seattle.us.emb-japan.go.jp
🕐月〜金9:00〜11:30、13:00〜16:30（領事窓口）
🚫土・日、おもな祝日

●在ポートランド領事事務所
Consular Office of Japan in Portland
📖P.389-A3
🏠Wells Fargo Center, Suite 2700, 1300 S.W. 5th Ave., Portland, OR 97201
☎(503)221-1811
🌐www.portland.us.emb-japan.go.jp
🕐月〜金9:00〜11:30、13:00〜16:30（領事窓口）
🚫土・日、おもな祝日

※日本総領事館への入館には、写真付き身分証明書の提示が求められるため、必ず所持して訪問すること。なお、パスポートをなくしたなど、写真付きIDがない場合は、その旨を伝えて入館の許可をもらおう。

旅の技術

カード発行金融機関の連絡先がわからない！
　万一、連絡先！わからない場合は、自分の持っているカードのブランドが設けている緊急窓口（ほとんどVisaかMastercardのどちらかのはず）に連絡を。その連絡先はホテルや警察、ウェブサイトで調べられる。こんなときのためにも、パスポート番号、クレジットカードなどの番号をメモしたものや、そのコピーを取っておきたい。

お金をなくして、なすすべのない人は
　どうにもならない場合、日本国総領事館に飛び込んで相談に乗ってもらうしかない。

携帯電話をなくしたら
→P.439

アメリカの医療システム
　ホテルなどの緊急医や救急病院のほかは、医者は予約制。予約してから診察まで1週間かかることもザラ。薬を買うには医者の処方せんが必要だが、痛み止め、風邪薬などは処方せんなしで買える。

海外旅行保険のサービスを利用する
　日本語を話せる医者を紹介し、病院の予約を取ってくれる。
　旅行保険会社の連絡先は→P.439を参照。

緊急時の医療英会話
→P.438

荷物が出てこないとき航空会社の係員に聞かれるおもな事柄
●便名の確認
●預けた空港の確認
●名札が付いているか
●フライト何分前のチェックインか
●かばんの形と色
●外ポケットやいちばん上の内容物
●発見されたときの配送先

ドライブ時の罰金を支払う
　罰金の支払い方法は、マネーオーダー（郵便為替）を作って送るか、ウェブサイトや電話によるクレジットカードの引き落としなどがある。
　なお、帰国後でも罰金の処理を怠ると、レンタカー会社を通じて追跡調査が行われる。またアメリカの有料道路（トールToll）で未払いした場合も同様なので、気をつけよう。

●クレジットカードをなくしたら

　大至急クレジットカード発行金融機関の緊急連絡センター（→P.439）に電話し、カードを無効にしてもらう。警察に届けるより前に、この連絡をすること。盗難カードでショッピング枠を使われるなど、悪用されることがあるからだ。高額商品の購入でも店側が本人確認を行わなかったり、通信販売は、サインがなくても利用できてしまう。

●現金をなくしたら

　盗難、紛失、使いきりなど、万一に備えて、現金の保管は分散することをおすすめする。例えば、財布を落としても、現金が別の場所（衣類のポケットやホテルのセーフティボックス）にあれば急場しのぎになる。それでも、現金をなくしてしまったときのために、キャッシングサービスのあるクレジットカードはぜひとも持っておきたい。また、日本で預金をして外国で引き出せるキャッシュカードやデビットカード（→P.410）、トラベルプリペイドカード（→P.410）も出回っているので、これらのサービスを利用するのもいい。

●病気やけがに見舞われたら

　旅先での風邪や下痢の原因は、気候や生活の変化に対応しきれずに起こることが多く、精神的なストレスなども原因となる。とにかく休むこと。日本から常備薬を持参するのがおすすめ。

●空港で荷物が出てこないとき

　最後まで自分の荷物が出てこない場合、バゲージクレーム内の航空会社のカウンターで、諸手続きを行うことになる。クレームタグの半券を示しながら、事情説明と書類記入をする。聞かれることは、側注のとおり。荷物発見後の配送先は、この先数日の滞在ホテルだが、宿泊先が決まってない人はいっそ荷物を日本に送り返してもらい、必要最低限の品を現地で買い揃えて旅を続けるという手段もある。荷物紛失のため生じた費用の負担については、あらかじめ航空会社に確認すること。

●ドライブ中のトラブル

　旅行者の犯しやすい交通違反が、駐車違反とスピード違反。アメリカでは駐車違反の取り締まりはかなり厳しい。スピード違反のとき、パトカーは違反車の後ろにつけると、赤と青のフラッシャーの点滅で停止を指示する。車は右に寄せて停車。警官が降りて近づいてくる間、ハンドルに手を置いて、同乗者とともにじっと待つ。警官が声をかけたら、日本の運転免許証、国外（国際）運転免許証とレンタル契約書を見せ、聞かれた質問に答えればいい。

　事故や故障の場合は、ひとまずレンタカー会社へ連絡をしよう。事故の場合の対処としてまずは警察とレンタカー会社への連絡。また、相手の免許証番号、車のナンバー、保険の契約番号、連絡先を控えておく。あとは警察やレンタカー会社の指示に従う。また、車を返却するときに必ず申し出て事故報告書を提出すること。

　故障の場合、自走できるときは、レンタカー会社に連絡して修理する。自走できないなら、けん引サービスを呼んで対処しよう。

旅の英会話

せっかくアメリカに行くのだから、「会話」を楽しんでみたい。そのためには決まったフレーズを覚えるだけではダメ。応用が利く「英会話のルール」を身に付ける必要がある。あとは場数を踏めば、だんだん会話ができるようになる。

●短く、確実なフレーズを

ホテルで、レストランで、街なかで、旅行中は自分が言いたいことを相手に伝える場面がどうしても多くなる。決まったフレーズを必死に覚えて一生懸命相手に伝えようとすると思うが、大切なのはちゃんとした英語を話すことではなく、確実に言いたいことが伝わるか、だ。「相手が理解しやすい言い回しは何だろう」と相手の立場で考えてみよう。

■Please と I would like to で最低限の会話を

たくさんのセンテンスを覚えても、なかなか口から出てこない。ならば自分のフレーズを決めて、あとは単語を入れ替えて旅行中はずっとそれを通すのがいい。

いちばん簡単な英語は"名詞＋please"。"*Reservation, please.*（予約お願いします）"、"*Single room, please.*（シングルの部屋をお願いします）"、"*Fish & chips, please.*（フィッシュ＆チップスをください）"。つらそうな顔で"*Doctor, please.*"と言えば「医者を呼んでください」となる。さらに"Please＋動詞"で人に「〜してほしい」という言葉になる。"*Please go to airport.*（空港に行ってください。※この場合、"*Airport, please.*"〈空港へお願い〉でもいい）"、"*Please tell me next flight to Seattle.*（次のシアトルへのフライトを教えて）"、"*Please give me receipt.*（レシートをください）"などとなる。

この"please"という言葉で「〜が欲しい」「〜してほしい」という、相手に要求することについてほとんどカバーできてしまう。

自分が「〜したい」という場合は、"I would like to ＋動詞"というフレーズがいい。"I want to ＋動詞"も同じ意味だが、少々ぶっきらぼうな言い方になる。"I would like to〜"であれば、どこで使っても失礼になることはない。"*I would like to join the tour.*（ツアーに参加したい）""*I would like to try this.*（これを試着〈試したい〉したい）"など。発音は「アイ・ウドゥ・ライク・トゥ……」より「アイドゥ・ライク・トゥ……」のほうが言いやすい。そのほか「〜できるか？」と尋ねるなら"Can I＋動詞"。例えば"*Can I stay one more night?*（もう1泊できますか）"。「〜していいか？」なら"May I＋動詞"。"*May I sit window seat?*（窓際の席に座っていいですか）"。

■わからなければ聞き返すしかない

言いたいことは、上記である程度カバーできる。実は「会話」は相手の言うことを理解するほうが難しい。多くの普通のアメリカ人は、外国人が理解しやすいようにゆっくり、単語を区切ってしゃべってはくれない。相手の言うことがわからなければ、根気よく繰り返して聞くしかない。何度か聞き返せば、相手はこちらが英語が苦手であると気づいてくれるだろう。

中学校の英語が使える

"where（どこ）"、"when（いつ）"、"what（何）"や"how much（いくら）"など、中学校で習うレベルのセンテンスや単語だけでも、かなり会話の幅が広がるはずだ。その際、細かな文法はとりあえず忘れてしまおう。定冠詞の"the"なのか不定冠詞の"a"なのかとか、現在形なのか、過去形なのか、三単現の"s"がついていないとか、そんなことは気にしなくても、堂々と短いフレーズを繰り返せば言いたいことは伝わる。そして伝わることが楽しくなればしめたもの。会話はどんどん上達する。

文法は不要？

もちろんそんなことはなく、きちんとした会話をしたい、できるだけ正確に相手に言いたいことを伝えたい、と思うなら正しい文法の言葉を話すべきだろう。短いフレーズで言いたいことを伝えるのは、あくまでも最低限のコミュニケーションのための「サバイバル会話」と考えてほしい。文法的に正しい言葉を話すのは次の段階。まずは会話をすることに慣れるのが大切だ。

道を尋ねる便利な言葉
目印→ landmark
信号→traffic light
角→corner
距離→distance
真っすぐ行く
→go straight
右（左）に曲がる
→turn right（left）
右（左）側
→on the right（left）
前方→front
後方→behind
こちら側→this side
向こう側→opposite side
1本先の道
→one block away

旅の技術 Travel Tips 旅のトラブルと安全対策／旅の英会話

437

旅の技術

■よく使うフレーズ

●ホテル編

8月11日と12日にツイン（ダブル）ルームを予約したいのですが（電話で）。
I'd like to make a reservation for a twin（double）room, August eleventh and twelfth.

今晩、空いているシングルルームはありますか？
Do you have a single room, tonight?

チェックインをお願いします。3泊の予定です。
I'd like to check in. I'll be staying for three nights.

クレジットカードで支払いします。
I'd like to pay by credit card.

部屋のカギが開きません。
The room key isn't working.

●レストラン編

もしもし、今晩7:30、2名で夕食を予約したいのですが。私の名前は田中です。
Hello. I'd like to make a reservation this evening. Two people at seven thirty p.m. My name is Tanaka.

おすすめのメニューを教えてください。
What do you recommend?
Do you have any special today?

持ち帰り用の容器をください。
May I have a box?

●街歩き編

空港までのチケットをください。
May I have a ticket to the airport?

片道（往復）切符をお願いします。
One-way（round-trip）ticket, please.

サンタモニカ・ピアへ行くには？
How can I get to Santa Monica Pier?

これはシビックセンターへ行きますか？
Does this go to Civic Center?

サンタモニカに着いたら教えてください。
Please let me know when we get to Santa Monica.

ユニオン駅で降ろしてもらえますか？
Would you drop me off at the Union Station?

●ショッピング編

見ているだけです。　*I'm just looking.*
これをください。　*I'll take this one.*
Tシャツを探しています。
I'm looking for a T-shirt.
○○売り場はどこですか？
Where is ○○ corner（floor）?
これを試着してもいいですか？
Can I try this on?
もう少し大きい（小さい）ものはありますか？
Do you have a larger（smaller）one?

病院で見せるチェックシート

※該当する症状があれば、チェックをしてお医者さんに見せよう

☐吐き気 nausea	☐悪寒 chill	☐食欲不振 poor appetite
☐めまい dizziness	☐動悸 palpitation	
☐熱 fever	☐脇の下で測った armpit	＿＿＿＿℃／℉
	☐口中で測った oral	＿＿＿＿℃／℉
☐下痢 diarrhea	☐便秘 constipation	
☐水様便 watery stool	☐軟便 loose stool	1日に（　）回　（　）times a day
☐時々 sometimes	☐頻繁に frequently	絶え間なく continually
☐風邪 common cold		
☐鼻詰まり stuffy nose	☐鼻水 running nose	☐くしゃみ sneeze
☐咳 cough	☐痰 phlegm	☐血痰 bloody sputum
☐耳鳴り tinnitus	☐難聴 loss of hearing	☐耳だれ ear discharge
☐目やに eye discharge	☐目の充血 red eye	☐見えにくい visual disturbance

※下記の単語を指さしてお医者さんに必要なことを伝えよう

●どんな状態のものを

生の　raw	打った　hit	アブ　gadfly
野生の　wild	ひねった　twisted	クラゲ　jellyfish
油っこい oily	落ちた　fell	毒蛇　viper
よく火が通っていない	やけどした　burnt	リス　squirrel
uncooked	**●痛み**	**●何をしているときに**
調理後時間がたった	ヒリヒリする　tingling	森に行った　went to the forest
a long time after it was cooked	刺すように　sharp	ダイビングをした　went diving
●けがをした	鋭く　keenly	キャンプをした　went camping
刺された・噛まれた bitten	ひどく　severely	登山をした　went hiking (climbing)
切った　cut	**●原因**	川で水浴びをした
転んだ　fell down	蚊　mosquito	went swimming in the river
	ハチ　wasp	

旅のイエローページ

■緊急時
- ●警察、消防署、救急車　☎911
- ●在ロスアンゼルス日本国総領事館
　☎(1-213)617-6700
- ●在サンフランシスコ日本国総領事館
　☎(1-415)780-6000
- ●在シアトル日本国総領事館
　☎(206)682-9107
- ●在ポートランド領事事務所
　☎(503)221-1811

■航空会社（アメリカ国内）
- ●全日空　Free(1-800)235-9262*
- ●日本航空　Free(1-800)525-3663*
- ●アメリカン航空　Free(1-800)237-0027*
- ●デルタ航空　Free(1-800)327-2850*
- ●ユナイテッド航空　Free(1-800)537-3366*
- ●シンガポール航空　Free(1-800)742-3333
- ＊は日本語対応のオペレーター

■空港
- ●ロスアンゼルス国際空港
　☎(310)646-5252
- ●サンディエゴ国際空港　☎(619)400-2404
- ●サンフランシスコ国際空港
　☎(1-650)821-8211
- ●マッカラン国際空港　☎(702)261-5211
- ●シータック空港　☎(206)787-5388
- ●ポートランド国際空港　☎(503)460-4234

■クレジットカード会社（カード紛失・盗難時）
- ●アメリカン・エキスプレス
　Free(1-800)766-0106
- ●ダイナースクラブ
　☎＋81-3-6770-2796（日本。コレクトコールを利用）
- ●JCB　Free(1-855)497-0395
- ●マスターカード　Free(1-800)307-7309
- ●ビザ　☎(1-303)967-1090（コレクトコールを申し込む）

■携帯会社、アメリカからの連絡先（電話紛失時の利用停止の手続き）
- ●au　☎＋81＋3＋6670-6944
- ●NTTドコモ　☎＋81＋3＋6832-6600
- ●ソフトバンク　☎＋81-92-687-0025
　　　　　　　　　　　　　（3社とも日本）

■旅行保険会社（アメリカ国内）
- ●損保ジャパン日本興亜
　Free(1-800)233-2203
- ●東京海上日動　Free(1-800)446-5571
- ●AIG損保　Free(1-800)8740-119

■日本語が通じる医療機関
- ●New Sunrise Clinic（ロスアンゼルス）
　MP.55-D2　住2600 W. Pico Blvd., Los Angeles　☎(1-213)388-2772
　URLwww.nsrclinic.com
　営月・火・金9:00～17:00（木8:30～）、土8:30～13:00
　休水・日
- ●Nihon Clinic（サンディエゴ）
　MP.176-A1　住3707 Convoy St., San Diego　☎(858)560-8910　※診察は要予約
　営月・火・木・金9:00～17:00、土9:00～12:00
- ●St. Francis Memorial Hospital（サンフランシスコ）
　MP.224-A3　住900 Hyde St., San Francisco　☎(1-415)353-6847（日本語医療サービス）
　営毎日 8:00～16:00、緊急時は24時間対応
- ●First Med of Southern Nevada（ラスベガス）
　MP.318-B3外　住3343 S. Eastern Ave. Las Vegas　☎(1-702)731-0909※診察は要予約
　営月・火・木・金9:30～17:00、水12:00～20:00、土9:00～12:00
- ●Virginia Mason Hospital & Medical Center（シアトル）
　※日本人医師、日本語を話す医師がいる
　MP.355-B2　住1100 Ninth Ave., Seattle　☎(206)223-6600　営月～金8:00～17:30、土8:00～12:30、緊急時は24時間対応
- ●Providence Portland Medical Center（ポートランド）
　MP.388-B3　住4805 N.E. Glisan St. Portland　☎(1-503)215-1111
　営救急時は24時間対応

■帰国後の旅行相談窓口
- ●日本旅行業協会　JATA
　旅行会社で購入した旅行サービスについての相談は「消費者相談室」まで。
　☎(03)3592-1266　URLwww.jata-net.or.jp

INDEX ● 索引

ロスアンゼルス

見どころ

アーツディストリクト	85
アナハイム・ダックス	93
アネンバーグ写真美術館	74
アボット・キニー・ブルバード	72
インターナショナル・サーフィン博物館	122
ウエストウッド	75
ウエストサイド	73
ウエストハリウッド	81
ウエストフィールド・センチュリーシティ	74
ウオーク・オブ・フェイム	78
ウオーターフロント	116
エクスポジションパーク	86
エジプシャンシアター	79
LA ライブ	82
エル・プエブロ州立史跡	85
オーシャン・フロント・ウオーク	72
オールドパサデナ	89
オールド・ミッション・サンタバーバラ	115
オレンジカウンティ	120
カリフォルニア・サイエンス・センター	86
カリフォルニア大学ロスアンゼルス校	75
ギャンブルハウス	91
グリフィス天文台	80
グリフィスパーク	80
ゲッティヴィラ	76
ゲッティセンター	76
ゲッフェン現代美術館	83
現代美術館（MOCA）	83
コリアタウン	87
サードストリート・プロムナード	71
サンシメオン	119
サンセットプラザ	81
サンタカタリナ島	120
サンタバーバラ	112
サンタバーバラ・エル・プレシディオ州立歴史公園	114
サンタバーバラ・カウンティ・コートハウス	114
サンタバーバラ美術館	115
サンタモニカ	70
サンタモニカ・ピア	70
サンタモニカ・プレイス	70
シックスフラッグス・マジック・マウンテン	153
シビックセンター	84
ステープルスセンター	82
センチュリーシティ	74
全米日系人博物館	84
ソニー・ピクチャーズ・スタジオ	75
ソルバング	119
ダウンタウン	82
ダウンタウン・ディズニー	134
チャイナタウン	85
TCL チャイニーズシアター	78
ディズニー・カリフォルニア・アドベンチャー・パーク	130
ディズニーランド・パーク	135
ディズニーランド・リゾート	129
天使のマリア大聖堂	85
ドジャースタジアム	92
ドルビーシアター	77
ナッツ・ベリー・ファーム	150
ニューポートビーチ	123
ノートン・サイモン美術館	89
パサデナ	89
パサデナシティホール	90
パシフィックパーク	70
パラマウント映画	74
ハリウッド	77
ハリウッド＆ハイランド・センター	77
ハリウッドサイン	80
ハリウッドボウル	80
ハリウッド壁画	79
ハンティントン	91
ハンティントンビーチ	122
ハンティントンビーチ・ピア	122
パンテージシアター	79
ピーターセン自動車博物館	88
ビーチシティズ	70
ピズモビーチ	119
ビバリーヒルズ	73
ファーマーズマーケット	88
フィッシャーマンズビレッジ	72
ブレントウッド	76
ブロード	83
ベニス	72
ベンチュラ	119
マダムタッソーろう人形館	78
マリナ・デル・レイ	72
ミッドウィルシャー	87
南カリフォルニア大学	86
ミュージックセンター	83
メインストリート	71
メルローズアベニュー	81
USC パシフィックアジア美術館	90
ユニバーサル・スタジオ・ハリウッド	143
ラグナビーチ	124
ラ・シエネガ・ブルバード周辺	73
ラ・ブレア・タールピッツ ＆ 博物館	88
リトルトーキョー	84
ローズボウル・スタジアム	90
ロスアンゼルス・エンゼルス・オブ・アナハイム	92
ロスアンゼルスカウンティ美術館	87
ロスアンゼルス・ギャラクシー	93
ロスアンゼルス・キングス	93
ロスアンゼルス・クリッパーズ	93
ロスアンゼルス国際空港	42
ロスアンゼルス自然史博物館	86
ロスアンゼルス・チャージャーズ	92
ロスアンゼルス・ドジャース	92
ロスアンゼルス・ラムズ	92
ロスアンゼルス・レイカーズ	93
ワーナー・ブラザーズ・スタジオ	75

ショップ

アビエーターネーション	95
アポリス	99
インターミックス	97
インダストリー・オブ・オール・ネイションズ	94
ウィットモア	96
ウエイストランド	98
L.a. アイワークス	98
エルシーディ	94
エルメス	97
オーケー	96
クラブモナコ	95
グローブ	96
コリアタウン・ガレリア	99
サックス・フィフス・アベニュー	96
J. クルー	95
ジェネラルストア	94
シャネル	97
スティーブ・マデン	95
スプレンディッド	96
ダニエル・パトリック	98
デウス・エクス・マキナ	94
トライド・アンド・トゥルー	97
ナーズ	98
バージルノーマル	98
パセオコロラド	99
ハマー・アンド・スピア	99
ビクトリアズシークレット	95
ビバリーセンター	96
フィグ・アット・セブンス	99
プラネットブルー	95
ブロック	99
ポケット	99
マルカイマーケット	99
ミスターフリーダム	97
モホーク・ジェネラルストア	98

ラーチモント・ビューティ・センター・・・・・・・97	
ルイ・ヴィトン・・・・・・・・・・・・・・・・・97	
レストレーションハードウエア・・・・・・・・・99	

レストラン

アルフレッドコーヒー・・・・・・・・・・・・103	
イービー＆エルビー・・・・・・・・・・・・・103	
イブリー・・・・・・・・・・・・・・・・・・104	
イル・パスタイオ・・・・・・・・・・・・・・102	
イン・アンド・アウト・バーガー・・・・・・・105	
ヴルストクッヘ・・・・・・・・・・・・・・・100	
SKドーナツ・・・・・・・・・・・・・・・・106	
エッグスラット・・・・・・・・・・・・・・・105	
エムカフェ・・・・・・・・・・・・・・・・・105	
オリジナル・パントリー・カフェ・・・・・・・105	
グリーンブラッツ・デリカテッセン・・・・・・104	
ジェリーナ・・・・・・・・・・・・・・・・・100	
ジャー・・・・・・・・・・・・・・・・・・・102	
ジャック・アンド・ジルズ・トゥー・・・・・・102	
スイート・ローズ・クリーマリー・・・・・・・100	
スー・ブル・ジープ・・・・・・・・・・・・・106	
スウィート・レディ・ジェーン・・・・・・・・104	
スパゴ・ビバリーヒルズ・・・・・・・・・・・101	
ディノズ・チキン＆バーガーズ・・・・・・・・106	
テンダーグリーン・・・・・・・・・・・・・・101	
トゥルー・フード・キッチン・・・・・・・・・101	
ノブ・・・・・・・・・・・・・・・・・・・・103	
バックヤードボウル・・・・・・・・・・・・・103	
バーニーズ・ビーナリー・・・・・・・・・・・104	
ピッツァロマーナ・・・・・・・・・・・・・・105	
ピンクス・・・・・・・・・・・・・・・・・・105	
ファーザーズオフィス・・・・・・・・・・・・101	
ファームショップ・・・・・・・・・・・・・・100	
ブランチェック・キッチン＋バー　・・・・・・102	
ベルベデーレ・・・・・・・・・・・・・・・・102	
ボアステーキハウス・・・・・・・・・・・・・104	
ホドリ・・・・・・・・・・・・・・・・・・・106	
ポロラウンジ・・・・・・・・・・・・・・・・101	
マーケット・カフェ550・・・・・・・・・・・106	
マーティーズ・ハンバーガー・スタンド・・・・102	
マイロ・・・・・・・・・・・・・・・・・・・106	
マコーネル・ファイン・アイスクリーム・・・・105	
ミルク・・・・・・・・・・・・・・・・・・・103	
ムッソー＆フランク・グリル・・・・・・・・・103	
メゾンアキラ・・・・・・・・・・・・・・・・106	
メルズ・ドライブイン・・・・・・・・・・・・104	
ラーチモント・・・・・・・・・・・・・・・・103	
リアル・フード・デイリー・・・・・・・・・・102	
ローズカフェ・・・・・・・・・・・・・・・・100	
ロスコーズ・・・・・・・・・・・・・・・・・104	
ロブスター・・・・・・・・・・・・・・・・・101	

ホテル

アナベラホテル・・・・・・・・・・・・・・・142	
アンブローズ・・・・・・・・・・・・・・・・107	
ヴィラ・ローザ・イン・・・・・・・・・・・・107	
ウォーターフロント・ビーチ・リゾート・ア・ヒルトン・125	
エースホテル・ダウンタウン・ロスアンゼルス・・・110	
オーシャン・ビュー・ホテル・・・・・・・・・108	
オムニ・ロスアンゼルス・ホテル・・・・・・・111	
カワダホテル・・・・・・・・・・・・・・・・111	
コートヤード・ロスアンゼルス・センチュリーシティ／ビバリーヒルズ・108	
サンセット・タワー・ホテル・・・・・・・・・109	
シェラトン・パーク・ホテル・アット・ジ・アナハイム・リゾート・142	
シェラトン・ユニバーサル・ホテル・・・・・・109	
シャッターズ・オン・ザ・ビーチ・・・・・・・107	
シャトーマーモント・・・・・・・・・・・・・109	
ジョージアンホテル・・・・・・・・・・・・・107	
シンプソン・ハウス・イン・・・・・・・・・・118	
スーパー8・ロスアンゼルス・ダウンタウン・・・111	
ソフィテル・ロスアンゼルス・アット・ビバリーヒルズ・108	
ディズニー・グランド・カリフォルニアン・ホテル＆スパ・142	
ディズニー・パラダイス・ピア・ホテル・・・・142	
ディズニーランド・ホテル・・・・・・・・・・142	
トラベロッジ・サンタモニカ・・・・・・・・・108	
ドリーマンズイン・・・・・・・・・・・・・・125	
ハイアット・リージェンシー・ハンティントン・ビーチ・リゾート＆スパ・125	

バガボンド・イン・ロスアンゼルス・アットUSC・111	
バナナ・バンガロー・ハリウッド・・・・・・・110	
ハリウッド・ゲスト・イン・・・・・・・・・・110	
ハリウッド・セレビリティ・ホテル・・・・・・110	
ハリウッド・ブイアイピー・ホテル・・・・・・110	
ハリウッド・ルーズベルト・ホテル・・・・・・109	
パリハウス・サンタモニカ・・・・・・・・・・107	
ビバリーウィルシャー・ア・フォーシーズンズ・・・108	
ビバリーヒルズ・ホテル・・・・・・・・・・・108	
ビバリー・ヒルトン・・・・・・・・・・・・・108	
ヒルトン・サンタバーバラ・ビーチフロント・リゾート・118	
ヒルトン・チェッカーズ・ロスアンゼルス・・・111	
ベストウエスタン・ハリウッド・プラザ・イン・・・110	
ベストウエスタン・ビーチサイド・イン・・・・118	
ホテルサンタバーバラ・・・・・・・・・・・・118	
ママ・シェルター・ロスアンゼルス・・・・・・109	
ミヤコホテル・・・・・・・・・・・・・・・・111	
ミレニアム・ビルトモア・ホテル・・・・・・・111	
USAホステルズ・ハリウッド　・・・・・・・・110	
ラインホテル・・・・・・・・・・・・・・・・110	
ル・メリディアン・デルフィナ・サンタモニカ・・・108	
ロウズ・ハリウッド・ホテル・・・・・・・・・109	

サンディエゴ

見どころ

オールドタウン・・・・・・・・・・・・・・・185	
オールドタウン州立歴史公園・・・・・・・・・185	
ガスランプクオーター・・・・・・・・・・・・178	
カブリヨ・ナショナル・モニュメント・・・・・186	
コロナド・・・・・・・・・・・・・・・・・・184	
コロナド・フェリーランディング・・・・・・・184	
サニー・ジム・ケーブ・・・・・・・・・・・・188	
サンディエゴ海洋博物館・・・・・・・・・・・180	
サンディエゴ現代美術館ラ・ホヤ分館・・・・・189	
サンディエゴ航空宇宙博物館・・・・・・・・・183	
サンディエゴ国際空港・・・・・・・・・・・・172	
サンディエゴ自然史博物館・・・・・・・・・・183	
サンディエゴ動物園・・・・・・・・・・・・・182	
サンディエゴ動物園・サファリ・パーク・・・・158	
サンディエゴ・パドレス・・・・・・・・・・・189	
サンディエゴ美術館・・・・・・・・・・・・・183	
シーポートビレッジ・・・・・・・・・・・・・179	
シーワールド・サンディエゴ・・・・・・・・・156	
シェルターアイランド・・・・・・・・・・・・186	
ダウンタウン・・・・・・・・・・・・・・・・178	
ティファナ・・・・・・・・・・・・・・・・・198	
ティムケン美術館・・・・・・・・・・・・・・183	
テメキュラ・・・・・・・・・・・・・・・・・197	
バーチ水族館・・・・・・・・・・・・・・・・189	
パシフィックビーチ・・・・・・・・・・・・・187	
バルボアパーク・・・・・・・・・・・・・・・181	
ブロードウエイピア・・・・・・・・・・・・・180	
ペチャンガ・リゾート＆カジノ　・・・・・・・197	
ポイントロマ・・・・・・・・・・・・・・・・186	
ホテル・デル・コロナド・・・・・・・・・・・184	
ホートンプラザ・・・・・・・・・・・・・・・178	
マリーナパーク・・・・・・・・・・・・・・・179	
ミッション・バジリカ・サンディエゴ・デ・アルカラ・185	
ミッションバレー・・・・・・・・・・・・・・185	
ミッションビーチ・・・・・・・・・・・・・・187	
USSミッドウエイ博物館　・・・・・・・・・・179	
ラ・ホヤ・・・・・・・・・・・・・・・・・・188	
ラ・ホヤ・コーブ・・・・・・・・・・・・・・188	
リトルイタリー・・・・・・・・・・・・・・・180	
リバティステーション・・・・・・・・・・・・186	
レゴランド・カリフォルニア・・・・・・・・・160	

ショップ

アロハ・ビーチ・クラブ・・・・・・・・・・・191	
ウエストフィールド・ミッションバレー・センター・191	
エル・セントロ・アルテサーノ・・・・・・・・191	
カールスバッド・プレミアム・アウトレット・・・191	
ジンボズ・ナチュラリー！・・・・・・・・・・190	
ドーナツバー・・・・・・・・・・・・・・・・190	
5＆Aダイム・・・・・・・・・・・・・・・・190	
ファッションバレー・モール・・・・・・・・・191	

441

ボトルクラフト・・・・・・・・・・・・・・・・・・・・・・・190
ラス・アメリカス・プレミアム・アウトレット・・・・191
ラルフズ・・・・・・・・・・・・・・・・・・・・・・・・・・・190

レストラン

イゾラ・ピッツァ・バー・・・・・・・・・・・・・・・193
オスカーズ・メキシカン・シーフード・・・・・・・・192
カフェ 21・・・・・・・・・・・・・・・・・・・・・・・・・・193
カフェコヨーテ・・・・・・・・・・・・・・・・・・・・・193
カンザスシティ・バーベキュー・・・・・・・・・・192
キング・アンド・クイーン・カンティーナ・・・・193
サウスビーチ・バー＆グリル・・・・・・・・・・・193
ジェームズ・コーヒー・カンパニー・・・・・・・・193
ストーンブリューイング・タップルーム・・・・・192
バラストポイント・テイスティング・ルーム・・・・193
ブルーポイント・コースタル・キュイジーヌ・・・・192

ホテル

ウェスティン・サンディエゴ・・・・・・・・・・・194
ウエストゲート・ホテル・・・・・・・・・・・・・・194
エンバシー・スイーツ・サンディエゴ・ベイ・ダウンタウン・195
オムニ・ラ・コスタ・リゾート＆スパ・・・・・・196
コスモポリタンホテル＆レストラン　・・・・・・196
サウスコースト・ワイナリー・リゾート＆スパ・・・197
パシフィック・テラス・ホテル・・・・・・・・・・196
バヒア・リゾートホテル・・・・・・・・・・・・・・196
ハンドレリーホテル＆リゾート・・・・・・・・・・196
ベストウエスタン・プラス・ベイサイド・イン・・195
ホートン・グランド・ホテル・・・・・・・・・・・195
ホステリング・インターナショナル・サンディエゴ・ダウンタウン・195
ホステリング・インターナショナル・サンディエゴ・ポイントロマ・196
ホテル・デル・コロナド・・・・・・・・・・・・・・196
マンチェスター・グランド・ハイアット・サンディエゴ・194
US グラントホテル・・・・・・・・・・・・・・・・・194
ラ・バレンシア・ホテル・・・・・・・・・・・・・・196

サンフランシスコ

見どころ

アジア美術館・・・・・・・・・・・・・・・・・・・・・239
アップル・パーク・ビジターセンター・・・・・・258
アラモスクエア・・・・・・・・・・・・・・・・・・・238
アルカトラズ島・・・・・・・・・・・・・・・・・・・243
アンカレッジスクエア・・・・・・・・・・・・・・・242
インテル博物館・・・・・・・・・・・・・・・・・・・258
ウォルト・ディズニー・ファミリー博物館・・・・・248
エルキャピタン・・・・・・・・・・・・・・・・・・・301
エンバーカデロセンター・・・・・・・・・・・・・・233
オークランド・アスレチックス・・・・・・・・・259
オークランド・レイダース・・・・・・・・・・・・260
オーシャンアベニュー・・・・・・・・・・・・・・・292
オールドフィッシャーマンズワーフ・・・・・・・290
カーメル・・・・・・・・・・・・・・・・・・・・・・・292
カーメルビーチ・・・・・・・・・・・・・・・・・・・293
カーメル・ミッション・バジリカ・・・・・・・・292
カストロストリート・・・・・・・・・・・・・・・・252
カリストーガ・・・・・・・・・・・・・・・・・・・・279
カリフォルニア科学アカデミー・・・・・・・・・250
カリフォルニアズ・グレイト・アメリカ・・・・・258
カリフォルニア大学バークレー校（UCB）・・・・・256
キャナリー・・・・・・・・・・・・・・・・・・・・・242
キャナリーロウ・・・・・・・・・・・・・・・・・・・289
ギラデリスクエア・・・・・・・・・・・・・・・・・242
クリフハウス・・・・・・・・・・・・・・・・・・・・248
グレイシャーポイント・・・・・・・・・・・・・・・301
グレース大聖堂・・・・・・・・・・・・・・・・・・・235
クレメントストリート・・・・・・・・・・・・・・・249
クロ・ペガス・・・・・・・・・・・・・・・・・・・・280
ケーブルカー博物館・・・・・・・・・・・・・・・・235
コイトタワー・・・・・・・・・・・・・・・・・・・・245
ゴールデンゲート・パーク・・・・・・・・・・・・249
ゴールデンゲート・ブリッジ・・・・・・・・・・・246
ゴールデンステート・ウォリアーズ・・・・・・・259
サウサリート・・・・・・・・・・・・・・・・・・・・254
サファリウエスト・・・・・・・・・・・・・・・・・284
サンノゼ・・・・・・・・・・・・・・・・・・・・・・・257
サンノゼ・アースクエイクス・・・・・・・・・・・260
サンノゼ・シャークス・・・・・・・・・・・・・・・260

サンフランシスコ海洋国立歴史公園・・・・・・・・242
サンフランシスコ近代美術館・・・・・・・・・・・・234
サンフランシスコ国際空港・・・・・・・・・・・・・212
サンフランシスコ・ジャイアンツ・・・・・・・・・259
サンフランシスコ・フォーティナイナーズ・・・・・260
シールロックス・・・・・・・・・・・・・・・・・・・248
シビックセンター・・・・・・・・・・・・・・・・・238
シャタックアベニュー・・・・・・・・・・・・・・・256
ジャパンタウン・・・・・・・・・・・・・・・・・・・239
シリコンバレー・・・・・・・・・・・・・・・・・・・257
スタインベックハウス・・・・・・・・・・・・・・・291
スタンフォード大学・・・・・・・・・・・・・・・・258
17 マイルドライブ　・・・・・・・・・・・・・・・294
セントヘレナ・・・・・・・・・・・・・・・・・・・・279
ソノマカウンティ・・・・・・・・・・・・・・・・・282
太平洋文化遺産博物館・・・・・・・・・・・・・・・236
ダウンタウン・・・・・・・・・・・・・・・・・・・・232
チェスナットストリート・・・・・・・・・・・・・・239
チャールズ・M・シュルツ・ミュージアム・・・・283
チャイナタウン・・・・・・・・・・・・・・・・・・・236
中国歴史協会・・・・・・・・・・・・・・・・・・・・236
チルドレンズ・クリエイティビティ・ミュージアム・234
ツインピークス・・・・・・・・・・・・・・・・・・・253
テック・インターアクティブ・・・・・・・・・・・257
テレグラフアベニュー・・・・・・・・・・・・・・・256
ドラゴンゲート・・・・・・・・・・・・・・・・・・・236
トランスアメリカピラミッド・・・・・・・・・・・232
トンネルビュー・・・・・・・・・・・・・・・・・・・302
ナショナル・スタインベック・センター・・・・・291
ナパバレー・・・・・・・・・・・・・・・・・・・・・277
ナパバレー・ワイントレイン・・・・・・・・・・・278
ノースビーチ・・・・・・・・・・・・・・・・・・・・245
ノブヒル・・・・・・・・・・・・・・・・・・・・・・・235
バークレー・・・・・・・・・・・・・・・・・・・・・256
ハース・リリエンサール・ハウス・・・・・・・・240
ハーフドーム・・・・・・・・・・・・・・・・・・・・301
パシフィックグローブ・・・・・・・・・・・・・・・291
パシフィックハイツ・・・・・・・・・・・・・・・・239
バレービュー・・・・・・・・・・・・・・・・・・・・302
ピア 39・・・・・・・・・・・・・・・・・・・・・・・241
フィッシャーマンズワーフ・・・・・・・・・・・・241
フェリービルディング・マーケットプレイス・・・・233
フォースストリート・・・・・・・・・・・・・・・・256
フォートポイント国立歴史地区・・・・・・・・・246
フォートメイソン・・・・・・・・・・・・・・・・・240
プラザ（ソノマ州立歴史公園）・・・・・・・・・282
ブリッジウェイ・・・・・・・・・・・・・・・・・・・254
プレシディオ・・・・・・・・・・・・・・・・・・・・246
ヘイトアシュベリー・・・・・・・・・・・・・・・・252
ヘイトストリート・・・・・・・・・・・・・・・・・252
壁画アート・ウオーク・ツアー・・・・・・・・・253
ボウディンミュージアム・・・・・・・・・・・・・241
マウントシャスタ・・・・・・・・・・・・・・・・・306
マリポサグローブ・・・・・・・・・・・・・・・・・303
ミッション・・・・・・・・・・・・・・・・・・・・・253
ミッションドロレス・・・・・・・・・・・・・・・・253
ミュアウッズ国定公園・・・・・・・・・・・・・・・255
メトレオン・・・・・・・・・・・・・・・・・・・・・234
モントレー・・・・・・・・・・・・・・・・・・・・・289
モントレーベイ水族館・・・・・・・・・・・・・・・290
ヤーバ・ブエナ・ガーデン・・・・・・・・・・・233
ユニオンスクエア・・・・・・・・・・・・・・・・・232
ユニオンストリート・・・・・・・・・・・・・・・・239
ヨセミテ国立公園・・・・・・・・・・・・・・・・・299
ヨセミテ内の代表的な 6 つの滝・・・・・・・・・304
リージョン・オブ・オナー美術館・・・・・・・・248
ロンバードストリート・・・・・・・・・・・・・・・244
ワインカントリー・・・・・・・・・・・・・・・・・276
ワシントンスクエア・・・・・・・・・・・・・・・・245

ショップ

アメーバミュージック・・・・・・・・・・・・・・・265
アンビアンス・・・・・・・・・・・・・・・・・・・・264
イーサー・・・・・・・・・・・・・・・・・・・・・・264
ウエストフィールド・サンフランシスコ・センター・261
エルメス・・・・・・・・・・・・・・・・・・・・・・263

442

オックスボウ・パブリック・マーケット‥‥‥‥285
カーメルプラザ‥‥‥‥‥‥‥‥‥‥‥‥‥‥296
カルティエ‥‥‥‥‥‥‥‥‥‥‥‥‥‥‥‥263
キャリーレーン‥‥‥‥‥‥‥‥‥‥‥‥‥‥264
グッチ‥‥‥‥‥‥‥‥‥‥‥‥‥‥‥‥‥‥263
グレイベル＆ゴールド‥‥‥‥‥‥‥‥‥‥‥265
コーチ‥‥‥‥‥‥‥‥‥‥‥‥‥‥‥‥‥‥263
サックス・フィフス・アベニュー‥‥‥‥‥‥261
サックス・フィフス・アベニュー・オフ・フィフス262
シーズキャンディズ‥‥‥‥‥‥‥‥‥‥‥‥264
シティライツ・ブックセラーズ‥‥‥‥‥‥‥264
シャネル‥‥‥‥‥‥‥‥‥‥‥‥‥‥‥‥‥263
スタジオバーンディーバ‥‥‥‥‥‥‥‥‥‥285
ターゲット‥‥‥‥‥‥‥‥‥‥‥‥‥‥‥‥262
ティファニー‥‥‥‥‥‥‥‥‥‥‥‥‥‥‥263
ティンバックツー‥‥‥‥‥‥‥‥‥‥‥‥‥264
トリーバーチ‥‥‥‥‥‥‥‥‥‥‥‥‥‥‥263
トレーダージョーズ‥‥‥‥‥‥‥‥‥‥‥‥262
ナパ・プレミアム・アウトレット‥‥‥‥‥‥285
ニーマン・マーカス‥‥‥‥‥‥‥‥‥‥‥‥261
ノードストロームラック‥‥‥‥‥‥‥‥‥‥264
バーム‥‥‥‥‥‥‥‥‥‥‥‥‥‥‥‥‥‥265
パシフィックキャッチ‥‥‥‥‥‥‥‥‥‥‥262
ビクトリアズシークレット‥‥‥‥‥‥‥‥‥263
フェリービルディング・マーケットプレイス‥‥264
ボイジャー‥‥‥‥‥‥‥‥‥‥‥‥‥‥‥‥265
マーシャルズ‥‥‥‥‥‥‥‥‥‥‥‥‥‥‥262
ミッションワークショップ‥‥‥‥‥‥‥‥‥265
ミルストリート・アンティークス‥‥‥‥‥‥285
メーシーズ‥‥‥‥‥‥‥‥‥‥‥‥‥‥‥‥261
リーバイスストア‥‥‥‥‥‥‥‥‥‥‥‥‥262
ルイ・ヴィトン‥‥‥‥‥‥‥‥‥‥‥‥‥‥263
レインボーグローサリー‥‥‥‥‥‥‥‥‥‥265
ロス・ドレス・フォー・レス‥‥‥‥‥‥‥‥262
ワイントレイン・ワインストア‥‥‥‥‥‥‥285

レストラン

アクミブレッド‥‥‥‥‥‥‥‥‥‥‥‥‥‥268
アリズメンディベーカリー‥‥‥‥‥‥‥‥‥270
ウィリーズ・ワインバー‥‥‥‥‥‥‥‥‥‥286
エンポリオ・ルッリ‥‥‥‥‥‥‥‥‥‥‥‥267
カフェ・ド・ラ・プレッセ‥‥‥‥‥‥‥‥‥266
クラフツマン・アンド・ウルブズ‥‥‥‥‥‥270
グリーンズ‥‥‥‥‥‥‥‥‥‥‥‥‥‥‥‥269
ゴッツローサイド‥‥‥‥‥‥‥‥‥‥‥‥‥286
シェ・パニース‥‥‥‥‥‥‥‥‥‥‥‥‥‥270
スーパー・デューバー・バーガーズ‥‥‥‥‥266
スミッテン・アイスクリーム‥‥‥‥‥‥‥‥270
スランテッドドア‥‥‥‥‥‥‥‥‥‥‥‥‥268
タコリシャス‥‥‥‥‥‥‥‥‥‥‥‥‥‥‥268
タルティーン・ベーカリー‥‥‥‥‥‥‥‥‥270
デル・ポポロ‥‥‥‥‥‥‥‥‥‥‥‥‥‥‥266
ババ・ガンプ・シュリンプ‥‥‥‥‥‥‥‥‥296
ハーベイズ‥‥‥‥‥‥‥‥‥‥‥‥‥‥‥‥270
バレット‥‥‥‥‥‥‥‥‥‥‥‥‥‥‥‥‥286
ひのでや‥‥‥‥‥‥‥‥‥‥‥‥‥‥‥‥‥268
ファティッド・カルフ‥‥‥‥‥‥‥‥‥‥‥269
フォグ・ハーバー・フィッシュハウス‥‥‥‥269
ブションベーカリー‥‥‥‥‥‥‥‥‥‥‥‥286
プッチーニ＆ピネッティ‥‥‥‥‥‥‥‥‥‥266
ブルー・ボトル・コーヒー‥‥‥‥‥‥‥‥‥206
フレンチランドリー‥‥‥‥‥‥‥‥‥‥‥‥286
ブン・ミー‥‥‥‥‥‥‥‥‥‥‥‥‥‥‥‥267
ボウディン・ベーカリー＆カフェ‥‥‥‥‥‥269
ポータベラ‥‥‥‥‥‥‥‥‥‥‥‥‥‥‥‥296
ホッグ・アイランド・オイスター・カンパニー‥268
ボッグス・ブレス・イン‥‥‥‥‥‥‥‥‥‥296
マーケット‥‥‥‥‥‥‥‥‥‥‥‥‥‥‥‥268
マイケル・ミーナ‥‥‥‥‥‥‥‥‥‥‥‥‥268
マイ・トーフ・ハウス‥‥‥‥‥‥‥‥‥‥‥269
ママズ・オン・ワシントンスクエア‥‥‥‥‥269
羊城茶室‥‥‥‥‥‥‥‥‥‥‥‥‥‥‥‥‥267
ラ・マー‥‥‥‥‥‥‥‥‥‥‥‥‥‥‥‥‥267
ロカ・アコア‥‥‥‥‥‥‥‥‥‥‥‥‥‥‥267
ワンマーケット‥‥‥‥‥‥‥‥‥‥‥‥‥‥267

ホテル

アムステルダムホステル‥‥‥‥‥‥‥‥‥‥274
アワニーホテル‥‥‥‥‥‥‥‥‥‥‥‥‥‥305
アンドリュースホテル‥‥‥‥‥‥‥‥‥‥‥273
イン・アット・ユニオンスクエア‥‥‥‥‥‥273
インターコンチネンタル・クレメント・モントレー297
インターコンチネンタル・マーク・ホプキンス‥272
ヴィラ・フローレンス・ホテル‥‥‥‥‥‥‥273
ウエイサイドイン‥‥‥‥‥‥‥‥‥‥‥‥‥298
ウェスティン・セントフランシス‥‥‥‥‥‥272
エグゼクティブ・ホテル・ビンテージ・コート‥273
オーベルジュ・ドゥ・ソレイユ‥‥‥‥‥‥‥287
カメリアイン‥‥‥‥‥‥‥‥‥‥‥‥‥‥‥287
カリービレッジ‥‥‥‥‥‥‥‥‥‥‥‥‥‥305
ギャレリア・パーク・ホテル‥‥‥‥‥‥‥‥271
キャンドル・ライト・イン‥‥‥‥‥‥‥‥‥298
キングジョージ・ホテル‥‥‥‥‥‥‥‥‥‥274
キンプトン・サー・フランシス・ドレーク・ホテル272
キンプトン・ブキャナン‥‥‥‥‥‥‥‥‥‥275
クイーンアン・ホテル‥‥‥‥‥‥‥‥‥‥‥275
グッドホテル‥‥‥‥‥‥‥‥‥‥‥‥‥‥‥275
グランド・プラザ・ホテル‥‥‥‥‥‥‥‥‥274
コバホテル‥‥‥‥‥‥‥‥‥‥‥‥‥‥‥‥274
シー・ブリーズ・イン＆コテージ‥‥‥‥‥‥297
ジェイ・ダブル・マリオット‥‥‥‥‥‥‥‥271
スタンフォードコート‥‥‥‥‥‥‥‥‥‥‥272
スピンドリフトイン‥‥‥‥‥‥‥‥‥‥‥‥297
セントレイン‥‥‥‥‥‥‥‥‥‥‥‥‥‥‥298
チェルシー・ガーデン・イン‥‥‥‥‥‥‥‥287
ディーバ・ユニオンスクエア‥‥‥‥‥‥‥‥273
ナパバレー・ロッジ‥‥‥‥‥‥‥‥‥‥‥‥287
ハイアット・リージェンシー・サンフランシスコ‥274
パインイン‥‥‥‥‥‥‥‥‥‥‥‥‥‥‥‥298
ハウスキーピングキャンプ‥‥‥‥‥‥‥‥‥305
パレスホテル‥‥‥‥‥‥‥‥‥‥‥‥‥‥‥272
ハンドレリー・ユニオンスクエア・ホテル‥‥272
ヒルトン・サンフランシスコ・ユニオンスクエア‥271
フェニックスホテル‥‥‥‥‥‥‥‥‥‥‥‥275
ベストウエスタン・プラス・ビクトリアン・イン‥297
ホステリング・インターナショナル SF ダウンタウン274
ホステリング・インターナショナル SF フィッシャーマンズワーフ275
ホステリング・インターナショナル・モントレー‥298
ホテルヴァーティゴ‥‥‥‥‥‥‥‥‥‥‥‥273
ホテルヴィア‥‥‥‥‥‥‥‥‥‥‥‥‥‥‥275
ホテル・トライトン・サンフランシスコ‥‥‥273
ホテル・ニッコー・サンフランシスコ‥‥‥‥271
ホテルパシフィック‥‥‥‥‥‥‥‥‥‥‥‥298
マリオット・バケーション・クラブ・パルス‥‥275
マリポサイン＆スイーツ‥‥‥‥‥‥‥‥‥‥297
モントレー・プラザ・ホテル＆スパ‥‥‥‥‥297
モントレーベイ・イン‥‥‥‥‥‥‥‥‥‥‥298
ヨセミテバレー・ロッジ‥‥‥‥‥‥‥‥‥‥305
ラ・プラヤ‥‥‥‥‥‥‥‥‥‥‥‥‥‥‥‥298
リバー・テラス・イン‥‥‥‥‥‥‥‥‥‥‥287
ロボスロッジ‥‥‥‥‥‥‥‥‥‥‥‥‥‥‥298
ワウォナホテル‥‥‥‥‥‥‥‥‥‥‥‥‥‥305

ラスベガス

見どころ

アドベンチャードーム‥‥‥‥‥‥‥‥‥‥‥327
アンテロープキャニオン‥‥‥‥‥‥‥‥‥‥340
イーグルポイント‥‥‥‥‥‥‥‥‥‥‥‥‥338
イーストリム‥‥‥‥‥‥‥‥‥‥‥‥‥‥‥334
ウエストリム‥‥‥‥‥‥‥‥‥‥‥‥‥‥‥337
カジノでの遊び方‥‥‥‥‥‥‥‥‥‥‥‥‥324
グアノポイント‥‥‥‥‥‥‥‥‥‥‥‥‥‥338
グランドキャニオン・ウエスト‥‥‥‥‥‥‥338
グランドキャニオン国立公園‥‥‥‥‥‥‥‥331
グランドサークル‥‥‥‥‥‥‥‥‥‥‥‥‥340
グランド・ビュー・ポイント‥‥‥‥‥‥‥‥336
ザイオン国立公園‥‥‥‥‥‥‥‥‥‥‥‥‥340
サウスリム‥‥‥‥‥‥‥‥‥‥‥‥‥‥‥‥334
シャークリーフ・アクアリウム‥‥‥‥‥‥‥327
ストラトスフィアタワー‥‥‥‥‥‥‥‥‥‥327
セドナ‥‥‥‥‥‥‥‥‥‥‥‥‥‥‥‥‥‥341

443

デザートビュー・・・・・・・・・・・・・・・・336
ハーミッツレスト・・・・・・・・・・・・・・337
パウエルポイント・・・・・・・・・・・・・・337
ビッグアップル・コースター・・・・・・・327
ピマポイント・・・・・・・・・・・・・・・・337
ブライスキャニオン国立公園・・・・・・340
フリーモントストリート・エクスペリエンス・・326
ベラージオ 噴水ショー ・・・・・・・・326
ホピポイント・・・・・・・・・・・・・・・・337
マーザーポイント・・・・・・・・・・・・・334
マダムタッソーろう人形館・・・・・・・327
マッカラン国際空港・・・・・・・・・・・313
ミラージュ火山噴火・・・・・・・・・・・326
モニュメントバレー・・・・・・・・・・・341
モハーベポイント・・・・・・・・・・・・337
モブ博物館・・・・・・・・・・・・・・・・・327
ヤキポイント・・・・・・・・・・・・・・・・335
ヤバパイポイント・・・・・・・・・・・・・335
レイク・オブ・ドリームス・・・・・・・326

ショップ
クリスタルズ・・・・・・・・・・・・・・・・328
ファッションショー・・・・・・・・・・・328
ミラクルマイル・ショップス・・・・・・328
ラスベガス・ノース・プレミアムアウトレット・・・・328

レストラン
アリア・・・・・・・・・・・・・・・・・・・・・329
ウィン・ラスベガス・・・・・・・・・・・329
MGM グランド・・・・・・・・・・・・・・329
ギー・サヴォア・・・・・・・・・・・・・・・329
ザ・コスモポリタン・・・・・・・・・・・329
シーザーズパレス・・・・・・・・・・・・329
TI: トレジャーアイランド ・・・・・・329
パリ・・・・・・・・・・・・・・・・・・・・・・329
プラネットハリウッド・・・・・・・・・・329
ベラッジオ・・・・・・・・・・・・・・・・・329
マイケル・ミーナ・・・・・・・・・・・・・329
マンダレーベイ・・・・・・・・・・・・・・329
ミラージュ・・・・・・・・・・・・・・・・・329
ルクソール・・・・・・・・・・・・・・・・・329

ホテル
アリア・リゾート＆カジノ・・・・・・・320
ウィン・ラスベガス＆アンコール・・・319
MGM グランド・・・・・・・・・・・・・・321
エルトバーホテル・・・・・・・・・・・・339
カチナロッジ・・・・・・・・・・・・・・・339
サンダーバードロッジ・・・・・・・・・339
シーザースパレス・・・・・・・・・・・・320
TI: トレジャーアイランド ・・・・・・320
ニューヨーク・ニューヨーク・・・・・・321
パリス・ラスベガス・・・・・・・・・・・319
フーターズ・・・・・・・・・・・・・・・・・321
ブライトエンジェル・ロッジ＆キャビン ・・・・・339
プラネット・ハリウッド・リゾート＆カジノ・・・319
フラミンゴ・・・・・・・・・・・・・・・・・321
ベネチアン＆パラッツォ・・・・・・・・320
ベラッジオ・・・・・・・・・・・・・・・・・319
マズウィックロッジ・・・・・・・・・・・339
マンダレイベイ・・・・・・・・・・・・・・320
ミラージュ・・・・・・・・・・・・・・・・・320
ヤバパイロッジ・・・・・・・・・・・・・・339
リンク・ホテル＆カジノ・・・・・・・・321
ルクソール・・・・・・・・・・・・・・・・・321

シアトル

見どころ
アンダーグラウンドツアー・・・・・・・359
インターナショナルディストリクト・・・・・360
ウォーターフロント・・・・・・・・・・・356
ウオーターフロントパーク・・・・・・・357
オリンピック国立公園・・・・・・・・・374
キャピトルヒル・・・・・・・・・・・・・・363
クレセント湖・・・・・・・・・・・・・・・375
航空博物館・・・・・・・・・・・・・・・・・366
コロンビアセンター・スカイビュー展望台・・・・・358
シアトル・グレイト・ウィール・・・・・357

シアトル・サウンダーズ FC ・・・・・・367
シアトル・シーホークス・・・・・・・・367
シアトル水族館・・・・・・・・・・・・・357
シアトルセンター・・・・・・・・・・・・361
シアトル・タコマ国際空港（シータック空港）・・・350
シアトル美術館・・・・・・・・・・・・・358
シアトル・マリナーズ・・・・・・・・・367
スペースニードル・・・・・・・・・・・・361
スミスタワー展望台・・・・・・・・・・・360
ダウンタウン・・・・・・・・・・・・・・・357
チフリー・ガーデン・アンド・グラス・・・・・362
T- モバイルパーク ・・・・・・・・・・・360
パイオニアスクエア・・・・・・・・・・・359
パイオニアスクエア・パーク・・・・・・359
パイク・プレイス・マーケット・・・・・356
ハイラム・M・チッテンデン水門・・・366
パシフィック・サイエンス・センター・・・・・362
バラード・・・・・・・・・・・・・・・・・・365
パラダイス・・・・・・・・・・・・・・・・・376
ハリケーンリッジ・・・・・・・・・・・・375
フィッシュラダー・・・・・・・・・・・・366
フリーモント・・・・・・・・・・・・・・・365
ボーイング社エベレット工場見学・・・366
ホー・レイン・フォレスト・・・・・・・375
ポップカルチャー博物館・・・・・・・・361
ボランティアパーク・・・・・・・・・・・363
マートル・エドワーズ・パーク・・・・・357
マウントレニエ国立公園・・・・・・・・376
ユニバーシティディストリクト・・・・・365
レイクビュー墓地・・・・・・・・・・・・363
ワシントン大学・・・・・・・・・・・・・364

ショップ
アール・イー・アイ・・・・・・・・・・・369
ウエストレイクセンター・・・・・・・・368
カブ・・・・・・・・・・・・・・・・・・・・・369
グラスウイング・・・・・・・・・・・・・368
シアトル・アンティーク・マーケット・・・369
ディ・ロレンティ・・・・・・・・・・・・369
ノードストロームラック・・・・・・・・368
パシフィックプレイス・・・・・・・・・368
フィルソン・・・・・・・・・・・・・・・・・369
マリナーズ・チームストア・・・・・・・368
メイド・イン・ワシントン・・・・・・・369
メトロポリタン・マーケット・・・・・・369

レストラン
アイバーズ・・・・・・・・・・・・・・・・・370
エリオット・オイスターハウス・・・・・370
サルミ・アルティザン・キュアード・ミート・・・371
シリアスパイ・・・・・・・・・・・・・・・370
スターバックス・リザーブ・ロースタリー＆テイスティングルーム・・371
タッツ・デリカテッセン・・・・・・・・371
パープルカフェ＆ワインバー ・・・・・370
ビーチャーズ・・・・・・・・・・・・・・・371
ピラミッド・エールハウス・ブリュワリー＆レストラン・・371
メルローズマーケット・・・・・・・・・371
ワールドピッツァ・・・・・・・・・・・・371

ホテル
エースホテル・・・・・・・・・・・・・・・373
グランドハイアット・シアトル・・・・・372
シルバークラウド・シアトル・スタジアム・・・373
ダブリュー・シアトル・・・・・・・・・372
ヒルトン・シアトル・・・・・・・・・・・372
ホステリング・インターナショナル・シアトル・・・373
ホテルアンドラ・・・・・・・・・・・・・373
ホテルマックス・・・・・・・・・・・・・373
マックスウェル・ホテル・・・・・・・・373
ロウズホテル・ワンサウザンド・・・・・372

ポートランド

見どころ
ウエストエンド・・・・・・・・・・・・・390
オレゴン科学産業博物館（オムジ）・・・393
サウスイースト・・・・・・・・・・・・・393
サタデイマーケット・・・・・・・・・・・391
ダウンタウン・・・・・・・・・・・・・・・390

トム・マッコール・ウオーターフロントパーク‥‥392
日本庭園‥‥‥‥‥‥‥‥‥‥‥‥‥‥‥‥396
ノースウエスト‥‥‥‥‥‥‥‥‥‥‥‥394
ノブヒル‥‥‥‥‥‥‥‥‥‥‥‥‥‥‥394
パールディストリクト‥‥‥‥‥‥‥‥‥395
パイオニア・コートハウス・スクエア‥‥390
バラ園‥‥‥‥‥‥‥‥‥‥‥‥‥‥‥‥397
ピトック邸‥‥‥‥‥‥‥‥‥‥‥‥‥‥397
ファーマーズマーケット‥‥‥‥‥‥‥‥395
ホーソンブルバード‥‥‥‥‥‥‥‥‥‥393
ポートランド国際空港‥‥‥‥‥‥‥‥‥384
ポートランド・ティンバーズ‥‥‥‥‥‥397
ポートランド・トレイル・ブレイザーズ‥‥397
ポートランド美術館‥‥‥‥‥‥‥‥‥‥392
ラン・スー・チャイニーズ・ガーデン（蘭蘇園）‥‥392
ワールド・フォレスタリー・センター／ディスカバリー博物館‥‥396
ワシントンパーク周辺‥‥‥‥‥‥‥‥‥396

ショップ
キーン‥‥‥‥‥‥‥‥‥‥‥‥‥‥‥‥398
コロンビアスポーツウエア・フラグシップストア・ポートランド‥‥398
ナイキ‥‥‥‥‥‥‥‥‥‥‥‥‥‥‥‥399
ニューシーズンズ・マーケット‥‥‥‥‥399
ネクストアドベンチャー‥‥‥‥‥‥‥‥399
パウエルズブックス‥‥‥‥‥‥‥‥‥‥399
ピープルズ・フード・コープ‥‥‥‥‥‥399
ビーム＆アンカー‥‥‥‥‥‥‥‥‥‥‥399
ペンドルトン・ホームストア‥‥‥‥‥‥398
ポートランド・アウトドア・ストア‥‥‥398
メイドヒア・PDX‥‥‥‥‥‥‥‥‥‥‥399
ユニオンウエイ‥‥‥‥‥‥‥‥‥‥‥‥398

レストラン
アビッツァショールズ‥‥‥‥‥‥‥‥‥401
スタンプタウン・コーヒー・ロースターズ‥‥400
ソルト＆ストロー‥‥‥‥‥‥‥‥‥‥‥401
パールベーカリー‥‥‥‥‥‥‥‥‥‥‥401
パイン・ステート・ビスケット‥‥‥‥‥401
パイン・ストリート・マーケット‥‥‥‥400
ヒギンズ‥‥‥‥‥‥‥‥‥‥‥‥‥‥‥400
ビジューカフェ‥‥‥‥‥‥‥‥‥‥‥‥400
ブードゥードーナツ‥‥‥‥‥‥‥‥‥‥401
ブレッド・アンド・インクカフェ‥‥‥‥401
ベイリーズ・タップルーム‥‥‥‥‥‥‥400
ヘルサーズ‥‥‥‥‥‥‥‥‥‥‥‥‥‥401
ポクポク‥‥‥‥‥‥‥‥‥‥‥‥‥‥‥401
モォリィス‥‥‥‥‥‥‥‥‥‥‥‥‥‥401
ル・ピジョン‥‥‥‥‥‥‥‥‥‥‥‥‥401

ホテル
エースホテル・ポートランド‥‥‥‥‥‥403
キンプトンホテル・モナコ‥‥‥‥‥‥‥402
ジュピターホテル‥‥‥‥‥‥‥‥‥‥‥403
ソサエティホテル‥‥‥‥‥‥‥‥‥‥‥403
ノースウエスト・ポートランド・ホステル‥‥403
ベンソン‥‥‥‥‥‥‥‥‥‥‥‥‥‥‥402
ホクストン・ポートランド‥‥‥‥‥‥‥403
ホステリング・インターナショナル・ポートランド、ホーソン‥‥403
ホテルイーストランド‥‥‥‥‥‥‥‥‥403
ホテルデラックス‥‥‥‥‥‥‥‥‥‥‥402
ホテルルシア‥‥‥‥‥‥‥‥‥‥‥‥‥402

旅の準備と技術
安全対策‥‥‥‥‥‥‥‥‥‥‥‥‥‥‥434
イエローページ‥‥‥‥‥‥‥‥‥‥‥‥439
インターネット‥‥‥‥‥‥‥‥‥‥‥‥432
ウーバー‥‥‥‥‥‥‥‥‥‥‥‥‥‥‥423
ウェブサイトチェックイン‥‥‥‥‥‥‥416
エスタ（ESTA）‥‥‥‥‥‥‥‥**411, 412**
LCC‥‥‥‥‥‥‥‥‥‥‥‥‥‥‥‥‥421
お金の持っていき方‥‥‥‥‥‥‥‥‥‥410
海外旅行保険‥‥‥‥‥‥‥‥‥‥‥‥‥411
外貨の両替‥‥‥‥‥‥‥‥‥‥‥‥‥‥410
観光局公式サイト‥‥‥‥‥‥‥‥‥‥‥406
機内持ち込み荷物‥‥‥‥‥‥‥‥**414, 417**
クレジットカード‥‥‥‥‥‥‥‥‥‥‥410
携行品‥‥‥‥‥‥‥‥‥‥‥‥‥‥‥‥420
航空券（国際線）‥‥‥‥‥‥‥‥‥‥‥413

航空券（国内線）‥‥‥‥‥‥‥‥‥‥‥421
国外運転免許証‥‥‥‥‥‥‥‥‥‥‥‥412
国際学生証（ISIC カード）‥‥‥‥‥‥412
国内線‥‥‥‥‥‥‥‥‥‥‥‥‥‥‥‥421
サイズ比較表‥‥‥‥‥‥‥‥‥‥‥‥‥429
出国審査‥‥‥‥‥‥‥‥‥‥‥‥‥‥‥417
出入国手続き‥‥‥‥‥‥‥‥‥‥‥‥‥416
常時接続‥‥‥‥‥‥‥‥‥‥‥‥‥‥‥432
ショッピング‥‥‥‥‥‥‥‥‥‥‥‥‥428
税関検査（アメリカ）‥‥‥‥‥‥‥‥‥418
税関手続き‥‥‥‥‥‥‥‥‥‥‥‥‥‥417
旅の英会話‥‥‥‥‥‥‥‥‥‥‥‥‥‥437
旅のトラブル‥‥‥‥‥‥‥‥‥‥‥‥‥434
旅の予算‥‥‥‥‥‥‥‥‥‥‥‥‥‥‥409
チェックイン荷物（預託荷物）‥‥‥‥‥414
チップ‥‥‥‥‥‥‥‥‥‥‥‥‥‥‥‥430
長距離バス（グレイハウンド）‥‥‥‥‥422
鉄道（アムトラック）‥‥‥‥‥‥‥‥‥422
手荷物検査（セキュリティチェック）‥‥416
デビットカード‥‥‥‥‥‥‥‥‥‥‥‥410
電話‥‥‥‥‥‥‥‥‥‥‥‥‥‥‥‥‥431
搭乗‥‥‥‥‥‥‥‥‥‥‥‥‥‥‥‥‥417
搭乗手続き（チェックイン）‥‥‥‥‥‥416
トラベルプリペイドカード‥‥‥‥‥‥‥410
荷物‥‥‥‥‥‥‥‥‥‥‥‥‥‥‥‥‥414
入国審査‥‥‥‥‥‥‥‥‥‥‥‥‥‥‥418
ビザ免除プログラム‥‥‥‥‥‥‥‥‥‥411
ベストシーズン‥‥‥‥‥‥‥‥‥‥‥‥407
別送品申告‥‥‥‥‥‥‥‥‥‥‥‥‥‥420
ホテル‥‥‥‥‥‥‥‥‥‥‥‥‥‥‥‥426
マナー‥‥‥‥‥‥‥‥‥‥‥‥‥‥‥‥430
免税範囲‥‥‥‥‥‥‥‥‥‥‥‥‥‥‥420
持ち物チェックリスト‥‥‥‥‥‥‥‥‥415
郵便‥‥‥‥‥‥‥‥‥‥‥‥‥‥‥‥‥431
レストラン‥‥‥‥‥‥‥‥‥‥‥‥‥‥427
レンタカー‥‥‥‥‥‥‥‥‥‥‥‥‥‥424

445

地球の歩き方 シリーズ年度一覧

地球の歩き方ガイドブックは1～2年で改訂されます。改訂時には価格が変わることがあります。表示価格は本体価格（税別）です。
●最新情報は、ホームページでもご覧いただけます。URL www.diamond.co.jp/arukikata/

2019年11月現在

地球の歩き方 ガイドブック

A ヨーロッパ

番号	書名	年度	価格
A01	ヨーロッパ	2018～2019	¥1700
A02	イギリス	2019～2020	¥1700
A03	ロンドン	2019～2020	¥1600
A04	湖水地方＆スコットランド	2018～2019	¥1700
A05	アイルランド	2019～2020	¥1700
A06	フランス	2020～2021	¥1700
A07	パリ＆近郊の町	2019～2020	¥1700
A08	南仏プロヴァンス コート・ダジュール＆モナコ	2019～2020	¥1600
A09	イタリア	2018～2019	¥1700
A10	ローマ	2018～2019	¥1600
A11	ミラノ ヴェネツィアと湖水地方	2019～2020	¥1700
A12	フィレンツェとトスカーナ	2019～2020	¥1700
A13	南イタリアとシチリア	2019～2020	¥1700
A14	ドイツ	2019～2020	¥1700
A15	南ドイツ フランクフルト ミュンヘン ロマンティック街道 古城街道	2019～2020	¥1700
A16	ベルリンと北ドイツ ハンブルク ドレスデン ライプツィヒ	2018～2019	¥1700
A17	ウィーンとオーストリア	2020～2021	¥1700
A18	スイス	2019～2020	¥1700
A19	オランダ ベルギー ルクセンブルク	2019～2020	¥1600
A20	スペイン	2019～2020	¥1700
A21	マドリードとアンダルシア＆鉄道とバスで行く世界遺産	2019～2020	¥1600
A22	バルセロナ＆近郊の町 イビサ島／マヨルカ島	2018～2019	¥1600
A23	ポルトガル	2019～2020	¥1650
A24	ギリシアとエーゲ海の島々＆キプロス	2019～2020	¥1700
A25	中欧	2019～2020	¥1800
A26	チェコ ポーランド スロヴァキア	2019～2020	¥1700
A27	ハンガリー	2019～2020	¥1700
A28	ブルガリア ルーマニア	2019～2020	¥1700
A29	北欧	2019～2020	¥1700
A30	バルトの国々	2019～2020	¥1800
A31	ロシア	2019～2020	¥1900
A32	極東ロシア シベリア サハリン	2018～2019	¥1700
A34	クロアチア スロヴェニア	2019～2020	¥1600

B 南北アメリカ

番号	書名	年度	価格
B01	アメリカ	2019～2020	¥1900
B02	アメリカ西海岸	2020～2021	¥1700
B03	ロスアンゼルス	2019～2020	¥1700
B04	サンフランシスコとシリコンバレー	2019～2020	¥1700
B05	シアトル ポートランド ワシントン州とオレゴン州の大自然	2019～2020	¥1700
B06	ニューヨーク マンハッタン＆ブルックリン	2019～2020	¥1750
B07	ボストン	2018～2019	¥1800
B08	ワシントンDC	2019～2020	¥1700
B09	ラスベガス セドナ＆グランドキャニオンと大西部	2018～2019	¥1800
B10	フロリダ	2018～2019	¥1700
B11	シカゴ	2018～2019	¥1700
B12	アメリカ南部	2018～2019	¥1800
B13	アメリカの国立公園	2018～2019	¥1900
B14	ダラス ヒューストン デンバー グランドサークル フェニックス サンタフェ	2018～2019	¥1800
B15	アラスカ	2019～2020	¥1800
B16	カナダ	2019～2020	¥1700
B17	カナダ西部	2017～2018	¥1600
B18	カナダ東部	2019～2020	¥1700
B19	メキシコ	2019～2020	¥1700
B20	中米	2018～2019	¥1800
B21	ブラジル ベネズエラ	2018～2019	¥2000
B22	アルゼンチン チリ パラグアイ ウルグアイ	2018～2019	¥2000
B23	ペルー ボリビア エクアドル コロンビア	2018～2019	¥2000
B24	キューバ バハマ ジャマイカ カリブの島々	2019～2020	¥1850
B25	アメリカ・ドライブ	2020～2021	¥1800

C 太平洋／インド洋の島々＆オセアニア

番号	書名	年度	価格
C01	ハワイ I オアフ島＆ホノルル	2019～2020	¥1700
C02	ハワイ II ハワイ島 マウイ島 カウアイ島 モロカイ島 ラナイ島	2019～2020	¥1600
C03	サイパン	2018～2019	¥1400
C04	グアム	2020～2021	¥1400
C05	タヒチ イースター島	2019～2020	¥1600
C06	フィジー	2019～2020	¥1500
C07	ニューカレドニア	2018～2019	¥1500
C08	モルディブ	2020～2021	¥1700
C10	ニュージーランド	2020～2021	¥1700
C11	オーストラリア	2019～2020	¥1900
C12	ゴールドコースト＆ケアンズ グレートバリアリーフ ハミルトン島	2019～2020	¥1700
C13	シドニー＆メルボルン	2019～2020	¥1600

D アジア

番号	書名	年度	価格
D01	中国	2019～2020	¥1900
D02	上海 杭州 蘇州	2019～2020	¥1800
D03	北京	2019～2020	¥1600
D04	大連 瀋陽 ハルビン 中国東北地方の自然と文化	2019～2020	¥1800
D05	広州 アモイ 桂林 珠江デルタと華南地方	2019～2020	¥1800
D06	成都 重慶 九寨溝 麗江 四川 雲南 貴州の自然と民族	2020～2021	¥1800
D07	西安 敦煌 ウルムチ シルクロードと中国西北部	2020～2021	¥1800
D08	チベット	2018～2019	¥1900
D09	香港 マカオ 深圳	2019～2020	¥1700
D10	台湾	2019～2020	¥1700
D11	台北	2020～2021	¥1500
D13	台南 高雄 屏東＆南台湾の町	2019～2020	¥1700
D14	モンゴル	2017～2018	¥1800
D15	中央アジア サマルカンドとシルクロードの国々	2019～2020	¥1900
D16	東南アジア	2018～2019	¥1700
D17	タイ	2019～2020	¥1700
D18	バンコク	2019～2020	¥1600
D19	マレーシア ブルネイ	2020～2021	¥1700
D20	シンガポール	2019～2020	¥1500
D21	ベトナム	2019～2020	¥1700
D22	アンコール・ワットとカンボジア	2019～2020	¥1700
D23	ラオス	2019～2020	¥1900
D24	ミャンマー	2019～2020	¥1700
D25	インドネシア	2018～2019	¥1700
D26	バリ島	2019～2020	¥1700
D27	フィリピン	2019～2020	¥1700
D28	インド	2018～2019	¥1800
D29	ネパールとヒマラヤトレッキング	2019～2020	¥1800
D30	スリランカ	2020～2021	¥1700
D31	ブータン	2018～2019	¥1800
D32	パキスタン	2007～2008	¥1700
D33	マカオ	2019～2020	¥1600
D34	釜山・慶州	2017～2018	¥1400
D35	バングラデシュ	2015～2016	¥1700
D36	南インド	2016～2017	¥1700
D37	韓国	2019～2020	¥1700
D38	ソウル	2019～2020	¥1500

E 中近東 アフリカ

番号	書名	年度	価格
E01	ドバイとアラビア半島の国々	2018～2019	¥1900
E02	エジプト	2014～2015	¥1700
E03	イスタンブールとトルコの大地	2019～2020	¥1900
E04	ペトラ遺跡とヨルダン レバノン	2019～2020	¥1700
E05	イスラエル	2019～2020	¥1700
E06	イラン	2017～2018	¥2000
E07	モロッコ	2019～2020	¥1800
E08	チュニジア	2019～2020	¥1700
E09	東アフリカ ウガンダ エチオピア ケニア タンザニア ルワンダ	2016～2017	¥1900
E10	南アフリカ	2018～2019	¥1900
E11	リビア	2010～2011	¥2000
E12	マダガスカル	2019～2020	¥1800

女子旅応援ガイド aruco

番号	書名	年度	価格
1	パリ '19～'20	¥1200
2	ソウル '19～'20	¥1200
3	台北 '20～'21	¥1200
4	トルコ '14～'15	¥1200
5	インド	¥1400
6	ロンドン '18～'19	¥1200
7	香港 '19～'20	¥1200
8	エジプト	¥1200
9	ニューヨーク '19～'20	¥1200
10	ホーチミン ダナン ホイアン '19～'20	¥1200
11	ホノルル '19～'20	¥1200
12	バリ島 '20～'21	¥1200
13	上海	¥1200
14	モロッコ '19～'20	¥1400
15	チェコ '19～'20	¥1200
16	ベルギー '16～'17	¥1200
17	ウィーン '17～'18	¥1200
18	イタリア '19～'20	¥1200
19	スリランカ	¥1400
20	クロアチア スロヴェニア '19～'20	¥1300
21	スペイン '19～'20	¥1200
22	シンガポール '19～'20	¥1200
23	バンコク '20～'21	¥1300
24	グアム '19～'20	¥1200
25	オーストラリア '18～'19	¥1200
26	フィンランド エストニア '20～'21	¥1300
27	アンコール・ワット '18～'19	¥1200
28	ドイツ '19～'20	¥1200
29	ハノイ '19～'20	¥1200
30	台湾 '19～'20	¥1200
31	カナダ '17～'18	¥1200
32	オランダ '18～'19	¥1200
33	サイパン テニアン ロタ '18～'19	¥1200
34	セブ ボホール エルニド '19～'20	¥1200
35	ロスアンゼルス '20～'21	¥1200
36	フランス '20～'21	¥1200

地球の歩き方 Plat

1	パリ	¥1200
2	ニューヨーク	¥1200
3	台北	¥1000
4	ロンドン	¥1200
5	グアム	¥1000
6	ドイツ	¥1200
7	ベトナム	¥1000
8	スペイン	¥1000
9	バンコク	¥1000
10	シンガポール	¥1000
11	アイスランド	¥1400
12	ホノルル	¥1000
13	マニラ＆セブ	¥1000
14	マルタ	¥1400
15	フィンランド	¥1200
16	クアラルンプール マラッカ	¥1300
17	ウラジオストク	¥1300
18	サンクトペテルブルク モスクワ	¥1400
19	エジプト	¥1200
20	香港	¥1000
21	ブルックリン	¥1200
22	ブルネイ	¥1300
23	ウズベキスタン	¥1200
24	ドバイ	¥1300

地球の歩き方 Resort Style

R01	ホノルル＆オアフ島	¥1500
R02	ハワイ島	¥1500
R03	マウイ島	¥1500
R04	カウアイ島	¥1700
R05	こどもと行くハワイ	¥1400
R06	ハワイ ドライブ・マップ	¥1800
R07	ハワイ バスの旅	¥1300
R08	グアム	¥1300
R09	こどもと行くグアム	¥1500
R10	パラオ	¥1500
R11	世界のダイビング完全ガイド 地球の潜り方	¥1800
R12	プーケット サムイ島 ピピ島	¥1500
R13	ペナン ランカウイ クアラルンプール	¥1700
R14	バリ島	¥1500
R15	セブ＆ボラカイ ボホール シキホール	¥1500
R16	テーマパークinオーランド	¥1700
R17	カンクン コスメル イスラ・ムヘーレス	¥1500
R18	ケアンズとグレートバリアリーフ※	¥1700
R19	ファミリーで行くシンガポール	¥1400
R20	ダナン ホイアン ホーチミン ハノイ	¥1500

※は旧リゾートシリーズで発刊中

地球の歩き方　BY TRAIN
1	ヨーロッパ鉄道の旅	￥1700
	ヨーロッパ鉄道時刻表 2019年夏号	￥2300

地球の歩き方　トラベル会話
1	米語＋英語	￥952
2	フランス語＋英語	￥1143
3	ドイツ語＋英語	￥1143
4	イタリア語＋英語	￥1143
5	スペイン語＋英語	￥1143
6	韓国語＋英語	￥1143
7	タイ語＋英語	￥1143
8	ヨーロッパ5ヵ国語	￥1143
9	インドネシア語＋英語	￥1143
10	中国語＋英語	￥1143
11	広東語＋英語	￥1143
12	ポルトガル語(ブラジル語)＋英語	￥1143

地球の歩き方　成功する留学
オーストラリア・ニュージーランド留学	￥1600
成功するアメリカ大学留学術 世界に飛びだそう！目指せ！グローバル人材	￥1429

地球の歩き方　JAPAN
島旅01	五島列島	￥1500
島旅02	奄美大島（奄美群島①）	￥1500
島旅03	与論島 徳之島 沖永良部島（奄美群島②）	￥1500
島旅04	利尻・礼文	￥1500
島旅05	天草	￥1500
島旅06	壱岐	￥1500
島旅07	種子島	￥1500
島旅08	小笠原 父島 母島	￥1500
島旅09	隠岐	￥1500
島旅10	佐渡	￥1500
島旅11	宮古島 伊良部島 下地島 来間島 池間島 多良間島 大神島	￥1500
島旅12	久米島	￥1500
島旅13	小豆島（瀬戸内の島々①）	￥1500
島旅14	直島・豊島 女木島 男木島 犬島 本島 牛島 広島 小手島 佐柳島 真鍋島 粟島 志々島(瀬戸内の島々②)	￥1500
島旅22	島猫ねこ にゃんこの島の歩き方	￥1222
	ダムの歩き方 全国版 はじめてのダム入門ガイド	￥1556

地球の歩き方　御朱印シリーズ
御朱印でめぐる鎌倉のお寺 三十三観音完全掲載 三訂版	￥1500
御朱印でめぐる京都のお寺 改訂版	￥1500
御朱印でめぐる奈良の古寺 改訂版	￥1500
御朱印でめぐる江戸・東京の古寺 改訂版	￥1500
御朱印でめぐる東京のお寺	￥1500
御朱印でめぐる高野山	￥1500
日本全国 この御朱印が凄い！ 第壱集 増補改訂版	￥1500
日本全国 この御朱印が凄い！ 第弐集 都道府県網羅版	￥1500
御朱印でめぐる全国の神社 ～開運さんぽ～	￥1300
御朱印でめぐる関東の神社 週末開運さんぽ	￥1300
御朱印はじめました 関東の神社 週末開運さんぽ	￥1100
御朱印でめぐる秩父 三十四観音完全掲載	￥1300
御朱印でめぐる関東の百寺 坂東三十三観音と古寺	￥1650
御朱印でめぐる関西の神社 週末開運さんぽ	￥1300
御朱印でめぐる関西の百寺 西国三十三所と古寺	￥1650
御朱印でめぐる東京の神社 週末開運さんぽ	￥1400
御朱印でめぐる北海道の神社 週末開運さんぽ	￥1300
御朱印でめぐる神奈川の神社 週末開運さんぽ	￥1300
御朱印でめぐる埼玉の神社 週末開運さんぽ	￥1300
御朱印でめぐる九州の神社 週末開運さんぽ	￥1300
御朱印でめぐる千葉の神社 週末開運さんぽ	￥1300
御朱印でめぐる東海の神社 週末開運さんぽ	￥1300

地球の歩き方　コミックエッセイ
北欧が好き！ フィンランド・スウェーデン・デンマーク・ノルウェーの素敵な町めぐり	￥1100
北欧が好き！2 建築×デザインでめぐるフィンランド・スウェーデン・デンマーク・ノルウェー	￥1100
きょうも京都で京づくし	￥1100
女ふたり 台湾、行ってきた。	￥1100
日本でたくさんのゲストハウスめぐり	￥1000
アイスランド☆TRIP 神秘の絶景に会いに行く！	￥1000

地球の歩き方　BOOKS
●日本を旅する本
子連れで沖縄 旅のアドレス&テクニック117	￥1500
武智志穂のかわいい京都*しあわせさんぽ	￥1429
おいしいご当地スーパーマーケット	￥1600
地元スーパーのおいしいものと、旅をしてみつけてきました。47都道府県！	￥1600
京都 ひとりを楽しむまち歩き	￥1200

青森・函館めぐり クラフト・建築・おいしいもの	￥1300
日本全国開運神社 このお守りがすごい	￥1384
えらべる！できる！ぼうけん図鑑 沖縄	￥1500

●個性ある海外旅行を案内する本
世界の高速列車Ⅱ	￥2800
世界の鉄道	￥3500
WE LOVE エスニックファッション ストリートブック	￥1500
エスニックファッション シーズンブック ETHNIC FASHION SEASON BOOK	￥1500
へなちょこ日記 ハワイ嗚咽編	￥1500
GIRL'S GETAWAY TO LOS ANGELES	￥1500
絶対トクする！海外旅行の新常識	￥1000
アパルトマンでパリジェンヌ体験 5日間から楽しめる憧れのパリ暮らし	￥1700
地球の歩き方フォトブック 旅するフォトグラファーが選ぶスペインの町33	￥1500
宮脇俊三と旅した鉄道風景	￥2000
キレイを叶える♡週末バンコク	￥1500
「幸せになる、ハワイのパンケーキ&朝ごはん」 ～オアフ島で食べたい人気の100皿～	￥1500
MAKI'S DEAREST HAWAII ～インスタジェニックなハワイ探し～	￥1400
撮り・旅！ 地球を撮り歩く旅人たち	￥1600
秘密のバリ案内Q77	￥1500
台湾おしゃべりノート	￥1200
HONG KONG 24 hours 朝・昼・夜で楽しむ 香港が好きになる本	￥1500
ONE & ONLY MACAO produced by LOVETABI	￥1300
純情ヨーロッパ 呑んで、祈って、脱いでみて	￥1280
人情ヨーロッパ 人生、ゆるして、ゆるされて	￥1380
雑貨と旅とデザインと	￥1400
とっておきのフィンランド 絵本のような町めぐり	￥1600
LOVELY GREEN NEW ZEALAND 未来の国を旅するガイドブック	￥1500
たびち 歌で巡る世界の絶景	￥1500
はなたび 絶景で巡る世界の花	￥1200
気軽に始める！大人の男海外ひとり旅	￥1000
FAMILY TAIWAN TRIP #子連れ台湾	￥1380
MY TRAVEL, MY LIFE Maki's Family Travel Book	￥1600
香港 地元で愛される名物食堂	￥1400
マレーシア 地元で愛される名物食堂	￥1300
いろはに北欧 わたしに"ちょうどいい"海外ではじめての北欧	￥1500
ヴィクトリア朝が教えてくれる英国の魅力	￥1200
ダナン&ホイアン PHOTO TRAVEL GUIDE ～絶景プロデューサー・詩歩と巡るベトナム～	￥1500

●乗り物deおさんぽ
パリの街をメトロでお散歩 改訂版	￥1500
台北メトロさんぽ MRTを使って、おいしいとかわいいを巡る旅♪	￥1380
台湾を鉄道でぐるり	￥1380
香港トラムでぶらり女子旅	￥1380
香港メトロさんぽ MTRで巡る とっておきスポット&新しい香港に出会う旅	￥1500
NEW YORK, NEW YORK！ 地下鉄で巡るニューヨークガイド	￥1500

●ランキング&マル得テクニック
沖縄 ランキング&マル得テクニック！	￥900
ニューヨーク ランキング&マル得テクニック！	￥1000
香港 ランキング&マル得テクニック！	￥1000

●話題の本
パラダイス山元の飛行機の乗り方	￥1300
パラダイス山元の飛行機のある暮らし	￥1300
なぜ疲れる男とモテる女は稼げない働くのか？	￥1300
「世界イケメンハンター」渡辺千恵子のGIRL'S TRAVEL	￥1400
さんぽで感じる村上春樹	￥1450
発達障害グレーゾーン まったり息子の成長日記	￥1500
鳥居りんこの親の介護は知らないとバカを見ることだらけ	￥1200
親の介護をはじめるお金の話で泣き見ばかり 知らないと「トラブル招く」確かの基礎知識	￥1000
熟年夫婦のスペイン 行き当たりばったり移住記	￥1350
海外VIP1000人を感動させた 外資系企業社長の「おもてなし」術	￥1500
理想の旅は自分でつくる！失敗しない個人旅行のつくり方	￥1500
日本一小さな航空会社の大きな奇跡の物語 業界の常識を破った天草エアラインの「復活」	￥1500
娘にリケジョになりたい！と言われたら 文系の親に知ってほしい理系女子の世界	￥1400
食事作りに手間取りかけないイッキ、手料理神話にこだわり続ける日本人	￥1000
ゆるゆる神様図鑑 古代エジプト編	￥909
やり直し英語革命 親の世代でキチンと話せるようになるための7つの近道勉強法	￥1000

地球の歩き方　中学受験
お母さんが教える国語	￥1800
お母さんが教える国語 親子で成績を上げる魔法のアイデア	￥1300
こんなハズじゃなかった中学受験	￥1500
なぜ、あの子は逆転合格できたのか？	￥1500
小6になってグンと伸びる子、ガクンと落ちる子	￥1500
偏差値が劇的に伸びる子、充分で伸び悩む子	￥1500
名門中学の子どもたちは学校で何を学んでいるのか	￥1650
はじめての中学受験 第一志望合格のためにやっておきたい5つのこと	￥1500
第一志望に合格したい5「社会」の後回しは危険です。	￥1300
進路で迷ったら中高一貫校を選びなさい 6年間であなたの子はこんなに変わる	￥1200
親が後悔しない、子供に失敗させない進学塾の選び方	￥1200
わが子を合格させる父親塾 ヤル気を引き出す「神オヤジ」と子どもをツブす「ダメおやじ」	￥1200
まんがで学ぶ！国語がニガテな子のための最初で最後の7つのコツ	￥1400
新お母さんが教える国語 わが子を志望校に合格させる最強の家庭学習法	￥1500
小6になってグンと伸びる子、ガクンと落ちる子 6年生で必ず成績の上がる学び方 7つのルール[完全版]	￥1500

地球の歩き方　GemStone
001	パリの手帖 とっておきの散歩道	￥1500
003	キューバ 増補改訂版	￥1600
014	スパへようこそ 世界のトリートメント大集合	￥1500
021	ウィーン旧市街 とっておきの散歩道	￥1500
	世界遺産 マチュピチュ完全ガイド	￥1500
026	魅惑のモロッコ 美食と雑貨と美肌の国	￥1500
029	イギリス人は甘いのがお好き プディング＆焼き菓子のレシピと日常のスイーツな生活	￥1500
030改訂	バリ島ウブド 楽園の散歩道 改訂版	￥1500
032改訂新版	フィンランド かわいいデザインと出会う街歩き	￥1500
新装改訂版	ベルリンガイドブック	￥1500
047	プラハ迷宮の散歩道 改訂版	￥1500
052	とっておきのポーランド 増補改訂版	￥1600
	グリム童話で旅するドイツ・メルヘン街道	￥1600
059	ラダック ザンスカール スピティ 北インドのリトル・チベット 増補改訂版	￥1700
	ザルツブルクとチロル アルプスの山と街を歩く	￥1500
059	天空列車 青海チベット鉄道の旅	￥1500
060	カリフォルニア オーガニックトリップ サンフランシスコ&ワインカントリーの旅	￥1500
062	イングランドで一番美しい場所 コッツウォルズ	￥1700
064	シンガポール 絶品！ローカルごはん	￥1500
066	ローマ美食散歩 永遠の都を食べ歩く	￥1500
	南極大陸 完全旅行ガイド	￥1500
	ポルトガル 奇跡の風景をめぐる旅	￥1500
068	アフタヌーンティーで旅するイギリス	￥1500

地球の歩き方　MOOK
●海外最新情報が満載されたMOOK本
海外1	パリの歩き方[ムックハンディ]	￥1000
海外3	ソウルの歩き方[ムックハンディ]	￥1000
海外4	香港・マカオの歩き方[ムックハンディ]	￥1000
海外6	台湾の歩き方[ムックハンディ]	￥1000
海外9	ホノルルの歩き方[ムックハンディ]	￥1000
海外10	ホノルルショッピング&グルメ[ムックハンディ]	￥1000
海外10	グアムの歩き方[ムックハンディ]	￥1000
海外11	バリ島の歩き方[ムックハンディ]	￥1000
	ハワイ ランキング&マル得テクニック！	￥790
	パリ ランキング&マル得テクニック！	￥790
	台湾 ランキング&マル得テクニック！	￥790
	ソウル ランキング&マル得テクニック！	￥790
	シンガポール ランキング&マル得テクニック！	￥790
	バンコク ランキング&マル得テクニック！	￥790
	バリ島 ランキング&マル得テクニック！	￥740
	海外女子ひとり旅☆パーフェクトガイド！	￥890
	ハワイ ランキング&マル得完全ガイド！	￥890
	海外子連れ旅☆パーフェクトガイド！	￥890
	成功する留学 留学ランキング&テクニック50	￥700
	世界のビーチBEST100	￥890
	ヘルシーハワイ[ムックハンディ]	￥890
	aruco magazine vol.2	￥920

●国内MOOK
沖縄の歩き方[ムックハンディ]	￥917
北海道の歩き方[ムックハンディ]	￥926
東京 ランキング&マル得テクニック！	￥690

Special Thanks to

カリフォルニア観光局
Visit California
ロサンゼルス観光局
LA Inc. The Los Angeles CVB
サンディエゴ観光局
San Diego Tourism Authority
サンフランシスコ観光協会
San Francisco Travel Association
サンフランシスコ国際空港
San Francisco International Airport
ラスベガス観光局
Las Vegas CVA

シアトル・ワシントン州観光事務所
Visit Seattle
米国オレゴン州政府駐日代表部
Travel Oregon ／ Travel Portland
ウォルト・ディズニー・ジャパン株式会社
ユニバーサル・スタジオ・ハリウッド
Knott's Berry Farm
San Diego Zoo
SeaWorld Parks & Entertainment
Legoland California
横田麻希／本橋裕美子／土屋朋代

(順不同、敬称略)

制作：坂内麻美 ㈱ダイヤモンド・ビッグ社
編集：永岡邦彦 ㈲オフィス・ポストイット
　　　㈲地球堂／菊地俊哉
デザイン：平原正志／岡崎理恵
　　　㈲エメ龍夢／戸部明美（at）
校正：㈲トップキャット
地図：辻野良晃／TOM-冨田富士男／
　　　アルト・ディークラフト／シーマップ／
　　　平原正志／㈲エメ龍夢
ライター：鹿島裕子／ふじもとたかね／
　　　松本光子／大野拓未／
　　　柴田勝幸／久保田康夫
写真：三浦憲之／岩井加代子／
　　　柴田勝幸／田中 智／
　　　松本光子／小城崇史／
　　　名倉千尋／関根絵里／
　　　森田耕司／㈲地球堂
表紙デザイン：日出嶋 昭男

Producer：Mami Sakauchi（Diamond-Big Co., Ltd.）
Editor：Kunihiko Nagaoka（Office Post It, Inc.）
　　　Chikyu-Do, Inc. ／ Toshiya Kikuchi
Design：Masashi Hirahara ／ Rie Okazaki ／
　　　EMERYUMU, Inc. ／ Akemi Tobe（at）
Proofreading：Top Cat, Inc.
Maps：Yoshiaki Tsujino ／ TOM-Fujio Tonda ／
　　　ALTO Dcraft ／ C-Map ／
　　　Masashi Hirahara ／ EMERYUMU, Inc.
Writers：Yuko Kashima ／ Takane Fujimoto ／
　　　Mitsuko Matsumoto ／ Takumi Ohno ／
　　　Katsu Shibata ／ Yasuo Kubota
Photographers：Noriyuki Miura ／ Kayoko Iwai ／
　　　Katsu Shibata ／ Satoshi Tanaka ／
　　　Mitsuko Matsumoto ／ Takafumi Kojo ／
　　　Chihiro Nagura ／ Elli Sekine ／
　　　Koji Morita ／ Chikyu-Do,Inc.
Cover Design：Akio Hidejima　　　　　　©iStock

読者投稿

〒 160-0023　東京都新宿区西新宿6-15-1 セントラルパークタワー・ラ・トゥール新宿705
株式会社 地球の歩き方メディアパートナーズ
地球の歩き方サービスデスク「アメリカ西海岸編」投稿係
📠（03）6258-0421 🌐www.arukikata.co.jp/guidebook/toukou.html
地球の歩き方ホームページ（海外旅行の総合情報）
🌐www.arukikata.co.jp
ガイドブック『地球の歩き方』（検索と購入、更新・訂正・サポート情報）
🌐www.arukikata.co.jp/guidebook

地球の歩き方 B02 アメリカ西海岸 ロスアンゼルス サンディエゴ サンフランシスコ ラスベガス シアトル ポートランド **2020 〜 2021年版**

1992 年 5 月 20 日初版発行
2019 年 11 月 27 日改訂第 27 版第 1 刷発行

Published by Diamond-Big Co., Ltd.
2-9-1 Hatchobori, Chuo-ku,Tokyo,104-0032, Japan

☎ (81-3) 3553-6667 （Editorial Section）
☎ (81-3) 3553-6660　📠 (81-3) 3553-6693 （Advertising Section）

著作編集：地球の歩き方編集室
発 行 所：株式会社ダイヤモンド・ビッグ社
　　　　　〒 104-0032　東京都中央区八丁堀 2-9-1
　　　　　編集部 ☎（03）3553-6667
　　　　　広告部 ☎（03）3553-6660　📠（03）3553-6693
発 売 元：株式会社ダイヤモンド社
　　　　　〒 150-8409　東京都渋谷区神宮前 6-12-17
　　　　　販　売 ☎（03）5778-7240

■ご注意ください
本書の内容（写真・図版を含む）の一部または全部を、事前に許可なく無断で複写・
複製し、または著作権法に基づかない方法により引用し、印刷物や電子メディアに転載・
転用することは、著作者および出版社の権利の侵害となります。
All rights reserved. No part of this publication may be reproduced or used in any form or by any means,
graphic, electronic, or mechanical, including photocopying, without written permission of the publisher.
■落丁・乱丁本はお手数ですがダイヤモンド社販売宛にお送りください。送料小社負担にて
お取り替えいたします。ただし、古書店で購入されたものについてはお取り替えできません。

DTP 制作／印刷製本：開成堂印刷株式会社　Printed in Japan

禁無断転載 © ダイヤモンド・ビッグ社／オフィス・ポストイット 2019
ISBN978-4-478-82392-7

448